金融违法案件办理丛书

保险违法案件办理总成

王　静◎编著

DEALING WITH
ILLEGAL INSURANCE CASES

法律出版社
LAW PRESS · CHINA
北京

图书在版编目(CIP)数据

保险违法案件办理总成 / 王静编著. -- 北京 : 法律出版社, 2023

ISBN 978-7-5197-7554-4

Ⅰ. ①保… Ⅱ. ①王… Ⅲ. ①保险法-案例-处理-中国 Ⅳ. ①D922.284.5

中国国家版本馆 CIP 数据核字(2023)第 024037 号

保险违法案件办理总成
BAOXIAN WEIFA ANJIAN BANLI ZONGCHENG

王 静 编著

责任编辑 许 睿
装帧设计 汪奇峰

出版发行 法律出版社
编辑统筹 司法实务出版分社
责任校对 朱铁佳
责任印制 胡晓雅
经 销 新华书店

开本 710 毫米×1000 毫米 1/16
印张 35.75 **字数** 641 千
版本 2023 年 3 月第 1 版
印次 2023 年 3 月第 1 次印刷
印刷 三河市龙大印装有限公司

地址:北京市丰台区莲花池西里 7 号(100073)
网址:www.lawpress.com.cn
投稿邮箱:info@lawpress.com.cn
举报盗版邮箱:jbwq@lawpress.com.cn

销售电话:010-83938349
客服电话:010-83938350
咨询电话:010-63939796

书号:ISBN 978-7-5197-7554-4
定价:158.00 元

序

不同于以往较多聚焦于保险案件民商事审判领域的定位,本书作为一本保险从业者身边的实务工具书,在编写上秉持了《全国金融审判工作会议》上提出的金融协同治理的理念,全面涵盖刑事、行政、民事三大领域,系统梳理三大领域的法律法规、行业规范、典型案例、权威解读,有利于克服偏重于某一领域的知识局限、视野局限,全面把握监管态势,准确适用法律。

作为金融违法案件办理总成系列书之一,本书在整体结构上保持了一致性,分为刑事犯罪、行政处罚、民事责任三篇,每篇按照法条顺序排序。具体的编写体例上,每条的解读以《刑法》《保险法》的法律条文为统领,围绕法条进行三方面的注解:一是"相关规定",主要包括与条文内容相关的行政规章、司法解释、司法文件、部门规范性文件等,尤其是收入了重要的行业监管规范;二是"典型案例",囊括了最高人民法院、最高人民检察院发布的涉及保险的指导性案例、最高人民法院公报案例以及具有广泛影响和典型意义的"首案"或年度典型案例,并收入了中国银保监会等主管部门发布的处罚案例;三是"权威解读",主要包括最高立法机关、最高司法机关、中国银保监会等主管部门编写的法律释义、司法解释及司法文件的理解与适用,以保证权威性。笔者对于相关问题的观点及最新实践动向的提示,主要以"编者注"的方式体现。

由于学识所限,难免会有错漏之处,尚请各位读者不吝指正。特别感谢法律出版社的邀请,特别感谢责任编辑许睿老师严谨细致的审校。

王 静

二〇二三年二月十四日

目　　录

第一篇｜刑事犯罪篇

第二篇｜行政处罚篇

第三篇 | 民事责任篇

第一篇　刑事犯罪篇

《刑法》第一百七十四条　【擅自设立金融机构罪;伪造、变造、转让金融机构经营许可证、批准文件罪】

第一百七十四条　未经国家有关主管部门批准,擅自设立商业银行、证券交易所、期货交易所、证券公司、期货经纪公司、保险公司或者其他金融机构的,处三年以下有期徒刑或者拘役,并处或者单处二万元以上二十万元以下罚金;情节严重的,处三年以上十年以下有期徒刑,并处五万元以上五十万元以下罚金。

伪造、变造、转让商业银行、证券交易所、期货交易所、证券公司、期货经纪公司、保险公司或者其他金融机构的经营许可证或者批准文件的,依照前款的规定处罚。

单位犯前两款罪的,对单位判处罚金,并对其直接负责的主管人员和其他直接责任人员,依照第一款的规定处罚。

【相关规定】

1.《保险法》

第六十七条　设立保险公司应当经国务院保险监督管理机构批准。

第七十三条　筹建工作完成后,申请人具备本法第六十八条规定的设立条件的,可以向国务院保险监督管理机构提出开业申请。

国务院保险监督管理机构应当自受理开业申请之日起六十日内,作出批准或者不批准开业的决定。决定批准的,颁发经营保险业务许可证;决定不批准的,应当书面通知申请人并说明理由。

第一百一十三条　保险公司及其分支机构应当依法使用经营保险业务许可证,不得转让、出租、出借经营保险业务许可证。

第一百一十九条　保险代理机构、保险经纪人应当具备国务院保险监督管理机构规定的条件，取得保险监督管理机构颁发的经营保险代理业务许可证、保险经纪业务许可证。

2.《最高人民检察院、公安部关于公安机关管辖的刑事案件立案追诉标准的规定（二）》（2022 年 4 月 6 日）

第十九条 〔擅自设立金融机构案（刑法第一百七十四条第一款）〕未经国家有关主管部门批准，擅自设立金融机构，涉嫌下列情形之一的，应予立案追诉：

（一）擅自设立商业银行、证券交易所、期货交易所、证券公司、期货公司、保险公司或者其他金融机构的；

（二）擅自设立金融机构筹备组织的。

第二十条 〔伪造、变造、转让金融机构经营许可证、批准文件案（刑法第一百七十四条第二款）〕伪造、变造、转让商业银行、证券交易所、期货交易所、证券公司、期货公司、保险公司或者其他金融机构的经营许可证或者批准文件的，应予立案追诉。

权威解读

本罪的客观方面表现为行为人实施了非法设立商业银行、证券交易所、期货交易所、证券公司、期货经纪公司、保险公司和其他金融机构的犯罪行为，这种行为具有以下两个方面的特点：(1)实施了相应的行为，即行为人必须有设立这些机构的具体行为。(2)事实上已经设立了这些机构。这里所说的“保险公司”是指经中国银保监会审查批准设立的经营保险业务的具有法人资格的企业。①

《刑法》第一百七十六条 【非法吸收公众存款罪】

第一百七十六条 非法吸收公众存款或者变相吸收公众存款，扰乱金融秩序的，处三年以下有期徒刑或者拘役，并处或者单处罚金；数额巨大或者有其他严重情节的，处三年以上十年以下有期徒刑，并处罚金；数额特别巨大或者有其他特别严重情节的，处十年以上有期徒刑，并处罚金。

单位犯前款罪的，对单位判处罚金，并对其直接负责的主管人员和其他直接责任人员，依照前款的规定处罚。

有前两款行为，在提起公诉前积极退赃退赔，减少损害结果发生的，可以从轻

---

① 参见王爱立主编：《中华人民共和国刑法释义》，法律出版社 2021 年版，第 338 页。

或者减轻处罚。

《刑法》第一百九十二条 【集资诈骗罪】

第一百九十二条 以非法占有为目的,使用诈骗方法非法集资,数额较大的,处三年以上七年以下有期徒刑,并处罚金;数额巨大或者有其他严重情节的,处七年以上有期徒刑或者无期徒刑,并处罚金或者没收财产。

单位犯前款罪的,对单位判处罚金,并对其直接负责的主管人员和其他直接责任人员,依照前款的规定处罚。

相关规定

1.《保险法》

第一百一十六条 保险公司及其工作人员在保险业务活动中不得有下列行为:

……

(九)利用开展保险业务为其他机构或者个人牟取不正当利益;

……

2.《最高人民检察院、公安部关于公安机关管辖的刑事案件立案追诉标准的规定(二)》(2022年4月6日)

第二十三条 〔非法吸收公众存款案(刑法第一百七十六条)〕非法吸收公众存款或者变相吸收公众存款,扰乱金融秩序,涉嫌下列情形之一的,应予立案追诉:

(一)非法吸收或者变相吸收公众存款数额在一百万元以上的;

(二)非法吸收或者变相吸收公众存款对象一百五十人以上的;

(三)非法吸收或者变相吸收公众存款,给集资参与人造成直接经济损失数额在五十万元以上的;

……

3.《最高人民法院关于审理非法集资刑事案件具体应用法律若干问题的解释》(法释〔2022〕5号)

第一条 违反国家金融管理法律规定,向社会公众(包括单位和个人)吸收资金的行为,同时具备下列四个条件的,除刑法另有规定的以外,应当认定为刑法第一百七十六条规定的"非法吸收公众存款或者变相吸收公众存款":

（一）未经有关部门依法许可或者借用合法经营的形式吸收资金；

（二）通过网络、媒体、推介会、传单、手机信息等途径向社会公开宣传；

（三）承诺在一定期限内以货币、实物、股权等方式还本付息或者给付回报；

（四）向社会公众即社会不特定对象吸收资金。

未向社会公开宣传，在亲友或者单位内部针对特定对象吸收资金的，不属于非法吸收或者变相吸收公众存款。

第二条 实施下列行为之一，符合本解释第一条第一款规定的条件的，应当依照刑法第一百七十六条的规定，以非法吸收公众存款罪定罪处罚：

（一）不具有房产销售的真实内容或者不以房产销售为主要目的，以返本销售、售后包租、约定回购、销售房产份额等方式非法吸收资金的；

（二）以转让林权并代为管护等方式非法吸收资金的；

（三）以代种植（养殖）、租种植（养殖）、联合种植（养殖）等方式非法吸收资金的；

（四）不具有销售商品、提供服务的真实内容或者不以销售商品、提供服务为主要目的，以商品回购、寄存代售等方式非法吸收资金的；

（五）不具有发行股票、债券的真实内容，以虚假转让股权、发售虚构债券等方式非法吸收资金的；

（六）不具有募集基金的真实内容，以假借境外基金、发售虚构基金等方式非法吸收资金的；

（七）不具有销售保险的真实内容，以假冒保险公司、伪造保险单据等方式非法吸收资金的；

（八）以网络借贷、投资入股、虚拟币交易等方式非法吸收资金的；

（九）以委托理财、融资租赁等方式非法吸收资金的；

（十）以提供“养老服务”、投资“养老项目”、销售“老年产品”等方式非法吸收资金的；

（十一）利用民间“会”“社”等组织非法吸收资金的；

（十二）其他非法吸收资金的行为。

第三条 非法吸收或者变相吸收公众存款，具有下列情形之一的，应当依法追究刑事责任：

（一）非法吸收或者变相吸收公众存款数额在100万元以上的；

（二）非法吸收或者变相吸收公众存款对象150人以上的；

（三）非法吸收或者变相吸收公众存款，给存款人造成直接经济损失数额在50万元以上的。

非法吸收或者变相吸收公众存款数额在50万元以上或者给存款人造成直接经济损失数额在25万元以上，同时具有下列情节之一的，应当依法追究刑事责任：

（一）曾因非法集资受过刑事追究的；

（二）二年内曾因非法集资受过行政处罚的；

（三）造成恶劣社会影响或者其他严重后果的。

第四条　非法吸收或者变相吸收公众存款，具有下列情形之一的，应当认定为刑法第一百七十六条规定的“数额巨大或者有其他严重情节”：

（一）非法吸收或者变相吸收公众存款数额在500万元以上的；

（二）非法吸收或者变相吸收公众存款对象500人以上的；

（三）非法吸收或者变相吸收公众存款，给存款人造成直接经济损失数额在250万元以上的。

非法吸收或者变相吸收公众存款数额在250万元以上或者给存款人造成直接经济损失数额在150万元以上，同时具有本解释第三条第二款第三项情节的，应当认定为“其他严重情节”。

第五条　非法吸收或者变相吸收公众存款，具有下列情形之一的，应当认定为刑法第一百七十六条规定的“数额特别巨大或者有其他特别严重情节”：

（一）非法吸收或者变相吸收公众存款数额在5000万元以上的；

（二）非法吸收或者变相吸收公众存款对象5000人以上的；

（三）非法吸收或者变相吸收公众存款，给存款人造成直接经济损失数额在2500万元以上的。

非法吸收或者变相吸收公众存款数额在2500万元以上或者给存款人造成直接经济损失数额在1500万元以上，同时具有本解释第三条第二款第三项情节的，应当认定为“其他特别严重情节”。

第六条　非法吸收或者变相吸收公众存款的数额，以行为人所吸收的资金全额计算。在提起公诉前积极退赃退赔，减少损害结果发生的，可以从轻或者减轻处罚；在提起公诉后退赃退赔的，可以作为量刑情节酌情考虑。

非法吸收或者变相吸收公众存款，主要用于正常的生产经营活动，能够在提起公诉前清退所吸收资金，可以免予刑事处罚；情节显著轻微危害不大的，不作为犯罪处理。

对依法不需要追究刑事责任或者免予刑事处罚的，应当依法将案件移送有关行政机关。

第七条　以非法占有为目的，使用诈骗方法实施本解释第二条规定所列行为的，应当依照刑法第一百九十二条的规定，以集资诈骗罪定罪处罚。

使用诈骗方法非法集资，具有下列情形之一的，可以认定为“以非法占有为目的”：

（一）集资后不用于生产经营活动或者用于生产经营活动与筹集资金规模明显不成比例，致使集资款不能返还的；

（二）肆意挥霍集资款，致使集资款不能返还的；

（三）携带集资款逃匿的；

（四）将集资款用于违法犯罪活动的；

（五）抽逃、转移资金、隐匿财产，逃避返还资金的；

（六）隐匿、销毁账目，或者搞假破产、假倒闭，逃避返还资金的；

（七）拒不交代资金去向，逃避返还资金的；

（八）其他可以认定非法占有目的的情形。

集资诈骗罪中的非法占有目的，应当区分情形进行具体认定。行为人部分非法集资行为具有非法占有目的的，对该部分非法集资行为所涉集资款以集资诈骗罪定罪处罚；非法集资共同犯罪中部分行为人具有非法占有目的，其他行为人没有非法占有集资款的共同故意和行为的，对具有非法占有目的的行为人以集资诈骗罪定罪处罚。

第八条 集资诈骗数额在 10 万元以上的，应当认定为“数额较大”；数额在 100 万元以上的，应当认定为“数额巨大”。

集资诈骗数额在 50 万元以上，同时具有本解释第三条第二款第三项情节的，应当认定为刑法第一百九十二条规定的“其他严重情节”。

集资诈骗的数额以行为人实际骗取的数额计算，在案发前已归还的数额应予扣除。行为人为实施集资诈骗活动而支付的广告费、中介费、手续费、回扣，或者用于行贿、赠与等费用，不予扣除。行为人为实施集资诈骗活动而支付的利息，除本金未归还可予折抵本金以外，应当计入诈骗数额。

第九条 犯非法吸收公众存款罪，判处三年以下有期徒刑或者拘役，并处或者单处罚金的，处五万元以上一百万元以下罚金；判处三年以上十年以下有期徒刑的，并处十万元以上五百万元以下罚金；判处十年以上有期徒刑的，并处五十万元以上罚金。

犯集资诈骗罪，判处三年以上七年以下有期徒刑的，并处十万元以上五百万元以下罚金；判处七年以上有期徒刑或者无期徒刑的，并处五十万元以上罚金或者没收财产。

第十条 未经国家有关主管部门批准，向社会不特定对象发行、以转让股权等方式变相发行股票或者公司、企业债券，或者向特定对象发行、变相发行股票或者公司、企业债券累计超过200人的，应当认定为刑法第一百七十九条规定的“擅自发行股票或者公司、企业债券”。构成犯罪的，以擅自发行股票、公司、企业债券罪定罪处罚。

第十一条　违反国家规定，未经依法核准擅自发行基金份额募集基金，情节严重的，依照刑法第二百二十五条的规定，以非法经营罪定罪处罚。

第十二条　广告经营者、广告发布者违反国家规定，利用广告为非法集资活动相关的商品或者服务作虚假宣传，具有下列情形之一的，依照刑法第二百二十二条的规定，以虚假广告罪定罪处罚：

（一）违法所得数额在10万元以上的；

（二）造成严重危害后果或者恶劣社会影响的；

（三）二年内利用广告作虚假宣传，受过行政处罚二次以上的；

（四）其他情节严重的情形。

明知他人从事欺诈发行证券，非法吸收公众存款，擅自发行股票、公司、企业债券，集资诈骗或者组织、领导传销活动等集资犯罪活动，为其提供广告等宣传的，以相关犯罪的共犯论处。

第十三条　通过传销手段向社会公众非法吸收资金，构成非法吸收公众存款罪或者集资诈骗罪，同时又构成组织、领导传销活动罪的，依照处罚较重的规定定罪处罚。

第十四条　单位实施非法吸收公众存款、集资诈骗犯罪的，依照本解释规定的相应自然人犯罪的定罪量刑标准，对单位判处罚金，并对其直接负责的主管人员和其他直接责任人员定罪处罚。

第十五条　此前发布的司法解释与本解释不一致的，以本解释为准。

4.《最高人民法院、最高人民检察院、公安部关于办理非法集资刑事案件若干问题的意见》（高检会〔2019〕2号）

为依法惩治非法吸收公众存款、集资诈骗等非法集资犯罪活动，维护国家金融管理秩序，保护公民、法人和其他组织合法权益，根据刑法、刑事诉讼法等法律规定，结合司法实践，现就办理非法吸收公众存款、集资诈骗等非法集资刑事案件有关问题提出以下意见：

一、关于非法集资的“非法性”认定依据问题

人民法院、人民检察院、公安机关认定非法集资的“非法性”，应当以国家金融管理法律法规作为依据。对于国家金融管理法律法规仅作原则性规定的，可以根据法律规定的精神并参考中国人民银行、中国银行保险监督管理委员会、中国证券监督管理委员会等行政主管部门依照国家金融管理法律法规制定的部门规章或者国家有关金融管理的规定、办法、实施细则等规范性文件的规定予以认定。

二、关于单位犯罪的认定问题

单位实施非法集资犯罪活动，全部或者大部分违法所得归单位所有的，应当认定为单位犯罪。

个人为进行非法集资犯罪活动而设立的单位实施犯罪的，或者单位设立后，以实施非法集资犯罪活动为主要活动的，不以单位犯罪论处，对单位中组织、策划、实施非法集资犯罪活动的人员应当以自然人犯罪依法追究刑事责任。

判断单位是否以实施非法集资犯罪活动为主要活动，应当根据单位实施非法集资的次数、频度、持续时间、资金规模、资金流向、投入人力物力情况、单位进行正当经营的状况以及犯罪活动的影响、后果等因素综合考虑认定。

三、关于涉案下属单位的处理问题

办理非法集资刑事案件中，人民法院、人民检察院、公安机关应当全面查清涉案单位，包括上级单位（总公司、母公司）和下属单位（分公司、子公司）的主体资格、层级、关系、地位、作用、资金流向等，区分情况依法作出处理。

上级单位已被认定为单位犯罪，下属单位实施非法集资犯罪活动，且全部或者大部分违法所得归下属单位所有的，对该下属单位也应当认定为单位犯罪。上级单位和下属单位构成共同犯罪的，应当根据犯罪单位的地位、作用，确定犯罪单位的刑事责任。

上级单位已被认定为单位犯罪，下属单位实施非法集资犯罪活动，但全部或者大部分违法所得归上级单位所有的，对下属单位不单独认定为单位犯罪。下属单位中涉嫌犯罪的人员，可以作为上级单位的其他直接责任人员依法追究刑事责任。

上级单位未被认定为单位犯罪，下属单位被认定为单位犯罪的，对上级单位中组织、策划、实施非法集资犯罪的人员，一般可以与下属单位按照自然人与单位共同犯罪处理。

上级单位与下属单位均未被认定为单位犯罪的，一般以上级单位与下属单位中承担组织、领导、管理、协调职责的主管人员和发挥主要作用的人员作为主犯，以其他积极参加非法集资犯罪的人员作为从犯，按照自然人共同犯罪处理。

四、关于主观故意的认定问题

认定犯罪嫌疑人、被告人是否具有非法吸收公众存款的犯罪故意，应当依据犯罪嫌疑人、被告人的任职情况、职业经历、专业背景、培训经历、本人因同类行为受到行政处罚或者刑事追究情况以及吸收资金方式、宣传推广、合同资料、业务流程等证据,结合其供述,进行综合分析判断。

犯罪嫌疑人、被告人使用诈骗方法非法集资,符合《最高人民法院关于审理非法集资刑事案件具体应用法律若干问题的解释》第四条规定的,可以认定为集资诈骗罪中“以非法占有为目的”。

办案机关在办理非法集资刑事案件中,应当根据案件具体情况注意收集运用涉及犯罪嫌疑人、被告人的以下证据:是否使用虚假身份信息对外开展业务;是否虚假订立合同、协议;是否虚假宣传,明显超出经营范围或者夸大经营、投资、服务项目及盈利能力;是否吸收资金后隐匿、销毁合同、协议、账目;是否传授或者接受规避法律、逃避监管的方法,等等。

五、关于犯罪数额的认定问题

非法吸收或者变相吸收公众存款构成犯罪,具有下列情形之一的,向亲友或者单位内部人员吸收的资金应当与向不特定对象吸收的资金一并计入犯罪数额:

(一)在向亲友或者单位内部人员吸收资金的过程中,明知亲友或者单位内部人员向不特定对象吸收资金而予以放任的;

(二)以吸收资金为目的,将社会人员吸收为单位内部人员,并向其吸收资金的;

(三)向社会公开宣传,同时向不特定对象、亲友或者单位内部人员吸收资金的。

非法吸收或者变相吸收公众存款的数额,以行为人所吸收的资金全额计算。集资参与人收回本金或者获得回报后又重复投资的数额不予扣除,但可以作为量刑情节酌情考虑。

六、关于宽严相济刑事政策把握问题

办理非法集资刑事案件,应当贯彻宽严相济刑事政策,依法合理把握追究刑事责任的范围,综合运用刑事手段和行政手段处置和化解风险,做到惩处少数、教育挽救大多数。要根据行为人的客观行为、主观恶性、犯罪情节及其地位、作用、层级、职务等情况,综合判断行为人的责任轻重和刑事追究的必要性,按照区别对待原则分类处理涉案人员,做到罚当其罪、罪责刑相适应。

重点惩处非法集资犯罪活动的组织者、领导者和管理人员,包括单位犯罪中的上级单位(总公司、母公司)的核心层、管理层和骨干人员,下属单位(分公司、子公司)的管理层和骨干人员,以及其他发挥主要作用的人员。

对于涉案人员积极配合调查、主动退赃退赔、真诚认罪悔罪的,可以依法从轻处罚;其中情节轻微的,可以免除处罚;情节显著轻微、危害不大的,不作为犯罪处理。

七、关于管辖问题

跨区域非法集资刑事案件按照《国务院关于进一步做好防范和处置非法集资工作的意见》(国发〔2015〕59号)确定的工作原则办理。如果合并侦查、诉讼更为适宜的,可以合并办理。

办理跨区域非法集资刑事案件,如果多个公安机关都有权立案侦查的,一般由主要犯罪地公安机关作为案件主办地,对主要犯罪嫌疑人立案侦查和移送审查起诉;由其他犯罪地公安机关作为案件分办地根据案件具体情况,对本地区犯罪嫌疑人立案侦查和移送审查起诉。

管辖不明或者有争议的,按照有利于查清犯罪事实、有利于诉讼的原则,由其共同的上级公安机关协调确定或者指定有关公安机关作为案件主办地立案侦查。需要提请批准逮捕、移送审查起诉、提起公诉的,由分别立案侦查的公安机关所在地的人民检察院、人民法院受理。

对于重大、疑难、复杂的跨区域非法集资刑事案件,公安机关应当在协调确定或者指定案件主办地立案侦查的同时,通报同级人民检察院、人民法院。人民检察院、人民法院参照前款规定,确定主要犯罪地作为案件主办地,其他犯罪地作为案件分办地,由所在地的人民检察院、人民法院负责起诉、审判。

本条规定的"主要犯罪地",包括非法集资活动的主要组织、策划、实施地,集资行为人的注册地、主要营业地、主要办事机构所在地,集资参与人的主要所在地等。

八、关于办案工作机制问题

案件主办地和其他涉案地办案机关应当密切沟通协调,协同推进侦查、起诉、审判、资产处置工作,配合有关部门最大限度追赃挽损。

案件主办地办案机关应当统一负责主要犯罪嫌疑人、被告人涉嫌非法集资全部犯罪事实的立案侦查、起诉、审判,防止遗漏犯罪事实;并应就全案处理政策、追诉主要犯罪嫌疑人、被告人的证据要求及诉讼时限、追赃挽损、资产处置等工作要求,向其他涉案地办案机关进行通报。其他涉案地办案机关应当对本地区犯罪嫌疑人、被告人涉嫌非法集资的犯罪事实及时立案侦查、起诉、审判,积极协助主办地处置涉案资产。

案件主办地和其他涉案地办案机关应当建立和完善证据交换共享机制。对涉及主要犯罪嫌疑人、被告人的证据,一般由案件主办地办案机关负责收集,其他涉案地提供协助。案件主办地办案机关应当及时通报接收涉及主要犯罪嫌疑人、被告人的证据材料的程序及要求。其他涉案地办案机关需要案件主办地提供证据材料的,应当向案件主办地办案机关提出证据需求,由案件主办地收集并依法移送。无法移送证据原件的,应当在移送复制件的同时,按照相关规定作出说明。

九、关于涉案财物追缴处置问题

办理跨区域非法集资刑事案件,案件主办地办案机关应当及时归集涉案财物,为统一资产处置做好基础性工作。其他涉案地办案机关应当及时查明涉案财物,明确其来源、去向、用途、流转情况,依法办理查封、扣押、冻结手续,并制作详细清单,对扣押款项应当设立明细账,在扣押后立即存入办案机关唯一合规账户,并将有关情况提供案件主办地办案机关。

人民法院、人民检察院、公安机关应当严格依照刑事诉讼法和相关司法解释的规定,依法移送、审查、处理查封、扣押、冻结的涉案财物。对审判时尚未追缴到案或者尚未足额退赔的违法所得,人民法院应当判决继续追缴或者责令退赔,并由人民法院负责执行,处置非法集资职能部门、人民检察院、公安机关等应当予以配合。

人民法院对涉案财物依法作出判决后,有关地方和部门应当在处置非法集资职能部门统筹协调下,切实履行协作义务,综合运用多种手段,做好涉案财物清运、财产变现、资金归集、资金清退等工作,确保最大限度减少实际损失。

根据有关规定,查封、扣押、冻结的涉案财物,一般应在诉讼终结后返还集资参与人。涉案财物不足全部返还的,按照集资参与人的集资额比例返还。退赔集资参与人的损失一般优先于其他民事债务以及罚金、没收财产的执行。

十、关于集资参与人权利保障问题

集资参与人,是指向非法集资活动投入资金的单位和个人,为非法集资活动提供帮助并获取经济利益的单位和个人除外。

人民法院、人民检察院、公安机关应当通过及时公布案件进展、涉案资产处置情况等方式,依法保障集资参与人的合法权利。集资参与人可以推选代表人向人民法院提出相关意见和建议;推选不出代表人的,人民法院可以指定代表人。人民法院可以视案件情况决定集资参与人代表人参加或者旁听庭审,对集资参与人提起附带民事诉讼等请求不予受理。

十一、关于行政执法与刑事司法衔接问题

处置非法集资职能部门或者有关行政主管部门,在调查非法集资行为或者行政执法过程中,认为案情重大、疑难、复杂的,可以商请公安机关就追诉标准、证据固定等问题提出咨询或者参考意见;发现非法集资行为涉嫌犯罪的,应当按照《行政执法机关移送涉嫌犯罪案件的规定》等规定,履行相关手续,在规定的期限内将案件移送公安机关。

人民法院、人民检察院、公安机关在办理非法集资刑事案件过程中，可商请处置非法集资职能部门或者有关行政主管部门指派专业人员配合开展工作，协助查阅、复制有关专业资料，就案件涉及的专业问题出具认定意见。涉及需要行政处理的事项，应当及时移交处置非法集资职能部门或者有关行政主管部门依法处理。

十二、关于国家工作人员相关法律责任问题

国家工作人员具有下列行为之一，构成犯罪的，应当依法追究刑事责任：

（一）明知单位和个人所申请机构或者业务涉嫌非法集资，仍为其办理行政许可或者注册手续的；

（二）明知所主管、监管的单位有涉嫌非法集资行为，未依法及时处理或者移送处置非法集资职能部门的；

（三）查处非法集资过程中滥用职权、玩忽职守、徇私舞弊的；

（四）徇私舞弊不向司法机关移交非法集资刑事案件的；

（五）其他通过职务行为或者利用职务影响，支持、帮助、纵容非法集资的。

5.《最高人民检察院关于办理涉互联网金融犯罪案件有关问题座谈会纪要》（高检诉〔2017〕14号）

（一）非法吸收公众存款行为的认定

6. 涉互联网金融活动在未经有关部门依法批准的情形下，公开宣传并向不特定公众吸收资金，承诺在一定期限内还本付息的，应当依法追究刑事责任。其中，应重点审查互联网金融活动相关主体是否存在归集资金、沉淀资金，致使投资人资金存在被挪用、侵占等重大风险等情形。

7. 互联网金融的本质是金融，判断其是否属于“未经有关部门依法批准”，即行为是否具有非法性的主要法律依据是《商业银行法》、《非法金融机构和非法金融业务活动取缔办法》（国务院令第247号）等现行有效的金融管理法律规定。

8. 对以下网络借贷领域的非法吸收公众资金的行为，应当以非法吸收公众存款罪分别追究相关行为主体的刑事责任：

（1）中介机构以提供信息中介服务为名，实际从事直接或间接归集资金、甚至自融或变相自融等行为，应当依法追究中介机构的刑事责任。特别要注意识别变相自融行为，如中介机构通过拆分融资项目期限、实行债权转让等方式为自己吸收资金的，应当认定为非法吸收公众存款。

（2）中介机构与借款人存在以下情形之一的，应当依法追究刑事责任：①中介机构与借款人合谋或者明知借款人存在违规情形，仍为其非法吸收公众存款提供服务的；中介机构与借款人合谋，采取向出借人提供信用担保、通过电子渠道以外的物理场所开展借贷业务等违规方式向社会公众吸收资金的；②双方合谋通过拆分融资项目期限、实行债权转让等方式为借款人吸收资金的。在对中介机构、借款人进行追诉时，应根据各自在非法集资中的地位、作用确定其刑事责任。中介机构虽然没有直接吸收资金，但是通过大肆组织借款人开展非法集资并从中收取费用数额巨大、情节严重的，可以认定为主犯。

(3)借款人故意隐瞒事实，违反规定，以自己名义或借用他人名义利用多个网络借贷平台发布借款信息，借款总额超过规定的最高限额，或将吸收资金用于明确禁止的投资股票、场外配资、期货合约等高风险行业，造成重大损失和社会影响的，应当依法追究借款人的刑事责任。对于借款人将借款主要用于正常的生产经营活动，能够及时清退所吸收资金，不作为犯罪处理。

9. 在非法吸收公众存款罪中，原则上认定主观故意并不要求以明知法律的禁止性规定为要件。特别是具备一定涉金融活动相关从业经历、专业背景或在犯罪活动中担任一定管理职务的犯罪嫌疑人，应当知晓相关金融法律管理规定，如果有证据证明其实际从事的行为应当批准而未经批准，行为在客观上具有非法性，原则上就可以认定其具有非法吸收公众存款的主观故意。在证明犯罪嫌疑人的主观故意时，可以收集运用犯罪嫌疑人的任职情况、职业经历、专业背景、培训经历、此前任职单位或者其本人因从事同类行为受到处罚情况等证据，证明犯罪嫌疑人提出的“不知道相关行为被法律所禁止，故不具有非法吸收公众存款的主观故意”等辩解不能成立。除此之外，还可以收集运用以下证据进一步印证犯罪嫌疑人知道或应当知道其所从事行为具有非法性，比如犯罪嫌疑人故意规避法律以逃避监管的相关证据：自己或要求下属与投资人签订虚假的亲友关系确认书，频繁更换宣传用语逃避监管，实际推介内容与宣传用语、实际经营状况不一致，刻意向投资人夸大公司兑付能力，在培训课程中传授或接受规避法律的方法，等等。

10. 对于无相关职业经历、专业背景，且从业时间短暂，在单位犯罪中层级较低，纯属执行单位领导指令的犯罪嫌疑人提出辩解的，如确实无其他证据证明其具有主观故意的，可以不作为犯罪处理。另外，实践中还存在犯罪嫌疑人提出因信赖行政主管部门出具的相关意见而陷入错误认识的辩解。如果上述辩解确有证据证明，不应作为犯罪处理，但应当对行政主管部门出具的相关意见及其出具过程进行查证，如存在以下情形之一，仍应认定犯罪嫌疑人具有非法吸收公众存款的主观故意：

(1)行政主管部门出具意见所涉及的行为与犯罪嫌疑人实际从事的行为不一致的；

(2)行政主管部门出具的意见未对是否存在非法吸收公众存款问题进行合法

性审查,仅对其他合法性问题进行审查的;

(3)犯罪嫌疑人在行政主管部门出具意见时故意隐瞒事实、弄虚作假的;

(4)犯罪嫌疑人与出具意见的行政主管部门的工作人员存在利益输送行为的;

(5)犯罪嫌疑人存在其他影响和干扰行政主管部门出具意见公正性的情形的。

对于犯罪嫌疑人提出因信赖专家学者、律师等专业人士、主流新闻媒体宣传或有关行政主管部门工作人员的个人意见而陷入错误认识的辩解,不能作为犯罪嫌疑人判断自身行为合法性的根据和排除主观故意的理由。

11. 负责或从事吸收资金行为的犯罪嫌疑人非法吸收公众存款金额,根据其实际参与吸收的全部金额认定。但以下金额不应计入该犯罪嫌疑人的吸收金额:

(1)犯罪嫌疑人自身及其近亲属所投资的资金金额;

(2)记录在犯罪嫌疑人名下,但其未实际参与吸收且未从中收取任何形式好处的资金。

吸收金额经过司法会计鉴定的,可以将前述不计入部分直接扣除。但是,前述两项所涉金额仍应计入相对应的上一级负责人及所在单位的吸收金额。

12. 投资人在每期投资结束后,利用投资账户中的资金(包括每期投资结束后归还的本金、利息)进行反复投资的金额应当累计计算,但对反复投资的数额应当作出说明。对负责或从事行政管理、财务会计、技术服务等辅助工作的犯罪嫌疑人,应当按照其参与的犯罪事实,结合其在犯罪中的地位和作用,依法确定刑事责任范围。

13. 确定犯罪嫌疑人的吸收金额时,应当重点审查、运用以下证据:

(1)涉案主体自身的服务器或第三方服务器上存储的交易记录等电子数据;

(2)会计账簿和会计凭证;

(3)银行账户交易记录、POS 机支付记录;

(4)资金收付凭证、书面合同等书证。仅凭投资人报案数据不能认定吸收金额。

(二)集资诈骗行为的认定

14. 以非法占有为目的,使用诈骗方法非法集资,是集资诈骗罪的本质特征。是否具有非法占有目的,是区分非法吸收公众存款罪和集资诈骗罪的关键要件,对此要重点围绕融资项目真实性、资金去向、归还能力等事实进行综合判断。犯罪嫌疑人存在以下情形之一的,原则上可以认定具有非法占有目的:

(1)大部分资金未用于生产经营活动,或名义上投入生产经营但又通过各种方式抽逃转移资金的；

（2）资金使用成本过高，生产经营活动的盈利能力不具有支付全部本息的现实可能性的；

（3）对资金使用的决策极度不负责任或肆意挥霍造成资金缺口较大的；

（4）归还本息主要通过借新还旧来实现的；

（5）其他依照有关司法解释可以认定为非法占有目的的情形。

15. 对于共同犯罪或单位犯罪案件中，不同层级的犯罪嫌疑人之间存在犯罪目的发生转化或者犯罪目的明显不同的，应当根据犯罪嫌疑人的犯罪目的分别认定。

（1）注意区分犯罪目的发生转变的时间节点。犯罪嫌疑人在初始阶段仅具有非法吸收公众存款的故意，不具有非法占有目的，但在发生经营失败、资金链断裂等问题后，明知没有归还能力仍然继续吸收公众存款的，这一时间节点之后的行为应当认定为集资诈骗罪，此前的行为应当认定为非法吸收公众存款罪。

（2）注意区分犯罪嫌疑人的犯罪目的的差异。在共同犯罪或单位犯罪中，犯罪嫌疑人由于层级、职责分工、获取收益方式、对全部犯罪事实的知情程度等不同，其犯罪目的也存在不同。在非法集资犯罪中，有的犯罪嫌疑人具有非法占有的目的，有的则不具有非法占有目的，对此，应当分别认定为集资诈骗罪和非法吸收公众存款罪。

16. 证明主观上是否具有非法占有目的，可以重点收集、运用以下客观证据：

（1）与实施集资诈骗整体行为模式相关的证据：投资合同、宣传资料、培训内容等；

（2）与资金使用相关的证据：资金往来记录、会计账簿和会计凭证、资金使用成本（包括利息和佣金等）、资金决策使用过程、资金主要用途、财产转移情况等；

（3）与归还能力相关的证据：吸收资金所投资项目内容、投资实际经营情况、盈利能力、归还本息资金的主要来源、负债情况、是否存在虚构业绩等虚假宣传行为等；

（4）其他涉及欺诈等方面的证据：虚构融资项目进行宣传、隐瞒资金实际用途、隐匿销毁账簿；等等。司法会计鉴定机构对相关数据进行鉴定时，办案部门可以根据查证犯罪事实的需要提出重点鉴定的项目，保证司法会计鉴定意见与待证的构成要件事实之间的关联性。

17. 集资诈骗的数额，应当以犯罪嫌疑人实际骗取的金额计算。犯罪嫌疑人为吸收公众资金制造还本付息的假象，在诈骗的同时对部分投资人还本付息的，集资诈骗的金额以案发时实际未兑付的金额计算。案发后，犯罪嫌疑人主动退还集资款项的，不能从集资诈骗的金额中扣除，但可以作为量刑情节考虑。

6.《最高人民法院、最高人民检察院、公安部关于办理非法集资刑事案件适用法律若干问题的意见》(公通字〔2014〕16号)

一、关于行政认定的问题

行政部门对于非法集资的性质认定，不是非法集资刑事案件进入刑事诉讼程序的必经程序。行政部门未对非法集资作出性质认定的，不影响非法集资刑事案件的侦查、起诉和审判。

公安机关、人民检察院、人民法院应当依法认定案件事实的性质，对于案情复杂、性质认定疑难的案件，可参考有关部门的认定意见，根据案件事实和法律规定作出性质认定。

二、关于"向社会公开宣传"的认定问题

《最高人民法院关于审理非法集资刑事案件具体应用法律若干问题的解释》第一条第一款第二项中的"向社会公开宣传"，包括以各种途径向社会公众传播吸收资金的信息，以及明知吸收资金的信息向社会公众扩散而予以放任等情形。

三、关于"社会公众"的认定问题

下列情形不属于《最高人民法院关于审理非法集资刑事案件具体应用法律若干问题的解释》第一条第二款规定的"针对特定对象吸收资金"的行为，应当认定为向社会公众吸收资金：

(一)在向亲友或者单位内部人员吸收资金的过程中，明知亲友或者单位内部人员向不特定对象吸收资金而予以放任的；

(二)以吸收资金为目的，将社会人员吸收为单位内部人员，并向其吸收资金的。

四、关于共同犯罪的处理问题

为他人向社会公众非法吸收资金提供帮助，从中收取代理费、好处费、返点费、佣金、提成等费用，构成非法集资共同犯罪的，应当依法追究刑事责任。能够及时退缴上述费用的，可依法从轻处罚；其中情节轻微的，可以免除处罚；情节显著轻微、危害不大的，不作为犯罪处理。

五、关于涉案财物的追缴和处置问题

向社会公众非法吸收的资金属于违法所得。以吸收的资金向集资参与人支付的利息、分红等回报，以及向帮助吸收资金人员支付的代理费、好处费、返点费、佣金、提成等费用，应当依法追缴。集资参与人本金尚未归还的，所支付的回报可予折抵本金。

将非法吸收的资金及其转换财物用于清偿债务或者转让给他人，有下列情形之一的，应当依法追缴：

（一）他人明知是上述资金及财物而收取的；

（二）他人无偿取得上述资金及财物的；

（三）他人以明显低于市场的价格取得上述资金及财物的；

（四）他人取得上述资金及财物系源于非法债务或者违法犯罪活动的；

（五）其他依法应当追缴的情形。

查封、扣押、冻结的易贬值及保管、养护成本较高的涉案财物，可以在诉讼终结前依照有关规定变卖、拍卖。所得价款由查封、扣押、冻结机关予以保管，待诉讼终结后一并处置。

查封、扣押、冻结的涉案财物，一般应在诉讼终结后，返还集资参与人。涉案财物不足全部返还的，按照集资参与人的集资额比例返还。

六、关于证据的收集问题

办理非法集资刑事案件中，确因客观条件的限制无法逐一收集集资参与人的言词证据的，可结合已收集的集资参与人的言词证据和依法收集并查证属实的书面合同、银行账户交易记录、会计凭证及会计账簿、资金收付凭证、审计报告、互联网电子数据等证据，综合认定非法集资对象人数和吸收资金数额等犯罪事实。

七、关于涉及民事案件的处理问题

对于公安机关、人民检察院、人民法院正在侦查、起诉、审理的非法集资刑事案件，有关单位或者个人就同一事实向人民法院提起民事诉讼或者申请执行涉案财物的，人民法院应当不予受理，并将有关材料移送公安机关或者检察机关。

人民法院在审理民事案件或者执行过程中，发现有非法集资犯罪嫌疑的，应当裁定驳回起诉或者中止执行，并及时将有关材料移送公安机关或者检察机关。

公安机关、人民检察院、人民法院在侦查、起诉、审理非法集资刑事案件中，发现与人民法院正在审理的民事案件属同一事实，或者被申请执行的财物属于涉案财物的，应当及时通报相关人民法院。人民法院经审查认为确属涉嫌犯罪的，依照前款规定处理。

八、关于跨区域案件的处理问题

跨区域非法集资刑事案件，在查清犯罪事实的基础上，可以由不同地区的公安机关、人民检察院、人民法院分别处理。

对于分别处理的跨区域非法集资刑事案件，应当按照统一制定的方案处置涉案财物。

国家机关工作人员违反规定处置涉案财物，构成渎职等犯罪的，应当依法追究刑事责任。

7.《最高人民法院关于非法集资刑事案件性质认定问题的通知》(法〔2011〕262号)

一、行政部门对于非法集资的性质认定，不是非法集资案件进入刑事程序的必经程序。行政部门未对非法集资作出性质认定的，不影响非法集资刑事案件的审判。

二、人民法院应当依照刑法和最高人民法院《关于审理非法集资刑事案件具体应用法律若干问题的解释》等有关规定认定案件事实的性质，并认定相关行为是否构成犯罪。

三、对于案情复杂、性质认定疑难的案件，人民法院可以在有关部门关于是否符合行业技术标准的行政认定意见的基础上，根据案件事实和法律规定作出性质认定。

四、非法集资刑事案件的审判工作涉及领域广、专业性强，人民法院在审理此类案件当中要注意加强与有关行政主(监)管部门以及公安机关、人民检察院的配合。审判工作中遇到重大问题难以解决的，请及时报告最高人民法院。

8.《全国法院审理金融犯罪案件工作座谈会纪要》(法〔2001〕8号)

(三)关于金融诈骗罪

1. 金融诈骗罪中非法占有目的的认定

金融诈骗犯罪都是以非法占有为目的的犯罪。在司法实践中，认定是否具有非法占有为目的，应当坚持主客观相一致的原则，既要避免单纯根据损失结果客观归罪，也不能仅凭被告人自己的供述，而应当根据案件具体情况具体分析。根据司法实践，对于行为人通过诈骗的方法非法获取资金，造成数额较大资金不能归还，并具有下列情形之一的，可以认定为具有非法占有的目的：

(1)明知没有归还能力而大量骗取资金的；

(2)非法获取资金后逃跑的；

(3)肆意挥霍骗取资金的；

(4)使用骗取的资金进行违法犯罪活动的；

(5)抽逃、转移资金、隐匿财产，以逃避返还资金的；

(6)隐匿、销毁账目，或者搞假破产、假倒闭，以逃避返还资金的；

(7)其他非法占有资金、拒不返还的行为。但是，在处理具体案件的时候，对于有证据证明行为人不具有非法占有目的的，不能单纯以财产不能归还就按金融诈骗罪处罚。

典型案例

1. 尹某非法吸收公众存款案［山东省高唐县人民法院(2019)鲁1526刑初136号刑事判决书］

【案情】2016年9月，被告人尹某未经有关部门依法批准，制作并购买空白保单后，利用其担任某保险公司支公司总经理助理兼另一支公司经理的便利条件，采取虚构其公司新推出某理财保险业务，通过业务员及本人介绍客户的方式向社会公开宣传，承诺高额利息、手续费等回报，并出具伪造后的个人保险凭证，截至2018年12月被告人尹某共向李某1等158人非法吸收存款人民币29,403,675元，主要用于经营、放贷等。案发前尚有80名集资参与人的存款21,742,675元未兑付。2019年1月3日，被告人尹某主动向公安机关投案，并如实供述犯罪事实。

【认定】法院认为，被告人尹某违反国家金融管理法律规定，未经有关部门依法批准，向社会不特定对象吸收资金，数额巨大，其行为已构成非法吸收公众存款罪。

2. 张某非法吸收公众存款案［江苏省扬中市人民法院(2019)苏1182刑初161号］

【案情】被告人张某作为某人寿保险公司支公司实际负责人，违反国家金融管理制度，对外宣传其所在支公司与银行存在合作关系，以承诺一定期限内还本付息的方式公开向社会公众非法吸收资金。截至2018年6月，被告人张某向常某等127人非法吸收公众存款共计人民币32,356,600元。

【认定】法院认为，被告人张某非法吸收公众存款，扰乱金融秩序，数额巨大，其行为已构成非法吸收公众存款罪。

3. 李某集资诈骗案［辽宁省葫芦岛市中级人民法院(2016)辽14刑初50号刑事判决书、辽宁省高级人民法院(2017)辽刑终344号刑事裁定书］

【案情】被告人李某系中国人寿保险股份有限公司葫芦岛分公司南票支公司(以下简称中国人寿南票支公司)工作人员，2004年6月，被告人李某在担任中国人寿南票支公司内勤期间，利用工作便利将正规的鸿丰保险单复印若干份，并按正规的鸿丰保险收款收据伪造了若干收款收据，又按正规的鸿丰保险的保险手续上的四枚公章，伪造了“中国人寿保险公司葫芦岛分公司南票支公司”等四枚单位公章和王某6的个人名章，使自己伪造的鸿丰保险的手续与真实的鸿丰保险手续相一致之后，李某自己或以提成为条件利用保险业务员以期限短、利率高、先付息等高额回报为诱饵向社会宣传招揽鸿丰保险业务，吸引社会公众购买“鸿丰保险”。截至2015年10月案发时，李某以非法集资的方法骗取孟某江、李某3等494

名被害人4710.216万元。所获赃款,部分被用于投资,部分被用于支付业务员的提成,部分被用于支付前期投资群众的利息,其余赃款下落不明。

【认定】法院认为,被告人李某以非法占有为目的,冒用中国人寿保险公司名义以高额利息为诱饵,使用伪造的公章及虚假保单向社会公众公开销售"鸿丰保险"为其个人集资敛财,数额特别巨大,其行为构成集资诈骗罪。

4. 姚某仓集资诈骗罪案[甘肃省酒泉市中级人民法院(2016)甘09刑初10号刑事判决书、甘肃省高级人民法院(2017)甘刑终56号刑事裁定书]

【案情】被告人姚某仓利用自己担任中国平安人寿保险股份有限公司保险代理人的便利,自2010年开始,向客户谎称在"万能险"基础上再追加保险费可获得20%至35%的高额红利回报并私自印制"中国平安人寿保险股份有限公司追加保险费收款凭证",私自刻制"中国平安人寿保险股份有限公司甘肃分公司"印章、"中国平安人寿保险股份有限公司甘肃分公司财务专用章"和中国平安人寿保险股份有限公司瓜州支公司内勤张某1私章,向客户收取"追加保险费"。至2015年2月,姚某仓吸收142名客户购买"追加保险费"资金共计62,209,104.68元,姚将收取的"追加保险费"存入其私人账户,将少部分钱用于购买正式保险,大笔的钱给客户支付返利、组织相关大客户境内外旅游、购买高档礼品。除姚某仓给部分客户的返款超过本金外,尚有120名被害人共计31,417,689.08元本金被姚某仓据为己有。案发后,被告人姚某仓主动退缴赃款608,449.47元。

【认定】法院认为,被告人姚某仓假借保险公司的名义,伪造虚假的保险公司印章及收款凭证,隐瞒个人操纵客户购买的"追加保险费"资金的事实,骗取客户的资金,未用于生产经营,致使数额特别巨大的资金无法返还,其行为构成集资诈骗罪。

权威解读

"非法吸收公众存款",是指行为人违反国家法律、法规的规定在社会上以存款的形式公开吸收公众资金的行为。"公众存款"指的是存款人是不特定的群体的存款,如果存款人只是少数人或者属于单位特定的范围,如仅限于本单位的人员等,不能认为是公众存款。

"变相吸收公众存款",是指行为人不以存款的名义而是通过其他形式吸收公众资金,从而达到吸收公众存款的目的的行为。例如,有些单位和个人,未经批准成立各种基金会吸收公众的资金,或者以投资集资入股的名义吸收公众资金,但并不按正常投资的形式分配利润、股息,而是以一定利息进行支付的行为。变相吸收公众存款规避的是国家对吸收公众存款的监督管理，其危害和犯罪的性质与非法吸收公众存款是相同的。[①]

非法占有目的是成立集资诈骗罪的法定要件，是区分集资诈骗罪与其他非法集资类犯罪的关键所在，同时又是集资诈骗罪司法认定的难点。这里的"非法占有"是广义的，通常是指将非法募集的资金的所有权转归为自己所有，或任意挥霍，或占有资金后携款潜逃等。在司法实践中，认定是否具有非法占有为目的，应当坚持主客观相一致的原则，既要避免单纯根据损失结果客观归罪，也不能仅凭被告人自己的供述，而应当根据案件具体情况具体分析。[②]

《刑法》第一百八十三条　【职务侵占罪；贪污罪】

第一百八十三条　保险公司的工作人员利用职务上的便利，故意编造未曾发生的保险事故进行虚假理赔，骗取保险金归自己所有的，依照本法第二百七十一条的规定定罪处罚。

国有保险公司工作人员和国有保险公司委派到非国有保险公司从事公务的人员有前款行为的，依照本法第三百八十二条、第三百八十三条的规定定罪处罚。

相关规定

1.《刑法》

第二百七十一条　公司、企业或者其他单位的工作人员，利用职务上的便利，将本单位财物非法占为己有，数额较大的，处三年以下有期徒刑或者拘役，并处罚金；数额巨大的，处三年以上十年以下有期徒刑，并处罚金；数额特别巨大的，处十年以上有期徒刑或者无期徒刑，并处罚金。

国有公司、企业或者其他国有单位中从事公务的人员和国有公司、企业或者其他国有单位委派到非国有公司、企业以及其他单位从事公务的人员有前款行为的，依照本法第三百八十二条、第三百八十三条的规定定罪处罚。

第三百八十二条　国家工作人员利用职务上的便利，侵吞、窃取、骗取或者以其他手段非法占有公共财物的，是贪污罪。

---

① 参见王爱立主编：《中华人民共和国刑法释义》，法律出版社2021年版，第345页。

② 参见王爱立主编：《中华人民共和国刑法释义》，法律出版社2021年版，第394页。

受国家机关、国有公司、企业、事业单位、人民团体委托管理、经营国有财产的人员,利用职务上的便利,侵吞、窃取、骗取或者以其他手段非法占有国有财物的,以贪污论。

与前两款所列人员勾结,伙同贪污的,以共犯论处。

第三百八十三条 对犯贪污罪的,根据情节轻重,分别依照下列规定处罚:

(一)贪污数额较大或者有其他较重情节的,处三年以下有期徒刑或者拘役,并处罚金。

(二)贪污数额巨大或者有其他严重情节的,处三年以上十年以下有期徒刑,并处罚金或者没收财产。

(三)贪污数额特别巨大或者有其他特别严重情节的,处十年以上有期徒刑或者无期徒刑,并处罚金或者没收财产;数额特别巨大,并使国家和人民利益遭受特别重大损失的,处无期徒刑或者死刑,并处没收财产。

对多次贪污未经处理的,按照累计贪污数额处罚。

……

2.《保险法》

第一百一十六条 保险公司及其工作人员在保险业务活动中不得有下列行为:

……

(六)故意编造未曾发生的保险事故、虚构保险合同或者故意夸大已经发生的保险事故的损失程度进行虚假理赔,骗取保险金或者牟取其他不正当利益;

……

第一百三十一条 保险代理人、保险经纪人及其从业人员在办理保险业务活动中不得有下列行为:

……

(七)挪用、截留、侵占保险费或者保险金;

……

3.《最高人民检察院、公安部关于公安机关管辖的刑事案件立案追诉标准的规定(二)》(2022年4月6日)

第七十六条 〔职务侵占案(刑法第二百七十一条第一款)〕公司、企业或者其他单位的人员,利用职务上的便利,将本单位财物非法占为己有,数额在三万元以上的,应予立案追诉。

4.《最高人民法院、最高人民检察院关于办理贪污贿赂刑事案件适用法律若干问题的解释》(法释〔2016〕9号)

第一条 贪污或者受贿数额在三万元以上不满二十万元的,应当认定为刑法

第三百八十三条第一款规定的"数额较大",依法判处三年以下有期徒刑或者拘役,并处罚金。

贪污数额在一万元以上不满三万元,具有下列情形之一的,应当认定为刑法第三百八十三条第一款规定的"其他较重情节",依法判处三年以下有期徒刑或者拘役,并处罚金:

(一)贪污救灾、抢险、防汛、优抚、扶贫、移民、救济、防疫、社会捐助等特定款物的;

(二)曾因贪污、受贿、挪用公款受过党纪、行政处分的;

(三)曾因故意犯罪受过刑事追究的;

(四)赃款赃物用于非法活动的;

(五)拒不交待赃款赃物去向或者拒不配合追缴工作,致使无法追缴的;

(六)造成恶劣影响或者其他严重后果的。

……

第二条　贪污或者受贿数额在二十万元以上不满三百万元的,应当认定为刑法第三百八十三条第一款规定的"数额巨大",依法判处三年以上十年以下有期徒刑,并处罚金或者没收财产。

贪污数额在十万元以上不满二十万元,具有本解释第一条第二款规定的情形之一的,应当认定为刑法第三百八十三条第一款规定的"其他严重情节",依法判处三年以上十年以下有期徒刑,并处罚金或者没收财产。

第三条　贪污或者受贿数额在三百万元以上的,应当认定为刑法第三百八十三条第一款规定的"数额特别巨大",依法判处十年以上有期徒刑、无期徒刑或者死刑,并处罚金或者没收财产。

贪污数额在一百五十万元以上不满三百万元,具有本解释第一条第二款规定的情形之一的,应当认定为刑法第三百八十三条第一款规定的"其他特别严重情节",依法判处十年以上有期徒刑、无期徒刑或者死刑,并处罚金或者没收财产。

受贿数额在一百五十万元以上不满三百万元,具有本解释第一条第三款规定的情形之一的,应当认定为刑法第三百八十三条第一款规定的"其他特别严重情节",依法判处十年以上有期徒刑、无期徒刑或者死刑,并处罚金或者没收财产。

第四条　贪污、受贿数额特别巨大,犯罪情节特别严重、社会影响特别恶劣、给国家和人民利益造成特别重大损失的,可以判处死刑。

符合前款规定的情形,但具有自首,立功,如实供述自己罪行、真诚悔罪、积极退赃,或者避免、减少损害结果的发生等情节,不是必须立即执行的,可以判处死刑缓期二年执行。

符合第一款规定情形的，根据犯罪情节等情况可以判处死刑缓期二年执行，同时裁判决定在其死刑缓期执行二年期满依法减为无期徒刑后，终身监禁，不得减刑、假释。

第十六条 国家工作人员出于贪污、受贿的故意，非法占有公共财物、收受他人财物之后，将赃款赃物用于单位公务支出或者社会捐赠的，不影响贪污罪、受贿罪的认定，但量刑时可以酌情考虑。

……

第十八条 贪污贿赂犯罪分子违法所得的一切财物，应当依照刑法第六十四条的规定予以追缴或者责令退赔，对被害人的合法财产应当及时返还。对尚未追缴到案或者尚未足额退赔的违法所得，应当继续追缴或者责令退赔。

第十九条 对贪污罪、受贿罪判处三年以下有期徒刑或者拘役的，应当并处十万元以上五十万元以下的罚金；判处三年以上十年以下有期徒刑的，应当并处二十万元以上犯罪数额二倍以下的罚金或者没收财产；判处十年以上有期徒刑或者无期徒刑的，应当并处五十万元以上犯罪数额二倍以下的罚金或者没收财产。

对刑法规定并处罚金的其他贪污贿赂犯罪，应当在十万元以上犯罪数额二倍以下判处罚金。

第二十条 本解释自2016年4月18日起施行。最高人民法院、最高人民检察院此前发布的司法解释与本解释不一致的，以本解释为准。

5.《最高人民法院、最高人民检察院关于办理国家出资企业中职务犯罪案件具体应用法律若干问题的意见》（法发〔2010〕49号）

六、关于国家出资企业中国家工作人员的认定

经国家机关、国有公司、企业、事业单位提名、推荐、任命、批准等，在国有控股、参股公司及其分支机构中从事公务的人员，应当认定为国家工作人员。具体的任命机构和程序，不影响国家工作人员的认定。

经国家出资企业中负有管理、监督国有资产职责的组织批准或者研究决定，代表其在国有控股、参股公司及其分支机构中从事组织、领导、监督、经营、管理工作的人员，应当认定为国家工作人员。

国家出资企业中的国家工作人员，在国家出资企业中持有个人股份或者同时接受非国有股东委托的，不影响其国家工作人员身份的认定。

6.《最高人民法院关于审理贪污、职务侵占案件如何认定共同犯罪几个问题的解释》（法释〔2000〕15号）

第一条 行为人与国家工作人员勾结，利用国家工作人员的职务便利，共同侵吞、窃取、骗取或者以其他手段非法占有公共财物的，以贪污罪共犯论处。

第二条　行为人与公司、企业或者其他单位的人员勾结，利用公司、企业或者其他单位人员的职务便利，共同将该单位财物非法占为己有，数额较大的，以职务侵占罪共犯论处。

第三条　公司、企业或者其他单位中，不具有国家工作人员身份的人与国家工作人员勾结，分别利用各自的职务便利，共同将本单位财物非法占为己有的，按照主犯的犯罪性质定罪。

7.《最高人民法院关于在国有资本控股、参股的股份有限公司中从事管理工作的人员利用职务便利非法占有本公司财物如何定罪问题的批复》(法释〔2001〕17号)

在国有资本控股、参股的股份有限公司中从事管理工作的人员，除受国家机关、国有公司、企业、事业单位委派从事公务的以外，不属于国家工作人员。对其利用职务上的便利，将本单位财物非法占为己有，数额较大的，应当依照刑法第二百七十一条第一款的规定，以职务侵占罪定罪处罚。

典型案例

1. 何某职务侵占案［吉林省长春市朝阳区人民法院(2020)吉0104刑初304号刑事判决书、吉林省长春市中级人民法院(2020)吉01刑终556号刑事裁定书］

【案情】2018年7月至2019年1月，被告人何某利用担任安华农业保险股份有限公司内蒙古分公司财产险部核赔职位的便利条件，出于非法占有的目的，通过检索查找本公司已赔付的理赔案件作为重开赔案的依托，重开赔案案件，冒用各层审批环节工作人员的工号及密码，利用安华保险公司平台系统不能过滤和识别空白资料的漏洞，私自启动赔案40笔。经过司法会计鉴定，确认何某侵吞本单位资金共计人民币858,559.64元。款项被何某全部转入其男友刘某扬中国银行卡内。安华农业保险股份有限公司于2019年6月报案。在案件侦查期间，被告人何某又分别于2019年7月、9月，伪造“张某龙、张某”交通事故死亡的人身意外险理赔文件资料，通过虚构“张某龙”赔案侵吞本单位资金人民币600,000元。在虚构的“张某”人身意外理赔案件的审批过程中，该起犯罪行为因被公司发现而未得逞。

【认定】法院认为，何某以非法占有为目的，利用职务便利，采用重开保险赔案及虚构保险事故进行理赔为手段，侵占公司财产，数额巨大，其行为已构成职务侵占罪。

2. 陈某寿、沈某胜职务侵占案[福建省长汀县人民法院(2018)闽0821刑初177号刑事判决书、福建省龙岩市中级人民法院(2019)闽08刑终123号刑事判决书]

【案情】自2007年开始,被告人陈某寿利用其担任中国太平洋财产保险股份有限公司长汀支公司经理的职务便利,伙同公司查勘员被告人沈某胜编造假交通事故致人伤亡的保险理赔案件,骗取公司保险金。被告人陈某寿联系好车辆后交代被告人沈某胜制造假的保险理赔案,两被告人向保险公司报险后,保险公司会指派查勘员被告人沈某胜对事故现场进行查勘,随后两被告人将车辆开至长汀县319国道等路段,故意将车辆撞坏、制造假的交通事故现场并进行拍照等。此后,两被告人先后制作机动车保险索赔申请书、机动车辆保险事故定损单、道路交通事故认定书、道路交通事故损害赔偿调解书、交通事故损害赔偿凭证、城关派出所的户口注销证明(有时为死亡证明)、死者及其家属的户口簿复印件、汀州医院的死亡殡葬证等假的证明文件。上述保险理赔案件制作完成后,经被告人陈某寿签批后层报中国太平洋财产保险股份有限公司龙岩中心支公司初审、中国太平洋财产保险股份有限公司福建省分公司审核。其间,两被告人冒用车主的名义或以代理人身份开设车主户名的银行账户,用于接收中国太平洋财产保险股份有限公司龙岩中心支公司打入的保险理赔款。2007年至2010年间,被告人陈某寿、沈某胜采用上述方式,先后利用钟某5(2次)、徐某、张某1、苏某、钟某1、钟某2、黄某1、吴某1、曾某1、钟某6、梁某、钟某3、钟某4、赖某等14人的车辆,制作假的交通事故致人伤亡保险理赔案15起,骗取保险理赔款共计人民币4,300,408.34元。

【认定】法院认为,陈某寿及沈某胜利用保险公司工作人员职务上的便利,通过编造虚假保险事故进行理赔,骗取保险公司人民币4,300,408.34元占为己有,二人的行为均已构成职务侵占罪。

3. 赵某民、赵某职务侵占罪、贪污案[四川省青川县人民法院(2018)川0822刑初103号刑事判决书、四川省广元市中级人民法院(2019)川08刑终110号刑事裁定书]

【案情】被告人赵某民于2014年12月16日经中华联合财产保险股份有限公司广元中心支公司(以下简称广元中支公司)党政联席会研究,同意录用为该公司工作人员,并于2015年1月20日签订劳动合同,在青川支公司从事农险查勘定损工作。2016年5月3日,青川支公司任命赵某民为农险部经理兼理赔科科长。2015年12月至2018年2月7日,被告人赵某民利用担任青川支公司农险查勘定损员、农险部经理兼理赔科科长的职务便利,采取借用贺某贵、任某付、蔡某林等13人名义虚构保险标的、并以虚构保单为基础编造未曾发生的保险事故,单独骗取和伙同他人骗取及以帮助中华联合保险公司青川支公司走账的方式,骗取特色农业保险理赔金3,015,154.17元，非法据为己有。2018年2月7日被告人赵某民经中华联合财产保险股份有限公司广元中心支公司党委会研究任命为青川支公司经理助理，协助经理开展工作后，利用职务之便，采取虚构保险标的，虚构保险事故进行理赔，单独和伙同他人骗取保险金579,075.21元，据为己有。

【认定】法院认为，中华联合财产保险股份有限公司系非上市、国有控股公司，中华联合财产保险股份有限公司青川支公司属于该公司的分支机构，被告人赵某民入职后担任该公司的定损员、农险部经理兼理赔科科长期间，在实施政策性农业保险过程中，利用职务之便，采取虚构保险标的投保，虚构保险事故进行理赔，单独骗取和伙同他人骗取及以帮助中华联合保险公司青川支公司走账的方式，骗取特色农业保险理赔金3,015,154.17元，伙同赵某骗取1,126,264.86元，二人的行为均已构成职务侵占罪。2018年2月7日后，被告人赵某民经广元中支公司党委会任命为经理助理，协助经理开展公司经营、管理工作，在实施政策性农业保险过程中，利用该职务之便，采取虚构保险标的投保，虚构保险事故进行理赔，单独和伙同他人骗取保险金579,075.21元，伙同赵某骗取保险金104,895.00元，其中未遂15,120.00元，二人的行为均已构成贪污罪。决定以职务侵占罪和贪污罪数罪并罚。

权威解读

本罪的犯罪主体是特殊主体，即保险公司的工作人员，如果是非保险公司的工作人员故意编造未曾发生的保险事故，进行虚假理赔的，不构成此罪，而构成保险诈骗罪。①

贪污罪在行为上主要表现为利用职务上的便利，侵吞、窃取、骗取或者以其他手段非法占有公共财物。这里所说的“利用职务上的便利”，是指利用自己职务范围内的权力和地位所形成的主管、管理、经手公共财物的便利条件。②

《刑法》第一百八十五条　【挪用资金罪、挪用公款罪】

第一百八十五条　商业银行、证券交易所、期货交易所、证券公司、期货经纪公司、保险公司或者其他金融机构的工作人员利用职务上的便利，挪用本单位或者客户资金的，依照本法第二百七十二条的规定定罪处罚。

---

① 参见王爱立主编：《中华人民共和国刑法释义》，法律出版社2021年版，第371页。

② 参见王爱立主编：《中华人民共和国刑法释义》，法律出版社2021年版，第847页。

国有商业银行、证券交易所、期货交易所、证券公司、期货经纪公司、保险公司或者其他国有金融机构的工作人员和国有商业银行、证券交易所、期货交易所、证券公司、期货经纪公司、保险公司或者其他国有金融机构委派到前款规定中的非国有机构从事公务的人员有前款行为的，依照本法第三百八十四条的规定定罪处罚。

《刑法》第一百八十五条之一 【背信运用受托财产罪、违法运用资金罪】

第一百八十五条之一　商业银行、证券交易所、期货交易所、证券公司、期货经纪公司、保险公司或者其他金融机构，违背受托义务，擅自运用客户资金或者其他委托、信托的财产，情节严重的，对单位判处罚金，并对其直接负责的主管人员和其他直接责任人员，处三年以下有期徒刑或者拘役，并处三万元以上三十万元以下罚金；情节特别严重的，处三年以上十年以下有期徒刑，并处五万元以上五十万元以下罚金。

社会保障基金管理机构、住房公积金管理机构等公众资金管理机构，以及保险公司、保险资产管理公司、证券投资基金管理公司，违反国家规定运用资金的，对其直接负责的主管人员和其他直接责任人员，依照前款的规定处罚。

相关规定

1.《刑法》

第二百七十二条　公司、企业或者其他单位的工作人员，利用职务上的便利，挪用本单位资金归个人使用或者借贷给他人，数额较大、超过三个月未还的，或者虽未超过三个月，但数额较大、进行营利活动的，或者进行非法活动的，处三年以下有期徒刑或者拘役；挪用本单位资金数额巨大的，处三年以上七年以下有期徒刑；数额特别巨大的，处七年以上有期徒刑。

国有公司、企业或者其他国有单位中从事公务的人员和国有公司、企业或者其他国有单位委派到非国有公司、企业以及其他单位从事公务的人员有前款行为的，依照本法第三百八十四条的规定定罪处罚。

有第一款行为，在提起公诉前将挪用的资金退还的，可以从轻或者减轻处罚。其中，犯罪较轻的，可以减轻或者免除处罚。

第三百八十四条　国家工作人员利用职务上的便利，挪用公款归个人使用，进行非法活动的，或者挪用公款数额较大、进行营利活动的，或者挪用公款数额较大、超过三个月未还的，是挪用公款罪，处五年以下有期徒刑或者拘役；情节严重的，处五年以上有期徒刑。挪用公款数额巨大不退还的，处十年以上有期徒刑或者无期徒刑。

挪用用于救灾、抢险、防汛、优抚、扶贫、移民、救济款物归个人使用的，从重处罚。

2.《全国人民代表大会常务委员会法制工作委员会刑法室关于挪用资金罪有关问题的答复》（法工委刑发〔2004〕第28号）

刑法第二百七十二条规定的挪用资金罪中的"归个人使用"与刑法第三百八十四条规定的挪用公款罪中的"归个人使用"的含义基本相同。1997年修改刑法时，针对当时挪用资金中比较突出的情况，在规定"归个人使用时"的同时，进一步明确了"借贷给他人"属于挪用资金罪的一种表现形式。

3.《最高人民检察院、公安部关于公安机关管辖的刑事案件立案追诉标准的规定（二）》（2022年4月6日）

第三十六条 〔违法运用资金案（刑法第一百八十五条之一第二款）〕社会保障基金管理机构、住房公积金管理机构等公众资金管理机构，以及保险公司、保险资产管理公司、证券投资基金管理公司，违反国家规定运用资金，涉嫌下列情形之一的，应予立案追诉：

（一）违反国家规定运用资金数额在三十万元以上的；

（二）虽未达到上述数额标准，但多次违反国家规定运用资金的；

（三）其他情节严重的情形。

第七十七条 〔挪用资金案（刑法第二百七十二条第一款）〕公司、企业或者其他单位的工作人员，利用职务上的便利，挪用本单位资金归个人使用或者借贷给他人，涉嫌下列情形之一的，应予立案追诉：

（一）挪用本单位资金数额在五万元以上，超过三个月未还的；

（二）挪用本单位资金数额在五万元以上，进行营利活动的；

（三）挪用本单位资金数额在三万元以上，进行非法活动的。

具有下列情形之一的，属于本条规定的"归个人使用"：

（一）将本单位资金供本人、亲友或者其他自然人使用的；

（二）以个人名义将本单位资金供其他单位使用的；

（三）个人决定以单位名义将本单位资金供其他单位使用，谋取个人利益的。

4.《最高人民法院、最高人民检察院关于办理贪污贿赂刑事案件适用法律若干问题的解释》（法释〔2016〕9号）

第五条 挪用公款归个人使用，进行非法活动，数额在三万元以上的，应当依照刑法第三百八十四条的规定以挪用公款罪追究刑事责任；数额在三百万元以上的，应当认定为刑法第三百八十四条第一款规定的“数额巨大”。具有下列情形之一的，应当认定为刑法第三百八十四条第一款规定的“情节严重”：

（一）挪用公款数额在一百万元以上的；

（二）挪用救灾、抢险、防汛、优抚、扶贫、移民、救济特定款物，数额在五十万元以上不满一百万元的；

（三）挪用公款不退还，数额在五十万元以上不满一百万元的；

（四）其他严重的情节。

第六条 挪用公款归个人使用，进行营利活动或者超过三个月未还，数额在五万元以上的，应当认定为刑法第三百八十四条第一款规定的“数额较大”；数额在五百万元以上的，应当认定为刑法第三百八十四条第一款规定的“数额巨大”。具有下列情形之一的，应当认定为刑法第三百八十四条第一款规定的“情节严重”：

（一）挪用公款数额在二百万元以上的；

（二）挪用救灾、抢险、防汛、优抚、扶贫、移民、救济特定款物，数额在一百万元以上不满二百万元的；

（三）挪用公款不退还，数额在一百万元以上不满二百万元的；

（四）其他严重的情节。

5.《最高人民法院关于对受委托管理、经营国有财产人员挪用国有资金行为如何定罪问题的批复》（法释〔2000〕5号）

对于受国家机关、国有公司、企业、事业单位、人民团体委托，管理、经营国有财产的非国家工作人员，利用职务上的便利，挪用国有资金归个人使用构成犯罪的，应当依照刑法第二百七十二条第一款的规定定罪处罚。

6.《最高人民法院关于如何理解刑法第二百七十二条规定的“挪用本单位资金归个人使用或者借贷给他人”问题的批复》（法释〔2000〕22号）

公司、企业或者其他单位的非国家工作人员，利用职务上的便利，挪用本单位资金归本人或者其他自然人使用，或者挪用人以个人名义将所挪用的资金借给其他自然人和单位，构成犯罪的，应当依照刑法第二百七十二条第一款的规定定罪处罚。

典型案例

1. 龚某菲挪用资金案［河南省许昌市魏都区人民法院（2014）魏刑初字第318号刑事判决书］

【案情】2012年3月以来，被告人龚某菲利用担任中国人寿保险股份有限公司许昌分公司客户经理的职务之便，多次挪用客户保险费用于个人使用，累计金额共计101,468.46元。

【认定】法院认为，被告人龚某菲利用其担任中国人寿保险股份有限公司许昌分公司客户经理的职务之便，挪用应上交公司的客户保险费归个人使用，数额较大，超过三个月未还，其行为已构成挪用资金罪。

2. 李淑某挪用公款案［贵州省三都水族自治县人民法院(2014)三刑初字第180号刑事判决书］

【案情】被告人李淑某原在中国人寿保险股份有限公司黔南分公司三都支公司收付费岗位任工作员期间(2006年6月至2012年11月)，由于保险公司系统软件故障原因不能正常上缴保费录入系统，李淑某收取客户的保险费共计214,547元暂存入其本人账户上，在此期间李淑某用暂存入其本人账户上的保险费除了分别支付客户的满期金152,732.90元和李淑某为覃某阶垫付的保险费1100元外，余下60,714.1元保险费李淑某私自挪用作为其他生活开支无法上交保险公司。

【认定】法院认为，被告人李淑某在保险公司任职期间，利用职务上的便利，挪用保险费归个人使用，数额较大，超过三个月未还，其行为已构成挪用公款罪。

3. 瞿某勇诈骗案［云南省嵩明县人民法院(2018)云0127刑初579号刑事判决书、云南省昆明市中级人民法院(2019)云01刑终477号刑事判决书］

【案情】2016年3月，时任中国人寿保险股份有限公司嵩明县支公司经理的被告人瞿某勇，为了偿还其所欠借款，以公司经理身份向该公司客户王某2推荐了公司代理销售的保险期限为356天的“国寿福寿某个人养老保障管理产品”，王某2按照被告人瞿某勇的要求将150万元款项转账至中国人寿保险股份有限公司嵩明县支公司销售员王某1的农行账户。当日，王某1即按照被告人瞿某勇的安排将上述150万元人民币转账给宋某琼等人用于归还瞿某勇的个人欠款，未将该款转入公司指定账户。

后王某2向被告人瞿某勇索要保单，为了消除王某2的顾虑，被告人瞿某勇指使王某1制作了一份虚假的“交易提交成功”凭证交给王某2，谎称已帮王某2购买了150万元的“国寿福寿某个人养老保障管理产品”。截至王某2转款一年之后，被告人瞿某勇都未为王某2办理该笔保险业务，后在王某2的多次追问下，被告人瞿某勇才将未替王某2办理保险业务以及将王某2所欲购买“国寿福寿某个人养老保障管理产品”的150万元款项用于归还个人借款的情况告知王某2，并承诺在2017年12月底前归还150万元的本金及相应的利息。截至案发时，被告人瞿某勇通过自己或者王某1的账户共计归还了王某2购买“国寿福寿某个人养老保障管理产品”的本金36万元。

【认定】一审法院认为，被告人瞿某勇作为中国人寿保险股份有限公司嵩明县支公司的经理，利用职务上的便利，挪用王某2欲购买"国寿福寿某个人养老保障管理产品"的150万元的资金用于归还其个人欠款，数额较大且至今未退还，其行为构成挪用资金罪。被告人瞿某勇在诱骗王某2购买产品时，其主观上并没有要非法占有的主观故意，其只是想将该资金挪作他用，故公诉机关指控被告人瞿某勇犯诈骗罪的罪名不当。

二审法院认为，上诉人瞿某勇利用担任中国人寿保险股份有限公司嵩明县支公司经理的身份，以非法占有为目的，采取隐瞒真相的方法，骗取被害人王某2保险费人民币114万元，数额特别巨大，构成诈骗罪。上诉人瞿某勇为偿还其已无力清偿的债务，虚构购买保险产品诈骗他人财物，其非法占有他人财物的目的明显，上诉人虽在案发前有赔偿被害人的行为，但其是在被害人追讨的情况下迫于压力才偿还的，因此对于上诉人和辩护人所提出的无非法占有主观目的的意见不予采纳。上诉人瞿某勇出于非法占有的目的，欺骗被害人并直接将被害人的财物存入个人账户用于还债，其行为符合诈骗罪的犯罪构成，依法应按诈骗罪定罪处罚。

4. 胡某学等违法运用资金案［北京市西城区（2017）京0102刑初343号刑事判决书、北京市第二中级人民法院（2018）京02刑终178号刑事判决书］

【案情】中融人寿公司于2011年12月至2013年11月，在经时任董事长的被告人陈某决定及时任副总经理兼财务负责人的被告人王某有审核后，以购买灾备系统、支付投资预付款等名目，多次将公司资本金账户及保险产品资金专用账户内的资金出借给相关企业使用，出借款项共计人民币5.24亿元，截至2013年11月28日，中融人寿公司已将上述全部资金及相应利息予以回收；其间，被告人胡某学作为中融人寿公司资产管理中心固定收益部负责人，在被告人王某有的授意下，于2011年12月至2013年8月，以购买灾备系统、支付投资预付款等名目多次发起付款申请，涉及资金共计人民币2.54亿元。

【认定】一审法院认为，中融人寿公司违反国家规定运用资金的行为，侵犯了国家金融管理制度以及保险资金的所有权，被告人陈某、王某有及被告人胡某学分别作为对中融人寿公司上述行为直接负责的主管人员和其他直接责任人员，均已构成违法运用资金罪，均应依法予以惩处。鉴于中融人寿公司的违法运用资金行为尚未造成保险资金的损失，依法可对三名被告人免予刑事处罚。

一审宣判后检察机关提起了抗诉。二审法院认为，保险公司运用资金只能限于《保险法》规定的领域及国务院规定的其他资金运用形式，中融人寿公司资金拆借的行为超出了《保险法》及国务院相关文件规定的保险资金运用范围。中融人寿公司违法运用资金13笔，每笔500万元至1.1亿元不等，累计金额5.24亿元，违法运用资金数额巨大，次数多；违法运用资金的起止时间为 2011 年 12 月至 2013 年 11 月，时间跨度较大，资金风险持续时间较长；且中融人寿公司在运用资金的过程中未采取必要风险控制措施，资金使用风险较大；其拆借资金以签订虚假合同为手段，恶意逃避监管，违背股东利益，使巨额资金的运用处于不确定状态，社会危害性较大，依法应当认定为犯罪情节严重。一审法院适用《刑法》第三十七条的规定，认为本案犯罪情节轻微，系适用法律不当，由此导致对陈某、王某有的量刑畸轻。判决陈某、王某有、胡某学构成违法运用资金罪，陈某、王某有系主犯，胡某学是为从犯。判决陈某犯违法运用资金罪，判处有期徒刑 1 年 6 个月，并处罚金人民币 15 万元，王某有犯违法运用资金罪，判处有期徒刑 1 年，缓刑 1 年，并处罚金人民币 10 万元。胡某学犯违法运用资金罪，免予刑事处罚。

权威解读

实际执行中需要注意以下问题：

1. 需要将用账外客户资金非法拆借、发放贷款的行为与挪用公款罪和挪用资金罪予以区分。对此，可以参考 2001 年最高人民法院《全国法院审理金融犯罪案件工作座谈会纪要》的相关规定。该纪要规定，银行或者其他金融机构及其工作人员用账外客户资金非法拆借、发放贷款，对于利用职务上的便利，挪用已经记入金融机构法定存款账户的客户资金归个人使用的，或者吸收客户资金不入账，却给客户开具银行存单，客户也认为该款已存入银行，该款却被行为人以个人名义借贷给他人的，均应认定为挪用公款罪或者挪用资金罪。

2.《刑法修正案（十一）》在刑法第二百七十二条增加规定了第 3 款，即“有第一款行为，在提起公诉前将挪用的资金退还的，可以从轻或者减轻处罚。其中，犯罪较轻的，可以减轻或者免除处罚”，以鼓励犯罪行为人将挪用资金主动退还，减少单位或客户的损失。①

违法运用资金罪的犯罪主体是单位，包括社会保障基金管理机构、住房公积金管理机构等公众资金经营、管理机构，以及保险公司、保险资产管理公司、证券投资基金管理公司等。

随着经济社会的不断发展，实践中有一些单位实质不具备接受委托资金的资质，也未按规定接受金融监管却违规从事金融业务。这些单位通过各种变相公开宣传、承诺保本保收益、向社会不特定对象集资等形式与委托人订立合同，募集资

① 参见王爱立主编：《中华人民共和国刑法释义》，法律出版社 2021 年版，第 375 页。

金，同时实施相关违法行为，完全违背与委托人订立合同中规定的权利义务。包括以虚构事实，隐瞒真相的方式伪造、编造投资行为；或者违规挪用、侵占甚至挥霍受委托资金；或者将受委托资金直接进行非法活动等，造成委托人、投资人的极大损失。这些行为，表面上是该类单位的责任人员违背受托义务，擅自运用客户资金和受托财产的行为，实质上属于非法集资类犯罪，应根据案件的具体情况，依照《刑法》第一百七十六条非法吸收公众存款罪、第一百九十二条集资诈骗罪等，依法定罪处罚。[1]

《刑法》第一百九十八条 【保险诈骗罪】

第一百九十八条 有下列情形之一，进行保险诈骗活动，数额较大的，处五年以下有期徒刑或者拘役，并处一万元以上十万元以下罚金；数额巨大或者有其他严重情节的，处五年以上十年以下有期徒刑，并处二万元以上二十万元以下罚金；数额特别巨大或者有其他特别严重情节的，处十年以上有期徒刑，并处二万元以上二十万元以下罚金或者没收财产：

（一）投保人故意虚构保险标的，骗取保险金的；

（二）投保人、被保险人或者受益人对发生的保险事故编造虚假的原因或者夸大损失的程度，骗取保险金的；

（三）投保人、被保险人或者受益人编造未曾发生的保险事故，骗取保险金的；

（四）投保人、被保险人故意造成财产损失的保险事故，骗取保险金的；

（五）投保人、受益人故意造成被保险人死亡、伤残或者疾病，骗取保险金的。

有前款第四项、第五项所列行为，同时构成其他犯罪的，依照数罪并罚的规定处罚。

单位犯第一款罪的，对单位判处罚金，并对其直接负责的主管人员和其他直接责任人员，处五年以下有期徒刑或者拘役；数额巨大或者有其他严重情节的，处五年以上十年以下有期徒刑；数额特别巨大或者有其他特别严重情节的，处十年以上有期徒刑。

保险事故的鉴定人、证明人、财产评估人故意提供虚假的证明文件，为他人诈骗提供条件的，以保险诈骗的共犯论处。

---

① 参见王爱立主编：《中华人民共和国刑法释义》，法律出版社 2021 年版，第 377 页

相关规定

1.《保险法》

第一百七十四条 投保人、被保险人或者受益人有下列行为之一，进行保险诈骗活动，尚不构成犯罪的，依法给予行政处罚：

（一）投保人故意虚构保险标的，骗取保险金的；

（二）编造未曾发生的保险事故，或者编造虚假的事故原因或者夸大损失程度，骗取保险金的；

（三）故意造成保险事故，骗取保险金的。

保险事故的鉴定人、评估人、证明人故意提供虚假的证明文件，为投保人、被保险人或者受益人进行保险诈骗提供条件的，依照前款规定给予处罚。

2.《最高人民检察院、公安部关于公安机关管辖的刑事案件立案追诉标准的规定（二）》（2022年4月6日）

第五十一条 〔保险诈骗案（刑法第一百九十八条）〕进行保险诈骗活动，数额在五万元以上的，应予立案追诉。

3.《最高人民检察院法律政策研究室关于保险诈骗未遂能否按犯罪处理问题的答复》（〔1998〕高检研发第20号）

行为人已经着手实施保险诈骗行为，但由于意志以外的原因未能获得保险赔偿的，是诈骗未遂，情节严重的，应依法追究刑事责任。

典型案例

（一）投保人故意虚构保险标的，骗取保险金的

1. 王某英保险诈骗罪［上海市黄浦区人民法院（2018）沪0101刑初653号刑事判决书、上海市第二中级人民法院（2018）沪02刑终1195号刑事裁定书］

【案情】王某英于2017年年初从网上获悉可以在淘宝网上以虚构货物交易信息而骗取退货运费险的犯罪方法后，即于同年4月14日实名注册登记了淘宝账户“泰合算人”，以此账户作为买家，在其本人于2010年12月14日实名注册登记的淘宝账户“越越815”开设的淘宝店铺内进行虚假购物交易，在淘宝网提供的电子保险交易平台上出资投保众安保险公司承保的“网络购物退货运费损失保险”，并且虚构境外的买家收货地址。嗣后，从网上购买虚假的物流订单号以虚构卖家发货和买家退货的事实，并提出单笔25元人民币的运费险理赔申请，遭系统自动审核拒绝赔付后，将淘宝订单号发送给他人以非法手段通过运费险理赔，骗取运

费险后共同分赃。2017 年 4 月 14 日至 2017 年 6 月 7 日，王某英使用淘宝账户“泰合算人”骗取运费险 1777 次，合计人民币 44,425.00 元。①

【认定】法院认为，王某英伙同他人故意虚构保险标的，骗取保险金，数额较大，其行为已构成保险诈骗罪。

2. 陈某超、陈某芝保险诈骗案［四川省南充市中级人民法院（2020）川 13 刑终 16 号刑事判决书］

【案情】2014 年 1 月，李某清购买川 R4××××红色东风牌货车后将车挂靠在陈某超、陈某芝经营的南充超旗车业运输有限公司。2017 年 5 月，陈某超、陈某芝将公司所有的另一辆旧货车套用川 R4××××红色东风货车车牌，并补办了行驶证后将车卖于潘某。2017 年 7 月 30 日，潘某聘请的驾驶员周某某驾驶该套牌车在重庆梁平发生一起重大交通事故，造成一人死亡两人受伤。潘某将发生交通事故的情况告知陈某超、陈某芝后，陈某超、陈某芝用真实的川 R4××××车辆的保险单向中国人民财产保险股份有限公司南充市分公司报保险。经重庆市梁平区人民法院判决，由中国人民财产保险股份有限公司南充市分公司赔付 112.2 万元。

【认定】法院认为，陈某超、陈某芝以非法占有为目的，故意虚构保险标的，用套牌车辆冒充投保车辆，共同骗取保险金 111.515 万元，其行为均已构成保险诈骗罪。

（二）投保人、被保险人或者受益人对发生的保险事故编造虚假的原因或者夸大损失的程度，骗取保险金的

1. 李某兵、李某国保险诈骗案［湖北省兴山县人民法院（2020）鄂 0526 刑初 121 号刑事判决书、湖北省宜昌市中级人民法院（2021）鄂 05 刑终 16 号刑事判决书］

【案情】被告人李某国无证驾驶鄂 E×××××小型普通客车由兴山县古夫镇往昭君镇方向行驶，因操作不当将被害人彭某 1 撞倒，造成彭某 1 死亡。事故发生后，李某国因害怕承担法律责任，遂立即电话通知其弟弟李某兵到达现场顶替其作为肇事者，后李某国逃离现场。李某兵对交警谎称自己是肇事者。在与被害人彭某 1 家属协商赔偿事宜期间，李某国、李某兵再次商议，为使李某兵的驾驶证不被吊销，与被害人家属达成合意，在李某兵承担全部赔偿的情况下由被害人彭某 1 承担事故的同等责任，骗取了兴山县公安局交警大队对当事人李某兵、彭某 1 均承担同等责任的事故责任认定。事后，李某兵共骗取财保公司赔偿保险金

---

① 根据《最高人民检察院、公安部关于公安机关管辖的刑事案件立案追诉标准的规定（二）》（公通字〔2010〕23 号）第 56 条的规定，个人进行保险诈骗，数额在 1 万元以上的，单位进行保险诈骗数额在 5 万元以上的，应予立案追诉。

人民币157,636.32元。

【认定】法院认为,被告人李某国伙同李某兵对发生的保险事故编造虚假的原因,骗取保险金,数额巨大,其行为已构成保险诈骗罪。

2. 童某2保险诈骗案[浙江省象山县人民法院(2019)浙0225刑初463号刑事判决书]

【案情】2016年9月13日,被告人童某2为其所有的BC××××号小型轿车向平安保险公司投保了机动车交通事故责任强制保险和机动车商业综合保险,被保险人为童某2。童某2与童某1系父子关系。2016年11月27日凌晨,童某1驾驶被告人童某2名下的浙BC××××号小型轿车行驶至象山县××线田横山路段时,与陈某1驾驶的三轮电瓶车发生碰撞,造成陈某1受伤、两车损坏的道路交通事故。事故发生后,童某1未及时进行救助,而是乘坐其朋友龚某的车辆赶至家中,将被告人童某2接至事故现场。被告人童某2为帮助童某1逃避处罚,在交警进行现场询问时谎称是自己驾驶浙BC××××号小型轿车发生事故,致使象山县公安局交通警察大队于2016年12月8日作出道路交通事故认定书,认定上述事故中被告人童某2驾驶机动车时未确保安全,负事故全部责任。后被告人童某2拨打中国平安财产保险股份有限公司电话报案,称自己驾驶浙BC××××号小型轿车发生事故,启动保险理赔程序。截至2019年3月22日,被告人童某2从平安保险公司处获得车辆损失、陈某1医药费等商业保险理赔金共计人民币173,554.89元。

【认定】法院认为,被告人童某2作为投保人和被保险人对发生的保险事故编造虚假的原因,骗取保险金,数额巨大,其行为已构成保险诈骗罪。

3. 杨某军、李某保险诈骗案[上海市青浦区人民法院(2019)沪0118刑初665号刑事判决书、上海市第二中级人民法院(2020)沪02刑终968号刑事判决书]

【案情】被告人杨某军、李某于2015年5月至2018年2月,在上海市青浦区经营上海隆祥法律咨询事务所代理交通事故理赔业务过程中,与因交通事故受伤的黄某1及其弟黄某2事先商量,在明知黄某1事故前已耳聋的情况下,伙同被告人朱某福以华政鉴定中心名义出具"因交通事故致头部外伤后双侧耳聋"及"×××伤残"的虚假司法鉴定意见书,并据此提起民事诉讼。后经法院判决,中国人寿财产保险股份有限公司赔付黄某1人民币861,219.07元,黄某1得款29万元。2016年5月至2017年3月,被告人杨某军、李某与因交通事故受伤的顾某2及其子寿某某商定,以15万元的价格买断顾某2保险理赔业务,后伙同被告人朱某福以华政鉴定中心名义出具"×××伤残"的虚假司法鉴定意见书,并据此向华泰财产保险有限公司上海分公司骗取保险理赔款521,465.50元,其中,残疾赔偿金461,536元、精神损害抚慰金20,000元。2018年6月15日,经复旦大学上海医学院司法鉴定中心鉴定，被鉴定人顾某2因交通事故所致颈椎过伸伤，目前四肢肌力、肌张力正常，未达伤残等级；顾某2目前颈部活动障碍已构成×××伤残。根据相关法律规定，顾某2应得残疾赔偿金115,384元，精神损害抚慰金5000元。此节事实，被告人杨某军等人多骗取保险理赔金361,152元，其中，顾某2得款15万元。2016年4月至2017年12月，被告人杨某军与沈某某在上海市闵行区经营上海宏振法律咨询事务所代理杨某某交通事故理赔业务过程中，伙同被告人朱某福以华政鉴定中心名义出具"×××伤残"的虚假司法鉴定意见书，并据此提起民事诉讼，要求中国平安财产保险股份有限公司上海分公司及肇事司机赔偿杨某某613,971.74元，其中，残疾赔偿金461,536元，精神损害抚慰金20,000元。2017年11月7日，经复旦大学上海医学院司法鉴定中心鉴定，杨某某在原有颈椎退变基础上因交通事故所致颈椎过伸伤，遗留颈椎活动功能障碍，构成×××伤残。2017年12月，经法院主持调解，确认保险公司支付杨某某赔偿款214,629.80元。根据相关法律规定，杨某某应得残疾赔偿金102,080元，精神损害抚慰金10,000元，此节事实，×××伤残赔偿金与×××伤残赔偿金差额为102,080元及精神抚慰金差额10,000元。后因本案案发，诈骗未得逞。

【认定】一审法院认为，被告人杨某军、李某伙同被告人朱龙福等人以非法占有为目的，采用虚构事实、隐瞒真相的方法，骗取公私财物，数额特别巨大，其行为均已构成诈骗罪。

一审宣判后检察机关提起抗诉，认为原审判决单纯以《保险法》中"受益人"的概念认定《刑法》中"受益人"的概念明显不当；该判决未将事故伤者认定为保险诈骗罪中的"受益人"，属于认定事实有误；该判决将保险诈骗中"受益人"局限于人身保险，属于适用法律不当。检察机关认为，交强险是兼具人身性与财产性的综合性特殊保险。交通事故造成人员伤亡，保险公司在责任限额内对伤者进行赔偿，此时的交强险就具备了人身保险的性质。本案中，黄某1、顾某2、杨某某以其在交通事故中受伤，对保险人提出给付保险金的直接请求，并基于该请求获取了保险人所支付的保险赔偿金，实际从保险赔付过程中获得了相应的保险利益，应当认定为保险诈骗罪中的"受益人"。杨某军、李某、朱某福做高黄某1、顾某2、杨某某（三人均明知自己的伤残等级被做高）等人的伤残等级，骗取保险金，数额特别巨大，应当以保险诈骗罪追究三人刑事责任。

二审法院认为，杨某军、李某、朱某福等人伙同他人对发生的保险事故夸大损失程度骗取保险金，进行保险诈骗活动，数额特别巨大，其行为均已构成保险诈骗罪。本案中，机动车事故的伤者黄某1、顾某2、杨某某均系机动车辆保险的直接受益人，杨某军、李某虽然不是机动车辆保险的投保人、被保险人、受益人、鉴定人、证明人以及财产评估人，但其在协助受益人进行伤势鉴定以及诉讼过程中，通过非法手段，许诺受益人可以帮助其提高伤残等级，勾结鉴定人朱某福出具虚假的伤势、伤残鉴定意见，夸大损伤程度，以受益人名义通过民事诉讼等手段骗取涉案保险公司支付高于其应当支付的事故理赔款，数额特别巨大，杨某军、李某、朱某福的行为符合保险诈骗罪的构成要件，判定杨某军、李某、朱某福构成保险诈骗罪。

（三）投保人、被保险人或者受益人编造未曾发生的保险事故，骗取保险金的

1. 张某保险诈骗案［北京市朝阳区人民法院（2021）京 0105 刑初 3195 号刑事判决书、北京市第三中级人民法院（2022）京 03 刑终 158 号刑事裁定书］

【案情】2014 年 1 月 4 日，被告人张某伙同谢某 1（已判决），使用谢某 1 名下的蒙迪欧牌汽车，在北京市海淀区万泉河桥下伪造与京 LB ×5 × ×奔驰牌汽车的交通事故，后谢某 1 作为被保险人向中国平安财产保险股份有限公司申请理赔，以此骗取保险理赔款 102,836 元。2014 年 6 月 15 日，被告人张某伙同谢某 1，使用谢某 1 名下的蒙迪欧牌汽车，伪造在北京市石景山区与京 J3 ×1 × ×帕萨特牌汽车、京 NV6 × × ×本田牌汽车的三方交通事故，后谢某 1 作为被保险人向中国平安财产保险股份有限公司申请理赔，以此骗取保险理赔款 35,105 元。2015 年 7 月 3 日，被告人张磊伙同谢某 1，使用谢某 1 名下的蒙迪欧牌汽车，伪造在北京市海淀区红山路与京 NN8 × × ×酷派牌汽车的交通事故，后谢某 1 作为被保险人向中国平安财产保险股份有限公司申请理赔，以此骗取保险理赔款 23,254 元。

【认定】法院认为，被告人张某伙同他人，编造未曾发生的保险事故，利用他人被保险人的身份骗取保险金，数额巨大，该行为已构成保险诈骗罪。

2. 向某昌保险诈骗案［湖南省吉首市人民法院（2018）湘 3101 刑初 19 号刑事判决书］

【案情】2015 年 12 月 19 日 20 时许，钱某（已判决）在浙江省余姚市东方国际物流园区苏余物流的 B –7 仓库工作时从运输车上摔下，导致右脚受伤。事发后，陈某 2（已判决）、钱某与被告人向某昌谎称钱某被向某昌驾驶的货车撞伤，后由陈某 2 向紫金财产保险股份有限公司宁波分公司申请理赔款人民币 118,883 元。2017 年 2 月 21 日，紫金财产保险股份有限公司宁波分公司在理赔中发现材料有假，遂向浙江省宁波市公安局鄞州分局东胜派出所报案。2017 年 5 月 14 日，被告人向某昌主动向浙江省宁波市公安局鄞州分局东胜派出所投案。

【认定】吉首市人民法院认为，被告人向某昌伙同他人编造未曾发生的保险事故，骗取保险金，应当以保险诈骗罪追究其刑事责任。判决向某昌犯保险诈骗罪判处有期徒刑 1 年，并处罚金人民币 2 万元。

3. 吴某美、纪某彪保险诈骗案［山东省禹城市人民法院（2021）鲁 1482 刑初 39 号刑事判决书、山东省德州市中级人民法院（2021）鲁 14 刑终 109 号刑事判决书］

【案情】2016 年 6 月 25 日，被告人纪某彪之母苗某在纪老家村的马路上骑电动车摔伤造成左腿腓骨骨折，在曹县中医院就诊，于 2016 年 6 月 27 日出院。被告人纪某彪找到被告人吴某美请求为其母亲带伤投保以骗取理赔款，吴某美同意后，2016 年 7 月 1 日，纪某彪以其母亲苗某系曹县纪老家投资公司员工的名义，通过山东产联商贸股份有限公司（以下简称山东产联）向中国太平洋人寿保险股份有限公司德州中心支公司投保团体意外伤害险。纪老家投资公司开具了苗某于 2016 年 7 月 4 日的工伤事故经过报告，并加盖公司公章，被告人纪某彪安排其母亲苗某于 2016 年 7 月 6 日在曹县医院入院，入院诊断为左腿腓骨骨折，并于 2016 年 7 月 8 日出院。2016 年 10 月 18 日，菏泽德衡司法鉴定所对苗某伤残程度鉴定为十级伤残。2017 年 2 月 15 日，中国太平洋人寿保险股份有限公司德州中心支公司将苗某 8 万元保险理赔款打款至山东产联公司账户，同日，山东产联将 8 万元保险理赔款打款至被告人吴某美民生银行账户。2017 年 2 月 17 日，由吴某美民生银行账户将苗某保险理赔款 8 万元打款至被告人纪某彪农业银行账户。2017 年 2 月 20 日，被告人纪某彪通过农业银行账户向被告人吴某美民生银行账户转款 4 万元。

【认定】法院认为，被告人吴某美、纪某彪编造未发生的保险事故骗取保险金，数额巨大，其行为已构成保险诈骗罪。

（四）投保人、被保险人故意造成财产损失的保险事故，骗取保险金的

1. 李某、李某 1 保险诈骗案［湖南省长沙市望城区人民法院（2021）湘 0112 刑初 14 号刑事判决书、湖南省长沙市中级人民法院（2021）湘 01 刑终 710 号刑事判决书］

【案情】2020 年 4 月 1 日，被告人李某 1 驾驶自己的湘 A9××××奥迪轿车与一辆校车发生交通事故，湘 A9××××奥迪轿车负全责，因该奥迪车未购买车损险，保险公司不能给以赔付，李某 1 找到了湖南华运通星城汽车销售服务有限公司的交通事故主管即被告人李某，李某与李某 1 决定故意制造一起交通事故。2020 年 4 月 17 日，李某将被告人李某 1 及同案人梁某（另案处理）、黄某贞（另案处理）、刘某约到李某所住的长沙市望城区地下车库，李某告诉李某 1、梁某、黄某贞、刘某等人用他自己的一台奔驰车与李某 1 的奥迪车制造一起交通事故，李某安排梁某开湘 A9××××奥迪车，李某 1 坐在奥迪车上，安排刘某开李某自己购买的一台牌照为湘 A0××××的奔驰车，安排黄某贞坐奔驰车，同时要黄某贞在发生事故后报交警和保险公司，李某安排制造事故的地点在长沙市望城区上。

2020年4月17日15时40分左右，梁某驾驶的湘A9××××奥迪车与刘某驾驶的湘A0××××奔驰车在长沙市望城区交叉路口以南地段故意发生了交通事故，至奥迪车侧翻，后黄某贞向湘A0××××奔驰车投保的亚太财产保险有限公司湖南分公司报案。亚太财产保险有限公司湖南分公司在核查事故经过的过程中，该公司发现这是一件骗取保险的事故，遂向公安机关报警并终止理赔。

【认定】一审法院认为，被告人李某、李某1以非法占有为目的，伙同他人共同故意造成财产损失的交通事故，骗取保险金，其行为均已构成保险诈骗罪，且数额巨大。判定被告人李某犯保险诈骗罪，判处有期徒刑3年4个月，并处罚金人民币2万元；被告人李某1犯保险诈骗罪，判处有期徒刑3年，宣告缓刑3年，并处罚金人民币2万元。

二审法院认为，上诉人李某、原审被告人李某1以非法占有为目的，以数额巨大的财物为诈骗目标，伙同他人共同故意造成财产损失的交通事故，着手实行保险诈骗犯罪后因意志以外的原因未得逞，二人行为均已构成保险诈骗罪，系未遂。本案系以数额巨大财物为目标的保险诈骗犯罪未遂，数额巨大应为追究刑事责任的入罪标准，而不是量刑情节。只有实际骗取了数额巨大财物，才能适用相应的法定刑。判定上诉人李某犯保险诈骗罪，判处有期徒刑1年6个月，宣告缓刑2年，并处罚金人民币2万元；原审被告人李某1犯保险诈骗罪，判处有期徒刑1年3个月，宣告缓刑2年，并处罚金人民币2万元。

2. 王某阳保险诈骗案［江苏省无锡市梁溪区人民法院（2016）苏0213刑初443号刑事判书决书、江苏省无锡市中级人民法院（2017）苏02刑终98号刑事判决书］

【案情】被告人王某阳于2015年10月20日晚，驾驶号牌为苏F×××××的奔驰BENZS500型轿车在无锡市滨湖区贡湖大道贡湖湾湿地公园故意将车驶入公园一池塘内，后报警，以此骗得中国人民财产保险股份有限公司无锡市分公司理赔款人民币196,035元。

【认定】法院认为，被告人王某阳故意造成财产损失的保险事故，进行保险诈骗活动，骗取保险金，数额巨大，其行为已构成保险诈骗罪。

（五）投保人、受益人故意造成被保险人死亡、伤残或者疾病，骗取保险金的

1. 曾某青、黄某新保险诈骗、故意伤害案①

【案情】2003年4月，被告人曾某青无力偿还因炒股时向被告人黄某新借的

① 参见《以自残的方法进行保险诈骗的共同犯罪嫌疑人如何判处刑罚（296号）》，载中华人民共和国最高人民法院刑事审判第一庭、第二庭主编：《刑事审判参考》（第38集），法律出版社2004年版，第88页以下。

10万元，遂产生保险诈骗的念头，并于2003年4月18日至22日，在某三家保险公司以自己为被保险人和受益人，投保了保险金额为41.8万元的意外伤害保险。为了达到诈骗目的，被告人曾某青找到被告人黄某新，劝说黄某新砍掉他的双脚，用以向保险公司诈骗，并承诺将所得高额保险金中的16万元用于偿还黄某新的10万元本金及红利。被告人黄某新在曾某青的多次劝说下答应与曾某青一起实施保险诈骗。之后，由被告人曾某青确定砍脚的具体部位，由黄某新准备砍刀、塑料袋等作案工具。

2003年6月17日晚21时许，二被告人骑车至环城路闽江局仓库后山小路，被告人黄某新用随身携带的砍刀将曾某青双下肢膝盖以下脚踝以上的部位砍断，之后，被告人黄某新将砍下的双脚装入事先准备好的塑料袋内，携带砍刀骑着曾某青的摩托车逃离现场，在逃跑途中分别将两只断脚、砍刀及摩托车丢弃。被告人曾某青在黄某新离开后呼救，被周围群众发现后报警。被告人曾某青向公安机关、平安保险公司谎称自己是被三名陌生男子抢劫时砍去双脚，以期获得保险赔偿。

2003年8月11日，被告人曾某青的妻子廖某英经曾某青同意向平安保险南平支公司提出30万元团体人身险理赔申请，后因公安机关侦破此案而未能得逞。

【认定】法院认为，被告人黄某新犯故意伤害罪、被告人曾某青犯保险诈骗罪。

2. 吴某强保险诈骗、故意杀人案［江苏省徐州市贾汪区人民法院（2019）苏0305刑初26号刑事附带民事判决书］

【案情】2014年5月，被告人吴某强与杜某某（已判决）①相识，并经杜某某的介绍到徐州民生人寿保险股份有限公司任职。杜某某先后从被告人吴某强处借款数十万元，2016年秋，杜某某结识被害人陈某乙，逐渐产生将陈某乙杀害骗取巨额保险金之念。2017年1月24日，杜某某以自己为受益人、陈某乙为投保人和被保险人，在太平洋保险公司业务员赵某（另案处理）处选购最高保额共314万元的意外伤害保险，因办理保险需要，杜某某、陈某乙于次日领取了结婚证。同年3月、4月、7月，杜某某通过被告人吴某强在民生人寿保险股份有限公司办理一份最高保额为100万元的民生如意畅行两全保险，又通过陈某某等人在华泰保险公司、华夏保险公司、同方全球公司办理3份最高保额约300万元的相同性质保险。

杜某某在办理保险后不久，即将制造交通意外杀害陈某乙骗取保险金的计划告知了被告人吴某强，并许诺事后除偿还被告人吴某强的债务外还给予数十万元

---

① 杜某某已于2019年12月26日被江苏省徐州市中级人民法院判处故意杀人罪、保险诈骗罪。参见江苏省徐州市中级人民法院（2018）苏03刑初97号刑事附带民事判决书。

好处费。被告人吴某强知道杜某某欲通过故意杀人的方式骗取保险金的计划后，帮杜某某购得大众 POLO 牌汽车一辆作为犯罪工具，并支付了 3.24 万元首付款，杜某某将该车送给陈某乙使用。

2017 年 11 月 2 日晚，陈某乙驾驶苏 C×××××大众 POLO 牌汽车至杜某某经营的农场。当晚 19 时许，杜某某采取驾车驶入鱼塘内、将陈某乙按入水中溺死后又置于车内主驾驶座上的手段，伪造陈某乙自己驾车意外入水死亡的现场。作案后，杜某某先后向各保险公司申请理赔巨额保险金，后因保险公司工作人员报案而未果。

【认定】徐州市贾汪区人民法院认为，被告人吴某强伙同他人，为骗取保险金而杀害陈某乙，其行为已构成保险诈骗罪和故意杀人罪，其中，保险诈骗罪系未遂。

3. 黄某来故意杀人案［湖北省恩施土家族苗族自治州中级人民法院（2018）鄂28 刑初 42 号刑事判决书、湖北省高级人民法院（2019）鄂刑终 143 号刑事裁定书、最高人民法院刑事裁定书］

【案情】2011 年，被告人黄某来与燕某琴（同案被告人，已判刑）相识后发展为不正当男女关系，并欲各自离婚后结婚，但燕某琴的丈夫兰某甲（被害人，殁年 36 岁）不同意与燕某琴离婚。2017 年 1 月 18 日，燕某琴为兰某甲购买了投保人与受益人均为燕某琴的保险，并将此事告知黄某来，黄某来提议杀害兰某甲伪造交通事故以骗取保险赔偿金，燕某琴表示同意。黄某来选定湖北省宣恩县×××乡××村×××为作案地点，燕某琴提议春节期间给亲戚拜年途经此地时动手。黄某来与燕某琴驾车到×××实地查看现场，并商定由燕某琴在车内用黄某来准备的一块石头砸晕兰某甲，二人再将兰某甲和车子推下悬崖，制造发生交通事故的假象。2018 年 2 月 17 日（农历正月初二），黄某来在宣恩县城购买一把剪刀。18 日，兰某甲驾车与燕某琴到多名亲戚家拜年，燕某琴按计划将当天的行踪发短信告知黄某来。当日 18 时许，黄某来携带剪刀、手电筒等驾驶摩托车到达×××，按计划在路中摆放四块石头。当日 19 时许，兰某甲驾车经过此处被路中摆放的石头拦停，遂下车移石。兰某甲上车后，燕某琴即持石头砸兰某甲头部，但未砸中。黄某来见状打开车门持剪刀多次捅刺兰某甲上身及腿部，燕某琴抓住兰某甲的衣领阻止兰某甲反抗。兰某甲受伤从车内逃脱出来，黄某来持剪刀追赶，致使兰某甲跌下公路外坎悬崖。黄某来见状驾驶摩托车逃离现场，并将剪刀、手电筒、作案所穿衣物等丢弃。燕某琴则将车内行车记录仪丢至公路外悬崖，趴在公路边假装受伤。次日 5 时许，兰某甲尸体在公路外坎悬崖下找到，兰某甲因大量失血导致呼吸、循环功能衰竭而死亡。

【认定】最高人民法院认为，被告人黄某来故意非法剥夺他人生命，其行为已构成故意杀人罪。

权威解读

保险诈骗罪第一款所列五项情形，主要是根据保险活动的各个阶段的特点和保险当事人参与保险活动的情况来确定的。如第一项规定的情形只列举了投保人，这是因为这类犯罪行为发生在保险活动的开始，一般只能由投保人所为。第二项和第三项所规定的情形则列举了投保人、被保险人和受益人，这三种人对发生保险事故编造虚假的原因或者夸大损失的程度和编造未曾发生的保险事故，都可能有条件实施此种行为。第四项规定的情形列举的投保人、被保险人，在一般情况下，对财产的投保，被保险人就是受益人。第五项规定的情形比较复杂，虽然也涉及投保人、受益人和被保险人，但故意造成被保险人死亡、伤残或者疾病的，通常情况下，多是投保人和受益人所为；当然也不排除实践中会发生被保险人为使受益人取得保险金而自杀、自残的情况，这类情况按照《保险法》的规定是不予赔偿的，可不作为犯罪处理。因此，第五项只列举了投保人和受益人为犯罪主体。

第一款第五项规定的"投保人、受益人故意造成被保险人死亡、伤残或者疾病"，如果行为人采取伤害或谋杀等手段，或同时构成保险诈骗罪和故意杀人、故意伤害罪，对于这种情况，根据本条第二款的规定，应当数罪并罚。需要注意的是，在有些情况下，行为人为达到保险诈骗的目的，其采取的方法已构成独立的犯罪，如杀人、纵火等。其所要进行的保险诈骗行为由于各种原因没有或者未能继续实施下去，或者未能得逞，在这种情况下，其保险诈骗罪未完成，但并不因此而影响对其实施的杀人、纵火等行为追究刑事责任。①

《刑法》第二百二十五条 【非法经营罪】

第二百二十五条　违反国家规定，有下列非法经营行为之一，扰乱市场秩序，情节严重的，处五年以下有期徒刑或者拘役，并处或者单处违法所得一倍以上五倍以下罚金；情节特别严重的，处五年以上有期徒刑，并处违法所得一倍以上五倍以下罚金或者没收财产：

（一）未经许可经营法律、行政法规规定的专营、专卖物品或者其他限制买卖

① 参见王爱立主编：《中华人民共和国刑法释义》，法律出版社2021年版，第413－414页。

的物品的;

(二)买卖进出口许可证、进出口原产地证明以及其他法律、行政法规规定的经营许可证或者批准文件的;

(三)未经国家有关主管部门批准非法经营证券、期货、保险业务的,或者非法从事资金支付结算业务的;

(四)其他严重扰乱市场秩序的非法经营行为。

相关规定

1.《保险法》

第六条 保险业务由依照本法设立的保险公司以及法律、行政法规规定的其他保险组织经营,其他单位和个人不得经营保险业务。

2.《最高人民检察院、公安部关于公安机关管辖的刑事案件立案追诉标准的规定(二)》(2022 年 4 月 6 日)

第七十一条 〔非法经营案(刑法第二百二十五条)〕违反国家规定,进行非法经营活动,扰乱市场秩序,涉嫌下列情形之一的,应予立案追诉:

……

(二)未经国家有关主管部门批准,非法经营证券、期货、保险业务,或者非法从事资金支付结算业务,具有下列情形之一的:

1. 非法经营证券、期货、保险业务,数额在一百万元以上,或者违法所得数额在十万元以上的;

2. 非法从事资金支付结算业务,数额在五百万元以上,或者违法所得数额在十万元以上的;

……

3.《最高人民法院研究室关于对既涉嫌非法经营又涉嫌偷税的经济犯罪案件如何适用法律问题的意见函》(法研〔2001〕24 号)

行为人在实施非法经营犯罪过程中,又涉嫌偷税构成犯罪的应以处罚较重的犯罪依法追究刑事责任,不实行数罪并罚。

4.《最高人民法院研究室关于非法经营罪中违法所得认定问题的研究意见》(2013)

非法经营罪中的"违法所得"应是指获利数额,即以行为人违法生产、销售商品或者提供服务所获得的全部收入(即非法经营数额),扣除其直接用于经营活动的合理支出部分后剩余的数额。

典型案例

陈某敏非法经营案[四川省乐至县人民法院(2017)川2022刑初120号刑事判决书]

【案情】2012年6月2日,被告人陈某敏注册了互联网域名www.yxychina.com。2012年11月9日,陈某敏在香港注册成立了中国香港亚细亚商务管理有限公司,业务范围为电子商务、养老保险、投资担保、证券投资、海事商务、人力资源。后陈某敏用域名www.yxychina.com建立了亚细亚中国商城,用于销售保(返)本型商业自助养老补贴、收藏型商业自助养老基金。截至2015年9月18日,陈某敏在资阳范围内以中国香港亚细亚商务管理有限公司名义销售养老补贴、养老基金共计349份,销售金额474.64万元。销售收入以现金或转账方式直接进入陈某敏个人账户,没有入公司财务账目。2015年9月30日,中国保险监督管理委员会四川监管局《关于乐公函〔2015〕47号的复函》答复称,香港亚细亚商务管理公司未取得中国保险监督管理委员会的经营许可。2016年7月18日,中国保险监督管理委员会四川监管局"川保监函〔2016〕285号文件"《四川保监局关于中国香港亚细亚商务管理有限公司涉嫌非法经营保险业务问题的复函》认定,中国香港亚细亚商务管理有限公司销售保本型商业自助养老补贴、收藏型商业自助养老基金的行为,初步可以考虑认定为非法经营商业保险业务。

【认定】法院认为,被告人陈某敏违反国家规定,未经有关主管部门批准非法经营保险业务,非法经营数额达474.64万元,属于情节特别严重,构成非法经营罪。

权威解读

非法经营保险业务主要是指以下几种行为:未经授权进行保险代理业务,保险经纪人超越经营范围从事保险业务等。①

《刑法》第二百五十三条之一 【侵犯公民个人信息罪】

第二百五十三条之一　违反国家有关规定,向他人出售或者提供公民个人信

① 参见王爱立主编:《中华人民共和国刑法释义》,法律出版社2021年版,第477页。

息，情节严重的，处三年以下有期徒刑或者拘役，并处或者单处罚金；情节特别严重的，处三年以上七年以下有期徒刑，并处罚金。

违反国家有关规定，将在履行职责或者提供服务过程中获得的公民个人信息，出售或者提供给他人的，依照前款的规定从重处罚。

窃取或者以其他方法非法获取公民个人信息的，依照第一款的规定处罚。

单位犯前三款罪的，对单位判处罚金，并对其直接负责的主管人员和其他直接责任人员，依照各该款的规定处罚。

相关规定

1.《保险法》

第一百一十六条　保险公司及其工作人员在保险业务活动中不得有下列行为：

……

（九）利用开展保险业务为其他机构或者个人牟取不正当利益；

……

2.《个人信息保护法》

第二条　自然人的个人信息受法律保护，任何组织、个人不得侵害自然人的个人信息权益。

第三条　在中华人民共和国境内处理自然人个人信息的活动，适用本法。

在中华人民共和国境外处理中华人民共和国境内自然人个人信息的活动，有下列情形之一的，也适用本法：

（一）以向境内自然人提供产品或者服务为目的；

（二）分析、评估境内自然人的行为；

（三）法律、行政法规规定的其他情形。

第四条　个人信息是以电子或者其他方式记录的与已识别或者可识别的自然人有关的各种信息，不包括匿名化处理后的信息。

个人信息的处理包括个人信息的收集、存储、使用、加工、传输、提供、公开、删除等。

第十条　任何组织、个人不得非法收集、使用、加工、传输他人个人信息，不得非法买卖、提供或者公开他人个人信息；不得从事危害国家安全、公共利益的个人信息处理活动。

第二十三条 个人信息处理者向其他个人信息处理者提供其处理的个人信息的，应当向个人告知接收方的名称或者姓名、联系方式、处理目的、处理方式和个人信息的种类，并取得个人的单独同意。接收方应当在上述处理目的、处理方式和个人信息的种类等范围内处理个人信息。接收方变更原先的处理目的、处理方式的，应当依照本法规定重新取得个人同意。

3.《最高人民法院、最高人民检察院关于办理侵犯公民个人信息刑事案件适用法律若干问题的解释》(法释〔2017〕10号)

为依法惩治侵犯公民个人信息犯罪活动，保护公民个人信息安全和合法权益，根据《中华人民共和国刑法》《中华人民共和国刑事诉讼法》的有关规定，现就办理此类刑事案件适用法律的若干问题解释如下：

第一条 刑法第二百五十三条之一规定的"公民个人信息"，是指以电子或者其他方式记录的能够单独或者与其他信息结合识别特定自然人身份或者反映特定自然人活动情况的各种信息，包括姓名、身份证件号码、通信通讯联系方式、住址、账号密码、财产状况、行踪轨迹等。

第二条 违反法律、行政法规、部门规章有关公民个人信息保护的规定的，应当认定为刑法第二百五十三条之一规定的"违反国家有关规定"。

第三条 向特定人提供公民个人信息，以及通过信息网络或者其他途径发布公民个人信息的，应当认定为刑法第二百五十三条之一规定的"提供公民个人信息"。

未经被收集者同意，将合法收集的公民个人信息向他人提供的，属于刑法第二百五十三条之一规定的"提供公民个人信息"，但是经过处理无法识别特定个人且不能复原的除外。

第四条 违反国家有关规定，通过购买、收受、交换等方式获取公民个人信息，或者在履行职责、提供服务过程中收集公民个人信息的，属于刑法第二百五十三条之一第三款规定的"以其他方法非法获取公民个人信息"。

第五条 非法获取、出售或者提供公民个人信息，具有下列情形之一的，应当认定为刑法第二百五十三条之一规定的"情节严重"：

(一)出售或者提供行踪轨迹信息，被他人用于犯罪的；

(二)知道或者应当知道他人利用公民个人信息实施犯罪，向其出售或者提供的；

(三)非法获取、出售或者提供行踪轨迹信息、通信内容、征信信息、财产信息五十条以上的；

(四)非法获取、出售或者提供住宿信息、通信记录、健康生理信息、交易信息等其他可能影响人身、财产安全的公民个人信息五百条以上的；

（五）非法获取、出售或者提供第三项、第四项规定以外的公民个人信息五千条以上的；

（六）数量未达到第三项至第五项规定标准，但是按相应比例合计达到有关数量标准的；

（七）违法所得五千元以上的；

（八）将在履行职责或者提供服务过程中获得的公民个人信息出售或者提供给他人，数量或者数额达到第三项至第七项规定标准一半以上的；

（九）曾因侵犯公民个人信息受过刑事处罚或者二年内受过行政处罚，又非法获取、出售或者提供公民个人信息的；

（十）其他情节严重的情形。

实施前款规定的行为，具有下列情形之一的，应当认定为刑法第二百五十三条之一第一款规定的“情节特别严重”：

（一）造成被害人死亡、重伤、精神失常或者被绑架等严重后果的；

（二）造成重大经济损失或者恶劣社会影响的；

（三）数量或者数额达到前款第三项至第八项规定标准十倍以上的；

（四）其他情节特别严重的情形。

第六条　为合法经营活动而非法购买、收受本解释第五条第一款第三项、第四项规定以外的公民个人信息，具有下列情形之一的，应当认定为刑法第二百五十三条之一规定的“情节严重”：

（一）利用非法购买、收受的公民个人信息获利五万元以上的；

（二）曾因侵犯公民个人信息受过刑事处罚或者二年内受过行政处罚，又非法购买、收受公民个人信息的；

（三）其他情节严重的情形。

实施前款规定的行为，将购买、收受的公民个人信息非法出售或者提供的，定罪量刑标准适用本解释第五条的规定。

第七条　单位犯刑法第二百五十三条之一规定之罪的，依照本解释规定的相应自然人犯罪的定罪量刑标准，对直接负责的主管人员和其他直接责任人员定罪处罚，并对单位判处罚金。

第八条　设立用于实施非法获取、出售或者提供公民个人信息违法犯罪活动的网站、通讯群组，情节严重的，应当依照刑法第二百八十七条之一的规定，以非法利用信息网络罪定罪处罚；同时构成侵犯公民个人信息罪的，依照侵犯公民个人信息罪定罪处罚。

第九条 网络服务提供者拒不履行法律、行政法规规定的信息网络安全管理义务，经监管部门责令采取改正措施而拒不改正，致使用户的公民个人信息泄露，造成严重后果的，应当依照刑法第二百八十六条之一的规定，以拒不履行信息网络安全管理义务罪定罪处罚。

第十条 实施侵犯公民个人信息犯罪，不属于“情节特别严重”，行为人系初犯，全部退赃，并确有悔罪表现的，可以认定为情节轻微，不起诉或者免予刑事处罚；确有必要判处刑罚的，应当从宽处罚。

第十一条 非法获取公民个人信息后又出售或者提供的，公民个人信息的条数不重复计算。

向不同单位或者个人分别出售、提供同一公民个人信息的，公民个人信息的条数累计计算。

对批量公民个人信息的条数，根据查获的数量直接认定，但是有证据证明信息不真实或者重复的除外。

第十二条 对于侵犯公民个人信息犯罪，应当综合考虑犯罪的危害程度、犯罪的违法所得数额以及被告人的前科情况、认罪悔罪态度等，依法判处罚金。罚金数额一般在违法所得的一倍以上五倍以下。

第十三条 本解释自2017年6月1日起施行。

4.《检察机关办理侵犯公民个人信息案件指引》(高检发侦监字〔2018〕13号)

根据《中华人民共和国刑法》第二百五十三条之一的规定，侵犯公民个人信息罪是指违反国家有关规定，向他人出售、提供公民个人信息，或者通过窃取等方法非法获取公民个人信息，情节严重的行为。结合《最高人民法院、最高人民检察院关于办理侵犯公民个人信息刑事案件适用法律若干问题的解释》(法释〔2017〕10号)(以下简称《解释》)，办理侵犯公民个人信息案件，应当特别注意以下问题：一是对“公民个人信息”的审查认定；二是对“违反国家有关规定”的审查认定；三是对“非法获取”的审查认定；四是对“情节严重”和“情节特别严重”的审查认定；五是对关联犯罪的审查认定。

一、审查证据的基本要求

(一)审查逮捕

1.有证据证明发生了侵犯公民个人信息犯罪事实

(1)证明侵犯公民个人信息案件发生

主要证据包括：报案登记、受案登记、立案决定书、破案经过、证人证言、被害人陈述、犯罪嫌疑人供述和辩解以及证人、被害人提供的短信、微信或QQ截图等电子数据。

（2）证明被侵犯对象系公民个人信息

主要证据包括：扣押物品清单、勘验检查笔录、电子数据、司法鉴定意见及公民信息查询结果说明、被害人陈述、被害人提供的原始信息资料和对比资料等。

2. 有证据证明侵犯公民个人信息行为是犯罪嫌疑人实施的

（1）证明违反国家有关规定的证据：犯罪嫌疑人关于所从事的职业的供述、其所在公司的工商注册资料、公司出具的犯罪嫌疑人职责范围说明、劳动合同、保密协议及公司领导、同事关于犯罪嫌疑人职责范围的证言等。

（2）证明出售、提供行为的证据：远程勘验笔录及QQ、微信等即时通讯工具聊天记录、论坛、贴吧、电子邮件、手机短信记录等电子数据，证明犯罪嫌疑人通过上述途径向他人出售、提供、交换公民个人信息的情况。公民个人信息贩卖者、提供者、担保交易人及购买者、收受者的证言或供述，相关银行账户明细、第三方支付平台账户明细，证明出售公民个人信息违法所得情况。此外，如果犯罪嫌疑人系通过信息网络发布方式提供公民个人信息，证明该行为的证据还包括远程勘验笔录、扣押笔录、扣押物品清单、对手机、电脑存储介质、云盘、FTP等的司法鉴定意见等。

（3）证明犯罪嫌疑人或公民个人信息购买者、收受者控制涉案信息的证据：搜查笔录、扣押笔录、扣押物品清单，对手机、电脑存储介质等的司法鉴定意见等，证实储存有公民个人信息的电脑、手机、U盘或者移动硬盘、云盘、FTP等介质与犯罪嫌疑人或公民个人信息购买者、收受者的关系。犯罪嫌疑人供述、辨认笔录及证人证言等，证实犯罪嫌疑人或公民个人信息购买者、收受者所有或实际控制、使用涉案存储介质。

（4）证明涉案公民个人信息真实性的证据：被害人陈述、被害人提供的原始信息资料、公安机关或相关单位出具的涉案公民个人信息与权威数据库内信息同一性的比对说明。针对批量的涉案公民个人信息的真实性问题，根据《解释》精神，可以根据查获的数量直接认定，但有证据证明信息不真实或重复的除外。

（5）证明违反国家规定，通过窃取、购买、收受、交换等方式非法获取公民个人信息的证据：主要证据与上述以出售、提供方式侵犯公民个人信息行为的证据基本相同。针对窃取的方式如通过技术手段非法获取公民个人信息的行为，需证明犯罪嫌疑人实施上述行为，除被害人陈述、犯罪嫌疑人供述和辩解外，还包括侦查机关从被害公司数据库中发现入侵电脑IP地址情况、从犯罪嫌疑人电脑中提取的侵入被害公司数据的痕迹等现场勘验检查笔录，以及涉案程序（木马）的司法鉴定意见等。

3. 有证据证明犯罪嫌疑人具有侵犯公民个人信息的主观故意

（1）证明犯罪嫌疑人明知没有获取、提供公民个人信息的法律依据或资格，主要证据包括：犯罪嫌疑人的身份证明、犯罪嫌疑人关于所从事职业的供述、其所在公司的工商资料和营业范围、公司关于犯罪嫌疑人的职责范围说明、公司主要负责人的证人证言等。

（2）证明犯罪嫌疑人积极实施窃取、出售、提供、购买、交换、收受公民个人信息的行为，主要证据除了证人证言、犯罪嫌疑人供述和辩解外，还包括远程勘验笔录、手机短信记录、即时通讯工具聊天记录、电子数据司法鉴定意见、银行账户明细、第三方支付平台账户明细等。

4. 有证据证明“情节严重”或“情节特别严重”

（1）公民个人信息购买者或收受者的证言或供述。

（2）公民个人信息购买、收受公司工作人员利用公民个人信息进行电话或短信推销、商务调查等经营性活动后出具的证言或供述。

（3）公民个人信息购买者或者收受者利用所获信息从事违法犯罪活动后出具的证言或供述。

（4）远程勘验笔录、电子数据司法鉴定意见书、最高人民检察院或公安部指定的机构对电子数据涉及的专门性问题出具的报告、公民个人信息资料等。证明犯罪嫌疑人通过即时通讯工具、电子邮箱、论坛、贴吧、手机等向他人出售、提供、购买、交换、收受公民个人信息的情况。

（5）银行账户明细、第三方支付平台账户明细。

（6）死亡证明、伤情鉴定意见、医院诊断记录、经济损失鉴定意见、相关案件起诉书、判决书等。

（二）审查起诉

除审查逮捕阶段证据审查基本要求之外，对侵犯公民个人信息案件的审查起诉工作还应坚持“犯罪事实清楚，证据确实、充分”的标准，保证定罪量刑的事实都有证据证明；据以定案的证据均经法定程序查证属实；综合全案证据，对所认定的事实已排除合理怀疑。

1. 有确实充分的证据证明发生了侵犯公民个人信息犯罪事实。该证据与审查逮捕的证据类型相同。

2. 有确实充分的证据证明侵犯公民个人信息行为是犯罪嫌疑人实施的。

（1）对于证明犯罪行为是犯罪嫌疑人实施的证据审查，需要结合《解释》精神，准确把握对“违反国家有关规定”“出售、提供行为”“窃取或以其他方法”的认定。

（2）对证明违反国家有关规定的证据审查，需要明确国家有关规定的具体内容，违反法律、行政法规、部门规章有关公民个人信息保护规定的，应当认定为刑法第二百五十三条之一规定的“违反国家有关规定”。

(3)对证明出售、提供行为的证据审查,应当明确“出售、提供”包括在履职或提供服务的过程中将合法持有的公民个人信息出售或者提供给他人的行为:向特定人提供、通过信息网络或者其他途径发布公民个人信息、未经被收集者同意,将合法收集的公民个人信息(经过处理无法识别特定个人且不能复原的除外)向他人提供的,均属于刑法第二百五十三条之一规定的“提供公民个人信息”。应当全面审查犯罪嫌疑人所出售提供公民个人信息的来源、途经与去向,对相关供述、物证、书证、证人证言、被害人陈述、电子数据等证据种类进行综合审查,针对使用信息网络进行犯罪活动的,需要结合专业知识,根据证明该行为的远程勘验笔录、扣押笔录、扣押物品清单、电子存储介质、网络存储介质等的司法鉴定意见进行审查。

(4)对证明通过窃取或以其他非法方法获取公民个人信息等方式非法获取公民个人信息的证据审查,应当明确“以其他方法获取公民个人信息”包括购买、收受、交换等方式获取公民个人信息,或者在履行职责、提供服务过程中收集公民个人信息的行为。

针对窃取行为,如通过信息网络窃取公民个人信息,则应当结合犯罪嫌疑人供述、证人证言、被害人陈述,着重审查证明犯罪嫌疑人侵入信息网络、数据库时的 IP 地址、MAC 地址、侵入工具、侵入痕迹等内容的现场勘验检查笔录以及涉案程序(木马)的司法鉴定意见等。

针对购买、收受、交换行为,应当全面审查购买、收受、交换公民个人信息的来源、途经、去向,结合犯罪嫌疑人供述和辩解、辨认笔录、证人证言等证据,对搜查笔录、扣押笔录、扣押物品清单、涉案电子存储介质等司法鉴定意见进行审查,明确上述证据同犯罪嫌疑人或公民个人信息购买、收受、交换者之间的关系。

针对履行职责、提供服务过程中收集公民个人信息的行为,应当审查证明犯罪嫌疑人所从事职业及其所负职责的证据,结合法律、行政法规、部门规章等国家有关公民个人信息保护的规定,明确犯罪嫌疑人的行为属于违反国家有关规定,以其他方法非法获取公民个人信息的行为。

(5)对证明涉案公民个人信息真实性证据的审查,应当着重审查被害人陈述、被害人提供的原始信息资料、公安机关或其他相关单位出具的涉案公民个人信息与权威数据库内信息同一性的对比说明。对批量的涉案公民的真实性问题,根据《解释》精神,可以根据查获的数量直接认定,但有证据证明信息不真实或重复的除外。

3. 有确实充分的证据证明犯罪嫌疑人具有侵犯公民个人信息的主观故意

(1)对证明犯罪嫌疑人主观故意的证据审查,应当综合审查犯罪嫌疑人的身份证明、犯罪嫌疑人关于所从事职业的供述、其所在公司的工商资料和营业范围、公司关于犯罪嫌疑人的职责范围说明、公司主要负责人的证人证言等，结合国家公民个人信息保护的相关规定，夯实犯罪嫌疑人在实施犯罪时的主观明知。

(2)对证明犯罪嫌疑人积极实施窃取或者以其他方法非法获取公民个人信息行为的证据审查，应当结合犯罪嫌疑人供述、证人证言，着重审查远程勘验笔录、手机短信记录、即时通讯工具聊天记录、电子数据司法鉴定意见、银行账户明细、第三方支付平台账户明细等，明确犯罪嫌疑人在实施犯罪时的积极作为。

4. 有确实充分的证据证明“情节严重”或“情节特别严重”。该证据与审查逮捕的证据类型相同。

二、需要特别注意的问题

在侵犯公民个人信息案件审查逮捕、审查起诉中，要根据相关法律、司法解释等规定，结合在案证据，重点注意以下问题：

(一)对“公民个人信息”的审查认定

根据《解释》的规定，公民个人信息是指以电子或者其他方式记录的能够单独或者与其他信息结合识别特定自然人身份或者反映特定自然人活动情况的各种信息，包括姓名、身份证件号码、通信通讯联系方式、住址、账号密码、财产状况、行踪轨迹等。经过处理无法识别特定自然人且不能复原的信息，虽然也可能反映自然人活动情况，但与特定自然人无直接关联，不属于公民个人信息的范畴。

对于企业工商登记等信息中所包含的手机、电话号码等信息，应当明确该号码的用途。对由公司购买、使用的手机、电话号码等信息，不属于个人信息的范畴，从而严格区分“手机、电话号码等由公司购买，归公司使用”与“公司经办人在工商登记等活动中登记个人电话、手机号码”两种不同情形。

(二)对“违反国家有关规定”的审查认定

《中华人民共和国刑法修正案(九)》将原第二百五十三条之一的“违反国家规定”修改为“违反国家有关规定”，后者的范围明显更广。根据刑法第九十六条的规定，“国家规定”仅限于全国人大及其常委会制定的法律和决定，国务院制定的行政法规、规定的行政措施、发布的决定和命令。而“国家有关规定”还包括部门规章，这些规定散见于金融、电信、交通、教育、医疗、统计、邮政等领域的法律、行政法规或部门规章中。

(三)对“非法获取”的审查认定

在窃取或者以其他方法非法获取公民个人信息的行为中，需要着重把握“其他方法”的范围问题。“其他方法”，是指“窃取”以外，与窃取行为具有同等危害性的方法，其中，购买是最常见的非法获取手段。侵犯公民个人信息犯罪作为电信网络诈骗的上游犯罪，诈骗分子往往先通过网络向他人购买公民个人信息，然后自己直接用于诈骗或转发给其他同伙用于诈骗，诈骗分子购买公民个人信息的行为属于非法获取行为，其同伙接收公民个人信息的行为明显也属于非法获取行为。同时，一些房产中介、物业管理公司、保险公司、担保公司的业务员往往与同行通过QQ、微信群互相交换各自掌握的客户信息，这种交换行为也属于非法获取行为。此外，行为人在履行职责、提供服务过程中，违反国家有关规定，未经他人同意收集公民个人信息，或者收集与提供的服务无关的公民个人信息的，也属于非法获取公民个人信息的行为。

（四）对“情节严重”和“情节特别严重”的审查认定

1. 关于“情节严重”的具体认定标准，根据《解释》第五条第一款的规定，主要涉及五个方面：

（1）信息类型和数量。①行踪轨迹信息、通信内容、征信信息、财产信息，此类信息与公民人身、财产安全直接相关，数量标准为五十条以上，且仅限于上述四类信息，不允许扩大范围。对于财产信息，既包括银行、第三方支付平台、证券期货等金融服务账户的身份认证信息（一组确认用户操作权限的数据，包括账号、口令、密码、数字证书等），也包括存款、房产、车辆等财产状况信息。②住宿信息、通信记录、健康生理信息、交易信息等可能影响公民人身、财产安全的信息，数量标准为五百条以上，此类信息也与人身、财产安全直接相关，但重要程度要弱于行踪轨迹信息、通信内容、征信信息、财产信息。对“其他可能影响人身、财产安全的公民个人信息”的把握，应当确保所适用的公民个人信息涉及人身、财产安全，且与“住宿信息、通信记录、健康生理信息、交易信息”在重要程度上具有相当性。③除上述两类信息以外的其他公民个人信息，数量标准为五千条以上。

（2）违法所得数额。对于违法所得，可直接以犯罪嫌疑人出售公民个人信息的收入予以认定，不必扣减其购买信息的犯罪成本。同时，在审查认定违法所得数额过程中，应当以查获的银行交易记录、第三方支付平台交易记录、聊天记录、犯罪嫌疑人供述、证人证言综合予以认定，对于犯罪嫌疑人无法说明合法来源的用于专门实施侵犯公民个人信息犯罪的银行账户或第三方支付平台账户内资金收入，可综合全案证据认定为违法所得。

（3）信息用途。公民个人信息被他人用于违法犯罪活动的，不要求他人的行为必须构成犯罪，只要行为人明知他人非法获取公民个人信息用于违法犯罪活动即可。

（4）主体身份。如果行为人系将在履行职责或者提供服务过程中获得的公民个人信息出售或者提供给他人的，涉案信息数量、违法所得数额只要达到一般主体的一半，即可认为“情节严重”。

(5)主观恶性。曾因侵犯公民个人信息受过刑事处罚或者二年内受过行政处罚，又非法获取、出售或者提供公民个人信息的，即可认为“情节严重”。

2. 关于“情节特别严重”的认定标准，根据《解释》，主要分为两类：一是信息数量、违法所得数额标准。二是信息用途引发的严重后果，其中造成人身伤亡、经济损失、恶劣社会影响等后果，需要审查认定侵犯公民个人信息的行为与严重后果间存在因果关系。

对于涉案公民个人信息数量的认定，根据《解释》第十一条，非法获取公民个人信息后又出售或者提供的，公民个人信息的条数不重复计算；向不同单位或者个人分别出售、提供同一公民个人信息的，公民个人信息的条数累计计算；对批量出售、提供公民的条数，根据查获的数量直接认定，但是有证据证明信息不真实或者重复的除外。在实践中，如犯罪嫌疑人多次获取同一条公民个人信息，一般认定为一条，不重复累计；但获取的该公民个人信息内容发生了变化的除外。

对于涉案公民个人信息的数量、社会危害性等因素的审查，应当结合刑法第二百五十三条和《解释》的规定进行综合审查。涉案公民个人信息数量极少，但造成被害人死亡等严重后果的，应审查犯罪嫌疑人行为与该后果之间的因果关系，符合条件的，可以认定为实施《解释》第五条第一款第十项“其他情节严重的情形”的行为，造成被害人死亡等严重后果，从而认定为“情节特别严重”。如涉案公民个人信息数量较多，但犯罪嫌疑人仅仅获取而未向他人出售或提供，则可以在认定相关犯罪事实的基础上，审查该行为是否符合《解释》第五条第一款第三、四、五、六、九项及第二款第三项的情形，符合条件的，可以分别认定为“情节严重”“情节特别严重”。

此外，针对为合法经营活动而购买、收受公民个人信息的行为，在适用《解释》第六条的定罪量刑标准时须满足三个条件：一是为了合法经营活动，对此可以综合全案证据认定，但主要应当由犯罪嫌疑人一方提供相关证据；二是限于普通公民个人信息，即不包括可能影响人身、财产安全的敏感信息；三是信息没有再流出扩散，即行为方式限于购买、收受。如果将购买、收受的公民个人信息非法出售或者提供的，定罪量刑标准应当适用《解释》第五条的规定。

(五)对关联犯罪的审查认定

对于侵犯公民个人信息犯罪与电信网络诈骗犯罪相交织的案件，应严格按照《最高人民法院、最高人民检察院、公安部关于办理电信网络诈骗等刑事案件适用法律若干问题的意见》(法发〔2016〕32 号)的规定进行审查认定,即通过认真审查非法获取、出售、提供公民个人信息的犯罪嫌疑人对电信网络诈骗犯罪的参与程度,结合能够证实其认知能力的学历文化、聊天记录、通话频率、获取固定报酬还是参与电信网络诈骗犯罪分成等证据,分析判断其是否属于诈骗共同犯罪、是否应该数罪并罚。

根据《解释》第八条的规定,设立用于实施出售、提供或者非法获取公民违法犯罪活动的网站、通讯群组,情节严重的,应当依照刑法第二百八十七条之一的规定,以非法利用信息网络罪定罪;同时构成侵犯公民个人信息罪的,应当认定为侵犯公民个人信息罪。

对于违反国家有关规定,采用技术手段非法侵入合法存储公民个人信息的单位数据库窃取公民的行为,也符合刑法第二百八十五条第二款非法获取计算机信息系统数据罪的客观特征,同时触犯侵犯公民个人信息罪和非法获取计算机信息系统数据罪的,应择一重罪论处。

此外,针对公安民警在履行职责过程中,违反国家有关规定,查询、提供公民个人信息的情形,应当认定为"违反国家有关规定,将在履行职责或者提供服务过程中以其他方法非法获取或提供公民个人信息"。但同时,应当审查犯罪嫌疑人除该行为之外有无其他行为侵害其他法益,从而对可能存在的其他犯罪予以准确认定。

三、社会危险性及羁押必要性审查

(一)审查逮捕

1. 犯罪动机:一是出售牟利;二是用于经营活动;三是用于违法犯罪活动。犯罪动机表明犯罪嫌疑人主观恶性,也能证明犯罪嫌疑人是否可能实施新的犯罪。

2. 犯罪情节。犯罪嫌疑人的行为直接反映其人身危险性。具有下列情节的侵犯公民个人信息犯罪,能够证实犯罪嫌疑人主观恶性和人身危险性较大,实施新的犯罪的可能性也较大,可以认为具有较大的社会危险性:一是犯罪持续时间较长、多次实施侵犯公民个人信息犯罪的;二是被侵犯的公民数量或违法所得巨大的;三是利用公民个人信息进行违法犯罪活动的;四是犯罪手段行为本身具有违法性或者破坏性,即犯罪手段恶劣的,如骗取、窃取公民个人信息,采取胁迫、植入木马程序侵入他人计算机系统等方式非法获取信息。

犯罪嫌疑人实施侵犯公民个人信息犯罪,不属于"情节特别严重",系初犯,全部退赃,并确有悔罪表现的,可以认定社会危险性较小,没有逮捕必要。

(二)审查起诉

在审查起诉阶段,要结合侦查阶段取得的事实证据,进一步引导侦查机关加大捕后侦查力度,及时审查新证据。在羁押期限届满前对全案进行综合审查,对于未达到逮捕证明标准的,撤销原逮捕决定。

经羁押必要性审查,发现犯罪嫌疑人具有下列情形之一的,应当向办案机关提出释放或者变更强制措施的建议:

1. 案件证据发生重大变化,没有证据证明有犯罪事实或者犯罪行为系犯罪嫌疑人、被告人所为的。

2. 案件事实或者情节发生变化,犯罪嫌疑人、被告人可能被判处拘役、管制、独立适用附加刑、免予刑事处罚或者判决无罪的。

3. 继续羁押犯罪嫌疑人、被告人,羁押期限将超过依法可能判处的刑期的。

4. 案件事实基本查清,证据已经收集固定,符合取保候审或者监视居住条件的。

经羁押必要性审查,发现犯罪嫌疑人、被告人具有下列情形之一,且具有悔罪表现,不予羁押不致发生社会危险性的,可以向办案机关提出释放或者变更强制措施的建议:

1. 预备犯或者中止犯;共同犯罪中的从犯或者胁从犯。

2. 主观恶性较小的初犯。

3. 系未成年人或者年满七十五周岁的人。

4. 与被害方依法自愿达成和解协议,且已经履行或者提供担保的。

5. 患有严重疾病、生活不能自理的。

6. 系怀孕或者正在哺乳自己婴儿的妇女。

7. 系生活不能自理的人的唯一扶养人。

8. 可能被判处一年以下有期徒刑或者宣告缓刑的。

9. 其他不需要继续羁押犯罪嫌疑人、被告人的情形。

5.《公安部关于公安机关处置信访活动中违法犯罪行为适用法律的指导意见》(公通字〔2013〕25 号)

三、对侵犯人身权利、财产权利违法犯罪行为的处理

……

4. 偷窥、偷拍、窃听、散布他人隐私,符合《治安管理处罚法》第四十二条第六项规定的,以侵犯隐私依法予以治安管理处罚;情节严重,符合《刑法》第二百五十三条之一第二款规定的,以非法获取公民个人信息罪追究刑事责任。

……

典型案例

1. 张某胜侵犯公民个人信息案［北京市东城区人民法院(2019)京 0101 刑初 657 号刑事判决书、北京市第二中级人民法院(2019)京 02 刑终 664 号刑事裁定书］

【案情】2019 年 3 月初，被告人张某胜在北京市东城区泰康人寿保险公司实习期间，未经公司允许，使用其个人 U 盘从公司电脑内非法拷贝大量泰康人寿保险公司内部资料以及客户公民个人信息。经鉴定，U 盘中存有张某胜非法获取的泰康人寿保险公司客户公民个人信息达 6112 条。被告人张某胜于 2019 年 3 月 28 日经公安机关通知后到案；作案用 U 盘已被扣押在案。

【认定】法院认为，被告人张某胜窃取大量公民个人信息，情节严重，已构成侵犯公民个人信息罪。

2. 陈某、庞某胜侵犯公民个人信息案［安徽省合肥市庐阳区人民法院(2018)皖 0103 刑初 21 号刑事判决书］

【案情】被告人陈某曾先后在中国人民财产保险公司、大地保险公司、华泰保险安徽分公司、中华保险安徽分公司等单位工作。2014 年 2 月，陈某从华泰保险安徽分公司离职前，将公司业务开展过程中收集的 211,575 条车辆投保人员的个人信息(车主姓名、车主电话号码、车辆型号、车牌号码等)拷贝到自己的优盘中带离公司，之后到中华保险安徽分公司工作，为拓展业务需要，将其在华泰保险安徽分公司带出来的上述车主信息提供给该公司员工被告人庞某胜使用。庞某胜再将上述信息交给时任诺远资产管理有限公司合肥分公司财富中心总经理被告人杜某使用。杜某又将上述信息分配下给该公司的员工被告人沐某、被告人王某使用。

【认定】法院认为，被告人陈某、庞某胜作为金融单位的工作人员，将本单位在履行职责或者提供服务过程中获得的公民个人信息，非法提供给他人，已构成侵犯公民个人信息罪。

权威解读

侵犯公民个人信息罪第二款，违反国家有关规定，将在履行职责或者提供服务过程中获得的公民个人信息，出售或者提供给他人，依照第一款规定从重处罚。这里的“国家有关规定”比“国家规定”的范围要宽，包括法律、行政法规、部门规章等国家层面的涉及公民个人信息的规定，如此规定，有利于根据不同行业、领域的特点有针对性地保护公民个人信息。①

① 参见王爱立主编：《中华人民共和国刑法释义》，法律出版社 2021 年版，第 538 页。

第二篇　行政处罚篇

《保险法》第七十四条　【分支机构的设立】

第七十四条　保险公司在中华人民共和国境内设立分支机构，应当经保险监督管理机构批准。

保险公司分支机构不具有法人资格，其民事责任由保险公司承担。

相关规定

1.《保险法》

第七十五条　保险公司申请设立分支机构，应当向保险监督管理机构提出书面申请，并提交下列材料：

（一）设立申请书；

（二）拟设机构三年业务发展规划和市场分析材料；

（三）拟任高级管理人员的简历及相关证明材料；

（四）国务院保险监督管理机构规定的其他材料。

第七十六条　保险监督管理机构应当对保险公司设立分支机构的申请进行审查，自受理之日起六十日内作出批准或者不批准的决定。决定批准的，颁发分支机构经营保险业务许可证；决定不批准的，应当书面通知申请人并说明理由。

第七十七条　经批准设立的保险公司及其分支机构，凭经营保险业务许可证向工商行政管理机关办理登记，领取营业执照。

第七十八条　保险公司及其分支机构自取得经营保险业务许可证之日起六个月内，无正当理由未向工商行政管理机关办理登记的，其经营保险业务许可证失效。

第七十九条　保险公司在中华人民共和国境外设立子公司、分支机构，应当经国务院保险监督管理机构批准。

第一百一十三条 保险公司及其分支机构应当依法使用经营保险业务许可证,不得转让、出租、出借经营保险业务许可证。

第一百六十四条 违反本法规定,有下列行为之一的,由保险监督管理机构责令改正,处五万元以上三十万元以下的罚款;情节严重的,可以限制其业务范围、责令停止接受新业务或者吊销业务许可证:

……

(六)未经批准设立分支机构的;

……

2.《最高人民法院关于适用〈中华人民共和国保险法〉若干问题的解释(二)》(法释〔2020〕18号)

第二十条 保险公司依法设立并取得营业执照的分支机构属于《中华人民共和国民事诉讼法》第四十八条规定的其他组织,可以作为保险合同纠纷案件的当事人参加诉讼。

3.《保险公司分支机构市场准入管理办法》(银保监发〔2021〕37号)

第一章 总 则

第一条 为加强保险市场体系建设,规范保险公司分支机构市场准入,根据《中华人民共和国保险法》《中华人民共和国行政许可法》《保险公司管理规定》等法律法规和行政规章,制定本办法。

第二条 本办法所称保险公司,是指经中国银行保险监督管理委员会(以下简称银保监会)批准设立,并依法登记注册的商业保险公司。

本办法所称保险机构,是指保险公司及其分支机构。

本办法所称保险公司分支机构,是指保险公司依法设立的分公司、中心支公司、支公司、营业部、营销服务部。

本办法所称上级管理机构,是指保险公司对拟设立、改建、变更营业场所、撤销的分支机构实际履行管理职能的上一级机构。

第三条 银保监会及其派出机构依照本办法,对保险公司分支机构设立、改建、变更营业场所、撤销等事项实施管理。

第四条 保险公司设立分支机构应进行市场调研和可行性论证,制定科学规划。

第五条 银保监会及其派出机构在审批保险公司分支机构设立申请时,应审慎评估相关保险公司分支机构设立申请是否与其自身经营战略、资本实力、管控能力、人员储备情况及当地经济社会发展状况、市场环境、市场容量、商业需求、竞争程度相适应。

第二章　分支机构设立

第六条　保险公司设立分支机构,应当遵循以下原则:

(一)统筹规划,合理布局;

(二)审慎决策,严格管理;

(三)程序规范,质量过硬;

(四)保障运营,强化服务。

第七条　保险公司在住所地以外的各省、自治区、直辖市设立分支机构,应当首先设立省级分公司。

第八条　保险公司分支机构名称应当合法规范。同一保险公司各分支机构应保持统一的命名规则。

第九条　保险公司注册资本为两亿元人民币的,在其住所地以外每申请设立一家省级分公司,应当增加不少于两千万元人民币的注册资本。注册资本在五亿元人民币以上的,可不再增加。

第十条　保险公司在住所地所在省域以外设立分支机构的,应当开业满两年。

第十一条　保险公司分支机构设立,分为筹建、开业两个阶段。

第十二条　保险公司申请筹建省级分公司,应当符合以下条件:

(一)符合申请人自身发展规划;

(二)上一年度及提交申请前连续两个季度综合偿付能力充足率均不低于150%,核心偿付能力充足率均不低于75%;

(三)提交申请前连续两个季度保险公司风险综合评级B类以上;

(四)具备良好的公司治理,内控健全,上一年度公司治理评估结果为C级以上;

(五)具备完善的分支机构管理制度;

(六)有符合省级分公司总经理任职条件的筹建负责人;

(七)符合准备金监管要求;

(八)符合反洗钱和反恐怖融资工作相关要求;

(九)已设立的省级分公司运转正常;

(十)银保监会规定的其他条件。

第十三条　申请筹建省级分公司以外分支机构的,应当符合以下条件:

(一)符合申请人自身发展规划;

(二)上一年度及提交申请前连续两个季度综合偿付能力充足率均不低于120%,核心偿付能力充足率均不低于75%;

（三）提交申请前连续两个季度保险公司风险综合评级 B 类以上；

（四）保险公司具备良好的公司治理，上一年度公司治理评估结果为 C 级以上，上级管理机构内控健全有效；

（五）符合准备金监管要求；

（六）有符合拟设机构主要负责人任职条件的筹建负责人；

（七）符合反洗钱和反恐怖融资工作相关要求；

（八）拟设机构的上级管理机构开业满三个月，省级分公司在其所在地市设立分支机构不受此限制；

（九）银保监会规定的其他条件。

第十四条　申请筹建保险公司分支机构的，不得有以下情形：

（一）申请人最近两年内受到金融监管机构重大行政处罚；

（二）申请人或其下辖与拟设机构同一层级的分支机构或其工作人员发生因工作行为涉嫌重大违法犯罪，造成不良社会影响，正在受到金融监管机构、监察部门或者司法机关立案调查的；

（三）申请人最近一年内受到保险行政处罚，或其下辖与拟设机构同一层级的分支机构最近一年内受到罚没 30 万元以上款项、限制业务范围、责令停止接受新业务、吊销业务许可证或其工作人员受到撤销任职资格、行业禁入等保险行政处罚的；

（四）申请人或其分支机构下辖与拟设机构同一层级的分支机构最近一年内发生影响业务稳定性的重大信息安全事件的；

（五）银保监会及其派出机构认定申请人不具备对分支机构管控能力的。

第十五条　申请筹建省级分公司以外分支机构的，申请人下辖与拟设机构同一层级分支机构不得有以下情形：

（一）最近一年内出现无主要负责人、临时负责人超期或同时有 3 家以上分支机构主要负责人存在兼任情形的；

（二）最近两年内同一分支机构存在本办法第三十四条第一款规定以外的营业场所变更两次以上，或者变更主要负责人三次以上的；

（三）最近一年内发生过公司责任导致的五十人以上群访群诉事件，或者一百人以上非正常集中退保事件，或者出现重大负面舆情事件，影响较为恶劣的。

第十六条　专业性保险公司申请设立分支机构的，应具备专业化特色，主业突出。

第十七条　筹建保险公司分支机构，应当提交以下材料：

（一）筹建申请书；

（二）申请设立省级分公司以外分支机构的，提交保险公司批准文件；

（三）申请前连续两个季度的偿付能力报告和上一年度经审计的偿付能力报告，因未完成审计无法及时提供经审计后偿付能力报告的，可先提供未经审计的报告，经审计报告在提交开业验收报告时一并提供；

（四）保险公司上一年度公司治理报告以及申请人内控制度清单；

（五）保险公司分支机构发展规划，分支机构设立的可行性论证报告，包括拟设机构经营范围、三年业务发展规划和市场分析、设立分支机构与公司风险管理状况和内控状况相适应的说明；

（六）保险公司分支机构管理制度，至少包括各级分支机构职能，各级分支机构人员、场所、设备等方面的配备要求，上级机构对下级分支机构的管控职责和措施；

（七）受到行政处罚或者立案调查情况和申请人下辖与拟设机构同一层级的其他分支机构运营情况说明，并就是否存在本办法第十四条、十五条所列情形做出声明；

（八）符合准备金监管要求的说明；

（九）拟设机构筹建负责人的简历以及相关证明材料；

（十）未受到反洗钱重大行政处罚（或者因涉嫌洗钱正在受到刑事起诉情况）的说明，保险公司的反洗钱、反恐怖融资内控制度；

（十一）银保监会规定提交的其他材料。

同一机构在一年内再次申请设立分支机构，以上第（三）、（四）、（六）、（七）项材料内容未发生变化的，只需首次报送时提供，再次报送需提交已报送说明。说明内容包括该材料首次报送时间、文号及具体事项等。

第十八条 省级分公司的筹建申请，由保险公司根据银保监会监管职责相关规定，向银保监会或其派出机构提交。其他分支机构的筹建申请，由拟设分支机构的上级管理机构向拟设地银保监会派出机构提交。

银保监会或其派出机构自受理之日起三十日内对筹建申请进行审查。对符合规定的，向申请人发出筹建通知书；对不符合规定的，作出不予批准决定，并书面说明理由。

第十九条 保险公司分支机构筹建期间不计算在行政许可期限内。申请人应当自收到筹建通知书起六个月内完成分支机构筹建工作。筹建期满未提交开业验收报告的，筹建批准文件自动失效。

筹建机构不得从事任何保险经营活动。

第二十条 筹建工作完成后，筹建机构符合以下标准的，申请人可以向拟设地银保监会派出机构提交开业验收报告：

（一）营业场所权属清晰，安全、消防等设施符合要求，使用面积、使用期限、功能布局等满足经营需要，办公设备配置齐全，运行正常，承诺营业场所连续使用时间不短于两年；

（二）统计和信息化建设符合监管要求；

（三）有健全的组织机构；

（四）有完善的业务、财务、资产、反洗钱等内控管理制度；

（五）拟任主要负责人符合任职条件；

（六）特定岗位工作人员符合法律法规规定的执业资格要求或相关行业的工作经验，从业人员经过培训、符合上岗条件；

（七）产品、单证、服务能力等满足运营要求；

（八）筹建期间未开办保险业务；

（九）提交开业申请时符合机构筹建条件，未出现本规定第十四条、十五条所列禁止性情形；

（十）银保监会规定的其他条件。

第二十一条　申请人提交的开业验收报告，应当附拟设机构的以下材料：

（一）筹建工作完成情况报告，其中应说明筹建机构是否符合本办法第二十条所规定的分支机构开业标准；

（二）营业场所所有权或者使用权证明；

（三）消防证明或者已采取必要措施确保消防安全的书面承诺；

（四）计算机设备配置、应用系统及统计和信息化建设情况报告；

（五）内控制度建设情况报告，说明分支机构内控制度建设总体情况，不包括内控制度文本；

（六）机构设置和从业人员情况报告，包括员工上岗培训情况等；

（七）拟任主要负责人简历及有关证明；

（八）拟设分支机构的反洗钱、反恐怖融资机构设置报告，岗位人员配备及接受培训情况的报告；

（九）银保监会规定提交的其他材料。

第二十二条　保险公司分支机构开业时拟任主要负责人需要进行任职资格核准的，申请人应当在提交开业验收报告的同时，提交该机构拟任主要负责人任职资格核准申请。

保险公司分支机构开业时拟任主要负责人原则上应为筹建负责人；筹建期间确有特殊情况需要更换筹建负责人的，应于更换后十日内向批准筹建的银保监会或其派出机构报告，并说明原因。

第二十三条 银保监会派出机构根据开业标准对保险公司分支机构实施开业验收，可以采取现场验收、远程审核或委托验收等形式。验收方法包括谈话、抽查、专业测试、系统演示等。

第二十四条 银保监会派出机构自收到完整开业验收报告之日起三十日内，作出批准或者不予批准的决定。批准开业的，颁发保险许可证；不予批准的，书面通知申请人并说明理由。

第二十五条 经批准设立的保险公司分支机构，应当向市场监督管理部门办理登记注册手续，领取营业执照后方可营业。

第三章 分支机构改建

第二十六条 保险公司分支机构改建为其他级别分支机构的，除符合本办法规定的筹建条件、开业标准外，还应当符合以下条件：

（一）改建具有必要性和合理性；

（二）对改建可能造成的影响已进行充分评估，并有可行的应对措施。

第二十七条 保险公司分支机构改建为其他级别分支机构，应当提交本办法第二十一条除第（一）项以外的其他材料，同时还应当提交以下材料：

（一）改建申请书；

（二）保险公司同意改建的书面文件；

（三）申请人分支机构管理制度，至少包括各级分支机构职能，各级分支机构人员、场所、设备等方面的配备要求，上级机构对下级分支机构的管控职责和措施；

（四）改建报告，包括改建的必要性、合理性说明，改建情况，改建对保险业务和投保人、被保险人或者受益人的影响及处理方案，改建机构三年业务发展规划和市场分析，改建机构与公司风险管理状况和内控状况相适应的说明；

（五）改建为上级分支机构的，提交申请前连续两个季度的偿付能力报告和上一年度经审计的偿付能力报告；上一年度公司治理报告；受到行政处罚或者立案调查情况的说明；改建机构所在地银保监会省级派出机构辖区内的其他分支机构运营情况说明，并就是否存在本办法第十四条、十五条所列情形做出声明。

第二十八条 保险公司分支机构改建为省级分公司的，由保险公司根据银保监会监管职责相关规定，向银保监会或其派出机构提交。改建为其他分支机构的，由拟设机构的上级管理机构向拟设地银保监会派出机构提交申请。

银保监会或其派出机构自受理之日起三十日内，作出批准或者不予批准的书面决定。作出批准决定的，颁发新的保险许可证；不予批准的，书面通知申请人并说明理由。

银保监会或其派出机构在作出决定之前，可以根据需要对改建机构进行验收。

第二十九条　保险公司分支机构改建机构拟任负责人需要进行任职资格核准的，申请人应当在提交改建申请的同时，提交拟任负责人任职资格核准申请。

第三十条　经批准改建的保险公司分支机构，应向发证机关缴回原许可证，领取新许可证，并依据有关规定到市场监督管理部门办理变更手续。

第四章　分支机构变更营业场所

第三十一条　保险公司分支机构可在申请设立时确定的经营区域范围内变更营业场所，不可跨经营区域变更。

第三十二条　保险公司分支机构变更营业场所，应在符合开业标准后持上级管理机构批准文件或由上级管理机构向机构所在地银保监会派出机构提交以下材料：

（一）变更营业场所申请；

（二）变更后营业场所所有权或者使用权证明；

（三）消防证明或者已采取必要措施确保消防安全的书面承诺；

（四）符合开业标准承诺书；

（五）银保监会规定提交的其他材料。

第三十三条　银保监会派出机构自受理之日起二十日内，作出批准或不予批准的书面决定。批准变更营业场所的，颁发保险许可证；不予批准的，书面通知申请人并说明理由。

第三十四条　保险公司分支机构在现有营业场所同一地址范围内增加或减少使用面积，应当自变更之日起十日内，向机构所在地银保监会派出机构报告。

前款应提交的报告材料包括本办法第三十二条中除第（一）项以外的其他材料。

第三十五条　保险公司分支机构变更营业场所的，应向发证机关缴回原许可证，领取新许可证，并依据有关规定到市场监督管理部门办理变更手续。

第五章　分支机构撤销

第三十六条　经批准设立的保险公司分支机构，应具备持续经营能力和服务能力。保险公司分支机构在经营过程中出现不具备基本经营条件、服务能力严重欠缺、存在重大风险隐患等情形，或因战略调整撤销分支机构，应提出分支机构撤销申请。

第三十七条　保险公司撤销分支机构，应审慎决策、程序规范、控制风险，不得损害保险消费者合法权益。

第三十八条 保险公司撤销分支机构，应由拟撤销机构的上级管理机构向银保监会或其派出机构提交以下材料：

（一）撤销申请书；

（二）保险公司同意撤销该分支机构的批准文件；

（三）分支机构撤销后业务后续处理方案及其他保障消费者权益具体安排情况说明；

（四）银保监会规定的其他材料。

第三十九条 银保监会或其派出机构自受理之日起二十日内，作出批准或者不予批准的决定。

分支机构保险许可证自被批准撤销之日起自动失效，并应当于被批准撤销之日起十五日内缴回发证机关。

分支机构撤销的，应当进行公告，并通知有关投保人、被保险人或者受益人，对交付保险费、领取保险金等事宜作出妥善安排。

第六章　附　　则

第四十条 申请人提供的申请材料中有复制资料的，应当签注"经核对与原件无误"字样，并加盖申请人公章。

第四十一条 保险公司在计划单列市设立分支机构，参照其在各省设立分支机构执行。

第四十二条 政策性保险公司分支机构市场准入管理，参照本办法执行。法律、行政法规和银保监会另有规定的，适用其规定。

第四十三条 相互保险组织分支机构市场准入管理，参照本办法执行。

第四十四条 保险公司设立专属机构相关要求，由银保监会另行规定。

第四十五条 本办法中的"日"指工作日；本办法中的"以上"均包含本数或本级。

第四十六条 本办法自发布之日起施行。《保险公司分支机构市场准入管理办法》（保监发〔2013〕20号）、《中国保监会关于进一步加强人身保险监管有关事项的通知》（保监发〔2016〕113号）同时废止。

典型案例

1. 中国出口信用保险公司未经批准设立分支机构案（中国保险监督管理委员会行政处罚决定书〔2016〕10号）

【案情】中国出口信用保险公司未经中国保监会批准，也未在相关保监局履行任何手续，于2007～2013年在部分省级分支机构下设业务处共计20家。其中，2007年设立1家，2009年设立1家，2010年设立17家，2013年设立1家。

【认定】中国保监会认定，中国出口信用保险公司未经批准设立分支机构的行为，违反《保险法》第七十四条的规定，根据《保险法》第一百六十四条的规定决定对中国信保罚款30万元。

2. 永安财产保险股份有限公司未经批准设立分支机构案（中国保险监督管理委员会行政处罚决定书〔2017〕27号）

【案情】永安财产保险股份有限公司（以下简称永安财险）未经保险监管部门批准设立营业部。该营业部具有固定办公场所并配备领导班子和工作人员，配备出单设备，刻制公章，对外开展保险业务经营活动，从2014年3月至2016年10月累计实现保费2962.02万元。时任总经理的蒋某对上述违法行为负有直接责任。

永安财险申辩提出，总公司营业部属于董事会批准设立的内设部门，营业部搬迁分职场未及时报告，属于工作疏忽，不属于违法设立分支机构，且发现问题后已立刻整改，请求免除或减轻对机构及个人的处罚。

【认定】中国保监会经复核认为：首先，永安财险营业部具有相对固定的场所和人员，面向不特定对象推销车险保单，长期从事保险业务经营活动，持续时间超过1年，构成违反《保险法》第七十四条未经批准设立分支机构的违法行为。其次，虽然永安财险在检查期间采取了整改措施，但不符合予以减轻、免除处罚的条件。根据《保险法》第一百六十四条的规定，对永安财险罚款21万元；根据《保险法》第一百七十一条的规定，对直接责任人员蒋某警告并罚款7万元。

权威解读

保险公司的分支机构是总公司的派出机构，具有开展保险业务的能力，所以，设立应当实行行政许可，经保险监督管理机构批准。①

《保险法》第八十一条　【担任保险公司董事、监事、高级管理人员的资格条件及核准要求】

第八十一条　保险公司的董事、监事和高级管理人员，应当品行良好，熟悉与保险相关的法律、行政法规，具有履行职责所需的经营管理能力，并在任职前取得

① 参见安建主编：《中华人民共和国保险法（修订）释义》，法律出版社2009年版，第119页。

保险监督管理机构核准的任职资格。

保险公司高级管理人员的范围由国务院保险监督管理机构规定。

相关规定

1.《保险法》

第八十二条 有《中华人民共和国公司法》第一百四十六条规定的情形或者下列情形之一的，不得担任保险公司的董事、监事、高级管理人员：

（一）因违法行为或者违纪行为被金融监督管理机构取消任职资格的金融机构的董事、监事、高级管理人员，自被取消任职资格之日起未逾五年的；

（二）因违法行为或者违纪行为被吊销执业资格的律师、注册会计师或者资产评估机构、验证机构等机构的专业人员，自被吊销执业资格之日起未逾五年的。

第一百六十七条 违反本法规定，聘任不具有任职资格的人员的，由保险监督管理机构责令改正，处二万元以上十万元以下的罚款。

2.《保险公司董事、监事和高级管理人员任职资格管理规定》（中国银行保险监督管理委员会令 2021 年第 6 号）

第一章　总　　则

第一条 为了加强和完善对保险公司董事、监事和高级管理人员的管理，保障保险公司稳健经营，促进保险业健康发展，根据《中华人民共和国保险法》《中华人民共和国行政许可法》和有关法律、行政法规，制定本规定。

第二条 中国银行保险监督管理委员会（以下简称银保监会）根据法律法规授权，对保险公司董事、监事和高级管理人员任职资格实行统一监督管理。

银保监会派出机构依法独立负责辖区内保险公司分支机构高级管理人员任职资格的监督管理，但中资再保险公司分公司和境外保险公司分公司除外。银保监会派出机构根据授权依法独立负责辖区内保险公司董事、监事和高级管理人员任职资格的监督管理。

第三条 本规定所称保险公司，是指经银保监会批准设立，并依法登记注册的商业保险公司。

本规定所称同类保险公司，是指同属财产保险公司、同属人身保险公司或者同属再保险公司。

专属机构高级管理人员任职资格管理，由银保监会另行规定。

第四条 本规定所称高级管理人员，是指对保险公司经营管理活动和风险控制具有决策权或者重大影响的下列人员：

（一）总公司总经理、副总经理和总经理助理；

（二）总公司董事会秘书、总精算师、合规负责人、财务负责人和审计责任人；

（三）省级分公司总经理、副总经理和总经理助理；

（四）其他分公司、中心支公司总经理；

（五）与上述高级管理人员具有相同职权的管理人员。

第五条　保险公司董事、监事和高级管理人员，应当在任职前取得银保监会或其派出机构核准的任职资格。

第二章　任职资格条件

第六条　保险公司董事、监事和高级管理人员应当遵守法律、行政法规和银保监会的有关规定，遵守保险公司章程。

第七条　保险公司董事、监事和高级管理人员应当符合以下基本条件：

（一）具有完全民事行为能力；

（二）具有诚实信用的品行、良好的守法合规记录；

（三）具有履行职务必需的知识、经验与能力，并具备在中国境内正常履行职务必需的时间和条件；

（四）具有担任董事、监事和高级管理人员职务所需的独立性。

第八条　保险公司董事、监事和高级管理人员应当具有大学本科以上学历或者学士以上学位。

第九条　保险公司董事长应当具有金融工作经历 5 年以上或者经济工作经历 10 年以上（其中金融工作经历不得少于 3 年）。

第十条　保险公司董事和监事应当具有 5 年以上与其履行职责相适应的工作经历。

第十一条　保险公司总经理应当具有金融工作经历 8 年以上或者经济工作经历 10 年以上（其中金融工作经历不得少于 5 年），并且具有下列任职经历之一：

（一）担任保险公司省级分公司总经理以上职务高级管理人员 5 年以上；

（二）担任保险公司部门主要负责人 5 年以上；

（三）担任金融监管机构相当管理职务 5 年以上。

具有 10 年以上金融工作经历且其中保险业工作经历不少于 2 年，并担任国家机关、大中型企业相当管理职务 5 年以上的，可以不受前款关于任职经历的限制。

第十二条　保险公司副总经理、总经理助理应当从事金融工作 8 年以上或者经济工作 10 年以上。

第十三条 保险公司董事会秘书应当从事金融工作 5 年以上或者经济工作 8 年以上。

第十四条 保险公司总精算师应当具备下列条件：

（一）取得中国精算师、北美精算师、英国精算师、法国精算师或者银保监会认可的其他国家（地区）精算领域专业资格 3 年以上，熟悉中国保险精算监管制度，具有从事保险精算工作必需的专业技能；

（二）从事保险精算、保险财务或者保险投资工作 8 年以上，其中包括 5 年以上在保险行业内担任保险精算、保险财务或者保险投资管理职务的任职经历；

（三）银保监会规定的其他条件。

其中，银保监会认可的其他国家（地区）精算领域专业资格，由银保监会不定期公布。

第十五条 保险公司合规负责人应当具备下列条件：

（一）具有在企事业单位或者国家机关担任领导或者管理职务的任职经历；

（二）熟悉合规工作，具有一定年限的合规从业经历，从事法律、合规、稽核、财会或者审计等相关工作 5 年以上，或者在金融机构的业务部门、内控部门或者风险管理部门等相关部门工作 5 年以上；

（三）熟悉保险法律、行政法规和基本民事法律，熟悉保险监管规定和行业自律规范；

（四）银保监会规定的其他条件。

第十六条 保险公司财务负责人应当从事金融工作 5 年以上或者经济工作 8 年以上，并且具备下列条件：

（一）具有在企事业单位或者国家机关担任领导或者管理职务的任职经历；

（二）具有国内外会计、财务、投资或者精算等相关领域的合法专业资格，或者具有国内会计或者审计系列高级职称；

（三）熟悉履行职责所需的法律法规和监管规定，在会计、精算、投资或者风险管理等方面具有良好的专业基础；

（四）对保险业的经营规律有比较深入的认识，有较强的专业判断能力、组织管理能力和沟通能力；

（五）银保监会规定的其他条件。

具有财会等相关专业博士学位的，或从事金融工作 10 年以上并且在金融机构担任 5 年以上管理职务的，可以豁免本条第一款第（二）项规定的条件。

第十七条 保险公司审计责任人应当具备下列条件：

（一）具有在企事业单位或者国家机关担任领导或者管理职务的任职经历；

（二）从事审计、会计或财务工作5年以上，或者从事金融工作8年以上，熟悉金融保险业务；

（三）银保监会规定的其他条件。

第十八条　保险公司省级分公司总经理、副总经理和总经理助理应当从事金融工作5年以上或者经济工作8年以上。

省级分公司总经理除具备前款规定条件外，还应当具有下列任职经历之一：

（一）担任保险公司中心支公司总经理以上职务高级管理人员3年以上；

（二）担任保险公司省级分公司部门主要负责人以上职务3年以上；

（三）担任其他金融机构高级管理人员3年以上；

（四）担任国家机关、大中型企业相当管理职务5年以上。

第十九条　保险公司在计划单列市设立的行使省级分公司管理职责的分公司，其高级管理人员的任职条件参照适用第十八条规定。

第二十条　除省级分公司以外的其他分公司、中心支公司总经理应当从事金融工作3年以上或者经济工作5年以上，还应当具有下列任职经历之一：

（一）担任保险公司高级管理人员2年以上；

（二）担任保险公司分公司、中心支公司部门主要负责人以上职务2年以上；

（三）担任其他金融机构高级管理人员2年以上；

（四）担任国家机关、大中型企业相当管理职务3年以上；

（五）其他足以证明其具有拟任职务所需知识、能力、经验的职业资历。

第二十一条　保险公司主持工作的副总经理或者其他高级管理人员任职资格核准，适用本规定同级机构总经理的有关规定。

第二十二条　境外保险公司分公司高级管理人员任职资格核准，适用保险公司总公司高级管理人员的有关规定。

第二十三条　保险公司应当与高级管理人员建立劳动关系，订立书面劳动合同。

第二十四条　保险公司高级管理人员兼任其他经营管理职务不得违反《中华人民共和国公司法》等国家有关规定，不得兼任存在利益冲突的职务。

第二十五条　保险公司拟任董事、监事或者高级管理人员有下列情形之一的，银保监会及其派出机构对其任职资格不予核准：

（一）无民事行为能力或者限制民事行为能力；

（二）因贪污、贿赂、侵占财产、挪用财产或者破坏社会主义市场经济秩序，被判处刑罚，执行期满未逾5年，或者因犯罪被剥夺政治权利，执行期满未逾5年；

（三）被判处其他刑罚，执行期满未逾3年；

（四）被金融监管部门取消、撤销任职资格，自被取消或者撤销任职资格年限期满之日起未逾5年；

（五）被金融监管部门禁止进入市场，期满未逾5年；

（六）被国家机关开除公职，自作出处分决定之日起未逾5年，或受国家机关警告、记过、记大过、降级、撤职等其他处分，在受处分期间内的；

（七）因违法行为或者违纪行为被吊销执业资格的律师、注册会计师或者资产评估机构、验证机构等机构的专业人员，自被吊销执业资格之日起未逾5年；

（八）担任破产清算的公司、企业的董事或者厂长、经理，对该公司、企业的破产负有个人责任的，自该公司、企业破产清算完结之日起未逾3年；

（九）担任因违法被吊销营业执照、责令关闭的公司、企业的法定代表人，并负有个人责任的，自该公司、企业被吊销营业执照之日起未逾3年；

（十）个人所负数额较大的债务到期未清偿；

（十一）申请前1年内受到银保监会或其派出机构警告或者罚款的行政处罚；

（十二）因涉嫌严重违法违规行为，正接受有关部门立案调查，尚未作出处理结论；

（十三）受到境内其他行政机关重大行政处罚，执行期满未逾2年；

（十四）因严重失信行为被国家有关单位确定为失信联合惩戒对象且应当在保险领域受到相应惩戒，或者最近5年内具有其他严重失信不良记录的；

（十五）银保监会规定的其他情形。

第二十六条 保险公司被整顿、接管期间，或者出现重大风险时，负有直接责任的董事、监事或者高级管理人员，在被整顿、接管或者重大风险处置期间，不得到其他保险公司担任董事、监事或者高级管理人员。

第三章 任职资格核准

第二十七条 保险公司董事、监事和高级管理人员需要进行任职资格核准的，保险公司应当在内部选用程序完成后，及时按要求向银保监会或其派出机构提交任职资格申请材料。保险公司及其拟任董事、监事和高级管理人员应当对材料的真实性、完整性负责，不得有虚假记载、误导性陈述和重大遗漏。

保险公司在决定聘任董事、监事和高级管理人员前，应对拟任人员进行必要的履职调查，确保拟任人员符合相关规定。

第二十八条 保险公司董事、监事和高级管理人员需要进行任职资格核准的，保险公司应当向银保监会或其派出机构提交下列申请材料：

（一）任职资格核准申请文件；

（二）银保监会统一制作的任职资格申请表；

（三）拟任董事、监事或者高级管理人员身份证、学历证书等有关证书的复印件；

（四）接受反洗钱培训情况报告及本人签字的履行反洗钱、反恐怖融资义务承诺书；

（五）拟任人最近三年曾任金融机构董事长或高级管理人员的，应当提交其最近一次离任审计报告或经济责任审计报告；

（六）银保监会规定的其他材料。

第二十九条 保险公司拟任高级管理人员频繁更换保险公司任职的，应当由本人提交两年内工作情况的书面说明，并解释更换任职的原因。

第三十条 银保监会或其派出机构在核准保险公司拟任董事、监事或者高级管理人员的任职资格前，可以向原任职机构核实其工作的基本情况。

第三十一条 银保监会或其派出机构可以对保险公司拟任董事、监事和高级管理人员进行任职考察，包括下列内容：

（一）进行保险法规及相关知识测试；

（二）通过谈话方式，了解拟任人员的基本情况和业务素质，如对公司治理、业务发展、法律合规、风险管控等问题的理解把握，对拟任人员需要重点关注的问题进行提示；

（三）银保监会或其派出机构认为应当考察的其他内容。

任职考察谈话应当制作书面记录，由考察人和拟任人员签字。

第三十二条 银保监会及其派出机构应当自受理任职资格申请之日起 20 日内，作出核准或者不予核准的决定。20 日内不能作出决定的，经本机关负责人批准，可以延长 10 日，并应当将延长期限的理由告知申请人。

决定核准任职资格的，应当颁发核准文件；决定不予核准的，应当作出书面决定并说明理由。

第三十三条 已核准任职资格的保险公司董事、监事和高级管理人员，任职符合下列情形的，无须重新核准其任职资格，但任职中断时间超过一年的除外：

（一）在同一保险公司内调任、兼任同级或者下级机构高级管理人员职务；

（二）保险公司董事、监事转任同类保险公司董事长以外的董事、监事；

（三）在同类保险公司间转任同级或者下级机构高级管理人员职务。

调任、兼任或转任的同级机构职务为董事长或总经理的，应当重新报经银保监会或其派出机构核准任职资格。

调任、兼任或转任同级或下级机构职务后，拟任职务对经济工作经历及金融工作经历年限的要求、对任职经历的要求或者对专业资格的要求高于原职务的，应当重新报经银保监会或其派出机构核准任职资格。

任职中断时间，自拟任职人员从原职务离职次日起算，至拟任职务任命决定作出之日止。

保险公司董事、监事和高级管理人员任职过程中或任职中断期间存在本规定第二十五条所列情形的，不适用本条第一款规定。

第三十四条 已核准任职资格的高级管理人员，依照本规定第三十三条第一款规定任职的，其任职保险公司应当自任命决定作出之日起 10 日内向银保监会或其派出机构提交下列报告材料：

（一）任职报告文件；

（二）银保监会统一制作的任职报告表；

（三）任命文件复印件；

（四）最近三年曾任金融机构董事长或高级管理人员的，应当提交其最近一次离任审计报告或经济责任审计报告；

（五）银保监会规定的其他材料。

银保监会或其派出机构审查发现存在不符合任职资格条件的情形，可以责令保险公司限期改正。

第三十五条 保险公司董事、监事或者高级管理人员有下列情形之一的，其任职资格自动失效：

（一）获得核准任职资格后，超过 2 个月未实际到任履职，且未提供正当理由；

（二）从核准任职资格的岗位离职；

（三）受到银保监会或其派出机构禁止进入保险业的行政处罚；

（四）出现《中华人民共和国公司法》第一百四十六条或者《中华人民共和国保险法》第八十二条规定的情形；

（五）被判处刑罚；

（六）银保监会认定的其他情形。

出现前款第（三）至（五）项规定情形的，保险公司应当立即解除相关人员的职务。

第四章 监督管理

第三十六条 保险公司董事、监事和高级管理人员需要进行任职资格核准的，未经银保监会或其派出机构核准任职资格，保险公司不得以任何形式任命董事、监事或者高级管理人员。

第三十七条 保险公司总公司总经理、总精算师、合规负责人、财务负责人和审计责任人，省级分公司、其他分公司和中心支公司总经理不能履行职务或缺位时，可以指定临时负责人，但临时负责时间累计不得超过6个月。保险公司应当在6个月内选聘具有任职资格的人员正式任职。

保险公司确有需要的，在本条第一款规定的累计临时负责期限内，可以更换1次临时负责人。更换临时负责人的，保险公司应当说明理由。

临时负责人应当具有与履行职责相当的能力，并不得有本规定禁止担任高级管理人员的情形。

第三十八条　保险公司应当自下列决定作出之日起10日内，向银保监会或其派出机构报告：

（一）董事、监事或者高级管理人员的任职、免职或者批准其辞职的决定；

（二）依照保险监管规定对高级管理人员作出的撤职或者开除的处分决定；

（三）因任职资格失效，解除董事、监事或者高级管理人员职务的决定；

（四）根据撤销任职资格的行政处罚，解除董事、监事或者高级管理人员职务的决定；

（五）根据禁止进入保险业的行政处罚，解除董事、监事或者高级管理人员职务、终止劳动关系的决定；

（六）指定、更换或者撤销临时负责人的决定；

（七）根据本规定第四十五条、第四十六条规定，暂停职务的决定。

保险公司依照本规定第三十四条规定已经报告的，不再重复报告。

第三十九条　保险公司董事、监事和高级管理人员应当按照银保监会的规定参加培训。

第四十条　保险公司应当对董事长和高级管理人员实施审计。

第四十一条　保险公司董事、监事或者高级管理人员在任职期间犯罪、受到监察机关重大处分或者受到其他行政机关重大行政处罚的，保险公司应当自知道或者应当知道判决或者行政处罚决定之日起10日内，向银保监会或其派出机构报告。

第四十二条　保险公司出现下列情形之一的，银保监会或其派出机构可以对直接负责的董事、监事或者高级管理人员出具重大风险提示函，进行监管谈话，要求其就相关事项作出说明，并可以视情形责令限期整改：

（一）在业务经营、资金运用、公司治理、关联交易、反洗钱或者内控制度等方面出现重大隐患的；

（二）董事、监事或者高级管理人员违背《中华人民共和国公司法》规定的忠实和勤勉义务，严重危害保险公司业务经营的；

（三）银保监会规定的其他情形。

第四十三条 保险公司出现下列情形之一的，银保监会及其派出机构可以视情形责令其限期整改，要求保险公司或者直接负责的董事、监事、高级管理人员作出书面说明，对其进行监管谈话、出具监管意见，或对其作出监管措施决定：

（一）频繁变更高级管理人员，对经营造成不利影响；

（二）未按照本规定履行对高级管理人员的任职管理责任；

（三）银保监会规定的其他情形。

第四十四条 银保监会及其派出机构记录并管理保险公司董事、监事和高级管理人员的以下信息：

（一）任职资格申请材料的基本内容；

（二）保险公司根据本规定第三十四条、第三十八条规定报告的情况；

（三）与该人员相关的风险提示函、监管谈话记录、监管意见、监管措施决定；

（四）离任审计报告；

（五）受到刑罚和行政处罚情况；

（六）银保监会规定的其他内容。

第四十五条 保险公司董事、监事或者高级管理人员涉嫌重大违纪或重大违法犯罪，被监察机关、行政机关立案调查或者司法机关立案侦查的，保险公司应当暂停相关人员的职务。

第四十六条 保险公司出现下列情形之一的，银保监会或其派出机构认为与被调查事件相关的董事、监事或者高级管理人员不宜继续履行职责时，可以在调查期间责令保险公司暂停相关董事、监事或者高级管理人员职务：

（一）偿付能力严重不足；

（二）涉嫌严重损害被保险人的合法权益；

（三）未按照规定提取或者结转各项责任准备金；

（四）未按照规定办理再保险；

（五）未按照规定运用保险资金。

第四十七条 保险公司在整顿、接管、撤销清算期间，或者出现重大风险时，银保监会及其派出机构可以对该机构直接负责的董事、监事或者高级管理人员采取以下措施：

（一）通知出境管理机关依法阻止其出境；

（二）申请司法机关禁止其转移、转让或者以其他方式处分财产，或者在财产上设定其他权利。

第五章 法律责任

第四十八条 隐瞒有关情况或者提供虚假材料申请任职资格的机构或者个

人，银保监会及其派出机构不予受理或者不予核准任职资格申请，并在 1 年内不再受理对该拟任董事、监事或者高级管理人员的任职资格申请。

第四十九条　以欺骗、贿赂等不正当手段取得任职资格的，由银保监会或其派出机构撤销核准该董事、监事或者高级管理人员任职资格的行政许可决定，并在 3 年内不再受理其任职资格的申请。

第五十条　保险公司或者其从业人员违反本规定，由银保监会及其派出机构依照法律、行政法规进行处罚；法律、行政法规没有规定的，由银保监会及其派出机构责令改正，予以警告，对有违法所得的处以违法所得 1 倍以上 3 倍以下罚款，但最高不超过 3 万元，对没有违法所得的处以 1 万元以下罚款；涉嫌犯罪的，依法移交司法机关追究刑事责任。

第六章　附　　则

第五十一条　保险集团公司、保险控股公司、再保险公司、政策性保险公司、一般相互保险组织和保险资产管理公司董事、监事和高级管理人员任职资格管理适用本规定，法律、行政法规和银保监会另有规定的，适用其规定。

第五十二条　外资独资保险公司、中外合资保险公司董事、监事和高级管理人员任职资格管理适用本规定，法律、行政法规和银保监会另有规定的，适用其规定。

第五十三条　保险公司依照本规定报送的任职资格申请、报告材料和其他文件资料，应当用中文书写。原件是外文的，应当附中文译本。

第五十四条　本规定所称“日”指工作日。

本规定所称“以上”“以下”，除有专门解释外，均包括本数。

第五十五条　本规定由银保监会负责解释。本规定施行前发布的规章、规范性文件内容与本规定不一致的，以本规定为准。

第五十六条　本规定自 2021 年 7 月 3 日起施行。《保险公司董事、监事和高级管理人员任职资格管理规定》（保监会令〔2010〕2 号，根据保监会令〔2014〕1 号第 1 次修改，根据保监会令〔2018〕4 号第 2 次修改）和《保险机构董事、监事和高级管理人员任职资格考试管理暂行办法》（保监发〔2016〕6 号）同时废止。

典型案例

1. 长江财产保险股份有限公司聘任不具有任职资格人员担任公司高管案（中国银行保险监督管理委员会行政处罚决定书〔2019〕2 号）

【案情】赵某元［2017 年 7 月长江财产保险股份有限公司（以下简称长江财

险）印发任命文件］截至检查组进场，未取得保险监管机构核准的高管任职资格，但在实际工作中已履行相关高管职责。王某、赵某元、赵某琴对上述行为负有直接责任。

王某、赵某元、赵某琴提出申辩，请求不予行政处罚：一是赵某元具有监管部门批复的长江财险武汉分公司总经理任职资格，调任长江财险湖北分公司副总经理属于平级调任，无须重新核准任职资格。二是监管部门核准赵某元高管任职资格的批复内容不明确以及行政不作为导致了违法行为的发生。三是当事人不具违法主观故意，公司及时免去了赵某元职务，赵某元实际履职时间短，没有造成危害后果，顶格罚款过重。四是王某、赵某琴没有获得监管部门核准的高管任职资格，不是适格的行政处罚对象。赵某元任职是服从组织决定，赵某琴仅是公司职能部门的工作人员，上述二人不应认定为本案直接责任人员。王某还提出：一是其仅是赵某元任职文件的签发人，不是对赵某元任职直接负责的主管人员。二是其主持党委会讨论赵某元职务任免、签发任职文件是履行党内职责而非行政职责，行政机关不能依据行政法规对其进行处罚。

【认定】中国银保监会经复核认为：一是长江财险从未向监管部门申报赵某元担任省级分公司副总经理的任职资格材料；赵某元从未取得过省级分公司副总经理及同级职务任职资格。二是当事人均认为聘任赵某元为湖北分公司副总经理，须经监管部门任职资格核准后方可任命，并为此多次申报高管考试，监管部门多次通知公司组织赵某元参加考试但其均缺考。监管部门不存在相关行政许可内容不明确、误导当事人以及行政不作为的情况。三是该违法行为具有主观故意性，持续时间长达6个月以上，公司并未积极整改，在检查组进场后方才免去赵某元职务，危害后果严重，应予从重处罚。四是本案责任人的认定与是否是高管人员身份无关，《保险法》适用于保险公司所有工作人员。五是王某的行为与本案违法事实具有直接因果关系，其党委书记职务与本案责任认定无关联。赵某琴作为领导决策执行者、赵某元作为领导决策的接受者，对违法行为负有直接责任。上述当事人均不具有法定免予处罚的情节。综上，长江财险聘任不具有任职资格人员担任公司高管的行为，违反了《保险法》第八十一条的规定。根据《保险法》第一百六十七条的规定，对长江财险罚款10万元；根据《保险法》第一百七十一条的规定，对王某警告并罚款10万元，对赵某元警告并罚款5万元，对赵某琴警告并罚款5万元。

2. 华海财产保险股份有限公司聘任不具有任职资格人员担任公司董事案（中国银行保险监督管理委员会行政处罚决定书〔2019〕4号）

【案情】2017年12月28日～2018年2月22日，华海财产保险股份有限公司

(以下简称华海财险)第二届董事会拟任董事张某娜在未取得监管部门核准的保险公司董事任职资格情况下,参加了公司第二届董事会第一次、第二次(通讯)、第三次(通讯)会议并参与投票表决,在实际工作中履行了董事相关职责。赵某鸣、张某娜对此负有直接责任。

【认定】中国银保监会认为,华海财险聘任不具有任职资格人员担任公司董事的行为,违反了《保险法》第八十一条的规定。根据《保险法》第一百六十七条的规定,对华海财险罚款3万元;根据《保险法》第一百七十一条的规定,对赵某鸣警告并罚款3万元,对张某娜警告并罚款1万元。

3. 安心财产保险有限责任公司聘任不具有任职资格人员担任公司高管案(中国保险监督管理委员会行政处罚决定书〔2017〕51号)

【案情】2017年,邢某在未取得保监会核准的高管任职资格、韦某强在仅取得保监会核准的董事会秘书任职资格但无其他高管任职资格的情况下,上述两人在实际工作中均已履行相关公司高管职责。钟某、邢某、韦某强对上述行为负有直接责任。

【认定】中国保监会认为,安心财产保险有限责任公司聘任不具有任职资格人员担任公司高管的行为,违反了《保险法》第八十一条的规定。依据《保险法》第一百六十七条的规定,对安心财险责令改正并罚款5万元;根据《保险法》第一百七十一条的规定,对钟某警告并罚款5万元,对邢某警告并罚款2万元,对韦某强警告并罚款2万元。

4. 昆仑健康保险股份有限公司临时负责人超期任职案(中国银行保险监督管理委员会行政处罚决定书〔2021〕22号)

【案情】2017年6月昆仑健康保险股份有限公司(以下简称昆仑健康)向原保监会报告李某哲担任临时负责人,2019年3月李某哲辞去该职务,其担任公司临时负责人近21个月。2019年3月昆仑健康向银保监会报告林某担任临时负责人,截至2020年10月,林某仍担任公司临时负责人,其担任公司临时负责人近19个月。

【认定】中国银保监会认为,上述昆仑健康临时负责人超期的行为违反了《保险公司董事、监事和高级管理人员任职资格管理规定》第三十二条规定,①根据该规定第四十六条,②责令昆仑健康立即改正,并处罚款1万元。

---

① 该条规定已被《保险公司董事、监事和高级管理人员任职资格管理规定》(中国银行保险监督管理委员会令2021年第6号)第三十七条所取代。——编者注

② 该条规定已被《保险公司董事、监事和高级管理人员任职资格管理规定》(中国银行保险监督管理委员会令2021年第6号)第五十条所取代。——编者注

5. 中国人民健康保险股份有限公司聘任不具有任职资格人员担任公司高管案（中国银行保险监督管理委员会行政处罚决定书〔2021〕8号）

【**案情**】2019年8月30日，中国人民健康保险集团股份有限公司（以下简称人保健康）任命华某为人保健康党委书记、总裁，并要求“请按有关规定办理”。华某到人保健康工作之后，在未取得高管任职资格核准情况下，存在以总裁名义主持总裁办公会议、签发公司经营相关重要文件、在公司年度会议讲话等行为，实际履行高管职责。时任人保健康党委书记华某，对上述违法行为负有直接责任。

华某提出申辩意见，请求免于对其本人的行政处罚：一是未上报临时负责人报告是由公司内部管理问题造成，其对该情况并不知情；二是其履职确属必要；三是其以总裁名义签发文件与公司内部管理漏洞有关；四是其没有以总裁名义履职的主观故意，并且在监管提示后，已着手进行整改。

【**认定**】中国银保监会经复核认为：一是人保健康总裁办公会议纪要和印发文件等表明华某是以总裁而非公司临时负责人等身份履职；二是华某本人是未取得资格核准前任职的直接责任人，公司内部管理问题不能作为免除或减轻其责任的理由；三是监管提示后，华某本人进行了整改，但并不彻底，其签发的文件中依然有“关于印发华某总裁……”表述。人保健康未经核准聘任华某的行为，事实清楚、证据确凿，华某不具有法定不予处罚的情形。综上，上述人保健康聘任不具有任职资格人员的行为违反了《保险法》第八十一条规定。根据《保险法》第一百六十七条的规定，责令人保健康立即改正，并处罚款5万元；根据《保险法》第一百七十一条，对华某给予警告，并处罚款5万元。

6. 弘康人寿保险股份有限公司聘用不具有任职资格的人员实际履行精算、合规及财务负责人等高管人员职责案（中国保险监督管理委员会行政处罚决定书〔2017〕23号）

【**案情**】弘康人寿保险股份有限公司（以下简称弘康人寿）于2016年5月24日任命霍某为精算临时负责人，根据有关规定，精算临时负责人临时负责时间不得超过3个月。2016年10月，弘康人寿向中国保险监督管理委员会上报2016年第3季度偿付能力报告和“弘康全意保两全保险”等10款产品备案材料，霍某均以总精算师名义签字。弘康人寿于2014年12月以公司内部发文形式指定贺某恩临时履行合规负责人职责，指定张某国临时履行财务负责人职责。弘康人寿2015年第2季度、第3季度、第4季度偿付能力报告中，贺某恩均以合规负责人名义签字，张某国均以财务负责人名义签字。经查，截至2016年11月，中国保险监督管理委员会未核准过霍某担任弘康人寿总精算师的任职资格，未核准过贺某恩担任弘康人寿合规负责人的任职资格，未核准过张某国担任弘康人寿财务负责人的任职资格。时任弘康人寿总经理张某、时任弘康人寿市场总监霍某、时任弘康人寿法律合规部负责人贺某恩、时任弘康人寿财务部负责人张某国对上述违法行为其负有直接责任。

贺某恩提出申辩：认为相关违法问题及时纠正且主动自查整改，请求免予处罚；认为其不属于相关违法问题的直接责任人，参照以往案件，不应处罚其个人。

【认定】中国保监会经复核认为，公司在自查报告中没有上报违规指定不具有任职资格的人员履行高管职责问题，相关违法问题持续时间较长，未及时纠正。贺某恩时任公司法律合规部负责人，应当熟悉保险法律法规，在不具有任职资格的情况下以合规负责人名义实际履行职责，签署偿付能力报告，应当承担相应的法律责任。近年来中国保监会依法对多家存在违规聘任不具有任职资格人员等违法问题的保险机构和相关责任人员进行了处罚，本案事实清楚、证据确凿。综上，弘康人寿不具有任职资格的人员实际履行高级管理人员职责的行为，违反了《保险法》第八十一条的规定。根据《保险法》第一百六十七条的规定，对弘康人寿罚款10万元。根据《保险法》第一百七十一条的规定，对张某警告并罚款7万元，对霍某警告并罚款3万元，对贺某恩警告并罚款3万元，对张某国警告并罚款3万元。

权威解读

保险公司的董事、监事及高级管理人员共同组成了保险公司的经营管理层，他们的素质如何，能否勤勉尽责地忠实履行职责，关系着保险公司本身的运营状况，对整个保险市场的稳定和发展也会产生重要影响。所以，《保险法》不仅对保险公司的董事、监事、高级管理人员的任职资格作出了规定，为了确保这些人员能够达到相应的道德和业务素质要求，还规定了监管机构对这些人员任职资格的核准程序。[①]

《保险法》第八十四条　【重要事项变更的批准】

第八十四条　保险公司有下列情形之一的，应当经保险监督管理机构批准：

（一）变更名称；

（二）变更注册资本；

---

① 参见安建主编：《中华人民共和国保险法（修订）释义》，法律出版社2009年版，第124－125页。

（三）变更公司或者分支机构的营业场所；

（四）撤销分支机构；

（五）公司分立或者合并；

（六）修改公司章程；

（七）变更出资额占有限责任公司资本总额百分之五以上的股东，或者变更持有股份有限公司股份百分之五以上的股东；

（八）国务院保险监督管理机构规定的其他情形。

相关规定

《保险法》

第六十七条　设立保险公司应当经国务院保险监督管理机构批准。

国务院保险监督管理机构审查保险公司的设立申请时，应当考虑保险业的发展和公平竞争的需要。

第六十八条　设立保险公司应当具备下列条件：

（一）主要股东具有持续盈利能力，信誉良好，最近三年内无重大违法违规记录，净资产不低于人民币二亿元；

（二）有符合本法和《中华人民共和国公司法》规定的章程；

（三）有符合本法规定的注册资本；

（四）有具备任职专业知识和业务工作经验的董事、监事和高级管理人员；

（五）有健全的组织机构和管理制度；

（六）有符合要求的营业场所和与经营业务有关的其他设施；

（七）法律、行政法规和国务院保险监督管理机构规定的其他条件。

第六十九条　设立保险公司，其注册资本的最低限额为人民币二亿元。

国务院保险监督管理机构根据保险公司的业务范围、经营规模，可以调整其注册资本的最低限额，但不得低于本条第一款规定的限额。

保险公司的注册资本必须为实缴货币资本。

第七十条　申请设立保险公司，应当向国务院保险监督管理机构提出书面申请，并提交下列材料：

（一）设立申请书，申请书应当载明拟设立的保险公司的名称、注册资本、业务范围等；

（二）可行性研究报告；

（三）筹建方案；

（四）投资人的营业执照或者其他背景资料，经会计师事务所审计的上一年度财务会计报告；

（五）投资人认可的筹备组负责人和拟任董事长、经理名单及本人认可证明；

（六）国务院保险监督管理机构规定的其他材料。

第七十一条　国务院保险监督管理机构应当对设立保险公司的申请进行审查，自受理之日起六个月内作出批准或者不批准筹建的决定，并书面通知申请人。决定不批准的，应当书面说明理由。

第七十二条　申请人应当自收到批准筹建通知之日起一年内完成筹建工作；筹建期间不得从事保险经营活动。

第七十三条　筹建工作完成后，申请人具备本法第六十八条规定的设立条件的，可以向国务院保险监督管理机构提出开业申请。

国务院保险监督管理机构应当自受理开业申请之日起六十日内，作出批准或者不批准开业的决定。决定批准的，颁发经营保险业务许可证；决定不批准的，应当书面通知申请人并说明理由。

第一百六十二条　保险公司违反本法第八十四条规定的，由保险监督管理机构责令改正，处一万元以上十万元以下的罚款。

典型案例

1. 久隆财产保险有限公司未经批准搬迁公司营业场所案（中国银行保险监督管理委员会行政处罚决定书，银保监罚决字〔2021〕4号）

【案情】久隆财产保险有限公司（以下简称久隆财险）2016年3月开业时批复的公司住所（营业场所）为广东省珠海市横琴新区金融产业基地12号楼A－2单元。2018年1月1日，久隆财险将运营中心迁至广东省珠海市横琴新区金融产业基地17号楼E区（以下简称珠海17号楼职场）。2018年年底，久隆财险将运营中心由珠海市迁至广州市海珠区琶醍澜创空间。2019年1月1日，久隆财险将全部人员和部门迁至广州市海珠区阅江中路832号保利天幕广场17层09－10单元（以下简称广州天幕职场）。久隆财险运营中心所在职场实际是公司提供承保、理赔等保险服务的营业场所。截至2019年10月31日，珠海17号楼职场、广州天幕职场作为久隆财险营业场所均未经监管部门批准，广州天幕职场正常办公且对外开放。时任公司总经理徐某全面负责公司管理，对该违法行为负有直接责任。

【认定】中国银保监会认为，上述未经批准搬迁公司营业场所的行为，违反了《保险法》第八十四条的规定。根据该法第一百六十二条的规定，对久隆财险罚款6万元；根据该法第一百七十一条的规定，对直接责任人员徐某警告并罚款6万元。

2. 中美联泰大都会人寿保险有限公司营业场所未报经批准案（中国银行保险监督管理委员会行政处罚决定书，银保监罚决字〔2022〕4号）

【案情】中美联泰大都会人寿保险有限公司（以下简称中美联泰大都会人寿）存在总公司部分部门和人员在中美联泰大都会人寿上海电话销售中心营业场所（上海品尊职场）、北京分公司营业场所（北京东方广场职场）办公的情况。时任总务部负责人李某任职后知悉总公司存在2处营业场所未报监管部门批准的事实，其负责的总务部在2019年10月办理过总公司营业场所的变更，但未如实向监管部门报告，也未采取纠正措施，对上述违法行为其负直接责任和管理责任。

【认定】中国银保监会认为，上述中美联泰大都会人寿总公司2处营业场所未报经监管部门批准事项，违反《保险法》第八十四条的规定。根据《保险法》第一百六十二条和第一百七十一条的规定，对中美联泰大都会人寿总公司罚款3万元，对时任总务部负责人李某警告并罚款1万元。

权威解读

为了确保对保险公司监督管理的连续性，设立保险公司时须经批准的事项，在保险公司设立之后进行变更的，也须经保险监督管理机构批准。未经批准，不发生变更的效果。①

《保险法》第八十五条　【精算与合规报告制度】

第八十五条　保险公司应当聘用专业人员，建立精算报告制度和合规报告制度。

---

① 参见安建主编：《中华人民共和国保险法（修订）释义》，法律出版社2009年版，第128页。

相关规定

1.《保险公司总精算师管理办法》(中国保险监督管理委员会令 2010 年第 10 号)

第一章　总　　则

第一条　为了完善保险精算监管制度,规范保险公司内部治理,防范经营风险,促进保险业健康发展,根据《中华人民共和国保险法》、《中华人民共和国外资保险公司管理条例》等法律、行政法规,制定本办法。

第二条　本办法所称总精算师,是指保险公司总公司负责精算以及相关事务的高级管理人员。

第三条　保险公司应当设立总精算师职位。

第四条　总精算师应当遵守法律、行政法规和中国保险监督管理委员会(以下简称中国保监会)的规定,遵守保险公司章程和职业准则,公正、客观地履行精算职责。

第五条　中国保监会依法审查总精算师任职资格,并对总精算师履职行为进行监督管理。

第二章　任职资格管理

第六条　总精算师应当具备诚实信用的良好品行和履行职务必需的专业知识、从业经历和管理能力。

第七条　担任总精算师应当具备下列条件:

(一)取得中国精算师资格 3 年以上;

(二)从事保险精算、保险财务或者保险投资工作 8 年以上,其中包括 5 年以上在保险行业内担任保险精算、保险财务或者保险投资管理职务的任职经历;

(三)在中华人民共和国境内有住所;

(四)中国保监会规定的其他条件。

取得国外精算师资格 3 年以上的,可以豁免前款第(一)项规定的条件,但应当经中国保监会考核,确认其熟悉中国的保险精算监管制度,具有相当于中国精算师资格必需的专业知识和能力。

第八条　有下列情形之一的,不得担任总精算师:

(一)有《保险公司董事、监事和高级管理人员任职资格管理规定》中禁止担任高级管理人员情形之一的;

(二)中国保监会规定不适宜担任总精算师的其他情形。

第九条　未经中国保监会核准任职资格,保险公司不得以任何形式任命总精算师。

第十条 保险公司任命总精算师，应当在任命前向中国保监会申请核准任职资格，提交下列书面材料一式三份，并同时提交有关电子文档：

（一）拟任总精算师任职资格核准申请书；

（二）《保险公司董事、监事和高级管理人员任职资格申请表》；

（三）符合本办法规定的《职务声明书》；

（四）拟任总精算师的身份证、学历证书、精算师资格认证证书等有关文件的复印件，有护照的应当同时提供护照复印件；

（五）中国保监会规定提交的其他材料。

第十一条 中国保监会应当自受理任职资格核准申请之日起20日以内，作出核准或者不予核准的决定。20日以内不能作出决定的，经中国保监会主席批准，可以延长10日，并应当将延长期限的理由告知申请人。

决定核准的，颁发任职资格核准文件；决定不予核准的，应当作出书面决定并说明理由。

第十二条 总精算师有下列情形之一的，其任职资格自动失效，拟再担任总精算师的，应当重新经过任职资格核准：

（一）因辞职、被免职、被撤职等原因，不再为该保险公司及其分支机构工作的；

（二）受到撤销任职资格的行政处罚的；

（三）出现《公司法》第一百四十七条第一款规定情形的。

第三章 总精算师职责

第十三条 总精算师对保险公司董事会和总经理负责，并应当向中国保监会及时报告保险公司的重大风险隐患。

第十四条 总精算师有权获得履行职责所需的数据、文件、资料等相关信息，保险公司有关部门和人员不得非法干预，不得隐瞒或者提供虚假信息。

第十五条 总精算师有权参加涉及其职责范围内相关事务的保险公司董事会会议，并发表专业意见。

第十六条 总精算师具体履行下列职责：

（一）分析、研究经验数据，参与制定保险产品开发策略，拟定保险产品费率，审核保险产品材料；

（二）负责或者参与偿付能力管理；

（三）制定或者参与制定再保险制度、审核或者参与审核再保险安排计划；

（四）评估各项准备金以及相关负债，参与预算管理；

（五）参与制定股东红利分配制度，制定分红保险等有关保险产品的红利分配方案；

（六）参与资产负债配置管理，参与决定投资方案或者参与拟定资产配置指引；

（七）参与制定业务营运规则和手续费、佣金等中介服务费用给付制度；

（八）根据中国保监会和国家有关部门规定，审核、签署公开披露的有关数据和报告；

（九）根据中国保监会规定，审核、签署精算报告、内含价值报告等有关文件；

（十）按照本办法规定，向保险公司和中国保监会报告重大风险隐患；

（十一）中国保监会或者保险公司章程规定的其他职责。

第十七条　保险公司有下列情形之一的，总精算师应当根据职责要求，向保险公司总经理提交重大风险提示报告，并提出改进措施：

（一）出现可能严重危害保险公司偿付能力状况的重大隐患的；

（二）在拟定分红保险红利分配方案等经营活动中，出现严重损害投保人、被保险人或者受益人合法权益的情形的。

总精算师应当将重大风险提示报告同时抄报保险公司董事会。

第十八条　总精算师提交重大风险提示报告的，保险公司应当及时采取措施防范或者化解风险，保险公司未及时采取有关措施的，总精算师应当向中国保监会报告。

第四章　监督管理

第十九条　保险公司应当按照本办法的规定，在保险公司章程中明确规定总精算师的职责。

第二十条　总精算师由保险公司董事会任命。

第二十一条　保险公司任命总精算师，应当在任命前与拟任总精算师签署《职务声明书》。

《职务声明书》应当载明下列内容：

（一）总精算师工作职责；

（二）由拟任总精算师作出的，将按照本办法规定提交离职报告的承诺；

（三）拟任总精算师在审读前任总精算师离职报告后作出的有关声明；

（四）中国保监会要求载明的其他内容。

第二十二条　在同一保险公司内，董事长、总经理不得兼任总精算师。

第二十三条　除下列情形以外，总精算师不得在所任职保险公司以外的其他机构中兼职：

(一)兼职机构与总精算师所任职保险公司之间具有控股关系;

(二)总精算师在精算师专业组织中兼职从事不获取报酬的活动;

(三)中国保监会规定的其他情形。

第二十四条 总精算师因辞职、被免职或者被撤职等原因离职的,应当在辞职时或者在收到免职、撤职决定之日起20日以内独立完成离职报告,并向保险公司董事会和总经理提交。

离职报告应当对离职原因、任职期间的履职情况和精算工作移交进行说明。

离职报告应当一式两份,并由总精算师签字。

第二十五条 保险公司任命总精算师,应当在申请核准拟任总精算师任职资格以前,根据其要求,将前任总精算师离职报告送交其审读。

第二十六条 总精算师因辞职、被免职或者被撤职等原因离职的,保险公司应当自作出批准辞职或者免职、撤职等决定之日起30日以内,向中国保监会报告,并提交下列书面材料:

(一)总精算师被免职或者被撤职的原因说明;

(二)免职、撤职或者批准辞职等有关决定的复印件;

(三)总精算师作出的离职报告。

第五章 法律责任

第二十七条 总精算师违背精算职责,致使根据中国保监会规定应当由其签署的各项文件不符合中国保监会规定的,由中国保监会责令改正,对总精算师予以警告;情节严重的,并处1万元以下罚款。

第二十八条 保险公司未经核准擅自任命总精算师的,由中国保监会予以警告,并处1万元以下罚款。

第二十九条 总精算师未按照本办法规定及时向中国保监会报告有关事项的,由中国保监会责令改正,予以警告。

第六章 附 则

第三十条 对总精算师的任职管理,本办法没有规定的,适用《保险公司董事、监事和高级管理人员任职资格管理规定》的有关规定。

第三十一条 本办法所称日,是指工作日,不包括法定节假日。

第三十二条 本办法由中国保监会负责解释。

第三十三条 本办法自2008年1月1日起施行。人寿保险公司、养老保险公司和健康保险公司自施行之日起适用本办法;财产保险公司适用本办法的时间和具体适用办法由中国保监会另行规定。

自本办法施行之日起,中国保监会之前规定的人寿保险公司、养老保险公司和健康保险公司精算责任人的职责由总精算师履行，中国保监会2004年6月30日发布的《人身保险产品审批和备案管理办法》(保监会令〔2004〕6号)中关于上述保险公司应当指定精算责任人的规定不再执行。中国保监会2004年11月11日发布的《关于精算责任人任职资格有关要求的通知》(保监发〔2004〕133号)自本办法施行之日起同时废止。

2.《中国保险监督管理委员会关于加强人身保险公司总精算师管理的通知》(保监寿险〔2013〕620号)

为加强总精算师任职管理，明确总精算师的责任，保障总精算师履行职责，根据《中华人民共和国保险法》、《保险公司总精算师管理办法》和《保险公司董事、监事和高级管理人员任职资格管理规定》，现就人身保险公司总精算师任职、履职等事项通知如下：

一、《保险公司总精算师管理办法》第七条第一款第二项“5年以上在保险行业内担任保险精算、保险财务或者保险投资管理职务的任职经历”，是指具有下列任职经历之一：

(一)担任保险公司相关部门负责人及以上职务5年以上；

(二)其它足以证明其具有拟任职务所需专业知识、管理能力及经验的职业资历。

其中，在中国大陆保险业内具有满足上述要求的任职经历不得少于两年。

二、总精算师不得频繁变换任职机构。拟任保险公司总精算师的，原则上在原任职机构连续工作年限不得低于两年。

三、拟任总精算师在原任职机构被撤职的，应在任职资格审查材料中说明在原任职机构工作的基本情况及被撤职的理由。

四、中国保监会在核准总精算师任职资格前，可以向原任职机构、中国精算师协会核实拟任总精算师的职业道德、专业能力和管理能力等基本情况。

五、保险公司报送的总精算师任职资格审查材料和其他文件资料，应当用中文书写。原件是外文的，应当附经中国公证机构公证的中文译本。

六、中国保监会支持中国精算师协会建立中国精算从业人员职业道德、职业技能评价体系，推动该评价体系与保险公司总精算师任职管理进行对接。

七、保险公司应保障总精算师独立履行职责，向其提供必要的条件。总精算师无法正常履行职责时，应当及时向中国保监会报告。中国保监会有权调查核实情况，并责令公司进行整改。

八、保险公司更换总精算师应提前向中国保监会报告，由保险公司和总精算师分别阐明理由。

九、保险公司不得频繁更换总精算师。因频繁更换总精算师对经营造成不利影响的，中国保监会可采取以下措施：

（一）要求保险公司做出说明；

（二）出示重大风险提示函；

（三）对有关人员进行监管谈话；

（四）依法采取其他措施。

十、保险公司出现以下情形之一的，可以指定精算临时负责人，但临时负责时间不得超过3个月：

（一）原总精算师辞职或者被撤职；

（二）总精算师因疾病、意外事故等原因无法正常履行工作职责；

（三）中国保监会认可的其他特殊情况。

十一、保险公司应在指定或者撤销精算临时负责人的决定作出之日起10日内向中国保监会报告。

指定精算临时负责人的报告应包含精算临时负责人基本情况及身份证、学历证书、精算师资格证书复印件等材料，证明其具有与履行职责相当的能力，且不具有法律法规禁止担任高级管理人员的情形。

十二、保险公司聘任未经核准任职资格的人员担任总精算师或实际履行总精算师职责的，中国保监会依法追究保险公司及有关人员责任。

十三、保险公司出现利差损、偿付能力、现金流等方面重大风险的，总精算师应及时向中国保监会报告。未及时报告的，中国保监会依法追究总精算师责任。

十四、保险公司总精算师对产品定价、法定责任准备金评估、分红方案确定等履职行为负终身责任。中国保监会依法对总精算师的不当履职行为追究责任。

十五、本通知自2013年8月5日起施行。

3.《中国保险监督管理委员会关于财产保险公司和再保险公司实施总精算师制度有关事项的通知》（保监财险〔2017〕271号）

为进一步完善非寿险精算监管制度，充分发挥总精算师在财产保险公司、再保险公司经营管理中的作用，促进财产保险公司、再保险公司健康发展，根据《保险公司总精算师管理办法》（以下简称《办法》）有关规定，现将财产保险公司、再保险公司实施总精算师制度有关事项通知如下：

一、中国保监会于本通知发布之日起在财产保险公司、再保险公司全面实施总精算师制度，各财产保险公司、再保险公司应严格执行《办法》和本通知中对总精算师的相关规定。

二、财产保险公司、再保险公司已经聘任总精算师的，不得取消该职位；聘任精算责任人的,最迟应于2020年1月1日之前聘任总精算师,若精算责任人因辞职、被免职或者被撤职等原因离职的,财产保险公司、再保险公司应立即聘任总精算师;本通知发布之日以后成立的财产保险公司、再保险公司,应聘任总精算师。

三、财产保险公司、再保险公司聘任总精算师,应报中国保监会进行任职资格核准。财产保险公司总精算师应具备财产保险方向精算师资格,专营财产再保险业务的再保险公司总精算师应具备财产保险方向精算师资格,专营人身再保险业务的再保险公司总精算师应具备人身保险方向精算师资格,经营财产再保险业务和人身再保险业务的再保险公司总精算师的精算师资格不限方向。

四、本通知自发布之日起实施,中国保监会2010年7月8日发布的《关于加强非寿险精算工作有关问题的通知》(保监发〔2010〕58号)同时废止。

4.《普通型人身保险精算规定》(2020年1月21日)

第一部分　适用范围

一、本规定适用于普通型人身保险,包括人寿保险、年金保险、健康保险和意外伤害保险。

第二部分　保险金额

二、个人普通型人寿保险和个人护理保险产品,死亡保险金额或护理责任保险金额与累计已交保费的比例应符合以下要求:

到达年龄	比例下限
18~40周岁	160%
41~60周岁	140%
61周岁以上	120%

其中,到达年龄是指被保险人原始投保年龄加上当时保单年度数,再减去1后所得到的年龄。

个人普通型人寿保险的死亡保险责任至少应当包括疾病身故保障责任和意外身故保障责任。

三、对于保额递减的个人定期寿险,上述比例使用保险期间内的平均死亡保险金额计算,平均死亡保险金额按照保险期间内各保单年度死亡保险金额的算术平均计算。

第三部分　保险费

四、保险公司厘定保险费,应当符合一般精算原理,采用公平、合理的定价假设。

五、保险公司厘定保险费的计算基础：

（一）预定利率

保险期间一年以上的产品，保险公司在厘定保险费时，应根据公司历史投资回报率经验和对未来的合理预期及产品特性按照审慎原则确定预定利率。

（二）预定发生率

保险公司在厘定保险费时，应以公司实际经验数据和行业公开发布的经验发生率表等数据为基础，同时考虑未来的趋势和风险变化，按照审慎原则确定预定发生率。

（三）预定附加费用率

保险公司在厘定保险费时，各保单年度的预定附加费用率由保险公司自主设定，但平均附加费用率不得超过下表规定的上限。平均附加费用率是指保单各期预定附加费用精算现值之和占保单毛保费精算现值之和的比例。

保险期间一年以上普通型人身保险平均附加费用率上限				
业务类型	交费方式	年金保险	两全保险	定期寿险、终身寿险、健康保险、意外伤害保险
个人	期交	16%	18%	35%
	趸交	8%	10%	18%
团体	期交	10%	—	15%
	趸交	5%	—	8%

保险期间一年及以内普通型人身保险平均附加费用率上限	
个人	35%
团体	25%

六、保险公司应当对定价假设相关参数进行定期回顾与分析，并根据公司实际经验及时调整相关参数。

七、保险期间超过一年或者保险期间虽不超过一年但含有保证续保条款且保证费率的期间超过一年的产品，保险公司在产品定价时应进行利润测试。

含有保证续保条款且保证费率是指，在保证续保期间内，在前一保险期间届满前，投保人提出续保申请，保险公司必须按照原条款和保证费率继续承保的合同约定。

第四部分 现金价值

八、保险期间一年以上的产品应按照第九条至第十二条计算保单现金价值。保险期间一年及以内的产品应按照第十三条计算保单现金价值。

九、保险期间一年以上的产品保单年度末保单价值准备金

保单年度末保单价值准备金是指为计算保单年度末保单最低现金价值，按照本条所述计算基础和计算方法算得的准备金数值。

（一）计算基础

1. 发生率采用险种报备时厘定保险费所使用的预定发生率；

2. 个人普通型人身保险的附加费用率采用下表规定的数值进行计算：

保单年度类别			第一年	第二年	第三年	以后各年
趸交	定期寿险、终身寿险、健康保险、意外伤害保险		18%	—	—	—
	两全保险		10%	—	—	—
	年金保险		8%	—	—	—
期交	交费期为10年以下	定期寿险、终身寿险、健康保险、意外伤害保险	65%	50%	35%	10%
		两全保险	35%	20%	20%	10%
		年金保险	30%	20%	15%	10%
	交费期为10年至19年	定期寿险、终身寿险、健康保险、意外伤害保险	80%	75%	60%	10%
		两全保险	45%	25%	25%	10%
		年金保险	40%	25%	15%	10%
	交费期为20年及以上	定期寿险、终身寿险、健康保险、意外伤害保险	85%	80%	75%	10%
		两全保险	50%	25%	25%	10%
		年金保险	45%	25%	15%	10%

团体普通型人身保险的附加费用率由公司自主审慎确定。

3. 利率采用险种报备时厘定保险费所使用的预定利率加上2%。

（二）计算方法

1. 根据该保单的保险责任和各保单年度净保费，按上述计算基础采用“未来法”计算。对确实不能用“未来法”计算的，可以采用“过去法”计算。

2. 保单各保单年度净保费为该保单年度的毛保费扣除附加费用。其中,毛保费是指按保单年度末保单价值准备金的计算基础重新计算的保险费,附加费用为毛保费乘以上表中规定的附加费用率。

(三)保单年度末保单价值准备金不包括该保单在保单年度末的生存给付金额。

十、保险期间一年以上的产品保单年度末保单最低现金价值

保单年度末保单最低现金价值是保险公司确定保单现金价值最低标准,其计算公式为:

$$MCV = r \times \max(PVR, 0)$$

系数 r 按下列公式计算:

$$r = k + \frac{t \times (1 - k)}{\min(20, n)}, t < \min(20, n)$$

$$r = 1, t >= \min(20, n)$$

其中:

MCV 为保单年度末保单最低现金价值;

PVR 为保单年度末保单价值准备金;

n 为保单交费期间(趸交保费时,n = 1);

t 为已经过保单年度,t = 1,2,...;

参数 k 的取值按如下标准:

k 值			
业务类型	年金保险	两全保险	定期寿险、终身寿险、健康保险、意外伤害保险
期交个人业务	0.9	0.85	0.8
期交团体业务	0.95	—	0.85
趸交个人业务	1	1	1
趸交团体业务	1	—	1

十一、保险期间一年以上的产品保单年度末保单现金价值

保险公司可以将按本规定所确定的保单年度末保单最低现金价值作为保单年度末保单现金价值,也可以按其他合理的计算基础和方法确定保单现金价值,但要保证其数值不低于按本规定所确定的保单年度末保单最低现金价值。

养老年金保险自领取生存保险金之日起,剩余保单年度的保单现金价值可以由保险合同约定。

十二、保险期间一年以上的产品，保单年度中保单现金价值根据保单年度末保单现金价值按合理的方法确定。

十三、保险期间一年及以内的产品，保单年度中保单最低现金价值按照未经过保费方法确定。

第五部分 责任准备金

十四、责任准备金的计算基础

（一）评估利率

保险期间一年以上的产品评估利率不得高于下面两项的较低值：

1. 中国银保监会公布的未到期责任准备金评估利率；

2. 该险种厘定保险费所使用的预定利率。

（二）评估死亡率

人身保险评估死亡率采用《中国人身保险业经验生命表（2010—2013）》所提供的数据。

保险公司应根据产品特征，按照审慎性原则整体考虑同一产品或产品组合的全部保单，按照《关于使用〈中国人身保险业经验生命表（2010—2013）〉有关事项的通知》（保监发〔2016〕108 号）的具体规定选择生命表。

（三）健康保险评估赔付假设

1. 健康保险责任准备金计算使用的发生率、赔付金额等赔付假设，应严格执行相关监管规定。没有监管规定的，应按如下执行：

（1）公司可以参考自身经验和外部数据确定赔付假设，后续也可根据实际经验情况进行变更。

（2）公司确定的赔付假设应当充足审慎，并根据实际经验每年检视。

（3）当公司赔付假设与实际经验相比出现不足，且非正常波动或偶然性原因，应及时调整评估假设，并按调整后假设增提责任准备金。

（4）赔付假设充足性应当在产品类别或更细层面进行评估。产品如果有多项健康保险责任的赔付假设，可以合并评估。

2. 对健康保险中包含的费用型医疗责任，与医疗费用相关的评估假设应当考虑医疗费用通胀因素。每年通胀比例假设应不低于3%。如果费用型医疗责任有给付限额，则考虑通胀后的医疗费用可以设置给付限额为上限。

十五、保险期间一年以上产品未到期责任准备金的计算方法

保险期间一年以上产品会计年度末保单未到期责任准备金应当用“未来法”逐单计算。对确实不能用“未来法”逐单计算的，可以采用“过去法”逐单计算。

（一）平准保费（缴费期内的各期保费相同）

终身年金以外的人身保险采用一年期完全修正方法，终身年金保险采用修正均衡净保费方法。

1. 一年期完全修正方法

（1）首年评估净保费 α 取评估基础下首年责任精算现值

（2）修正后续年净保费 β

按下列公式和未到期责任准备金计算基础计算：

$\alpha+\beta$ 在交费期初的精算现值 = P^{NL} 在交费期初的精算现值

其中 P^{NL} 为根据法定未到期责任准备金计算基础确定的交费期间均衡净保费。

2. 修正均衡净保费方法

（1）修正后首年净保费 α

$$\alpha=\{1-\min(\text{首年预定费用率},r)\}\times\text{首年毛保费}$$

其中，个人业务 $r=0.35$

团体业务 $r=0.15$

（2）修正后续年均衡净保费 β

按下面公式和法定未到期责任准备金计算基础计算：

$\alpha+\beta$ 在交费期初的精算现值 = P^{NL} 在交费期初的精算现值

其中 P^{NL} 为根据法定未到期责任准备金计算基础确定的交费期间均衡净保费。

3. 根据上述未到期责任准备金计算基础（即评估基础）和修正方法计算修正准备金。

4. 如果按修正方法计算的续年净保费高于毛保费，还应计提保费不足准备金。保费不足准备金为未来各保单年度评估净保费与毛保费之差的精算现值。

5. 保单年度末保单未到期责任准备金为上述修正准备金及保费不足准备金之和，且未到期责任准备金不得低于保单年度末保单现金价值与保单年度末生存给付之和。

6. 会计年度末未到期责任准备金的计算，应当根据所对应的上一保单年度末的保单未到期责任准备金，扣除保单在上一保单年度末的生存给付金额后和该保单年度末保单未到期责任准备金进行插值计算，并加上未到期评估净保费（如果评估净保费大于毛保费，则为未到期毛保费）。

（二）非平准保费（缴费期内的各期保费不同）

1. 保单年度末未到期责任准备金为未来各年责任成本高于该年毛保费部分

的精算现值。计算公式如下：

$$\sum APV(Max(Bi-Pi,0))$$

其中：

APV 指精算现值，其计算基础从第十四条规定；

Bi 指未来第 i 年的赔付责任成本；

Pi 指未来第 i 年的毛保费。

2. 保单年度末未到期责任准备金不得低于保单年度末保单现金价值与保单年度末生存给付之和。

3. 会计年度末未到期责任准备金的计算，应根据所对应的上一保单年度末的保单未到期责任准备金，扣除保单在上一保单年度末的生存给付金额后和该保单年度末保单未到期责任准备金进行插值计算，并加上未到期毛保费。

4. 附加在投资连结保险或万能保险主险上的普通型附加险不适用本规定。

十六、保险期间一年及以内产品未到期责任准备金的计算方法

保险期间一年及以内产品提取未到期责任准备金，应当采用下列方法之一：

（一）二十四分之一毛保费法（以月为基础计提）；

（二）三百六十五分之一毛保费法（以天为基础计提）；

（三）根据风险分布状况可以采用其他更为谨慎、合理的方法，提取的未到期责任准备金不得低于方法（一）和（二）所得结果的较小者。

未到期责任准备金的提取方法一经确定，不得随意更改。

保险期间为一年及以内产品未到期责任准备金的提取金额应当不低于下列两者中较大者：

（一）预期未来发生的赔款与费用扣除相关投资收入之后的余额；

（二）在责任准备金评估日假设所有保单退保时的退保金额。

未到期责任准备金不足的，应当提取保费不足准备金，用于弥补未到期责任准备金和前款两项中较大者之间的差额。

十七、保证责任的额外责任准备金

1. 含有保证续保条款及保证费率的产品，应在当前保险期间结束后提供保证续保及保证费率的期间内计提额外责任准备金。保单年度末额外责任准备金等于，上述期间内各保单年度的预期赔款与费用之和高于保证费率部分的精算现值之和。贴现率不得高于中国银保监会公布的未到期责任准备金评估利率。

2. 提供到期转换选择权的产品，即前一保险期间届满，按照保险合同约定，投保人可以转换成另一个责任和费率均确定的产品，应在当前保险期间内计提额外责任准备金。保单年度末额外责任准备金等于，执行选择权时新承保产品未来各

年责任成本现值高于毛保费现值部分的精算现值。贴现率等于责任准备金评估利率。

如果存在多个选择权，只能选择其中一个时，应按额外责任准备金最高的选择权计提；可同时选择多个时，应按所有选择权的额外责任准备金之和计提。

十八、未决赔款准备金

保险公司应在会计年度末计提未决赔款准备金。

（一）对已经发生保险事故并已提出索赔、保险公司尚未结案的赔案，保险公司应当提取已发生已报案未决赔款准备金。保险公司应当采取逐案估计法、案均赔款法等合理的方法谨慎提取已发生已报案未决赔款准备金。

（二）对已经发生保险事故但尚未提出的赔偿或给付，保险公司应当提取已发生未报案未决赔款准备金。对已发生未报案未决赔款准备金，应当根据险种的风险性质和经验数据等因素，至少采用链梯法、案均赔款法、准备金进展法、B－F法、赔付率法中的两种方法评估已发生未报案未决赔款准备金，并选取评估结果的最大值确定最佳估计值。

保险公司总精算师判断数据基础不能确保计算结果的可靠性，或者相关业务的经验数据不足3年的，应当按照不低于该会计年度实际赔款支出的10%提取已发生未报案未决赔款准备金。

十九、责任准备金分组计算

计提前述各项责任准备金时，保险公司应将单个产品或更细维度的分组作为计量单元。如果将具有相似特征的保单分组计算的结果与逐单计算的结果没有实质性差异或无法进行逐单计算，经保险公司总精算师判断后，也可以采用分组方法计算。

二十、会计年度末保单责任准备金

上述各项准备金数额之和是会计年度末保单责任准备金计提的最低标准。保险公司可以采用其他合理的计算基础和评估方法计算会计年度末保单责任准备金，但要保证其数值不低于按本规定所确定的各项准备金数额之和。

5.《中国银行保险监督管理委员会关于强化人身保险精算监管有关事项的通知》（2020年1月21日）

为进一步强化人身保险精算监管，完善人身保险监管指标体系，更好保护保险消费者合法权益，推动人身保险市场高质量发展，现就有关事项通知如下：

一、保险公司应按照本通知规定的公式（见附件1），计算责任准备金覆盖率。《关于印发人身保险公司〈精算报告〉编报规则的通知》（银保监办发〔2018〕45号）中“责任准备金覆盖率”的计算公式不再执行。

二、保险公司用于分红保险利益演示的红利不得超过按以下公式计算的上限：

(V0 + P) × 利差水平 × 红利分配比例

其中：V0 指本保单年度期初红利计算基础对应的准备金（不包括该时点的生存给付金金额）；P 指按红利计算基础对应的准备金评估基础计算的本保单年度净保费；红利分配比例统一为 70%。

三、保险公司根据《中国保监会关于做好人身保险业有关数据报送工作的通知》（保监人身险〔2017〕263 号）填报季度负债业务信息表时，应按照本通知规定的表样（见附件 2）进行填报并发送至我会联系人邮箱，其他填报要求保持不变。

四、保险公司新开发的分红型人身保险产品应按照本通知要求执行，在本通知印发前已审批或备案的分红型人身保险产品说明书可以继续使用。

五、2020 年 4 月 1 日起，保险公司按照本通知要求填报季度负债业务信息表。

2020 年 7 月 1 日起，保险公司报送人身保险条款和保险费率审批或备案的，最近季度末责任准备金覆盖率不得低于 100%；同时，不符合本通知要求的产品分红型人身保险说明书不得继续使用。

六、此前有关规定与本通知不一致的，以本通知为准。

附件：（略）

典型案例

1. 谢某湘违反精算报告制度案（中国保险监督管理委员会行政处罚决定书，保监罚〔2018〕1 号）

【案情】交银康联人寿保险有限公司（以下简称交银康联人寿）报送备案的"交银康联交银优福添禧年金保险（B）"产品在计算现金价值时直接使用客户所交保费按不同退保年度设置不同的预定单利利率计算，变相突破了定价利率、预定费用率和发生率的约束，产品现金价值计算不合理，违反了一般的精算原理。不符合《人身保险公司保险条款和保险费率管理办法》第三十九条、《人寿保险精算规定》第六条的规定。时任交银康联人寿总精算师谢某湘对上述违规问题负有直接责任。

【认定】中国保监会认为，时任交银康联人寿总精算师谢某湘具体履职行为，违反了《保险公司总精算师管理办法》第十六条的规定。根据《保险公司总精算师管理办法》第二十七条的规定，决定对谢某湘处以警告并罚款 1 万元。

2. 赵某新违反精算报告制度案（中国保险监督管理委员会行政处罚决定书，保监罚〔2018〕2 号）

【案情】长城人寿保险股份有限公司（以下简称长城人寿）报送备案的"长城

鑫城3号年金保险”产品在计算现金价值时，一是在使用定价利率计算保单年度末保单价值准备金的基础上，在第5保单年度末及以后引入大于1的调整参数调节现金价值，变相突破了定价利率和预定费用率约束。二是拉平了不同年龄客户的现金价值，变相突破了发生率的约束。产品现金价值计算不合理，违反了一般的精算原理，不符合《人身保险公司保险条款和保险费率管理办法》第三十九条、《人寿保险精算规定》第六条的规定。时任长城人寿总精算师赵某新对上述违规问题负有直接责任。

【认定】中国保监会认定，时任长城人寿总精算师赵某新具体履职行为，违反了《保险公司总精算师管理办法》第十六条的规定。根据《保险公司总精算师管理办法》第二十七条的规定，决定对赵某新处以警告并罚款1万元。

3. 王某违反精算报告制度案（中国保险监督管理委员会行政处罚决定书，保监罚〔2018〕3号）

【案情】农银人寿保险股份有限公司（以下简称农银人寿）报送备案的“农银金太阳年金保险（C款）”产品在计算第5保单年度末及以后现金价值时使用低于定价利率的贴现利率，变相突破了定价利率的约束，产品现金价值计算不合理，违反了一般的精算原理。不符合《人身保险公司保险条款和保险费率管理办法》第三十九条、《人寿保险精算规定》第六条的规定。时任农银人寿总精算师王某对上述违规问题负有直接责任。

【认定】中国保监会认定，时任农银人寿总精算师王某具体履职行为，违反了《保险公司总精算师管理办法》第十六条的规定。根据《保险公司总精算师管理办法》第二十七条的规定，决定对王某处以警告并罚款1万元。

权威解读

保险精算制度是指保险公司通过专业、科学的技术手段，核定保险产品的保险费率及责任准备金的制度。保险监督管理机构要求所有保险公司均要聘请精算专业人员，建立精算报告制度，接受保险监督管理机构的监督检查。保险精算应当遵循充分性、合理性、公平性、稳定性原则。①

① 参见安建主编：《中华人民共和国保险法（修订）释义》，法律出版社2009年版，第129－131页。

《保险法》第八十六条　【报告、重要资料的如实记录及报送】

第八十六条　保险公司应当按照保险监督管理机构的规定，报送有关报告、报表、文件和资料。

保险公司的偿付能力报告、财务会计报告、精算报告、合规报告及其他有关报告、报表、文件和资料必须如实记录保险业务事项，不得有虚假记载、误导性陈述和重大遗漏。

相关规定

《保险法》

第八十七条　保险公司应当按照国务院保险监督管理机构的规定妥善保管业务经营活动的完整账簿、原始凭证和有关资料。

前款规定的账簿、原始凭证和有关资料的保管期限，自保险合同终止之日起计算，保险期间在一年以下的不得少于五年，保险期间超过一年的不得少于十年。

第八十八条　保险公司聘请或者解聘会计师事务所、资产评估机构、资信评级机构等中介服务机构，应当向保险监督管理机构报告；解聘会计师事务所、资产评估机构、资信评级机构等中介服务机构，应当说明理由。

第一百三十二条　本法第八十六条第一款、第一百一十三条的规定，适用于保险代理机构和保险经纪人。

第一百六十九条　违反本法规定，有下列行为之一的，由保险监督管理机构责令限期改正；逾期不改正的，处一万元以上十万元以下的罚款：

（一）未按照规定报送或者保管报告、报表、文件、资料的，或者未按照规定提供有关信息、资料的；

……

第一百七十条　违反本法规定，有下列行为之一的，由保险监督管理机构责令改正，处十万元以上五十万元以下的罚款；情节严重的，可以限制其业务范围、责令停止接受新业务或者吊销业务许可证：

（一）编制或者提供虚假的报告、报表、文件、资料的；

……

第一百七十一条　保险公司、保险资产管理公司、保险专业代理机构、保险经纪人违反本法规定的，保险监督管理机构除分别依照本法第一百六十条至第一百七十条的规定对该单位给予处罚外，对其直接负责的主管人员和其他直接责任人员给予警告，并处一万元以上十万元以下的罚款；情节严重的，撤销任职资格。

典型案例

违反《保险法》第八十六条的规定，编制、报送虚假资料报告受到行政处罚的案例较多，根据情形主要分为以下几类：

（一）销售、承保、理赔资料不真实不完整

1. 利安人寿保险股份有限公司提供虚假报告报表案（中国银行保险监督管理委员会行政处罚决定书，银保监罚决字〔2020〕52号）

【案情】2017年3月20日至30日，利案人寿保险股份有限公司（以下简称利安人寿）通过线下填写投保单、线下收缴保费、业务管理部手工录单的方式销售“多利宝终身寿险（投资连结型）”，涉及保费20,097.3万元。上述业务未通过利安人寿自营网络平台销售，也未通过第三方网络平台销售，但公司在业务投保单中将“业务销售渠道”记载为“网销”、“代理人姓名”记载为“网络销售”、“代理人代码”记载为“632W10100”（江苏分公司的虚拟销售代码）。2017年4月11日，利安人寿向原保监会上报“2017年3月寿险公司互联网保险统计表”，将上述业务记载为“自营网络平台—保险公司”。时任新渠道部副总经理汤某负责公司网销业务，互联网统计数据由其审批上报，对提供虚假报告报表负有直接责任。

【认定】中国银保监会认为，利安人寿的上述行为违反了《保险法》第八十六条的规定。根据该法第一百七十条的规定，对利安人寿罚款30万元；根据该法第一百七十一条的规定，对汤某处以警告并罚款5万元。

2. 泰康人寿保险有限责任公司编制虚假承保录音资料案（中国保险监督管理委员会行政处罚决定书，保监罚〔2017〕21号）

【案情】泰康人寿保险有限责任公司（以下简称泰康人寿）电销人员利用业务系统管控不严等管理漏洞，以“自建号”“手拨号”、添加不真实的被保险人联系电话等方式呼叫投保人、被保险人以外的第三人，编制虚假的承保录音资料，用于通过录音质检，或在客户不知情的情况下承保出单。时任泰康人寿电话销售事业部数据部负责人高某、时任泰康人寿助理总裁兼电话销售事业部总经理李某晖对上述违法行为负有直接责任。

【认定】中国保监会认为，泰康人寿编制虚假资料的行为，违反了《保险法》第八十六条有关规定。根据该法第一百七十条的规定，对泰康人寿罚款20万元；根据该法第一百七十一条的规定，对高某处以警告并罚款5万元，对李某晖处以警告并罚款3万元。

3. 中国人民财产保险股份有限公司承保理赔档案不真实、不完整案（中国保险监督管理委员会行政处罚决定书，保监罚〔2018〕24号）①

【案情】中国人民财产保险股份有限公司（以下简称人保财险）湖南分公司、广东分公司分别向所在地保监局报送的农业保险自查报告显示，其承保理赔档案中存在不完整、不真实问题的档案分别为9.32万份、5万份，问题档案占比分别25.92%、51.03%。人保财险总公司向中国保监会报送的自查报告显示，问题档案341.5万份，问题档案占比59.91%。检查组在人保财险湖南分公司、广东分公司自查报告显示无问题或已整改的承保理赔档案中抽取2119份档案进行了检查，新发现存在不完整、不真实问题的档案共863份，问题档案占比40.72%。其中，抽查湖南分公司1070份承保理赔档案，发现问题档案433份；抽查广东分公司1049份承保理赔档案，发现问题档案430份。上述延伸检查抽查结果显示，人保财险总公司向中国保监会报送的自查报告也一定程度上存在未充分反映问题的情况。时任人保财险总公司/中国保监会农业保险事业部/三农保险部副总经理魏某林对上述行为负有直接责任。

魏某林提出了申辩意见，对其履职情况以及人保财险自查报告与实际情况不一致产生的原因进行了说明，并请求对个人酌情减轻或免予行政处罚。

【认定】中国保监会经复核认为，魏某林提出的申辩事由不符合法定减轻或免予行政处罚的条件。人保财险总公司编制提供虚假资料的行为，违反了《保险法》第八十六条的规定。根据该法第一百七十条的规定，对人保财险总公司罚款10万元；根据该法第一百七十一条的规定，对魏某林处以警告。

4. 中国太平洋财产保险股份有限公司浙江分公司擅自下调交通事故责任比例案（中国银行保险监督管理委员会行政处罚决定书，银保监罚决字〔2020〕56号）

【案情】2017年12月，中国太平洋财产保险股份有限公司（以下简称太平洋财险）浙江分公司在《道路交通事故认定书》或《道路交通事故自行协商协议书》已下发或已签署、交通事故责任比例未发生变化的情况下，下调38笔未决赔案的交通事故责任比例，造成当月未决赔案估损金额减少572.99万元。叶某蓁作为车险理赔未决赔案管控责任人，对上述违法行为负有直接责任。

---

① 在保监会开展的农业保险专项检查中，同期的同类处罚还有不少。如对中华联合财产保险股份有限公司及部分分公司处罚（中国保险监督管理委员会行政处罚决定书〔2018〕23、18、16号），对阳光财产保险股份有限公司处罚（中国保险监督管理委员会行政处罚决定书〔2018〕15号），对华农财产保险股份有限公司北京市分公司处罚（中国保险监督管理委员会行政处罚决定书〔2018〕17号）。

【认定】中国银保监会认为,太平洋财险浙江分公司的上述行为违反了《保险法》第八十六条的规定。根据该法第一百七十条的规定,对太平洋财险浙江分公司罚款50万元;根据该法第一百七十一条的规定,对叶某蓁处以警告并罚款10万元。

(二)虚列、不真实列支费用

1. 华海财产保险股份有限公司虚列车险费用案(中国银行保险监督管理委员会行政处罚决定书,银保监罚决字〔2019〕10号)

【案情】2017年1月至7月,华海财产保险股份有限公司(以下简称华海财险)营业总部通过以广告费、业务宣传费等名义报销的资金支付中介机构车险代理业务品质奖励合计559.08万元。所涉报销广告费等费用系虚列,财务数据不真实。时任华海财险营业总部总经理胡某栋对上述违法行为负有直接责任。

【认定】中国银保监会认为,华海财险车险业务虚列费用的行为,违反《保险法》第八十六条的规定。根据该法第一百七十条的规定,对华海财险罚款50万元,同时责令停止其营业总部接受商业车险新业务3个月;根据该法第一百七十一条的规定,对胡某栋处以警告并罚款10万元。

2. 中国平安财产保险股份有限公司四川分公司编制并提交虚假报表案(中国保险监督管理委员会行政处罚决定书,保监罚〔2018〕9号)

【案情】2017年6月,为达到调低车险综合费用率的目的,中国平安财产保险股份有限公司四川分公司(以下简称平安财险四川分公司)对所需再保险安排进行测算,根据测算结果向平安财险申请并采取以下措施:(1)通过增加浮动成数分保增加摊回分保费用,降低综合费用率。2017年5月、6月,平安财险四川分公司通过平安财险与相关再保险公司签订浮动成数分保合同,分别将分公司5月、6月商业车险保费的18%分出给上述再保险公司,摊回分保费用合计为1.37亿元。通过上述处理,平安财险四川分公司2017年1~6月车险综合费用率降低2.8个百分点。(2)调低历史年度分出车险保单的评估保单赔付率,调高摊回分保费用,降低综合费用率。2017年7月,平安财险四川分公司在向平安财险总公司报送的材料中,对2013~2015年历史分出车险保单的保单赔付率评估值予以下调,从而使上述历史保单2017年前6月摊回分保费用较前5月增加0.94亿元,导致该分公司1~6月车险综合费用率降低1.9个百分点。(3)调高2016~2017年车险保单的保单赔付率,调高未决赔款准备金提转差,调高综合赔付率。平安财险四川分公司2017年1~6月车险综合费用率较1~5月下降9.3个百分点。为保持综合成本率的相对稳定,该分公司大幅增提未决赔款准备金,使其2017年6月的未决赔款准备金提转差高达4.8亿元,环比增长306.8%,1~6月车险综合赔付率较

1～5月上升8.8个百分点。时任平安财险四川分公司副总经理罗某、时任平安财险四川分公司总经理李某安对上述违法行为负有直接责任。

平安财险四川分公司提出听证申请。听证会上,平安财险四川分公司对本案相关事实无异议,并请求对其从轻处罚,理由有以下三点:一是签订商业车险浮动成数合约符合法律规定及再保险合同操作惯例,相关再保险业务是真实的。二是2013～2015年车险分出业务赔付率假设客观合理,据此计算的浮动手续费是真实的。2016～2017年保单赔付率评估结果真实合理。三是请考量认定为编制并提交虚假报表的行为定性是否过重。

【认定】中国保监会经复核认为:平安财险四川分公司利用浮动成数分保合约工具等手段,调节车险综合费用率等指标的实质,是通过签订形式上的再保合同等方式,实现人为调节财务数据、调低综合费用率或者调高综合赔付率的目的,对报表真实性发生了巨大影响。从公司操作目的、指标变动趋势、再保合约条款设置、2017年平安财险四川分公司车险赔付率变动情况以及其他证据可证实其违法违规行为性质,依法构成编制并提交虚假报表的行为。同时,平安财险四川分公司的申辩理由不符合从轻处罚的事由,对平安财险四川分公司的意见不予采纳。

综上,平安财险四川分公司编制并提交虚假报表的行为,违反了《保险法》第八十六条的规定。根据该法第一百七十条的规定,对平安财险四川分公司罚款50万元,同时责令其停止接受商业车险新业务3个月。根据该法第一百七十一条的规定,对李某安处以警告并罚款10万元,同时撤销其任职资格;对罗某处以警告并罚款10万元。

3. 中华联合财产保险股份有限公司辽宁分公司多计提资金、错列费用案(中国银行保险监督管理委员会行政处罚决定书,银保监罚决字〔2020〕53号)

【案情】中华联合财产保险股份有限公司辽宁分公司(以下简称中华联合财险辽宁分公司)未遵守《企业会计准则》,没有充分依据且未经测算,于2017年年末分2次计提农业保险销售人员绩效工资925.23万元,实际仅发放216.22万元,多计工资费用709.01万元。对于上述多计提金额,中华联合财险辽宁分公司在原科目冲销2018年费用635.44万元,并错误列支2018年员工薪酬58万元,导致2018年财务报表少计工资费用693.44万元。中华联合财险辽宁分公司时任总经理李某、时任农业保险部总经理张某、时任财务会计部总经理傅某(2017年)、时任财务会计部总经理李某顺(2018年)对上述行为负有直接责任。

【认定】中国银保监会认为,中华联合财险辽宁分公司上述行为违反了《保险法》第八十六条的规定。根据该法第一百七十条的规定,对中华联合财险辽宁分公司罚款50万元;根据该法第一百七十一条的规定,对李某处以警告并罚款10万元,对张某处以警告并罚款5万元,对傅某处以警告并罚款5万元,对李某顺处以警告并罚款5万元。

4. 中国人民财产保险股份有限公司四川省分公司违规列支手续费案(中国保险监督管理委员会行政处罚决定书,保监罚〔2016〕9号)

【案情】2015年3~5月,中国保监会对中国人民财产保险股份有限公司(以下简称人保财险)开展“两个加强、两个遏制”专项检查,并对其四川省分公司进行延伸检查,发现人保财险四川省分公司铁路货运险业务存在“倒签单”问题。经人保财险四川省分公司自查确认,2014年部分铁路货运险业务存在以净保费入账,将纸质保单保费与系统保费金额的差额作为手续费,违规支付给铁路部门等无资质中介机构,共涉及保单524笔,保费差额(即违规支付的手续费)871.77万元。2015年4月,人保财险四川省分公司将上述自查发现的问题,向保险监管机构进行了报告。人保财险四川省分公司下辖多个机构存在相同或类似违法违规行为,其作为上级管理机构,应对上述违法违规行为承担直接管理责任。

检查期间,人保财险四川省分公司能够积极配合,主动上报检查组掌握情况之外的违规问题并及时书面报告保险监管机构,属于依法从轻处罚的情形。

【认定】中国保监会认为,人保财险四川省分公司铁路货运险业务以净保费入账违规支付手续费的行为,违反了《保险法》(2014年修正)第八十六条的规定。根据该法第一百七十二条的规定,①对人保财险四川省分公司罚款30万元。

5. 信诚人寿保险有限公司未如实记录保险业务事项案(中国保险监督管理委员会行政处罚决定书,保监罚〔2016〕7号)

【案情】2014年7月及11月,信诚人寿保险有限公司(以下简称信诚人寿)总公司以业务推动费名义报销部分费用,但费用报销发票记载事项与实际发生事项不一致,涉及金额231,000元。时任信诚人寿副首席银保官马某山、助理首席银保官韦某对上述问题负有直接管理责任。

【认定】中国保监会认为,信诚人寿未如实记录保险业务事项的行为,违反了《保险法》(2014年修正)第八十六条的规定。根据该法第一百七十二条的规定,对信诚人寿罚款30万元;根据该法第一百七十三条的规定②,对马某山、韦某分别

---

① 2015年4月24日第十二届全国人民代表大会常务委员会第十四次会议作出《关于修改〈中华人民共和国计量法〉等五部法律的决定》,对《保险法》进行第三次修正。经过修正后,《保险法》(2014年修正)第八十六条保留;《保险法》(2014年修正)第一百七十二条调整为现行《保险法》第一百七十条。——编者注

② 2015年4月24日第十二届全国人民代表大会常务委员会第十四次会议作出《关于修改〈中华人民共和国计量法〉等五部法律的决定》,对《保险法》进行第三次修正。经过修正后,《保险法》(2014年修正)第八十六条保留;《保险法》(2014年修正)第一百七十二条调整为现行《保险法》第一百七十条;《保险法》(2014年修正)第一百七十三条调整为现行《保险法》第一百七十一条。——编者注

予以警告并罚款4万元。

(三)编制、提交其他虚假报告、资料

1. 永诚财产保险股份有限公司偿付能力报告、风险综合评级报告、财务会计报告虚假记载案(中国银行保险监督管理委员会行政处罚决定书,银保监罚决字〔2020〕54号)

【案情】永诚财产保险股份有限公司(以下简称永诚财险)偿付能力报告、风险综合评级报告、财务会计报告存在以下虚假记载。

一是永诚财险从2009年起至2017年对股东业务应收保费未进行减值测试,也未计提坏账准备。

二是永诚财险多家分公司防预费跨年度核算,导致2016年度偿付能力报告实际资本错误增加495.14万元,2017年度偿付能力报告实际资本错误增加171.91万元。

三是永诚财险2017年2月取得的上海浦东新区周家渡街道土地使用权未及时入账和摊销,2017年第1、2、3季度财务报告和偿付能力报表中均未体现土地使用权价值,且分别少摊销134.73万元、538.93万元、943.11万元。

四是永诚财险将2017年支付给美联盛航保险代理河北分公司以及宁波掌金、兰州掌金、景泰掌金三家科技公司的服务费以员工借款的名义计入其他应收款,导致2017年度实际资本虚增2967.81万元。

五是永诚财险2017年风险综合评级报告在财务管理操作风险方面、资金运用操作风险方面、准备金管理操作风险方面、再保险业务操作风险方面、合规风险方面、理赔业务线操作风险方面以及销售、承保、保全业务线操作风险方面等30余项评价指标填报错误。

时任永诚财险副总裁兼首席风险官、合规负责人康某君对上述一、二、四、五事项负有直接责任,时任永诚财险财务部副总经理蔡某健对上述一、二、四事项负有直接责任。康某君、蔡某健提出申辩意见。康某君提出:一是处罚事项涉及会计处理,其未直接分管财务部,对具体会计操作不负有直接责任,承担间接领导责任;二是风险综合评级报告存在错误事项,各层级均不具有主观故意,且未给公司管理造成重大影响,目前已经整改完毕,请求降低处罚等级,减免处罚金额。蔡某健提出:相关问题已经进行了整改,请求降低处罚等级,减免处罚金额。

【认定】中国银保监会经复核认为,一是偿付能力报告以及风险综合评级报告报送工作,由风险管理部牵头报送,时任首席风险官康某君负责公司风险管理工作,是对报送错误报告及报表行为直接负责的主管人员;二是偿付能力报告、风险综合评级报告、财务会计报告存在多处错误,对报告及报表的真实性和准确性有较大影响;三是不具有主观故意、已经整改完毕等不构成法定从轻、减轻或免予处罚的条件。故对康某君、蔡某健的陈述申辩意见不予采纳。

综上,永诚财险上述行为违反了《保险法》第八十六条的规定。根据该法第一百七十条的规定,对永诚财险罚款 50 万元;根据该法第一百七十一条的规定,对康某君处以警告并罚款 8 万元,对蔡某健处以警告并罚款 6 万元。

2. 众惠财产相互保险社向监管部门报送虚假材料案(中国银行保险监督管理委员会行政处罚决定书,银保监罚决字〔2021〕10 号)

【案情】2016 年 9 月 29 日,众惠财产相互保险社(以下简称众惠相互)(筹)向原中国保监会提交《关于众惠相互开业的请示》(众惠相互筹〔2016〕15 号)及相关材料,其中《借款承诺书》《初始运营资金借款来源承诺书》等文件显示,出借人上海烜裕投资管理有限公司(以下简称上海烜裕)提供的借款资金全部为自有资金,不属于向他人借贷资金或他人委托资金。经查明,上海烜裕缴存的初始运营资金 9000 万元中有 8264 万元为借款。直至 2018 年 2 月上海烜裕才分笔还清上述借款。

开业请示由众惠相互董事长李某签发,李某同时是上海烜裕的法定代表人。李某在明知上海烜裕初始运营资金来源的情况下,作为董事长签批开业请示,提交相关借款承诺,对于向监管部门提供虚假材料申请行政许可事项负有直接责任。

众惠相互和李某提出申辩意见,请求从轻处罚。众惠相互提出:一是上海烜裕在 2018 年 2 月已经还清了缴存初始运营资金中的借款;二是相关借款情况未对众惠相互发展及会员权益构成实质性影响和危害;三是众惠相互初始运营资金债权与股份制保险公司股权存在差异。除上述理由外,李某还提出了上海烜裕借款的原因是众惠相互筹备期间存在特殊困难。

【认定】中国银保监会经复核认为,一是众惠相互初始运营资金的属性以及公司筹备期间的情况,均不能作为当事人向监管部门报送虚假材料的理由。二是众惠相互及李某在提交开业请示时,对初始运营资金借款来源向监管部门提供不实资料,事实清楚,证据充分,且涉及金额较大。三是依据《保险法》《行政许可法》等法律法规,确定对众惠相互及李某的行政处罚幅度和可采取的其他行政措施时,已综合考量了其违法行为的事实、性质、情节以及社会危害程度等因素。

综上,上述向监管部门提供虚假材料的行为,违反了《保险法》第八十六条的规定。根据该法第一百七十条的规定,对众惠相互罚款 50 万元;根据该法第一百七十一条的规定,对李某处以警告并罚款 10 万元。

3. 安华农业保险股份有限公司报送的公司治理报告存在虚假记载案（中国银行保险监督管理委员会行政处罚决定书，银保监罚决字〔2021〕9 号）

【案情】安华农业保险股份有限公司（以下简称安华农险）于 2019 年 5 月 6 日向中国银保监会报送的《2018 年度公司治理报告》中，对第四届董事会第七十五次会议部分独立董事表决和发表意见情况的记载与董事会会议记录不一致，且报告记载前后存在矛盾。张某锋作为时任董事会临时负责人签署该报告，对上述违法行为负有直接责任。

安华农险和张某锋提出申辩意见：一是《2018 年度公司治理报告》中的错误记载属于操作失误，而非虚假记载；二是该错误记载不属于《保险法》第八十六条规定的事项；三是张某锋不是责任主体。

【认定】中国银保监会经复核认为：一是安华农险向监管机构报送的报告中存在与真实情况不符的记载，该违法事项事实清楚；二是《保险法》第八十六条和第一百七十条分别规定了保险机构向监管部门报送有关报告、报表、文件、资料的基本要求，以及编制或提供虚假报告、报表、文件、资料的法律责任，处罚适用法律和定性准确；三是依据《保险公司董事会运作指引》（保监发〔2008〕58 号）第八十三条和第八十七条"公司治理报告由董事长牵头负责起草或汇总后，提交董事会审议"、董事会秘书"协助公司董事长起草公司治理报告"等规定，张某锋作为时任董事会临时负责人（期间公司董事会秘书职位空缺）对上述违法行为负有直接责任。故对安华农险和张某锋的陈述申辩意见不予采纳。

综上，上述编制和提供虚假报告的行为，违反了《保险法》第八十六条的规定。根据该法第一百七十条的规定，对安华农险罚款 10 万元；根据该法第一百七十一条的规定，对张某锋处以警告并罚款 1 万元。

（四）保险代理机构编制、提交虚假报告资料

中国农业银行股份有限公司及部分分支机构虚假代理业务及违反审慎经营案（中国银行保险监督管理委员会行政处罚决定书，银保监罚决字〔2020〕3 号）

【案情】中国农业银行股份有限公司（以下简称农业银行）安阳县支行、农业银行巩义市支行、农业银行平顶山湛河支行代理的中国人民人寿保险股份有限公司（以下简称人保寿险）涉及可回溯的保险业务，未通过农业银行系统录制可回溯视频，而是由人保寿险销售人员录制可回溯视频并由人保寿险质检。上述业务在人保寿险核心业务系统中录入的保单销售人员为人保寿险销售人员，经办人员为农业银行工作人员，农业银行将上述业务作为自己代理渠道业务收取了手续费。

同时，农业银行还存在违反审慎经营规则的行为。

(1)可回溯制度执行不到位。农业银行代理保险业务,存在销售行为可回溯制度执行不到位的问题:一是销售人员未出示投保单等相关文书材料,视频中无消费者签字过程;二是销售人员未出示展业证或身份证明;三是销售人员未向投保人宣读或未完整宣读免除保险人责任的条款;四是销售人员未提醒消费者如实填写投保信息及不如实填写的后果;五是销售人员未介绍产品责任等基本信息;六是销售人员未在镜头前清晰展示投保单等相关文书材料,视频中未清晰展示消费者签名。

(2)可回溯基础管理不到位。一是制度落实文件制定滞后。保险销售行为可回溯制度于2017年11月1日开始执行,农业银行于2017年11月根据原银监会相关规定修订并下发了《中国农业银行网点销售专区及录音录像管理办法》(农银规章〔2017〕142号),但对涉及保险业务的可回溯要求几乎未作明确规定。直到2018年9月,农业银行才修订并下发了《中国农业银行网点销售专区、录音录像及产品信息查询平台管理办法》(农银规章〔2018〕161号),对保险业务营销关键环节、录音录像资料保存时间等相关方面制度进行了完善。二是未将可回溯制度落实情况纳入总行统一制定的人员绩效考核办法。三是质检结果与保险公司交互不足。农业银行代销保险业务的可回溯视频质检工作由农业银行自行开展,质检结果由一级分行反馈给合作保险公司的省级机构。总行对相关情况缺乏了解。

(3)部分可回溯视频质检结果未反馈给保险公司。2018年1月至10月,农业银行代理的人保寿险业务中,农业银行自行抽查质检2814件,不合格184件,其中补录后合格151件,最终不合格33件。有1976件向人保寿险反馈了质检结果。

农业银行总行提出申辩意见:一是可回溯制度执行问题、质检结果与保险公司交互不足问题、部分可回溯视频质检结果未反馈给保险公司问题均属于部分机构执行不到位。总行按监管要求制定了相关规定,但下级机构销售人员未按总行规定执行。二是农业银行在出台《保险销售行为可回溯管理暂行办法》后,于2017年11月修订了《中国农业银行网点销售专区及录音录像管理办法》,于2018年1月印发了《关于进一步加强代理保险业务管理的通知》(农银机构〔2018〕4号),于2018年9月再次修订印发了《中国农业银行网点销售专区、录音录像及产品信息查询平台管理办法》,制度修订及时。三是营销人员的绩效由各级经营行根据当地实际情况考核,总行不直接考核营销人员的绩效,仅对下级机构进行考核,以此方式将可回溯管理制度落实并要求传达到具体营销人员。

农业银行安阳县支行提出申辩意见,请求依法从轻处罚:上述事实实际为其营销过程中存在不规范行为,并非虚假代理业务。一是其购买的摄像头与“双录”系统不匹配导致无法对银保业务进行正常双录;二是相关投保人年龄超规定上限,无法在银保系统中直接出单,但投保人有投保意愿,因此邀请人保寿险销售人员前来银行网点进行双录出单;三是基层员工对业务操作规范和双录要求理解不透彻;四是上述相关保单经人保寿险确认为银行代理业务,已向农业银行安阳县支行划转代理手续费;五是农业银行安阳县支行积极开展整改,及时采取措施,没有发生实质性风险。

农业银行巩义市支行提出申辩意见,请求依法从轻处罚:一是相关投保人年龄超规定上限,无法在银保系统中直接出单,但投保人有强烈投保意愿,因此邀请人保寿险销售人员前来银行网点进行双录出单,银行销售人员无主观恶意;二是对于上述业务,农业银行巩义市支行拟退还人保寿险该笔手续费。

农业银行平顶山湛河支行提出申辩意见,请求依法从轻处罚:一是网点话筒录音设备回声大,效果不清晰,不能正常使用;二是相关投保人年龄超规定上限,无法在银保系统中直接出单,但投保人有强烈投保意愿,因此由银行工作人员陪同客户前往人保寿险网点,由人保寿险销售人员进行双录出单;三是农业银行平顶山湛河支行现拟退还人保寿险该笔手续费。

【认定】中国银保监会对农业银行总行的申辩意见经复核认为:一是总行不仅负有制度建设职责,还应承担制度在下级机构落实的督导责任。上述“可回溯制度执行不到位”问题并非个例,检查组抽查了农业银行 5 家下级机构,均查实存在上述情况,表明问题具有普遍性、持续性,并非仅仅属于“部分机构执行不到位”。其根源是总行对下级机构制度执行及落实情况不重视、不作为,没有切实履行总行对下级机构的指导和监督职责,应对上述违法违规事实承担管理责任。二是经查农业银行 2017 年 11 月修订的《中国农业银行网点销售专区及录音录像管理办法》(农银规章〔2017〕142 号)及 2018 年 1 月印发的《关于进一步加强代理保险业务管理的通知》(农银机构〔2018〕4 号)中,对涉及保险业务的可回溯要求几乎未作明确规定,未按相关要求及时对保险业务营销关键环节、录音录像资料保存时间等相关方面制度进行完善。三是对人员考核:不仅一线销售人员,还包括各级管理人员,公司均未制定相关考核机制。因此,对农业银行总行的陈述申辩意见不予采纳。

对农业银行安阳县支行的申辩意见经复核认为:一是双录设备与系统不匹配及系统无法对超龄客户直接出单不应作为虚假代理业务的理由;二是根据原中国保监会、原中国银监会《关于进一步规范商业银行代理保险业务销售行为的通知》(保监发〔2014〕3 号)要求,超龄投保人应由保险公司出单,不得通过银行代理现场出单;三是不应以“基层员工对业务操作规范和双录要求理解不透彻”作为非虚假代理业务的理由;四是上述业务由人保寿险销售人员录制可回溯视频并由人保寿险质检,在系统中被确认为银行代理业务并由人保寿险支付代理手续费,虚假代理业务的事实清楚无误;五是根据《行政处罚法》等有关规定,“积极开展整改、及时采取措施”不能作为从轻、减轻或免予处罚的理由。因此,对农业银行安阳县支行的陈述申辩意见不予采纳。

对农业银行巩义市支行的申辩意见经复核认为:一是上述业务由人保寿险销售人员录制可回溯视频并由人保寿险质检,在系统中被确认为银行代理业务并由人保寿险支付代理手续费,虚假代理业务的事实清楚无误,农业银行巩义市支行补充说明与事实确认书中描述无实质性差异;二是根据《行政处罚法》等有关规定,“拟退还手续费”不能作为从轻、减轻或免予处罚的理由。因此,对农业银行巩义市支行的陈述申辩意见不予采纳。

对农业银行平顶山湛河支行的申辩意见经复核认为:一是双录设备问题不应作为其虚假代理业务的理由;二是上述业务由人保寿险销售人员在人保寿险网点现场录制可回溯视频并由人保寿险质检,在系统中被确认为银行代理业务并由人保寿险支付代理手续费,虚假代理业务的事实清楚无误,农业银行平顶山湛河支行补充说明与事实确认书中描述无实质性差异;三是根据《行政处罚法》等有关规定,“拟退还手续费”不能作为从轻、减轻或免予处罚的理由。因此,对农业银行平顶山湛河支行的陈述申辩意见不予采纳。

综上,上述虚假代理业务行为,违反了《保险法》第八十六条、第一百三十二条的规定。根据该法第一百七十条的规定,对农业银行安阳县支行罚款50万元、农业银行巩义市支行罚款50万元、农业银行平顶山湛河支行罚款50万元。上述可回溯制度执行不到位、可回溯基础管理不到位、部分可回溯视频质检结果未反馈给保险公司、可回溯资料不符合监管规定等行为,违反了《中华人民共和国银行业监督管理法》第二十一条的规定。根据该法第四十六条的规定,对农业银行总行罚款50万元。

权威解读

保险公司的偿付能力报告、财务会计报告、精算报告、合规报告及其他报告、报表、文件资料等是保险公司营业信息、财务信息的主要载体,是反映保险公司各方面情况的证据和资料,也是保险监督管理机构实施监督检查、查处违法违规行为的重要证据。保险公司应当客观、如实地记录、报告相关的保险业务事项,不得有虚假记载、误导性陈述和重大遗漏。①

---

① 参见安建主编:《中华人民共和国保险法(修订)释义》,法律出版社2009年版,第131－132页。

《保险法》第九十条 【保险公司的破产及处理程序】

第九十条 保险公司有《中华人民共和国企业破产法》第二条规定情形的，经国务院保险监督管理机构同意，保险公司或者其债权人可以依法向人民法院申请重整、和解或者破产清算；国务院保险监督管理机构也可以依法向人民法院申请对该保险公司进行重整或者破产清算。

相关规定

1.《保险法》

第八十九条 保险公司因分立、合并需要解散，或者股东会、股东大会决议解散，或者公司章程规定的解散事由出现，经国务院保险监督管理机构批准后解散。

经营有人寿保险业务的保险公司，除因分立、合并或者被依法撤销外，不得解散。

保险公司解散，应当依法成立清算组进行清算。

第九十一条 破产财产在优先清偿破产费用和共益债务后，按照下列顺序清偿：

（一）所欠职工工资和医疗、伤残补助、抚恤费用，所欠应当划入职工个人账户的基本养老保险、基本医疗保险费用，以及法律、行政法规规定应当支付给职工的补偿金；

（二）赔偿或者给付保险金；

（三）保险公司欠缴的除第（一）项规定以外的社会保险费用和所欠税款；

（四）普通破产债权。

破产财产不足以清偿同一顺序的清偿要求的，按照比例分配。

破产保险公司的董事、监事和高级管理人员的工资，按照该公司职工的平均工资计算。

第九十二条 经营有人寿保险业务的保险公司被依法撤销或者被依法宣告破产的，其持有的人寿保险合同及责任准备金，必须转让给其他经营有人寿保险业务的保险公司；不能同其他保险公司达成转让协议的，由国务院保险监督管理机构指定经营有人寿保险业务的保险公司接受转让。

转让或者由国务院保险监督管理机构指定接受转让前款规定的人寿保险合同及责任准备金的，应当维护被保险人、受益人的合法权益。

第九十三条 保险公司依法终止其业务活动,应当注销其经营保险业务许可证。

第九十七条 保险公司应当按照其注册资本总额的百分之二十提取保证金,存入国务院保险监督管理机构指定的银行,除公司清算时用于清偿债务外,不得动用。

第九十九条 保险公司应当依法提取公积金。

第一百条 保险公司应当缴纳保险保障基金。

保险保障基金应当集中管理,并在下列情形下统筹使用:

(一)在保险公司被撤销或者被宣告破产时,向投保人、被保险人或者受益人提供救济;

(二)在保险公司被撤销或者被宣告破产时,向依法接受其人寿保险合同的保险公司提供救济;

(三)国务院规定的其他情形。

保险保障基金筹集、管理和使用的具体办法,由国务院制定。

第一百四十四条 保险公司有下列情形之一的,国务院保险监督管理机构可以对其实行接管:

(一)公司的偿付能力严重不足的;

(二)违反本法规定,损害社会公共利益,可能严重危及或者已经严重危及公司的偿付能力的。

被接管的保险公司的债权债务关系不因接管而变化。

第一百四十五条 接管组的组成和接管的实施办法,由国务院保险监督管理机构决定,并予以公告。

第一百四十六条 接管期限届满,国务院保险监督管理机构可以决定延长接管期限,但接管期限最长不得超过二年。

第一百四十七条 接管期限届满,被接管的保险公司已恢复正常经营能力的,由国务院保险监督管理机构决定终止接管,并予以公告。

第一百四十八条 被整顿、被接管的保险公司有《中华人民共和国企业破产法》第二条规定情形的,国务院保险监督管理机构可以依法向人民法院申请对该保险公司进行重整或者破产清算。

第一百四十九条 保险公司因违法经营被依法吊销经营保险业务许可证的,或者偿付能力低于国务院保险监督管理机构规定标准,不予撤销将严重危害保险市场秩序、损害公共利益的,由国务院保险监督管理机构予以撤销并公告,依法及时组织清算组进行清算。

第一百五十三条　保险公司在整顿、接管、撤销清算期间，或者出现重大风险时，国务院保险监督管理机构可以对该公司直接负责的董事、监事、高级管理人员和其他直接责任人员采取以下措施：

（一）通知出境管理机关依法阻止其出境；

（二）申请司法机关禁止其转移、转让或者以其他方式处分财产，或者在财产上设定其他权利。

2.《企业破产法》

第二条　企业法人不能清偿到期债务，并且资产不足以清偿全部债务或者明显缺乏清偿能力的，依照本法规定清理债务。

企业法人有前款规定情形，或者有明显丧失清偿能力可能的，可以依照本法规定进行重整。

第一百三十四条　商业银行、证券公司、保险公司等金融机构有本法第二条规定情形的，国务院金融监督管理机构可以向人民法院提出对该金融机构进行重整或者破产清算的申请。国务院金融监督管理机构依法对出现重大经营风险的金融机构采取接管、托管等措施的，可以向人民法院申请中止以该金融机构为被告或者被执行人的民事诉讼程序或者执行程序。

金融机构实施破产的，国务院可以依据本法和其他有关法律的规定制定实施办法。

3.《存款保险条例》（国务院令 2015 年第 660 号）

第一条　为了建立和规范存款保险制度，依法保护存款人的合法权益，及时防范和化解金融风险，维护金融稳定，制定本条例。

第二条　在中华人民共和国境内设立的商业银行、农村合作银行、农村信用合作社等吸收存款的银行业金融机构（以下统称投保机构），应当依照本条例的规定投保存款保险。

投保机构在中华人民共和国境外设立的分支机构，以及外国银行在中华人民共和国境内设立的分支机构不适用前款规定。但是，中华人民共和国与其他国家或者地区之间对存款保险制度另有安排的除外。

第三条　本条例所称存款保险，是指投保机构向存款保险基金管理机构交纳保费，形成存款保险基金，存款保险基金管理机构依照本条例的规定向存款人偿付被保险存款，并采取必要措施维护存款以及存款保险基金安全的制度。

第四条　被保险存款包括投保机构吸收的人民币存款和外币存款。但是，金融机构同业存款、投保机构的高级管理人员在本投保机构的存款以及存款保险基金管理机构规定不予保险的其他存款除外。

第五条 存款保险实行限额偿付，最高偿付限额为人民币50万元。中国人民银行会同国务院有关部门可以根据经济发展、存款结构变化、金融风险状况等因素调整最高偿付限额，报国务院批准后公布执行。

同一存款人在同一家投保机构所有被保险存款账户的存款本金和利息合并计算的资金数额在最高偿付限额以内的，实行全额偿付；超出最高偿付限额的部分，依法从投保机构清算财产中受偿。

存款保险基金管理机构偿付存款人的被保险存款后，即在偿付金额范围内取得该存款人对投保机构相同清偿顺序的债权。

社会保险基金、住房公积金存款的偿付办法由中国人民银行会同国务院有关部门另行制定，报国务院批准。

第六条 存款保险基金的来源包括：

（一）投保机构交纳的保费；

（二）在投保机构清算中分配的财产；

（三）存款保险基金管理机构运用存款保险基金获得的收益；

（四）其他合法收入。

第七条 存款保险基金管理机构履行下列职责：

（一）制定并发布与其履行职责有关的规则；

（二）制定和调整存款保险费率标准，报国务院批准；

（三）确定各投保机构的适用费率；

（四）归集保费；

（五）管理和运用存款保险基金；

（六）依照本条例的规定采取早期纠正措施和风险处置措施；

（七）在本条例规定的限额内及时偿付存款人的被保险存款；

（八）国务院批准的其他职责。

存款保险基金管理机构由国务院决定。

第八条 本条例施行前已开业的吸收存款的银行业金融机构，应当在存款保险基金管理机构规定的期限内办理投保手续。

本条例施行后开业的吸收存款的银行业金融机构，应当自工商行政管理部门颁发营业执照之日起6个月内，按照存款保险基金管理机构的规定办理投保手续。

第九条 存款保险费率由基准费率和风险差别费率构成。费率标准由存款保险基金管理机构根据经济金融发展状况、存款结构情况以及存款保险基金的累积水平等因素制定和调整，报国务院批准后执行。

各投保机构的适用费率，由存款保险基金管理机构根据投保机构的经营管理状况和风险状况等因素确定。

第十条　投保机构应当交纳的保费，按照本投保机构的被保险存款和存款保险基金管理机构确定的适用费率计算，具体办法由存款保险基金管理机构规定。

投保机构应当按照存款保险基金管理机构的要求定期报送被保险存款余额、存款结构情况以及与确定适用费率、核算保费、偿付存款相关的其他必要资料。

投保机构应当按照存款保险基金管理机构的规定，每6个月交纳一次保费。

第十一条　存款保险基金的运用，应当遵循安全、流动、保值增值的原则，限于下列形式：

（一）存放在中国人民银行；

（二）投资政府债券、中央银行票据、信用等级较高的金融债券以及其他高等级债券；

（三）国务院批准的其他资金运用形式。

第十二条　存款保险基金管理机构应当自每一会计年度结束之日起3个月内编制存款保险基金收支的财务会计报告、报表，并编制年度报告，按照国家有关规定予以公布。

存款保险基金的收支应当遵守国家统一的财务会计制度，并依法接受审计机关的审计监督。

第十三条　存款保险基金管理机构履行职责，发现有下列情形之一的，可以进行核查：

（一）投保机构风险状况发生变化，可能需要调整适用费率的，对涉及费率计算的相关情况进行核查；

（二）投保机构保费交纳基数可能存在问题的，对其存款的规模、结构以及真实性进行核查；

（三）对投保机构报送的信息、资料的真实性进行核查。

对核查中发现的重大问题，应当告知银行业监督管理机构。

第十四条　存款保险基金管理机构参加金融监督管理协调机制，并与中国人民银行、银行业监督管理机构等金融管理部门、机构建立信息共享机制。

存款保险基金管理机构应当通过信息共享机制获取有关投保机构的风险状况、检查报告和评级情况等监督管理信息。

前款规定的信息不能满足控制存款保险基金风险、保证及时偿付、确定差别费率等需要的，存款保险基金管理机构可以要求投保机构及时报送其他相关信息。

第十五条 存款保险基金管理机构发现投保机构存在资本不足等影响存款安全以及存款保险基金安全的情形的,可以对其提出风险警示。

第十六条 投保机构因重大资产损失等原因导致资本充足率大幅度下降,严重危及存款安全以及存款保险基金安全的,投保机构应当按照存款保险基金管理机构、中国人民银行、银行业监督管理机构的要求及时采取补充资本、控制资产增长、控制重大交易授信、降低杠杆率等措施。

投保机构有前款规定情形,且在存款保险基金管理机构规定的期限内未改进的,存款保险基金管理机构可以提高其适用费率。

第十七条 存款保险基金管理机构发现投保机构有《中华人民共和国银行业监督管理法》第三十八条、第三十九条规定情形的,可以建议银行业监督管理机构依法采取相应措施。

第十八条 存款保险基金管理机构可以选择下列方式使用存款保险基金,保护存款人利益:

(一)在本条例规定的限额内直接偿付被保险存款;

(二)委托其他合格投保机构在本条例规定的限额内代为偿付被保险存款;

(三)为其他合格投保机构提供担保、损失分摊或者资金支持,以促成其收购或者承担被接管、被撤销或者申请破产的投保机构的全部或者部分业务、资产、负债。

存款保险基金管理机构在拟订存款保险基金使用方案选择前款规定方式时,应当遵循基金使用成本最小的原则。

第十九条 有下列情形之一的,存款人有权要求存款保险基金管理机构在本条例规定的限额内,使用存款保险基金偿付存款人的被保险存款:

(一)存款保险基金管理机构担任投保机构的接管组织;

(二)存款保险基金管理机构实施被撤销投保机构的清算;

(三)人民法院裁定受理对投保机构的破产申请;

(四)经国务院批准的其他情形。

存款保险基金管理机构应当依照本条例的规定,在前款规定情形发生之日起7个工作日内足额偿付存款。

第二十条 存款保险基金管理机构的工作人员有下列行为之一的,依法给予处分:

(一)违反规定收取保费;

(二)违反规定使用、运用存款保险基金;

(三)违反规定不及时、足额偿付存款。

存款保险基金管理机构的工作人员滥用职权、玩忽职守、泄露国家秘密或者所知悉的商业秘密的，依法给予处分；构成犯罪的，依法追究刑事责任。

第二十一条　投保机构有下列情形之一的，由存款保险基金管理机构责令限期改正；逾期不改正或者情节严重的，予以记录并作为调整该投保机构的适用费率的依据：

（一）未依法投保；

（二）未依法及时、足额交纳保费；

（三）未按照规定报送信息、资料或者报送虚假的信息、资料；

（四）拒绝或者妨碍存款保险基金管理机构依法进行的核查；

（五）妨碍存款保险基金管理机构实施存款保险基金使用方案。

投保机构有前款规定情形的，存款保险基金管理机构可以对投保机构的主管人员和直接责任人员予以公示。投保机构有前款第二项规定情形的，存款保险基金管理机构还可以按日加收未交纳保费部分0.05%的滞纳金。

第二十二条　本条例施行前，已被国务院银行业监督管理机构依法决定接管、撤销或者人民法院已受理破产申请的吸收存款的银行业金融机构，不适用本条例。

第二十三条　本条例自2015年5月1日起施行。

4.《保险保障基金管理办法》（中国银行保险监督管理委员会、财政部、中国人民银行令2022年第7号）

第一章　总　　则

第一条　为了规范保险保障基金的筹集、管理和使用，保障保单持有人合法权益，促进保险业健康发展，防范和化解金融风险，维护金融稳定，根据《中华人民共和国保险法》等有关法律、行政法规，制定本办法。

第二条　本办法所称保险公司，是指经国务院保险监督管理机构批准设立，并在境内依法登记注册的中资保险公司和外资保险公司。

法律、行政法规规定的经营商业保险业务的其他保险组织参照适用本办法。

第三条　本办法所称保险保障基金，是指依照《中华人民共和国保险法》和本办法规定缴纳形成，在本办法第十六条规定的情形下，用于救助保单持有人、保单受让公司或者处置保险业风险的非政府性行业风险救助基金。

本办法所称保单持有人，是指对保单利益依法享有请求权的主体，包括投保人、被保险人或者受益人。

本办法所称保单受让公司，是指经营有人寿保险等长期人身保险业务的保险公司被依法撤销或者依法实施破产的，接受该保险公司依法转让长期人身保险合同的有相应资质的公司。

第四条 保险保障基金分为财产保险保障基金和人身保险保障基金。

财产保险保障基金由财产保险公司缴纳形成。

人身保险保障基金由人身保险公司缴纳形成。

第五条 保险保障基金以保障保单持有人利益、维护保险业稳健经营为使用原则,依法集中管理,统筹使用。

第二章 保险保障基金公司

第六条 设立国有独资的中国保险保障基金有限责任公司(以下简称保险保障基金公司),依法负责保险保障基金的筹集、管理和使用。

保险保障基金公司依法独立运作,其董事会对保险保障基金的合法使用以及安全负责。

第七条 保险保障基金公司依法建立健全公司治理结构、内部控制制度和风险管理制度,依法运营,独立核算。

保险保障基金公司和保险保障基金应当各自作为独立会计主体进行核算,严格分离。

第八条 保险保障基金公司依法从事下列业务:

(一)筹集、管理、运作保险保障基金;

(二)监测保险业风险,发现保险公司经营管理中出现可能危及保单持有人和保险行业的重大风险时,向国务院保险监督管理机构提出监管处置建议;

(三)对保单持有人、保单受让公司等个人和机构提供救助或者参与对保险业的风险处置工作;

(四)在保险公司被依法撤销或者依法实施破产等情形下,参与保险公司的清算工作;

(五)管理和处分受偿资产;

(六)国务院批准的其他业务。

保险保障基金公司按照前款第二项规定向国务院保险监督管理机构提出监管处置建议的,应当及时将有关情况同时抄报财政部、中国人民银行。

第九条 保险保障基金公司设立董事会,董事会成员由国务院保险监督管理机构、财政部、中国人民银行、国家税务总局、司法部推荐。董事长为公司法定代表人,由国务院保险监督管理机构推荐,报国务院批准。

保险保障基金公司应当依照《中华人民共和国公司法》的规定设立有关组织机构,完善公司治理。

第十条 为依法救助保单持有人和保单受让公司、处置保险业风险的需要,经国务院保险监督管理机构商有关部门制定融资方案并报国务院批准后，保险保障基金公司可以以多种形式融资。

第十一条　保险保障基金公司应当与国务院保险监督管理机构建立保险公司信息共享机制。

国务院保险监督管理机构定期向保险保障基金公司提供保险公司财务、业务等经营管理信息。国务院保险监督管理机构认定存在风险隐患的保险公司，由国务院保险监督管理机构向保险保障基金公司提供该保险公司财务、业务等专项数据和资料。

保险保障基金公司对所获悉的保险公司各项数据和资料负有保密义务。

第十二条　保险保障基金公司解散须经国务院批准。

第三章　保险保障基金的筹集

第十三条　保险保障基金的来源：

（一）境内保险公司依法缴纳的保险保障基金；

（二）保险保障基金公司依法从被撤销或者破产的保险公司清算财产中获得的受偿收入；

（三）捐赠；

（四）上述资金的投资收益；

（五）其他合法收入。

第十四条　保险保障基金费率由基准费率和风险差别费率构成。缴纳保险保障基金的保险业务纳入保险保障基金救助范围。

基准费率和风险差别费率的确定和调整，由国务院保险监督管理机构提出方案，商有关部门，报经国务院批准后执行。

第十五条　保险公司应当及时、足额将保险保障基金缴纳到保险保障基金公司的专门账户。有下列情形之一的，可以暂停缴纳：

（一）财产保险保障基金余额达到行业总资产6%的；

（二）人身保险保障基金余额达到行业总资产1%的。

保险保障基金余额，是指行业累计缴纳的保险保障基金金额加上投资收益，扣除各项费用支出和使用额以后的金额。

第四章　保险保障基金的使用

第十六条　有下列情形之一的，可以动用保险保障基金：

（一）保险公司被依法撤销或者依法实施破产，其清算财产不足以偿付保单利益的；

（二）国务院保险监督管理机构经商有关部门认定，保险公司存在重大风险，可能严重危害社会公共利益和金融稳定的；

（三）国务院批准的其他情形。

第十七条 动用保险保障基金，由国务院保险监督管理机构拟定风险处置方案和使用办法，商有关部门后，报经国务院批准。

保险保障基金公司参与风险处置方案和使用办法的拟定，并负责办理登记、发放、资金划拨等具体事宜。

第十八条 保险公司在获得保险保障基金支持期限内，国务院保险监督管理机构视情依法对其采取限制高级管理人员薪酬、限制向股东分红等必要监管措施。

第十九条 保险保障基金公司应当对财产保险保障基金和人身保险保障基金分账管理、分别使用。

财产保险保障基金用于向财产保险公司的保单持有人提供救助，以及在根据本办法第十六条第二项认定存在重大风险的情形下，对财产保险公司进行风险处置。

人身保险保障基金用于向人身保险公司的保单持有人和接受人身保险合同的保单受让公司提供救助，以及在根据本办法第十六条第二项认定存在重大风险的情形下，对人身保险公司进行风险处置。

财产保险保障基金和人身保险保障基金之间可以相互拆借。具体拆借期限、利率及适用原则报经国务院保险监督管理机构批准后施行。国务院保险监督管理机构对拆借资金使用情况进行监督检查。

第二十条 保险公司被依法撤销或者依法实施破产，其清算财产不足以偿付保单利益的，保险保障基金按照下列规则对财产保险、短期健康保险、短期意外伤害保险的保单持有人提供救助：

（一）保单持有人的保单利益在人民币 5 万元以内的部分，保险保障基金予以全额救助。

（二）保单持有人为个人的，对其保单利益超过人民币 5 万元的部分，保险保障基金的救助金额为超过部分金额的 90%；保单持有人为机构的，对其保单利益超过人民币 5 万元的部分，保险保障基金的救助金额为超过部分金额的 80%。

本办法所称保单利益，是指解除保险合同时，保单持有人有权请求保险人退还的保险费、现金价值；保险事故发生或者达到保险合同约定的条件时，被保险人、受益人有权请求保险人赔偿或者给付的保险金。

第二十一条 经营有长期人身保险业务的保险公司被依法撤销或者依法实施破产的，其持有的人寿保险合同，必须依法转让给其他经营有相应保险业务的保险公司;不能同其他保险公司达成转让协议的,由国务院保险监督管理机构指定经营有相应保险业务的保险公司接收。

除人寿保险合同外的其他长期人身保险合同,其救助方式依照法律、行政法规和国务院有关规定办理。

第二十二条 被依法撤销或者依法实施破产的保险公司的清算资产不足以偿付人寿保险合同保单利益的,保险保障基金可以按照下列规则向保单受让公司提供救助:

(一)保单持有人为个人的,救助金额以转让后保单利益不超过转让前保单利益的90%为限;

(二)保单持有人为机构的,救助金额以转让后保单利益不超过转让前保单利益的80%为限;

(三)对保险合同中投资成分等的具体救助办法,另行制定。

除人寿保险合同外的其他长期人身保险合同,其救助标准按照人寿保险合同执行。

保险保障基金依照前款规定向保单受让公司提供救助的,救助金额应当以保护中小保单持有人权益以维护保险市场稳定,并根据保险保障基金资金状况为原则确定。

第二十三条 为保障保单持有人的合法权益,根据社会经济发展的实际情况,经国务院批准,国务院保险监督管理机构可会同有关部门适时调整保险保障基金的救助金额和比例。

第二十四条 保险公司被依法撤销或者依法实施破产,保险保障基金对保单持有人或者保单受让公司予以救助的,按照下列顺序从保险保障基金中扣减:

(一)被依法撤销或者依法实施破产的保险公司保险保障基金余额;

(二)其他保险公司保险保障基金余额。

其他保险公司保险保障基金余额的扣减金额,按照各保险公司上一年度市场份额计算。

第二十五条 保险保障基金公司救助保单持有人保单利益后,即在偿付金范围内取得该保单持有人对保险公司等同于赔偿或者给付保险金清偿顺序的债权。

第二十六条 保险公司被依法撤销或者依法实施破产的,在撤销决定作出后或者在破产申请依法向人民法院提出前,保单持有人可以与保险保障基金公司签订债权转让协议,保险保障基金公司以保险保障基金向其支付救助款,并获得保单持有人对保险公司的债权。

清算结束后,保险保障基金获得的清偿金额多于支付的救助款的,保险保障基金应当将差额部分返还给保单持有人。

第二十七条 下列业务不属于保险保障基金的救助范围，不缴纳保险保障基金：

（一）保险公司承保的境外直接保险业务；

（二）保险公司的再保险分入业务；

（三）由国务院确定的国家财政承担最终风险的政策性保险业务；

（四）保险公司从事的企业年金受托人、账户管理人等企业年金管理业务；

（五）自保公司经营的保险业务；

（六）国务院保险监督管理机构会同有关部门认定的其他不属于保险保障基金救助范围的业务。

保险公司被依法撤销或者依法实施破产，其股东、实际控制人、董事、监事、高级管理人员及相关管理人员因违反法律、行政法规或者国家有关规定，对公司被依法撤销或者依法实施破产负有直接责任的，对该股东、实际控制人、董事、监事、高级管理人员及相关管理人员在该保险公司持有的保单利益，该股东、实际控制人在该保险公司持有的财产损失保险的保单利益，保险保障基金不予救助。

第五章 监督和管理

第二十八条 国务院保险监督管理机构依法对保险保障基金公司的业务和保险保障基金的筹集、管理、运作进行监管。

第二十九条 财政部负责保险保障基金公司的国有资产管理和财务监督。

保险保障基金公司预算、决算方案由保险保障基金公司董事会制定，报财政部审批。

第三十条 保险保障基金公司应当建立科学的业绩考评制度，并将考核结果定期报送国务院保险监督管理机构、财政部等有关部门。

第三十一条 保险保障基金的资金运用应当遵循安全性、流动性和收益性原则，在确保资产安全的前提下实现保值增值。

保险保障基金的资金运用限于银行存款，买卖政府债券、中央银行票据、中央企业债券、中央级金融机构发行的金融债券，以及国务院批准的其他资金运用形式。

第三十二条 保险保障基金公司可以委托专业的投资管理机构对保险保障基金进行投资管理，并对委托投资管理的保险保障基金实行第三方托管。

第三十三条 保险保障基金公司应当按照下列规定提交有关报告：

（一）按月向国务院保险监督管理机构、财政部、中国人民银行等有关部门报送保险保障基金筹集、运用、使用情况；

（二）按照有关规定，向国务院保险监督管理机构、财政部、中国人民银行等有关部门报送经审计的公司年度财务报告；

（三）应当依法提交的其他报告。

保险保障基金公司未按照本办法规定及时向国家有关部门提交有关报告的，由国家有关部门责令改正。

第三十四条　当保险公司被处置并使用保险保障基金时，保险公司股东、实际控制人、董事、监事、高级管理人员及相关管理人员对保险保障基金公司负有报告、说明、配合有关工作以及按照要求妥善保管和移交有关材料的义务，如上述人员未按照前述规定履行义务的，保险保障基金公司应当报告国务院保险监督管理机构，由国务院保险监督管理机构依法采取监管措施。

第三十五条　保险保障基金公司应当定期向保险公司披露保险保障基金的相关财务信息。

保险保障基金公司可以对未按照本办法规定及时缴纳保险保障基金的保险公司及人员进行公示。

第六章　法 律 责 任

第三十六条　保险公司违反《中华人民共和国保险法》规定，未按照本办法规定及时缴纳保险保障基金的，由国务院保险监督管理机构对保险公司和负有直接责任的高级管理人员、直接责任人员依法进行处罚。

第三十七条　保险保障基金公司董事、高级管理人员以及其他工作人员，违反法律、行政法规和本办法规定运用保险保障基金，或者以侵吞、窃取、骗取等手段非法占有保险保障基金，构成犯罪的，依法追究刑事责任。

第七章　附　　则

第三十八条　本办法由国务院保险监督管理机构会同财政部、中国人民银行解释。

第三十九条　本办法自2022年12月12日起施行，原中国保险监督管理委员会、财政部、中国人民银行2008年9月11日发布的《保险保障基金管理办法》（中国保险监督管理委员会令2008年第2号）同时废止。

5.《中国保险保障基金有限责任公司业务监管办法》（保监厅发〔2015〕79号）

第一章　总　　则

第一条　为加强对中国保险保障基金有限责任公司（以下简称“保障基金公司”）的业务监管，维护保险保障基金筹集、管理、运作的安全、有效，根据《中华人民共和国保险法》、《保险保障基金管理办法》（以下简称“《管理办法》”）等法律、法规、规章，制定本办法。

第二条 中国保险监督管理委员会(以下简称“保监会”)依法履行以下职责:

(一)对保障基金公司的业务和保险保障基金的筹集、管理、运作进行监管;

(二)制定对保障基金公司的业务监管办法;

(三)制定对保险保障基金筹集、管理、运作的监管办法;

(四)保监会依法履行的其他职责。

第三条 保监会财务会计部负责保障基金公司的日常监管,依法对保障基金公司的业务和保险保障基金的筹集、管理、运作进行监管。

第二章 保障基金公司业务监管

第四条 保障基金公司应建立健全内部管理制度体系,并根据公司发展和业务需要制定基金筹集、财务管理、资产管理、风险监测、风险处置等管理制度,报保监会备案。

第五条 保障基金公司应当按照独立制衡、全面控制、适时适用、责任追究的原则,完善公司治理结构,建立岗位责任制和科学的运行管理机制。

第六条 保障基金公司应建立健全资金运用风险控制体系,确保资金运用的合法合规、内部规章制度的有效执行及执行情况的监督检查;确保业务记录、财务记录及其他信息的安全、可靠;确保资金运用管理人员具备足够的专业能力、风险控制意识和职业道德操守。

第七条 保障基金公司召开董事会,应提前 10 个工作日将董事会提案报保监会。如决定召开临时董事会,应提前 3 个工作日将董事会提案报保监会。保监会派员列席保障基金公司董事会。

保障基金公司应于董事会做出决议后 3 个工作日内将有关决议报保监会备案。

第八条 保障基金公司应在报财政部门批准前,将年度预算方案和预算调整方案征求保监会意见。

保障基金公司应将预决算批复报保监会备案。

第九条 保障基金公司应当按照综合性、客观性、发展性原则,对保险保障基金的筹集、管理、运作拟定业绩考评制度及公司的绩效薪酬管理制度,报保监会核准。

保障基金公司应定期开展业绩考评,并将考评结果报送保监会。

第十条 保监会可以直接或委托中介机构对保障基金公司进行检查和审计,保障基金公司应积极配合,提供真实、完整的财务、业务资料。

第十一条 保障基金公司应采取公开招标或邀请招标的方式聘请提供审计、

资产评估等服务的会计师事务所、资产评估事务所、法律顾问等中介机构，并将相关协议报保监会备案。解聘相关中介机构的，应当说明理由，并向保监会报告。

第三章　保险保障基金的筹集和管理

第十二条　保障基金公司应加强保险保障基金的筹集管理，确保保险公司及时、足额缴纳保险保障基金，并在完成保障基金汇算清缴后，向保险公司出具合法的收款凭证。

第十三条　保障基金公司应为财产保险保障基金（以下简称“财险基金”）和人身保险保障基金（以下简称“人身险基金”）各开立一个基本账户，专门用于保险保障基金的收缴和资金划拨。

保障基金公司如变更基本账户，应报保监会核准。

第十四条　除基本账户以及为办理固定期限存款而开立的活期存款账户外，保障基金公司不得开立其他活期存款账户存放保险保障基金。

除固定期限存款到期续存外，保障基金公司应通过基本账户进行资金划拨。

第十五条　保障基金公司不得擅自对保险公司缴纳保险保障基金的范围、金额、期限、方式等进行调整。

第十六条　如保险公司出现上述第十五条中需要调整的情形，保障基金公司应在收到保险公司申请后5个工作日内向保监会申请核准。

保障基金公司如发现保险公司有关指标达到恢复缴纳的标准，应及时报保监会，并通知保险公司恢复缴纳。

第十七条　保障基金公司认定保险公司存在延期缴纳、不足额缴纳等违规行为，应及时报保监会并提出相应的处理建议。

第十八条　保障基金公司应单独核算各保险公司的保险保障基金余额，并定期与银行、保险公司等核对保险保障基金的缴纳明细和余额等信息。

第十九条　保障基金公司应定期计算财险基金和人身险基金的投资收益，并按照保监会核准的分摊办法将投资收益、费用支出和基金使用额在人身保险公司和财产保险公司间进行分摊。

第四章　保险保障基金的资产管理

第二十条　保险保障基金的资金运用应当遵循安全性、流动性和收益性原则，在确保资产安全的前提下实现保值增值。

第二十一条　保障基金公司应制定保险保障基金年度和季度资金运用计划，并将年度、季度资金运用计划和临时调整方案报保监会备案。

第二十二条　保险保障基金不得投资于有下列情形之一的中央企业债券、中央级金融机构发行的金融债券：

（一）经保监会认可的信用评级机构评级在AA级以下的；

（二）具有次级债务属性的；

（三）保监会规定的其他情形。

第二十三条 保障基金公司应选择符合下列条件的国有商业银行、股份制商业银行、邮政储蓄银行和城市商业银行作为固定期限存款银行：

（一）净资产不少于200亿元人民币，上年末资本充足率、不良资产率符合银行业监管部门的有关规定；

（二）具有完善的内部稽核监控制度和风险控制制度；

（三）最近两年无重大违法违规记录；

（四）保监会规定的其他条件。

第二十四条 保险保障基金新选定的固定期限存款银行，应向保监会申请核准；在已存款银行内新开立账户，应在开户后3个工作日内报保监会备案。

第二十五条 除经保监会核准外，单笔固定期限存款不得超过财险基金或人身险基金年初余额的10%（含）；单一银行内各类存款的余额合计不得超过财险基金或人身险基金年初余额的20%。

第二十六条 财险基金和人身险基金的资金运用应符合以下比例要求：

（一）固定期限存款余额不得低于基金上月末余额的60%；

（二）委托投资的金额不得超过基金上月末余额的20%；

（三）包括委托投资部分在内的中央企业债券、中央级金融机构发行的金融债券账面余额合计不得超过基金上月末余额的20%，其中，同一期单品种债券的持有量不得超过该期单品种债券发行额的15%或基金上月末余额的2%。

财险基金和人身险基金的资金运用应分别以各自的基金余额为基数计算有关比例。

第二十七条 保障基金公司开展委托资产管理业务，应当遵循公平、公正、公开的原则，依法制定包括投资管理机构、托管机构的资质标准、委托投资风险控制、委托投资业务流程等在内的保险保障基金委托投资管理办法，并报保监会备案。

第二十八条 保障基金公司应依法采取公开招标或邀请招标的形式选择委托投资管理机构和托管机构，并在与投资管理机构、托管机构签订协议后5个工作日内，将协议等有关文件报保监会备案。

第二十九条 投资管理机构、托管机构有下列情形之一的，保障基金公司应当予以更换：

（一）违反协议情节严重的；

（二）被依法取消有关业务资格的；

（三）依法解散、撤销、破产或者被接管的；

（四）投资管理机构与托管机构存在相互投资或持股关系，或受同一实际控制人控制等情形；

（五）国家规定和有关协议约定的其他情形。

第三十条　除协议存款外，银行存款不得进行委托管理。

通过委托办理协议存款，存款银行、存款比例等均须遵守本办法相关规定。

第三十一条　除本办法规定外，保险保障基金的其他资金运用形式，应报保监会核准。

第五章　保险保障基金的风险监测与处置

第三十二条　保障基金公司在开展风险监测工作中，发现保险公司经营管理中出现可能危及保单持有人和保险行业的重大风险时，应及时报保监会，并提出监管处置建议。

第三十三条　保障基金公司应当与保监会建立风险处置沟通合作机制，参与处置审议工作、参与保监会对存在重大风险隐患公司的专项检查等工作。

第三十四条　保障基金公司应按照国务院批准的风险处置方案和使用办法，向保单持有人、保单受让公司等个人和机构提供救助或者参与保险行业风险处置工作，并及时将进展情况报保监会。

第六章　信 息 报 送

第三十五条　保障基金公司的财务报告及其他有关报告、报表、文件和资料必须如实记录有关事项，不得有虚假记载、误导性陈述和重大遗漏。

第三十六条　保障基金公司应按照以下要求报送信息：

（一）每月结束后5个工作日内，向保监会报送上月保险保障基金的筹集、运用和使用信息，包括反映当月存款明细变化的保险保障基金报表和月度报告、投资管理人变动情况等；

（二）每年1月31日前，向保监会报送当年年度工作计划（草案）；

（三）每年5月31日前，向保监会报送经审计的上年度保险保障基金和保障基金公司的财务报告和注册会计师出具的管理建议书；

（四）每年6月30日前，向各保险公司披露保障基金公司年度工作报告和保险保障基金年度财务报告；

（五）保监会认为需要报送的其他信息。

第三十七条　保障基金公司应于获知下列事项后2个工作日内，向保监会报告：

(一)保险保障基金发生重大损失;

(二)接受有关部门检查;

(三)发生法律诉讼;

(四)受托投资管理机构等受到监管部门的处罚;

(五)托管机构发生的影响保险保障基金资金安全的重大违法违规事件;

(六)保监会认为需要报告的其他事项。

第七章 法律责任

第三十八条 保监会认为关键岗位工作人员的专业胜任能力、职业操守等不符合资金运用、风险控制等的要求,可责令保障基金公司调整其工作岗位。

第三十九条 保监会认为中介机构的独立性、专业胜任能力等不符合有关业务要求,可责令保障基金公司予以更换。

第四十条 保监会可向保障基金公司的高级管理人员进行质询,要求其就公司的业务活动和风险管理的重大事项做出说明。

第四十一条 对不符合本办法要求的开户银行,保监会可要求更换;对未经核准而开立的银行账户,保监会可要求关闭。

第四十二条 对保障基金公司在开展经营活动中不符合本办法要求的,保监会可要求保障基金公司限期整改,并及时报告整改情况。

第八章 附则

第四十三条 除有特别说明外,本办法对资金筹集、管理、运作的有关规定专指保险保障基金。

第四十四条 保障基金公司应参照保险保障基金的资金运用范围、管理要求等开展自有资金运用。

第四十五条 本办法由保监会财务会计部负责解释。

第四十六条 本办法自发布之日起施行,中国保监会2009年7月7日发布的《中国保险保障基金有限责任公司业务监管暂行办法》(保监厅发〔2009〕51号)同时废止。

6.《关于保险保障基金有关税收政策问题的通知》(财税〔2018〕41号)

为支持保险保障基金发展,增强行业经营风险防范能力,现将保险保障基金有关税收政策事项明确如下:

一、对中国保险保障基金有限责任公司(以下简称保险保障基金公司)根据《保险保障基金管理办法》取得的下列收入,免征企业所得税:

1. 境内保险公司依法缴纳的保险保障基金;

2. 依法从撤销或破产保险公司清算财产中获得的受偿收入和向有关责任方

追偿所得，以及依法从保险公司风险处置中获得的财产转让所得；

3. 接受捐赠收入；

4. 银行存款利息收入；

5. 购买政府债券、中央银行、中央企业和中央级金融机构发行债券的利息收入；

6. 国务院批准的其他资金运用取得的收入。

二、对保险保障基金公司下列应税凭证，免征印花税：

1. 新设立的资金账簿；

2. 在对保险公司进行风险处置和破产救助过程中签订的产权转移书据；

3. 在对保险公司进行风险处置过程中与中国人民银行签订的再贷款合同；

4. 以保险保障基金自有财产和接收的受偿资产与保险公司签订的财产保险合同。

对与保险保障基金公司签订上述产权转移书据或应税合同的其他当事人照章征收印花税。

三、本通知自 2018 年 1 月 1 日起至 2020 年 12 月 31 日止执行。《财政部国家税务总局关于保险保障基金有关税收政策问题的通知》（财税〔2016〕10 号）同时废止。

7.《银行保险机构恢复和处置计划实施暂行办法》（银保监发〔2021〕16 号）

第一章　总　　则

第一条　为建立银行保险机构恢复和处置计划机制，防范化解重大风险，保障关键业务和服务不中断，实现有序恢复与处置，保护金融消费者合法权益和社会公共利益，维护金融稳定，根据《中华人民共和国银行业监督管理法》、《中华人民共和国商业银行法》、《中华人民共和国保险法》、《中华人民共和国公司法》等相关法律法规，制定本办法。

第二条　本办法所称恢复计划是指银行保险机构预先制定，并经银保监会及其派出机构认可的应对方案，在重大风险情形发生时，该方案主要通过自身与股东救助等市场化渠道解决资本和流动性短缺，恢复持续经营能力。

本办法所称处置计划是指银行保险机构预先建议，并经银保监会及其派出机构审定的应对方案，在恢复计划无法有效化解银行保险机构重大风险，或者可能出现引发区域性与系统性风险情形时，通过实施该方案实现有序处置，维护金融稳定。

恢复和处置计划是银行保险机构与银保监会及其派出机构在危机情景中的行动指引，但不排除在危机情景下实施其他恢复和处置措施。

第三条 银行保险机构建立恢复和处置计划机制应遵循以下基本原则：

（一）依法有序原则。恢复和处置计划应按照法定权限及程序制定与实施，充分维护各方合法权益和社会公共利益，实现有序恢复与处置，维护金融稳定。

（二）自救为本原则。恢复和处置计划应坚持使用银行保险机构自有资产、股东救助等市场化渠道筹集资金开展自救，自救资源应符合合格性和充足性要求。仅在自救无效且可能引发区域性与系统性风险、危及金融稳定时，方可由有关部门以成本最小化方式依法处置。

（三）审慎有效原则。恢复和处置计划应充分考虑所在行业特征与不同压力情景，并符合银行保险机构实际和本地金融市场特点，流程清晰，内容具体，具备可靠性和可操作性。

（四）分工合作原则。恢复和处置计划的制定与实施应有明确的职责分工，银行保险机构及其股东应严格落实主体及股东责任，各有关部门应加强统筹协调，严格落实法定职责，形成合力。

第四条 符合以下条件的银行保险机构，应按本办法要求制定恢复和处置计划：

（一）按照并表口径上一年末（境内外）调整后表内外资产（杠杆率分母）达到3000亿元人民币（含等值外币）及以上的商业银行、农村信用合作社等吸收公众存款的金融机构以及金融资产管理公司、金融租赁公司；

（二）按照并表口径上一年末（境内外）表内总资产达到2000亿元人民币（含等值外币）及以上的保险集团（控股）公司和保险公司；

（三）虽不符合上述条件，但基于业务特性、风险状况、外溢影响等因素，经银保监会及其派出机构指定应制定恢复和处置计划的其他银行保险机构。

银行保险机构与其控股集团均符合上述条件的，一般应在其控股集团统筹下分别制定恢复和处置计划。但是，保险集团（控股）公司及其附属保险公司均符合上述条件的，原则上由保险集团（控股）公司统一制定恢复和处置计划。

第五条 恢复和处置计划应考虑银行保险机构经营的特定环境，全面体现机构的性质、规模以及业务的复杂性、关联性和可替代性等，通过梳理本机构风险领域和薄弱环节，有效提高透明度，降低复杂性，提升自救能力，防范系统性风险。

恢复和处置计划应分别考虑单个银行保险机构或其控股集团和整个金融体系的压力情景，并考虑危机情形中风险跨市场、跨行业、跨境传递的潜在影响。如有需要，银行保险机构应调整压力测试情景假设或增加额外压力情景。

第六条 银行保险机构应建立与恢复和处置计划相适应的信息管理系统，确保能够及时收集、报送恢复和处置计划制定、认可、演练以及可处置性评估等所需的相关信息。

第七条　银行保险机构应当构建与本机构相适应的恢复和处置计划治理架构，明确制定、审批与更新流程。

银行保险机构制定或更新的恢复计划和处置计划建议应由董事会审批，银保监会另有规定的除外。董事会对恢复计划和处置计划建议的制定及更新承担最终责任，高级管理层承担管理责任，股东按照法律法规或公司章程规定承担股东责任。

银行保险机构应当指定专门委员会或具体部门负责恢复和处置计划管理工作，并建立内部考核和问责机制。

第八条　银保监会及其派出机构应对银行保险机构恢复和处置计划的制定及实施承担监管责任。

银保监会及其派出机构应当依法与人民银行、存款保险基金管理机构、证券监督管理部门、财政部门以及地方政府等共享银行保险机构的恢复和处置计划。

银保监会及其派出机构应协调各有关部门按照法定职责对银行保险机构恢复和处置计划的制定及实施提供支持。

第二章　恢 复 计 划

第九条　恢复计划的目标是，使得银行保险机构能够在重大风险情形下通过采取相关措施恢复正常经营。

第十条　恢复计划主要内容应包括但不限于：经营情况、组织架构等基本概况，实施恢复计划的治理架构，关键功能、核心业务、重要实体识别，压力测试，触发机制，恢复措施，沟通策略，恢复计划执行障碍和改进建议等。

恢复计划具体要素可根据机构类型与自身特点，参考本办法附件1《恢复计划示例(商业银行版)》、附件2《恢复计划示例(保险公司版)》作适当调整。

第十一条　首次制定恢复计划的银行保险机构应于下一年度8月底前，将恢复计划根据监管职责分工报送银保监会及其派出机构。

恢复计划未获认可的，银保监会及其派出机构应自收到恢复计划之日起2个月内提出书面意见。银行保险机构应按照要求在银保监会及其派出机构规定的时限内完成修改并重新报送。

第十二条　银行保险机构上一年度恢复计划已经获得银保监会及其派出机构认可的，应于每年8月底前完成年度更新，并根据监管职责分工报送银保监会及其派出机构。

恢复计划的更新未获认可的，银保监会及其派出机构应自收到恢复计划之日起2个月内提出书面意见。在银保监会及其派出机构规定的时限内，银行保险机构应按照要求完成修改并重新报送。

在管理架构、经营模式、外部环境等发生重大变化，或者银保监会及其派出机构认为有必要时，银行保险机构应及时更新恢复计划并按照前述要求报送，以使恢复计划与银行保险机构经营风险情况相适应。

银行保险机构应在银保监会及其派出机构的指导下，加强对恢复计划的实施演练，以提升恢复计划的可执行性与有效性。

第十三条 银行保险机构发生重大风险，符合恢复计划启动标准的，经董事会或董事会授权的有权人批准，可启动实施恢复计划，并按照相关规定自批准启动实施的24小时内向银保监会及其派出机构报告。

银保监会及其派出机构认为有必要的，可依职权要求银行保险机构启动实施恢复计划，银行保险机构应予以执行。

第三章 处置计划

第十四条 处置计划的目标是，通过预先制定的处置方案，使得银行保险机构在无法持续经营或执行恢复计划后仍无法化解重大风险时，能够得到快速有序处置，并在处置过程中维持关键业务和服务不中断，以维护金融稳定。

第十五条 处置计划建议的主要内容应包括但不限于：经营情况、组织架构等基本概况，实施处置计划的治理架构，关键功能、核心业务、重要实体识别，处置资金来源及资金安排，处置计划实施所需的信息和数据，处置计划的实施方案、沟通策略，处置对本地和宏观经济金融的影响，处置实施障碍和改进建议等。

处置计划建议具体要素可根据机构类型与自身特点，参考本办法附件3《处置计划建议示例（商业银行版）》、附件4《处置计划建议示例（保险公司版）》作适当调整。

第十六条 首次制定处置计划建议的银行保险机构应于下一年度8月底前，将处置计划建议根据监管职责分工提交银保监会及其派出机构。

处置计划建议未获认可的，银保监会及其派出机构应自收到处置计划建议之日起2个月内提出书面意见。银行保险机构应按照相关要求在银保监会及其派出机构规定的时限内完成修改并重新报送。

银保监会及其派出机构应根据处置计划建议，按照处置的法定权限和分工，综合考虑处置资源配置等因素，商各有关部门，形成银行保险机构的处置计划。

第十七条 银行保险机构上一期处置计划建议已经获得银保监会及其派出机构认可的，应每两年更新一次，并于该年度8月底前根据监管职责分工报送银保监会及其派出机构。

处置计划建议的更新未获认可的，银保监会及其派出机构应自收到处置计划建议之日起2个月内提出书面意见。在银保监会及其派出机构规定的时限内，银行保险机构应按照要求完成修改并重新报送。

在管理架构、经营模式、外部环境等发生重大变化，或者银保监会及其派出机构认为有必要时，银行保险机构应及时更新处置计划建议并按照前述要求报送。

银保监会及其派出机构应至少每两年更新一次处置计划，充分考虑银行保险机构以及整个金融体系面临的经济环境、法律环境等变化因素，提升处置计划的可行性与有效性。

第十八条 银行保险机构恢复计划的实施无法有效化解重大风险或者可能引发区域性与系统性风险，需启动实施处置计划的，应按照法定权限与风险处置职责，由银保监会及其派出机构会同有关部门应对处置。

处置过程中应当明晰处置责任，既要守住底线，防范区域性与系统性风险，又要依法合规，防范道德风险，实现有效与有序处置。

第四章 监督管理

第十九条 银保监会及其派出机构应会同有关部门定期开展可处置性评估。

可处置性评估是指对银行保险机构的组织架构、经营模式等是否适应实施处置计划所开展的持续性评价活动。

第二十条 可处置性评估应关注处置计划实施的可行性与可靠性，以及银行保险机构提高可处置性需改进的方面。

可处置性评估包括但不限于以下内容：处置机制和处置工具是否合法可行、处置资金来源及资金安排是否明确、银行保险机构的关键功能识别方法是否合理、关键功能在处置中能否持续运行、组织架构及管理信息系统能否支持处置、处置的协调合作和信息共享安排是否可行、处置措施是否与实际情景较好匹配、某阶段采取的处置措施是否影响其他处置措施生效、处置对本地和宏观经济金融的影响等。

银保监会及其派出机构可以根据可处置性评估情况，调整处置计划更新频率，实行差异化管理。

第二十一条 银行保险机构发生兼并、收购、重组等重大变化的，银保监会及其派出机构应及时评估其可处置性的变化情况。

第二十二条 为提高银行保险机构的可处置性，在必要时，银保监会及其派出机构可依法采取监管措施，要求银行保险机构改变经营方式、调整组织架构等，以排除处置实施的障碍，降低处置难度和成本费用，提升处置有效性。

第二十三条 银保监会及其派出机构应按照监管职责分工,加强对银行保险机构的指导和监督,通过制定和更新恢复和处置计划,强化银行保险机构及其股东自救为本的理念,持续提升机构风险管理水平与防范化解风险能力。

第二十四条 银行保险机构未按照本办法要求制定和更新恢复和处置计划的,银保监会及其派出机构应依法责令限期予以改正,逾期不改正的,或者其行为严重危及机构稳健运行、损害金融消费者合法权益的,可依法采取相应监管措施或实施行政处罚。

第二十五条 对于银行保险机构可能引发区域性与系统性风险的,可成立各相关部门和地方政府参加的危机管理小组,共同研究决定处置事宜。

第二十六条 因实施恢复和处置计划以应对重大风险、维护金融稳定的需要,银保监会可以依法豁免银行保险机构适用部分监管规定。

第五章 附 则

第二十七条 本办法所称银行保险机构,是指在中华人民共和国境内设立的商业银行、农村信用合作社等吸收公众存款的金融机构以及金融资产管理公司、金融租赁公司和保险公司。

保险公司,是指在中华人民共和国境内设立的人身保险公司、财产保险公司、再保险公司等从事商业保险经营活动的公司。

第二十八条 对于全球系统重要性金融机构、国内系统重要性金融机构等,关于恢复和处置计划的监管要求另有规定的,从其规定。

在中华人民共和国境内设立的信托公司、财务公司、汽车金融公司、消费金融公司、金融资产投资公司、银行理财子公司、保险资产管理公司等由银保监会及其派出机构监管的其他金融机构参照适用本办法的规定。

第二十九条 银行保险机构设有境外分支机构的,境外分支机构应根据东道国或地区监管部门要求,在符合母公司处置策略的前提下,制定与实施恢复和处置计划。母公司恢复和处置计划的制定与实施应当在银保监会及其派出机构或危机管理小组的指导下,通过建立监管联席会议等方式做好与东道国或地区监管部门的协调,以使恢复和处置计划在境内外得以合法有效实施。

在华外资银行、外资保险公司应在符合境内法律法规和监管要求的前提下,根据母公司或集团的恢复和处置计划制定本地恢复计划和处置计划建议,并在银保监会及其派出机构或危机管理小组等跨境监管合作机制指导下,做好与母公司或集团的协同工作,以使恢复和处置计划在境内外得以合法有效实施。

第三十条 本办法自发布之日起施行。以前发布的相关办法中与本办法不一致的,按照本办法规定执行。

8.《最高人民法院关于审理企业破产案件指定管理人的规定》(法释〔2007〕8号)

第二十二条　对于经过行政清理、清算的商业银行、证券公司、保险公司等金融机构的破产案件,人民法院除可以按照本规定第十八条第一项的规定指定管理人外,也可以在金融监督管理机构推荐的已编入管理人名册的社会中介机构中指定管理人。

典型案例

1. 安邦保险集团接管案(中国保险监督管理委员会保监公告〔2018〕5号)

【案情】安邦保险集团股份有限公司(以下简称安邦集团)原董事长、总经理吴某晖因涉嫌经济犯罪,被依法提起公诉。鉴于安邦集团存在违反保险法规定的经营行为,可能严重危及公司偿付能力,为保持安邦集团照常经营,保护保险消费者合法权益,依照《保险法》第一百四十四条规定,中国保监会决定对安邦集团实施接管。

一、接管期限:自2018年2月23日起至2019年2月22日止。

二、接管组织:中国保监会会同有关方面组成安邦集团接管工作组。

三、接管组职权:从接管开始之日起,安邦集团股东大会、董事会、监事会停止履行职责,相关职能全部由接管工作组承担;接管工作组组长行使公司法定代表人职责,接管工作组行使安邦集团经营管理权。

被接管后,安邦集团继续照常经营,公司债权债务关系不因接管而变化。接管工作组将依法履职,保持安邦集团稳定经营,依法保障保险消费者及各利益相关方的合法权益。

《安邦保险集团股份有限公司接管实施办法》

第一条　依据《中华人民共和国保险法》(以下简称《保险法》)第一百四十四条规定,中国保监会(以下简称保监会)制定接管安邦保险集团股份有限公司(以下简称安邦集团)办法。

第二条　保监会组织人员成立接管工作组,接管工作组组长和成员由保监会决定和更换。

接管工作组依据《保险法》第一百四十五条规定,经依法公告后,对安邦集团进行接管。

第三条　接管工作组负责人行使安邦集团法定代表人职权,接管工作组行使安邦集团的经营管理权,安邦集团股东大会、董事会、监事会停止履行职责,集团及各级机构经理、副经理按照接管工作组授权履行职责。

接管工作组自接管之日起履行下列职责：

（一）接管财产、信息系统、印章和账簿、文书等资料。

（二）聘请专业管理团队履行管理职责，并负责制定考核激励评价制度。

（三）决定安邦集团的经营管理，保证安邦集团业务正常运行，完善内控制度。

（四）清查安邦集团资产和负债，依法保全、追收、管理和处分资产。以安邦集团名义处理对外事务以及参加诉讼、仲裁或其他法律程序。

（五）控制安邦集团风险，提出风险化解方案。

（六）协助有关部门对有关违法违规行为进行调查。

（七）保监会要求履行的其他职责。

第四条　接管工作组采取以下处置措施时，应研究具体方案，并报保监会核准：

（一）委托其他保险公司经营全部或部分业务。

（二）股权结构、注册资本发生变化。

（三）公司分立或合并。

（四）转让全部或部分业务、资产、负债。

（五）重大权利的放弃、转让或重大义务的承诺。

（六）重要人事任免。

（七）保监会规定的其他重要事项。

第五条　接管工作组根据工作需要，可聘请精算师、会计师、律师或其他专业人员协助处理接管有关事项。

第六条　接管工作组接管前三个月实行日报制度，每日向保监会报送安邦集团运营及相关接管工作情况；三个月后实施周报制度，每周向保监会报送安邦集团业务财务状况，并及时报送流动性状况。

第七条　接管工作组按照保监会统一授权，全面负责日常监管。根据接管需要，提出监管支持政策，报保监会批准后组织实施。

第八条　安邦集团相关人员拒绝配合或妨碍接管工作的，将依法追究责任；涉嫌犯罪的，移送司法部门。

第九条　接管工作组监管单位成员的薪酬在原单位发放，安邦集团承担因接管所产生其他日常办公费用及差旅费开支，并提供必要的办公条件。

第十条　保监会对安邦集团的接管工作进行指导和协调，并对接管工作组进行考核评估。

第十一条　接管期限暂定一年。接管期满，如果公司经营基本稳定、相关资产处置基本完成、主要战略股东完成注资，接管工作组向保监会报送评估报告，经批准后可以结束接管。

第十二条　如接管工作未达预期效果，安邦集团没有完成股权重组，尚未恢复正常经营，报保监会批准后，酌情延长一年，但整体接管期限最长为两年。

两年期满如经营仍未改善，或者有事实可以认定无法达成接管目的，经接管工作组评估并提交报告，报保监会批准后可结束接管，依法采取其他监管措施。

第十三条　本办法自接管之日起施行。

实施接管以来，接管组稳步推进相关工作，有序处置风险，安邦集团经营保持稳定，经营能力逐步恢复，保险消费者及各有关方面合法权益得到有效保障。为巩固接管取得的成果，积极推进安邦集团转入正常经营，依照《保险法》第一百四十六条规定，中国银保监会决定，将安邦集团接管期限延长1年，自2019年2月23日起至2020年2月22日止。延长接管期间，接管组组成、接管组职权和接管实施办法不变。接管组将继续依法履职，积极推进各项工作，保持安邦集团稳定经营，依法保障保险消费者及各利益相关方合法权益。

实施接管以来，中国银保监会依法有序推动风险处置工作。在有关方面的共同努力和支持下，安邦集团流动性风险得到有效化解，保险消费者及各有关方面合法权益得到有效保障，安邦集团相关保险业务已经由新设立的大家保险集团有限责任公司（以下简称大家保险集团）承接。目前，大家保险集团已经基本具备正常经营能力。依照《保险法》第一百四十七条规定，中国银保监会决定，2020年2月22日起终止接管安邦集团。中国银保监会将继续推动大家保险集团引入社会资本，保持民营性质，完善治理结构，不断提升偿付能力和经营水平，并加强审慎监管，促进公司持续健康发展。

2. 天安财产保险股份有限公司等4家保险公司[①]接管案（中国银行保险监督管理委员会接管及延期公告）

【案情】鉴于天安财产保险股份有限公司（以下简称天安财险）、华夏人寿保险股份有限公司（以下简称华夏人寿）、天安人寿保险股份有限公司（以下简称天安人寿）、易安财产保险股份有限公司（以下简称易安财险）触发了《保险法》第一百四十四条规定的接管条件，为保护保险活动当事人合法权益，维护社会公共利益，中国银行保险监督管理委员会（以下简称银保监会）于2020年7月17日发布公告，决定对上述机构实施接管。

---

① 同日，新时代信托股份有限公司、新华信托股份有限公司因触发了《中华人民共和国银行业监督管理法》第三十八条和《信托公司管理办法》第五十五条规定的接管条件，被一并接管。

一、接管期限：自2020年7月17日起至2021年7月16日止，可依法适当延长。

二、接管组织：银保监会派驻接管组。

三、接管内容：从接管之日起，被接管机构股东大会、董事会、监事会停止履行职责，相关职能全部由接管组承担。接管组行使被接管机构经营管理权，接管组组长行使被接管机构法定代表人职责。

接管组依据相关法律委托中国太平洋财产保险股份有限公司、国寿健康产业投资有限公司、新华人寿保险股份有限公司、中国人民财产保险股份有限公司组建相应托管组，按照托管协议分别托管天安财产保险股份有限公司、华夏人寿保险股份有限公司、天安人寿保险股份有限公司、易安财产保险股份有限公司业务。

接管后，被接管机构继续照常经营，公司债权债务关系不因接管而变化。接管组将依法履职，保持公司稳定经营，依法保护保险活动当事人等各利益相关方的合法权益。

《接管实施办法》

第一条　依据《中华人民共和国保险法》《中华人民共和国银行业监督管理法》和《信托公司管理办法》有关规定，中国银行保险监督管理委员会（以下简称"银保监会"）制定天安财产保险股份有限公司、华夏人寿保险股份有限公司、天安人寿保险股份有限公司、易安财产保险股份有限公司、新时代信托股份有限公司、新华信托股份有限公司六家机构接管实施办法。

第二条　银保监会成立接管组，接管组人员由银保监会决定和更换。

接管组经依法公告后，对六家机构分别进行接管。

第三条　被接管机构股东大会、董事会、监事会停止履行职责。接管组行使被接管机构的经营管理权及银保监会授权的其他职责。接管组负责人行使被接管机构法定代表人职权。

第四条　接管组委托托管机构托管被接管机构业务，并可根据工作需要聘请精算师、会计师、律师或其他专业人员协助处理接管有关事项。

第五条　接管组代表银保监会全面负责接管事务，重大事项提出处理意见报银保监会批准后组织实施。

第六条　被接管机构所有从业人员应积极配合接管工作，拒绝配合或妨碍接管工作的，将依法追究责任，涉嫌犯罪的，移送司法机关。

第七条　接管组人员的薪酬在原单位发放，被接管机构承担因接管所产生的其他日常办公费用及差旅费开支，并提供必要的办公条件。

第八条　银保监会对被接管机构的接管工作进行指导和协调，并对接管组进行考核评估。

第九条　接管期限暂定一年。接管期满，被接管机构已恢复正常经营能力的，接管组向银保监会报送评估报告，经批准后可以结束接管。

第十条　如接管工作未达预期效果，报银保监会批准后，可依法延长接管期限。

延长期满后如仍未恢复正常经营能力，或者有事实可以认定无法达成接管目的，经接管组评估并提交报告，报银保监会批准后可结束接管，依法采取其他措施。

第十一条　本办法自接管之日起施行。

第十二条　本办法由银保监会负责解释。

实施接管以来，各接管组积极推进现场检查、清产核资工作，为被接管机构的风险处置奠定了基础。依据《保险法》规定，中国银保监会决定，延长6家机构接管期限1年，自2021年7月17日起至2022年7月16日止。

延长接管期间，各接管组的职权和接管实施办法不变。各接管组将继续依法履行职责，稳步推进风险处置工作，尽早化解金融风险，实现机构正常经营，切实维护金融稳定。

3. 易安财产保险股份有限公司破产重整受理裁定书（北京金融法院〔2022〕京74破申1号民事裁定书）

【案情】易安财险系经中国银行保险监督管理委员会（以下简称银保监会）批准设立的财产保险公司，成立于2016年2月16日，登记机关为深圳市市场监督管理局，公司注册地为深圳市前海深港合作区前湾一路1号A栋201室，住所地为北京市海淀区西土城路1号院1号楼泰富写字楼6层，注册资本10亿元，类型为非上市股份有限公司。公司经营范围为与互联网交易直接相关的企业/家庭财产保险、货运保险、责任保险、信用保证保险、短期健康/意外伤害保险；上述业务的再保险分出和再保险分入业务（仅限临时分保分入）；国家法律、法规允许的保险资金运用业务；经保险监督管理机构批准的其他业务。

2020年7月17日，银保监会发布《中国银保监会依法对天安财产保险股份有限公司等六家机构实施接管的公告》，公告载明：鉴于易安财险触发了《保险法》第一百四十四条规定的接管条件，为保护保险活动当事人合法权益，维护社会公共利益，银保监会决定对易安财险实施接管。接管期限自2020年7月17日起至2021年7月16日止，可依法适当延长。接管组织为银保监会派驻接管组。从接管之日起，被接管机构股东大会、董事会、监事会停止履行职责，相关职能全部由接管组承担。接管组行使被接管机构经营管理权，接管组组长行使被接管机构法定代表人职责。接管组依据相关法律委托中国人民财产保险股份有限公司组建托管组,按照托管协议托管易安财险业务。

2021 年 7 月 16 日,银保监会发布《中国银保监会依法延长天安财产保险股份有限公司等六家机构接管期限》的公告,决定延长易安财险接管期限一年,自 2021 年 7 月 17 日起至 2022 年 7 月 16 日止。

天职国际会计师事务所(特殊普通合伙)出具的以 2022 年 3 月 31 日为基准日的《易安财产保险股份有限公司净资产专项审计报告》中资产负债表显示,易安财险资产总计 334,741,088.88 元,负债合计 461,918,737.24 元,股东(或所有者)权益合计 -127,177,648.36 元,账面资产小于负债。北京天健兴业资产评估有限公司出具的以 2022 年 3 月 31 日为评估基准日的《易安财产保险股份有限公司拟进行重整涉及易安财产保险股份有限公司净资产价值资产评估报告》显示,易安财险总资产评估价值为 33,815.74 万元,总负债评估价值为 46,191.87 万元,净资产评估价值为 -12 376.13 万元。易安财险经评估后的净资产评估价值较账面价值增值 341.64 万元,但仍处于资不抵债状态。天职国际会计师事务所(特殊普通合伙)出具的《易安财产保险股份有限公司房抵贷业务核查报告》显示,截至 2022 年 6 月 30 日,易安财险房抵贷业务保险责任均已到期。由于执行困难等原因未完成强制执行,或因部分抵押房产存在抵押权利瑕疵等异常情况,抵押权能否有效行使存在较高的不确定性,不满足资产的确认条件,未确认为资产。

2022 年 5 月 26 日,易安财险接管组作出《关于同意易安财产保险股份有限公司破产重整的决定》。该决定载明,易安财险存在《企业破产法》第二条规定的情形,为推动公司风险处置,保护保单持有人等相关各方合法权益,根据《保险法》《企业破产法》等相关规定,同意易安财险申请破产重整。

2022 年 6 月 29 日,银保监会作出《中国银保监会关于易安财产保险股份有限公司破产重整的批复》(银保监复〔2022〕419 号),原则同意易安财险进入破产重整程序。

【认定】法院认定,《企业破产法》第三条规定:“破产案件由债务人住所地人民法院管辖。”《最高人民法院关于北京金融法院案件管辖的规定》第一条第四款规定:“北京金融法院管辖北京市辖区内应由中级人民法院受理的以金融机构为债务人的破产纠纷。”根据易安财险接管组提交的材料,易安财险被接管前主要经营决策地、主要业务审批地、章证照保管及日常使用地均在北京泰富职场,主要职能部门和员工主要社保缴纳地均在北京;被接管后,易安财险接管组及托管组在北京泰富职场办公。综上,可以认定易安财险的住所地位于北京市,北京金融法院对本案具有管辖权。

《保险法》第一百零一条规定:“保险公司应当具有与其业务规模和风险程度相适应的最低偿付能力。保险公司的认可资产减去认可负债的差额不得低于国务院保险监督管理机构规定的数额;低于规定数额的,应当按照国务院保险监督管理机构的要求采取相应措施达到规定的数额。”《保险法》第一百四十四条规定:“保险公司有下列情形之一的,国务院保险监督管理机构可以对其实行接管:(一)公司的偿付能力严重不足的;(二)违反本法规定,损害社会公共利益,可能严重危及或者已经严重危及公司的偿付能力的。被接管的保险公司的债权债务关系不因接管而变化。”根据前述《中国银保监会依法对天安财产保险股份有限公司等六家机构实施接管的公告》载明,易安财险系因触发上述《保险法》第一百四十四条规定的关于偿付能力问题的接管条件,由银保监会决定对其实施接管。

《企业破产法》第二条规定:“企业法人不能清偿到期债务,并且资产不足以清偿全部债务或者明显缺乏清偿能力的,依照本法规定清理债务。企业法人有前款规定情形,或者有明显丧失清偿能力可能的,可以依照本法规定进行重整。”《最高人民法院关于适用〈中华人民共和国企业破产法〉若干问题的规定(一)》第四条第一款规定:“债务人账面资产虽大于负债,但存在下列情形之一的,人民法院应当认定其明显缺乏清偿能力:(一)因资金严重不足或者财产不能变现等原因,无法清偿债务;……”本案中,易安财险主张其偿付能力严重不足,截至2022年3月31日,其已有多笔负债无法清偿,其中“房抵贷”履约保证保险业务的账面逾期未兑付保险金总额为4075.15万元,欠付北京闪银奇异科技有限公司已到期业务保证金3768.79万元;而其截至2022年3月31日账面记载的货币资金余额为2827.97万元,其中698.80万元被查封冻结,故现其以不能清偿到期债务且明显缺乏清偿能力为由申请破产重整。易安财险提交天职国际会计师事务所(特殊普通合伙)出具的《易安财产保险股份有限公司净资产专项审计报告》《易安财产保险股份有限公司房抵贷业务核查报告》、北京天健兴业资产评估有限公司出具的《易安财产保险股份有限公司拟进行重整涉及易安财产保险股份有限公司净资产价值资产评估报告》以证明易安财险不能清偿到期债务,账面资产小于负债,流动资金不足以支付到期保险负债、非流动资产变现能力差,明显缺乏清偿能力。易安财险接管组《关于同意易安财产保险股份有限公司破产重整的决定》载明易安财险存在《企业破产法》第二条规定的情形。综上,易安财险是企业法人,具备破产重整主体资格;根据现有证据,综合保险公司偿付能力充足率的监管要求,易安财险不能清偿到期债务,明显缺乏清偿能力,具备破产重整原因。

《企业破产法》第七条第一款规定:“债务人有本法第二条规定的情形,可以向人民法院提出重整、和解或者破产清算申请。”第一百三十四条第二款规定:“金融机构实施破产的,国务院可以依据本法和其他有关法律的规定制定实施办法。”《保险法》第九十条规定:“保险公司有《中华人民共和国企业破产法》第二条规定情形的,经国务院保险监督管理机构同意,保险公司或者其债权人可以依法向人民法院申请重整、和解或者破产清算;国务院保险监督管理机构也可以依法向人民法院申请对该保险公司进行重整或者破产清算。”银保监会已于2022年6月29日批复原则同意易安财险进入破产重整程序,易安财险的破产重整申请符合前述规定。

破产重整的对象应当是具有挽救价值和可能的困境企业,法院在审查重整申请时,根据债务人的资产状况、技术工艺、生产销售、行业前景等因素,对债务人是否具备重整价值以及拯救可能性进行审查。本案中,易安财险主张其作为四家互联网保险公司之一,具有管理结构扁平、轻资产运营等优势;同时易安财险自身资产负债体量不大,有望通过有限投资改善偿付能力。综上,易安财险具有一定的重整价值和挽救可能,其提出的重整申请,符合法律规定,应当予以受理。

北京金融法院依照《企业破产法》第二条第二款、第三条、第七条第一款、第七十一条、《保险法》第九十条的规定,裁定受理易安财产保险股份有限公司的重整申请。

权威解读

保险公司等金融机构经营不善可能倒闭或破产可能会波及社会大众,涉及金融秩序和社会的稳定,因此《保险法》《企业破产法》均规定保险公司等金融机构有本法第二条规定情形的,国务院金融监督管理机构可以向人民法院提出对该金融机构进行重整或者破产清算的申请。同时保险公司等金融机构存在特殊性,涉及人数众多,关系到社会稳定,对投保人、被保险人、受益人利益有重大影响,应当更加慎重,所以对保险公司破产规定了前置程序,启动破产程序须经监管部门批准。① 另外,在管理人指定、债权人会议等具体程序上也需要作一些其他特别规定。国务院金融监督管理机构依法对出现重大经营风险的金融机构采取接管、托管等措施的,可以向人民法院申请中止以该金融机构为被告或者被执行人的民事诉讼和执行程序。② 保险公司破产涉及的法律问题较多而且比较复杂,所以国务院有必要依据保险法的规定,从金融机构的特殊性出发制定具体的实施办法。

编者注:近年来,出现经营危机的保险公司日益增多。作为构建金融稳定长

① 参见安建主编:《中华人民共和国保险法(修订)释义》,法律出版社2009年版,第136页。

② 全国人大常委会法制工作委员会:《〈中华人民共和国企业破产法〉释义及实用指南》,中国民主法制出版社2006年版。

效机制的基础性法律《金融稳定法》也已列入全国人大常委会2022年度的立法工作计划。在作为特殊主体的金融机构破产处置中，证券公司经破产程序退出市场已积累了一定的实践经验。人民法院已经妥善审结了南方证券、闽发证券、汉唐证券的证券公司破产清算案件，制度层面国务院于2008年制定出台了《证券公司风险处置条例》，并于2016年进行了修订。商业银行的破产清算也已进入实操阶段，2020年11月17日包商银行进入破产程序，成为全国首例经由司法程序退出市场的商业银行破产清算案。2022年7月15日北京金融法院裁定受理了易安财险破产重整案，这也成为全国首例保险公司的破产重整案。相较而言，保险公司破产处置的实践还极其欠缺，相应的配套制度也付之阙如。而且，保险公司是以签订保险合同的形式为投保人、被保险人、受益人等提供未来可能发生的风险保障等金融服务，主要依据大数法则汇聚保险共同体交纳的保费进行经营的金融机构。相较而言，保险公司破产时具有更广泛的社会性影响，保险合同相比其他商事合同涉及的利益主体更为多元，保险公司破产财产的归属、保险合同的调整更为复杂。但是，我国保险公司破产处置的经验还极其欠缺，对于保险公司破产处置的关注和研究极不充分。在本次企业破产法修订时应当重点关注保险公司的破产原因、破产程序启动的行政前置程序及管理人选任、保单现金价值等类型财产在保险公司及投保人、被保险人等个人破产时的归属及与个人破产豁免财产范围的衔接、保险合同债权人的保护等问题。

《保险法》第九十五条 【业务范围】

第九十五条 保险公司的业务范围：

（一）人身保险业务，包括人寿保险、健康保险、意外伤害保险等保险业务；

（二）财产保险业务，包括财产损失保险、责任保险、信用保险、保证保险等保险业务；

（三）国务院保险监督管理机构批准的与保险有关的其他业务。

保险人不得兼营人身保险业务和财产保险业务。但是，经营财产保险业务的保险公司经国务院保险监督管理机构批准，可以经营短期健康保险业务和意外伤害保险业务。

保险公司应当在国务院保险监督管理机构依法批准的业务范围内从事保险经营活动。

相关规定

1.《保险法》

第一百六十条 保险公司违反本法规定，超出批准的业务范围经营的，由保险监督管理机构责令限期改正，没收违法所得，并处违法所得一倍以上五倍以下的罚款；没有违法所得或者违法所得不足十万元的，处十万元以上五十万元以下的罚款。逾期不改正或者造成严重后果的，责令停业整顿或者吊销业务许可证。

2.《健康保险管理办法》(中国银行保险监督管理委员会令2019年第3号)

第一章 总 则

第一条 为了促进健康保险的发展，规范健康保险的经营行为，保护健康保险活动当事人的合法权益，提升人民群众健康保障水平，根据《中华人民共和国保险法》(以下简称《保险法》)等法律、行政法规，制定本办法。

第二条 本办法所称健康保险，是指由保险公司对被保险人因健康原因或者医疗行为的发生给付保险金的保险，主要包括医疗保险、疾病保险、失能收入损失保险、护理保险以及医疗意外保险等。

本办法所称医疗保险，是指按照保险合同约定为被保险人的医疗、康复等提供保障的保险。

本办法所称疾病保险，是指发生保险合同约定的疾病时，为被保险人提供保障的保险。

本办法所称失能收入损失保险，是指以保险合同约定的疾病或者意外伤害导致工作能力丧失为给付保险金条件，为被保险人在一定时期内收入减少或者中断提供保障的保险。

本办法所称护理保险，是指按照保险合同约定为被保险人日常生活能力障碍引发护理需要提供保障的保险。

本办法所称医疗意外保险，是指按照保险合同约定发生不能归责于医疗机构、医护人员责任的医疗损害，为被保险人提供保障的保险。

第三条 健康保险是国家多层次医疗保障体系的重要组成部分，坚持健康保险的保障属性，鼓励保险公司遵循审慎、稳健原则，不断丰富健康保险产品，改进健康保险服务，扩大健康保险覆盖面，并通过有效管理和市场竞争降低健康保险价格和经营成本，提升保障水平。

第四条 健康保险按照保险期限分为长期健康保险和短期健康保险。

长期健康保险，是指保险期间超过一年或者保险期间虽不超过一年但含有保证续保条款的健康保险。

长期护理保险保险期间不得低于 5 年。

短期健康保险,是指保险期间为一年以及一年以下且不含有保证续保条款的健康保险。

保证续保条款,是指在前一保险期间届满前,投保人提出续保申请,保险公司必须按照原条款和约定费率继续承保的合同约定。

第五条　医疗保险按照保险金的给付性质分为费用补偿型医疗保险和定额给付型医疗保险。

费用补偿型医疗保险,是指根据被保险人实际发生的医疗、康复费用支出,按照约定的标准确定保险金数额的医疗保险。

定额给付型医疗保险,是指按照约定的数额给付保险金的医疗保险。

费用补偿型医疗保险的给付金额不得超过被保险人实际发生的医疗、康复费用金额。

第六条　中国银行保险监督管理委员会(以下简称银保监会)根据法律、行政法规和国务院授权,对保险公司经营健康保险的活动进行监督管理。

第七条　保险公司开展的与健康保险相关的政策性保险业务,除国家政策另有规定外,参照本办法执行。

保险公司开展不承担保险风险的委托管理服务不适用本办法。

第二章　经 营 管 理

第八条　依法成立的健康保险公司、人寿保险公司、养老保险公司,经银保监会批准,可以经营健康保险业务。

前款规定以外的保险公司,经银保监会批准,可以经营短期健康保险业务。

第九条　除健康保险公司外,保险公司经营健康保险业务应当成立专门健康保险事业部。健康保险事业部应当持续具备下列条件:

(一)建立健康保险业务单独核算制度;

(二)建立健康保险精算制度和风险管理制度;

(三)建立健康保险核保制度和理赔制度;

(四)建立健康保险数据管理与信息披露制度;

(五)建立功能完整、相对独立的健康保险信息管理系统;

(六)配备具有健康保险专业知识的精算人员、核保人员、核赔人员和医学教育背景的管理人员;

(七)银保监会规定的其他条件。

第十条　保险公司应当对从事健康保险的核保、理赔以及销售等工作的从业人员进行健康保险专业培训。

第十一条 保险公司应当加强投保人、被保险人和受益人的隐私保护，建立健康保险客户信息管理和保密制度。

第三章 产品管理

第十二条 保险公司拟定健康保险的保险条款和保险费率，应当按照银保监会的有关规定报送审批或者备案。

享受税收优惠政策的健康保险产品在产品设计、赔付率等方面应当遵循相关政策和监管要求。

第十三条 保险公司拟定的健康保险产品包含两种以上健康保障责任的，应当由总精算师按照一般精算原理判断主要责任，并根据主要责任确定产品类型。

第十四条 医疗意外保险和长期疾病保险产品可以包含死亡保险责任。长期疾病保险的死亡给付金额不得高于疾病最高给付金额。其他健康保险产品不得包含死亡保险责任，但因疾病引发的死亡保险责任除外。

医疗保险、疾病保险和医疗意外保险产品不得包含生存保险责任。

第十五条 长期健康保险产品应当设置合同犹豫期，并在保险条款中列明投保人在犹豫期内的权利。长期健康保险产品的犹豫期不得少于15天。

第十六条 保险公司应当严格按照审批或者备案的产品费率销售短期个人健康保险产品。

第十七条 除家族遗传病史之外，保险公司不得基于被保险人其他遗传信息、基因检测资料进行区别定价。

第十八条 短期团体健康保险产品可以对产品参数进行调整。

产品参数，是指保险产品条款中根据投保团体的具体情况进行合理调整的保险金额、起付金额、给付比例、除外责任、责任等待期等事项。

第十九条 保险公司将产品参数可调的短期团体健康保险产品报送审批或者备案时，提交的申请材料应当包含产品参数调整办法，并由总精算师遵循审慎原则签字确认。

保险公司销售产品参数可调的短期团体健康保险产品，应当根据产品参数调整办法、自身风险管理水平和投保团体的风险情况计算相应的保险费率，且产品参数的调整不得改变费率计算方法以及费率计算需要的基础数据。

保险公司销售产品参数可调的短期团体健康保险产品，如需改变费率计算方法或者费率计算需要的基础数据的，应当将该产品重新报送审批或者备案。

第二十条 保险公司可以在保险产品中约定对长期医疗保险产品进行费率调整，并明确注明费率调整的触发条件。

长期医疗保险产品费率调整应当遵循公平、合理原则，触发条件应当客观且能普遍适用，并符合有关监管规定。

第二十一条 含有保证续保条款的健康保险产品，应当明确约定保证续保条款的生效时间。

含有保证续保条款的健康保险产品不得约定在续保时保险公司有减少保险责任和增加责任免除范围的权利。

保险公司将含有保证续保条款的健康保险产品报送审批或者备案的，应当在产品精算报告中说明保证续保的定价处理方法和责任准备金计算办法。

第二十二条 保险公司拟定医疗保险产品条款，应当尊重被保险人接受合理医疗服务的权利，不得在条款中设置不合理的或者违背一般医学标准的要求作为给付保险金的条件。

第二十三条 保险公司在健康保险产品条款中约定的疾病诊断标准应当符合通行的医学诊断标准，并考虑到医疗技术条件发展的趋势。

健康保险合同生效后，被保险人根据通行的医学诊断标准被确诊疾病的，保险公司不得以该诊断标准与保险合同约定不符为理由拒绝给付保险金。

第二十四条 保险公司设计费用补偿型医疗保险产品，必须区分被保险人是否拥有公费医疗、基本医疗保险、其他费用补偿型医疗保险等不同情况，在保险条款、费率或者赔付金额等方面予以区别对待。

第二十五条 被保险人同时拥有多份有效的费用补偿型医疗保险保险单的，可以自主决定理赔申请顺序。

第二十六条 保险公司可以同投保人约定，以被保险人在指定医疗机构中进行医疗为给付保险金的条件。

保险公司指定医疗机构应当遵循方便被保险人、合理管理医疗成本的原则，引导被保险人合理使用医疗资源、节省医疗费用支出，并对投保人和被保险人做好说明、解释工作。

第二十七条 疾病保险、医疗保险、护理保险产品的等待期不得超过 180 天。

第二十八条 医疗保险产品可以在定价、赔付条件、保障范围等方面对贫困人口适当倾斜，并以书面形式予以明确。

第二十九条 护理保险产品在保险期间届满前给付的生存保险金，应当以被保险人因保险合同约定的日常生活能力障碍引发护理需要为给付条件。

第三十条 鼓励保险公司开发医疗保险产品，对新药品、新医疗器械和新诊疗方法在医疗服务中的应用支出进行保障。

第三十一条 鼓励保险公司采用大数据等新技术提升风险管理水平。对于事实清楚、责任明确的健康保险理赔申请，保险公司可以借助互联网等信息技术手段，对被保险人的数字化理赔材料进行审核，简化理赔流程，提升服务效率。

第三十二条 保险公司应当根据健康保险产品实际赔付经验，对产品定价进行回溯、分析，及时修订新销售的健康保险产品费率，并按照银保监会有关规定进行审批或者备案。

第三十三条 鼓励保险公司提供创新型健康保险产品，满足人民群众多层次多样化的健康保障需求。

第三十四条 保险公司开发的创新型健康保险产品应当符合《保险法》和保险基本原理，并按照有关规定报银保监会审批或者备案。

第四章 销售管理

第三十五条 保险公司销售健康保险产品，应当严格执行经审批或者备案的保险条款和保险费率。

第三十六条 经过审批或者备案的健康保险产品，除法定理由和条款另有约定外，保险公司不得拒绝提供。

保险公司销售健康保险产品，不得强制搭配其他产品销售。

第三十七条 保险公司不得委托医疗机构或者医护人员销售健康保险产品。

第三十八条 保险公司销售健康保险产品，不得非法搜集、获取被保险人除家族遗传病史之外的遗传信息、基因检测资料；也不得要求投保人、被保险人或者受益人提供上述信息。

保险公司不得以被保险人家族遗传病史之外的遗传信息、基因检测资料作为核保条件。

第三十九条 保险公司销售健康保险产品，应当以书面或者口头等形式向投保人说明保险合同的内容，对下列事项作出明确告知，并由投保人确认：

（一）保险责任；

（二）保险责任的减轻或者免除；

（三）保险责任等待期；

（四）保险合同犹豫期以及投保人相关权利义务；

（五）是否提供保证续保以及续保有效时间；

（六）理赔程序以及理赔文件要求；

（七）组合式健康保险产品中各产品的保险期间；

（八）银保监会规定的其他告知事项。

第四十条 保险公司销售健康保险产品，不得夸大保险保障范围，不得隐瞒责任免除，不得误导投保人和被保险人。

投保人和被保险人就保险条款中的保险、医疗和疾病等专业术语提出询问的，保险公司应当用清晰易懂的语言进行解释。

第四十一条 保险公司销售费用补偿型医疗保险，应当向投保人询问被保险人是否拥有公费医疗、基本医疗保险或者其他费用补偿型医疗保险的情况，投保人应当如实告知。

保险公司应当向投保人说明未如实告知的法律后果，并做好相关记录。

保险公司不得诱导投保人为同一被保险人重复购买保障功能相同或者类似的费用补偿型医疗保险产品。

第四十二条 保险公司销售医疗保险，应当向投保人告知约定医疗机构的名单或者资质要求，并提供查询服务。

保险公司调整约定医疗机构的，应当及时通知投保人或者被保险人。

第四十三条 保险公司以附加险形式销售无保证续保条款的健康保险产品的，附加险的保险期限不得小于主险保险期限。

第四十四条 保险公司销售长期个人健康保险产品的，应当在犹豫期内对投保人进行回访。

保险公司在回访中发现投保人被误导的，应当做好解释工作，并明确告知投保人有依法解除保险合同的权利。

第四十五条 保险公司承保团体健康保险，应当以书面或者口头等形式告知每个被保险人其参保情况以及相关权益。

第四十六条 投保人解除团体健康保险合同的，保险公司应当要求投保人提供已通知被保险人退保的有效证明，并按照银保监会有关团体保险退保的规定将退保金通过银行转账或者原投保资金汇入路径退至投保人缴费账户或者其他账户。

第五章 准备金评估

第四十七条 经营健康保险业务的保险公司应当按照本办法有关规定提交上一年度的精算报告或者准备金评估报告。

第四十八条 对已经发生保险事故并已提出索赔、保险公司尚未结案的赔案，保险公司应当提取已发生已报案未决赔款准备金。

保险公司应当采取逐案估计法、案均赔款法等合理的方法谨慎提取已发生已报案未决赔款准备金。

保险公司如果采取逐案估计法之外的精算方法计提已发生已报案未决赔款准备金，应当详细报告该方法的基础数据、参数设定和估计方法，并说明基础数据来源、数据质量以及准备金计算结果的可靠性。

保险公司总精算师不能确认估计方法的可靠性或者相关业务的经验数据不

足3年的，应当按照已经提出的索赔金额提取已发生已报案未决赔款准备金。

第四十九条 对已经发生保险事故但尚未提出的赔偿或者给付，保险公司应当提取已发生未报案未决赔款准备金。

保险公司应当根据险种的风险性质和经验数据等因素，至少采用链梯法、案均赔款法、准备金进展法、B－F法、赔付率法中的两种方法评估已发生未报案未决赔款准备金，并选取评估结果的最大值确定最佳估计值。

保险公司应当详细报告已发生未报案未决赔款准备金的基础数据、计算方法和参数设定，并说明基础数据来源、数据质量以及准备金计算结果的可靠性。

保险公司总精算师判断数据基础不能确保计算结果的可靠性，或者相关业务的经验数据不足3年的，应当按照不低于该会计年度实际赔款支出的10%提取已发生未报案未决赔款准备金。

第五十条 对于短期健康保险业务，保险公司应当提取未到期责任准备金。

短期健康保险提取未到期责任准备金，可以采用下列方法之一：

（一）二十四分之一毛保费法（以月为基础计提）；

（二）三百六十五分之一毛保费法（以天为基础计提）；

（三）根据风险分布状况可以采用其他更为谨慎、合理的方法，提取的未到期责任准备金不得低于方法（一）和（二）所得结果的较小者。

第五十一条 短期健康保险未到期责任准备金的提取金额应当不低于下列两者中较大者：

（一）预期未来发生的赔款与费用扣除相关投资收入之后的余额；

（二）在责任准备金评估日假设所有保单退保时的退保金额。

未到期责任准备金不足的，应当提取保费不足准备金，用于弥补未到期责任准备金和前款两项中较大者之间的差额。

第五十二条 本办法所称责任准备金为业务相关报告责任准备金，财务报告责任准备金、偿付能力报告责任准备金的计提按照财政部和银保监会的相关规定执行。

第五十三条 长期健康保险未到期责任准备金的计提办法应当按照银保监会的有关规定执行。

第五十四条 保险公司应当按照再保前、再保后分别向银保监会报告准备金提取结果。

第六章 健康管理服务与合作

第五十五条 保险公司可以将健康保险产品与健康管理服务相结合，提供健康风险评估和干预、疾病预防、健康体检、健康咨询、健康维护、慢性病管理、养生保健等服务，降低健康风险，减少疾病损失。

第五十六条　保险公司开展健康管理服务的，有关健康管理服务内容可以在保险合同条款中列明，也可以另行签订健康管理服务合同。

第五十七条　健康保险产品提供健康管理服务，其分摊的成本不得超过净保险费的 20%。

超出以上限额的服务，应当单独定价，不计入保险费，并在合同中明示健康管理服务价格。

第五十八条　保险公司经营医疗保险，应当加强与医疗机构、健康管理机构、康复服务机构等合作，为被保险人提供优质、方便的医疗服务。

保险公司经营医疗保险，应当按照有关政策文件规定，监督被保险人医疗行为的真实性和合法性，加强医疗费用支出合理性和必要性管理。

第五十九条　保险公司应当积极发挥健康保险费率调节机制对医疗费用和风险管控的作用，降低不合理的医疗费用支出。

第六十条　保险公司应当积极发挥作为医患关系第三方的作用，帮助缓解医患信息不对称，促进解决医患矛盾纠纷。

第六十一条　保险公司与医疗机构、健康管理机构之间的合作，不得损害被保险人的合法权益。

第六十二条　保险公司应当按照法律、行政法规的规定，充分保障客户隐私和数据安全，依据服务范围和服务对象与医疗机构、基本医保部门等进行必要的信息互联和数据共享。

第七章　再保险管理

第六十三条　保险公司办理健康保险再保险业务，应当遵守《保险法》和银保监会有关再保险业务管理的规定。

第六十四条　保险公司分支机构不得办理健康保险再保险分入业务，再保险公司分支机构除外。

第八章　法 律 责 任

第六十五条　保险公司及其分支机构违反本办法，由银保监会及其派出机构依照法律、行政法规进行处罚；法律、行政法规没有规定的，由银保监会及其派出机构责令改正，给予警告，对有违法所得的处以违法所得 1 倍以上 3 倍以下罚款，但最高不得超过 3 万元，对没有违法所得的处以 1 万元以下罚款；涉嫌犯罪的，依法移交司法机关追究其刑事责任。

第六十六条　保险公司从业人员、保险公司分支机构从业人员违反本办法，由银保监会及其派出机构依照法律、行政法规进行处罚；法律、行政法规没有规定的，由银保监会及其派出机构责令改正，给予警告，对有违法所得的处以违法所得1倍以上3倍以下罚款，但最高不得超过3万元，对没有违法所得的处以1万元以下罚款；涉嫌犯罪的，依法移交司法机关追究其刑事责任。

第九章　附　　则

第六十七条　相互保险组织经营健康保险适用本办法。

第六十八条　保险中介机构及其从业人员销售健康保险产品适用本办法。

第六十九条　通过银行、邮政等渠道销售健康保险产品的，应当遵守相关监管部门的规定。

第七十条　本办法施行前原中国保险监督管理委员会颁布的规定与本办法不符的，以本办法为准。

第七十一条　本办法由银保监会负责解释。

第七十二条　本办法自2019年12月1日起施行。原中国保险监督管理委员会2006年8月7日发布的《健康保险管理办法》（保监会令2006年第8号）同时废止。

3.《中国银保监会办公厅关于规范短期健康保险业务有关问题的通知》（银保监办发〔2021〕7号）

为规范各保险公司短期健康保险业务经营管理行为，切实保护保险消费者合法权益，根据《中华人民共和国保险法》《健康保险管理办法》等法律法规，经银保监会同意，现就规范短期健康保险业务有关问题通知如下：

一、本通知所规范的短期健康保险，是指保险公司向个人销售的保险期间为一年及一年以下且不含有保证续保条款的健康保险。团体保险业务除外。

二、保险公司开发设计的短期健康保险产品，应当以提升人民群众的健康保障水平，满足多层次、多样化的健康保障需求为目标，不断扩大健康保障与健康管理服务的覆盖面。

保险公司开发的短期健康保险产品应当在保险条款中对保险期间、保险责任、责任免除、理赔条件、退保约定，以及保费交纳方式、等待期设置，保险金额、免赔额、赔付比例等产品关键信息进行清晰、明确、无歧义的表述。

三、保险公司开发的短期健康保险产品中包含续保责任的，应当在保险条款中明确表述为“不保证续保”条款。不保证续保条款中至少应当包含以下内容：

本产品保险期间为一年（或不超过一年）。保险期间届满，投保人需要重新向保险公司申请投保本产品，并经保险人同意，交纳保险费，获得新的保险合同。

保险公司不得在短期健康保险产品条款、宣传材料中使用“自动续保”“承诺续保”“终身限额”等易与长期健康保险混淆的词句。

四、保险公司应当科学合理确定短期健康保险产品价格。产品定价所使用的各项精算假设应当以经验数据为基础,不得随意约定或与经营实际出现较大偏差。保险公司可以根据不同风险因素确定差异化的产品费率,并严格按照审批或者备案的产品费率销售短期个人健康保险产品。

保险公司应当每半年在公司官网披露一次个人短期健康保险业务整体综合赔付率指标。其中,上半年赔付率指标应当不晚于每年 7 月底前披露;年度赔付率指标应当不晚于次年 2 月底前披露。综合赔付率指标计算公式如下:

综合赔付率 =(再保后赔款支出 + 再保后未决赔款准备金提转差)÷ 再保后已赚保费

其中,未决赔款准备金包含已发生未报告未决赔款准备金(IBNR 准备金)。

五、保险公司应当根据医疗费用实际发生水平、理赔经验数据等因素,合理确定短期健康保险产品费率、免赔额、赔付比例和保险金额等。保险公司不得设定严重背离理赔经验数据基础的、虚高的保险金额。

六、保险公司计算短期健康保险产品的最低现金价值,应当采用未满期净保费计算方法,其计算公式为:最低现金价值 = 净保费 ×(1 − m/n),其中,m 为已生效天数,n 为保险期间的天数,经过日期不足一日的按一日计算。

七、保险公司将短期健康险开发设计成主险产品的,不得强制要求保险消费者在购买主险产品的同时,购买该公司其他产品。

保险公司将短期健康险开发设计成附加险产品的,应当明确告知保险消费者附加险所对应的主险产品情况,并由保险消费者自主决定是否购买该产品组合。

保险公司不得在附加险产品条款中限制投保人单独解除附加险合同的权利。

八、保险公司应当加强销售人员管理,严格规范销售行为。保险公司应当以合理方式引导保险消费者完整阅读保险条款,使投保人充分了解保险产品及服务等信息。

保险公司在销售短期健康保险产品时,应当向保险消费者提供"短期健康保险产品投保须知书",并重点提示以下内容:

(一)投保人如实告知义务及未如实告知会造成的后果;

(二)保险责任及除外责任;

(三)保险期间;

(四)保险金额;

(五)免赔额;

(六)赔付比例;

(七)等待期;

(八)投保年龄与保费高低具有关联性等情况;

(九)银保监会规定的其他告知事项。

九、保险公司应当加强对短期健康保险产品的核保、理赔管理,规范设定健康告知信息,健康告知信息的设定不得出现有违一般医学常识等情形。保险公司应当引导保险消费者向保险公司履行如实告知义务。

保险公司不得无理拒赔。严禁保险公司通过设定产品拒赔率等考核指标,影响保险消费者正常、合理的理赔诉求,以弥补因产品定价假设不合理、不科学造成的实际经营损失,侵害消费者利益。

十、保险公司决定停止销售短期健康保险产品的,应当将产品停售的具体原因、具体时间,以及后续服务措施等信息通过公司官网和即时通讯工具等便于公众知晓的方式披露告知保险消费者,并为已购买产品的保险消费者在保险期间内继续提供保障服务,同时在保险期间届满时提供转保建议。

保险公司主动停售保险产品的,应当至少在产品停售前 30 日披露相关信息。保险公司因产品设计存在违法违规等问题被监管机构责令停售的,应当于停售之日起 3 日内披露相关信息。保险公司应当在披露产品停售相关信息后,以合理方式通知每一张有效保单的投保人。

保险公司对已经停售的短期健康保险产品应当及时清理注销。保险公司对已经停售产品进行重新销售的,应当向监管部门重新报批或备案保险产品。

保险公司应当于每年 3 月 31 日前在公司官网披露前三个年度个人短期健康保险产品停售情况及每一款产品的有效保单数量。

保险公司经营短期健康保险业务,可以不受《中国保监会关于强化人身保险产品监管工作的通知》(保监寿险〔2016〕199 号)第四条第一款产品停售有关规定限制。

十一、中国保险行业协会应当加强对短期健康保险产品定价基础、核保理赔等行业基础性标准建设,促进短期健康保险业务科学化、规范化发展。

十二、保险公司违反本通知有关规定的,银保监会将依法依规追究保险公司和相关责任人责任。情节严重的,银保监会将依法采取包括责令停止接受新业务、撤销相关人员任职资格等行政处罚措施。

十三、本通知印发前保险公司已经审批或备案的短期健康保险产品,不符合本通知要求的,应于 2021 年 5 月 1 日前停止销售。

4.《意外伤害保险业务监管办法》(银保监办发〔2021〕106 号)

第一章 总 则

第一条 为推动意外伤害保险高质量发展,规范意外伤害保险经营行为,保护意外伤害保险活动当事人合法权益,根据《中华人民共和国保险法》等法律、行政法规，制定本办法。

第二条　本办法所称意外伤害保险（以下简称意外险），是以被保险人因遭受意外伤害造成死亡、伤残或者发生保险合同约定的其他事故为给付保险金条件的人身保险。本办法所称保险公司，是指依法设立的人身保险公司和财产保险公司。

第三条　保险公司开展意外险业务，应严格遵守法律、行政法规以及各项监管规定，遵循保险原理，准确把握回归本源、防范风险的总体要求，不得损害社会公共利益和保险消费者的合法权益。

第二章　产品管理

第四条　保险公司在厘定保险费时，应符合一般精算原理，采用公平、合理的定价假设。

（一）保险公司在厘定保险期限一年以上的意外险保险费时，应根据公司历史投资回报率经验和对未来的合理预期及产品特性按照审慎原则确定预定利率。

（二）保险公司应以公司实际经验数据和行业公开发布的意外伤害经验发生率表等数据为基础，按照审慎原则确定预定发生率。

（三）各保单年度的预定附加费用率由保险公司自主设定，但平均附加费用率不得超过下表规定的上限。平均附加费用率是指保单各期预定附加费用精算现值之和占保单毛保费精算现值之和的比例。

业务类型	保险期限一年及以下的意外险	保险期限一年以上的意外险	
		期交	趸交
个人	35%	35%	18%
团体	25%	15%	8%

第五条　保险期限一年及以下的意外险保单最低现金价值按照未满期净保费方法确定，最低现金价值 = 净保费 ×（1 − 保险合同已生效的天数/保险合同保险期限的天数），经过日期不足一日的按一日计算。

保险期限一年以上的意外险保单最低现金价值按照《普通型人身保险精算规定》相关要求计算。

第六条　保险公司应根据《普通型人身保险精算规定》要求计提业务相关报告责任准备金。航空意外险应额外按自留毛保费收入的5%计提特别准备金，并逐年滚存。

对保险期限为24小时以内(含24小时)的航空意外险,业务相关报告责任准备金不得低于按如下方法计算所得数值:保单责任准备金 = 过去滚动12个月航空意外险自留毛保费 ×2/365。

第七条 保险公司报送保险条款和保险费率审批或备案的,应根据保险条款和保险费率管理相关监管规定,提交精算报告。精算报告至少应包含:

(一)数据来源和定价基础。

(二)定价方法和定价假设。对保险期限一年以上的意外险,还应包括利润测试参数、利润测试结果以及主要参数变化的敏感性分析;对可以进行费率浮动的意外险,还应包括费率浮动情况的详细说明,至少包含费率调整因子(系数)、计算方法、费率上下限等,并由总精算师遵循审慎原则签字确认。其中,费率调整因子(系数)应符合风险定价原则。

(三)业务相关报告责任准备金计算方法。

(四)总精算师需要特别说明的内容。

(五)银保监会规定的其他内容。

第八条 保险公司将意外险产品报送备案的,提交的申请材料除保险条款、保险费率表、精算报告外,还应另外提供佣金费用支付相关材料,说明该产品预计向保险代理人、保险经纪人支付的年度佣金费用率上限,佣金费用率上限应根据产品实际情况科学合理确定。产品任一渠道的年度佣金费用率超出上表规定的平均附加费用率上限10个百分点以上的,应提供总经理签署的书面说明材料,材料应当包含佣金费用水平的合理性分析、业务经营依法合规的承诺、公平竞争的声明等。其中,佣金费用应据实列支,不得通过信息技术支持和服务类费用、账外激励费用等方式变相突破佣金费用率上限。

第九条 保险公司应于每年末开展意外险业务回溯工作,根据实际经营情况与精算假设之间的偏差程度,采取费率调整等整改措施,并于次年3月31日前完成整改。保险期限一年及以下的意外险产品,应回溯综合赔付率、费用率等指标;保险期限一年以上的意外险产品应回溯发生率、费用率、投资收益率和退保率等指标。

第十条 对年度累计原保险保费收入连续三年超过500万元的保险期限一年及以下的意外险产品,如过往三年再保后综合赔付率的平均值低于50%,保险公司应及时将费率调整至合理水平,并按相关要求重新报送审批或备案。

其中,再保后综合赔付率的计算公式为:(再保后赔款支出 + 再保后未决赔款准备金提转差) ÷ (再保后已赚保费)。

第三章　销 售 管 理

第十一条　保险公司应建立严格的意外险业务销售管理制度，严格执行经审批或备案的保险条款和保险费率。

第十二条　保险公司通过保险中介机构销售意外险的，应在代理或合作协议中明确保险中介机构责任，确保保险中介机构在单证管理、出单管理、销售行为、收付费管理、客户信息管理、反洗钱等方面符合相关要求。

保险公司通过保险中介机构展业，支付的中介费用应与实际中介服务相匹配，不得通过保险中介机构套取资金、为其他机构或者个人谋取不正当利益。

第十三条　保险公司通过互联网开展意外险业务，应严格遵守互联网保险业务相关监管规定，加强自身风险管理能力和客户服务能力建设。

第十四条　保险公司以激活注册方式销售意外险，产品保险期限应不少于 7 天，保险责任开始时间应在激活注册之后。同时，应在产品相关资料上标明激活注册方式，并以显著字体或其他足以引起消费者注意的方式明示保单生效的条件。

第十五条　保险公司应对航空意外险业务做好再保险安排，并在每年向银保监会及其派出机构上报的意外险业务经营情况报告中单独列明航空意外险的再保计划。

第十六条　保险公司赠送意外险，应遵守赠送保险相关监管规定，不得以赠险为由，变相开展违法违规业务或进行不正当竞争。

第十七条　保险公司开展业务活动应自觉维护市场竞争秩序，不得存在以下行为：

（一）直接或通过保险中介机构、其他机构强迫消费者订立保险合同；

（二）在非保险类商品或服务上向不特定公众捆绑销售意外险；

（三）通过无合法资质的机构、未进行执业登记的个人销售意外险；

（四）委托保险公司经营区域外的保险中介机构或个人销售意外险，根据相关规定开展的互联网人身保险业务除外；

（五）夸大保险保障范围、隐瞒责任免除、虚假宣传等误导投保人和被保险人的行为；

（六）混淆意外险与责任险，扰乱市场秩序，如通过特别约定改变保障范围，或未经被保险人或受益人授权将意外险赔款直接支付给事故责任方等；

（七）通过保险中介机构为其他机构或者个人谋取不正当利益，或虚构中介业务套取资金；

（八）对保险期限一年及以下的意外险，距保单到期日前间隔 60 天以上预收下一保单年度保费；

（九）向特定团体成员以外的个人销售团体意外险；

（十）银保监会规定的其他违规行为。

第四章　信息管理与披露

第十八条　保险公司应加强意外险业务的客户信息真实性管理，在遵守有关法律法规的前提下，明确要求保险销售人员以及保险中介机构按照意外险业务经营和客户服务的需要提供真实、完整的客户信息，并对其所提供客户信息的真实性、完整性进行审核。

保险公司的核心业务系统、保险中介机构业务系统等有关业务系统应具备客户信息字段完整性和逻辑准确性的控制功能。

第十九条　保险公司应为客户提供电话、互联网、微信或其他方式的意外险保单信息实时查询服务，并在保险合同生效后，通过短信、电子邮件或即时通讯工具等方式告知投保人查询保单信息的途径和方法。保单信息查询服务应至少保留至保险责任结束后三个月。

第二十条　保险公司经营意外险业务，应按照法律、行政法规和监管的相关规定进行信息披露，不得有虚假记载、误导性陈述和重大遗漏。

第二十一条　保险公司对保险期限一年及以下的意外险产品采取费率调整措施，应至少在费率调整前30日，通过合理方式将具体时间、具体原因以及对存量投保人的后续服务措施等信息通知每一张有效保单的投保人，并为已购买产品的保险消费者在保险期限内继续提供保障服务。

第二十二条　自2023年起，保险公司应于每年4月30日前在其官方网站信息披露专栏对上一年度个人意外险业务经营情况进行公开披露。披露的内容包括：

（一）上一年度个人意外险业务经营总体情况（披露格式参见附件1）。

（二）上一年度航空意外险、借款人意外险、旅行意外险、交通工具意外险等四类险种每一款产品的经营数据（披露格式参见附件2）。

（三）综合保险服务水平、社会责任担当等多个因素确定的典型理赔案例。

第二十三条　自2024年起，在前期个人意外险经营情况信息披露的基础上，全面实施意外险信息披露。

（一）全面实施个人意外险分产品信息披露，即将分险种信息披露范围从航空意外险、借款人意外险、旅行意外险、交通工具意外险等四个险种扩展到全险种，披露每一款个人意外险产品的经营数据（披露格式参见附件3）。

（二）实施团体意外险信息披露，即增加披露团体意外险业务经营情况，披露的内容包括：

1. 上一年度团体意外险业务经营总体情况（披露格式参见附件 4）。

2. 上一年度每一款团体意外险产品经营数据（披露格式参见附件 5）。

3. 综合保险服务水平、社会责任担当等多个因素确定的典型理赔案例。

第五章 监督管理

第二十四条 保险公司应于每年 3 月 31 日前，将上一年度的意外险业务经营情况报告报送至银保监会及其派出机构。意外险业务经营情况报告应至少包括以下内容：

（一）上一年度意外险业务经营总体情况。

（二）每款产品上一年度的经营情况。

（三）航空意外险等再保险安排。

（四）上一年度产品回溯情况，具体包含以下内容：

1. 产品总体情况，涵盖上一年度累计原保险保费收入超过 500 万元的意外险产品；

2. 产品定价精算假设与实际经营情况之间的偏差；

3. 回溯指标出现较大偏差的原因，以及保险公司根据偏差程度采取的整改措施。

（五）意外险业务经营情况附表（填报格式参见附件 6、附件 7）。

第二十五条 保险公司经营意外险业务存在下列情形之一的，银保监会及其派出机构可以根据《中华人民共和国保险法》及有关规定，采取有关监管措施或实施行政处罚。

（一）产品开发设计不公平不合理，侵害消费者合法权益；

（二）产品定价方法、参数假设、精算评估等不符合一般精算原理；

（三）费率浮动超出产品审批或备案材料中的费率区间，或明显偏离被保险人风险水平；

（四）通过特别约定、签订补充协议等形式实质改变经审批或备案的保险条款、保险费率；

（五）向保险代理人、保险经纪人支付的佣金费用率超过产品备案材料中的佣金费用率上限，或支付的佣金费用水平违反公平竞争原则；

（六）未按规定调整产品费率，或调整后产品费率仍不合理；

（七）未按规定进行信息披露，或披露的信息不真实、不完整；

（八）存在本办法规定的禁止性行为；

（九）银保监会认定的其他行为。

第二十六条 保险公司委托保险中介机构开展意外险业务违反本办法有关规定的，对保险公司和保险中介机构同查同处，同类业务保持统一的裁量标准。

第六章 附 则

第二十七条 相互保险公司经营意外险业务，参照本办法执行。

第二十八条 银保监会对扶贫意外险、小额意外险等特殊业务另有规定的，从其规定。

第二十九条 保险公司经营保险期限一年及以下的意外险业务，可以不受《中国保监会关于强化人身保险产品监管工作的通知》（保监寿险〔2016〕199 号）第四条第一款产品停售有关规定限制。

第三十条 本办法由银保监会负责解释。

第三十一条 本办法自 2022 年 1 月 1 日起施行。《关于短期意外伤害保险产品管理有关问题的复函》（保监函〔2003〕1076 号）、《关于加强航空意外保险管理有关事项的通知》（保监发〔2007〕94 号）、《关于印发〈人身意外伤害保险业务经营标准〉的通知》（保监发〔2009〕91 号）、《关于银行为信用卡客户赠送意外伤害保险有关问题的复函》（保监厅函〔2010〕34 号）、《关于规范激活注册式意外险业务经营行为的通知》（保监寿险〔2010〕921 号）及《关于意外险出单管理有关问题的复函》（保监寿险〔2010〕1066 号）自本办法施行之日起废止。

《关于人身保险伤残程度与保险金给付比例有关事项的通知》（保监发〔2013〕46 号）第四条规定自本办法施行之日起停止执行。

第三十二条 本办法发布之日起至2021 年 12 月 31 日，新报送审批或备案的意外险产品须严格遵照本办法要求执行。本办法发布前已经审批或备案的意外险产品，第十条、第二十一条及第二十五条第六款规定从2023 年 1 月 1 日起执行，不符合其他规定的，保险公司应于 2022 年 6 月 30 日前完成整改。

附件：（略）

5.《责任保险业务监管办法》（银保监办发〔2020〕117 号）

第一章 总 则

第一条 为规范责任保险经营行为，保护责任保险活动当事人合法权益，更好服务经济社会全局，促进责任保险业务持续健康发展，根据《中华人民共和国保险法》等法律、行政法规，制定本办法。

第二条 本办法所称责任保险，是指以被保险人对第三者依法应负的赔偿责任为保险标的的保险。

本办法所称保险公司，是指依法设立的财产保险公司。

本办法所称保险服务，是指保险公司为被保险人提供的与保险标的有关的风险防范、应急处置、纠纷调处等相关服务。

第三条　保险公司开展责任保险业务，应当严格遵守法律、行政法规及各项监管规定，遵循保险原理，准确把握回归本源、防范风险的总体要求，不得损害社会公共利益和保险消费者的合法权益。

第四条　保险公司应当不断丰富责任保险产品，改进保险服务，提升保障水平，聚焦重大战略，服务实体经济，积极发挥责任保险在参与社会治理、化解矛盾纠纷、保障和改善民生中的积极作用。

第二章　经营规则

第五条　保险公司经营责任保险业务，应当遵守偿付能力监管要求，科学评估自身风险管控能力、客户服务能力，合理确定经营险种及区域。

第六条　责任保险应当承保被保险人给第三者造成损害依法应负的赔偿责任。保险公司应当准确把握责任保险定义，厘清相关概念及权利义务关系，严格界定保险责任，不得通过责任保险承保以下风险或损失：

（一）被保险人故意制造事故导致的赔偿责任；

（二）刑事罚金、行政罚款；

（三）履约信用风险；

（四）确定的损失；

（五）投机风险；

（六）银保监会规定的其他风险或损失。

第七条　保险公司开展责任保险业务时，应当自觉维护市场竞争秩序，不得存在以下经营行为：

（一）未按照规定使用经批准或者备案的保险条款、保险费率，包括但不限于通过保单特别约定、签订补充协议等形式改变经审批或者备案的保险产品；

（二）夸大保险保障范围、隐瞒责任免除、虚假宣传等误导投保人和被保险人的行为；

（三）以承保担保机构责任等形式实质承保融资性信用风险；

（四）以利益输送、商业贿赂等手段开展不正当竞争；

（五）作出不符合保险原理的承诺；

（六）借助中介机构、行业协会或其他组织排除、限制竞争；

（七）银保监会规定的其他行为。

第八条　保险公司应当厘清责任保险与财产损失保险、信用保险、保证保险、意外伤害保险等险种的关系，合理确定承保险种。

保险公司开展机动车第三者责任保险等归属机动车辆保险的保险业务，应当遵守机动车辆保险相关监管规定。不得以机动车辆保险以外的责任保险主险或附加险承保机动车第三者责任。

第九条 保险公司提供保险服务，应当遵循合理性、必要性原则，明确对应的被保险人、保险标的和服务内容，以降低赔付风险为主要目的，不得随意扩大服务范围、服务内容。

第十条 保险公司应当严格按照会计准则对保险服务进行账务处理，确保数据真实准确，不得通过保险服务套取费用或从事其他违法违规行为。

第十一条 保险公司可以自行或委托监测机构、评估机构、培训机构等第三方机构开展保险服务。保险公司与第三方机构的合作，不得损害被保险人的合法权益。

第十二条 保险公司参加各级政府部门组织开展的责任保险项目时，应当加强与政府部门、投保人、被保险人沟通，不得盲目扩大保障范围。对不属于责任保险承保范围的，不得以责任保险名义承保。

第十三条 保险公司通过保险中介展业，支付的保险佣金应与实际中介服务相匹配，不得通过保险中介为其他机构或者个人谋取不正当利益。

第十四条 保险公司应当严格按照保险合同约定履行赔偿义务，及时支付赔款，主动提升理赔服务水平，优化客户体验。

第十五条 保险公司对同一承保主体的同一保险责任，除法律、行政法规、司法解释另有规定外，不得出具与保险合同的法律效力类似且具有担保性质的函件。

第十六条 保险公司应根据保险标的风险，综合考虑风险管理水平、违法行为、事故记录、诚信记录等因素，科学合理厘定费率，促进被保险人主动提高风险管理能力。

中国保险行业协会发布的行业纯风险损失率表或费率表，保险公司可以参考使用。

第三章 内控管理

第十七条 保险公司应当加强责任保险业务管理，根据公司业务及风险情况确定高风险业务标准和内部授权机制。高风险业务应由总公司集中管理或在总公司授权范围内开展。

第十八条 保险公司应当根据各级机构的经营能力、管理水平、风险状况和业务发展需要，建立授权体系，明确各级机构、部门、岗位、人员权限，实行动态调整，加强授权管控，强化监督落实。

第十九条　保险公司应当配备具有责任保险专业知识的产品开发人员、核保人员、核赔人员、精算人员，不断加强业务培训和人才培养，满足责任保险的承保、理赔、风险防范等需求。专业责任保险公司的总公司及分公司，应当单独设立责任保险业务部门，并配备相应人员。

第二十条　保险公司应当建立责任保险承保、理赔、精算、风险管理、保险服务等制度，并可以根据险种特点制定具体管理办法。

第二十一条　保险公司应当建立责任保险业务单独核算制度，严格执行费用分摊标准，据实列支经营费用，不得将其他险种费用纳入责任保险核算。

第二十二条　保险公司应当建立功能完整、能够满足业务财务核算和管理需求的责任保险信息管理系统，提高信息化管理水平。

第二十三条　保险公司应当建立健全责任保险数据统计制度，按照监管要求，及时准确完整地报送统计数据。

保险公司应当建立内部数据治理机制，定期开展数据核查分析，避免出现数据错报、漏报、迟报、报送口径不一致等问题。

第二十四条　保险公司应当强化责任保险数据安全管理，不得泄露投保人、被保险人信息，不得利用投保人、被保险人提供的信息从事与保险业务无关或损害投保人、被保险人及其他第三人利益的活动。

第二十五条　保险公司应当规范案件注销、注销恢复、重开赔案、零结案件、拒赔案件、特殊案件、追偿赔案等案件的审核流程，明确审批权限，强化案件管理。

第二十六条　保险公司通过互联网开展责任保险业务，应当严格遵守互联网保险业务监管规定，加强自身风险管理能力和客户服务能力建设。

第二十七条　保险公司经营责任保险时，应当严格按照会计准则和监管规定，遵循非寿险精算的原理和方法，审慎评估业务风险，合理提取和结转相关准备金。

第二十八条　保险公司经营责任保险业务，应当充分评估自身风险承受能力，确定风控标准，制定风险预案。保险公司应当审慎承保高风险业务，并通过再保险、共同保险等方式分散和分担风险。

第四章　监 督 管 理

第二十九条　保险公司应当建立责任保险突发事件报告机制，按照银保监会关于突发事件信息报告要求，及时报送突发事件信息。

第三十条　保险公司应于每年 2 月底前报送责任保险上年度经营报告，直接监管公司向银保监会报送，属地监管公司向属地监管局报送。报告内容包括但不限于以下内容：

（一）业务整体经营情况，包括但不限于经营成果、赔付情况、保险服务开展情况、创新亮点、典型赔案、存在的问题及建议等；

（二）由总公司集中管理的高风险业务经营情况；

（三）责任保险统计制度未单独列明的险种中，年保费收入占比超过本公司责任保险保费收入5%的单一险种有关情况；

（四）下一年度责任保险业务发展规划；

（五）银保监会要求报告的其他情况。

第三十一条 保险公司在经营责任保险业务中，违反本办法相关规定的，银保监会及其派出机构可以依法采取监管谈话、限期整改、通报批评等监管措施，违反《中华人民共和国保险法》有关规定的，依法予以行政处罚。

第五章 附 则

第三十二条 本办法相关内容，法律、行政法规另有规定的，从其规定。

第三十三条 其他相关险种另有规定的，从其规定。

第三十四条 本办法由银保监会负责解释。

第三十五条 本办法自2021年1月1日起施行。

6.《互联网保险业务监管办法》（中国银行保险监督管理委员会令2020年第13号）

第一章 总 则

第一条 为规范互联网保险业务，有效防范风险，保护消费者合法权益，提升保险业服务实体经济和社会民生的水平，根据《中华人民共和国保险法》等法律、行政法规，制定本办法。

第二条 本办法所称互联网保险业务，是指保险机构依托互联网订立保险合同、提供保险服务的保险经营活动。

本办法所称保险机构包括保险公司（含相互保险组织和互联网保险公司）和保险中介机构；保险中介机构包括保险代理人（不含个人保险代理人）、保险经纪人、保险公估人；保险代理人（不含个人保险代理人）包括保险专业代理机构、银行类保险兼业代理机构和依法获得保险代理业务许可的互联网企业；保险专业中介机构包括保险专业代理机构、保险经纪人和保险公估人。

本办法所称自营网络平台，是指保险机构为经营互联网保险业务，依法设立的独立运营、享有完整数据权限的网络平台。保险机构分支机构以及与保险机构具有股权、人员等关联关系的非保险机构设立的网络平台，不属于自营网络平台。

本办法所称互联网保险产品，是指保险机构通过互联网销售的保险产品。

第三条 互联网保险业务应由依法设立的保险机构开展，其他机构和个人不得开展互联网保险业务。保险机构开展互联网保险业务，不得超出该机构许可证（备案表）上载明的业务范围。

第四条　保险机构开展互联网保险业务，应符合新发展理念，依法合规，防范风险，以人为本，满足人民群众多层次风险保障需求，不得损害消费者合法权益和社会公共利益。

保险机构开展互联网保险业务，应由总公司集中运营、统一管理，建立统一集中的业务平台、业务流程和管理制度。保险机构应科学评估自身风险管控能力、客户服务能力，合理确定适合互联网经营的保险产品及其销售范围，不能有效管控风险、保障售后服务质量的，不得开展互联网保险销售或保险经纪活动。

保险机构应持续提高互联网保险业务风险防控水平，健全风险监测预警和早期干预机制，保证自营网络平台运营的独立性，在财务、业务、信息系统、客户信息保护等方面与公司股东、实际控制人、公司高级管理人员等关联方实现有效隔离。

第五条　保险机构通过互联网和自助终端设备销售保险产品或提供保险经纪服务，消费者能够通过保险机构自营网络平台的销售页面独立了解产品信息，并能够自主完成投保行为的，适用本办法。

投保人通过保险机构及其从业人员提供的保险产品投保链接自行完成投保的，应同时满足本办法及所属渠道相关监管规定。涉及线上线下融合开展保险销售或保险经纪业务的，其线上和线下经营活动分别适用线上和线下监管规则；无法分开适用监管规则的，同时适用线上和线下监管规则，规则不一致的，坚持合规经营和有利于消费者的原则。

第六条　中国银行保险监督管理委员会（以下简称银保监会）及其派出机构依法对互联网保险业务实施监督管理。

第二章　基本业务规则

第一节　业 务 条 件

第七条　开展互联网保险业务的保险机构及其自营网络平台应具备以下条件：

（一）服务接入地在中华人民共和国境内。自营网络平台是网站或移动应用程序（APP）的，应依法向互联网行业管理部门履行互联网信息服务备案手续、取得备案编号。自营网络平台不是网站或移动应用程序（APP）的，应符合相关法律法规的规定和相关行业主管部门的资质要求。

（二）具有支持互联网保险业务运营的信息管理系统和核心业务系统，并与保险机构其他无关的信息系统有效隔离。

（三）具有完善的网络安全监测、信息通报、应急处置工作机制，以及完善的边界防护、入侵检测、数据保护、灾难恢复等网络安全防护手段。

（四）贯彻落实国家网络安全等级保护制度，开展网络安全定级备案，定期开展等级保护测评，落实相应等级的安全保护措施。对于具有保险销售或投保功能的自营网络平台，以及支持该自营网络平台运营的信息管理系统和核心业务系统，相关自营网络平台和信息系统的安全保护等级应不低于三级；对于不具有保险销售和投保功能的自营网络平台，以及支持该自营网络平台运营的信息管理系统和核心业务系统，相关自营网络平台和信息系统的安全保护等级应不低于二级。

（五）具有合法合规的营销模式，建立满足互联网保险经营需求、符合互联网保险用户特点、支持业务覆盖区域的运营和服务体系。

（六）建立或明确互联网保险业务管理部门，并配备相应的专业人员，指定一名高级管理人员担任互联网保险业务负责人，明确各自营网络平台负责人。

（七）具有健全的互联网保险业务管理制度和操作规程。

（八）保险公司开展互联网保险销售，应符合银保监会关于偿付能力、消费者权益保护监管评价等相关规定。

（九）保险专业中介机构应是全国性机构，经营区域不限于总公司营业执照登记注册地所在省（自治区、直辖市、计划单列市），并符合银保监会关于保险专业中介机构分类监管的相关规定。

（十）银保监会规定的其他条件。

第八条　保险机构不满足本办法第七条规定的，应立即停止通过互联网销售保险产品或提供保险经纪服务，并在官方网站和自营网络平台发布公告。保险机构经整改后满足本办法第七条规定的，可恢复开展相关互联网保险业务。保险机构拟自行停止自营网络平台业务经营的，应至少提前20个工作日在官方网站和自营网络平台发布公告。涉及债权债务处置的，应一并进行公告。

第九条　保险公司开展互联网保险销售，应在满足本办法规定的前提下，优先选择形态简单、条款简洁、责任清晰、可有效保障售后服务的保险产品，并充分考虑投保的便利性、风控的有效性、理赔的及时性。

保险公司开发互联网保险产品应符合风险保障本质、遵循保险基本原理、符合互联网经济特点，并满足银保监会关于保险产品开发的相关监管规定，做到产品定价合理、公平和充足。不得违背公序良俗、不得进行噱头炒作、不得损害消费者合法权益和社会公共利益，不得危及公司偿付能力和财务稳健。

第十条　银保监会可根据互联网保险业务发展阶段、不同保险产品的服务保障需要，规定保险机构通过互联网销售或提供保险经纪服务的险种范围和相关条件。

第二节　销售管理

第十一条　保险机构开展互联网保险业务,应加强销售管理,充分进行信息披露,规范营销宣传行为,优化销售流程,保护消费者合法权益。

第十二条　开展互联网保险业务的保险机构应建立官方网站,参照《保险公司信息披露管理办法》相关规定,设置互联网保险栏目进行信息披露,披露内容包括但不限于:

(一)营业执照、经营保险业务相关许可证(备案表)。

(二)自营网络平台的名称、网址,以及在中国保险行业协会官方网站上的信息披露访问链接。

(三)一年来综合偿付能力充足率、风险综合评级、消费者权益保护监管评价等相关监管评价信息,银保监会另有规定的从其规定。

(四)保险机构之间开展合作的,各保险机构应分别披露合作机构名称、业务合作范围及合作起止时间。

(五)互联网保险产品名称、产品信息(或链接),产品信息包括条款、审批类产品的批复文号、备案类产品的备案编号或产品注册号、报备文件编号或条款编码。

(六)互联网保险产品及保单的查询和验真途径。

(七)省级分支机构和落地服务机构的名称、办公地址、电话号码等。

(八)理赔、保全等客户服务及投诉渠道,相关联系方式。

(九)本办法第八条规定的经营变化情况。

(十)银保监会规定的其他内容。

第十三条　保险机构应在开展互联网保险业务的自营网络平台显著位置,列明以下信息:

(一)保险产品承保公司设有省级分支机构和落地服务机构的省(自治区、直辖市、计划单列市)清单。

(二)保险产品承保公司全国统一的客户服务及投诉方式,包括客服电话、在线服务访问方式、理赔争议处理机制和工作流程等。

(三)投保咨询方式、保单查询方式。

(四)针对消费者个人信息、投保交易信息和交易安全的保障措施。

(五)自营网络平台在中国保险行业协会官方网站上的信息披露访问链接。

(六)本办法第八条规定的经营变化情况。

(七)银保监会规定的其他内容。

第十四条　互联网保险产品的销售或详情展示页面上应包括以下内容:

（一）保险产品名称（条款名称和宣传名称），审批类产品的批复文号，备案类产品的备案编号或产品注册号，以及报备文件编号或条款编码。

（二）保险条款和保费（或链接），应突出提示和说明免除保险公司责任的条款，并以适当的方式突出提示理赔条件和流程，以及保险合同中的犹豫期、等待期、费用扣除、退保损失、保单现金价值等重点内容。

（三）保险产品为投连险、万能险等人身保险新型产品的，应按照银保监会关于新型产品信息披露的相关规定，清晰标明相关信息，用不小于产品名称字号的黑体字标注保单利益具有不确定性。

（四）投保人的如实告知义务，以及违反义务的后果。

（五）能否实现全流程线上服务的情况说明，以及因保险机构在消费者或保险标的所在地无分支机构而可能存在的服务不到位等问题的提示。

（六）保费的支付方式，以及保险单证、保费发票等凭证的送达方式。

（七）其他直接影响消费者权益和购买决策的事项。

第十五条 本办法所称互联网保险营销宣传，是指保险机构通过网站、网页、互联网应用程序等互联网媒介，以文字、图片、音频、视频或其他形式，就保险产品或保险服务进行商业宣传推广的活动。保险机构开展互联网保险营销宣传活动应符合《中华人民共和国广告法》、金融营销宣传以及银保监会相关规定。

保险机构应加强互联网保险营销宣传管理：

（一）保险机构应建立从业人员互联网保险营销宣传的资质、培训、内容审核和行为管理制度。

（二）保险机构应从严、精细管控所属从业人员互联网保险营销宣传活动，提高从业人员的诚信和专业水平。保险机构应对从业人员发布的互联网保险营销宣传内容进行监测检查，发现问题及时处置。

（三）保险机构从业人员应在保险机构授权范围内开展互联网保险营销宣传。从业人员发布的互联网保险营销宣传内容，应由所属保险机构统一制作，并在显著位置标明所属保险机构全称及个人姓名、执业证编号等信息。

（四）开展互联网保险营销宣传活动应遵循清晰准确、通俗易懂、符合社会公序良俗的原则，不得进行不实陈述或误导性描述，不得片面比较保险产品价格和简单排名，不得与其他非保险产品和服务混淆，不得片面或夸大宣传，不得违规承诺收益或承诺承担损失。

（五）互联网保险营销宣传内容应与保险合同条款保持一致，不得误导性解读监管政策，不得使用或变相使用监管机构及其工作人员的名义或形象进行商业宣传。

（六）互联网保险营销宣传页面应明确标识产品为保险产品，标明保险产品全称、承保保险公司全称以及提供销售或经纪服务的保险中介机构全称；应用准确的语言描述产品的主要功能和特点，突出说明容易引发歧义或消费者容易忽视的内容。

（七）保险机构及其从业人员应慎重向消费者发送互联网保险产品信息。消费者明确表示拒绝接收的，不得向其发送互联网保险产品信息。

（八）保险机构应对本机构及所属从业人员互联网保险营销宣传承担合规管理的主体责任。

第十六条　保险机构应通过其自营网络平台或其他保险机构的自营网络平台销售互联网保险产品或提供保险经纪、保险公估服务，投保页面须属于保险机构自营网络平台。政府部门为了公共利益需要，要求投保人在政府规定的网络平台完成投保信息录入的除外。

第十七条　保险机构应提高互联网保险产品销售的针对性，采取必要手段识别消费者的保险保障需求和消费能力，把合适的保险产品提供给消费者，并通过以下方式保障消费者的知情权和自主选择权：

（一）充分告知消费者售后服务能否全流程线上实现，以及保险机构因在消费者或保险标的所在地无分支机构而可能存在的服务不到位等问题。

（二）通过互联网销售投连险、万能险等人身保险新型产品或提供相关保险经纪服务的，应建立健全投保人风险承受能力评估及业务管理制度，向消费者做好风险提示。

（三）提供有效的售前在线咨询服务，帮助消费者客观、及时了解保险产品和服务信息。

（四）通过问卷、问询等方式有效提示消费者履行如实告知义务，提示消费者告知不准确可能带来的法律责任，不得诱导消费者隐瞒真实健康状况等实际情况。

（五）在销售流程的各个环节以清晰、简洁的方式保障消费者实现真实的购买意愿，不得采取默认勾选、限制取消自动扣费功能等方式剥夺消费者自主选择的权利。

第十八条　保险机构核保使用的数据信息应做到来源及使用方式合法。保险机构应丰富数据信息来源，深化技术应用，加强保险细分领域风险因素分析，不断完善核保模型，提高识别筛查能力，加强承保风险控制。

第十九条　保险公司通过自营网络平台开展互联网保险业务的，应通过自有保费收入专用账户直接收取投保人交付的保费；与保险中介机构合作开展互联网保险业务的，可通过该保险中介机构的保费收入专用账户代收保费。保费收入专用账户包括保险机构依法在商业银行及第三方支付平台开设的专用账户。

第二十条 保险机构开展互联网保险业务，可通过互联网、电话等多种方式开展回访工作，回访时应验证客户身份，保障客户投保后及时完整知悉合同主要内容。保险机构开展电子化回访应遵循银保监会相关规定。

第二十一条 保险机构通过互联网销售可以续保的保险产品或提供相关保险经纪服务的，应保障客户的续保权益，为其提供线上的续保或终止续保的途径，未经客户同意不得自动续保。

第二十二条 保险机构开展互联网保险业务，应向客户提供保单和发票，可优先提供电子保单和电子发票。采用纸质保单的，保险公司或合作的保险中介机构应以适当方式将保单送达客户。采用电子保单的，保险公司或合作的保险中介机构应向客户说明，并向客户提供可查询、下载电子保单的自营网络平台或行业统一查验平台的访问方式。

第二十三条 非保险机构不得开展互联网保险业务，包括但不限于以下商业行为：

（一）提供保险产品咨询服务。

（二）比较保险产品、保费试算、报价比价。

（三）为投保人设计投保方案。

（四）代办投保手续。

（五）代收保费。

第三节 服务管理

第二十四条 保险公司应建立健全在线核保、批改、保全、退保、理赔和投诉处理等全流程服务体系，加强互联网保险业务的服务过程管理和服务质量管理，并根据客户评价、投诉等情况，审视经营中存在的问题，及时改进产品管理，优化服务流程。服务水平无法达到本办法要求的，保险公司应主动限制互联网保险业务的险种和区域。

保险中介机构与保险公司合作，或接受保险公司委托，开展互联网保险相关业务活动的，应参照本办法关于保险公司的业务规则执行。

第二十五条 保险公司应在自营网络平台设立统一集中的客户服务业务办理入口，提升线上服务能力，与线下服务有机融合，并提供必要的人工辅助，保障客户获得及时有效的服务。

第二十六条 对于部分无法在线完成核保、保全、理赔等保险业务活动的，保险公司应通过本公司分支机构或线下合作机构做好落地服务，销售时应明确告知投保人相关情况。线下合作机构应是其他保险机构及其分支机构，包括区域性保险专业中介机构。对于完全无法在线完成批改、保全、退保、理赔等保险业务活动的，保险公司不得经营相关互联网保险产品。

保险公司委托其他合作机构提供技术支持和客户服务的，应建立委托合作全流程管理制度，审慎选择合作机构，进行有效的监测监督。

第二十七条　保险公司应不断加强互联网保险售后服务的标准化、规范化、透明化建设：

（一）在自营网络平台明示业务办理流程和客户权利义务，一次性告知业务办理所需材料清单，明确承诺服务时限。

（二）提供包含电话服务、在线服务在内的两种及以上服务方式。

（三）提供客户自助查询服务，及时向客户展示告知处理进程、处理依据、预估进展、处理结果。涉及保费、保险金、退保金等资金收付的，应说明资金的支付方式，以及资金额度基于保费、保险金额或现金价值的计算方法。

（四）提升销售和服务的透明化水平，可在自营网络平台提供消费者在线评价功能，为消费者提供消费参考信息。

第二十八条　保险公司为互联网保险客户提供保单批改和保全服务的，应识别、确认客户身份的真实性和合法性。对于线上变更受益人的请求，保险公司应确认该项业务已取得被保险人的同意。

第二十九条　保险公司应保障客户退保权益，不得隐藏相关业务的办理入口，不得阻碍或限制客户退保。

第三十条　保险公司为互联网保险客户提供查勘理赔服务的，应建立包括客户报案、查勘理赔、争议处理等环节在内的系统化工作流程，实现查勘理赔服务闭环完整。参与查勘理赔的各类机构和人员应做好工作衔接，做到响应及时准确、流程简捷流畅。

第三十一条　保险公司应建立健全理赔争议处理机制和工作流程，及时向客户说明理赔决定、原因依据和争议处理办法，探索多元纠纷解决机制，跟踪做好争议处理工作。

第三十二条　保险公司应建立完整的客户投诉处理流程，建设独立于销售、理赔等业务的专职处理互联网保险客户投诉的人员队伍。对于银保监会及其派出机构、相关行业组织、消费者权益保护组织、新闻媒体等转送的互联网保险业务投诉，保险公司应建立有效的转接管理制度，纳入互联网保险客户投诉处理流程。

第四节 运营管理

第三十三条 保险机构应采用有效技术手段对投保人身份信息的真实性进行验证,应完整记录和保存互联网保险主要业务过程,包括:产品销售页面的内容信息、投保人操作轨迹、保全理赔及投诉服务记录等,做到销售和服务等主要行为信息不可篡改并全流程可回溯。互联网保险业务可回溯管理的具体规则,由银保监会另行制定。

第三十四条 保险公司与保险中介机构合作开展互联网保险业务的,应审慎选择符合本办法规定、具有相应经营能力的保险中介机构,做好服务衔接、数据同步和信息共享。保险公司应与保险中介机构签订合作或委托协议,确定合作和委托范围,明确双方权利义务,约定不得限制对方获取客户信息等保险合同订立的必要信息。

第三十五条 保险机构授权在本机构执业的保险销售、保险经纪从业人员为互联网保险业务开展营销宣传、产品咨询的,应在其劳动合同或委托协议中约定双方的权利义务,并按照相关监管规定对其进行执业登记和管理,标识其从事互联网保险业务的资质以供公众查询。保险机构对所属从业人员的互联网保险业务行为依法承担责任。保险机构在互联网保险销售或经纪活动中,不得向未在本机构进行执业登记的人员支付或变相支付佣金及劳动报酬。

第三十六条 保险公司向保险中介机构支付相关费用,或保险机构向提供技术支持、客户服务等服务的合作机构支付相关费用,应按照合作协议约定的费用种类和标准,由总公司或其授权的省级分支机构通过银行或合法第三方支付平台转账支付,不得以现金形式进行结算。保险机构不得直接或间接给予合作协议约定以外的其他利益。

第三十七条 保险机构应严格按照网络安全相关法律法规,建立完善与互联网保险业务发展相适应的信息技术基础设施和安全保障体系,提升信息化和网络安全保障能力:

(一)按照国家相关标准要求,采取边界防护、入侵检测、数据保护以及灾难恢复等技术手段,加强信息系统和业务数据的安全管理。

(二)制定网络安全应急预案,定期开展应急演练,建立快速应急响应机制,开展网络安全实时监测,发现问题后立即采取防范和处置措施,并按照银行业保险业突发事件报告、应对相关规定及时向负责日常监管的银保监会或其派出机构、当地公安网安部门报告。

(三)对提供技术支持和客户服务的合作机构加强合规管理,督促其保障服务质量和网络安全,其相关信息系统至少应获得网络安全等级保护二级认证。

（四）防范假冒网站、假冒互联网应用程序等与互联网保险业务相关的违法犯罪活动，开辟专门渠道接受公众举报。

第三十八条　保险机构应承担客户信息保护的主体责任，收集、处理及使用个人信息应遵循合法、正当、必要的原则，保证信息收集、处理及使用的安全性和合法性：

（一）建立客户信息保护制度，明确数据安全责任人，构建覆盖全生命周期的客户信息保护体系，防范信息泄露。

（二）督促提供技术支持、客户服务等服务的合作机构建立有效的客户信息保护制度，在合作协议中明确约定客户信息保护责任，保障客户信息安全，明确约定合作机构不得限制保险机构获取客户投保信息，不得限制保险机构获取能够验证客户真实身份的相关信息。

（三）保险机构收集、处理及使用个人信息，应征得客户同意，获得客户授权。未经客户同意或授权，保险机构不得将客户信息用于所提供保险服务之外的用途，法律法规另有规定的除外。

第三十九条　保险机构应制定互联网保险业务经营中断应急处置预案。因突发事件、政策变化等原因导致互联网保险业务经营中断的，保险机构应在官方网站和自营网络平台及时发布公告，说明原因及后续处理方式，并按照银行业保险业突发事件报告、应对相关规定及时向负责日常监管的银保监会或其派出机构报告。

第四十条　保险机构应建立健全反洗钱内部控制制度、客户尽职调查制度、客户身份资料和交易记录保存制度、大额交易和可疑交易报告制度，履行《中华人民共和国反洗钱法》规定的反洗钱义务。

保险机构原则上应要求投保人使用本人账户支付保费。退保时保费应退还至原交费账户或投保人本人其他账户。保险金应支付到被保险人账户、受益人账户或保险合同约定的其他账户。保险机构应核对投保人账户信息的真实性。

第四十一条　保险机构应建立健全互联网保险业务反欺诈制度，加强对互联网保险欺诈的监控和报告，及时有效处置欺诈案件。保险机构应积极参与风险信息共享的行业协同机制，提高风险识别和反欺诈能力。

第四十二条　保险机构停止经营互联网保险相关业务的，应采取妥善措施做好存续业务的售后服务，有效保护客户合法权益。

第四十三条　保险机构应开展互联网保险业务舆情监测，积极做好舆情沟通，回应消费者和公众关切，及时有效处理因消费争议和纠纷产生的网络舆情。

第三章　特别业务规则

第一节　互联网保险公司

第四十四条　本办法所称互联网保险公司是指银保监会为促进保险业务与互联网、大数据等新技术融合创新，专门批准设立并依法登记注册，不设分支机构，在全国范围内专门开展互联网保险业务的保险公司。

第四十五条　互联网保险公司应提高线上全流程服务能力，提升线上服务体验和效率；应在自营网络平台设立统一集中的互联网保险销售和客户服务业务办理入口，提供销售、批改、保全、退保、报案、理赔和投诉等线上服务，与线下服务有机融合，向消费者提供及时有效的服务。

第四十六条　互联网保险公司应积极开发符合互联网经济特点、服务多元化保障需求的保险产品。产品开发应具备定价基础，符合精算原理，满足场景所需，让保险与场景、技术合理融合，充分考虑投保的便利性、风控的有效性、理赔的及时性。互联网保险公司应加强对产品开发、销售渠道和运营成本的管控，做到产品定价合理、公平和充足，保障稳健可持续经营。

第四十七条　互联网保险公司不得线下销售保险产品，不得通过其他保险机构线下销售保险产品。

第四十八条　互联网保险公司应不断提高互联网保险业务风险防控水平，健全风险监测预警和早期干预机制，运用数据挖掘、机器学习等技术提高风险识别和处置能力。

互联网保险公司应建立完善与互联网保险业务发展相适应的信息技术基础设施和安全保障体系，提升信息化能力，保障信息系统和相关基础设施安全稳定运行，有效防范、控制和化解信息技术风险。

第四十九条　互联网保险公司应指定高级管理人员分管投诉处理工作，设立专门的投诉管理部门和岗位，对投诉情况进行分析研究，协同公司产品开发、业务管理、运营管理等部门进行改进，完善消费者权益保护工作。

互联网保险公司应根据业务特点建立售后服务快速反应工作机制，对于投诉率异常增长的业务，应集中力量应对，及时妥善处理。

第二节　保 险 公 司

第五十条　本节所称保险公司，是指互联网保险公司之外的保险公司。

保险公司应优化业务模式和服务体系，推动互联网、大数据等新技术向保险业务领域渗透，提升运营效率，改善消费体验；应为互联网保险业务配置充足的服务资源，保障与产品特点、业务规模相适应的后续服务能力。

第五十一条　保险公司总公司应对互联网保险业务实行统一、垂直管理。

保险公司总公司可将合作机构拓展、营销宣传、客户服务、投诉处理等相关业务授权省级分支机构开展。经总公司同意，省级分支机构可将营销宣传、客户服务和投诉处理相关工作授权下级分支机构开展。总公司、分支机构依法承担相应的法律责任。

第五十二条　经营财产保险业务的保险公司在具有相应内控管理能力且能满足客户落地服务需求的情况下，可将相关财产保险产品的经营区域拓展至未设立分公司的省（自治区、直辖市、计划单列市），具体由银保监会另行规定。

经营人身保险业务的保险公司在满足相关条件的基础上，可在全国范围内通过互联网经营相关人身保险产品，具体由银保监会另行规定。不满足相关条件的，不得通过互联网经营相关人身保险产品。

第五十三条　保险公司分支机构可在上级机构授权范围内为互联网保险业务提供查勘理赔、批改保全、医疗协助、退保及投诉处理等属地化服务。保险公司应为分支机构开展属地化服务建立明确的工作流程和制度，在保证服务时效和服务质量的前提下，提供该类服务可不受经营区域的限制。

第五十四条　保险公司开展互联网保险业务，应结合公司发展战略，做好互联网与其他渠道融合和联动，充分发挥不同销售渠道优势，提升业务可获得性和服务便利性，做好经营环节、人员职责和业务数据等方面的有效衔接，提高消费者享有的服务水平。

第五十五条　保险公司开展互联网保险业务核算统计，应将通过直销、专业代理、经纪、兼业代理等销售渠道开展的互联网保险业务，计入该销售渠道的线上业务部分，并将各销售渠道线上业务部分进行汇总，反映本公司的互联网保险业务经营成果。

第三节　保险中介机构

第五十六条　保险中介机构应从消费者实际保险需求出发，立足角色独立、贴近市场的优势，积极运用新技术，提升保险销售和服务能力，帮助消费者选择合适的保险产品和保险服务。保险中介机构应配合保险公司开展互联网保险业务合规管理工作。

保险中介机构应对互联网保险业务实行统一、垂直管理，具体要求参照本办法第五十一条、第五十三条规定。

第五十七条　保险中介机构应立足经济社会发展和民生需要，选择经营稳健、能保障服务质量的保险公司进行合作，并建立互联网保险产品筛选机制，选择符合消费者需求和互联网特点的保险产品进行销售或提供保险经纪服务。

第五十八条　保险中介机构开展互联网保险业务，经营险种不得突破承保公司的险种范围和经营区域,业务范围不得超出合作或委托协议约定的范围。

第五十九条 保险中介机构及其自营网络平台在使用简称时应清晰标识所属行业细分类别,不得使用“××保险”或“××保险平台”等容易混淆行业类别的字样或宣传用语。为保险机构提供技术支持、客户服务的合作机构参照执行。

第六十条 保险中介机构应在自营网络平台设立统一集中的客户服务专栏,提供服务入口或披露承保公司服务渠道,保障客户获得及时有效的服务。保险中介机构销售互联网保险产品、提供保险经纪服务和保险公估服务的,应在自营网络平台展示客户告知书。

第六十一条 保险专业中介机构将互联网保险业务转委托给其他保险中介机构开展的,应征得委托人同意,并充分向消费者进行披露。受托保险中介机构应符合本办法规定的条件。

保险经纪人、保险公估人接受消费者委托,为消费者提供互联网保险相关服务的,应签订委托合同,明确约定权利义务和服务项目,履行受托职责,提升受托服务意识和专业服务能力。

第六十二条 保险中介机构可积极运用互联网、大数据等技术手段,提高风险识别和业务运营能力,完善管理制度,与保险公司的运营服务相互补充,共同服务消费者。保险中介机构可发挥自身优势,建立完善相关保险领域数据库,创新数据应用,积极开展风险管理、健康管理、案件调查、防灾减损等服务。

第六十三条 保险中介机构开展互联网保险业务,应在有效隔离、风险可控的前提下,与保险公司系统互通、业务互联、数据对接。保险中介机构之间可依托互联网等技术手段加强协同合作,促进资源共享和优势互补,降低运营成本,提高服务效率和服务质量。

第六十四条 银行类保险兼业代理机构销售互联网保险产品应满足以下要求:

(一)通过电子银行业务平台销售。

(二)符合银保监会关于电子银行业务经营区域的监管规定。地方法人银行开展互联网保险业务,应主要服务于在实体经营网点开户的客户,原则上不得在未开设分支机构的省(自治区、直辖市、计划单列市)开展业务。无实体经营网点、业务主要在线上开展,且符合银保监会规定的其他条件的银行除外。

(三)银行类保险兼业代理机构及其销售从业人员不得将互联网保险业务转委托给其他机构或个人。

第四节 互联网企业代理保险业务

第六十五条 互联网企业代理保险业务是指互联网企业利用符合本办法规

定的自营网络平台代理销售互联网保险产品、提供保险服务的经营活动。

互联网企业代理保险业务应获得经营保险代理业务许可。

第六十六条 互联网企业代理保险业务应满足以下要求：

（一）具有较强的合规管理能力，能够有效防范化解风险，保障互联网保险业务持续稳健运营。

（二）具有突出的场景、流量和广泛触达消费者的优势，能够将场景流量与保险需求有机结合，有效满足消费者风险保障需求。

（三）具有系统的消费者权益保护制度和工作机制，能够不断改善消费体验，提高服务质量。

（四）具有敏捷完善的应急响应制度和工作机制，能够快速应对各类突发事件。

（五）具有熟悉保险业务的专业人员队伍。

（六）具有较强的信息技术实力，能够有效保护数据信息安全，保障信息系统高效、持续、稳定运行。

（七）银保监会规定的其他要求。

第六十七条 互联网企业代理保险业务，应明确高级管理人员负责管理，建立科学有效的管理制度和工作流程，实现互联网保险业务独立运营。

第六十八条 互联网企业可根据保险公司或保险专业中介机构委托代理保险业务，不得将互联网保险业务转委托给其他机构或个人。

互联网企业根据保险公司和保险专业中介机构委托代理保险业务的，应审慎选择符合本办法规定、具有相应经营能力的保险机构，签订委托协议，确定委托范围，明确双方权利义务。

第六十九条 互联网企业代理保险业务，应参照本办法第四十九条，建立互联网保险售后服务快速反应工作机制，增强服务能力。

第七十条 互联网企业代理保险业务，应进行有效的业务隔离：

（一）规范开展营销宣传，清晰提示保险产品与其他产品和服务的区别。

（二）建立支持互联网保险业务运营的信息管理系统和核心业务系统，并与其他无关的信息系统有效隔离。

（三）具有完善的边界防护、入侵检测、数据保护以及灾难恢复等网络安全防护手段和管理体系。

（四）符合银保监会规定的其他要求。

第四章 监督管理

第七十一条 银保监会在有效防范市场风险的基础上，创新监管理念和方式，落实审慎监管要求，推动建立健全适应互联网保险业务发展特点的新型监管机制，对同类业务、同类主体一视同仁，严厉打击非法经营活动，着力营造公平有序的市场环境，促进互联网保险业务规范健康发展。

第七十二条 银保监会统筹负责互联网保险业务监管制度制定，银保监会及其派出机构按照关于保险机构的监管分工实施互联网保险业务日常监测与监管。

对互联网保险业务的投诉或举报，由投诉人或举报人经常居住地的银保监局依据相关规定进行处理。投诉举报事项涉及多地的，其他相关银保监局配合，有争议的由银保监会指定银保监局承办。

银保监局可授权下级派出机构开展互联网保险业务相关监管工作。

第七十三条 银保监会建设互联网保险监管相关信息系统，开展平台管理、数据信息报送、业务统计、监测分析、监管信息共享等工作，提高监管的及时性、有效性和针对性。

第七十四条 保险机构开展互联网保险业务，应将自营网络平台、互联网保险产品、合作销售渠道等信息以及相关变更情况报送至互联网保险监管相关信息系统。

保险机构应于每年 4 月 30 日前向互联网保险监管相关信息系统报送上一年度互联网保险业务经营情况报告。报告内容包括但不限于：业务基本情况、营销模式、相关机构（含技术支持、客户服务机构）合作情况、网络安全建设、消费者权益保护和投诉处理、信息系统运行和故障情况、合规经营和外部合规审计情况等。保险机构总经理和互联网保险业务负责人应在报告上签字，并对报告内容的真实性和完整性负责。

保险机构应按照银保监会相关规定定期报送互联网保险业务监管数据和监管报表。

第七十五条 中国保险行业协会对互联网保险业务进行自律管理，开展保险机构互联网保险业务信息披露相关管理工作。

保险机构应通过中国保险行业协会官方网站的互联网保险信息披露专栏，对自营网络平台、互联网保险产品、合作销售渠道等信息及时进行披露，便于社会公众查询和监督。

第七十六条 银保监会及其派出机构发现保险机构不满足本办法第七条规定的经营条件的，或存在经营异常、经营风险的，或因售后服务保障不到位等问题而引发投诉率较高的，可责令保险机构限期改正；逾期未改正，或经营严重危害保险机构稳健运行，损害投保人、被保险人或受益人合法权益的，可依法采取相应监管措施。保险机构整改后，应向银保监会或其派出机构提交整改报告。

第七十七条　保险机构及其从业人员违反本办法相关规定，银保监会及其派出机构应依法采取监管措施或实施行政处罚。

第五章　附　　则

第七十八条　保险机构对于通过非互联网渠道订立的保险合同开展线上营销宣传和线上售后服务的，以及通过互联网优化业务模式和业务形态的，参照本办法执行。

再保险业务及再保险经纪业务不适用本办法。

第七十九条　保险机构通过自营网络平台销售其他非保险产品或提供相关服务的，应符合银保监会相关规定，并与互联网保险业务有效隔离。保险机构不得在自营网络平台销售未经金融监管部门批准的非保险金融产品。

第八十条　银保监会根据互联网保险业务发展情况和风险状况，适时出台配套文件，细化、调整监管规定，推进互联网保险监管长效化、系统化、制度化。

第八十一条　保险机构应依据本办法规定对照整改，在本办法施行之日起3个月内完成制度建设、营销宣传、销售管理、信息披露等问题整改，6个月内完成业务和经营等其他问题整改，12个月内完成自营网络平台网络安全等级保护认证。

第八十二条　本办法自2021年2月1日起施行，《互联网保险业务监管暂行办法》（保监发〔2015〕69号）同时废止。

第八十三条　本办法由银保监会负责解释和修订。

典型案例

1. 永诚财产保险股份有限公司违规销售长期健康险案（中国银行保险监督管理委员会行政处罚决定书，银保监保罚决字〔2018〕2号）

【案情】永诚财产保险股份有限公司（以下简称永诚财险）自2016年4月开始销售澳大利亚海外学生医疗健康保险产品，销售模式为保险人根据投保人投保时选择的保障期间，向投保人出具多张保险期间不超过1年且保险期间连续的保单，第一年系统自动核保通过后一次性收取所有投保年度保费，并向投保人出具所有投保年度的保单，第二年保单生效前系统不再核保，保单自动生效。财务处理上，保单起保当日确认保费收入，未生效保单保费计入预收保费科目。公司官网对该产品宣传中有"为您连续提供最长为72个月的保险保障服务"的描述。根据《保险法》第九十五条规定"经营财产保险业务的保险公司经国务院保险监督管理机构批准，可以经营短期健康保险业务和意外伤害保险业务"；根据《健康保险管理办法》第三条规定"长期健康保险，是指保险期间超过一年或者保险期间虽不超过一年但含有保证续保条款的健康保险。短期健康保险，是指保险期间在一年及一年以下且不含有保证续保条款的健康保险"。经查，永诚财险业务范围不包括长期健康保险，公司一次性出具多张保单且收取多年保费，对第二年保单不再核保的行为，属于超出批准的业务范围经营。永诚财险健康险工作组负责人乔栋对上述行为负直接责任。

永诚财险和乔某提出了申辩意见，从该行为主观情况、造成的后果及配合调查情况等方面进行了说明，并请求酌情减轻行政处罚。

【认定】中国银保监会经复核认为，永诚财险和乔某提出的申辩事由不符合法定减轻或免于行政处罚的条件，对其陈述申辩意见不予采纳。综上，永诚财险违规销售长期健康保险产品，违反《保险法》第九十五条的规定，依据该法第一百六十条的规定，责令永诚财险改正，并处30万元罚款；根据该法第一百七十一条的规定，对乔某给予警告并处5万元罚款。

2. 华海财产保险股份有限公司违规销售投资型保险案（中国银行保险监督管理委员会行政处罚决定书，银保监罚决字〔2019〕10号）

【案情】华海财产保险股份有限公司（以下简称华海财险）销售的华海康盈产品标准全称为"附加个人生活质量保障津贴保险"，该产品的销售期间为2016年5月至12月，保费收入3.19亿元。根据条款规定及理赔规则，公司应对所有保单给予"保费+固定比例收益"全额赔付，且实务中华海财险对上述几乎所有的附加险都进行了赔付。因此，该附加险具有明显的投资属性，应认定为投资型保险产品。《关于进一步加强财产保险公司投资型保险业务管理的通知》（保监发〔2012〕40号）第三条对财产保险公司经营投资型产品的资质条件作出了规定，华海财险不符合"公司持续经营3个以上完整的会计年度，最近3个会计年度盈利和亏损相抵后为净盈利"的要求，不具备经营投资型保险产品的资质条件。华海财险上述行为属于超出批准的业务范围经营的行为。时任华海财险总经理姜某、时任华海财险意健险部负责人李某银、时任华海财险营销管理部负责人马某、时任华海财险客服部意外及健康险理赔处经理王某对上述违法行为负有直接责任。

华海财险、姜某提出申辩及听证，请求从轻或减轻处罚：一是其对华海康盈产品的销售管理存在疏漏，并非有意经营投资型保险产品。二是销售的华海康盈产品已向监管部门备案并取得备案号，在检查前已主动停售和注销，且未设定专用账户运用华海康盈产品保费收入，社会危害性较小，符合从轻或减轻处罚的情形。三是认定违法情节严重的事实不清，予以从重处罚的裁量依据不明确。

【认定】中国银保监会经复核认为，一是从华海康盈产品的设计、理赔及固定收益看，属于投资型产品，但公司不具有销售投资型保险产品资格，属于超出批准的业务范围经营。二是投资型保险产品需报送监管部门严格审批，公司未按规定报送审批，而以备案方式规避对审批类产品的严格监管。公司停售和注销华海康盈并未消除影响，不构成对违法违规行为的纠正，未设立保险收入专有账户与本案违法事实无直接关系。三是涉案金额巨大，严重危害保险市场秩序，性质恶劣，姜某作为分管华海康盈产品销售工作的总经理，负有直接责任，应予从重处罚。综上，对华海财险、姜某的申辩意见不予采纳。华海财险违规销售华海康盈投资型产品的行为，违反《保险法》第九十五条，根据该法第一百六十条，对华海财险罚款50万元；根据该法第一百七十一条的规定，对姜某处以警告并罚款10万元，同时撤销其任职资格；对李某银处以警告并罚款10万元，对马某处以警告并罚款10万元，对王某处以警告并罚款10万元。

权威解读

保险法将保险公司的业务范围分为两大基本类别，即人身保险和财产保险。人身保险，是以人的寿命和身体为保险标的的保险，根据保险责任的不同又分为人寿保险、健康保险以及意外伤害保险。财产保险，是指以财产及其有关利益为保险标的的业务。

保险法明确规定了分业经营的要求，即同一保险人不得同时兼营财产保险业务和人身保险业务。分业经营的根本原因在于财产保险和人身保险的保险对象不同，这两种保险业务各有特点，在承保的手续、订立保险合同的要求、保险责任、保险费计算的基础、保险金的赔付、保险基金的管理方式以及公司的解散、清算等方面均存在区别。分业经营有利于提高保险业务水平，维护保险客户的合法权益，保证有相适应的赔付能力，也有利于实行规范化经营、规范化管理，便于监督管理部门进行监督。①

保证保险是2009年保险法修订时新增加的一项保险公司经营的财产保险业务，但就保证保险的性质及其法律适用长期存在争议。近期，全国法院金融审判工作会议上关于保证保险的法律适用原则提出了相应的指导性意见。保证保险合同是保险法明确规定的具有担保功能的一类财产保险合同，原则上应适用保险法及合同法的规定，主要以合同约定内容作为确定当事人权利义务的依据。但保证保险有其特殊性，既不能简单套用保险利益、最大诚信、故意制造保险事故等保险法上的制度，也不应简单套用从属性、保证期间等担保相关制度。从案件审理

① 参见安建主编：《中华人民共和国保险法（修订）释义》，法律出版社2009年版，第142－144页。

情况看，强制搭售和借款综合成本过高是主要问题。关于强制搭售的认定，原则上应当以保险保障是否必要和合理作为判断标准。如果借款人已经以不动产或易于变现的动产或应收账款等提供了足额担保，再要求购买保证保险就是违背借款人真实意愿。关于借款人综合借款成本的裁量，虽然保证保险的费率没有刚性监管标准，但把具有合作关系的贷款人、保险公司及担保公司向借款人收取的费用作为一个整体来计算借款人的综合融资成本，是一个较为可行的办法。此外，保险人在理赔后向投保人追偿垫付的主债权本息时，能否再请求投保人支付资金占用费或者合同约定的违约金，也值得研究。从逻辑上看，保险人赔付后，要求投保人按照同期 LPR 支付资金占用损失，属于合理的诉求，而违约金的重要功能也是弥补损失。所以，当保险人同时主张投保人支付违约金的，应当承担证明资金占用损失仍然不能弥补其实际损失的举证责任。[①]

《保险法》第九十八条　【责任准备金的提取】

第九十八条　保险公司应当根据保障被保险人利益、保证偿付能力的原则，提取各项责任准备金。

保险公司提取和结转责任准备金的具体办法，由国务院保险监督管理机构制定。

相关规定

1.《保险法》

第一百零一条　保险公司应当具有与其业务规模和风险程度相适应的最低偿付能力。保险公司的认可资产减去认可负债的差额不得低于国务院保险监督管理机构规定的数额；低于规定数额的，应当按照国务院保险监督管理机构的要求采取相应措施达到规定的数额。

第一百零二条　经营财产保险业务的保险公司当年自留保险费，不得超过其实有资本金加公积金总和的四倍。

第一百零四条　保险公司对危险单位的划分方法和巨灾风险安排方案，应当

---

① 刘贵祥：《关于金融民商事审判工作中的理念、机制和法律适用问题》，载《法律适用》2023 年第 1 期。

报国务院保险监督管理机构备案。

第一百三十七条　国务院保险监督管理机构应当建立健全保险公司偿付能力监管体系,对保险公司的偿付能力实施监控。

第一百三十八条　对偿付能力不足的保险公司,国务院保险监督管理机构应当将其列为重点监管对象,并可以根据具体情况采取下列措施:

(一)责令增加资本金、办理再保险;

(二)限制业务范围;

(三)限制向股东分红;

(四)限制固定资产购置或者经营费用规模;

(五)限制资金运用的形式、比例;

(六)限制增设分支机构;

(七)责令拍卖不良资产、转让保险业务;

(八)限制董事、监事、高级管理人员的薪酬水平;

(九)限制商业性广告;

(十)责令停止接受新业务。

第一百三十九条　保险公司未依照本法规定提取或者结转各项责任准备金,或者未依照本法规定办理再保险,或者严重违反本法关于资金运用的规定的,由保险监督管理机构责令限期改正,并可以责令调整负责人及有关管理人员。

第一百四十条　保险监督管理机构依照本法第一百三十九条的规定作出限期改正的决定后,保险公司逾期未改正的,国务院保险监督管理机构可以决定选派保险专业人员和指定该保险公司的有关人员组成整顿组,对公司进行整顿。

整顿决定应当载明被整顿公司的名称、整顿理由、整顿组成员和整顿期限,并予以公告。

第一百四十一条　整顿组有权监督被整顿保险公司的日常业务。被整顿公司的负责人及有关管理人员应当在整顿组的监督下行使职权。

第一百四十二条　整顿过程中,被整顿保险公司的原有业务继续进行。但是,国务院保险监督管理机构可以责令被整顿公司停止部分原有业务、停止接受新业务,调整资金运用。

第一百四十三条　被整顿保险公司经整顿已纠正其违反本法规定的行为,恢复正常经营状况的,由整顿组提出报告,经国务院保险监督管理机构批准,结束整顿,并由国务院保险监督管理机构予以公告。

第一百六十四条　违反本法规定,有下列行为之一的,由保险监督管理机构责令改正，处五万元以上三十万元以下的罚款；情节严重的，可以限制其业务范围、责令停止接受新业务或者吊销业务许可证：

……

（二）未按照规定提取或者结转各项责任准备金的；

……

2.《保险公司偿付能力管理规定》（中国银行保险监督管理委员会令 2021 年第 1 号）

第一章　总　　则

第一条　为加强保险公司偿付能力监管，有效防控保险市场风险，维护保单持有人利益，根据《中华人民共和国保险法》，制定本规定。

第二条　本规定所称保险公司，是指依法在中国境内设立的经营商业保险业务的保险公司和外国保险公司分公司。

第三条　本规定所称偿付能力，是保险公司对保单持有人履行赔付义务的能力。

第四条　保险公司应当建立健全偿付能力管理体系，有效识别管理各类风险，不断提升偿付能力风险管理水平，及时监测偿付能力状况，编报偿付能力报告，披露偿付能力相关信息，做好资本规划，确保偿付能力达标。

第五条　中国银保监会以风险为导向，制定定量资本要求、定性监管要求、市场约束机制相结合的偿付能力监管具体规则，对保险公司偿付能力充足率状况、综合风险、风险管理能力进行全面评价和监督检查，并依法采取监管措施。

第六条　偿付能力监管指标包括：

（一）核心偿付能力充足率，即核心资本与最低资本的比值，衡量保险公司高质量资本的充足状况；

（二）综合偿付能力充足率，即实际资本与最低资本的比值，衡量保险公司资本的总体充足状况；

（三）风险综合评级，即对保险公司偿付能力综合风险的评价，衡量保险公司总体偿付能力风险的大小。

核心资本，是指保险公司在持续经营和破产清算状态下均可以吸收损失的资本。

实际资本，是指保险公司在持续经营或破产清算状态下可以吸收损失的财务资源。

最低资本，是指基于审慎监管目的，为使保险公司具有适当的财务资源应对各类可量化为资本要求的风险对偿付能力的不利影响，所要求保险公司应当具有的资本数额。

核心资本、实际资本、最低资本的计量标准等监管具体规则由中国银保监会另行规定。

第七条　保险公司逆周期附加资本、系统重要性保险机构附加资本的计提另行规定。

第八条　保险公司同时符合以下三项监管要求的,为偿付能力达标公司:

(一)核心偿付能力充足率不低于50%;

(二)综合偿付能力充足率不低于100%;

(三)风险综合评级在B类及以上。

不符合上述任意一项要求的,为偿付能力不达标公司。

第二章　保险公司偿付能力管理

第九条　保险公司董事会和高级管理层对本公司的偿付能力管理工作负责;总公司不在中国境内的外国保险公司分公司的高级管理层对本公司的偿付能力管理工作负责。

第十条　保险公司应当建立健全偿付能力风险管理的组织架构,明确董事会及其相关专业委员会、高级管理层和相关部门的职责与权限,并指定一名高级管理人员作为首席风险官负责偿付能力风险管理工作。

保险公司应当通过聘用协议、书面承诺等方式,明确对于造成公司偿付能力风险和损失的董事和高级管理人员,公司有权追回已发的薪酬。

未设置董事会及相关专业委员会的外国保险公司分公司,由高级管理层履行偿付能力风险管理的相关职责。

第十一条　保险公司应当建立完备的偿付能力风险管理制度和机制,加强对保险风险、市场风险、信用风险、操作风险、战略风险、声誉风险和流动性风险等固有风险的管理,以有效降低公司的控制风险。

固有风险,是指在现有的正常的保险行业物质技术条件和生产组织方式下,保险公司在经营和管理活动中必然存在的客观的偿付能力相关风险。

控制风险,是指因保险公司内部管理和控制不完善或无效,导致固有风险未被及时识别和控制的偿付能力相关风险。

第十二条　保险公司应当按照保险公司偿付能力监管具体规则,定期评估公司的偿付能力充足状况,计算核心偿付能力充足率和综合偿付能力充足率,按规定要求报送偿付能力报告,并对其真实性、完整性和合规性负责。

第十三条　保险公司应当按照中国银保监会的规定开展偿付能力压力测试,对未来一定时间内不同情景下的偿付能力状况及趋势进行预测和预警,并采取相应的预防措施。

第十四条 保险公司应当建立偿付能力数据管理制度，明确职责分工，完善管理机制，强化数据管控，确保各项偿付能力数据真实、准确、完整。

第十五条 保险公司应当按年度滚动编制公司三年资本规划，经公司董事会批准后，报送中国银保监会及其派出机构。保险公司应建立发展战略、经营规划、机构设立、产品设计、资金运用与资本规划联动的管理决策机制，通过优化业务结构、资产结构，提升内生资本的能力，运用适当的外部资本工具补充资本，保持偿付能力充足。

第三章 市场约束与监督

第十六条 保险公司应当按照中国银保监会制定的保险公司偿付能力监管具体规则，每季度公开披露偿付能力季度报告摘要，并在日常经营的有关环节，向保险消费者、股东、潜在投资者、债权人等利益相关方披露和说明其偿付能力信息。

上市保险公司应当同时遵守证券监督管理机构相关信息披露规定。

第十七条 中国银保监会定期发布以下偿付能力信息：

（一）保险业偿付能力总体状况；

（二）偿付能力监管工作情况；

（三）中国银保监会认为需要发布的其他偿付能力信息。

第十八条 保险公司聘请的会计师事务所应当按照法律法规的要求，独立、客观地对保险公司偿付能力报告发表审计意见。

精算咨询机构、信用评级机构、资产评估机构、律师事务所等中介机构在保险业开展业务，应当按照法律法规和执业准则要求，发表意见或出具报告。

第十九条 保险消费者、新闻媒体、行业分析师、研究机构等可以就发现的保险公司存在未遵守偿付能力监管规定的行为，向中国银保监会反映和报告。

第四章 监管评估与检查

第二十条 中国银保监会及其派出机构通过偿付能力风险管理能力评估、风险综合评级等监管工具，分析和评估保险公司的风险状况。

第二十一条 中国银保监会及其派出机构定期对保险公司偿付能力风险管理能力进行监管评估，识别保险公司的控制风险。

保险公司根据评估结果计量控制风险的资本要求，并将其计入公司的最低资本。

第二十二条 中国银保监会及其派出机构通过评估保险公司操作风险、战略风险、声誉风险和流动性风险，结合其核心偿付能力充足率和综合偿付能力充足率，对保险公司总体风险进行评价，确定其风险综合评级，分为 A 类、B 类、C 类和 D 类，并采取差别化监管措施。

风险综合评级具体评价标准和程序由中国银保监会另行规定。中国银保监会可以根据保险业发展情况和监管需要，细化风险综合评级的类别。

第二十三条　中国银保监会及其派出机构建立以下偿付能力数据核查机制，包括：

（一）每季度对保险公司报送的季度偿付能力报告的真实性、完整性和合规性进行核查；

（二）每季度对保险公司公开披露的偿付能力季度报告摘要的真实性、完整性和合规性进行核查；

（三）对保险公司报送的其他偿付能力信息和数据进行核查。

核心偿付能力充足率低于 60% 或综合偿付能力充足率低于 120% 的保险公司为重点核查对象。

第二十四条　中国银保监会及其派出机构对保险公司偿付能力管理实施现场检查，包括：

（一）偿付能力管理的合规性和有效性；

（二）偿付能力报告的真实性、完整性和合规性；

（三）风险综合评级数据的真实性、完整性和合规性；

（四）偿付能力信息公开披露的真实性、完整性和合规性；

（五）对中国银保监会及其派出机构监管措施的落实情况；

（六）中国银保监会及其派出机构认为需要检查的其他方面。

第五章　监 管 措 施

第二十五条　中国银保监会及其派出机构将根据保险公司的风险成因和风险程度，依法采取针对性的监管措施，以督促保险公司恢复偿付能力或在难以持续经营的状态下维护保单持有人的利益。

第二十六条　对于核心偿付能力充足率低于 50% 或综合偿付能力充足率低于 100% 的保险公司，中国银保监会应当采取以下第（一）项至第（四）项的全部措施：

（一）监管谈话。

（二）要求保险公司提交预防偿付能力充足率恶化或完善风险管理的计划。

（三）限制董事、监事、高级管理人员的薪酬水平。

（四）限制向股东分红。

中国银保监会还可以根据其偿付能力充足率下降的具体原因，采取以下第

（五）项至第（十二）项的措施：

（五）责令增加资本金。

（六）责令停止部分或全部新业务。

（七）责令调整业务结构，限制增设分支机构，限制商业性广告。

（八）限制业务范围、责令转让保险业务或责令办理分出业务。

（九）责令调整资产结构，限制投资形式或比例。

（十）对风险和损失负有责任的董事和高级管理人员，责令保险公司根据聘用协议、书面承诺等追回其薪酬。

（十一）依法责令调整公司负责人及有关管理人员。

（十二）中国银保监会依法根据保险公司的风险成因和风险程度认为必要的其他监管措施。

对于采取上述措施后偿付能力未明显改善或进一步恶化的，由中国银保监会依法采取接管、申请破产等监管措施。

中国银保监会可以视具体情况，依法授权其派出机构实施必要的监管措施。

第二十七条 对于核心偿付能力充足率和综合偿付能力充足率达标，但操作风险、战略风险、声誉风险、流动性风险中某一类或某几类风险较大或严重的C类和D类保险公司，中国银保监会及其派出机构应根据风险成因和风险程度，采取针对性的监管措施。

第二十八条 保险公司未按规定报送偿付能力报告或公开披露偿付能力信息的，以及报送和披露虚假偿付能力信息的，中国银保监会及其派出机构依据《中华人民共和国保险法》等进行处罚。

第二十九条 保险公司聘请的会计师事务所的审计质量存在问题的，中国银保监会及其派出机构视具体情况采取责令保险公司更换会计师事务所、行业通报、向社会公众公布、不接受审计报告等措施，并移交注册会计师行业行政主管部门处理。

第三十条 精算咨询机构、信用评级机构、资产评估机构、律师事务所等中介机构在保险业开展业务时，存在重大疏漏或出具的意见、报告存在严重质量问题的，中国银保监会及其派出机构视具体情况采取责令保险公司更换中介机构、不接受报告、移交相关部门处理等措施。

第六章 附 则

第三十一条 保险集团、自保公司、相互保险组织适用本规定。相关法律法规另有规定的，从其规定。

第三十二条 外国保险公司分公司，如在中国境内有多家分公司，应当指定其中一家分公司合并评估所有在华分公司的偿付能力，并履行本规定的偿付能力管理职责，承担偿付能力管理责任。

第三十三条　本规定由中国银保监会负责解释和修订。

第三十四条　本规定自2021年3月1日起施行。《保险公司偿付能力管理规定》（中国保险监督管理委员会令2008年第1号）同时废止。

3.《保险公司非寿险业务准备金管理办法》（中国银行保险监督管理委员会令2021年第11号）

第一章　总　　则

第一条　为了加强对保险公司非寿险业务准备金的监督管理，促进保险公司稳健经营，夯实偿付能力计量基础，保护被保险人利益，根据《中华人民共和国保险法》（以下简称《保险法》）等法律、行政法规，制定本办法。

第二条　本办法所称非寿险业务，是指除人寿保险业务以外的保险业务，包括财产损失保险、责任保险、信用保险、保证保险、短期健康保险和意外伤害保险业务以及上述业务的再保险业务。

第三条　本办法所称保险公司，是指在中华人民共和国境内依法设立的经营上述非寿险业务的保险公司，包括财产保险公司、人身保险公司及再保险公司。

第四条　保险公司应建立并完善准备金管理的内控制度，明确职责分工和工作流程。保险公司评估各项准备金，应按照银保监会的规定，遵循非寿险精算的原理和方法，保持客观、谨慎，并充足、合理地提取和结转各项准备金。

第五条　银保监会及其派出机构依法对保险公司非寿险业务准备金进行监管。

第二章　准备金的种类及评估方法

第六条　保险公司非寿险业务准备金包括未到期责任准备金及未决赔款准备金。

第七条　未到期责任准备金是指在准备金评估日为尚未终止的保险责任而提取的准备金，包括未赚保费准备金及保费不足准备金。

第八条　未赚保费准备金是指以未满期部分保费收入为基础所计提的准备金，并应减除与获取保费收入相关联的保单获取成本的未到期部分。

第九条　对未赚保费准备金，应当采用以下方法确定：

（一）三百六十五分之一法；

（二）风险分布法；

（三）银保监会认可的其他方法。

第十条　保险公司应在未到期责任准备金评估过程中进行保费充足性测试，

并根据测试结果提取保费不足准备金,作为未到期责任准备金的一部分。

第十一条 未决赔款准备金是指保险公司为保险事故已经发生但尚未最终结案的损失提取的准备金,包括已发生已报案未决赔款准备金、已发生未报案未决赔款准备金和理赔费用准备金。

第十二条 已发生已报案未决赔款准备金是指为保险事故已经发生并已向保险公司提出索赔,保险公司尚未结案的损失而提取的准备金。

第十三条 对已发生已报案未决赔款准备金,应当采用以下方法确定:

(一)逐案估计法;

(二)案均赋值法;

(三)银保监会认可的其它方法。

第十四条 已发生未报案未决赔款准备金是为下列情况所提取的赔款准备金:

(一)保险事故已经发生但尚未向保险公司提出索赔的;

(二)已经提出索赔但保险公司尚未立案的;

(三)保险公司已立案但对事故损失估计不足,预计最终赔付将超过原估损值的;

(四)保险事故已经赔付但有可能再次提出索赔的。

第十五条 对已发生未报案未决赔款准备金,应当根据险种的风险性质、分布特征、经验数据等因素采用以下方法确定:

(一)链梯法;

(二)案均赔款法;

(三)准备金进展法;

(四)B－F 法;

(五)赔付率法;

(六)银保监会认可的其他方法。

第十六条 理赔费用准备金是指为尚未结案的损失可能发生的费用而提取的准备金,包括为直接发生于具体赔案的专家费、律师费、损失检验费等提取的直接理赔费用准备金,以及为非直接发生于具体赔案的费用而提取的间接理赔费用准备金。

第十七条 对已发生已报案案件的直接理赔费用准备金,应采用第十三条中规定的方法确定;对已发生未报案案件的直接理赔费用准备金,应采用第十五条中规定的方法确定;对间接理赔费用准备金,应采用合理的比率分摊法提取。

第十八条 保险公司提取的各项非寿险业务准备金应包含风险边际并考虑

货币时间价值。

第三章　内控管理

第十九条　保险公司的董事会、管理层、精算及相关职能部门、分支机构在准备金管理中应分级授权,权责分明,分工合作,相互制约。

第二十条　准备金评估方法、假设的调整对保险公司产生显著影响的,应经总精算师同意后,提交公司董事会决议,或由董事会正式授权公司经营管理层决策机构审议。

第二十一条　保险公司应加强准备金评估所需数据的质量管理,以保证所需数据真实、准确、完整、一致、有效。

第二十二条　保险公司应建立并完善准备金评估信息系统,以保证准备金的评估流程被完整地记录、保存。

第二十三条　保险公司应建立分支机构的准备金评估或分摊机制,不得违规调整分支机构的准备金。

第二十四条　保险公司总公司不直接经营业务的,不得在总公司本级留存准备金。

第二十五条　保险公司应建立准备金工作底稿制度。

第二十六条　保险公司应按照规定披露准备金信息。

第四章　监督管理

第二十七条　银保监会及其派出机构对保险公司准备金的监督管理,采取现场监管与非现场监管结合的方式。

第二十八条　保险公司总精算师负责准备金评估工作,公正、客观地履行精算职责,向银保监会或其派出机构提供精算意见,并应当向银保监会或其派出机构及时报告保险公司准备金的重大风险隐患。

第二十九条　保险公司应按规定向银保监会或其派出机构报送准备金评估报告、准备金回溯分析报告和银保监会或其派出机构要求的其他报告。银保监会或其派出机构依法对保险公司报送的上述报告进行抽查审核。

第三十条　银保监会或其派出机构可以根据审慎监管需要,调整所有公司或部分公司的准备金相关报告的报送内容、报送频率,要求保险公司聘请第三方对准备金评估报告进行独立审核。

第三十一条　保险公司应定期对准备金评估结果进行回溯分析,银保监会或其派出机构根据回溯分析结果对保险公司采取相应监管措施。

第三十二条　银保监会或其派出机构依法对保险公司准备金计提的违法违规行为进行查处。

第五章 法律责任

第三十三条 保险公司编制或者提供虚假的准备金评估报告、准备金回溯分析报告以及相关报表、文件、资料的，由银保监会或其派出机构依照《保险法》相关规定责令改正，并处十万元以上五十万元以下的罚款；情节严重的，可以限制其业务范围、责令停止接受新业务或者吊销业务许可证。对直接负责主管人员和其他直接责任人员，由银保监会或其派出机构依照《保险法》相关规定给予警告，并处一万元以上十万元以下的罚款；情节严重的，撤销任职资格。

第三十四条 保险公司未按照规定提取或者结转各项责任准备金，存在以下行为之一的，由银保监会或其派出机构依照《保险法》相关规定处五万元以上三十万元以下的罚款；情节严重的，可以限制其业务范围、责令停止接受新业务或者吊销业务许可证。对直接负责主管人员和其他直接责任人员，由银保监会或其派出机构依照《保险法》相关规定给予警告，并处一万元以上十万元以下的罚款；情节严重的，撤销任职资格：

（一）未按照本办法第九条、第十条的规定提取未到期责任准备金的；

（二）未按照本办法第十三条的规定提取已发生已报案未决赔款准备金的；

（三）未按照本办法第十五条的规定提取已发生未报案未决赔款准备金的；

（四）未按照本办法第十七条的规定提取理赔费用准备金的；

（五）未按照本办法第十八条的规定考虑风险边际及货币时间价值的；

（六）违反本办法第二十三条、第二十四条规定的。

第三十五条 保险公司有下列行为之一的，由银保监会或其派出机构依照《保险法》相关规定责令限期改正，逾期不改正的，处一万元以上十万元以下的罚款：

（一）未按照本办法第二十五条的规定保管准备金工作底稿的；

（二）未按照本办法第二十六条的规定披露准备金信息的；

（三）未按照本办法第二十九条的规定报送准备金评估报告、准备金回溯分析报告或未按照规定提供准备金有关信息、资料的。

第三十六条 保险公司违反本办法第十九条、第二十条、第二十一条、第二十二条规定的，由银保监会或其派出机构给予该保险公司警告，并处一万元以上三万元以下的罚款；对其直接负责的主管人员和其他直接责任人员给予警告，并处一万元以上三万元以下的罚款。

第六章 附 则

第三十七条 银保监会制定并发布实施《保险公司非寿险业务准备金管理办法实施细则》。

第三十八条　中国精算师协会制定并发布非寿险业务准备金评估实务指南和行业参考标准。

第三十九条　政策性保险公司、相互制保险公司、自保公司等适用本办法，法律法规另有规定的除外。

第四十条　本办法由银保监会负责解释。

第四十一条　本办法自2021年12月1日起施行。原中国保险监督管理委员会发布的《保险公司非寿险业务准备金管理办法（试行）》（中国保险监督管理委员会令2004年第13号）同时废止。

第四十二条　原中国保险监督管理委员会发布的关于非寿险业务准备金的相关规定与本办法及实施细则不一致的，以本办法及实施细则为准，实施细则另行发布。

典型案例

1. 紫金财产保险股份有限公司未按规定提取准备金案（中国银行保险监督管理委员会行政处罚决定书，银保监罚决字〔2019〕15号）

【案情】一、紫金财险湖南分公司（以下简称湖南分公司）交强险、车险已发生未报告未决赔款准备金余额长期为负值。湖南分公司2014年年末、2015年年末、2016年年末、2017年年末，车险已发生未报告未决赔款准备金余额分别为－113万元、－147万元、－1379万元、－888万元；其中交强险已发生未报告未决赔款准备金余额分别为－24万元、－171万元、－1094万元、－1551万元。

二、湖南分公司2018年4月末交强险未决赔款准备金为负值（－19万元），其中已发生未报告未决准备金余额为－2133万元。

三、湖南分公司交强险、车险准备金长期提取不足。根据2018年9月30日的数据，对湖南分公司以往年度再保后未决赔款准备金进行回溯，2014年年末、2015年年末、2016年年末、2017年年末，车险未决赔款准备金不利偏差金额分别为421万元、629万元、1139万元、1291万元；其中交强险未决赔款准备金不利偏差金额分别为189万元、373万元、1068万元、1725万元。

四、紫金财险在准备金评估过程中存在手工调整湖南分公司未决赔款准备金的情况。其中2014年年末，下调交强险600万元，商业险350万元；2015年年末，下调交强险1100万元，商业险240万元；2016年年末，下调交强险2000万元，商业险675万元；2017年年末，下调交强险1800万元。上述手工调整均无明确合理依据。

时任紫金财险精算责任人李某胜和时任紫金财险总经理助理何某安对上述违法行为负有直接责任。

何某安提出申辩,请求免予行政处罚:一是精算工作具有专业性,精算责任人应保证精算结果科学合理,公司精算责任人也多次强调其对精算结果负责并承担责任。二是精算责任人应对准备金评估报告负责。三是分管精算工作的总经理助理对准备金评估报告承担的责任应以管理责任为限。四是在得知湖南分公司准备金结果存在异常后,其已积极采取措施,并取得相应效果。

【认定】中国银保监会经复核认为,一是本案对李某胜的责任进行了追究。二是本案区分了何某发和李某胜的责任。三是何某发申辩所称"已积极采取措施,并取得相应效果"的说法无事实依据,2017 年 9 月何某发知晓紫金财险湖南分公司准备金数据异常的情况后,未采取有效措施对违法行为进行纠正,上述情况持续至 2018 年 4 月。

综上,紫金财险等的上述未按规定提取准备金的行为,违反了《保险法》第九十八条的规定,根据该法第一百六十四条的规定,对紫金财险罚款 30 万元;根据该法第一百七十一条的规定,对直接责任人员李某胜警告并罚款 10 万元,对何某安警告并罚款 6 万元。

2. 中国出口信用保险公司准备金计提错误及保险费率执行管控不严案(中国银行保险监督管理委员会行政处罚决定书,银保监罚决字〔2022〕7 号)

【案情】中国出口信用保险公司(以下简称中国信保)由于信息系统规则和设置存在缺陷,造成两个保单首次责任生效日抓取错误、保单责任余额计算错误对财务数据真实性产生重大影响。此外系统中还存在保费及保险金额人工填写错误等。上述准备金提取不准确主要源于信息技术部系统规则缺陷,且信息技术部 2020 年 1 月发现基础数据错误后未按照公司规定报告风险管理部及计划财务部,导致公司未及时调整 2019 年财务报表。孔某华自 2019 年 7 月起担任信息技术部总经理,全面主持信息技术部工作,对该问题负直接责任。

同时,中国信保 4 款保险产品未将报备的费率计算公式嵌入业务系统。保险费率测算和厘定以业务人员经验调节为主,无法通过系统进行严格管控。

【认定】中国银保监会认为,中国信保上述准备金计提错误事项,违反《中华人民共和国保险法》第八十六条,根据该法第一百七十、一百七十一条的规定,对中国信保罚款 50 万元,对孔某华警告并罚款 7 万元。

中国信保上述保险费率执行管控不严格事项,违反了《保险公司管理规定》(中国保险监督管理委员会令 2015 年第 3 号)第五十五条。根据该规定第六十九条的规定,对中国信保处以警告并罚款 1 万元。

3. 浙商财产保险股份有限公司未按规定提取准备金案(中国保险监督管理委员会行政处罚决定书〔2017〕50 号)

【案情】一是人为调整准备金评估基础数据。2016 年 12 月 26 日、28 日,在赔案损失没有任何变化的情况下,浙商财险对 5 笔赔案的估损金额进行了人为调整,其目的是降低年底入账的估损金额;2016 年 12 月 30 日,浙商财险在准备金评估基础数据中删除了上述 5 笔赔案估损数据,其目的是在 2016 年年底的准备金评估中完全不反映上述赔案的影响。人为调整估损和删除估损数据两项行为合计导致公司 2016 年年末未决赔款准备金少提 3.66 亿元。二是超时限延迟立案。2017 年 3 月,浙商财险承保的有关保证保险业务有 4 笔赔案报案,公司在 2017 年 3 月 6 日进行了接报案处理,但延迟至 4 月 10 日才进行立案处理,导致未能及时提取未决赔款准备金,上述 4 笔赔案立案金额合计 2.95 亿元。

时任董事长高某学,时任副总经理余某,时任财务部总经理罗某玲,时任客服运营中心总经理夏某明,对上述调整估损的违规行为负有直接责任。时任董事长高某学,时任财务部总经理罗某玲,时任精算责任人罗某文,对上述删除数据的违规行为负有直接责任。时任董事长高某学,时任副总经理余某,时任财务部总经理罗某玲,时任客服运营中心总经理夏某明,对上述超时限延迟立案的违规行为负有直接责任。

【认定】中国保监会经复核认为,浙商财险未按规定提取准备金的行为,违反了《保险法》第九十八条的规定,根据该法第一百六十四条的规定,决定对浙商财险罚款 30 万元;根据该法第一百七十一条的规定,决定对高某学处以警告并罚款 10 万元,对余某处以警告并罚款 6 万元,对罗某玲处以警告并罚款 6 万元,对夏某明处以警告并罚款 3 万元,对罗某文处以警告并罚款 3 万元。

权威解读

保险公司的偿付能力在一定程度上依赖于保险责任准备金的提取。保险责任准备金包括未到期责任准备金、未决赔款准备金、寿险责任准备金等,是为承担未到期责任或者未决赔款等将来发生的责任而从保险费收入中提存的资金准备基金,作用在于为保险公司承担保险责任提供资金保证。财产险中最常见的是未到期责任准备金,是指保险公司为了承担未了结的预期保险责任而依照法律规定从保险费收入中提取的准备资金。至于人寿保险,保险公司应当按照有效的人寿保险单的全部净值提取寿险责任准备金。[1]

---

[1] 参见安建主编:《中华人民共和国保险法(修订)释义》,法律出版社 2009 年版,第 146 页。

《保险法》第一百零五条 【再保险办理】

第一百零五条 保险公司应当按照国务院保险监督管理机构的规定办理再保险，并审慎选择再保险接受人。

相关规定

1.《保险法》

第二十八条 保险人将其承担的保险业务，以分保形式部分转移给其他保险人的，为再保险。

应再保险接受人的要求，再保险分出人应当将其自负责任及原保险的有关情况书面告知再保险接受人。

第九十六条 经国务院保险监督管理机构批准，保险公司可以经营本法第九十五条规定的保险业务的下列再保险业务：

（一）分出保险；

（二）分入保险。

第一百零三条 保险公司对每一危险单位，即对一次保险事故可能造成的最大损失范围所承担的责任，不得超过其实有资本金加公积金总和的百分之十；超过的部分应当办理再保险。

保险公司对危险单位的划分应当符合国务院保险监督管理机构的规定。

第一百三十九条 保险公司未依照本法规定提取或者结转各项责任准备金，或者未依照本法规定办理再保险，或者严重违反本法关于资金运用的规定的，由保险监督管理机构责令限期改正，并可以责令调整负责人及有关管理人员。

第一百六十四条 违反本法规定，有下列行为之一的，由保险监督管理机构责令改正，处五万元以上三十万元以下的罚款；情节严重的，可以限制其业务范围、责令停止接受新业务或者吊销业务许可证：

……

（四）未按照规定办理再保险的；

……

2.《再保险业务管理规定》（中国银行保险监督管理委员会令2021年第8号）

第一章 总 则

第一条 为规范和发展再保险市场，加强对再保险业务的管理，实现保险业健康协调可持续发展，依据《中华人民共和国保险法》（以下简称《保险法》）、《中华人民共和国外资保险公司管理条例》以及有关法律、行政法规，制定本规定。

第二条　本规定所称再保险，是指保险人将其承担的保险业务，部分转移给其他保险人的经营行为。

本规定所称直接保险，也称原保险，是相对再保险而言的保险，由投保人与保险人直接订立保险合同的保险业务。

本规定所称转分保，是指再保险接受人将其分入的保险业务，转移给其他保险人的经营行为。

本规定所称合约分保，是指保险人与其他保险人预先订立合同，约定将一定时期内其承担的保险业务，部分向其他保险人办理再保险，再保险接受人需按照约定分保条件承担再保险责任的经营行为。

本规定所称临时分保，是指保险人临时与其他保险人约定，将其承担的保险业务，部分向其他保险人逐保单办理再保险，再保险接受人需逐保单约定分保条件并承担再保险责任的经营行为。

本规定所称比例再保险，是指以保险金额为基础确定再保险分出人自留额和再保险接受人分保额的再保险方式。

本规定所称非比例再保险，是指以赔款金额为基础确定再保险分出人自负责任和再保险接受人分保责任的再保险方式。

第三条　本规定所称再保险分出人，是指将其承担的保险业务，部分转移给其他保险人的保险人；本规定所称再保险接受人，是指承接其他保险人转移的保险业务的保险人。

本规定所称分出业务，是指再保险分出人转移出的保险业务；本规定所称分入业务，是指再保险接受人接受分入的保险业务。

本规定所称直接保险公司，也称原保险公司，是相对再保险人而言，是指直接与投保人订立保险合同的保险人。

本规定所称保险联合体，是指为了处理单个保险人无法承担的特殊风险或者巨额保险业务，或者按照国际惯例，由两个或两个以上保险人联合组成、按照其章程约定共同经营保险业务的组织。

本规定所称保险经纪人，是指接受再保险分出人委托，基于再保险分出人利益，为再保险分出人与再保险接受人办理再保险业务提供中介服务，并按约定收取佣金的保险经纪机构。

第四条　在中华人民共和国境内（不含港澳台）设立的保险人、保险联合体以及保险经纪人或其他保险机构办理再保险业务，应当遵守本规定。

第五条 保险人、保险联合体和保险经纪人办理再保险业务，应当遵循审慎和最大诚信原则。

第六条 再保险分出人、再保险接受人和保险经纪人，对在办理再保险业务中知悉的商业秘密或其他应当保密的信息，负有保密义务。

第七条 中国银行保险监督管理委员会（以下简称银保监会）鼓励保险人、保险联合体和保险经纪人积极为农业保险，地震、台风、洪水、突发公共卫生事件等巨灾保险和国家重点项目提供保险及再保险服务。

第八条 银保监会依法对再保险业务实施监督和管理。

第二章 业务经营

第九条 保险人应当制定再保险战略，明确再保险在公司风险和资本管理战略中的作用。再保险战略应包括再保险安排的目的、自留政策、分保政策、风险管控机制等内容。

再保险战略的制定、实施、评估和调整由公司高级管理层负责，董事会或其授权的专业委员会应对再保险战略的制定和调整进行审批，并对实施情况进行监督。

外国再保险公司分公司，其再保险战略的制定、实施、评估和调整应经其分公司高级管理层同意。

第十条 保险集团应当统筹制定集团的再保险战略，明确再保险战略与集团风险管理和资本管理战略的关系。集团再保险战略应包括集团的风险累积和净自留管理、信用风险管控、集团内保险公司的再保险授权管理、集团内分保战略等内容。

保险集团再保险战略的制定、实施、评估和调整由集团高级管理层负责，董事会或其授权的专业委员会应对再保险战略的制定和调整进行审批，并对实施情况进行监督。

第十一条 再保险业务分为寿险再保险和非寿险再保险。保险人对寿险再保险和非寿险再保险应当单独列账、分别核算。

第十二条 保险人应当依照《保险法》规定，确定当年总自留保险费和每一危险单位自留责任；超过的部分，应当办理再保险。

保险人对危险单位的划分应当符合银保监会的相关规定。

第十三条 保险人应当根据实际情况，科学、合理安排巨灾再保险。

第十四条 保险人应当按照银保监会的规定办理再保险，并审慎选择再保险接受人和保险经纪人，选择再保险接受人和保险经纪人应当符合银保监会的有关规定。

第十五条　再保险分出人应当及时将影响再保险定价和分保条件的重要信息向再保险接受人书面告知；再保险合同成立后，再保险分出人应当及时向再保险接受人提供重大赔案信息、赔款准备金等对再保险接受人的偿付能力计算、准备金计提及预期赔付有重大影响的信息。

第十六条　再保险分出人和再保险接受人应加强再保险合同管理，及时完成再保险合同文本或再保险合同简要文本的签订。

第十七条　再保险分出人应按约定及时支付再保险保费，再保险接受人应按约定及时支付赔款。

第十八条　保险人应当建立再保险业务档案管理制度，妥善保管再保险业务合同文本、账单、赔案资料及相关往来文件资料，及时进行电子化处理并存储到相关电子档案管理系统。

第十九条　保险人应建立再保险业务集中度管理制度，对分出业务集中于同一家再保险接受人和与其关联的再保险接受人的情况进行监测和管控，防范信用风险。

除航空航天保险、核保险、石油保险、信用保险外，直接保险公司以比例再保险方式分出财产险直接保险业务时，每一危险单位分给同一家再保险接受人的总比例，不得超过再保险分出人承保直接保险合同保险金额或者责任限额的80%。

第二十条　保险人应当正确识别自身临时分保需求，建立科学合理的临时分保管理制度。保险人承保的业务超过其承保能力和风险承担能力的，应当在承保前完成临时分保安排。

第二十一条　保险人开展境外分出业务的，应当建立境外分出业务监测制度，每半年对分保至境外的再保险业务的信用风险和流动性风险进行分析，及时提出应对措施，保证再保险交易安全。分析报告应当经公司总经理审核确认，妥善保管。

第二十二条　保险人应当建立再保险业务流动性风险管理制度，加强对再保险应收款项的管理，制定重大赔付案件流动性风险处置预案，确保发生重大赔付时及早识别和应对潜在的流动性风险。

第二十三条　保险人在与关联企业进行再保险交易时，应当遵循市场化原则确定再保险价格与条件，不得利用再保险转移利润，逃避税收。保险人应当按有关规定披露再保险关联交易信息。

第二十四条　保险人和保险经纪人可以利用金融工具开发设计新型风险转移产品。保险人应当按照有关规定向银保监会报告。

第二十五条　中国境内的专业再保险接受人，应当配备在中国境内有住所的专职再保险核保人和再保险核赔人。

第二十六条 直接保险公司开展再保险分入业务的,应当满足以下条件:

(一)由总公司统一办理,除银保监会另有规定外,分支机构不得办理再保险分入业务;

(二)设立独立的再保险部门,配备必要的专业人员,上一年分保费收入超过1亿元的,应配置不少于3名独立于直接保险业务的专职人员,上一年分保费收入超过3亿元的,前述专职人员不得少于5名;

(三)建立完整的分入业务管理制度和独立的分入业务信息系统模块,并与财务系统自动对接,实现分入业务与直保业务的独立管理;

(四)制定合理、详细的年度分入业务发展计划。

第三章 再保险经纪业务

第二十七条 保险经纪人从事再保险经纪业务,应恪尽职责,不得损害保险人的信誉和合法权益。

第二十八条 保险经纪人可以根据业务需要引进或者设计再保险合同。

第二十九条 保险经纪人应当按照再保险合同的约定,及时送达账单、结算再保险款项以及履行其他义务,不得挪用或者截留再保险费、摊回赔款、摊回手续费以及摊回费用。

第三十条 保险经纪人应当将再保险接受人的有关信息及时、准确地书面告知再保险分出人。

应再保险接受人的要求,保险经纪人应当按照与再保险分出人的约定,将其知道的再保险分出人的自留责任以及直接保险的有关情况,及时、准确地书面告知再保险接受人。

第三十一条 应再保险分出人或者再保险接受人的要求,保险经纪人应当按照合同约定配合进行赔案的理赔工作。

第四章 监督管理

第三十二条 保险人办理再保险业务,应当按照精算的原理、方法,评估各项准备金,并按照银保监会有关规定准确、足额提取和结转各项准备金。

对于同一笔寿险业务,在有关精算规定责任准备金下,再保险接受人与再保险分出人在评估准备金时,应采用一致的评估方法与假设。

第三十三条 保险人偿付能力报告中涉及再保险业务的内容,应当符合银保监会发布的保险公司偿付能力监管规则的要求。

第三十四条 外国再保险公司分公司的偿付能力应当符合银保监会发布的保险公司偿付能力监管规则等有关制度的要求。外国再保险公司分公司自留保费以其总公司直接授权的额度为限。

第三十五条　保险人应当严格按照本规定对合约分保和临时分保业务进行分类和经营，不得以临时分保名义变相经营合约分保业务。

预约分保等非逐保单约定分保条件的再保险业务属于合约分保业务，应当按合约分保的要求进行管理。

第三十六条　保险公司应按规定向银保监会或其派出机构提交下列材料：

（一）于每年4月30日前，提交上一会计年度再保险经营管理情况：

1. 再保险业务经营情况。

包括分保费收入、分出保费、手续费以及摊回、赔款以及摊回等情况。

直接保险公司还应报送重大保险赔案及其再保险安排、摊回赔款等情况。重大保险赔案是指在一次保险事故中，财产损失赔偿在5000万元以上，或者人身伤亡赔付在3000万元以上的理赔案件。

2. 经总精算师签署的、有关再保险业务的各类准备金提取办法和金额。

3. 除航空航天保险、核保险、石油保险、信用保险外，财产保险公司以比例再保险方式将每一危险单位分给同一家再保险接受人的业务，超过再保险分出人承保直接保险合同部分的保险金额或者责任限额50%的交易情况，以及管理该业务信用风险的相关措施。

4. 巨灾风险安排情况，包括巨灾风险累积、巨灾风险自留额及其确定方式、巨灾风险的再保险分出安排等情况。

5. 再保险保费、赔款的应收、应付情况，包括余额、账龄结构、原因分析等，特别是应收应付账龄超过180天的情况。

（二）于每年6月30日前，提交本会计年度再保险安排有关情况：

1. 财产保险公司的危险单位划分方法及每一危险单位的最大净自留额。

2. 直接保险公司的再保险安排情况，主要包括再保合约的增减、合约分保首席接受人或最大份额接受人的变化等情况。

3. 外国再保险公司分公司的总公司注册地保险监管机构根据当地法律出具的有关其总公司偿付能力状况的意见书或者经营状况意见书，以及总公司对其授权的承保权限和自留保费额度。

第三十七条　保险联合体应当在每年4月30日以前，向银保监会报告上一年度的财务报告、业务分析报告以及与境外再保险交易情况。

第五章　法律责任

第三十八条　保险公司、保险经纪人违反本规定办理再保险业务的，由银保监会及其派出机构责令改正，处以五万元以上三十万元以下罚款；情节严重的，可以限制业务范围、责令停止接受新业务或者吊销业务许可证。

对违反本规定办理再保险业务的行为负有直接责任的主管人员和其他直接责任人员给予警告，并处一万元以上十万元以下的罚款；情节严重的，撤销任职资格。

第三十九条 办理再保险业务违反法律、行政法规的规定，情节严重的，银保监会可以禁止有关责任人员一定期限直至终身进入保险业。

第六章 附 则

第四十条 政策性保险公司办理再保险业务参照适用本规定。不能适用本规定的，政策性保险公司应当在3个月内向银保监会报告有关情况。

第四十一条 鼓励保险公司利用金融基础设施提供的数字化服务，推动再保险业务向线上化、智能化转型发展，提高经营水平和服务质效。

第四十二条 本规定由银保监会负责解释。

第四十三条 本规定自2021年12月1日起施行。《再保险业务管理规定》(中国保险监督管理委员会令2010年第8号)同时废止。

3.《信用保险和保证保险业务监管办法》(银保监办发〔2020〕39号)

第一章 总 则

第一条 本办法所称信用保险和保证保险，是指以履约信用风险为保险标的的保险。信用保险的信用风险主体为履约义务人，投保人、被保险人为权利人；保证保险的投保人为履约义务人，被保险人为权利人。

本办法所称保险公司，是指经银保监会批准设立的财产保险公司；所称专营性保险公司，是指经银保监会批复的直保业务经营范围仅限信用保险、保证保险的财产保险公司。

本办法所称融资性信保业务，是指保险公司为借贷、融资租赁等融资合同的履约信用风险提供保险保障的信保业务。

本办法所称合作机构，是指在营销获客、风险审核、催收追偿等信保业务经营过程中的相关环节，与保险公司开展合作的机构。

第二条 保险公司经营信保业务，应当坚持依法合规、小额分散、风险可控的经营原则。

第二章 经营规则

第三条 保险公司开展信保业务应当遵守偿付能力监管要求，充分考虑偿付能力监管要求对信保业务的资本约束，确保信保业务的发展与公司资本实力、风险管理能力相匹配。

第四条 保险公司经营融资性信保业务的，应当符合以下要求：

（一）最近两个季度末核心偿付能力充足率不低于75%，且综合偿付能力充足率不低于150%。

（二）总公司成立专门负责信保业务的管理部门，并建立完善的组织架构和专业的人才队伍。

（三）建立覆盖保前风险审核、保后监测管理的业务操作系统；具备对履约义务人独立审核的风险管控系统，且需接入中国人民银行征信系统。

通过互联网承保个人融资性信保业务，由总公司集中核保、集中管控，且与具有合法放贷资质的金融机构的业务系统进行数据对接。

（四）具有健全的融资性信保业务管理制度和操作规程。

（五）银保监会规定的其他要求。

第五条　保险公司承保的信保业务自留责任余额累计不得超过上一季度末净资产的10倍。除专营性保险公司外，其他保险公司承保的融资性信保业务自留责任余额累计不得超过上一季度末净资产的4倍，融资性信保业务中承保普惠型小微企业贷款余额占比达到30%以上时，承保倍数上限可提高至6倍。

保险公司承保单个履约义务人及其关联方的自留责任余额不得超过上一季度末净资产的5%。除专营性保险公司外，其他保险公司承保的融资性信保业务单个履约义务人及其关联方自留责任余额不得超过上一季度末净资产的1%。

第六条　保险公司不得承保以下信保业务：

（一）非公开发行的债券业务、公开发行的主体信用评级或债项评级在AA+以下的债券业务（专营性保险公司除外）；

（二）底层履约义务人已发生变更的债权转让业务；

（三）非银行机构发起的资产证券化业务；

（四）金融衍生产品的业务；

（五）保险公司的控股股东、实际控制人、子公司以及其他关联方的资金融入业务；

（六）银保监会禁止承保的其他业务。

第七条　保险公司开展信保业务，不得存在以下经营行为：

（一）承保不会实际发生的损失或损失已确定的业务；

（二）承保融资性信保业务贷（借）款利率超过国家规定上限的业务；

（三）承保融资性信保业务的被保险人为不具有合法融资服务资质的资金方；

（四）以拆分保单期限或保险金额的形式，承保与同一融资合同项下期限或金额不相匹配的业务；

（五）通过保单特别约定或签订补充协议等形式，实质性改变经审批或备案的信保产品；

（六）对同一承保主体的同一保险责任，出具与保险合同的法律效力类似且具有担保性质的函件；

（七）自行或委外开展催收追偿中存在违法违规行为；

（八）银保监会禁止的其他经营行为。

第八条 保险公司通过互联网开展融资性信保业务的，应当按照互联网保险业务监管规定，在官网显著位置对保险产品、保单查询链接、客户投诉渠道、信息安全保障、合作的互联网机构等内容进行披露；同时要求合作的互联网机构在业务网页显著位置对上述内容进行信息披露。

第九条 保险公司经营信保业务，应当谨慎评估风险和运营成本，准确测算风险损失率，并结合履约义务人的实际风险水平和综合承受能力，合理厘定费率。

第三章 内控管理

第十条 保险公司开展信保业务应当由总公司集中管理，分支机构在总公司的统一管理下开展信保业务。开展融资性信保业务的分支机构，应当在销售、核保等重要环节设立专职专岗，不得兼职。

第十一条 保险公司总公司应当配备或聘请具有经济、金融、法律、财务、统计分析等知识背景或具有信用保险、保证保险、融资担保、银行信贷等从业经验的专业人才，并不断加强业务培训和人才培养，提高风险识别能力。

第十二条 保险公司应当建立涵盖信保业务全流程的业务系统，业务系统应具备反欺诈、信用风险评估、信用风险跟踪等实质性审核和监控功能。融资性信保业务系统还应具备还款能力评估、放（还）款资金监测等功能。

第十三条 保险公司应当建立信保业务评估审议及决策机制，确保相关决策可追溯。融资性信保业务的管理制度至少包括核保政策、业务操作规范、产品开发与管理、合作方管理、抵质押物管理及处置、催收追偿、内部人员管理、消费者权益保护等。

第十四条 保险公司应当制定信保业务的承保标准和操作规范。融资性信保业务应当建立承保可回溯管理机制，并按照《中华人民共和国保险法》要求保存相关资料；通过互联网承保的融资性信保业务，应当对投保人身份信息真实性进行验证，完整记录和保存互联网保险销售行为信息，确保记录全面、不可篡改。

第十五条 保险公司应当对融资性信保业务履约义务人的资产真实性、交易真实性、偿债能力、信用记录等进行审慎调查和密切跟踪，防止虚假欺诈行为。保险公司不得将融资性信保业务风险审核和风险监控等核心业务环节外包给合作机构，不得因合作机构提供风险反制措施而放松风险管控。

第十六条 保险公司应当加强对合作机构经营行为的监督管理,由总公司制定统一的合作协议模板,明确双方权利义务;建立健全对合作机构的管理制度,根据不同环节合作机构的特点和风险,在准入、评估、退出、举报投诉等方面提出明确要求。

第十七条 保险公司应当结合信保业务的风险状况,与被保险人建立一定比例的风险共担机制,并在保险合同中明确各方权利义务。

第十八条 保险公司应当在依法合规的前提下与第三方征信机构进行数据对接,并制定数据保密管理制度,不得泄露客户信息,不得利用客户所提供的信息从事任何与保险业务无关或损害投保人、被保险人利益的活动。

第十九条 保险公司应当审慎评估信保业务风险,并建立风险预警机制,针对主要风险类型,设定预警指标和参数,做到早预警、早介入、早处置。

第二十条 保险公司应当按照银保监会关于流动性管理的要求,每半年对信保业务开展压力测试。保险公司开展融资性信保业务的,应当每季度开展压力测试,压力测试应当包括流动性风险、系统性风险、偿付能力风险等方面的内容。

第二十一条 保险公司经营信保业务应当严格按照监管规定,遵循非寿险精算的原理和方法,审慎评估业务风险,并根据评估结果,合理提取和结转相关准备金。

第二十二条 保险公司应当严格按照《中华人民共和国保险法》有关要求,在法律规定及保险合同约定的时效内做出核定、以及赔付或拒赔决定。保险公司应当在信保业务保单中明确全国统一的投诉、理赔电话。

第二十三条 保险公司应当依法合规开展催收追偿工作。对于委外催收的,保险公司应当与催收机构制定业务合作规则,明确双方权利义务,加强对催收机构业务行为管理。

第二十四条 保险公司对信保业务的追偿款确认和计量应当严格按照会计准则相关规定执行,严禁虚增追偿款,影响财务报表的真实性和准确性。同时,保险公司应当至少每季度对追偿款进行回溯评估,确保财务报表真实准确反映相关风险。

第二十五条 保险公司应结合信保业务发展战略和当前的风险状况,制定风险偏好策略,采用定性、定量相结合的方式,确定信保业务的风险容忍度和风险限额,根据公司风险承受能力,进行与之匹配的再保险安排。

第二十六条 保险公司应当建立信保业务突发事件应急预案,明确处置部门及其职责、处置措施和处置程序,及时化解风险,避免发生群体性、区域性事件。同时,应当加强舆论引导,做好正面宣传。

第二十七条 保险公司经营信保业务的,应当将信保业务纳入内部审计范畴。经营融资性信保业务的,应当每年进行内部专项审计。审计内容包括但不限于业务经营成果、制度建设、财务核算、系统建设、风险管控、准备金提取、合法合规等情况。

第四章 监督管理

第二十八条 保险公司应当建立信保业务突发事件报告机制,按照银保监会关于突发事件信息报告要求,报送至银保监会及风险事件所在地银保监局。信保业务突发事件包括但不限于负面舆情较多、可能造成公司偿付能力不足或流动性风险、影响公司或行业声誉的事件及群体性事件等。

第二十九条 经营信保业务的保险公司应于每年 2 月底前向银保监会及属地监管局报告上一年度业务经营情况,包括但不限于以下内容:

(一)信保业务管理制度、组织架构、队伍建设、系统建设等情况;

(二)业务整体经营情况及融资性信保业务经营情况,包括经营成果、赔付情况、承保关联方情况、再保险情况、存在的主要问题及风险、消费者投诉及处理情况、风险处置情况等;

(三)合作机构的相关情况,包括合作机构的管控、合作家数、合作业务领域、合作模式、主要问题及风险、法律纠纷、应对风险措施等;

(四)下一年度信保业务发展规划;

(五)银保监会要求报告的其他情况。

保险公司应于每年 4 月底前将上一年度信保业务审计报告或审计报告中涉及信保业务的内容及年度压力测试报告,报送银保监会及属地监管局。保险公司应按照本办法第二十条的要求,于每半年或每季度后 15 个工作日内将有关信保业务的压力测试报告,报送银保监会及属地监管局。

第三十条 银保监会负责整体信保业务的监督管理及统筹指导风险处置工作。银保监局负责属地机构及辖内分支机构的信保业务监督管理和风险处置工作。保险公司或省级机构首次开办或停办信保业务的,应当自出现上述情况之日起 5 个工作日内向所在地银保监局报告。

第三十一条 保险公司在经营信保业务中,违反本办法相关规定的,银保监会及银保监局可以依法采取监管谈话、限期整改、通报批评等监管措施。

保险公司违反本办法第四条第一项的,银保监会及其派出机构可以依法采取责令停止接受信保新业务的监管措施。

保险公司使用的保险条款和保险费率违反法律、行政法规或监管规定的,银保监会及其派出机构可以依法采取责令停止使用条款费率、限期修改的监管措施;情节严重的,可以在一定期限内禁止申报新的条款费率。

第三十二条　保险公司在经营信保业务过程中，存在以下情形的，银保监会及其派出机构可以责令整改。对于违反《中华人民共和国保险法》有关规定的，依法予以行政处罚。

（一）未按规定办理再保险的；

（二）存在承保第六条所列禁止性业务的；

（三）存在第七条所列经营行为的；

（四）未按第八条规定信息披露的；

（五）未按规定使用经审批或备案的保险条款和费率的；

（六）未按本办法规定报送相关报告的；

（七）违反本办法其他规定的。

第五章　附　　则

第三十三条　政策性保险公司的中长期出口信用保险和海外投资保险业务不适用本办法。政策性保险公司不适用本办法第五条规定。

第三十四条　本办法由银保监会负责解释和修订。银保监会规章和规范性文件另有规定的，从其规定。

第三十五条　本办法自印发之日起生效，《信用保证保险业务监管暂行办法》（保监财险〔2017〕180号）同时废止。

典型案例

1. 长安责任保险股份有限公司违规办理再保险案（中国银行保险监督管理委员会行政处罚决定书，银保监罚决字〔2020〕59号）

【案情】2018年10月至2019年9月，长安责任保险股份有限公司（以下简称长安责任）连续12个月的月末信保业务自留责任余额均超过上季度末净资产10倍，公司未按照监管规定为超出部分办理再保险。期间，长安责任新起期承保信保业务17,229笔，保费收入613.57万元，保险金额492,203.48万元。其中，新起期承保融资类信保业务4302笔，保费266.46万元，保险金额52,250.64万元；新起期承保非融资类信保业务12,927笔，保费347.11万元，保险金额439,952.84万元。承保时，公司未为上述融资类新起期承保业务办理再保险，仅按照2018年6月签订的再保合约为非融资类业务办理了成数溢额再保险。上述行为不符合《信用保证保险业务监管暂行办法》（保监财险〔2017〕180号）①第六条的规定。

---

①　该规定已废止，第六条关于再保险办理的相关规定被《信用保险和保证保险业务监管办法》第二十五条的规定所取代。——编者注

时任长安责任总裁助理兼信保风险管理部总经理高某，分管信保条线工作及信保业务自留责任余额的管控，对上述违法行为负有直接责任。

高某提出申辩，一是其本人对长安责任信保业务自留责任余额超标无主观故意或不作为；二是其本人采取了要求停止新增业务、积极沟通再保险机构落实再保险安排等措施以减轻危害后果，请求减轻或免除处罚。

【认定】中国银保监会认定，上述未按照规定办理再保险的行为违反了《保险法》第一百零五条的规定，同时根据《保险法》第一百六十四条第(四)项的规定，对长安责任罚款30万元。

经复核，中国银保监会认为高某主动采取了一定措施以减轻危害后果，符合《行政处罚法》第二十七条"当事人有下列情形之一的，应当依法从轻或者减轻行政处罚：(一)主动消除或者减轻违法行为危害后果的……"规定。根据《保险法》第一百七十一条的规定，对直接负责的主管人员高某处以警告并罚款5万元。

2. 浙商财产保险股份有限公司违规未办理再保险案(中国保险监督管理委员会行政处罚决定书，保监罚〔2017〕50号)

【案情】2014年，浙商财产保险股份有限公司(以下简称浙商财险)承保2笔保证保险业务，保额均为5.73亿元。根据浙商财险2014年度资产负债表，单一风险单位即每笔私募债占比超过保险法规定实有资本金加公积金总和的10%。时任总经理金某，作为浙商财险信用保证保险领导小组组长，时任战略发展部总经理施某忠、时任市场部总经理助理龚某，作为浙商财险信用保证保险工作小组组长、副组长，对上述违规行为负有直接责任。

【认定】中国保监会认为，浙商财险未按规定办理再保险的行为，违反了《保险法》(2014年修正)第一百零三条①的规定，根据保险法相关规定决定对浙商财险罚款30万元，并责令停止接受保证保险新业务6个月；根据保险法相关规定决定对金某处以警告并罚款6万元，同时撤销其任职资格，对施某忠处以警告并罚款10万元，对龚某处以警告并罚款3万元。

权威解读

再保险的主要功能是分散风险、控制损失，保证保险公司偿付能力充足。在符合相应情形时，保险公司应当遵守国务院保险监督管理机构的有关规定，履行

---

① 2015年4月24日第十二届全国人民代表大会常务委员会第十四次会议作出《关于修改〈中华人民共和国计量法〉等五部法律的决定》，对《保险法》进行第三次修正。经过修正后，《保险法》(2014年修正)第一百零三条内容保留，条文顺序作了相应调整，为现行《保险法》第一百零五条。——编者注

办理再保险的义务，以确保其偿付能力。①

《保险法》第一百零六条　【保险资金的运用】

第一百零六条　保险公司的资金运用必须稳健，遵循安全性原则。

保险公司的资金运用限于下列形式：

（一）银行存款；

（二）买卖债券、股票、证券投资基金份额等有价证券；

（三）投资不动产；

（四）国务院规定的其他资金运用形式。

保险公司资金运用的具体管理办法，由国务院保险监督管理机构依照前两款的规定制定。

相关规定

1.《保险法》

第一百三十九条　保险公司未依照本法规定提取或者结转各项责任准备金，或者未依照本法规定办理再保险，或者严重违反本法关于资金运用的规定的，由保险监督管理机构责令限期改正，并可以责令调整负责人及有关管理人员。

第一百六十四条　违反本法规定，有下列行为之一的，由保险监督管理机构责令改正，处五万元以上三十万元以下的罚款；情节严重的，可以限制其业务范围、责令停止接受新业务或者吊销业务许可证：

……

（五）未按照规定运用保险公司资金的；

……

2.《保险资金运用管理办法》（中国保险监督管理委员会令〔2018〕1号）

第一章　总　　则

第一条　为了规范保险资金运用行为，防范保险资金运用风险，保护保险当事人合法权益，维护保险市场秩序，根据《中华人民共和国保险法》等法律、行政法规，制定本办法。

---

① 参见安建主编：《中华人民共和国保险法（修订）释义》，法律出版社2009年版，第155页。

第二条 在中国境内依法设立的保险集团（控股）公司、保险公司从事保险资金运用活动适用本办法规定。

第三条 本办法所称保险资金，是指保险集团（控股）公司、保险公司以本外币计价的资本金、公积金、未分配利润、各项准备金以及其他资金。

第四条 保险资金运用必须以服务保险业为主要目标，坚持稳健审慎和安全性原则，符合偿付能力监管要求，根据保险资金性质实行资产负债管理和全面风险管理，实现集约化、专业化、规范化和市场化。

保险资金运用应当坚持独立运作。保险集团（控股）公司、保险公司的股东不得违法违规干预保险资金运用工作。

第五条 中国保险监督管理委员会（以下简称中国保监会）依法对保险资金运用活动进行监督管理。

第二章 资金运用形式

第一节 资金运用范围

第六条 保险资金运用限于下列形式：

（一）银行存款；

（二）买卖债券、股票、证券投资基金份额等有价证券；

（三）投资不动产；

（四）投资股权；

（五）国务院规定的其他资金运用形式。

保险资金从事境外投资的，应当符合中国保监会、中国人民银行和国家外汇管理局的相关规定。

第七条 保险资金办理银行存款的，应当选择符合下列条件的商业银行作为存款银行：

（一）资本充足率、净资产和拨备覆盖率等符合监管要求；

（二）治理结构规范、内控体系健全、经营业绩良好；

（三）最近三年未发现重大违法违规行为；

（四）信用等级达到中国保监会规定的标准。

第八条 保险资金投资的债券，应当达到中国保监会认可的信用评级机构评定的、且符合规定要求的信用级别，主要包括政府债券、金融债券、企业（公司）债券、非金融企业债务融资工具以及符合规定的其他债券。

第九条 保险资金投资的股票，主要包括公开发行并上市交易的股票和上市公司向特定对象非公开发行的股票。

保险资金开展股票投资，分为一般股票投资、重大股票投资和上市公司收购等,中国保监会根据不同情形实施差别监管。

保险资金投资全国中小企业股份转让系统挂牌的公司股票,以及以外币认购及交易的股票,由中国保监会另行规定。

第十条　保险资金投资证券投资基金的,其基金管理人应当符合下列条件:

(一)公司治理良好、风险控制机制健全;

(二)依法履行合同,维护投资者合法权益;

(三)设立时间一年(含)以上;

(四)最近三年没有重大违法违规行为;设立未满三年的,自其成立之日起没有重大违法违规行为;

(五)建立有效的证券投资基金和特定客户资产管理业务之间的防火墙机制;

(六)投资团队稳定,历史投资业绩良好,管理资产规模或者基金份额相对稳定。

第十一条　保险资金投资的不动产,是指土地、建筑物以及其他附着于土地上的定着物,具体办法由中国保监会制定。

第十二条　保险资金投资的股权,应当为境内依法设立和注册登记,且未在证券交易所公开上市的股份有限公司和有限责任公司的股权。

第十三条　保险集团(控股)公司、保险公司购置自用不动产、开展上市公司收购或者从事对其他企业实现控股的股权投资,应当使用自有资金。

第十四条　保险集团(控股)公司、保险公司对其他企业实现控股的股权投资,应当满足有关偿付能力监管规定。保险集团(控股)公司的保险子公司不符合中国保监会偿付能力监管要求的,该保险集团(控股)公司不得向非保险类金融企业投资。

实现控股的股权投资应当限于下列企业:

(一)保险类企业,包括保险公司、保险资产管理机构以及保险专业代理机构、保险经纪机构、保险公估机构;

(二)非保险类金融企业;

(三)与保险业务相关的企业。

本办法所称保险资产管理机构,是指经中国保监会同意,依法登记注册,受托管理保险资金等资金的金融机构,包括保险资产管理公司及其子公司、其他专业保险资产管理机构。

第十五条　保险资金可以投资资产证券化产品。

前款所称资产证券化产品,是指金融机构以可特定化的基础资产所产生的现金流为偿付支持,通过结构化等方式进行信用增级,在此基础上发行的金融产品。

第十六条 保险资金可以投资创业投资基金等私募基金。

前款所称创业投资基金是指依法设立并由符合条件的基金管理机构管理，主要投资创业企业普通股或者依法可转换为普通股的优先股、可转换债券等权益的股权投资基金。

第十七条 保险资金可以投资设立不动产、基础设施、养老等专业保险资产管理机构，专业保险资产管理机构可以设立符合条件的保险私募基金，具体办法由中国保监会制定。

第十八条 除中国保监会另有规定以外，保险集团（控股）公司、保险公司从事保险资金运用，不得有下列行为：

（一）存款于非银行金融机构；

（二）买入被交易所实行“特别处理”“警示存在终止上市风险的特别处理”的股票；

（三）投资不符合国家产业政策的企业股权和不动产；

（四）直接从事房地产开发建设；

（五）将保险资金运用形成的投资资产用于向他人提供担保或者发放贷款，个人保单质押贷款除外；

（六）中国保监会禁止的其他投资行为。

第十九条 保险集团（控股）公司、保险公司从事保险资金运用应当符合中国保监会比例监管要求，具体规定由中国保监会另行制定。

中国保监会根据保险资金运用实际情况，可以对保险资产的分类、品种以及相关比例等进行调整。

第二十条 投资连结保险产品和非寿险非预定收益投资型保险产品的资金运用，应当在资产隔离、资产配置、投资管理等环节，独立于其他保险产品资金，具体办法由中国保监会制定。

第二节 资金运用模式

第二十一条 保险集团（控股）公司、保险公司应当按照“集中管理、统一配置、专业运作”的要求，实行保险资金的集约化、专业化管理。

保险资金应当由法人机构统一管理和运用，分支机构不得从事保险资金运用业务。

第二十二条 保险集团（控股）公司、保险公司应当选择符合条件的商业银行等专业机构，实施保险资金运用第三方托管和监督，具体办法由中国保监会制定。

托管的保险资产独立于托管机构固有资产，并独立于托管机构托管的其他资产。托管机构因依法解散、被依法撤销或者被依法宣告破产等原因进行清算的，托管资产不属于其清算财产。

第二十三条　托管机构从事保险资金托管的,主要职责包括:

(一)保险资金的保管、清算交割和资产估值;

(二)监督投资行为;

(三)向有关当事人披露信息;

(四)依法保守商业秘密;

(五)法律、行政法规、中国保监会规定和合同约定的其他职责。

第二十四条　托管机构从事保险资金托管,不得有下列行为:

(一)挪用托管资金;

(二)混合管理托管资金和自有资金或者混合管理不同托管账户资金;

(三)利用托管资金及其相关信息谋取非法利益;

(四)其他违法行为。

第二十五条　保险集团(控股)公司、保险公司、保险资产管理机构开展保险资金运用业务,应当具备相应的投资管理能力。

第二十六条　保险集团(控股)公司、保险公司根据投资管理能力和风险管理能力,可以按照相关监管规定自行投资或者委托符合条件的投资管理人作为受托人进行投资。

本办法所称投资管理人,是指依法设立的,符合中国保监会规定的保险资产管理机构、证券公司、证券资产管理公司、证券投资基金管理公司等专业投资管理机构。

第二十七条　保险集团(控股)公司、保险公司委托投资管理人投资的,应当订立书面合同,约定双方权利与义务,确保委托人、受托人、托管人三方职责各自独立。

保险集团(控股)公司、保险公司应当履行制定资产战略配置指引、选择受托人、监督受托人执行情况、评估受托人投资绩效等职责。

受托人应当执行委托人资产配置指引,根据保险资金特性构建投资组合,公平对待不同资金。

第二十八条　保险集团(控股)公司、保险公司委托投资管理人投资的,不得有下列行为:

(一)妨碍、干预受托人正常履行职责;

(二)要求受托人提供其他委托机构信息;

(三)要求受托人提供最低投资收益保证;

(四)非法转移保险利润或者进行其他不正当利益输送;

（五）其他违法行为。

第二十九条 投资管理人受托管理保险资金的，不得有下列行为：

（一）违反合同约定投资；

（二）不公平对待不同资金；

（三）混合管理自有、受托资金或者不同委托机构资金；

（四）挪用受托资金；

（五）向委托机构提供最低投资收益承诺；

（六）以保险资金及其投资形成的资产为他人设定担保；

（七）将受托资金转委托；

（八）为委托机构提供通道服务；

（九）其他违法行为。

第三十条 保险资产管理机构根据中国保监会相关规定，可以将保险资金运用范围内的投资品种作为基础资产，开展保险资产管理产品业务。

保险集团（控股）公司、保险公司委托投资或者购买保险资产管理产品，保险资产管理机构应当根据合同约定，及时向有关当事人披露资金投向、投资管理、资金托管、风险管理和重大突发事件等信息，并保证披露信息的真实、准确和完整。

保险资产管理机构应当根据受托资产规模、资产类别、产品风险特征、投资业绩等因素，按照市场化原则，以合同方式与委托或者投资机构，约定管理费收入计提标准和支付方式。

保险资产管理产品业务，是指由保险资产管理机构作为发行人和管理人，向保险集团（控股）公司、保险公司、保险资产管理机构以及其他合格投资者发售产品份额，募集资金，并选聘商业银行等专业机构为托管人，为投资人利益开展的投资管理活动。

第三十一条 保险资产管理机构开展保险资产管理产品业务，应当在中国保监会认可的资产登记交易平台进行发行、登记、托管、交易、结算、信息披露以及相关信用增进和抵质押融资等业务。

保险资金投资保险资产管理产品以外的其他金融产品，金融产品信息应当在中国保监会认可的资产登记交易平台进行登记和披露，具体操作参照保险资产管理产品的相关规定执行。

前款所称其他金融产品是指商业银行、信托公司、证券公司、证券投资基金管理公司等金融机构依照相关法律、行政法规发行，符合中国保监会规定的金融产品。

第三章　决策运行机制

第一节　组织结构与职责

第三十二条　保险集团(控股)公司、保险公司应当建立健全公司治理,在公司章程和相关制度中明确规定股东(大)会、董事会、监事会和经营管理层的保险资金运用职责,实现保险资金运用决策权、运营权、监督权相互分离,相互制衡。

第三十三条　保险资金运用实行董事会负责制。保险公司董事会应当对资产配置和投资政策、风险控制、合规管理承担最终责任,主要履行下列职责:

(一)审定保险资金运用管理制度;

(二)确定保险资金运用管理方式;

(三)审定投资决策程序和授权机制;

(四)审定资产战略配置规划、年度资产配置计划及相关调整方案;

(五)决定重大投资事项;

(六)审定新投资品种的投资策略和运作方案;

(七)建立资金运用绩效考核制度;

(八)其他相关职责。

董事会应当设立具有投资决策、资产负债管理和风险管理等相应职能的专业委员会。

第三十四条　保险集团(控股)公司、保险公司决定委托投资,以及投资无担保债券、股票、股权和不动产等重大保险资金运用事项,应当经董事会审议通过。

第三十五条　保险集团(控股)公司、保险公司经营管理层根据董事会授权,应当履行下列职责:

(一)负责保险资金运用的日常运营和管理工作;

(二)建立保险资金运用与财务、精算、产品和风险控制等部门之间的沟通协商机制;

(三)审议资产管理部门拟定的保险资产战略配置规划和年度资产配置计划及相关调整方案,并提交董事会审定;

(四)组织实施经董事会审定的资产战略配置规划和年度资产配置计划;

(五)控制和管理保险资金运用风险;

(六)其他相关职责。

第三十六条　保险集团(控股)公司、保险公司应当设置专门的保险资产管理部门,并独立于财务、精算、风险控制等其他业务部门,履行下列职责:

(一)拟定保险资金运用管理制度;

(二)拟定资产战略配置规划和年度资产配置计划及相关调整方案;

（三）执行资产战略配置规划和年度资产配置计划；

（四）实施保险资金运用风险管理措施；

（五）其他相关职责。

保险集团（控股）公司、保险公司自行投资的，保险资产管理部门应当负责日常投资和交易管理；委托投资的，保险资产管理部门应当履行监督投资行为和评估投资业绩等委托人职责。

第三十七条 保险集团（控股）公司、保险公司的保险资产管理部门应当在投资研究、资产清算、风险控制、业绩评估、相关保障等环节设置岗位，建立防火墙体系，实现专业化、规范化、程序化运作。

保险集团（控股）公司、保险公司自行投资的，保险资产管理部门应当设置投资、交易等与资金运用业务直接相关的岗位。

第三十八条 保险集团（控股）公司、保险公司风险管理部门以及具有相应管理职能的部门，应当履行下列职责：

（一）拟定保险资金运用风险管理制度；

（二）审核和监控保险资金运用合法合规性；

（三）识别、评估、跟踪、控制和管理保险资金运用风险；

（四）定期报告保险资金运用风险管理状况；

（五）其他相关职责。

第三十九条 保险资产管理机构应当设立首席风险管理执行官。

首席风险管理执行官为公司高级管理人员，负责组织和指导保险资产管理机构风险管理，履职范围应当包括保险资产管理机构运作的所有业务环节，独立向董事会、中国保监会报告有关情况，提出防范和化解重大风险建议。

首席风险管理执行官不得主管投资管理。如需更换，应当于更换前至少 5 个工作日向中国保监会书面说明理由和其履职情况。

第二节 资金运用流程

第四十条 保险集团（控股）公司、保险公司应当建立健全保险资金运用的管理制度和内部控制机制，明确各个环节、有关岗位的衔接方式及操作标准，严格分离前、中、后台岗位责任，定期检查和评估制度执行情况，做到权责分明、相对独立和相互制衡。相关制度包括但不限于：

（一）资产配置相关制度；

（二）投资研究、决策和授权制度；

（三）交易和结算管理制度；

（四）绩效评估和考核制度；

（五）信息系统管理制度；

（六）风险管理制度等。

第四十一条 保险集团（控股）公司、保险公司应当以独立法人为单位，统筹境内境外两个市场，综合偿付能力约束、外部环境、风险偏好和监管要求等因素，分析保险资金成本、现金流和期限等负债指标，选择配置具有相应风险收益特征、期限及流动性的资产。

第四十二条 保险集团（控股）公司、保险公司应当建立专业化分析平台，并利用外部研究成果，研究制定涵盖交易对手管理和投资品种选择的模型和制度，实时跟踪并分析市场变化，为保险资金运用决策提供依据。

第四十三条 保险集团（控股）公司、保险公司应当建立健全相对集中、分级管理、权责统一的投资决策和授权制度，明确授权方式、权限、标准、程序、时效和责任，并对授权情况进行检查和逐级问责。

第四十四条 保险集团（控股）公司、保险公司应当建立和完善公平交易机制，有效控制相关人员操作风险和道德风险，防范交易系统的技术安全疏漏，确保交易行为的合规性、公平性和有效性。公平交易机制至少应当包括以下内容：

（一）实行集中交易制度，严格隔离投资决策与交易执行；

（二）构建符合相关要求的集中交易监测系统、预警系统和反馈系统；

（三）建立完善的交易记录制度；

（四）在账户设置、研究支持、资源分配、人员管理等环节公平对待不同资金等。

保险集团（控股）公司、保险公司开展证券投资业务，应当遵守证券行业相关法律法规，建立健全风险隔离机制，实行相关从业人员本人及直系亲属投资信息申报制度，切实防范内幕交易、利用未公开信息交易、利益输送等违法违规行为。

第四十五条 保险集团（控股）公司、保险公司应当建立以资产负债管理为核心的绩效评估体系和评估标准，定期开展保险资金运用绩效评估和归因分析，推进长期投资、价值投资和分散化投资，实现保险资金运用总体目标。

第四十六条 保险集团（控股）公司、保险公司应当建立保险资金运用信息管理系统，减少或者消除人为操纵因素，自动识别、预警报告和管理控制资产管理风险，确保实时掌握风险状况。

信息管理系统应当设定合规性和风险指标阀值，将风险监控的各项要素固化到相关信息技术系统之中，降低操作风险、防止道德风险。

信息管理系统应当建立全面风险管理数据库，收集和整合市场基础资料，记录保险资金管理和投资交易的原始数据，保证信息平台共享。

第四章　风 险 管 控

第四十七条　保险集团(控股)公司、保险公司应当建立全面覆盖、全程监控、全员参与的保险资金运用风险管理组织体系和运行机制,改进风险管理技术和信息技术系统,通过管理系统和稽核审计等手段,分类、识别、量化和评估各类风险,防范和化解风险。

第四十八条　保险集团(控股)公司、保险公司应当管理和控制资产负债错配风险,以偿付能力约束和保险产品负债特性为基础,加强成本收益管理、期限管理和风险预算,确定保险资金运用风险限额,采用缺口分析、敏感性和情景测试等方法,评估和管理资产错配风险。

第四十九条　保险集团(控股)公司、保险公司应当管理和控制流动性风险,根据保险业务特点和风险偏好,测试不同状况下可以承受的流动性风险水平和自身风险承受能力,制定流动性风险管理策略、政策和程序,防范流动性风险。

第五十条　保险集团(控股)公司、保险公司应当管理和控制市场风险,评估和管理利率风险、汇率风险以及金融市场波动风险,建立有效的市场风险评估和管理机制,实行市场风险限额管理。

第五十一条　保险集团(控股)公司、保险公司应当管理和控制信用风险,建立信用风险管理制度,及时跟踪评估信用风险,跟踪分析持仓信用品种和交易对手,定期组织回测检验。

第五十二条　保险集团(控股)公司、保险公司应当加强同业拆借、债券回购和融资融券业务管理,严格控制融资规模和使用杠杆,禁止投机或者用短期拆借资金投资高风险和流动性差的资产。保险资金参与衍生产品交易,仅限于对冲风险,不得用于投机,具体办法由中国保监会制定。

第五十三条　保险集团(控股)公司、保险公司、保险资产管理机构开展投资业务或者资产管理产品业务,应当建立风险责任人制度,明确相应的风险责任人,具体办法由中国保监会制定。

第五十四条　保险集团(控股)公司、保险公司应当建立内部稽核和外部审计制度。

保险集团(控股)公司、保险公司应当每年至少进行一次保险资金运用内部稽核。

保险集团(控股)公司、保险公司应当聘请符合条件的外部专业审计机构,对保险资金运用内部控制情况进行年度专项审计。

上述内部稽核和年度审计的结果应当向中国保监会报告。具体办法由中国保监会制定。

第五十五条　保险集团(控股)公司、保险公司主管投资的高级管理人员、保险资金运用部门负责人和重要岗位人员离任前应当进行离任审计,审计结果应当向中国保监会报告。

第五十六条　保险集团(控股)公司、保险公司应当建立保险资金运用风险处置机制,制定应急预案,及时控制和化解风险隐患。投资资产发生大幅贬值或者出现债权不能清偿的,应当制定处置方案,并及时报告中国保监会。

第五十七条　保险集团(控股)公司、保险公司应当确保风险管控相关岗位和人员具有履行职责所需知情权和查询权,有权查阅、询问所有与保险资金运用业务相关的数据、资料和细节,并列席与保险资金运用相关的会议。

第五十八条　保险集团(控股)公司、保险公司的保险资金运用行为涉及关联交易的,应当遵守法律、行政法规、国家会计制度,以及中国保监会的有关监管规定。

第五章　监 督 管 理

第五十九条　中国保监会对保险资金运用的监督管理,采取现场监管与非现场监管相结合的方式。

中国保监会可以授权其派出机构行使保险资金运用监管职权。

第六十条　中国保监会应当根据公司治理结构、偿付能力、投资管理能力和风险管理能力,按照内控与合规计分等有关监管规则,对保险集团(控股)公司、保险公司保险资金运用实行分类监管、持续监管、风险监测和动态评估。

中国保监会应当强化对保险公司的资本约束,确定保险资金运用风险监管指标体系,并根据评估结果,采取相应监管措施,防范和化解风险。

第六十一条　保险集团(控股)公司、保险公司分管投资的高级管理人员、保险资产管理公司的董事、监事、高级管理人员,应当在任职前取得中国保监会核准的任职资格。

保险集团(控股)公司、保险公司的首席投资官由分管投资的高级管理人员担任。

保险集团(控股)公司、保险公司的首席投资官和资产管理部门主要负责人应当在任命后10个工作日内,由任职机构向中国保监会报告。

第六十二条　保险集团(控股)公司、保险公司的重大股权投资,应当报中国保监会核准。

重大股权投资的具体办法由中国保监会另行制定。

第六十三条　保险资产管理机构发行或者发起设立的保险资产管理产品,实行核准、备案或注册管理。

注册不对保险资产管理产品的投资价值以及风险作实质性判断。

第六十四条 中国保监会有权要求保险集团(控股)公司、保险公司提供报告、报表、文件和资料。

提交报告、报表、文件和资料,应当及时、真实、准确、完整。

第六十五条 保险集团(控股)公司、保险公司应当依法披露保险资金运用的相关信息。保险集团(控股)公司、保险公司的股东(大)会、董事会的重大投资决议,应当在决议作出后5个工作日内向中国保监会报告,中国保监会另有规定的除外。

第六十六条 中国保监会有权要求保险集团(控股)公司、保险公司将保险资金运用的有关数据与中国保监会的监管信息系统动态连接。

保险集团(控股)公司、保险公司应当按照中国保监会规定,及时、准确、完整地向中国保监会的监管信息系统报送相关数据。

第六十七条 保险集团(控股)公司和保险公司违反本办法规定,存在以下情形之一的,中国保监会可以限制其资金运用的形式和比例:

(一)偿付能力状况不符合中国保监会要求的;

(二)公司治理存在重大风险的;

(三)资金运用违反关联交易有关规定的。

第六十八条 保险集团(控股)公司、保险公司违反资金运用形式和比例有关规定的,由中国保监会责令限期改正。

第六十九条 中国保监会有权对保险集团(控股)公司、保险公司的董事、监事、高级管理人员和保险资产管理部门负责人进行监管谈话,要求其就保险资金运用情况、风险控制、内部管理等有关重大事项作出说明。

第七十条 保险集团(控股)公司、保险公司严重违反资金运用有关规定的,中国保监会可以责令调整负责人及有关管理人员。

第七十一条 保险集团(控股)公司、保险公司严重违反保险资金运用有关规定,被责令限期改正逾期未改正的,中国保监会可以决定选派有关人员组成整顿组,对公司进行整顿。

第七十二条 保险集团(控股)公司、保险公司违反本办法规定运用保险资金的,由中国保监会依法予以罚款、限制业务范围、责令停止接受新业务或者吊销业务许可证等行政处罚,对相关责任人员依法予以警告、罚款、撤销任职资格、禁止进入保险业等行政处罚。

受到行政处罚的,保险集团(控股)公司、保险公司应当对相关责任人员进行内部责任追究。

第七十三条 保险资金运用的其他当事人在参与保险资金运用活动中,违反有关法律、行政法规和本办法规定的,中国保监会应当记录其不良行为,并将有关情况通报其行业主管部门;情节严重的,中国保监会可以通报保险集团(控股)公司、保险公司3年内不得与其从事相关业务,并商有关监管部门依法给予行政处罚。

第七十四条 中国保监会工作人员滥用职权、玩忽职守,或者泄露所知悉的有关单位和人员的商业秘密的,依法追究法律责任。

第六章 附 则

第七十五条 保险资产管理机构以及其他投资管理人管理运用保险资金参照本办法执行。

第七十六条 中国保监会对保险集团(控股)公司、自保公司以及其他类型保险机构的资金运用另有规定的,从其规定。

第七十七条 本办法由中国保监会负责解释和修订。

第七十八条 本办法自2018年4月1日起施行。中国保监会2010年7月30日发布的《保险资金运用管理暂行办法》(保监会令2010年第9号)、2014年4月4日发布的《中国保险监督管理委员会关于修改〈保险资金运用管理暂行办法〉的决定》(保监会令2014年第3号)同时废止。

3.《中国银行保险监督管理委员会关于优化保险机构投资管理能力监管有关事项的通知》(银保监发〔2020〕45号)

各保险集团(控股)公司、保险公司、保险资产管理公司:

为持续推进简政放权,进一步深化保险资金运用市场化改革,根据《保险资金运用管理办法》(中国保险监督管理委员会令2018年第1号)及相关规定,现就优化保险集团(控股)公司、保险公司和保险资产管理公司(以下统称保险机构)投资管理能力监管有关事项通知如下:

一、投资管理能力是保险机构开展债券、股票、股权、不动产等投资管理业务的前提和基础。保险机构自行或受托开展各类投资管理业务,应具备相应的投资管理能力。

二、保险机构投资管理能力包括以下七类:(1)信用风险管理能力;(2)股票投资管理能力;(3)股权投资管理能力;(4)不动产投资管理能力;(5)衍生品运用管理能力;(6)债权投资计划产品管理能力;(7)股权投资计划产品管理能力。

其中,(1)至(5)项适用于保险集团(控股)公司和保险公司,(1)、(2)、(5)、(6)、(7)项适用于保险资产管理机构。

保险资产管理机构具备债权投资计划产品管理能力的,可以提供不动产投资咨询服务和技术支持;具备股权投资计划产品管理能力的,可以提供股权投资咨询服务和技术支持。

保险机构购置自用性不动产、投资保险类企业股权、设立从事专项资产管理业务的子公司,应当按照有关监管规定履行相应程序,不作投资管理能力要求。

三、保险机构投资管理能力的管理监督,以公司自评估、信息披露和持续监管相结合的方式实施。

四、保险机构开展相关投资管理业务前,应当对照本通知规定的投资管理能力标准,做好调研论证、自评估和信息披露工作,确保人员资质、制度建设、系统建设等符合能力标准。

五、保险机构董事会履行审计职责的专业委员会应至少每年就保险机构投资管理能力建设情况进行审核,并向董事会提出意见和改进建议。保险机构的合规管理部门具体负责投资管理能力的合规评估工作。

六、保险机构应当持续加强投资管理能力建设,动态评估各项投资管理能力达标及合规情况,严禁在不符合投资管理能力标准的情况下新增相关投资管理业务。

对于投资管理能力不能持续满足监管要求等情形,保险机构应当制定投资管理能力重大事项变动应对预案。

七、对于每一项投资管理能力,保险机构均应当明确至少 2 名风险责任人,其中包括 1 名行政责任人和 1 名专业责任人。风险责任人的资质条件、管理要求等按照有关监管规定执行。

八、保险集团(控股)公司、保险公司应当在公司及中国保险行业协会官方网站上主动、及时披露投资管理能力建设及自评估情况。

保险资产管理机构应当在公司及中国保险资产管理业协会官方网站上主动、及时披露投资管理能力建设及自评估情况。

九、保险机构公开披露的投资管理能力建设及自评估内容,应涵盖相关能力标准的各项要素。涉及人员资质的,应逐一列明专业人员的具体资质、从业经历等;涉及制度建设的,应逐条列出相应制度名称、发文字号;涉及流程机制的,应清晰列明总体框架及各环节分工、管理规则名称及责任人信息;涉及信息系统建设的,应列明系统名称、主要功能等信息。

保险机构应当按照保险资金运用信息披露相关准则的格式和内容要求,做好各项投资管理能力风险责任人的信息披露,披露频次、方式等按照投资管理能力信息披露要求执行。

十、保险机构投资管理能力信息披露包括首次披露、半年度披露和重大事项披露。

十一、保险机构首次开展相关投资管理业务的,应当至少提前10日公开披露相应投资管理能力建设及自评估情况。首次开展相关衍生品交易的,还应当至少提前15日将自评估情况报告银保监会。

十二、保险机构应当至少每半年对各项投资管理能力建设合规情况进行自评估,并分别于每年1月31日和7月31日前公开披露投资管理能力建设及自评估情况。

十三、保险机构出现投资团队主要人员变动、主要制度流程变更、系统重大故障异常、其他突发事件或不可抗力情形,导致投资管理能力不符合能力标准的,应当于发生变动后10日内将相关情况报告银保监会,并进行公开披露。

十四、保险机构聘请独立第三方审计机构开展外部审计工作时,应当将投资管理能力建设、自评估及信息披露等情况纳入审计,并将审计情况作为保险资金运用内部控制年度专项审计报告的部分内容,按规定报告银保监会。

十五、银保监会通过非现场监测和现场调查、检查等方式,对保险机构投资管理能力建设和自评估情况进行持续跟踪监管。

十六、中国保险行业协会、中国保险资产管理业协会应当在银保监会指导下,加强保险机构投资管理能力信息披露自律管理,发现保险机构信息披露不及时、内容不完整等问题的,应及时上报银保监会。

十七、保险机构出现信息披露不及时、不真实、不准确、不完整等情形的,银保监会将采取监管谈话、下发风险提示函等监管措施责令限期改正。保险机构逾期未改正,或存在编造提供虚假信息、不具备投资管理能力而开展相应投资业务、未履行信息披露和报告程序开展相关投资业务、在投资管理能力未持续符合要求的情况下新增相关投资等情形的,银保监会将依法依规予以行政处罚。

十八、保险机构相关风险责任人应当积极履行管理职责,落实岗位责任制度,加强投资风险管理。对履职不到位且违反有关监管规定的风险责任人,银保监会将依法追究其责任。

十九、保险机构开展相关投资管理业务,除满足本通知规定的能力标准外,还应当遵守银保监会的其他监管规定。

二十、本通知发布前已取得相关投资管理能力备案的保险机构,可以继续开展相应投资业务,免于履行相关投资管理能力首次披露程序。相关保险机构应当按照本通知规定持续加强投资管理能力建设,开展投资管理能力自评估、半年度披露和重大事项披露等工作。

二十一、本通知所称的"日"是指自然日,"半年""年度"均指自然年度。

二十二、《关于加强资产管理能力建设的通知》(保监发〔2009〕40 号)、《关于加强和改进保险机构投资管理能力建设有关事项的通知》(保监发〔2013〕10 号)以及《关于保险资金投资股权和不动产有关问题的通知》(保监发〔2012〕59 号)中“明确事项”第 1 条第二款,自本通知自发布之日起废止。

保险机构投资股权和不动产有关规定与本通知内容不一致的,以本通知为准。

4.《中国银行保险监督管理委员会关于保险资金财务性股权投资有关事项的通知》(银保监发〔2020〕54 号)

各保险集团(控股)公司、保险公司、保险资产管理公司:

为规范保险资金直接投资未上市企业股权行为,加大保险资金对各类企业的股权融资支持力度,依据《中华人民共和国保险法》《保险资金运用管理办法》《保险资金投资股权暂行办法》及相关规定,现就保险资金财务性股权投资有关事项通知如下:

一、本通知所称财务性股权投资是指保险集团(控股)公司、保险公司和保险资产管理公司(以下统称保险机构)以出资人名义投资并持有未上市企业股权,且按照企业会计准则的相关规定,保险机构及其关联方对该企业不构成控制或共同控制的直接股权投资行为。

二、保险资金开展财务性股权投资,可在符合安全性、流动性和收益性条件下,综合考虑偿付能力、风险偏好、投资预算、资产负债等因素,依法依规自主选择投资企业的行业范围。

三、保险资金开展财务性股权投资,所投资的标的企业应当依法登记设立且具有法人资格。标的企业所属产业应当处于成长期、成熟期或者为战略性新兴产业,或者具有明确的上市意向及较高的并购价值。

四、保险资金开展财务性股权投资,所投资的标的企业不得存在以下情形:

(一)不具有稳定现金流回报预期和确定的分红制度,或者不具有市场、技术、资源、竞争优势和资产增值价值;

(二)最近三年发生重大违约事件;

(三)面临或出现核心管理及业务人员大量流失、目标市场或者核心业务竞争力丧失等重大不利变化;

(四)控股股东或高级管理人员最近三年受到行政或监管机构重大处罚,或者被纳入失信被执行人名单;

(五)涉及巨额民事赔偿、重大法律纠纷,或者股权权属存在严重法律瑕疵或重大风险隐患,可能导致权属争议、权限落空或受损;

（六）与保险机构聘请的投资咨询、法律服务、财务审计和资产评估等专业服务机构存在关联关系；

（七）所属行业或领域不符合宏观政策导向及宏观政策调控方向，或者被列为产业政策禁止准入、限制投资类名单，或者对保险机构构成潜在声誉风险；

（八）高污染、高耗能、未达到国家节能和环保标准、产能过剩、技术附加值较低；

（九）直接从事房地产开发建设，包括开发或者销售商业住宅；

（十）银保监会规定的其他审慎性条件。

保险资金投资市场化、法治化债转股项目，可不受本条第（一）（二）项的限制。

五、保险机构开展财务性股权投资，可以运用自有资金和与投资资产期限相匹配的责任准备金。

本条所称自有资金，指保险机构本级实收资本、资本公积、盈余公积、未分配利润及其他自有资金。

六、保险机构开展财务性股权投资，应当符合银保监会规定的直接投资股权有关资质条件，加强股权投资能力建设，完善内部控制流程，采取有效措施防范操作风险和道德风险，不得进行内幕交易、利益输送等损害保险机构利益的行为。

七、保险机构应当建立完善财务性股权投资基本制度，明确拟投资企业的行业范围和主要条件，加强项目论证和风险管控，并报经董事会、经营管理层或其授权机构批准。

八、保险机构应当按照银保监会关于非重大股权投资的监管要求，履行财务性股权投资报告程序。保险机构违反规定开展投资的，银保监会将责令限期改正，依据相关规定采取限制股权投资行业范围、责令调整负责人及有关管理人员等监管措施；情节严重的，将依法对相关机构和人员给予行政处罚。

九、保险机构投资金融机构股权，金融监管部门另有规定的从其规定。

十、《保险资金投资股权暂行办法》（保监发〔2010〕79 号）、《关于保险资金投资股权和不动产有关问题的通知》（保监发〔2012〕59 号）、《保险资金境外投资管理暂行办法实施细则》（保监发〔2012〕93 号）关于保险资金直接股权投资行业范围的条款，自本通知发布之日起停止执行。

5.《中国银行保险监督管理委员会关于保险资金投资有关金融产品的通知》（银保监规〔2022〕7 号）

为进一步优化保险资产配置结构，提升保险资金服务实体经济质效，防范投资风险，根据《中华人民共和国保险法》、《保险资金运用管理办法》（中国保险监

督管理委员会令 2018 年第 1 号)及相关规定,现就保险资金投资金融产品有关事项通知如下:

一、本通知所称金融产品是指商业银行或理财公司、信托公司、金融资产投资公司、证券公司、证券资产管理公司、证券投资基金管理公司等金融机构依法发行的资产管理产品和资产证券化产品,包括理财产品、集合资金信托、债转股投资计划、信贷资产支持证券、资产支持专项计划、单一资产管理计划和银保监会认可的其他产品。

二、保险集团(控股)公司、保险公司和保险资产管理公司(以下统称保险机构)投资金融产品的,应当具备相应的投资管理能力;产品管理人应当公司治理完善,市场信誉良好,经营审慎稳健,具有良好的投资业绩和守法合规记录;产品投资方向应当符合国家宏观政策、产业政策和金融管理部门规定。

三、保险集团(控股)公司和保险公司应当根据负债特性、风险偏好等约束条件,科学制定金融产品配置计划,履行相应内部审核程序,合理确定投资品种、投资规模、期限结构、信用分布和流动性安排。

保险集团(控股)公司和保险公司可以根据投资管理能力和风险管理能力,自行投资或者委托保险资产管理公司投资金融产品,但不得委托保险资产管理公司投资单一资产管理计划和面向单一投资者发行的私募理财产品。

保险资产管理公司受托投资金融产品,应当承担尽职调查、风险评估、投资决策和实施、投后管理等主动管理责任。

四、保险集团(控股)公司和保险公司投资金融产品的,应当符合以下条件:

(一)上季度末综合偿付能力充足率不得低于 120%。

(二)经公司董事会或者董事会授权机构批准,建立金融产品投资决策与授权机制。

(三)具有完善的金融产品投资业务流程、风险管理体系、内部管理制度和责任追究制度。

(四)资产管理部门合理设置金融产品投资岗位,并配备专业人员。

(五)建立资产托管机制,资金管理规范透明。

五、保险资金投资理财产品,应当符合以下要求:

(一)保险机构具备信用风险管理能力。

(二)理财产品管理人为商业银行的,该商业银行上一会计年度末经审计的净资产不得低于 300 亿元人民币,或者已经在境内外交易所主板上市;理财产品管理人为理财公司的,该理财公司的注册资本不得低于 30 亿元人民币。

(三)理财产品的投资范围限于境内市场的逆回购协议、银行存款、债权类资产等银保监会认可的资产，投资品种属于保险资金运用范围；产品可以运用金融衍生产品对冲或规避风险。

（四）保险集团（控股）公司和保险公司投资面向单一投资者发行的私募理财产品，应当按照穿透原则将基础资产分别纳入相应投资比例进行管理。保险集团（控股）公司和保险公司投资的其他理财产品纳入其他金融资产投资比例管理。

六、保险资金投资集合资金信托，应当符合以下要求：

（一）保险机构投资基础资产为非标准化债权类资产的集合资金信托的，应当具备信用风险管理能力；投资基础资产为非上市权益类资产的集合资金信托的，应当按照穿透原则具备股权投资管理能力、不动产投资管理能力或股权投资计划产品管理能力、债权投资计划产品管理能力。

（二）符合《中国银保监会办公厅关于保险资金投资集合资金信托有关事项的通知》（银保监办发〔2019〕144 号）要求。

（三）集合资金信托纳入其他金融资产投资比例管理。其中，基础资产为非上市权益类资产的集合资金信托，应当同时纳入权益类资产或不动产类资产投资比例管理。

七、保险资金投资债转股投资计划，应当符合以下要求：

（一）保险机构具备股权投资管理能力或股权投资计划产品管理能力。

（二）债转股投资计划的投资范围限于市场化债转股资产、合同约定的存款（包括大额存单）、标准化债权类资产等银保监会认可的资产。

（三）保险机构投资同一债转股投资计划的金额不得高于该产品规模的50%，保险机构及其关联方投资同一债转股投资计划的金额合计不得高于该产品规模的80%。

（四）债转股投资计划纳入其他金融资产投资比例管理。其中，投资权益类资产比例不低于80%的债转股投资计划，应当同时纳入权益类资产投资比例管理。

八、保险资金投资信贷资产支持证券，应当符合以下要求：

（一）保险机构具备信用风险管理能力。

（二）担任发起机构的商业银行上一会计年度末经审计的净资产不得低于300 亿元人民币，或者已经在境内外交易所主板上市。

（三）入池基础资产限于五级分类为正常类的贷款。

（四）信贷资产支持证券纳入其他金融资产投资比例管理。

九、保险资金投资资产支持专项计划，应当符合以下要求：

（一）保险机构具备信用风险管理能力。

（二）担任管理人的证券公司上一会计年度末经审计的净资产不得低于 30 亿

元人民币，证券资产管理公司上一会计年度末经审计的净资产不得低于10亿元人民币。

（三）资产支持专项计划纳入其他金融资产投资比例管理。

十、保险集团（控股）公司和保险公司投资单一资产管理计划，应当符合以下要求：

（一）担任管理人的证券公司、证券资产管理公司、证券投资基金管理公司应当具备以下条件：

1. 公司治理完善，操作流程、内控机制、风险管理及审计体系、公平交易和风险隔离机制健全，具有国家金融管理部门认可的资产管理业务资质。

2. 具有稳定的过往投资业绩，配备15名以上具有相关资质和投资经验的专业人员。其中，具有3年以上投资经验的人员不少于10名，具有5年以上投资经验的人员不少于5名。

3. 取得私募资产管理业务资格3年以上。

4. 最近连续5个季度末私募资产管理业务主动管理资产余额100亿元人民币以上，或者集合资产管理业务主动管理资产余额50亿元人民币以上。

（二）单一资产管理计划的投资范围限于境内市场的逆回购协议、银行存款、标准化债权类资产、上市公司股票、证券投资基金等银保监会认可的资产，投资品种属于保险资金运用范围；产品可以运用金融衍生产品对冲或规避风险。

（三）保险集团（控股）公司和保险公司投资单一资产管理计划，应当按照穿透原则将基础资产分别纳入相应投资比例进行管理。

十一、保险集团（控股）公司和保险公司投资单一资产管理计划和面向单一投资者发行的私募理财产品，应当履行以下程序：

（一）制定投资管理人选聘标准和流程，综合考虑风险、成本和收益等因素，通过市场化方式合理确定投资管理人。

（二）与投资管理人签订资产管理合同，载明当事人权利义务、关键人员变动、利益冲突处理、风险管理、信息披露、异常情况处置、资产退出安排以及责任追究等事项。

（三）根据公司资产配置计划，审慎制定投资指引，合理确定投资范围、投资目标、投资期限和投资限制等要素；定期或者不定期审核投资指引，并作出适当调整。

十二、保险机构自行或受托投资金融产品，应当评估产品管理人的信用状况、经营管理水平、投资管理能力和风险管理能力，关注产品交易结构、基础资产状况和信用增级安排，有效管理信用风险、市场风险、流动性风险、操作风险和法律风险。

十三、保险机构自行或受托投资金融产品，应当明确投后管理责任和管理流程，配备专业的投后管理人员，持续跟踪产品管理运作，定期评估投资风险，适时调整投资限额、风险限额和止损限额，维护资产安全。

有关金融产品发生违约等重大投资风险的，保险机构应当采取有效措施管理相关风险，根据审慎原则及时计提减值准备，真实反映资产价值，并按规定向银保监会报告。

十四、保险机构投资金融产品，不得与当事人开展利益输送、利益转移等不当交易行为，不得通过关联交易或者其他方式侵害公司或者被保险人利益。

保险机构不得投资结构化金融产品的劣后级份额，以公司自身所持资产或资产收益权为基础资产的结构化金融产品除外。

十五、保险机构应当按照监管规定，定期向银保监会指定的信息登记平台报送投资金融产品相关信息。保险集团（控股）公司和保险公司应当将投资金融产品情况纳入季度和年度资金运用情况报告，内容包括投资及合规情况、风险管理状况、涉及的关联交易以及银保监会规定的其他审慎性内容。

十六、保险机构违反本通知规定投资金融产品的，银保监会将责令限期改正，并依法采取监管措施或实施行政处罚。

十七、本通知中“以上”均含本数。

《中国保监会关于保险资金投资有关金融产品的通知》（保监发〔2012〕91 号）和《中国银保监会办公厅关于保险资金投资债转股投资计划有关事项的通知》（银保监办发〔2020〕82 号）同时废止。

6.《中国银保监会办公厅关于印发组合类保险资产管理产品实施细则等三个文件的通知》（银保监办发〔2020〕85 号）

为规范保险资产管理产品业务发展，强化风险管控，维护投资者合法权益，依据《关于规范金融机构资产管理业务的指导意见》《保险资金运用管理办法》《保险资产管理产品管理暂行办法》等相关规定，银保监会制定了《组合类保险资产管理产品实施细则》《债权投资计划实施细则》和《股权投资计划实施细则》。现印发给你们，请遵照执行。

组合类保险资产管理产品实施细则

第一条　为规范组合类保险资产管理产品业务，强化风险管控，维护投资者合法权益，依据《关于规范金融机构资产管理业务的指导意见》（以下简称《指导意见》）、《保险资金运用管理办法》《保险资产管理产品管理暂行办法》（以下简称《产品办法》）等相关规定，制定本细则。

第二条 本细则所称组合类保险资产管理产品（以下简称组合类产品），是指保险资产管理机构面向合格投资者非公开发行、以组合方式进行投资运作的保险资产管理产品。

第三条 保险资产管理机构开展组合类产品业务，应当符合下列条件：

（一）具有一年（含）以上受托投资经验；

（二）具备信用风险管理能力、股票投资管理能力和衍生品运用管理能力；

（三）明确2名业务风险责任人，包括行政责任人和专业责任人，其履职要求等参照银保监会相关规定执行；

（四）设立专门的组合类产品业务管理部门或专业团队，且该部门或专业团队人员不少于5名，其中产品研发设计和管理等相关人员应当具备必要的专业知识、行业经验和管理能力；

（五）建立健全组合类产品业务制度，明确产品设计、投资决策、授权管理等相关流程，制定并实施相应的风险管理政策和程序；

（六）最近三年无重大违法违规行为，设立未满三年的，自其成立之日起无重大违法违规行为；

（七）银保监会要求的其他条件。

第四条 组合类产品可以投资以下资产：

（一）银行存款、大额存单、同业存单；

（二）债券等标准化债权类资产；

（三）上市或挂牌交易的股票；

（四）公募证券投资基金；

（五）保险资产管理产品；

（六）资产支持计划和保险私募基金；

（七）银保监会认可的其他资产。

保险资金投资的组合类产品，应当符合保险资金运用的相关规定。非保险资金投资的组合类产品投资范围由合同约定，应当符合《产品办法》相关规定。组合类产品参与衍生品交易，仅限于对冲或规避风险，不得用于投机目的。

第五条 组合类产品所投资资产的集中度应当符合《指导意见》相关规定。

第六条 保险资产管理机构对组合类产品应当实行净值化管理。金融资产的估值和产品净值的生成应当符合《企业会计准则》《指导意见》等相关规定。

货币市场类组合类产品在严格监管的前提下，暂按照“摊余成本+影子定价”方法进行估值。现金管理类理财产品规则施行后，货币市场类组合类产品的估值方法和投资管理等参照同类产品的要求执行。

第七条 保险资产管理机构和代理销售机构应当向投资者充分披露信息和揭示风险,销售过程中以及产品销售材料不得有下列情形:

(一)虚假记载、误导性陈述或重大遗漏;

(二)误导投资者购买与其风险承受能力不相匹配的组合类产品;

(三)预测投资业绩或宣传产品预期收益率;

(四)向投资者违规承诺收益和承担损失;

(五)夸大或者片面宣传管理人、投资经理及其管理的组合类产品的过往业绩;

(六)恶意诋毁、贬低其他机构或产品;

(七)银保监会规定禁止的其他情形。

保险资产管理机构和代理销售机构向自然人投资者销售组合类产品,应当参照《商业银行理财业务监督管理办法》等制度对同类产品的销售要求进行管理。

第八条 保险资产管理机构应当于组合类产品设立前2个工作日在中保保险资产登记交易系统有限公司等银保监会认可的资产登记交易平台(以下简称登记交易平台)进行产品登记,取得登记编码。

登记交易平台仅对登记材料的完备性和合规性进行查验,不对产品的投资价值和风险作实质性判断。

第九条 保险资产管理机构应当按月向登记交易平台报送组合类产品的基本信息、投资明细、产品资产负债表和投资者信息,并按要求定期报送产品募集信息、分红信息、终止信息、风险准备金计提和使用情况等。

第十条 保险资产管理机构应当于每年4月30日前向银保监会提交上一年度组合类产品业务管理报告,内容包括产品规模与投资明细、发行与清算、收益分配、费用收支、投资经理履职及任免、公平交易制度执行和异常交易行为等情况。

第十一条 组合类产品运作期间,保险资产管理机构应当按照以下要求,向投资者充分披露产品相关信息:

(一)封闭式产品的净值披露频率不少于每周一次,开放式产品的净值披露频率不低于产品开放频率;

(二)按照产品合同约定披露销售文件、发行公告、到期公告和清算结果;

(三)定期披露组合类产品的季度、半年度和年度报告,组合类产品成立不足90日或者剩余存续期不足90日的,保险资产管理机构可以不编制组合类产品当期的季度、半年度和年度报告。

第十二条 保险资产管理机构应当建立健全组合类产品业务的内部控制体系,完善内部控制措施,按规定开展内外部审计并提高审计的有效性,持续督促提升业务经营、风险管理、内控合规水平。

第十三条 登记交易平台应当在银保监会的指导下,制定组合类产品信息登记规则以及数据报送规范,建立风险监测和报告机制,并接受银保监会的业务指导和监督。

登记交易平台应当按照《指导意见》要求,及时向人民银行报送相关统计信息。

第十四条 保险资产管理机构开展组合类产品业务,不得有以下行为:

(一)让渡主动管理职责,为其他机构或个人提供规避监管要求的通道服务;

(二)开展或参与具有滚动发行、集合运作、分离定价特征的资金池业务;

(三)违反真实公允确定净值原则,按照事先约定的预期收益率向投资者兑付本金及收益,或对产品进行保本保收益等构成实质上刚性兑付的行为;

(四)分级组合类产品投资于其他分级资产管理产品,或者直接或间接对优先级份额投资者提供保本保收益安排;

(五)以投资顾问形式进行转委托,转委托按实质重于形式的原则认定;

(六)以任何形式进行违规关联交易、利益输送、内幕交易或不公平交易;

(七)法律、行政法规以及银保监会规定禁止的其他行为。

第十五条 银保监会根据保险资产管理机构的监管评级,对保险资产管理机构发行的组合类产品的投资范围和销售对象实施差异化监管。

第十六条 保险资产管理机构开展组合类产品业务过程中违反法律、行政法规以及本细则的,银保监会将记录其不良行为并责令整改;情节严重的,将依法依规采取暂停开展组合类产品业务等监管措施。

第十七条 本细则由银保监会负责解释。

第十八条 本细则自印发之日起施行。《中国保监会关于保险资产管理公司开展资产管理产品业务试点有关问题的通知》(保监资金〔2013〕124 号)、《中国保监会关于加强组合类保险资产管理产品业务监管的通知》(保监资金〔2016〕104 号)和《中国保监会关于保险资产管理产品参与融资融券债权收益权业务有关问题的通知》(保监资金〔2015〕114 号)同时废止。

债权投资计划实施细则

第一条 为规范债权投资计划业务,强化风险管控,维护投资者合法权益,依据《关于规范金融机构资产管理业务的指导意见》(以下简称《指导意见》)、《保险资金运用管理办法》《保险资金间接投资基础设施项目管理办法》《保险资产管理产品管理暂行办法》(以下简称《产品办法》)等相关规定,制定本细则。

第二条 本细则所称债权投资计划,是指保险资产管理机构作为受托人面向委托人发行受益凭证，募集资金以债权方式主要投资基础设施、非基础设施类不动产等符合国家政策的项目，并按照约定条件和实际投资收益情况向投资者支付收益、不保证本金支付和收益水平的保险资产管理产品。

本细则所称委托人是指符合《产品办法》规定的合格机构投资者。

第三条　保险资产管理机构开展债权投资计划业务，应当符合下列条件：

（一）具有一年（含）以上受托投资经验；

（二）具备债权投资计划产品管理能力；

（三）最近三年无重大违法违规行为，设立未满三年的，自其成立之日起无重大违法违规行为；

（四）银保监会要求的其他条件。

第四条　保险资产管理机构应当以资金安全为前提，审慎选择融资主体。融资主体应当为项目方或其母公司（实际控制人），且具备持续经营能力和良好发展前景、具有或预计能够产生稳定可靠的收入和现金流、财务情况和信用状况良好、最近两年无违约等不良信用记录、与保险资产管理机构不存在关联关系。

第五条　债权投资计划的资金应当投资于一个或者同类型的一组投资项目。投资项目应当符合国家宏观政策、产业政策和相关规定，履行项目立项、开发、建设、运营等法定程序，项目资本金符合国家有关资本金制度的规定，且还款来源明确合法、真实可靠。

投资项目为一组项目的，其子项目应当分别开立财务账户并确定对应资产，不得相互占用资金。

投资项目为非基础设施类不动产的，还应当符合保险资金投资不动产的相关监管规定。

第六条　债权投资计划投资基础设施项目的，在还款保障措施完善的前提下，可以使用不超过40%的募集资金用于补充融资主体的营运资金。

第七条　保险资产管理机构设立债权投资计划，应当确定有效的信用增级安排，并符合下列要求：

（一）信用增级方式与融资主体还款来源相互独立。

（二）信用增级采用以下方式或其组合：

1. 设置保证担保的，应当为本息全额无条件不可撤销连带责任保证担保，同时符合以下条件：担保人信用等级不低于被担保人信用等级，担保行为履行全部合法程序；同一担保人全部对外担保金额占其净资产的比例不超过50%，中债信用增进投资股份有限公司除外；由融资主体母公司或实际控制人提供担保的，担保人净资产不得低于融资主体净资产的1.5倍。

2. 设置抵押或质押担保的,担保财产应当权属清晰,质押担保办理出质登记,抵押担保办理抵押物登记,经评估的担保财产价值不低于待偿还本金和收益的1.5倍。

3. 银保监会认可的其他合法有效的信用增级方式。

(三)融资主体信用等级为AAA级,且符合下列条件之一的债权投资计划,可免于信用增级:融资主体上年末净资产不低于150亿元,或者融资主体最近三年连续盈利,或者投资项目为经国务院或国务院投资主管部门核准的重大工程。

第八条 保险资产管理机构设立债权投资计划,应当开展尽职调查和可行性研究,科学设定交易结构,充分评估相关风险,严格履行各项程序,独立开展评审和决策,并聘请具备相应资质的专业服务机构对设立债权投资计划的合法合规性、信用级别等作出明确判断和结论。

第九条 保险资产管理机构应当于债权投资计划发行前5个工作日在中国保险资产管理业协会等银保监会认可的注册机构(以下简称注册机构)进行产品登记。保险资产管理机构应当按照监管规定以及登记要求报送登记材料,报送的登记材料应当真实、完备、规范。

注册机构仅对登记材料的完备性和合规性进行查验,不对产品的投资价值和风险作实质性判断。

注册机构应当按照监管规定和经备案的登记规则办理债权投资计划登记工作,建立风险监测和报告机制,并接受银保监会的业务指导和监督。

第十条 保险资产管理机构应当于债权投资计划依规履行登记程序后12个月内完成资金划拨;分期划拨资金的,最后一次资金划拨不得晚于登记完成之日起24个月。

第十一条 保险资产管理机构应当制定债权投资计划财务管理制度,确定会计核算方法、账务处理原则,合理计量公允价值。债权投资计划的估值应当符合《企业会计准则》《指导意见》等相关规定。

第十二条 保险资产管理机构应当切实履行受托人职责,建立与投资发行分离的专职投后管理团队和完善的投后管理体系,完善风险预警管理机制和风险事件应急处理预案。

保险资产管理机构应当跟踪管理和持续监测融资主体、信用增级和投资项目等,强化内部信用评级管理,有效评估融资主体资信状况、还款能力和信用增级安排的效力,及时掌握资金划拨使用和投资项目建设运营情况,形成内部定期报告机制,全程跟踪管理债权投资计划的投资风险。

债权投资计划的抵质押资产价值下降或发生变现风险,影响债权投资计划财产安全的，保险资产管理机构应当及时制定应对方案，提交债权投资计划受益人大会审议后启动止损机制，采取减少投资计划本金、增加担保主体或追加合法足值抵质押品等措施，确保担保足额有效。

第十三条 保险资产管理机构管理债权投资计划，除按照《保险资金间接投资基础设施项目管理办法》第八章规定披露信息外，还应当定期披露经审计的融资主体和担保人年度财务报告、债权投资计划涉及的关联交易和专业服务机构履行职责等情况。信息披露规则由注册机构另行制定。

第十四条 保险资产管理机构开展债权投资计划业务，不得有以下行为：

（一）收取或变相收取与发起设立和履行职责无关的费用；

（二）进行公开营销宣传，推介材料含有与债权投资计划文件不符的内容，或者存在虚假记载、误导性陈述或重大遗漏等；

（三）采用压低费率、打折或者变相打折等手段实施恶性竞争，夸大过往业绩，或者恶意贬低同行，将债权投资计划与其他资产管理产品进行捆绑销售；

（四）以任何方式保证债权投资计划本金或承诺债权投资计划收益，包括采取滚动发行等方式使得债权投资计划的本金、收益、风险在不同投资者之间发生转移，实现产品保本保收益；

（五）将债权投资计划资金投资于国家以及监管部门明令禁止或者限制投资的行业或产业；

（六）将债权投资计划资金挪用于本细则或债权投资计划合同约定之外的其他用途；

（七）与相关当事人发生涉及利益输送、利益转移或获取超出受托职责以外额外利益的交易行为，利用债权投资计划的资金与关联方进行不正当交易、利益输送等；

（八）投资商业住宅项目；

（九）法律、行政法规以及银保监会规定禁止的其他行为。

第十五条 债权投资计划存续期间发生异常、重大或突发等风险事件或可能影响债权投资计划安全的其他事件，保险资产管理机构应当立即采取有效措施，启动风险处置预案，并在5个工作日内向受益人、独立监督人等相关当事人和银保监会、注册机构履行信息披露或报告义务。

第十六条 保险资产管理机构开展债权投资计划业务过程中违反法律、行政法规以及本细则的，银保监会将记录其不良行为并责令整改；情节严重的，将依法依规采取暂停开展债权投资计划业务等监管措施。

第十七条 本细则由银保监会负责解释。

第十八条 本细则自印发之日起施行。《关于印发〈基础设施债权投资计划管理暂行规定〉的通知》（保监发〔2012〕92 号）、《关于保险资金投资有关金融产品的通知》（保监发〔2012〕91 号）第六条、《关于债权投资计划注册有关事项的通知》（保监资金〔2013〕93 号）和《中国保监会关于债权投资计划投资重大工程有关事项的通知》（保监资金〔2017〕135 号）同时废止。有关规定与本细则不一致的，以本细则为准。

股权投资计划实施细则

第一条 为规范股权投资计划业务，强化风险管控，维护投资者合法权益，依据《关于规范金融机构资产管理业务的指导意见》（以下简称《指导意见》）、《保险资金运用管理办法》《保险资产管理产品管理暂行办法》等相关规定，制定本细则。

第二条 本细则所称股权投资计划，是指保险资产管理机构作为管理人发起设立、向合格机构投资者募集资金、通过直接或间接方式主要投资于未上市企业股权的保险资产管理产品。

第三条 保险资产管理机构开展股权投资计划业务，应当符合下列条件：

（一）具有一年（含）以上受托投资经验；

（二）具备股权投资计划产品管理能力；

（三）最近三年无重大违法违规行为，设立未满三年的，自其成立之日起无重大违法违规行为；

（四）银保监会要求的其他条件。

第四条 股权投资计划可以投资以下资产：

（一）未上市企业股权；

（二）私募股权投资基金、创业投资基金（以下统称基金）；

（三）上市公司定向增发、大宗交易、协议转让的股票，以及可转换为普通股的优先股、可转换债券；

（四）银保监会认可的其他资产。

保险资金投资的股权投资计划，其投资运作还应当符合保险资金运用的相关规定。

第五条 股权投资计划投资基金的，基金的分级比例（优先级份额/劣后级份额，中间级份额计入优先级份额）不得超过 1∶1；股权投资计划所投金额不得超过该基金当前实际募集金额的 80%。股权投资计划投资于未上市企业股权等权益类资产的比例不低于 80%。

股权投资计划不得投资劣后级基金份额。分级股权投资计划不得投资分级的基金。

第六条 股权投资计划应当为封闭式产品，并在投资合同、募集说明书等法律文件中对标的资产的退出机制作出相应安排。标的资产的退出日不得晚于股权投资计划的到期日。

第七条 保险资产管理机构应当于股权投资计划发行前5个工作日在中国保险资产管理业协会等银保监会认可的注册机构（以下简称注册机构）进行产品登记。保险资产管理机构应当按照监管规定以及登记要求报送登记材料，报送的登记材料应当真实、完备、规范。

注册机构仅对登记材料的完备性和合规性进行查验，不对产品的投资价值和风险作实质性判断。

注册机构应当按照监管规定和经备案的登记规则办理股权投资计划登记工作，建立风险监测和报告机制，并接受银保监会的业务指导和监督。

第八条 保险资产管理机构应当在股权投资计划募集发行、投资、运营管理、退出、清算等阶段，按照经备案的信息报送规则向注册机构报送相关信息。

第九条 保险资产管理机构应当于每年4月30日前，向银保监会提交上一年度股权投资计划管理报告和经审计的财务会计报告。年度管理报告内容包括规模与投资明细、发行与清算、资产管理和运作、投资标的估值和变动、费用收支和收益分配、投资管理团队履职和任免、关联交易说明、重大突发事件和处置等情况。

第十条 股权投资计划运作期间，保险资产管理机构应当按照监管规定以及合同约定向投资者及时、充分披露股权投资计划发行设立、投资、管理、估值、收益分配、重大事项和风险事件等情况，以及可能影响投资者权益的其他信息。

第十一条 保险资产管理机构应当制定股权投资计划财务管理制度，确定会计核算方法、账务处理原则，合理计量公允价值。股权投资计划的估值应当符合《企业会计准则》《指导意见》等相关规定。

第十二条 保险资产管理机构应当加强股权投资计划的后续管理，通过关键岗位人员委派、制度安排、合同约定、交易结构设计等多种方式，维护投资者合法权益。

第十三条 股权投资计划存续期间发生异常、重大或突发等风险事件可能影响股权投资计划安全的，保险资产管理机构应当立即采取有效措施进行风险处置，并及时向银保监会、注册机构报告相关情况。

第十四条 股权投资计划各方当事人不得存在以下情形：

（一）保险资金通过股权投资计划对未上市企业实施控制；

（二）通过关联交易、股东代持、虚假出资、不公平交易等手段进行利益输送；

（三）保险资产管理机构让渡主动管理职责，直接或变相开展通道业务；

（四）保险资产管理机构采取各种方式承诺保障本金和投资收益，包括设置明确的预期回报且定期向投资者支付固定投资回报、约定到期由被投资企业或关联第三方赎回投资本金等；

（五）股权投资计划投资的私募股权投资基金违反《指导意见》一层嵌套的有关规定，法律法规和金融管理部门另有规定的除外；

（六）法律、行政法规以及银保监会规定禁止的其他情形。

第十五条 保险资产管理机构开展股权投资计划业务过程中违反法律、行政法规以及本细则的，银保监会将记录其不良行为并责令整改；情节严重的，将依法依规采取暂停开展股权投资计划业务等监管措施。

第十六条 本细则由银保监会负责解释。

第十七条 本细则自印发之日起施行。《中国保监会关于保险资金设立股权投资计划有关事项的通知》（保监资金〔2017〕282 号）和《关于印发〈保险资金设立股权投资计划报告要件及要点〉监管口径的通知》（资金部函〔2016〕440 号）同时废止。

7.《中国银保监会办公厅关于调整保险资金投资债券信用评级要求等有关事项的通知》（银保监办发〔2021〕118 号）

为规范保险资金债券投资行为，防范资金运用风险，根据《保险资金运用管理办法》（中国保险监督管理委员会令 2018 年第 1 号）等监管规定，经银保监会同意，现就调整保险资金投资债券信用评级要求等有关事项通知如下：

一、保险资金投资的金融企业（公司）债券，包括金融机构在全国银行间债券市场、证券交易所市场发行的债券和国际开发机构发行的债券。

前款所称金融机构指在中华人民共和国境内，经人民银行、银保监会及其派出机构和证监会批准并依法设立的金融机构。

保险资金投资的金融企业（公司）债券，其发行人应当公司治理良好，经营审慎稳健，具有良好的守法合规记录，相关监管指标符合国务院金融监督管理机构的规定。

二、保险资金投资的非金融企业（公司）债券，其外部信用评级应满足以下要求：

（一）保险公司上季末综合偿付能力充足率为 200%（含）以上且具备（或受托人具备）信用风险管理能力的，取消对所投资非金融企业（公司）债券的外部信用评级要求。

（二）保险公司上季末综合偿付能力充足率为 120%（含）以上且具备（或受托

人具备）信用风险管理能力的，投资的非金融企业（公司）债券的主体和债项，应具有国内信用评级机构评定的BBB级（含）或相当于BBB级以上的信用级别。

（三）存在下列情形之一的，投资的非金融企业（公司）债券应具有国内信用评级机构评定的AA级（含）或相当于AA级以上的信用级别，其发行人应具有国内信用评级机构评定的A级（含）或相当于A级以上的信用级别：

1. 不满足（一）或（二）所述条件；

2. 存在重大风险隐患或被银保监会列为重点监管对象；

3. 被依法托管或接管；

4. 银保监会规定的其他情形。

三、保险公司投资单一国内信用评级机构评定的BBB级（含）信用评级以下的企业（公司）债券账面余额，不得超过该债券当期发行规模的10%；保险公司投资同一发行人发行的国内信用评级机构评定的BBB级（含）信用评级以下的企业（公司）债券账面余额，合计不得超过该发行人上一会计年度经审计净资产的20%。

各保险集团（控股）公司应加强公司整体信用风险管控，本着审慎原则，合理设置保险集团及其保险子公司合并计算的前述比例。

四、保险公司投资的企业（公司）债券，应当按照发行人对其债务工具或权益工具的分类，相应确认为固定收益类资产或权益类资产，并纳入相应监管比例管理。

五、保险机构开展债券投资应切实履行机构主体责任，加强信用风险管理能力建设，完善内部评级等风险控制体系，审慎投资，自担风险。

六、保险资金投资开发银行和政策性银行发行的债券按照《保险资金投资债券暂行办法》（保监发〔2012〕58号）执行。

《保险资金投资债券暂行办法》（保监发〔2012〕58号）第九条、第十条第（一）（二）（三）款不再执行。

8.《中国银保监会办公厅关于保险资金参与证券出借业务有关事项的通知》（银保监办发〔2021〕121号）

为规范保险资金参与境内外证券出借业务行为，有效防范业务风险，根据《保险资金运用管理办法》《保险资金境外投资管理暂行办法》等规定，经银保监会同意，现就保险资金参与证券出借业务有关事项通知如下：

一、保险资金参与证券出借业务是指保险集团（控股）公司、保险公司和保险资产管理公司（以下统称保险机构）将保险资金运用形成的证券以一定费率向证券借入人出借，借入人按期归还所借证券及相应权益补偿并支付借券费用的业务。证券出借业务包括境内转融通证券出借、境内债券出借、境外证券出借等监管认可的业务。

保险集团(控股)公司和保险公司可以直接参与证券出借业务,也可以委托保险资产管理公司参与证券出借业务。

二、保险机构参与证券出借业务应当遵守国务院金融管理部门、银行间市场和证券交易所市场以及业务所在国家或地区的法律法规、监管规定、自律规则,按照审慎经营原则,加强内部控制,有效管理和防范风险,切实维护资产安全。

三、保险机构决定参与证券出借业务应当经董事会审议通过,并形成书面决议。

保险资产管理公司参与证券出借业务,应当履行尽职调查、投资决策和实施、投后管理、风险管理、事后报告等主动管理责任。

四、参与证券出借业务的保险机构应当具备以下条件:

(一)保险集团(控股)公司和保险公司上季末综合偿付能力充足率不低于120%,风险综合评级不低于B类,最近一年资产负债管理能力评估结果不低于60分;

(二)保险资产管理公司最近一年监管评级结果不低于C类;

(三)具有良好的公司治理,以及健全的证券出借业务操作流程、内部控制和风险管理制度;

(四)参与股票出借业务的保险机构应当具备股票投资管理能力且持续符合监管要求;

(五)参与债券出借业务的保险机构应当具备信用风险管理能力且持续符合监管要求。

保险集团(控股)公司和保险公司委托保险资产管理公司参与证券出借业务的,不受前款第(四)(五)项的限制。

五、保险机构通过约定申报方式参与境内转融通证券出借业务的,借券证券公司上一会计年度末经审计的净资产不得低于60亿元人民币、最近一年分类监管评级不得低于A类。

六、保险机构参与境内债券出借业务,应当选择符合条件的证券公司和商业银行作为债券借入人,并实施严格的准入管理。

借入人为证券公司的,其上一会计年度末经审计的净资产不得低于60亿元人民币,最近一年分类监管评级不得低于A类;借入人为商业银行的,其上一会计年度末经审计的净资产不得低于100亿元人民币,或者其已在境内外交易所主板上市。

七、保险机构参与境外证券出借业务，应当对境外证券借入人实施严格的准入管理。借入人应当为金融机构，并具备下列条件：

（一）业务经验丰富，开展证券借贷业务不低于8年；

（二）财务状况稳健，上一会计年度末经审计的净资产不低于300亿元人民币或等值可自由兑换货币；

（三）资信状况良好，长期信用评级不低于国际公认评级机构评定的A级或相应评级；

（四）风险指标符合所在国家或地区监管规定。

八、保险集团（控股）公司和保险公司单只证券出借数量合计不得超过其持有该证券总量的50%。

组合类保险资产管理产品单只证券出借数量不得超过其持有该证券总量的50%，同时应当合理管控出借证券剩余期限。

九、保险机构参与境内债券出借和境外证券出借业务，应当要求证券借入人提供有价证券作为担保物。

保险机构应当选择符合保险资金投资范围的担保物，并根据担保物的风险特征和流动性水平约定相应的担保比例。担保物市值不得低于已出借证券市值的102%。

保险机构应当对担保物的资信情况、违约风险等进行审慎估值，并持续监测担保物的价值变动。当实际担保比例低于合同约定时，保险机构应当要求借入人及时补足。当借入人发生违约时，保险机构有权根据有关法律规定和合同约定，保留或处置担保物以满足索赔需要。

十、保险机构应当按照《企业会计准则》确认和计量参与证券出借业务的相关资产和负债。出借证券应纳入保险资金运用大类资产比例管理，出借期限超过20个交易日的证券不得纳入流动性监测比例计算。

十一、保险机构应当加强证券出借业务的风险识别、计量、评估与管理，定期对流动性风险、信用风险、市场风险和交易对手集中度风险等进行压力测试，对交易额度实施动态管理和调整，合理审慎确定证券出借范围、期限和比例，确保业务平稳有序开展。

十二、保险机构应当将出借的证券纳入托管范围，与托管人签订托管合同，约定各方在资金划拨、资金清算、会计核算、担保物存管等环节的权利和义务，建立健全资产安全保障机制。

十三、保险机构应当加强证券出借业务的关联交易管理，严格遵守保险资金关联交易监管规定，按照市场公平合理价格执行，不得从事利益输送及其他不正当交易。

十四、保险集团(控股)公司和保险公司应当将保险资金参与证券出借业务情况纳入季度资金运用情况报告,保险资产管理公司应当将组合类保险资产管理产品参与证券出借业务情况纳入年度组合类产品业务管理报告,报告内容包括证券出借规模、出借比例、担保水平、风险评估等。

保险机构参与证券出借业务过程中,发生借入人违约等重大风险事件的,应当采取有效措施,控制相关风险,并及时向银保监会报告。

十五、保险机构违反银保监会有关规定参与证券出借业务的,由银保监会责令限期改正,并依法采取监管措施或实施行政处罚。

其他专业机构违反有关规定参与证券出借业务的,银保监会将记录其不良行为,并将有关情况通报其行业主管部门。

十六、由保险集团(控股)公司或保险公司投资,管理人为证券公司、证券资产管理公司或证券投资基金管理公司的单一资产管理计划等参与证券出借业务,适用本通知。

政策性保险公司不适用本通知。

典型案例

1. 珠江人寿保险股份有限公司违规运用保险资金案(中国银行保险监督管理委员会行政处罚决定书,银保监罚决字〔2021〕3号)

【案情】珠江人寿在保险资金运用上存在以下违法行为:

一、项目子公司融资借款超过监管比例规定。2017年5月至9月,珠江人寿向大连万达商业地产股份有限公司收购大同万达房地产开发有限公司、益阳万达广场投资有限公司、成都崇州万达广场置业有限公司、平顶山万达广场投资有限公司四个项目子公司100%的股权,并约定由珠江人寿向项目子公司提供股东借款。四个项目预计投资总额分别为7.84亿元、8.59亿元、7.01亿元和8.82亿元,截至2019年6月30日项目实际融资借款金额合计分别为4.32亿元、4.48亿元、3.96亿元和4.27亿元,融资规模占项目投资总额的比例分别为55.15%、52.16%、56.48%和48.37%,不符合《关于保险资金投资股权和不动产有关问题的通知》(保监发〔2012〕59号)第二项第4条关于融资规模不超过项目投资总额的40%的监管规定。

时任珠江人寿不动产投资部总经理张某某是上述投资项目的专业责任人,负责对上述不动产投资项目进行审核;时任珠江人寿总经理胡国萍是上述投资项目的行政责任人,对项目合法合规性承担主要责任。张某某、胡某某对该违法行为负有直接责任。

二、保险资金违规用于缴纳项目竞拍保证金。2019年4月，珠江人寿向宁波安宸基金投资5亿元，用于开发广州新瑶投资有限公司的增城新围项目，约定用途为支付土地出让价款及工程建设款。实际过程中，珠江人寿投资金额5亿元经多次流转，扣除各流转银行账户原有余额后，仍有3.37亿元资金流入广东珠江投资股份有限公司账户，用于新塘镇群星村经济联合社项目竞拍保证金。珠江人寿进行上述投资过程中，未详细核查资金用途，未能有效防范和纠正资金用途与约定用途不一致情况。保险资金用于缴纳项目竞拍保证金不符合《保险资金投资不动产暂行办法》（保监发〔2010〕80号）第十二条的规定，持有不动产相关金融产品期间未严格履行职责、投后管理不到位违反了该暂行办法第二十三条的规定。

时任珠江人寿不动产投资部总经理张某某负责对上述不动产投资项目的审核和后期运营情况的监督；时任珠江人寿总经理胡某某是上述投资项目的行政责任人，对项目合法合规性承担主要责任。张某某、胡某某对该违法行为负有直接责任。

三、关联方长期占用保险资金。截至2019年6月30日，珠江人寿涉及股东关联方的7个项目应收利息共计90笔，金额合计9.44亿元，其中10笔应收利息账龄达1年以上，金额合计1.13亿元。截至检查日，珠江人寿投资于宁波安昌基金、首泰仁基金的2笔项目投资资金合计18亿元，被股东关联方无偿占用超过2年。珠江人寿未针对此类资金占用问题建立相应的制度机制，未就投资本金、利息、罚息、违约金等归还事项与有关各方签订明确协议，也未就推动款项回收采取其他有效措施。上述行为不符合《保险资金运用管理办法》（保监会令〔2018〕1号）第五十八条、《保险公司关联交易管理办法》（银保监发〔2019〕35号）第二条及《关于保险资金投资股权和不动产有关问题的通知》（保监发〔2012〕59号）第三项第1条的规定。

黎某某时任珠江人寿副总经理，分管投资管理中心，未尽到投资项目资金管控的责任；廖某某时任珠江人寿总经理助理、董事会秘书、财务负责人，负责财务核算与资金管理，未就推动款项回收采取有效措施。黎某某、廖某某对该违法行为负有直接责任。

【认定】中国银保监会认定，上述子公司融资借款超过监管比例规定的行为，违反了《保险法》第一百零六条的规定。根据该法第一百六十四条的规定，对珠江人寿罚款30万元；根据该法第一百七十一条的规定，对胡某某警告并罚款10万元，对张某某警告并罚款10万元。

上述保险资金违规用于缴纳项目竞拍保证金、资金用途与约定用途不一致行为，违反《保险法》第一百零六条的规定。根据该法第一百六十四条的规定，对珠江人寿罚款30万元;根据该法第一百七十一条的规定,对胡某某警告并罚款7万元,对张某某警告并罚款7万元。

上述关联方长期占用保险资金的行为,违反了《保险法》第一百零六条的规定。根据该法第一百六十四条的规定,对珠江人寿罚款30万元;根据该法第一百七十一条的规定,对黎某某警告并罚款7万元,对廖某某警告并罚款7万元。

2. 信泰人寿保险股份有限公司违规运用保险资金办理协议存款案(中国银行保险监督管理委员会行政处罚决定书,银保监罚决字〔2020〕55号)

【案情】一、信泰人寿于2017年9月在恒丰银行办理协议存款5000万元,该笔业务从发起、询价、谈判到合同签订均由财务管理部完成,违反了《保险资金运用管理暂行办法》(保监会令2010年第9号颁布,保监会令2014年第3号修改)第三十一条的规定。时任信泰人寿总经理张某、时任信泰人寿财务负责人郭某某对上述违法行为负有直接责任。

二、信泰人寿于2018年3月在吉林春城农村商业银行办理协议存款3亿元,吉林春城农村商业银行没有外部信用评级,不符合《保险资金运用管理暂行办法》第七条以及《中国保监会关于规范保险资金银行存款业务的通知》(保监发〔2014〕18号)规定的保险资金存款银行的资质条件。时任信泰人寿总经理李某某、时任信泰人寿投资业务部权益类及固定收益类业务实际负责人府某某对上述违法行为负有直接责任。

信泰人寿及张某、郭某某、李某某、府某某提出了陈述申辩意见。

【认定】中国银保监会经复核认为,对信泰人寿及张某、郭某某、李某某及府某某的陈述申辩意见均不予采纳。信泰人寿的上述两项行为均违反了《保险法》第一百零六条的规定,根据《保险法》第一百六十四条的规定,对信泰人寿两项行为分别罚款30万元,合计罚款60万元;根据《保险法》第一百七十一条的规定,对张某警告并罚款10万元,对郭某某警告并罚款4万元,对李某某警告并罚款10万元,对府某某警告并罚款4万元。

3. 前海人寿保险股份有限公司违规运用保险资金案(中国保险监督管理委员会行政处罚决定书,保监罚〔2017〕13号)

【案情】前海人寿存在以下违规运用保险资金的行为:

一是权益类投资比例超过总资产30%后投资非蓝筹股票。2015年和2016年,前海人寿在权益类资产投资比例超过总资产30%后,投资了多支非蓝筹股。时任副总经理兼财务负责人李某,时任资产管理中心总监游某,时任资产管理中心风险管理部总经理程某某,时任资产管理中心权益投资部副总经理黄某对上述违法行为负有直接责任。

二是办理T+0结构性存款业务。2014年至2016年，前海人寿在某银行办理T+0结构性存款业务。时任副总经理兼财务负责人李某，时任资产管理中心总监游某，时任资产管理中心风险管理部总经理程某某，时任资产管理中心固定收益部副总经理李某某对上述违法行为负有直接责任。

三是股权投资基金管理人资质不符合监管要求。2015年至2016年，前海人寿以间接投资股权方式，认购深圳某产业基金企业（有限合伙）等多只基金份额，上述基金的管理人在注册资本、管理资产等方面，未达到我会对股权投资基金管理人资质要求。时任副总经理兼财务负责人李某，时任资产管理中心总监游某，时任资产管理中心风险管理部总经理程某某，时任资产管理中心副总监孙某，对上述违法行为负有直接责任。

四是未按规定披露基金管理人资质情况。2015年至2016年，前海人寿向我会提交的相关产业基金、股权投资基金项目材料报告，未按规定披露基金管理人的资质情况。时任副总经理兼财务负责人李某，时任资产管理中心总监游某，时任资产管理中心风险管理部总经理程某某，时任资产管理中心副总监孙某对上述违法行为负有直接责任。

五是部分项目公司借款未提供担保。前海人寿投资的某文化金融中心项目、某度假酒店项目等项目，项目公司均向前海人寿股东进行了借款，但未按照规定提供担保。时任副总经理兼财务负责人李某，时任资产管理中心总监游某，资产管理中心风险管理部总经理程某某，时任资产管理中心副总监孙某对上述违法行为负有直接责任。

【认定】中国保监会认为，前海人寿违规运用保险资金的行为，违反了《保险法》第一百零六条及《保险资金运用管理暂行办法》等有关规定，根据《保险法》第一百六十四条，对前海人寿罚款30万元；根据《保险法》第一百七十一条，对李某警告并罚款8万元，对游某警告并罚款8万元，对程某某警告并罚款10万元，对李某某警告并罚款10万元，对黄某警告并罚款10万元，对孙某警告并罚款10万元。

4.珠江人寿保险股份有限公司违规运用保险资金案（中国保险监督管理委员会行政处罚决定书，保监罚〔2017〕25号）

【案情】珠江人寿存在如下违规运用资金的行为：

一是在偿付能力不足120%的情况下开展投资。2016年，珠江人寿投资未上市股权项目1个、不动产项目1个、信托计划4个，存在投资时点上季度末偿付能力充足率低于120%的情形。

二是单一资产投资超过集中度风险监管比例。2016年9月，珠江人寿投资上海静安78号地块项目，存在投资账面余额超过上季度末总资产5%的情形。

时任投资部副总经理石某某负责股权、不动产等另类投资项目投资管理，对偿付能力充足率低于120%的情况下投资股权、不动产和金融产品，以及单一投资超监管比例问题负有直接责任。

【认定】中国保监会认为，珠江人寿上述在偿付能力不足120%的情况下开展投资及超监管比例投资行为，违反了《保险法》第一百零六条的规定，根据《保险法》第一百六十四条，对珠江人寿予以30万元罚款；根据《保险法》第一百七十一条，对石某某予以警告并处罚款5万元。

5. 恒大人寿保险有限公司违规运用保险资金案（中国保险监督管理委员会行政处罚决定书，保监罚〔2017〕14号）

【案情】2016年1～11月，恒大人寿未按照保险资金委托投资管理要求开展股票投资，股票投资交易笔数2480笔，股票平均持有期73天，其中9月下旬至11月上旬短期炒作相关股票造成恶劣社会影响。时任恒大人寿董事会秘书、副总经理刘某，时任恒大人寿投资管理中心股票投资部总经理吕某某对上述违法行为负有直接责任。

【认定】中国保监会认为，恒大人寿违规运用保险资金的行为，违反了《保险法》第一百零六条及《保险资金运用管理暂行办法》《保险资金委托投资管理暂行办法》等有关规定，根据《保险法》第一百六十四条，给予恒大人寿限制股票投资1年的处罚；根据该法第一百七十七条，给予刘某禁止进入保险业5年的处罚，给予吕某某禁止进入保险业3年的处罚。

6. 平安资产管理有限责任公司未谨慎处理投资计划违规运用保险资金案（中国保险监督管理委员会行政处罚决定书，保监罚〔2015〕2号）

【案情】2011年12月，平安资产发起设立某债权投资计划，先后分两期募集资金50亿元进行定向投资。2011年12月12日，平安资产向我会报送项目备案报告。检查发现，平安资产在项目管理上未谨慎处理相关投资计划事务。一是平安资产称市场谈判因素导致项目投资收益率发生变更，但我会检查未发现投资收益率变更的任何内部审批文件。二是内部文件记载的核心投资要素与备案文件和相关合同的内容多处不一致。备案后内部文件记载的投资收益率与备案文件记载的投资收益率不一致，内部文件记载的相关费用率与债权计划募集说明书和相关合同记载的费用率不一致。

《保险法》第一百零六条规定，保险公司资金运用的具体管理办法由我会制定。2006年，保监会制定《保险资金间接投资基础设施项目试点管理办法》，明确规定投资计划的受托人应当为受益人最大利益谨慎处理投资计划事务。平安资产的上述行为，反映出其在运用保险资金的过程中未尽到审慎管理职责，违反了

《保险资金间接投资基础设施项目试点管理办法》的规定，构成《保险法》规定的违规运用保险资金的行为。陈某某，曾任平安资产董事长，负责公司日常经营管理，清楚知悉相关情况但未尽到审慎管理职责，对上述违法行为负有直接责任。

平安资产、陈某某提出陈述申辩，申辩意见认为公司确实存在内部文件记载的核心投资要素与备案文件、有关合同内容等不一致的情况，但处罚过严，请求免于处罚。

【认定】中国保监会经复核认为，本案事实清楚，证据充分，当事人对违规行为的存在也无异议。根据《保险法》及相关规定，平安资产的有关行为已经构成违规运用保险资金的违法行为，应当依法予以处罚，因此对当事人免于处罚的申辩意见不予采纳。但是，结合本案违法行为的性质和具体情节，对平安资产、陈某某适当从轻处罚。综上，平安资产未谨慎处理投资计划事务的行为，违反了《保险法》第一百零六条，构成违规运用保险资金的违法行为，依据《保险法》第一百六十五条，对平安资产罚款10万元；依据《保险法》第一百七十三条，[①]对陈某某警告并罚款1万元。

权威解读

保险资金运用的成效直接影响保险公司的偿付能力，进而影响投保人、被保险人、受益人的利益，因此保险资金运用应当遵循安全性、效益性、流动性三项原则，其中，安全性最为重要，也是保险法特别予以强调的。为控制和分散保险资金运用的风险，保证保险公司的偿付能力，对保险资金运用的形式、程序、比例等都作出了专门规定。鉴于这些内容具有较强的专业技术性，且需要根据行业发展适时调整，法律授权国务院保险监督管理机构制定保险资金运用的具体管理办法。[②]

《保险法》第一百零八条 【关联交易的管理与信息披露】

第一百零八条 保险公司应当按照国务院保险监督管理机构的规定，建立对关联交易的管理和信息披露制度。

---

① 2015年4月24日第十二届全国人民代表大会常务委员会第十四次会议作出《关于修改〈中华人民共和国计量法〉等五部法律的决定》，对《保险法》进行第三次修正。经过修正后，《保险法》(2014年修正)第一百六十五条调整为现行《保险法》第一百六十四条；《保险法》(2014年修正)第一百七十三条调整为现行《保险法》第一百七十一条。——编者注

② 参见安建主编：《中华人民共和国保险法(修订)释义》，法律出版社2009年版，第156－159页。

相关规定

1.《保险法》

第一百零九条 保险公司的控股股东、实际控制人、董事、监事、高级管理人员不得利用关联交易损害公司的利益。

第一百一十条 保险公司应当按照国务院保险监督管理机构的规定，真实、准确、完整地披露财务会计报告、风险管理状况、保险产品经营情况等重大事项。

第一百五十条 国务院保险监督管理机构有权要求保险公司股东、实际控制人在指定的期限内提供有关信息和资料。

第一百五十一条 保险公司的股东利用关联交易严重损害公司利益，危及公司偿付能力的，由国务院保险监督管理机构责令改正。在按照要求改正前，国务院保险监督管理机构可以限制其股东权利；拒不改正的，可以责令其转让所持的保险公司股权。

2.《民法典》

第八十四条 营利法人的控股出资人、实际控制人、董事、监事、高级管理人员不得利用其关联关系损害法人的利益；利用关联关系造成法人损失的，应当承担赔偿责任。

3.《公司法》

第二十一条 公司的控股股东、实际控制人、董事、监事、高级管理人员不得利用其关联关系损害公司利益。违反前款规定，给公司造成损失的，应当承担赔偿责任。

第二百一十六条 本法下列用语的含义：

（一）高级管理人员，是指公司的经理、副经理、财务负责人，上市公司董事会秘书和公司章程规定的其他人员。

（二）控股股东，是指其出资额占有限责任公司资本总额百分之五十以上或者其持有的股份占股份有限公司股本总额百分之五十以上的股东；出资额或者持有股份的比例虽然不足百分之五十，但依其出资额或者持有的股份所享有的表决权已足以对股东会、股东大会的决议产生重大影响的股东。

（三）实际控制人，是指虽不是公司的股东，但通过投资关系、协议或者其他安排，能够实际支配公司行为的人。

（四）关联关系，是指公司控股股东、实际控制人、董事、监事、高级管理人员与其直接或者间接控制的企业之间的关系，以及可能导致公司利益转移的其他关系。但是，国家控股的企业之间不仅因为同受国家控股而具有关联关系。

4.《证券法》

第一百三十条第二款 证券公司不得为其股东或者股东的关联人提供融资或者担保。

5.《税收征收管理法》

第三十六条 企业或者外国企业在中国境内设立的从事生产、经营的机构、场所与其关联企业之间的业务往来,应当按照独立企业之间的业务往来收取或者支付价款、费用;不按照独立企业之间的业务往来收取或者支付价款、费用,而减少其应纳税的收入或者所得额的,税务机关有权进行合理调整。

6.《银行保险机构关联交易管理办法》(中国银行保险监督管理委员会令〔2022〕1号)

第一章 总 则

第一条 为加强审慎监管,规范银行保险机构关联交易行为,防范关联交易风险,促进银行保险机构安全、独立、稳健运行,根据《中华人民共和国公司法》《中华人民共和国银行业监督管理法》《中华人民共和国商业银行法》《中华人民共和国保险法》《中华人民共和国信托法》等法律法规,制定本办法。

第二条 本办法所称银行保险机构包括银行机构、保险机构和在中华人民共和国境内依法设立的信托公司、金融资产管理公司、金融租赁公司、汽车金融公司、消费金融公司。

银行机构是指在中华人民共和国境内依法设立的商业银行、政策性银行、村镇银行、农村信用合作社、农村合作银行。

保险机构是指在中华人民共和国境内依法设立的保险集团(控股)公司、保险公司、保险资产管理公司。

第三条 银行保险机构开展关联交易应当遵守法律法规和有关监管规定,健全公司治理架构,完善内部控制和风险管理,遵循诚实信用、公开公允、穿透识别、结构清晰的原则。

银行保险机构不得通过关联交易进行利益输送或监管套利,应当采取有效措施,防止关联方利用其特殊地位,通过关联交易侵害银行保险机构利益。

银行保险机构应当维护经营独立性,提高市场竞争力,控制关联交易的数量和规模,避免多层嵌套等复杂安排,重点防范向股东及其关联方进行利益输送的风险。

第四条 银保监会及其派出机构依法对银行保险机构的关联交易实施监督管理。

第二章 关 联 方

第五条 银行保险机构的关联方,是指与银行保险机构存在一方控制另一方,或对另一方施加重大影响,以及与银行保险机构同受一方控制或重大影响的自然人、法人或非法人组织。

第六条 银行保险机构的关联自然人包括:

(一)银行保险机构的自然人控股股东、实际控制人,及其一致行动人、最终受益人;

(二)持有或控制银行保险机构5%以上股权的,或持股不足5%但对银行保险机构经营管理有重大影响的自然人;

(三)银行保险机构的董事、监事、总行(总公司)和重要分行(分公司)的高级管理人员,以及具有大额授信、资产转移、保险资金运用等核心业务审批或决策权的人员;

(四)本条第(一)至(三)项所列关联方的配偶、父母、成年子女及兄弟姐妹;

(五)本办法第七条第(一)(二)项所列关联方的董事、监事、高级管理人员。

第七条 银行保险机构的关联法人或非法人组织包括:

(一)银行保险机构的法人控股股东、实际控制人,及其一致行动人、最终受益人;

(二)持有或控制银行保险机构5%以上股权的,或者持股不足5%但对银行保险机构经营管理有重大影响的法人或非法人组织,及其控股股东、实际控制人、一致行动人、最终受益人;

(三)本条第(一)项所列关联方控制或施加重大影响的法人或非法人组织,本条第(二)项所列关联方控制的法人或非法人组织;

(四)银行保险机构控制或施加重大影响的法人或非法人组织;

(五)本办法第六条第(一)项所列关联方控制或施加重大影响的法人或非法人组织,第六条第(二)至(四)项所列关联方控制的法人或非法人组织。

第八条 银行保险机构按照实质重于形式和穿透的原则,可以认定以下自然人、法人或非法人组织为关联方:

(一)在过去十二个月内或者根据相关协议安排在未来十二个月内存在本办法第六条、第七条规定情形之一的;

(二)本办法第六条第(一)至(三)项所列关联方的其他关系密切的家庭成员;

(三)银行保险机构内部工作人员及其控制的法人或其他组织;

(四)本办法第六条第(二)(三)项,以及第七条第(二)项所列关联方可施加重大影响的法人或非法人组织;

(五)对银行保险机构有影响,与银行保险机构发生或可能发生未遵守商业原则、有失公允的交易行为,并可据以从交易中获取利益的自然人、法人或非法人组织。

第九条　银保监会或其派出机构可以根据实质重于形式和穿透的原则,认定可能导致银行保险机构利益转移的自然人、法人或非法人组织为关联方。

第三章　关 联 交 易

第十条　银行保险机构关联交易是指银行保险机构与关联方之间发生的利益转移事项。

第十一条　银行保险机构应当按照实质重于形式和穿透原则,识别、认定、管理关联交易及计算关联交易金额。

计算关联自然人与银行保险机构的关联交易余额时,其配偶、父母、成年子女、兄弟姐妹等与该银行保险机构的关联交易应当合并计算;计算关联法人或非法人组织与银行保险机构的关联交易余额时,与其存在控制关系的法人或非法人组织与该银行保险机构的关联交易应当合并计算。

第十二条　银保监会或其派出机构可以根据实质重于形式和穿透监管原则认定关联交易。

银保监会可以根据银行保险机构的公司治理状况、关联交易风险状况、机构类型特点等对银行保险机构适用的关联交易监管比例进行设定或调整。

第一节　银行机构关联交易

第十三条　银行机构的关联交易包括以下类型:

(一)授信类关联交易:指银行机构向关联方提供资金支持、或者对关联方在有关经济活动中可能产生的赔偿、支付责任作出保证,包括贷款(含贸易融资)、票据承兑和贴现、透支、债券投资、特定目的载体投资、开立信用证、保理、担保、保函、贷款承诺、证券回购、拆借以及其他实质上由银行机构承担信用风险的表内外业务等;

(二)资产转移类关联交易:包括银行机构与关联方之间发生的自用动产与不动产买卖,信贷资产及其收(受)益权买卖,抵债资产的接收和处置等;

(三)服务类关联交易:包括信用评估、资产评估、法律服务、咨询服务、信息服务、审计服务、技术和基础设施服务、财产租赁以及委托或受托销售等;

(四)存款和其他类型关联交易,以及根据实质重于形式原则认定的可能引致银行机构利益转移的事项。

第十四条　银行机构关联交易分为重大关联交易和一般关联交易。

银行机构重大关联交易是指银行机构与单个关联方之间单笔交易金额达到银行机构上季末资本净额1%以上,或累计达到银行机构上季末资本净额5%以上的交易。

银行机构与单个关联方的交易金额累计达到前款标准后,其后发生的关联交易,每累计达到上季末资本净额1%以上,则应当重新认定为重大关联交易。

一般关联交易是指除重大关联交易以外的其他关联交易。

第十五条 银行机构关联交易金额计算方式如下:

(一)授信类关联交易原则上以签订协议的金额计算交易金额;

(二)资产转移类关联交易以交易价格或公允价值计算交易金额;

(三)服务类关联交易以业务收入或支出金额计算交易金额;

(四)银保监会确定的其他计算口径。

第十六条 银行机构对单个关联方的授信余额不得超过银行机构上季末资本净额的10%。银行机构对单个关联法人或非法人组织所在集团客户的合计授信余额不得超过银行机构上季末资本净额的15%。银行机构对全部关联方的授信余额不得超过银行机构上季末资本净额的50%。

计算授信余额时,可以扣除授信时关联方提供的保证金存款以及质押的银行存单和国债金额。

银行机构与关联方开展同业业务应当同时遵守关于同业业务的相关规定。银行机构与境内外关联方银行之间开展的同业业务、外资银行与母行集团内银行之间开展的业务可不适用本条第一款所列比例规定和本办法第十四条重大关联交易标准。

被银保监会或其派出机构采取风险处置或接管等措施的银行机构,经银保监会批准可不适用本条所列比例规定。

第二节 保险机构关联交易

第十七条 保险机构的关联交易包括以下类型:

(一)资金运用类关联交易:包括在关联方办理银行存款;直接或间接买卖债券、股票等有价证券,投资关联方的股权、不动产及其他资产;直接或间接投资关联方发行的金融产品,或投资基础资产包含关联方资产的金融产品等。

(二)服务类关联交易:包括审计服务、精算服务、法律服务、咨询顾问服务、资产评估、技术和基础设施服务、委托或受托管理资产、租赁资产等。

(三)利益转移类关联交易:包括赠与、给予或接受财务资助,权利转让,担保,债权债务转移,放弃优先受让权、同比例增资权或其他权利等。

(四)保险业务和其他类型关联交易,以及根据实质重于形式原则认定的可能引致保险机构利益转移的事项。

第十八条 保险机构关联交易金额以交易对价或转移的利益计算。具体计算方式如下：

（一）资金运用类关联交易以保险资金投资金额计算交易金额。其中，投资于关联方发行的金融产品且基础资产涉及其他关联方的，以投资金额计算交易金额；投资于关联方发行的金融产品且基础资产不涉及其他关联方的，以发行费或投资管理费计算交易金额；买入资产的，以交易价格计算交易金额。

（二）服务类关联交易以业务收入或支出金额计算交易金额。

（三）利益转移类关联交易以资助金额、交易价格、担保金额、标的市场价值等计算交易金额。

（四）银保监会确定的其他计算口径。

第十九条　保险机构关联交易分为重大关联交易和一般关联交易。

保险机构重大关联交易是指保险机构与单个关联方之间单笔或年度累计交易金额达到3000万元以上，且占保险机构上一年度末经审计的净资产的1%以上的交易。

一个年度内保险机构与单个关联方的累计交易金额达到前款标准后，其后发生的关联交易再次累计达到前款标准，应当重新认定为重大关联交易。

保险机构一般关联交易是指除重大关联交易以外的其他关联交易。

第二十条　保险机构资金运用关联交易应符合以下比例要求：

（一）保险机构投资全部关联方的账面余额，合计不得超过保险机构上一年度末总资产的25%与上一年度末净资产二者中的金额较低者；

（二）保险机构投资权益类资产、不动产类资产、其他金融资产和境外投资的账面余额中，对关联方的投资金额不得超过上述各类资产投资限额的30%；

（三）保险机构投资单一关联方的账面余额，合计不得超过保险机构上一年度末净资产的30%；

（四）保险机构投资金融产品，若底层基础资产涉及控股股东、实际控制人或控股股东、实际控制人的关联方，保险机构购买该金融产品的份额不得超过该产品发行总额的50%。

保险机构与其控股的非金融子公司投资关联方的账面余额及购买份额应当合并计算并符合前述比例要求。

保险机构与其控股子公司之间，以及控股子公司之间发生的关联交易，不适用前述规定。

第三节　信托公司及其他非银行金融机构关联交易

第二十一条　信托公司应当按照穿透原则和实质重于形式原则，加强关联交易认定和关联交易资金来源与运用的双向核查。

信托公司关联交易分为重大关联交易和一般关联交易。重大关联交易是指信托公司固有财产与单个关联方之间、信托公司信托财产与单个关联方之间单笔交易金额占信托公司注册资本5%以上,或信托公司与单个关联方发生交易后,信托公司与该关联方的交易余额占信托公司注册资本20%以上的交易。一般关联交易是指除重大关联交易以外的其他关联交易。

第二十二条 金融资产管理公司、金融租赁公司、汽车金融公司、消费金融公司(下称其他非银行金融机构)的关联交易包括以下类型:

(一)以资产为基础的关联交易:包括资产买卖与委托(代理)处置、资产重组(置换)、资产租赁等;

(二)以资金为基础的关联交易:包括投资、贷款、融资租赁、借款、拆借、存款、担保等;

(三)以中间服务为基础的关联交易:包括评级服务、评估服务、审计服务、法律服务、拍卖服务、咨询服务、业务代理、中介服务等;

(四)其他类型关联交易以及根据实质重于形式原则认定的可能引致其他非银行金融机构利益转移的事项。

第二十三条 其他非银行金融机构的关联交易分为重大关联交易和一般关联交易。

其他非银行金融机构重大关联交易是指其他非银行金融机构与单个关联方之间单笔交易金额达到其他非银行金融机构上季末资本净额1%以上,或累计达到其他非银行金融机构上季末资本净额5%以上的交易。金融租赁公司除外。

金融租赁公司重大关联交易是指金融租赁公司与单个关联方之间单笔交易金额达到金融租赁公司上季末资本净额5%以上,或累计达到金融租赁公司上季末资本净额10%以上的交易。

其他非银行金融机构与单个关联方的交易金额累计达到前款标准后,其后发生的关联交易,每累计达到上季末资本净额1%以上,应当重新认定为重大关联交易。金融租赁公司除外。

金融租赁公司与单个关联方的交易金额累计达到前款标准后,其后发生的关联交易,每累计达到上季末资本净额5%以上,应当重新认定为重大关联交易。

一般关联交易是指除重大关联交易以外的其他关联交易。

第二十四条 其他非银行金融机构的关联交易金额以交易对价或转移的利益计算,具体计算方式如下:

(一)以资产为基础的关联交易以交易价格计算交易金额;

(二)以资金为基础的关联交易以签订协议的金额计算交易金额;

（三）以中间服务为基础的关联交易以业务收入或支出金额计算交易金额；

（四）银保监会确定的其他计算口径。

第二十五条　金融资产管理公司及其非金融控股子公司与关联方之间发生的以资金、资产为基础的交易余额应当合并计算，参照适用本办法第十六条相关监管要求，金融资产管理公司与其控股子公司之间、以及控股子公司之间发生的关联交易除外。

金融资产管理公司应当参照本办法第二章规定，将控股子公司的关联方纳入集团关联方范围。

第二十六条　金融租赁公司对单个关联方的融资余额不得超过上季末资本净额的30%。

金融租赁公司对全部关联方的全部融资余额不得超过上季末资本净额的50%。

金融租赁公司对单个股东及其全部关联方的融资余额不得超过该股东在金融租赁公司的出资额，且应同时满足本条第一款的规定。

金融租赁公司及其设立的控股子公司、项目公司之间的关联交易不适用本条规定。

汽车金融公司对单个股东及其关联方的授信余额不得超过该股东在汽车金融公司的出资额。

第四节　禁止性规定

第二十七条　银行保险机构不得通过掩盖关联关系、拆分交易等各种隐蔽方式规避重大关联交易审批或监管要求。

银行保险机构不得利用各种嵌套交易拉长融资链条、模糊业务实质、规避监管规定，不得为股东及其关联方违规融资、腾挪资产、空转套利、隐匿风险等。

第二十八条　银行机构不得直接通过或借道同业、理财、表外等业务，突破比例限制或违反规定向关联方提供资金。

银行机构不得接受本行的股权作为质押提供授信。银行机构不得为关联方的融资行为提供担保（含等同于担保的或有事项），但关联方以银行存单、国债提供足额反担保的除外。

银行机构向关联方提供授信发生损失的，自发现损失之日起二年内不得再向该关联方提供授信，但为减少该授信的损失，经银行机构董事会批准的除外。

第二十九条　保险机构不得借道不动产项目、非保险子公司、信托计划、资管产品投资，或其他通道、嵌套方式等变相突破监管限制，为关联方违规提供融资。

第三十条　金融资产管理公司参照执行本办法第二十八条规定，且不得与关联方开展无担保的以资金为基础的关联交易,同业拆借、股东流动性支持以及金融监管机构另有规定的除外。非金融子公司负债依存度不得超过30%,确有必要救助的,原则上不得超过70%,并于作出救助决定后3个工作日内向董事会、监事会和银保监会报告。

金融资产管理公司及其子公司将自身形成的不良资产在集团内部转让的,应当由集团母公司董事会审批,金融子公司按规定批量转让的除外。

第三十一条 金融租赁公司与关联方开展以资产、资金为基础的关联交易发生损失的,自发现损失之日起二年内不得与该关联方新增以资产、资金为基础的关联交易。但为减少损失,经金融租赁公司董事会批准的除外。

第三十二条 信托公司开展固有业务,不得向关联方融出资金或转移财产,不得为关联方提供担保。

信托公司开展结构化信托业务不得以利益相关人作为劣后受益人,利益相关人包括但不限于信托公司及其全体员工、信托公司股东等。

信托公司管理集合资金信托计划,不得将信托资金直接或间接运用于信托公司的股东及其关联方,但信托资金全部来源于股东或其关联方的除外。

第三十三条 公司治理监管评估结果为E级的银行保险机构,不得开展授信类、资金运用类、以资金为基础的关联交易。经银保监会或其派出机构认可的除外。

第三十四条 银行保险机构违反本办法规定的,银保监会或其派出机构予以责令改正,包括以下措施:

(一)责令禁止与特定关联方开展交易;

(二)要求对特定的交易出具审计报告;

(三)根据银行保险机构关联交易风险状况,要求银行保险机构缩减对单个或全部关联方交易金额的比例要求,直至停止关联交易;

(四)责令更换会计师事务所、专业评估机构、律师事务所等服务机构;

(五)银保监会或其派出机构可依法采取的其他措施。

第三十五条 银行保险机构董事、监事、高级管理人员或其他有关从业人员违反本办法规定的,银保监会或其派出机构可以对相关责任人员采取以下措施:

(一)责令改正;

(二)记入履职记录并进行行业通报;

(三)责令银行保险机构予以问责;

(四)银保监会或其派出机构可依法采取的其他措施。

银行保险机构的关联方违反本办法规定的,银保监会或其派出机构可以采取公开谴责等措施。

第三十六条　持有银行保险机构5%以上股权的股东质押股权数量超过其持有该银行保险机构股权总量50%的,银保监会或其派出机构可以限制其与银行保险机构开展关联交易。

第四章　关联交易的内部管理

第三十七条　银行保险机构应当制定关联交易管理制度。

关联交易管理制度包括关联交易的管理架构和相应职责分工,关联方的识别、报告、信息收集与管理,关联交易的定价、审查、回避、报告、披露、审计和责任追究等内容。

第三十八条　银行保险机构应对其控股子公司与银行保险机构关联方发生的关联交易事项进行管理,明确管理机制,加强风险管控。

第三十九条　银行保险机构董事会应当设立关联交易控制委员会,负责关联交易管理、审查和风险控制。银保监会对设立董事会下设专业委员会另有规定的,从其规定。

董事会对关联交易管理承担最终责任,关联交易控制委员会、涉及业务部门、风险审批及合规审查的部门负责人对关联交易的合规性承担相应责任。

关联交易控制委员会由三名以上董事组成,由独立董事担任负责人。关联交易控制委员会应重点关注关联交易的合规性、公允性和必要性。

银行保险机构应当在管理层面设立跨部门的关联交易管理办公室,成员应当包括合规、业务、风控、财务等相关部门人员,并明确牵头部门、设置专岗,负责关联方识别维护、关联交易管理等日常事务。

第四十条　银行保险机构应当建立关联方信息档案,确定重要分行、分公司标准或名单,明确具有大额授信、资产转移、保险资金运用等核心业务审批或决策权的人员范围。

银行保险机构应当通过关联交易监管相关信息系统及时向银保监会或其派出机构报送关联方、重大关联交易、季度关联交易情况等信息,保证数据的真实性、准确性,不得瞒报、漏报。

银行保险机构应当提高关联方和关联交易管理的信息化和智能化水平,强化大数据管理能力。

第四十一条　银行保险机构董事、监事、高级管理人员及具有大额授信、资产转移、保险资金运用等核心业务审批或决策权的人员,应当自任职之日起15个工作日内,按本办法有关规定向银行保险机构报告其关联方情况。

持有银行保险机构5%以上股权,或持股不足5%但是对银行保险机构经营管理有重大影响的自然人、法人或非法人组织，应当在持股达到5%之日或能够施加重大影响之日起15个工作日内，按本办法有关规定向银行保险机构报告其关联方情况。

前款报告事项如发生变动，应当在变动后的15个工作日内向银行保险机构报告并更新关联方情况。

第四十二条 银行保险机构关联方不得通过隐瞒关联关系等不当手段规避关联交易的内部审查、外部监管以及报告披露义务。

第四十三条 银行保险机构应当主动穿透识别关联交易，动态监测交易资金来源和流向，及时掌握基础资产状况，动态评估对风险暴露和资本占用的影响程度，建立有效的关联交易风险控制机制，及时调整经营行为以符合本办法的有关规定。

第四十四条 关联交易应当订立书面协议，按照商业原则，以不优于对非关联方同类交易的条件进行。必要时关联交易控制委员会可以聘请财务顾问等独立第三方出具报告，作为判断的依据。

第四十五条 银行保险机构应当完善关联交易内控机制，优化关联交易管理流程，关键环节的审查意见以及关联交易控制委员会等会议决议、记录应当清晰可查。

一般关联交易按照公司内部管理制度和授权程序审查，报关联交易控制委员会备案。重大关联交易经由关联交易控制委员会审查后，提交董事会批准。董事会会议所作决议须经非关联董事2/3以上通过。出席董事会会议的非关联董事人数不足三人的，应当提交股东（大）会审议。

第四十六条 银行保险机构关联交易控制委员会、董事会及股东（大）会对关联交易进行表决或决策时，与该关联交易有利害关系的人员应当回避。

如银行保险机构未设立股东（大）会，或者因回避原则而无法召开股东（大）会的，仍由董事会审议且不适用本条第一款关于回避的规定，但关联董事应出具不存在利益输送的声明。

第四十七条 银行保险机构与同一关联方之间长期持续发生的，需要反复签订交易协议的提供服务类、保险业务类及其他经银保监会认可的关联交易，可以签订统一交易协议，协议期限一般不超过三年。

第四十八条 统一交易协议的签订、续签、实质性变更，应按照重大关联交易进行内部审查、报告和信息披露。统一交易协议下发生的关联交易无需逐笔进行审查、报告和披露，但应当在季度报告中说明执行情况。统一交易协议应当明确或预估关联交易金额。

第四十九条　独立董事应当逐笔对重大关联交易的公允性、合规性以及内部审批程序履行情况发表书面意见。独立董事认为有必要的,可以聘请中介机构等独立第三方提供意见,费用由银行保险机构承担。

第五十条　对于未按照规定报告关联方、违规开展关联交易等情形,银行保险机构应当按照内部问责制度对相关人员进行问责,并将问责情况报关联交易控制委员会。

第五十一条　银行保险机构应当每年至少对关联交易进行一次专项审计,并将审计结果报董事会和监事会。

银行保险机构不得聘用关联方控制的会计师事务所、专业评估机构、律师事务所为其提供审计、评估等服务。

第五章　关联交易的报告和披露

第五十二条　银行保险机构及其关联方应当按照本办法有关规定,真实、准确、完整、及时地报告、披露关联交易信息,不得存在任何虚假记载、误导性陈述或重大遗漏。

第五十三条　银行保险机构应当在签订以下交易协议后15个工作日内逐笔向银保监会或其派出机构报告:

(一)重大关联交易;

(二)统一交易协议的签订、续签或实质性变更;

(三)银保监会要求报告的其他交易。

信托公司关联交易逐笔报告另有规定的,从其规定。

第五十四条　银行保险机构应当按照本办法有关规定统计季度全部关联交易金额及比例,并于每季度结束后30日内通过关联交易监管相关信息系统向银保监会或其派出机构报送关联交易有关情况。

第五十五条　银行保险机构董事会应当每年向股东(大)会就关联交易整体情况做出专项报告,并向银保监会或其派出机构报送。

第五十六条　银行保险机构应当在公司网站中披露关联交易信息,在公司年报中披露当年关联交易的总体情况。按照本办法第五十三条规定需逐笔报告的关联交易应当在签订交易协议后15个工作日内逐笔披露,一般关联交易应在每季度结束后30日内按交易类型合并披露。

逐笔披露内容包括:

(一)关联交易概述及交易标的情况。

(二)交易对手情况。包括关联自然人基本情况,关联法人或非法人组织的名称、经济性质或类型、主营业务或经营范围、法定代表人、注册地、注册资本及其变化,与银行保险机构存在的关联关系。

(三)定价政策。

(四)关联交易金额及相应比例。

(五)股东(大)会、董事会决议,关联交易控制委员会的意见或决议情况。

(六)独立董事发表意见情况。

(七)银保监会认为需要披露的其他事项。

合并披露内容应当包括关联交易类型、交易金额及相应监管比例执行情况。

第五十七条 银行保险机构进行的下列关联交易,可以免予按照关联交易的方式进行审议和披露:

(一)与关联自然人单笔交易额在 50 万元以下或与关联法人单笔交易额在 500 万元以下的关联交易,且交易后累计未达到重大关联交易标准的;

(二)一方以现金认购另一方公开发行的股票、公司债券或企业债券、可转换债券或其他衍生品种;

(三)活期存款业务;

(四)同一自然人同时担任银行保险机构和其他法人的独立董事且不存在其他构成关联方情形的,该法人与银行保险机构进行的交易;

(五)交易的定价为国家规定的;

(六)银保监会认可的其他情形。

第五十八条 银行保险机构关联交易信息涉及国家秘密、商业秘密或者银保监会认可的其他情形,银行保险机构可以向银保监会申请豁免按照本办法披露或履行相关义务。

第六章 关联交易的监督管理

第五十九条 银行机构、信托公司、其他非银行金融机构的股东或其控股股东、实际控制人,通过向机构施加影响,迫使机构从事下列行为的,银保监会或其派出机构应当责令限期改正;逾期未改正的,可以限制该股东的权利;对情节严重的控股股东,可以责令其转让股权。

(一)违反本办法第二十七条规定进行关联交易的;

(二)未按本办法第四十四条规定的商业原则进行关联交易的;

(三)未按本办法第四十五条规定审查关联交易的;

(四)违反本办法规定为关联方融资行为提供担保的;

(五)接受本公司的股权作为质押提供授信的;

(六)聘用关联方控制的会计师事务所等为其提供服务的;

(七)对关联方授信余额或融资余额等超过本办法规定比例的;

（八）未按照本办法规定披露信息的。

第六十条　银行机构、信托公司、其他非银行金融机构董事、高级管理人员有下列情形之一的，银保监会或其派出机构可以责令其限期改正；逾期未改正或者情节严重的，银保监会或其派出机构可以责令机构调整董事、高级管理人员或者限制其权利。

（一）未按本办法第四十一条规定报告的；

（二）做出虚假或有重大遗漏报告的；

（三）未按本办法第四十六条规定回避的；

（四）独立董事未按本办法第四十九条规定发表书面意见的。

第六十一条　银行机构、信托公司、其他非银行金融机构有下列情形之一的，银保监会或其派出机构可依照法律法规采取相关监管措施或进行处罚：

（一）违反本办法第二十七条规定进行关联交易的；

（二）未按本办法第四十四条规定的商业原则进行关联交易的；

（三）未按本办法第四十五条规定审查关联交易的；

（四）违反本办法规定为关联方融资行为提供担保的；

（五）接受本行的股权作为质押提供授信的；

（六）聘用关联方控制的会计师事务所等为其提供服务的；

（七）对关联方授信余额或融资余额等超过本办法规定比例的；

（八）未按照本办法规定披露信息的；

（九）未按要求执行本办法第五十九条和第六十条规定的监督管理措施的；

（十）其他违反本办法规定的情形。

第六十二条　银行机构、信托公司、其他非银行金融机构未按照本办法规定向银保监会或其派出机构报告重大关联交易或报送关联交易情况报告的，银保监会或其派出机构可依照法律法规采取相关监管措施或进行处罚。

第六十三条　银行机构、信托公司、其他非银行金融机构有本办法第六十一条所列情形之一的，银保监会或其派出机构可以区别不同情形，依据《中华人民共和国银行业监督管理法》等法律法规对董事、高级管理人员和其他直接责任人员采取相应处罚措施。

第六十四条　保险机构及其股东、控股股东，保险机构的董事、监事或高级管理人员违反本办法相关规定的，银保监会或其派出机构可依照法律法规采取相关监管措施或进行处罚。涉嫌犯罪的，依法移送司法机关追究刑事责任。

第七章　附　　则

第六十五条　本办法中下列用语的含义：

本办法所称“以上”含本数,“以下”不含本数。年度为会计年度。

控制,包括直接控制、间接控制,是指有权决定一个企业的财务和经营决策,并能据以从该企业的经营活动中获取利益。

持有,包括直接持有与间接持有。

重大影响,是指对法人或组织的财务和经营政策有参与决策的权力,但不能够控制或者与其他方共同控制这些政策的制定。包括但不限于派驻董事、监事或高级管理人员、通过协议或其他方式影响法人或组织的财务和经营管理决策,以及银保监会或其派出机构认定的其他情形。

共同控制,指按照合同约定对某项经济活动所共有的控制,仅在与该项经济活动相关的重要财务和经营决策需要分享控制权的投资方一致同意时存在。

控股股东,是指持股比例达到50%以上的股东;或持股比例虽不足50%,但依享有的表决权已足以对股东(大)会的决议产生控制性影响的股东。

控股子公司,是指对该子公司的持股比例达到50%以上;或者持股比例虽不足50%,但通过表决权、协议等安排能够对其施加控制性影响。控股子公司包括直接、间接或共同控制的子公司或非法人组织。

实际控制人,是指虽不是公司的股东,但通过投资关系、协议或者其他安排,能够实际支配公司行为的自然人或其他最终控制人。

集团客户,是指存在控制关系的一组企事业法人客户或同业单一客户。

一致行动人,是指通过协议、合作或其他途径,在行使表决权或参与其他经济活动时采取相同意思表示的自然人、法人或非法人组织。

最终受益人,是指实际享有银行保险机构股权收益、金融产品收益的人。

其他关系密切的家庭成员,是指除配偶、父母、成年子女及兄弟姐妹以外的包括配偶的父母、子女的配偶、兄弟姐妹的配偶、配偶的兄弟姐妹以及其他可能产生利益转移的家庭成员。

内部工作人员,是指与银行保险机构签订劳动合同的人员。

关联关系,是指银行保险机构控股股东、实际控制人、董事、监事、高级管理人员等与其直接或者间接控制的企业之间的关系,以及可能导致利益转移的其他关系。

关联董事、关联股东,是指交易的一方,或者在审议关联交易时可能影响该交易公允性的董事、股东。

书面协议的书面形式包括合同书、信件和数据电文(包括电报、电传、传真、电子数据交换和电子邮件)等法律认可的有形的表现所载内容的形式。

本办法所称关联法人或非法人组织不包括国家行政机关、政府部门,中央汇金投资有限责任公司，全国社保基金理事会，梧桐树投资平台有限责任公司，存款保险基金管理有限责任公司，以及经银保监会批准豁免认定的关联方。上述机构派出同一自然人同时担任两家或以上银行保险机构董事或监事，且不存在其他关联关系的，所任职机构之间不构成关联方。

国家控股的企业之间不仅因为同受国家控股而构成关联方。

第六十六条　银保监会批准设立的外国银行分行、其他金融机构参照适用本办法，法律、行政法规及银保监会另有规定的从其规定。

自保公司的自保业务、企业集团财务公司的成员单位业务不适用本办法。

银行保险机构为上市公司的，应同时遵守上市公司有关规定。

第六十七条　本办法由银保监会负责解释。

第六十八条　本办法自 2022 年 3 月 1 日起施行。《商业银行与内部人和股东关联交易管理办法》（中国银行业监督管理委员会令 2004 年第 3 号）、《保险公司关联交易管理办法》（银保监发〔2019〕35 号）同时废止。本办法施行前，银保监会有关银行保险机构关联交易管理的规定与本办法不一致的，按照本办法执行。

7.《银行保险机构大股东行为监管办法（试行）》（银保监发〔2021〕43 号）

第一章　总　　则

第一条　为加强银行保险机构公司治理监管，规范大股东行为，保护银行保险机构及利益相关者合法权益，根据《中华人民共和国公司法》《中华人民共和国银行业监督管理法》《中华人民共和国商业银行法》《中华人民共和国保险法》等法律法规及其他相关规定，制定本办法。

第二条　本办法适用于在中华人民共和国境内依法设立的国有控股大型商业银行、全国性股份制商业银行、城市商业银行、农村商业银行、外资法人银行、民营银行、保险集团（控股）公司、保险公司、保险资产管理公司、信托公司、金融资产管理公司、金融租赁公司、消费金融公司和汽车金融公司（以下统称银行保险机构）。

第三条　本办法所称银行保险机构大股东，是指符合下列条件之一的银行保险机构股东：

（一）持有国有控股大型商业银行、全国性股份制商业银行、外资法人银行、民营银行、保险机构、金融资产管理公司、金融租赁公司、消费金融公司和汽车金融公司等机构 15% 以上股权的；

（二）持有城市商业银行、农村商业银行等机构 10% 以上股权的；

（三）实际持有银行保险机构股权最多，且持股比例不低于 5% 的（含持股数量相同的股东)；

(四)提名董事两名以上的；

(五)银行保险机构董事会认为对银行保险机构经营管理有控制性影响的；

(六)中国银行保险监督管理委员会(以下简称银保监会)或其派出机构认定的其他情形。

股东及其关联方、一致行动人的持股比例合并计算。持股比例合计符合上述要求的,对相关股东均视为大股东管理。

第四条 银保监会及其派出机构依法对银行保险机构大股东的行为进行监管。

第二章 持股行为

第五条 银行保险机构大股东应当充分了解银行业或保险业的行业属性、风险特征、审慎经营规则,以及大股东的权利和义务,积极维护银行保险机构稳健经营及金融市场稳定,保护消费者权益,支持银行保险机构更好地服务实体经济、防控金融风险。

第六条 银行保险机构大股东应当强化资本约束,保持杠杆水平适度,科学布局对银行保险机构的投资,确保投资行为与自身资本规模、持续出资能力、经营管理水平相适应,投资入股银行保险机构的数量应符合相关监管要求。

第七条 银行保险机构大股东应当使用来源合法的自有资金入股银行保险机构,不得以委托资金、债务资金等非自有资金入股,法律法规另有规定的除外。

银行保险机构大股东取得股权,并报银保监会及其派出机构审批、备案时,应当详细说明资金来源,积极配合银保监会及其派出机构和银行保险机构对资金来源的审查。

第八条 银行保险机构大股东应当逐层说明其股权结构直至实际控制人、最终受益人,以及与其他股东的关联关系或者一致行动关系,确保股权关系真实、透明,严禁隐藏实际控制人、隐瞒关联关系、股权代持、私下协议等违法违规行为。

第九条 银行保险机构大股东与银行保险机构之间不得直接或间接交叉持股,国务院另有规定的除外。

第十条 银行保险机构大股东质押银行保险机构股权数量超过其所持股权数量的50%时,大股东及其所提名董事不得行使在股东(大)会和董事会上的表决权。对信托公司、特定类型金融机构另有规定的,从其规定。

银行保险机构大股东不得以所持银行保险机构股权为股东自身及其关联方以外的债务提供担保,不得利用股权质押形式,代持银行保险机构股权、违规关联持股以及变相转让股权。

银行保险机构大股东应当及时、准确、完整地向银行保险机构告知其所持股权的质押和解质押信息，并由银行保险机构在公司年报中予以披露。

第十一条 银行保险机构大股东应当注重长期投资和价值投资，不得以投机套现为目的；应当维护银行保险机构股权结构的相对稳定，在股权限制转让期限内不得转让或变相转让所持有的银行保险机构股权，司法裁定、行政划拨或银保监会及其派出机构责令转让的除外。

第三章 治理行为

第十二条 银行保险机构大股东应当依照法律法规、监管规定和公司章程履职尽责，合法、有效参与公司治理，严禁滥用股东权利。

第十三条 银行保险机构大股东应当支持银行保险机构建立独立健全、有效制衡的公司治理结构，鼓励支持银行保险机构把党的领导与公司治理有机融合。

第十四条 银行保险机构大股东应当通过公司治理程序正当行使股东权利，维护银行保险机构的独立运作，严禁违规通过下列方式对银行保险机构进行不正当干预或限制，法律法规另有规定或经银保监会认可的情形除外：

（一）对股东（大）会和董事会决议设置前置批准程序；

（二）干预银行保险机构工作人员的正常选聘程序，或越过股东（大）会、董事会直接任免工作人员；

（三）干预银行保险机构董事、监事和其他工作人员的绩效评价；

（四）干预银行保险机构正常经营决策程序；

（五）干预银行保险机构的财务核算、资金调动、资产管理和费用管理等财务、会计活动；

（六）向银行保险机构下达经营计划或指令；

（七）要求银行机构发放贷款或者提供担保；

（八）要求保险机构开展特定保险业务或者资金运用；

（九）以其他形式干预银行保险机构独立经营。

第十五条 银行保险机构大股东可以委托代理人参加股东（大）会，但代理人不得为股东自身及其关联方、一致行动人、所提名董事和监事以外的人员。银行保险机构大股东不得接受非关联方、一致行动人的委托参加股东（大）会。

第十六条 银行保险机构大股东为股权投资基金等机构投资者的，应当向所持股权的最终受益人及银行保险机构披露其对银行保险机构的公司治理及投票政策，包括决定使用投票权的相关程序。

第十七条 银行保险机构大股东应当审慎行使对银行保险机构董事的提名权，确保提名人选符合相关监管规定。鼓励大股东通过市场化方式选聘拟提名董事的候选人，不断提高董事的专业水平。

第十八条 银行保险机构大股东提名的董事应当基于专业判断独立履职，公平对待所有股东，应当以维护银行保险机构整体利益最大化为原则进行独立、专业、客观决策，并对所作决策依法承担责任，不得损害银行保险机构和其他利益相关者的合法权益。

第十九条 银行保险机构大股东及其所在企业集团的工作人员，原则上不得兼任银行保险机构的高级管理人员。独资银行保险机构、监管部门认定处于风险处置和恢复期的银行保险机构以及大股东为中管金融企业的除外。

第二十条 银行保险机构大股东应当依法加强对其提名的董事和监事的履职监督，对不能有效履职的人员应当按照法律法规、银行保险机构章程规定和监管要求及时进行调整。

第四章 交易行为

第二十一条 银行保险机构大股东应当遵守法律法规和银保监会关于关联交易的相关规定，确保与银行保险机构之间交易的透明性和公允性。

第二十二条 银行保险机构大股东严禁通过下列方式与银行保险机构进行不当关联交易，或利用其对银行保险机构的影响力获取不正当利益：

（一）以优于对非关联方同类交易的条件获取贷款、票据承兑和贴现、债券投资、特定目的载体投资等银行授信；

（二）以优于对非关联方同类交易的条件与保险机构开展资金运用业务或保险业务；

（三）通过借款、担保等方式，非法占用、支配银行保险机构资金或其他权益；

（四）由银行保险机构承担不合理的或应由大股东及其关联方承担的相关费用；

（五）以优于对非关联方同类交易的条件购买、租赁银行保险机构的资产，或将劣质资产出售、租赁给银行保险机构；

（六）无偿或以优于对非关联方同类交易的条件使用银行保险机构的无形资产，或向银行保险机构收取过高的无形资产使用费；

（七）利用大股东地位，谋取属于银行保险机构的商业机会；

（八）利用银行保险机构的未公开信息或商业秘密谋取利益；

（九）以其他方式开展不当关联交易或获取不正当利益。

第二十三条 银行保险机构大股东应当充分评估与银行保险机构开展关联交易的必要性和合理性，严禁通过掩盖关联关系、拆分交易、嵌套交易拉长融资链条等方式规避关联交易审查。鼓励大股东减少与银行保险机构开展关联交易的数量和规模，增强银行保险机构的独立性，提高其市场竞争力。

第二十四条　银行保险机构大股东及其关联方与银行保险机构开展重大关联交易时，应当按照有关规定和监管要求配合提供相关材料，由银行保险机构按规定报告和披露。

第二十五条　银行保险机构大股东应当配合银行保险机构开展关联交易的动态管理，及时统计关联交易累计金额，监测是否符合关联交易集中度的有关规定，定期向银行保险机构提供与其开展关联交易的总体情况，并根据银行保险机构的预警提示及时采取相应措施。

第二十六条　银行保险机构大股东非公开发行债券的，银行保险机构不得为其提供担保，不得直接或通过金融产品购买。

第五章　责 任 义 务

第二十七条　银行保险机构大股东应当认真学习和执行银保监会的相关规定、政策，严格自我约束，践行诚信原则，善意行使大股东权利，不得利用大股东地位损害银行保险机构和其他利益相关者的合法权益。

第二十八条　银行保险机构发生重大风险事件或重大违法违规行为，被银保监会或其派出机构采取风险处置或接管等措施的，银行保险机构大股东应当积极配合开展风险处置，严格落实相关监管措施和要求，主动维护银行保险机构经营稳定，依法承担股东责任和义务。

第二十九条　银保监会及其派出机构依法对银行保险机构开展现场检查、调查的，银行保险机构大股东应当积极配合监管部门采取的有关措施，严格执行有关监管要求。

第三十条　银行保险机构大股东应当严格按照监管规定履行信息报送义务，制定并完善内部工作程序，明确信息报送的范围、内容、审核程序、责任部门等，保证信息报送及时、真实、准确、完整，不得有虚假记载、误导性陈述或者重大遗漏。

第三十一条　银行保险机构大股东应当积极配合银行保险机构做好声誉风险管理，引导社会正向舆论，维护银行保险机构品牌形象。

银行保险机构大股东监测到与其有关的、对银行保险机构可能产生重大影响的报道或者传闻时，应当及时向银行保险机构通报相关事项。

第三十二条　银行保险机构大股东应当加强其所持股的银行保险机构同其他小额贷款公司、担保公司等非持牌金融机构之间的风险隔离，不得利用银行保险机构名义进行不当宣传，严禁混淆持牌与非持牌金融机构之间的产品和服务，或放大非持牌金融机构信用，谋取不当利益。

第三十三条　银行保险机构大股东应当根据银行保险机构的发展战略、业务规划以及风险状况,支持银行保险机构编制实施资本中长期规划,促进银行保险机构资本需求与资本补充能力相匹配,保障银行保险机构资本持续满足监管要求。

第三十四条 银行保险机构大股东应当支持银行保险机构多渠道、可持续补充资本,优化资本结构,增强服务实体经济和抵御风险能力。

银保监会及其派出机构依法责令银行保险机构补充资本时,如银行保险机构无法通过增资以外的方式补充资本,大股东应当履行资本补充义务,不具备资本补充能力或不参与增资的,不得阻碍其他股东或投资人采取合理方案增资。

第三十五条 银行保险机构大股东应当支持银行保险机构根据自身经营状况、风险状况、资本规划以及市场环境调整利润分配政策,平衡好现金分红和资本补充的关系。银行保险机构存在下列情形之一的,大股东应支持其减少或不进行现金分红:

(一)资本充足率不符合监管要求或偿付能力不达标的;

(二)公司治理评估结果低于 C 级或监管评级低于 3 级的;

(三)贷款损失准备低于监管要求或不良贷款率显著高于行业平均水平的;

(四)银行保险机构存在重大风险事件、重大违法违规情形的;

(五)银保监会及其派出机构认为不应分红的其他情形。

第三十六条 银行保险机构大股东应当根据监管规定,就有关责任义务出具书面承诺,并积极履行承诺事项。大股东出具虚假承诺或未履行承诺事项的,银保监会可以约谈银行保险机构、大股东及其他相关人员,并在商业银行和保险公司股权管理不良记录中予以记录。

第三十七条 银行保险机构大股东应当鼓励支持全体股东,特别是中小股东就行使股东权利等有关事宜开展正当沟通协商,协调配合中小股东依法行使知情权或质询权等法定权利。

第三十八条 银行保险机构大股东应当支持中小股东获得有效参加股东(大)会和投票的机会,不得阻挠或指使银行保险机构阻挠中小股东参加股东(大)会,或对中小股东参加股东(大)会设置其他障碍。

第三十九条 银行保险机构大股东应当关注其他股东行使股东权利、履行股东义务的有关情况,发现存在损害银行保险机构利益或其他利益相关者合法权益的,应及时通报银行保险机构。银行保险机构应当按照法律法规和公司章程的规定及时采取相应措施,并向银保监会或其派出机构报告。

第六章 银行保险机构职责

第四十条 银行保险机构董事会应当勤勉尽责,并承担股权管理的最终责任。

银行保险机构董事长是处理银行保险机构股权事务的第一责任人。董事会秘书协助董事长工作，是处理股权事务的直接责任人。

第四十一条　银行保险机构应当加强股东股权管理和关联交易管理，重点关注大股东行为，发现大股东及其实际控制人存在涉及银行保险机构的违规行为时，应当及时采取措施防止违规情形加剧，并及时向银保监会或其派出机构报告。

第四十二条　银行保险机构应当坚持独立自主经营，建立有效的风险隔离机制，采取隔离股权、资产、债务、管理、财务、业务和人员等审慎措施，实现与大股东的各自独立核算和风险承担，切实防范利益冲突和风险传染。银保监会对银行保险机构监督管理另有规定的，从其规定。

第四十三条　鼓励银行保险机构制定大股东权利义务清单和负面行为清单。

权利义务清单应当明确大股东依法享有的股东权利和应当履行的责任义务；负面行为清单应当明确大股东不得利用股东地位开展的违规行为，以及存在违规行为时，将承担的法律责任和可能面临的监管处罚。

银行保险机构应当根据法律法规和监管政策及时更新权利义务清单和负面行为清单，充分运用公司章程，督促引导大股东严格依法依规行使股东权利，积极主动履行责任义务。

第四十四条　银行保险机构应当建立大股东信息档案，记录和管理大股东的相关信息，并通过询问股东、查询公开信息等方式，至少每半年一次，核实掌握大股东的控制权情况、与银行保险机构其他股东间的关联关系及一致行动情况、所持股权质押冻结情况，如发生变化，应按照有关规定及时、准确、完整地报告和披露相关信息。

第四十五条　银行保险机构董事会应至少每年一次，就大股东资质情况、财务状况、所持股权情况、上一年度关联交易情况、行使股东权利情况、履行责任义务和承诺情况、落实公司章程和协议条款情况、遵守法律法规和监管规定情况进行评估，并在股东(大)会上或通过书面文件进行通报，同时抄报银保监会或其派出机构。

银行保险机构对大股东进行评估时，可按照相关监管规定，对其他需要评估的股东进行同步评估，相关评估报告可合并报送银保监会或其派出机构。

第四十六条　银行保险机构在不涉及商业秘密的前提下，可以定期通报机构的治理情况、经营情况和相关风险情况，更好地保障中小股东、独立董事、外部监事、普通员工和金融消费者等利益相关方的知情权、质询权等相关权利，鼓励上述各利益相关方对大股东不当干预行为开展监督。

第四十七条　银行保险机构大股东滥用股东权利，给银行保险机构造成损失的，银行保险机构应当按照《中华人民共和国公司法》第二十条规定，要求大股东承担赔偿责任。大股东拒不配合承担赔偿责任的，银行保险机构应当积极采取有关措施，维护自身权益，并将相关情况报送银保监会或其派出机构。

第七章　监督管理

第四十八条　银保监会及其派出机构按照实质重于形式的原则，加强对银行保险机构大股东的穿透监管和审查，对涉及银行保险机构的违法违规行为依法采取监管措施。

第四十九条　银行保险机构大股东违反本办法规定的，银保监会及其派出机构可责令限期改正，并视情况采取约谈大股东及相关人员、公开质询、公开谴责、向其上级主管单位通报等措施。

第五十条　银行保险机构大股东或其控股股东、实际控制人违反本办法第七条、第八条、第十四条规定的，银保监会及其派出机构可依法限制其股东（大）会召开请求权、表决权、提名权、提案权、处分权等相关股东权利。

第五十一条　银行保险机构大股东及其关联方利用关联交易严重损害银行保险机构利益，危及资本充足率或偿付能力的，银保监会或其派出机构应当立即采取措施，限制或禁止银行保险机构与违规股东及其关联方开展关联交易，防止进一步损害银行保险机构利益。

第五十二条　银行保险机构违反本办法规定的，银保监会及其派出机构可责令限期改正，并根据违规情形调整银行保险机构公司治理评估结果、监管评级或采取其他监管措施。

第五十三条　对银行保险机构或其大股东违规行为负有直接责任或未履职尽责的银行保险机构工作人员，银保监会及其派出机构可采取以下措施，并依法追究相关人员责任：

（一）监管谈话或责令整改；

（二）行业警示通报或公开谴责；

（三）责令银行保险机构按照公司规定给予纪律处分、警告、罚款或调整职务；

（四）按管理权限通报其组织部门及纪检监察部门。

第五十四条　银行保险机构大股东及其控股股东、实际控制人违反本办法规定的，银保监会及其派出机构应当依据相关法律法规及时采取措施，并在商业银行和保险公司股权管理不良记录中及时、准确、完整记录。对违法违规情节严重且社会影响特别恶劣的大股东，银保监会依法予以处罚并视情形向社会公开通报。

第八章 附 则

第五十五条 银保监会批准设立的其他金融机构,参照适用本办法。法律法规及监管制度另有规定的,从其规定。

法律法规、监管制度及国有金融企业股权管理对国家财政部门、国务院授权投资机构、受财政部门委托管理国有金融资本的其他部门和机构、商业银行、保险集团(控股)公司、保险公司、外资法人机构以及经监管部门批准设立的金融控股公司作为银行保险机构股东另有规定的,从其规定。

第五十六条 本办法所称"以上"包括本数,"超过""低于"不包括本数。

第五十七条 本办法由银保监会负责解释。

第五十八条 本办法自公布之日起施行。

8.《中国银行保险监督管理委员会关于加强保险机构资金运用关联交易监管工作的通知》(2022 年 5 月 27 日)

一、总体要求

坚持以习近平新时代中国特色社会主义思想为指导,强力整治保险机构大股东或实际控制人、内部人等关联方通过关联交易挪用、侵占、套取保险资金,输送利益,转移财产,规避监管,隐匿风险等,坚持零容忍、重处罚、严监管,坚决遏制资金运用违法违规关联交易,推动保险行业高质量发展。

二、压实保险机构主体责任

(一)保险机构应当坚持党对金融工作的集中统一领导,发挥好党组织把方向、管大局、保落实作用,主动加强资金运用关联交易管理。

(二)保险机构开展资金运用关联交易应当遵守法律法规和监管规定,稳健审慎、独立运作,遵循诚实信用、公开公允、穿透识别、结构清晰的原则。保险机构关联方不得干预、操纵资金运用,严禁利用保险资金进行违法违规关联交易。

(三)保险机构应当在公司章程和制度中明确规定股东(大)会、董事会、监事会、经营管理层等在资金运用关联交易管理中的职责分工,确保权责清晰、职能明确、监督有效。

(四)保险机构应当按规定加强关联方的识别和管理,建立并及时更新关联方信息档案。同时应当建立关联方信息核验制度,借助公开渠道查询、书面问询、大数据识别等方式方法,及时核验、更新关联方信息档案。必要时可以聘请律师事务所等独立第三方机构进行关联方信息档案审核。

(五)保险机构应当加强对交易对手、受托人、中介服务机构等资金运用业务合作机构管理,建立健全合作机构管理制度,明确合作机构准入及退出标准,对合作机构实施名单制管理,明确双方在合规等方面的责任和义务。

（六）保险机构应当加强资金运用关联交易决策审批程序管理，严格执行决策审批流程、授权机制及回避机制，不得存在倒签、漏签、授权不符、未遵守回避原则等行为。

（七）保险机构应当按照银保监会有关监管规定，真实、准确、完整、规范、及时、逐笔在公司网站和中国保险行业协会网站发布资金运用关联交易信息披露公告，不得存在任何虚假记载、误导性陈述或重大遗漏。

法律法规和相关规定要求不得公开披露、无需披露、免于披露或豁免披露的资金运用关联交易信息，保险机构应当至少于信息披露规定期限前5个工作日，向银保监会书面说明情况。

（八）保险机构开展资金运用业务，不得存在以下行为：

1. 通过隐瞒或者掩盖关联关系、股权代持、资产代持、抽屉协议、阴阳合同、拆分交易、互投大股东等隐蔽方式规避关联交易审查或监管要求。

2. 借道不动产项目、非保险子公司、第三方桥公司、信托计划、资管产品投资、银行存款、同业拆借，或其他通道、嵌套方式变相突破监管限制，为关联方或关联方指定方违规融资。

3. 通过各种方式拉长融资链条、模糊业务实质、隐匿资金最终流向，为关联方或关联方指定方违规融资、腾挪资产、空转套利、隐匿风险等。

4. 其他违法违规关联交易情形。

（九）保险机构应当建立资金运用关联交易内部问责机制，明确问责标准、程序、要求。当事人存在受人胁迫、主动举报、配合查处有立功表现等情形的，可视情形予以从轻或者减轻责任追究。

（十）保险机构应当建立资金运用关联交易举报机制，明确举报奖励机制和举报人保护机制，鼓励客户、员工、合作机构、中小股东、债权人等利益相关方及社会公众人士向公司、行业自律组织、监管部门举报。

三、加强监督管理

（一）鼓励、指导和督促保险机构按照实质重于形式和穿透的原则开展资金运用关联交易合规管理的自查自纠。对自查自纠、主动整改到位的保险机构，可根据《中华人民共和国行政处罚法》视情形予以从轻、减轻行政处罚或者不予行政处罚。

（二）保险机构资金运用关联交易监管应当重点监测和检查以下机构和行为：

1. 以资本运作为主业的金控平台或隐形金控平台投资设立的保险机构；杠杆率高、资金流紧张、激进扩张的产业资本投资设立的保险机构；股权高度集中、运作不规范的保险机构；

2. 在高风险银行存款占比高、另类投资集中度高、关联交易金额大、资金运用关联交易比例高或关联交易信息披露异常的保险机构；

3. 关注银行存款、未上市企业股权、私募股权投资基金、信托计划等业务领域投资，穿透识别存在向关联方或关联方指定方违规提供融资、质押担保、输送利益、转移资产的行为；

4. 风险资产长期未计提减值、长期不处置不报告，通过续作等方式遮掩资产风险、延缓风险暴露的行为。

（三）鼓励保险机构股东、董事、监事、员工等利益相关方和社会公众向监管部门举报资金运用违法违规关联交易行为，对关联交易当事人主动举报、配合查处有立功表现等情形，可根据《中华人民共和国行政处罚法》视情形予以从轻或者减轻责任追究。研究建立资金运用违法违规关联交易监测平台、信访举报奖励机制和举报人保护机制。丰富和完善保险机构关联交易信息、数据搜集渠道，加大对关联交易信息、数据的审查分析力度。

（四）坚持双罚制原则，对涉及保险机构资金运用违法违规关联交易行为的机构和个人视情形依法采取以下措施：

1. 对违法违规股东及关联方，录入不良记录数据库、纳入不良股东名单、社会公开通报、限制或暂停关联交易、限制股东权利、责令转让股权、限制市场准入，督促或责令承担赔偿责任；

2. 对违法违规保险机构，逐次计算罚款金额，没收违法所得、限制业务范围、停止接受新业务、吊销业务许可证；

3. 对相关责任人特别是董事、监事、高级管理人员，警告、责令改正、记入履职记录并进行行业通报、罚款、撤销任职资格、禁止一定期限直至终身进入保险业，督促或责令承担赔偿责任；

4. 对配合保险机构开展资金运用违法违规关联交易的机构或个人，记录其不良行为，通报其行业主管部门；情节严重的，禁止保险机构与其合作，并建议有关监管部门依法给予行政处罚；

对违法违规情节严重、性质恶劣、屡查屡犯的保险机构和个人，从重处罚并进行行业通报和公开披露。

（五）保险机构监管部门要切实担负监管责任，进一步强化保险机构资金运用关联交易监管工作，督促本条线机构切实承担主体责任。加强与派驻保险机构的纪检监察机构、属地纪检监察机关、保险机构内部纪检机构、关联方纪检监察机构以及人民银行、公安部（局）等相关部门的工作联动。对于日常监管发现的保险机构人员、股东等相关人员违纪违法问题线索，及时向有权管理的纪检监察机关移交,及时跟进问责处理情况。对于违法违规开展关联交易构成犯罪的保险机构及相关责任人,移送司法机关,依法追究刑事责任。

四、充分发挥行业自律组织作用

(一)保险行业自律组织应当将保险机构资金运用关联交易行为纳入自律管理,建立健全资金运用关联交易自律规则、自律公约。研究制定保险机构资金运用关联交易管理制度及信息披露标准。研究建立违法违规关联交易社会举报监督机制、关联交易不良记录档案及黑名单。加强资金运用关联交易信息披露公告的质量监测和统计分析,及时将异常情况报告监管部门。依法依规开展自律监督检查、自律调查,督促机构整改规范。加大对违规开展资金运用关联交易或关联交易管理不审慎的保险机构的公开通报力度,视情况采取自律管理措施。

(二)保险行业自律组织要加强资金运用关联交易监管政策宣讲,开展资金运用关联交易合规管理经验交流与培训,切实提升从业人员资金运用关联交易合规意识,营造关联交易管理的合规文化。

(三)保险行业自律组织要加强舆论监督、风险监测与预警提示,加强与行业机构、保险资产登记交易平台等沟通协调和信息共享,及时掌握市场新情况。充分发挥自律管理职能,协助监管部门及时发现风险隐患和问题苗头。要加强与监管部门的沟通协作,及时移交自律监督检查、自律调查中发现的违法违规线索,提出监管检查建议。

9.《企业会计准则第36号——关联方披露》(财会〔2006〕3号)

第一章 总 则

第一条 为了规范关联方及其交易的信息披露,根据《企业会计准则－－基本准则》,制定本准则。

第二条 企业财务报表中应当披露所有关联方关系及其交易的相关信息。对外提供合并财务报表的,对于已经包括在合并范围内各企业之间的交易不予披露,但应当披露与合并范围外各关联方的关系及其交易。

第二章 关 联 方

第三条 一方控制、共同控制另一方或对另一方施加重大影响,以及两方或两方以上同受一方控制、共同控制或重大影响的,构成关联方。

控制,是指有权决定一个企业的财务和经营政策,并能据以从该企业的经营活动中获取利益。

共同控制,是指按照合同约定对某项经济活动所共有的控制,仅在与该项经济活动相关的重要财务和经营决策需要分享控制权的投资方一致同意时存在。

重大影响,是指对一个企业的财务和经营政策有参与决策的权力,但并不能够控制或者与其他方一起共同控制这些政策的制定。

第四条　下列各方构成企业的关联方：

（一）该企业的母公司。

（二）该企业的子公司。

（三）与该企业受同一母公司控制的其他企业。

（四）对该企业实施共同控制的投资方。

（五）对该企业施加重大影响的投资方。

（六）该企业的合营企业。

（七）该企业的联营企业。

（八）该企业的主要投资者个人及与其关系密切的家庭成员。主要投资者个人，是指能够控制、共同控制一个企业或者对一个企业施加重大影响的个人投资者。

（九）该企业或其母公司的关键管理人员及与其关系密切的家庭成员。关键管理人员，是指有权力并负责计划、指挥和控制企业活动的人员。与主要投资者个人或关键管理人员关系密切的家庭成员，是指在处理与企业的交易时可能影响该个人或受该个人影响的家庭成员。

（十）该企业主要投资者个人、关键管理人员或与其关系密切的家庭成员控制、共同控制或施加重大影响的其他企业。

第五条　仅与企业存在下列关系的各方，不构成企业的关联方：

（一）与该企业发生日常往来的资金提供者、公用事业部门、政府部门和机构。

（二）与该企业发生大量交易而存在经济依存关系的单个客户、供应商、特许商、经销商或代理商。

（三）与该企业共同控制合营企业的合营者。

第六条　仅仅同受国家控制而不存在其他关联方关系的企业，不构成关联方。

第三章　关联方交易

第七条　关联方交易，是指关联方之间转移资源、劳务或义务的行为，而不论是否收取价款。

第八条　关联方交易的类型通常包括下列各项：

（一）购买或销售商品。

（二）购买或销售商品以外的其他资产。

（三）提供或接受劳务。

（四）担保。

（五）提供资金（贷款或股权投资）。

（六）租赁。

（七）代理。

（八）研究与开发项目的转移。

（九）许可协议。

（十）代表企业或由企业代表另一方进行债务结算。

（十一）关键管理人员薪酬。

第四章 披 露

第九条 企业无论是否发生关联方交易，均应当在附注中披露与母公司和子公司有关的下列信息：

（一）母公司和子公司的名称。

母公司不是该企业最终控制方的，还应当披露最终控制方名称。

母公司和最终控制方均不对外提供财务报表的，还应当披露母公司之上与其最相近的对外提供财务报表的母公司名称。

（二）母公司和子公司的业务性质、注册地、注册资本（或实收资本、股本）及其变化。

（三）母公司对该企业或者该企业对子公司的持股比例和表决权比例。

第十条 企业与关联方发生关联方交易的，应当在附注中披露该关联方关系的性质、交易类型及交易要素。交易要素至少应当包括：

（一）交易的金额。

（二）未结算项目的金额、条款和条件，以及有关提供或取得担保的信息。

（三）未结算应收项目的坏账准备金额。

（四）定价政策。

第十一条 关联方交易应当分别关联方以及交易类型予以披露。

类型相似的关联方交易，在不影响财务报表阅读者正确理解关联方交易对财务报表影响的情况下，可以合并披露。

第十二条 企业只有在提供确凿证据的情况下，才能披露关联方交易是公平交易。

10.《保险公司信息披露管理办法》（中国银行保险监督管理委员会令 2018 年第 2 号）

第一章 总 则

第一条 为了规范保险公司的信息披露行为，保障投保人、被保险人、受益人以及相关当事人的合法权益，促进保险业健康发展，根据《中华人民共和国保险法》等法律、行政法规,制定本办法。

第二条　本办法所称保险公司,是指经中国银行保险监督管理委员会批准设立,并依法登记注册的商业保险公司。

本办法所称信息披露,是指保险公司向社会公众公开其经营管理相关信息的行为。

第三条　保险公司信息披露应当遵循真实、准确、完整、及时、有效的原则,不得有虚假记载、误导性陈述和重大遗漏。

保险公司信息披露应当尽可能使用通俗易懂的语言。

第四条　保险公司应当按照法律、行政法规和中国银行保险监督管理委员会的规定进行信息披露。

保险公司可以在法律、行政法规和中国银行保险监督管理委员会规定的基础上披露更多信息。

第五条　保险公司按照本办法拟披露的信息属于国家秘密、商业秘密,以及存在其他因披露将导致违反国家有关保密的法律、行政法规等情形的,可以豁免披露相关内容。

第六条　中国银行保险监督管理委员会根据法律、行政法规和国务院授权,对保险公司的信息披露行为进行监督管理。

第二章　信息披露的内容

第七条　保险公司应当披露下列信息:

(一)基本信息;

(二)财务会计信息;

(三)保险责任准备金信息;

(四)风险管理状况信息;

(五)保险产品经营信息;

(六)偿付能力信息;

(七)重大关联交易信息;

(八)重大事项信息;

(九)中国银行保险监督管理委员会规定的其他信息。

第八条　保险公司披露的基本信息应当包括公司概况、公司治理概要和产品基本信息。

第九条　保险公司披露的公司概况应当包括下列内容:

(一)公司名称;

(二)注册资本;

（三）公司住所和营业场所；

（四）成立时间；

（五）经营范围和经营区域；

（六）法定代表人；

（七）客服电话、投诉渠道和投诉处理程序；

（八）各分支机构营业场所和联系电话。

第十条 保险公司披露的公司治理概要应当包括下列内容：

（一）实际控制人及其控制本公司情况的简要说明；

（二）持股比例在5%以上的股东及其持股情况；

（三）近3年股东大会（股东会）主要决议，至少包括会议召开的时间、地点、出席情况、主要议题以及表决情况等；

（四）董事和监事简历；

（五）高级管理人员简历、职责及其履职情况；

（六）公司部门设置情况。

第十一条 保险公司披露的产品基本信息应当包括下列内容：

（一）审批或者备案的保险产品目录、条款；

（二）人身保险新型产品说明书；

（三）中国银行保险监督管理委员会规定的其他产品基本信息。

第十二条 保险公司披露的上一年度财务会计信息应当与经审计的年度财务会计报告保持一致，并包括下列内容：

（一）财务报表，包括资产负债表、利润表、现金流量表、所有者权益变动表和附注；

财务报表附注，包括财务报表的编制基础，重要会计政策和会计估计的说明，重要会计政策和会计估计变更的说明，或有事项、资产负债表日后事项和表外业务的说明，对公司财务状况有重大影响的再保险安排说明，企业合并、分立的说明，以及财务报表中重要项目的明细。

（二）审计报告的主要审计意见，审计意见中存在带强调事项段的无保留意见、保留意见、否定意见或者无法表示意见的，保险公司还应当就此作出说明。

实际经营期未超过3个月的保险公司年度财务会计报告可以不经审计。

第十三条 保险公司披露的上一年度保险责任准备金信息包括准备金评估方面的定性信息和定量信息。

保险公司应当按照准备金的类别提供以下说明：未来现金流假设、主要精算假设方法及其结果等。

保险公司应当按照准备金的类别列示准备金评估结果以及与前一年度评估结果的对比分析。

保险公司披露的保险责任准备金信息应当与财务会计报告相关信息保持一致。

第十四条　保险公司披露的风险管理状况信息应当与经董事会审议的年度风险评估报告保持一致，并包括下列内容：

（一）风险评估，包括保险风险、市场风险和信用风险等风险的敞口及其简要说明，以及操作风险、战略风险、声誉风险、流动性风险等的简要说明；

（二）风险控制，包括风险管理组织体系简要介绍、风险管理总体策略及其执行情况。

第十五条　人身保险公司披露的产品经营信息应当包括下列内容：

（一）上一年度原保险保费收入居前5位的保险产品的名称、主要销售渠道、原保险保费收入和退保金；

（二）上一年度保户投资款新增交费居前3位的保险产品的名称、主要销售渠道、保户投资款新增交费和保户投资款本年退保；

（三）上一年度投连险独立账户新增交费居前3位的投连险产品的名称、主要销售渠道、投连险独立账户新增交费和投连险独立账户本年退保。

第十六条　财产保险公司披露的产品经营信息是指上一年度原保险保费收入居前5位的商业保险险种经营情况，包括险种名称、保险金额、原保险保费收入、赔款支出、准备金、承保利润。

第十七条　保险公司披露的上一年度偿付能力信息是指经审计的第四季度偿付能力信息，至少包括核心偿付能力充足率、综合偿付能力充足率、实际资本和最低资本等内容。

第十八条　保险公司披露的重大关联交易信息应当包括下列内容：

（一）交易概述以及交易标的的基本情况；

（二）交易对手情况；

（三）交易的主要内容和定价政策；

（四）独立董事的意见；

（五）中国银行保险监督管理委员会规定的其他事项。

重大关联交易的认定和计算，应当符合中国银行保险监督管理委员会的有关规定。

第十九条　保险公司有下列重大事项之一的，应当披露相关信息并作出简要说明：

（一）控股股东或者实际控制人发生变更；

（二）更换董事长或者总经理；

（三）当年董事会累计变更人数超过董事会成员人数的三分之一；

（四）公司名称、注册资本、公司住所或者营业场所发生变更；

（五）经营范围发生变化；

（六）合并、分立、解散或者申请破产；

（七）撤销省级分公司；

（八）对被投资企业实施控制的重大股权投资；

（九）发生单项投资实际投资损失金额超过公司上季度末净资产总额5%的重大投资损失，如果净资产为负值则按照公司注册资本5%计算；

（十）发生单笔赔案或者同一保险事故涉及的所有赔案实际赔付支出金额超过公司上季度末净资产总额5%的重大赔付，如果净资产为负值则按照公司注册资本5%计算；

（十一）发生对公司净资产和实际营运造成重要影响或者判决公司赔偿金额超过5000万元人民币的重大诉讼案件；

（十二）发生对公司净资产和实际营运造成重要影响或者裁决公司赔偿金额超过5000万元人民币的重大仲裁事项；

（十三）保险公司或者其董事长、总经理受到刑事处罚；

（十四）保险公司或者其省级分公司受到中国银行保险监督管理委员会或者其派出机构的行政处罚；

（十五）更换或者提前解聘会计师事务所；

（十六）中国银行保险监督管理委员会规定的其他事项。

第三章　信息披露的方式和时间

第二十条　保险公司应当建立公司网站，按照本办法的规定披露相关信息。

第二十一条　保险公司应当在公司网站披露公司的基本信息。

公司基本信息发生变更的，保险公司应当自变更之日起10个工作日内更新。

第二十二条　保险公司应当制作年度信息披露报告，年度信息披露报告应当至少包括本办法第七条第（二）项至第（六）项规定的内容。

保险公司应当在每年4月30日前在公司网站和中国银行保险监督管理委员会指定的媒介上发布年度信息披露报告。

第二十三条　保险公司发生本办法第七条第（七）项、第（八）项规定事项之一的，应当自事项发生之日起10个工作日内编制临时信息披露报告，并在公司网站上发布。

临时信息披露报告应当按照事项发生的顺序进行编号并且标注披露时间,报告应当包含事项发生的时间、事项的起因、目前的状态和可能产生的影响。

第二十四条 保险公司不能按时进行信息披露的,应当在规定披露的期限届满前向中国银行保险监督管理委员会报告相关情况,并且在公司网站公布不能按时披露的原因以及预计披露时间。

第二十五条 保险公司网站应当保留最近5年的公司年度信息披露报告和临时信息披露报告。

第二十六条 保险公司在公司网站和中国银行保险监督管理委员会指定媒介以外披露信息的,其内容不得与公司网站和中国银行保险监督管理委员会指定媒介披露的内容相冲突,且不得早于公司网站和中国银行保险监督管理委员会指定媒介的披露时间。

第四章 信息披露的管理

第二十七条 保险公司应当建立信息披露管理制度并报中国银行保险监督管理委员会。信息披露管理制度应当包括下列内容:

(一)信息披露的内容和基本格式;

(二)信息的审核和发布流程;

(三)信息披露的豁免及其审核流程;

(四)信息披露事务的职责分工、承办部门和评价制度;

(五)责任追究制度。

保险公司修订信息披露管理制度后,应当在修订完成之日起10个工作日内向中国银行保险监督管理委员会报告。

第二十八条 保险公司拟披露信息属于豁免披露事项的,应当在豁免披露事项通过公司审核后10个工作日内向中国银行保险监督管理委员会报告。

豁免披露的原因已经消除的,保险公司应当在原因消除之日起10个工作日内编制临时信息披露报告,披露相关信息、此前豁免披露的原因和公司审核情况等。

第二十九条 保险公司董事会秘书负责管理公司信息披露事务。未设董事会的保险公司,应当指定公司高级管理人员负责管理信息披露事务。

第三十条 保险公司应当将董事会秘书或者指定的高级管理人员、承办信息披露事务的部门的联系方式报中国银行保险监督管理委员会。

上述情况发生变更的,保险公司应当在变更之日起10个工作日内向中国银行保险监督管理委员会报告。

第三十一条 保险公司应当在公司网站主页置顶的显著位置设置信息披露

专栏,名称为“公开信息披露”。

保险公司所有公开披露的信息都应当在该专栏下分类设置子栏目列示,一级子栏目名称分别为“基本信息”“年度信息”“重大事项”和“专项信息”等。其中,“专项信息”栏目下设“关联交易”“股东股权”“偿付能力”“互联网保险”“资金运用”“新型产品”“交强险”等二级子栏目。

上市保险公司可以在“投资者关系”栏目下披露本办法要求披露的相关内容。

第三十二条 保险公司应当加强公司网站建设,维护公司网站安全,方便社会公众查阅信息。

第三十三条 保险公司应当使用中文进行信息披露。同时披露外文文本的,中、外文文本内容应当保持一致;两种文本不一致的,以中文文本为准。

第五章 法律责任

第三十四条 保险公司有下列行为之一的,由中国银行保险监督管理委员会依据法律、行政法规进行处罚:

(一)未按照本办法的规定披露信息的;

(二)未按照本办法的规定报送或者保管报告、报表、文件、资料的,或者未按照规定提供有关信息、资料的;

(三)编制或者提供虚假的报告、报表、文件、资料的;

(四)拒绝或者妨碍依法监督检查的。

第三十五条 保险公司违反本办法规定的,中国银行保险监督管理委员会除按照本办法第三十四条的规定对该公司给予处罚外,对其直接负责信息披露的主管人员和其他直接责任人员依据法律、行政法规进行处罚。

第六章 附则

第三十六条 中国银行保险监督管理委员会对保险产品经营信息和其他信息的披露另有规定的,从其规定。

第三十七条 下列保险机构参照适用本办法,法律、行政法规和中国银行保险监督管理委员会另有规定的除外:

(一)保险集团(控股)公司;

(二)再保险公司;

(三)保险资产管理公司;

(四)相互保险组织;

(五)外国保险公司分公司;

(六)中国银行保险监督管理委员会规定的其他保险机构。

第三十八条 上市保险公司按照上市公司信息披露要求已经披露本办法规

定的相关信息的，可免予重复披露。

保险集团（控股）公司下属的保险公司已经按照本办法规定披露保险责任准备金信息、保险产品经营信息等信息的，保险集团（控股）公司可免于重复披露。

对于上述免于重复披露的内容，上市保险公司或者保险集团（控股）公司应当在公司网站和中国银行保险监督管理委员会指定的媒介上披露链接网址及其简要说明。

第三十九条　本办法由中国银行保险监督管理委员会负责解释。

第四十条　本办法自2018年7月1日起施行。原中国保险监督管理委员会2010年5月12日发布的《保险公司信息披露管理办法》（保监会令2010年第7号）、2010年6月2日发布的《关于实施〈保险公司信息披露管理办法〉有关问题的通知》（保监统信〔2010〕604号）同时废止。

典型案例

1. 华海财产保险股份有限公司违规未披露关联交易案（中国银行保险监督管理委员会行政处罚规定书，银保监罚决字〔2020〕65号）

【案情】2016年5～8月，华海财险相继向原保监会报送了增资申请材料，分别是华海〔2016〕195号和245号文，申请青岛神州万向文化传播有限公司（以下简称神州万向）增资6000万元，文件显示签发人为赵某某；华海〔2016〕303号和358号文，申请青岛乐保互联科技有限公司（以下简称乐保互联）增资1.2亿元，文件显示签发人为赵某某。经查，上述材料存在虚假的问题：一是原保监会2017年查实神州万向和乐保互联的纳税证明系伪造；乐保互联出具的关联关系声明反映其与华海财险其他股东、投资人无关联关系，但其股东王某和神州万向大股东邵某为夫妻关系，故乐保互联与神州万向有关联关系，其出具的关联关系声明与实际不符。二是2016年7月8日华海财险实际未召开临时股东大会，但乐保互联增资材料中的《临时股东大会关于增加注册资本金的决议》和《2016年临时股东大会关于修订〈公司章程〉的决议》却都记录该日期召开临时股东大会。赵某某对上述问题负有管理责任，属于直接负责的主管人员。

【认定】中国银保监会认定，上述未如实披露关联关系的信息等行为构成向监管部门提供虚假资料，违反了《保险法》第八十六条的规定。根据该法第一百七十条，对华海财险予以罚款50万元；根据该法第一百七十一条，对负有直接责任的主管人员赵某某予以警告并罚款10万元。

2. 珠江人寿保险股份有限公司关联方长期占有资金案（中国银行保险监督管理委员会行政处罚决定书，银保监罚决字〔2021〕3号）

【案情】截至2019年6月30日，珠江人寿涉及股东关联方的7个项目应收利息共计90笔，金额合计9.44亿元，其中10笔应收利息账龄达1年以上，金额合计1.13亿元。截至检查日，珠江人寿投资于宁波安昌基金、首泰仁基金的2笔项目投资资金合计18亿元，被股东关联方无偿占用超过2年。珠江人寿未针对此类资金占用问题建立相应的制度机制，未就投资本金、利息、罚息、违约金等归还事项与有关各方签订明确协议，也未就推动款项回收采取其他有效措施。上述行为不符合《保险资金运用管理办法》（保监会令〔2018〕1号）第五十八条、《保险公司关联交易管理办法》（银保监发〔2019〕35号）第二条①及《关于保险资金投资股权和不动产有关问题的通知》（保监发〔2012〕59号）第三项第1条的规定。

黎某某时任珠江人寿副总经理，分管投资管理中心，未尽到投资项目资金管控的责任；廖某某时任珠江人寿总经理助理、董事会秘书、财务负责人，负责财务核算与资金管理，未就推动款项回收采取有效措施。黎某某、廖某某对该违法行为负有直接责任。

【认定】中国银保监会认为，上述关联方长期占用保险资金的行为，违反了《保险法》第一百零六条的规定，构成违规使用保险资金。根据该法第一百六十四条，对珠江人寿罚款30万元；根据该法第一百七十一条，对黎某某警告并罚款7万元，对廖某某警告并罚款7万元。

3. 中国太平洋人寿保险股份有限公司未按规定回访违反信息披露管理案（中国保险监督管理委员会行政处罚决定书，银保监罚决字〔2016〕3号）

【案情】太保寿险对2015年上半年承保的一年期以上寿险新型产品保单未按照有关规定回访，部分保单存在犹豫期外回访的情况。时任太保寿险客户服务部总经理路某对上述违规行为负有直接责任。

【认定】中国保监会认为，太保寿险客户回访不符合规定的行为，违反了《人身保险新型产品信息披露管理办法》第十条有关规定。根据该办法第三十四条，决定对太保寿险罚款1万元，对路某警告并罚款1万元。

权威解读

保险公司的关联交易有可能损害小股东、投保人、被保险人、受益人的利益，

---

① 《保险公司关联交易管理办法》已失效，该条规定已经被前述《银行保险机构关联交易管理办法》（中国银行保险监督管理委员会令〔2022〕1号）第三条所吸收。——编者注

所以,为了防止保险公司的大股东、实际控制人、管理层通过不当关联交易输送利益,必须加强对保险公司交易信息的公开化管理,即应当建立保险公司关联交易信息披露制度。①

《保险法》第一百一十五条 【公平竞争】

第一百一十五条 保险公司开展业务,应当遵循公平竞争的原则,不得从事不正当竞争。

相关规定

1.《最高人民法院关于审理涉及保险公司不正当竞争行为的行政处罚案件时如何确定行政主体问题的复函》(法函〔2003〕65 号)

湖南省高级人民法院:

你院湘高法〔2003〕124 号《关于审理涉及保险公司不正当竞争行为的行政处罚案件如何确定监督检查主体的请示》收悉。经研究,答复如下:

经国务院批准、由国务院办公厅 2003 年 7 月 7 日印发的《中国保险监督管理委员会主要职责内设机构和人员编制规定》明确规定,中国保险监督管理委员会“依法对保险机构和保险从业人员的不正当竞争等违法、违规行为以及对非保险机构经营或变相经营保险业务进行调查、处罚”。这一规定与《中华人民共和国反不正当竞争法》的第三条第二款②有关“县级以上人民政府工商行政管理部门对不正当竞争行为进行监督检查”的规定并不矛盾。人民法院在审理涉及保险机构不正当竞争行为的行政处罚案件时,应当以中国保险监督管理委员会作为有权进行调查、处罚的主体。

我院以前的规定与本答复不一致的,以本答复为准。

2.《最高人民法院行政审判庭关于工商行政管理部门对保险机构不正当竞争行为是否有权查处的答复》

浙江省高级人民法院:

你院(2004)浙行他字第 8 号《关于工商行政管理部门对保险机构不正当竞争

---

① 参见安建主编:《中华人民共和国保险法(修订)释义》,法律出版社 2009 年版,第 162 页。

② 《中华人民共和国反不正当竞争法》第三条第二款规定:“县级以上人民政府工商行政管理部门对不正当竞争行为进行监督检查;法律、行政法规规定由其他部门监督检查的,依照其规定。”

行为是否有权查处的请示报告》收悉,经研究,答复如下:

关于工商行政管理部门对保险机构不正当竞争行为是否有行政管理权问题,在《中华人民共和国保险法》修改之前,依据《中华人民共和国反不正当竞争法》第三条第二款的规定,工商行政管理部门对保险机构不正当竞争行为具有行政管理权。此间,应当适用最高人民法院行政审判庭2000年4月19日作出的法行〔2000〕1号《关于对保险公司不正当竞争行为如何确定监督检查主体的答复》的规定。

在《中华人民共和国保险法》[①]修改之后,依据修改后的《中华人民共和国保险法》第八条的规定,保险监督管理委员会对保险机构不正当竞争行为具有监督管理权。应当适用最高人民法院法函〔2003〕65号《关于审理涉及保险公司不正当竞争行为的行政处罚案件时如何确定行政主体的复函》[②]的规定。

3.《最高人民法院关于学校向学生推销保险收取保险公司佣金入账的行为是否构成不正当竞争行为的答复》(〔2003〕行他字第21号)

黑龙江省高级人民法院:

你院(2003)黑行他字第3号《关于鹤岗铁路职工小学不服鹤岗市工商行政管理局行政处罚一案的请示报告》收悉。经研究答复如下:

根据《中华人民共和国反不正当竞争法》第八条第二款的规定,学校向学生推销保险收取保险公司佣金并入账的行为不宜视为不正当竞争行为。

4.《中国保险监督管理委员会关于明确保险机构不正当竞争行为执法主体的复函》(保监函〔2003〕744号)

杭州保监办:

你办《关于明确保险机构不正当竞争行为执法主体等问题的紧急请示》(保监浙发〔2003〕88号)收悉。经研究,答复如下:

保险业作为一个经营风险的特殊行业,承担着重要的社会管理职能。为防范和化解行业风险,国务院专门成立中国保监会作为保险业的主管机关,加强对保险业的统一监管。在中国保监会"三定"方案中,明确规定中国保监会承担"依法

---

① 此处系指2002年版保险法。2002年《保险法》第八条规定:"保险公司开展业务,应当遵循公平竞争的原则,不得从事不正当竞争。"第九条规定:"国务院保险监督管理机构依照本法负责对保险业实施监督管理。"

② 该复函已经失效。依据《最高人民法院关于废止部分司法解释和司法解释性质文件(第十二批)的决定》(法释〔2017〕17号,2017年5月8日最高人民法院审判委员会第1716次会议通过,自2017年10月1日起施行),《最高人民法院行政审判庭关于对保险公司不正当竞争行为如何确定监督检查主体的答复》(2000年4月19日,法行〔2000〕1号)废止,已被《最高人民法院关于审理涉及保险公司不正当竞争行为的行政处罚案件时如何确定行政主体问题的复函》代替。——编者注

对保险企业的经营活动进行监督管理和业务指导，维护保险市场秩序，依法查处保险企业违法违规行为”的任务。

《反不正当竞争法》第三条第二款规定“县级以上人民政府工商行政管理部门对不正当竞争行为进行监督检查”，但“法律、行政法规规定由其他部门监督检查的，依照其规定”。因此，特殊行业的不正当竞争行为应当依据法律、行政法规，由专门部门监督检查。《保险法》第八条规定“保险公司开展业务，应当遵循公平竞争的原则，不得从事不正当竞争”，第九条同时规定了“国务院保险监督管理机构依照本法负责对保险业实施监督管理”，从法律上进一步明确了保监会对保险业不正当竞争行为的监管职责。

因此，对当地保险机构的不正当竞争行为应由保监办进行统一的监督检查，必要的时候可以请当地工商部门配合工作。请你办及时向省委、省政府报告并取得支持，妥善处理好保险监管机构与工商行政管理部门的业务分工，更好地规范保险市场秩序，促进保险业的持续健康发展。请将有关进展随时向我会报告。

关于航意险共保的问题，请你办按照《保险法》的有关规定妥善处理。

权威解读

市场经济条件下，保险公司应当在法律、行政法规许可的范围内开展业务活动，不得违反法律、行政法规的规定和商业道德，从事不正当竞争行为。《反不正当竞争法》对不正当竞争行为作了规定，违反这些规定的，将被依法追究法律责任。维护公平竞争的保险市场秩序是保险监督管理机构的重要监督管理职责之一。①

《保险法》第一百一十六条　【保险公司及其工作人员的禁止性行为】

第一百一十六条　保险公司及其工作人员在保险业务活动中不得有下列行为：

（一）欺骗投保人、被保险人或者受益人；

（二）对投保人隐瞒与保险合同有关的重要情况；

（三）阻碍投保人履行本法规定的如实告知义务，或者诱导其不履行本法规定的如实告知义务；

（四）给予或者承诺给予投保人、被保险人、受益人保险合同约定以外的保险

① 参见安建主编：《中华人民共和国保险法（修订）释义》，法律出版社2009年版，第169页。

费回扣或者其他利益；

（五）拒不依法履行保险合同约定的赔偿或者给付保险金义务；

（六）故意编造未曾发生的保险事故、虚构保险合同或者故意夸大已经发生的保险事故的损失程度进行虚假理赔，骗取保险金或者牟取其他不正当利益；

（七）挪用、截留、侵占保险费；

（八）委托未取得合法资格的机构从事保险销售活动；

（九）利用开展保险业务为其他机构或者个人牟取不正当利益；

（十）利用保险代理人、保险经纪人或者保险评估机构，从事以虚构保险中介业务或者编造退保等方式套取费用等违法活动；

（十一）以捏造、散布虚假事实等方式损害竞争对手的商业信誉，或者以其他不正当竞争行为扰乱保险市场秩序；

（十二）泄露在业务活动中知悉的投保人、被保险人的商业秘密；

（十三）违反法律、行政法规和国务院保险监督管理机构规定的其他行为。

相关规定

《保险法》

第一百一十一条 保险公司从事保险销售的人员应当品行良好，具有保险销售所需的专业能力。保险销售人员的行为规范和管理办法，由国务院保险监督管理机构规定。

第一百六十一条 保险公司有本法第一百一十六条规定行为之一的，由保险监督管理机构责令改正，处五万元以上三十万元以下的罚款；情节严重的，限制其业务范围、责令停止接受新业务或者吊销业务许可证。

第一百七十一条 保险公司、保险资产管理公司、保险专业代理机构、保险经纪人违反本法规定的，保险监督管理机构除分别依照本法第一百六十条至第一百七十条的规定对该单位给予处罚外，对其直接负责的主管人员和其他直接责任人员给予警告，并处一万元以上十万元以下的罚款；情节严重的，撤销任职资格。

典型案例

违反《保险法》第一百一十六条规定的保险公司及其工作人员禁止性行为，受到行政处罚的案例较多，主要有以下几种类型：

（一）欺骗投保人、被保险人或受益人（此类处罚案例最为常见）

1. 新华人寿保险股份有限公司培训课件中夸大保险责任欺骗投保人案（中国保险监督管理委员会行政处罚决定书，银保监保罚决字〔2018〕1号）

【案情】新华人寿存在以下欺骗投保人的情形：一是新华人寿市场部制作的《健康福星增额（2014）重大疾病保险产品培训课程》培训课件含有夸大保险责任的表述，并将之挂于内网，供公司内外勤及销售人员使用。2016年10月至2017年10月，累计销售该保险保单98,260件，涉及保费33,042万元。二是新华人寿银行业务管理部制作的《华实人生终身年金保险培训课件》部分表述与华实人生终身年金保险条款规定不一致，并于内网下发，供各分公司内外勤及销售人员使用。2017年9～10月，累计销售该保险保单217件，涉及保费566万元。三是新华人寿银行业务管理部制作的惠添宝年金保险计划种子讲师传承课程（外训）课件没有明确说明保单利益的不确定性，并于内网下发，供各分公司内外勤及销售人员使用。2017年4～10月，累计销售该保险保单73,277件，涉及保费159,434.7万元。

时任新华人寿市场部总经理罗某某，时任新华人寿总裁助理、副总裁李某，时任新华人寿银行业务管理部总经理秦某，时任新华人寿副总裁于某某，分别对上述相关违法行为负直接责任。

李某提出申辩，涉案课件制作时，李某尚未到总公司任职，且其不分管相关部门，故李某对课件制作和相关部门引用涉案课件不承担责任，申请免予处罚。

【认定】中国保监会经复核认为，对李某进行处罚的事实是“使用”而非“制作”涉案课件，故对相关意见不予采纳。同时，对李某不分管相关部门的申辩意见予以采纳。综上，新华人寿欺骗投保人的行为违反《保险法》第一百一十六条的规定，根据该法第一百六十一条的规定，对新华人寿罚款30万元；根据该法第一百七十一条的规定，对李某处以警告并罚款8万元，对于某某处以警告并罚款10万元，对罗某某处以警告并罚款10万元，对秦某处以警告并罚款10万元。

2. 信美人寿保险相互社“相互保”业务欺骗投保人等保险消费者案（中国银行保险监督管理委员会行政处罚决定书，银保监罚决字〔2019〕3号）

【案情】信美人寿保险相互社（以下简称信美人寿）在“相互保”业务中向保险消费者传达“相互保”产品依法合规的错误信息，以及第一年参与成员分摊金额仅需一两百元的误导信息。时任董事长杨某和时任副总经理兼总精算师曾某对上述违法行为负有直接责任。

信美人寿、杨某和曾某提出陈述申辩，申请免予、从轻或减轻行政处罚：一是信美人寿认为关于产品备案的宣传是对客观事实的陈述，预估第一年参与成员的分摊金额在一两百元左右是合理的。二是杨某认为其并非“相互保”项目的分管领导,其作为董事长的职责不包括日常具体的项目经营管理,不属于直接负责的主管人员和其他直接责任人员。三是曾某认为其为“相互保”项目的分管领导而非负责人,不应承担“相互保”业务开展涉嫌违规操作的执行责任。

【认定】中国银保监会经复核认为,“相互保”业务存在未按照规定使用经批准或者备案的保险条款、保险费率的问题,宣传产品经过备案时向消费者传达产品依法合规的错误信息;“相互保”采用后付费的方式导致分摊金额存在不确定性,向消费者传达第一年参与成员分摊金额仅需一两百元的信息存在误导性。从检查调取的会议纪要和调查笔录看,杨某牵头参与了“相互保”项目的重大决策,曾某作为“相互保”项目的分管领导,均对违法行为负有直接责任。综上,对当事人的申辩意见不予采纳。

信美人寿欺骗投保人、被保险人或者受益人的行为,违反了《保险法》第一百一十六条的规定,根据该法第一百六十一条的规定,对信美人寿处以罚款25万元;根据该法第一百七十一条的规定,对杨某给予警告并处罚款5万元,对曾某给予警告并处罚款7万元。

3. 中国大地财产保险股份有限公司电话销售欺骗投保人案(中国保险监督管理委员会行政处罚决定书,保监罚〔2016〕6号)

【案情】2014~2015年,中国大地财产保险有限公司(以下简称大地财险)在车险电话销售业务经营中,存在公司销售人员使用与事实不符表述向投保人促销等欺骗投保人的行为,公司制定的电销公共话术样版存在大量与上述不实宣传相类似的表述。时任大地财险电商事业部总经理赵某东、时任大地财险电商事业部副总经理(主持工作)段某平、时任大地财险副总经理尚某涛对上述违法行为负有直接责任。

【认定】中国保监会认为,大地财险电话销售欺骗投保人的行为,违反了《保险法》第一百一十六条的有关规定。根据该法第一百六十一条的规定,对大地财险罚款25万元;根据该法第一百七十一条的规定,对赵某东处以警告并罚款8万元,对段某平处以警告并罚款5万元,对尚某涛处以警告并罚款5万元。

4. 众安在线财产保险股份有限公司网销欺骗投保人案(中国银行保险监督管理委员会行政处罚决定书,银保监罚决字〔2021〕33号)

【案情】众安在财产保险股份有限公司(以下简称众安财险)的自营网络平台宣传销售页面存在欺骗投保人的行为。众安财险在自营网络平台——官网和众安保险App上销售的“尊享e生医疗险2017”“尊享e生旗舰版”“女性尊享百万意外险”等5种产品的宣传销售用语与条款或事实不符。

众安财险的第三方平台宣传销售页面存在欺骗投保人的情形。众安财险通过第三方网络平台销售"重疾险""600万元医疗保障"的宣传销售用语与事实不符。

时任众安财险总经理陈某,全面负责公司日常管理工作,对上述行为负有直接管理责任。时任众安财险副总经理姜某,作为健康险事业部分管领导,对上述行为负有直接管理责任。时任众安财险健康险事业部负责人刘某姣,作为健康险事业部直接负责的主管人员,对上述行为负有直接责任。

【认定】中国银保监会认为,上述自营网络平台宣传销售页面欺骗投保人的行为,违反《保险法》第一百一十六条的规定,根据《保险法》第一百六十一条的规定,对众安财险罚款30万元。

上述第三方平台宣传销售页面欺骗投保人的行为,违反《保险法》第一百一十六条规定,根据《保险法》第一百六十一条的规定,对众安财险罚款30万元。

5. 中国人民人寿保险股份有限公司等电销、网销欺骗投保人案(中国银行保险监督管理委员会行政处罚决定书,银保监罚决字〔2020〕1号)

【案情】中国人民人寿保险股份有限公司(以下简称人保寿险)存在以下违法违规行为:

一是电销业务欺骗投保人行为。2017年1月至2018年6月,人保寿险河北电销中心、成都电销中心、郑州电销中心、重庆电销中心、深圳电销中心、广东电销中心经电销渠道销售的部分保单,存在与事实不符的宣传等欺骗投保人行为。时任人保寿险总公司副总裁张某廷,对上述违法行为负有直接管理责任。时任人保寿险总公司电子商务部总经理王某,对上述违法行为负有直接责任。时任河北电销中心副总经理(主持工作)郑某林、成都电销中心副总经理(主持工作)邓某川、郑州电销中心副总经理(主持工作)刘某良、重庆电销中心总经理肖某、深圳电销中心经理姜某川、广东电销中心总经理黄某军作为上述电销中心直接负责的主管人员,对上述违法行为负有直接责任。

二是网销业务欺骗投保人行为。人保寿险通过支付宝平台销售的"100万元自驾车两全险"产品存在不实宣传的问题。"100万元自驾车两全险"产品销售页面对"非意外身故/全残"的保险责任描述的部分内容在合同条款中并无规定;对"意外住院津贴补助"的保险责任仅进行了片面描述,与合同条款不一致;对满期返还描述为"所交保费+5%利息"。时任人保寿险总公司副总裁张某廷,对上述违法行为负有直接管理责任。时任人保寿险总公司电子商务部总经理王某,对上述违法行为负有直接责任。

人保寿险总公司提出陈述申辩,请求从轻、减轻或免予处罚:一是上述各项违法行为,均属于分支机构问题。总公司负责制度建设、分支机构负责具体执行,分支机构违法不应归咎于总公司,总公司领导和部门负责人对违法事实有间接督导责任,不应承担直接责任。二是在检查组指出上述各项违法问题后,公司立查立改,且公司或个人无主观故意,属于相关人员对制度理解不深、操作不规范、系统功能不完善、市场规模扩大导致无法确保所有客户信息数据真实等客观因素。三是电网销违法问题属于同一违法行为,请求合并处罚。

【认定】中国银保监会经复核认为,一是总公司不仅负有制度建设职责,还应承担制度在下级机构落实的督导责任。上述各项违法问题并非个例,检查组抽查了人保寿险广东、山西、黑龙江、河南、贵州等多家下级机构,均查实存在上述情况,表明问题具有普遍性、持续性,并非仅属于“部分机构执行不到位”,其根源是总公司对下级机构制度执行及落实情况不重视、不作为,没有切实履行总公司对下级机构的指导和监督职责,应对上述违法违规事实承担直接责任。二是根据《中华人民共和国行政处罚法》等有关规定,立查立改、无主观故意、政策理解不到位、操作不规范、系统不完善、公司无法避免违法违规等,不能作为从轻、减轻或免予处罚的理由。在对人保寿险的检查中,先安排部分银保监局对人保寿险分支机构开展检查,发现问题后公司才开展整改,虽整改早于进场总公司时间,但晚于对公司实施现场检查时间,不应作为进场前整改。此外,公司整改后问题仍存在,说明整改走形式、效果差。三是电网销业务针对不同保险产品、面对不同客户群体,违法违规行为表现形式也存在差异,不属于同一违法行为,应分别进行处罚。因此,对人保寿险总公司的陈述申辩意见不予采纳。

综上,上述电销欺骗投保人行为,违反《保险法》第一百一十六条的规定,根据《保险法》第一百六十一条的规定,对人保寿险总公司予以罚款30万元,对河北电销中心予以罚款20万元,对成都电销中心予以罚款15万元,对郑州电销中心予以罚款15万元,对重庆电销中心予以罚款10万元,对深圳电销中心予以罚款10万元,对广东电销中心予以罚款10万元;根据《保险法》第一百七十一条的规定,对郑某林予以警告并罚款7万元,对邓某川、刘某良分别予以警告并罚款5万元,对肖某、姜某川、黄某军分别予以警告并罚款2万元。

上述网销欺骗投保人行为,违反《保险法》第一百一十六条的规定,根据《保险法》第一百六十一条的规定,对人保寿险总公司予以罚款30万元;根据《保险法》第一百七十一条的规定,对张某廷、王某分别予以警告并罚款10万元。

6. 中美联泰大都会人寿保险有限公司电话销售欺骗投保人案(中国保险监督管理委员会行政处罚决定书,保监罚〔2017〕41号)

【案情】中美联泰大都会人寿保险有限公司(以下简称中美联泰)存在未有效履行管理责任、电话销售欺骗投保人的违法行为。中国保监会对中美联泰2015

年签单的电话销售保单业务进行检查中，随机抽查其下属的8家分公司的电话销售中心，均发现存在电话销售欺骗投保人的违法行为，且违规保单占比较高。同时，中美联泰总公司负责电销业务的经营和发展，统一制定各类产品话术，建立电话销售质量检测体系等，检查发现总公司在销售业务品质管理等内控方面存在诸多问题。综上，中美联泰总公司对多个电话销售中心普遍存在的欺骗投保人问题负有直接责任。时任中美联泰副总经理李某对上述违法行为负有直接责任。

【认定】中国保监会认为，中美联泰上述电话销售欺骗投保人的行为，违反了《保险法》第一百一十六条的规定，根据《保险法》第一百六十一条的规定，对中美联泰予以罚款25万元；根据《保险法》第一百七十一条的规定，对李某予以警告并罚款8万元。

7. 华安财产保险股份有限公司电话销售欺骗投保人案[①]（中国保险监督管理委员会行政处罚决定书，保监罚〔2017〕29号）

【案情】华安财产保险股份有限公司（以下简称华安财险）存在电话销售欺骗投保人的违法行为。2015年华安财险在开展电话销售业务经营中，公司销售人员存在电话销售欺骗投保人的违法行为，主要表现为对与保险业务相关的法律、法规、政策作虚假宣传，对保险产品情况进行不实宣传，对保险公司情况进行不实宣传等。时任华安财险创新业务事业部总经理宋某对上述违规问题负有直接责任。

【认定】中国保监会认为，华安财险上述电话销售欺骗投保人的行为，违反了《保险法》第一百一十六条的规定，根据《保险法》第一百六十一条的规定，对华安财险予以罚款15万元；根据《保险法》第一百七十一条的规定，对宋某予以警告并罚款5万元。

8. 民生人寿保险股份有限公司北京分公司将购买保险与办理贷款捆绑等欺骗投保人、被保险人或受益人及虚列营业费用案（中国保险监督管理委员会行政处罚决定书，保监罚〔2015〕22号）

【案情】2012～2013年，中国民生银行股份有限公司北京阜成门支行（以下简称民生银行阜成门支行）代理销售民生人寿保险股份有限公司（以下简称民生人

---

① 保险公司在电话销售中违背事实、夸大宣传，欺骗投保人的情形，在此类行政处罚中尤为常见。除前述已列举的案例外，同期还有对紫金财产保险股份有限公司处罚（中国保险监督管理委员会行政处罚决定书，保监罚〔2018〕4号）；对中华联合财产保险股份有限公司处罚（中国保险监督管理委员会行政处罚决定书，保监罚〔2017〕28号）；对招商信诺人寿保险有限公司处罚（中国保险监督管理委员会行政处罚决定书，保监罚〔2017〕47号）；对中国人寿财产保险股份有限公司处罚（中国保险监督管理委员会行政处罚决定书，保监罚〔2017〕16号）；对太平财产保险有限公司处罚（中国保险监督管理委员会行政处罚决定书，保监罚〔2017〕15号）；对光大永明人寿保险有限公司处罚（中国保险监督管理委员会行政处罚决定书，保监罚〔2017〕32号）。

寿）北京分公司保险产品，在产品销售过程中，民生银行阜成门支行工作人员与民生人寿北京分公司银保专管员存在将购买保险产品与办理银行贷款进行捆绑、承诺贷款终止后可全额退还保费、承诺缴费后可按比例返还保费等问题。

2013 年，民生人寿北京分公司在未发生真实业务活动的情况下，通过银行网点拜访费用等名义虚假列支业务及管理费 265,137.89 元，用于弥补银保渠道 53 件非正常退保保单客户实际领取退保金与正常退保金之间的部分差额。

时任民生人寿北京分公司总经理助理张某华负责分管银保渠道，对上述违法行为负有直接责任。

张某华提出申辩，对欺骗投保人、被保险人或者受益人行为，认为所涉保单是公司的商贷通业务，该项业务不是其管辖范围，不应对其予以处罚；虚列费用是公司为解决非正常退保问题而产生的违法行为，并非其个人行为，请求减轻处罚。

【认定】中国保监会经复核认为，一是商贷通业务归属民生人寿北京分公司银保渠道，在费用和考核等方面与其他银保业务同样管理，张某华对在银保渠道长期发生的相关销售误导行为应当承担相应责任。二是虚列费用违法行为事实清楚、证据确凿，张某华没有法定从轻或减轻的事由，其作为公司银保渠道分管负责人，对发生在该渠道的虚列费用行为应当承担责任。

综上，民生人寿北京分公司欺骗投保人、被保险人或者受益人的行为，违反了《保险法》（2009 年修订）第一百一十六条的规定，根据该法第一百六十二条的规定，对民生人寿北京分公司处以罚款 30 万元；根据该法第一百七十三条的规定，[1]对张某华处以警告并罚款 3 万元。同时，对民生人寿北京分公司虚列营业费用的行为，依法对民生人寿北京分公司处以罚款 30 万元，对张某华处以警告并罚款 5 万元。

（二）给予投保人、被保险人、受益人合同约定以外的回扣或其他利益（此类处罚案例也较多见）

1. 华贵人寿保险股份有限公司给予投保人合同以外利益案（中国银行保险监督管理委员会行政处罚决定书，银保监罚决字〔2019〕1 号）

【案情】2017 年 7～8 月，华贵人寿保险股份有限公司（以下简称华贵人寿）在银保业务经营过程中，制订并执行营销方案，向投保人赠送价值合计 105.76 万元的飞天茅台白酒，涉及保费 11,199 万元。时任华贵人寿总经理助理杨某燕、银保部副总

---

① 经过 2014 年、2015 年两次修正后，《保险法》（2009 年修订）第一百一十六条予以保留，沿用为现行《保险法》第一百一十六条；《保险法》（2009 年修订）第一百六十二条调整为现行《保险法》第一百六十一条；《保险法》（2009 年修订）第一百七十三条调整为现行《保险法》第一百七十一条。——编者注

经理王某军、银保部销售支持处负责人段某对上述违法行为负有直接责任。

【认定】中国银保监会认为，华贵人寿给予投保人保险合同约定以外的其他利益的行为违反了《保险法》第一百一十六条的规定。根据该法第一百六十一条的规定，对华贵人寿罚款30万元；根据该法第一百七十一条的规定，对杨某燕处以警告并罚款10万元，对王某军处以警告并罚款10万元，对段某处以警告并罚款3万元。

2. 中信保诚人寿保险有限公司违规为客户提供海外体检案（中国银行保险监督管理委员会行政处罚决定书，银保监罚决字〔2022〕1号）

【案情】2017年至2019年8月，中信保诚人寿保险有限公司（以下简称中信保诚人寿）向部分客户提供海外（境外）体检服务，体检相关费用包含往返机票、住宿、自由行和餐饮等，属于向投保人、被保险人、受益人提供保险合同约定以外的其他利益。其间，银保渠道参加日本体检的客户70名，涉及保单86件，体检费用271.69万元；参加台湾地区体检的客户2名，涉及保单2件，体检费用5.96万元。个险营销渠道参加台湾地区体检的客户5名，涉及保单10件，体检费用15.4万元；参加日本体检的客户2名，涉及保单3件，体检费用6.05万元。时任总经理助理、银保业务部负责人任某，时任客户市场部负责人季某弋均在相关签报上签批，对上述违法行为负有直接责任。

任某提出申辩，一是其本人无主观过错，对于违法违规行为已经整改，且未造成危害后果；二是提供海外（境外）体检服务，符合最新监管精神，符合行业趋势与公司精细化管理要求；三是银保业务部不是负责海外体检等增值服务体系的主管部门，其本人不是增值服务体系管理责任人，不应负直接责任。

季某弋提出申辩，一是其本人签批涉及的海外（境外）体检客户数占比较小；二是其本人不是首次提供海外（境外）体检服务的发起者；三是其本人无主观过错，对于违法违规行为已经整改，且未造成危害后果。

【认定】中国银保监会经复核认为，一是任某陈述的无主观过错缺乏证据支持，提出的违法行为已整改、未造成危害后果等，不必然构成依法减轻或免予处罚的理由。二是为客户提供机票、住宿和自由行费用等其他利益，超出了健康体检服务范围。三是根据检查事实，银保业务部是海外（境外）体检的策划和组织实施部门，任某时任银保业务部负责人，是该事项的直接责任人。

对于季某弋提出的申辩意见，经复核认为，一是季某弋所在的客户市场部提供的海外体检客户虽相对较少，但不影响行为定性。二是季某弋不是违法违规行为的首次发起者，不影响行为定性。三是季某弋陈述的无主观过错缺乏证据支持，提出的违法行为已整改、未造成危害后果等，不必然构成依法减轻或免予处罚的理由。

综上，中信保诚人寿上述向投保客户提供海外（境外）体检项目行为，违反了《保险法》第一百一十六条的规定，根据该法第一百六十一条的规定，对中信保诚人寿处以罚款30万元；根据该法第一百七十一条的规定，对任某、季某弋处以警告并分别罚款10万元。

3. 阳光财产保险股份有限公司违规赠送加油卡案（中国保险监督管理委员会行政处罚决定书，保监罚〔2015〕20号）

【案情】在2015年1月1日至4月30日期间，阳光财产保险股份有限公司（以下简称阳光财险）在山东烟台和威海的车险电网销业务经营中，给予投保人保险合同约定以外的加油卡赠礼，涉及车辆10,061辆，金额合计518.47万元。时任阳光财险互联网事业部总经理刘某、时任阳光财险互联网事业部总经理助理车某对上述违法行为负有直接责任。

【认定】中国保监会认为，阳光财险给予投保人保险合同约定以外的其他利益的行为，违反了《保险法》第一百一十六条的规定。根据该法第一百六十一条的规定，对阳光财险罚款30万元；根据该法第一百七十一条的规定，对刘某给予警告并罚款10万元，对车某给予警告并罚款8万元。

4. 王某君向投保人赠送黄金及欺骗投保人案（中国银行保险监督管理委员会行政处罚决定书，银保监罚决字〔2019〕16号）

【案情】王某君时任阳光人寿保险股份有限公司呼和浩特中心支公司（以下简称阳光人寿呼和浩特中支）工作人员。2016～2017年，投保人在购买阳光财富年金保险B款（分红型）、阳光人寿附加相伴年金保险（万能型）两款保险产品时，王某君向投保人赠送黄金和金币。2016年，王某君向投保人销售上述两款保险产品时，未如实告知实际保险期限及保单收益。

王某君提出申辩，请求依法撤销或改变处罚：一是在向投保人销售产品时，完全遵守了阳光人寿呼和浩特中支的培训要求，不存在未如实告知实际保险期限及保单收益的情形。投保人作为完全民事行为能力人，可以按照自己的意思独立签订《投保书》。二是由于投保人索要黄金和金币在先，虽然知晓礼品赠送属违法违规行为，但考虑后续的业绩和合作关系才为之，并且是在签订《投保书》后，按照阳光人寿呼和浩特中支的安排实施。三是其不存在严重违规情形，也未对投保人造成严重民事损害。

【认定】中国保监会经复核认为，一是调查证明，王某君向投保人销售保险产品时，告知投保人产品期限为5年、承诺保单年收益5.5%，但产品实际期限为“至100周岁保单周年日”，保单收益为不确定。因此，不论投保人是否为完全民事行为能力人，王某君欺骗投保人的事实清楚无误。二是王某君明知向投保人赠送礼品属违法违规行为，依然实施上述行为，投保人是否向其索要礼品不影响对其违法行为的认定。三是由于王某君销售产品等行为造成较为严重的社会影响，本案除追究公司责任外，也应追究王某君相应的责任，对其处罚并无不当。因此，对王某君的陈述申辩意见不予采纳。

综上，王某君欺骗投保人的行为，违反《保险法》第一百一十六条的规定，根据该法第一百七十七条的规定，给予王某君禁止进入保险业1年的处罚。同时，王某君给予投保人保险合同约定以外利益的行为，违反《保险法》第一百一十六条的规定，根据该法第一百七十七条的规定，给予王某君禁止进入保险业1年的处罚。综上，给予王某君禁止进入保险业2年的处罚。

5. 中国平安财产保险股份有限公司东莞分公司、济南第一中心支公司违规给予合同以外利益案（中国银行保险监督管理委员会行政处罚决定书，银保监罚决字〔2020〕58号）

【案情】2017年，中国平安财产保险股份有限公司（以下简称平安财险）东莞分公司以咨询费名义向4家汽车信息咨询服务或商贸公司支付45.53万元，上述款项实际用于购买车载冰箱、车载净化器等物品赠送给客户。时任平安财险东莞分公司副总经理陈某对上述违法行为负有直接责任。

2017年10～11月，平安财险济南第一中心支公司根据与某商城签订的《防预用品采购框架协议书》，采购了单价为799元的盯盯拍行车记录仪1102件，总金额为88.05万元，相关费用在“营业费用—防预费”列支。上述行车记录仪的实际赠送对象全部为平安车险投保客户。平安财险济南第一中心支公司副总经理闫某萌对上述违法行为负有直接责任。

【认定】中国银保监会认为，平安财险东莞分公司给予投保人、被保险人保险合同约定外其他利益行为违反了《保险法》第一百一十六条的规定，根据该法第一百六十一条的规定，对平安财险东莞分公司处以罚款20万元；根据该法第一百七十一条的规定，对陈某处以警告并罚款7万元。

平安财险济南第一中心支公司给予投保人、被保险人保险合同约定外其他利益行为违反了《保险法》第一百一十六条的规定，根据该法第一百六十一条的规定，对平安财险济南第一中心支公司处以罚款25万元；根据该法第一百七十一条的规定，对闫某萌处以警告并罚款8万元。

6. 中国人民财产保险股份有限公司四川省分公司违规以积分抵扣保险费案（中国保险监督管理委员会行政处罚决定书，保监罚〔2018〕7号）

【案情】2016年11月至2017年6月，中国人民财产保险股份有限公司（以下简称人保财险）四川省分公司参加人保财险统一开展的集分宝抵扣商业车险保费营销活动，并负责制定当地积分抵扣保费具体方案。在此期间，人保财险四川省分公司以该种模式实现商业车险保费收入761,364.73元，其中人保财险四川省分公司使用集分宝抵扣商业车险保费共计140,256.84元。时任人保财险四川省分公司副总经理苏某乐对上述违法行为负有直接责任。

【认定】中国保监会认为，人保财险四川省分公司给予或者承诺给予投保人保险合同约定以外的保险费回扣或者其他利益的行为，违反了《保险法》第一百一十六条的规定，根据该法第一百六十一条的规定，对人保财险四川省分公司处以罚款15万元；根据该法第一百七十一条的规定，对苏某乐处以警告并罚款4万元。

7. 中国平安财产保险股份有限公司违规赠送积分抵扣保费案（中国保险监督管理委员会行政处罚决定书，保监罚〔2018〕8号）

【案情】2016年12月，中国平安财产保险股份有限公司（以下简称平安财险）与某信息技术有限公司（以下简称信息公司）签订2017年业务合作协议，约定定向积分的结算与支付方式。定向积分采用先使用后结算模式，费用通过平安财险账户集中支付至信息公司账户。积分抵扣保费方案由平安财险分支机构制定，主要内容是赠送投保人定向积分以抵扣车险保费。费用发票由信息公司开给平安财险分支机构。经查，2017年1～6月，平安财险宁波分公司在商业车险业务销售过程中，制订并执行当地营销方案，抵扣保费共计49,757,017元，涉及商业车险保费309,256,881元。

时任平安财险企划精算部总经理李某、时任平安财险销售管理部副总经理（主持工作）刘某永、时任平安财险总经理助理吴某、时任平安财险董事长兼总经理孙某平对上述违法行为负有直接责任。

【认定】中国保监会认为，平安财险给予或者承诺给予投保人保险合同约定以外的保险费回扣或者其他利益的行为，违反了《保险法》第一百一十六条的规定，根据该法第一百六十一条的规定，对平安财险处以罚款30万元；根据该法第一百七十一条的规定，对孙某平处以警告并罚款10万元，对吴某处以警告并罚款10万元，同时撤销吴某任职资格，对李某处以警告并罚款10万元，对刘某永处以警告并罚款10万元。

8. 众安在线财产保险股份有限公司违规赠送礼金礼券案（中国保险监督管理委员会行政处罚决定书，保监罚〔2017〕12号）

【案情】2015年11月至2016年8月，众安在线财产保险股份有限公司（以下简称众安保险）通过PC官网、手机官网等自有渠道开展商业车险业务过程中，存在向投保人或被保险人返还合同以外其他利益的行为，累计向投保人或被保险人赠送各类礼金、礼券4.57万元，涉及保单133笔。时任众安保险副总经理（分管车险业务)许某和时任众安保险车险事业部总经理宋某璧对上述行为负有直接责任。

【认定】中国保监会认为,众安保险向投保人或被保险人返还合同以外其他利益的行为,违反了《保险法》第一百一十六条的规定,根据《保险法》第一百六十一条的规定,对众安保险处以罚款20万元;根据该法第一百七十一条的规定,对宋某璧处以警告并罚款6万元;对许某处以警告并罚款2万元。

(三)隐瞒与保险合同有关的重要情况

国华人寿保险股份有限公司隐瞒与保险合同有关的重要情况案(中国保险监督管理委员会行政处罚决定书,保监罚〔2017〕37号)

【案情】国华人寿保险股份有限公司(以下简称国华人寿)存在向投保人隐瞒与保险合同有关重要情况的违法行为。2017年4月28日前,国华人寿在天猫商城销售"升级版综合意外险"保险产品计划时,未在销售网页中列明意外伤残保险责任和保险金额,且在投保时提供的相关保险条款链接中,也未明示意外伤残保险责任的保险金额。投保人在完成投保、缴纳保费后,才能在保单中了解意外伤残保险责任的具体保险金额。该保险产品计划于2016年8月1日开始在天猫商城销售,至2017年4月28日,共销售保单2799件,保费139,380元。时任国华人寿电子商务部总经理助理顾某彬,对上述违法行为负有直接责任。

【认定】中国保监会认为,国华人寿上述向投保人隐瞒与保险合同有关重要情况的行为,违反了《保险法》第一百一十六条的有关规定,根据《保险法》第一百六十一条的规定,对国华人寿处以罚款15万元;根据《保险法》第一百七十一条的规定,对顾某彬处以警告并罚款5万元。

(四)故意编造未曾发生的保险事故进行虚假理赔

民生人寿保险股份有限公司徐州中心支公司故意编造保险事故虚假理赔案(中国银保监会徐州监管分局行政处罚决定书,徐银保监罚决字〔2021〕18号)

【案情】2016年10月,在被保险人王某某理赔案件中,民生人寿保险股份有限公司(以下简称民生人寿)徐州中心支公司客服部主管张某一人调查并形成理赔调查报告,最终赔付11万元。2020年4月27日,徐州市××区人民法院依法判决张某犯保险诈骗罪、合同诈骗罪,证实张某故意编造未曾发生的保险事故。根据《民生人寿保险股份有限公司理赔工作指南》的相关规定,高额案件是指赔付金额超过10万元的理赔案件。根据《民生人寿保险股份有限公司理赔调查工作指引》的规定,高额理赔案件专项调查严格执行双人调查,且至少有一名调查员为总公司理赔人员或总公司客户服务部指定的分公司理赔人员,民生人寿徐州中心支公司未执行上述规定。

【认定】中国银保监会徐州监管分局认为，上述故意编造未曾发生的保险事故进行保险诈骗的行为，违反了《保险法》第一百一十六条第十款的规定，根据《保险法》第一百六十一条的规定，责令民生人寿徐州中心支公司改正，处以15万元罚款。

（五）委托未取得资格的机构从事保险销售活动

永诚财产保险股份有限公司委托未取得合法资格的机构从事保险销售活动案（中国银行保险监督管理委员会行政处罚决定书，银保监罚决字〔2019〕5号）

【案情】2015～2017年，永诚财产保险股份有限公司（以下简称永诚财险）及下属分公司与未取得保险兼业代理证的第三方公司签订协议，委托其为永诚财险微营销平台实质开展保险销售活动，共实现保费收入27.4亿元，永诚财险共支付技术服务费用8.52亿元。冯某佑、韩某直接决策和主导了上述违法行为，负有直接责任。

【认定】中国银保监会认为，永诚财险委托未取得合法资格的机构从事保险销售活动的行为，违反了《保险法》第一百一十六条的规定，根据该法第一百六十一条的规定，对永诚财险处以责令改正并罚款30万元；根据该法第一百七十一条的规定，对冯某佑处以警告并罚款10万元，对韩某处以警告并罚款10万元。

（六）以虚构的保险中介业务套取费用

中国人民财产保险股份有限公司郑州市分公司虚挂中介业务案（中国保险监督管理委员会行政处罚决定书，保监罚〔2015〕18号）

【案情】2013年1月至2014年6月，中国人民财产保险股份有限公司（以下简称人保财险）郑州市分公司李某某等7名工作人员以在河南泛华安联保险代理有限公司（以下简称泛华安联）注册登记的形式，销售人保财险保险产品，涉及保费共计469.35万元。人保财险郑州市分公司将以上业务的手续费144.79万元转账支付给泛华安联，泛华安联扣除40.52万元后，以转账方式返还给李某某等7人104.27万元。时任人保财险郑州市分公司副总经理冯某对上述违法行为负有直接责任。

【认定】中国保监会认为，人保财险郑州市分公司虚挂中介业务的行为，违反了《保险法》第一百一十六条的规定，构成虚构中介业务套取费用的违法行为。根据该法第一百六十二条的规定，对人保财险郑州市分公司罚款30万元；根据该法第一百七十三条的规定，[①]对冯某给予警告并罚款8万元。

---

① 2015年4月24日第十二届全国人民代表大会常务委员会第十四次会议作出《关于修改〈中华人民共和国计量法〉等五部法律的决定》，对《保险法》进行第三次修正。经过修正后，《保险法》（2014年修正）第一百一十六条保留；《保险法》（2014年修正）第一百六十二条调整为现行《保险法》第一百六十一条；《保险法》（2014年修正）第一百七十三条调整为现行《保险法》第一百七十一条。——编者注

权威解读

保险公司及其工作人员在从事保险业务活动过程中应当遵守法律、法规，恪守诚实信用原则，不得从事明令禁止的行为。①

《保险法》第一百二十三条　【保险代理机构、保险经纪机构营业场所及专门账簿设立的要求】

第一百二十三条　保险代理机构、保险经纪人应当有自己的经营场所，设立专门账簿记载保险代理业务、经纪业务的收支情况。

相关规定

《保险法》

第一百六十六条　保险代理机构、保险经纪人违反本法规定，有下列行为之一的，由保险监督管理机构责令改正，处二万元以上十万元以下的罚款；情节严重的，责令停业整顿或者吊销业务许可证：

……

（二）未按照规定设立专门账簿记载业务收支情况的。

典型案例

1. 江西德宝源保险经纪有限公司、李某未设立专门账簿及编制提供虚假资料案（中国银行保险监督管理委员会江西监管局行政处罚信息公开表，赣银保监罚决字〔2021〕82号、赣银保监罚决字〔2021〕83号）

【案情】江西德宝源保险经纪有限公司（以下简称德宝源保险经纪）存在编制、提供虚假注册资本报告、报表，利用业务便利为其他机构牟取不正当利益，未按规定设立专门账簿记载业务收支情况。

李某对德宝源保险经纪编制、提供虚假注册资本报告、报表，利用业务便利为其他机构牟取不正当利益，未按规定设立专门账簿记载业务收支情况的违法行为负直接责任。

---

① 参见安建主编：《中华人民共和国保险法（修订）释义》，法律出版社2009年版，第170页。

【认定】中国银保监会江西监管局认为,德宝源保险经纪存在编制、提供虚假注册资本报告、报表,利用业务便利为其他机构牟取不正当利益,未按规定设立专门账簿记载业务收支情况的问题,违反了《关于进一步明确保险专业中介机构市场准入有关问题的通知》(保监发〔2013〕44 号)、《保险经纪机构监管规定》(2015 年修订)第八条、《保险经纪人监管规定》(保监会令〔2018〕3 号)第七条和第十条、《保险法》第八十六条、第一百二十三条、第一百三十条、第一百三十一条第八项、第一百三十二条等规定,根据《保险法》第一百六十五条、第一百六十六条第二项、第一百七十条第一项的规定,吊销该公司《经营保险经纪业务许可证》。

根据《保险经纪人监管规定》(保监会令〔2018〕3 号)第七十一条的规定,中国银保监会江西监管局依法注销德宝源保险经纪《经营保险经纪业务许可证》,该公司应当终止其保险经纪业务活动,并自许可证注销之日起 15 日内书面报告工商注册登记所在地的市场监督管理部门。公司继续存续的,不得从事保险经纪业务,并应当依法办理名称、营业范围和公司章程等事项的工商变更登记,确保其名称中无“保险经纪”字样。

同时对于直接责任人员李某,依据《保险法》第一百六十五条、第一百六十六条、第一百七十条、第一百七十一条的规定,撤销执行董事、高级管理人员任职资格。

2. 山东广华保险代理有限公司泰安分公司、徐某明未设立专门账簿及编制虚假材料案(中国银保监会泰安分局行政处罚决定书,泰银保监罚决字〔2021〕13 号)

【案情】山东广华保险代理有限公司泰安分公司(以下简称广华保险代理泰安分公司)未按规定设立专门账簿记载业务收支。广华保险代理泰安分公司还存在编制虚假材料的情况:一是通过虚构财务事项、发放职工薪酬套取费用;二是编制虚假财务事项。

时任广华保险代理泰安分公司负责人徐某明对前述行为应负领导责任。

【认定】中国银保监会泰安分局认为,上述未按规定设立专门账簿记载业务收支情况的问题违反了《保险专业代理机构监管规定》第三十条的规定。根据《保险法》第一百六十六条第二项的规定,责令广华保险代理泰安分公司停业整顿 6 个月;根据《保险法》第一百七十一条的规定,给予徐某明撤销任职资格的行政处罚。

上述编制虚假材料问题违反了《保险法》第八十六条第一款、第一百三十二条和《保险专业代理机构监管规定》第五十六条等规定。根据《保险法》第一百七十条第一项的规定,限制广华保险代理泰安分公司代理机动车辆保险业务 6 个月;

根据《保险法》第一百七十一条的规定，给予徐某明撤销任职资格的行政处罚。

权威解读

保险代理机构、保险经纪人办理业务应当有固定的、与业务规模相适应的经营场所，这是从事保险代理业务、经纪业务应具备的基本物质条件。同时，还应当设立专门的账簿，如实记录业务收支情况，并接受保险监督管理机构的监管。这既是记载办理业务收支情况的会计账簿，也是核查业务是否合法合规的资料和证据。①

《保险法》第一百二十四条　【保险代理人、保险经纪人缴存保证金及投保职业责任保险】

第一百二十四条　保险代理机构、保险经纪人应当按照国务院保险监督管理机构的规定缴存保证金或者投保职业责任保险。

相关规定

《保险法》

第一百六十六条　保险代理机构、保险经纪人违反本法规定，有下列行为之一的，由保险监督管理机构责令改正，处二万元以上十万元以下的罚款；情节严重的，责令停业整顿或者吊销业务许可证：

（一）未按照规定缴存保证金或者投保职业责任保险的；

……

典型案例

永达理保险经纪有限公司未按规定投保职业责任保险案（中国银行保险监督管理委员会行政处罚决定书，银保监罚决字〔2021〕6号）

【案情】永达理保险经纪有限公司（以下简称永达理）年度审计报告显示，其2017年主营业务收入为15.35亿元。公司2018年投保的职业责任保险累计赔偿

---

① 参见安建主编：《中华人民共和国保险法（修订）释义》，法律出版社2009年版，第181～182页。

限额为5000万元,保险期限为2018年7月19日至2019年7月18日,不符合《保险经纪人监管规定》(中国保险监督管理委员会令2018年第3号)第五十六条关于保险经纪公司投保的职业责任保险"一年期保单的累计赔偿限额不得低于人民币1000万元,且不得低于保险经纪人上年度的主营业务收入"的规定。吴某珍时任公司管理部负责人,负责管理投保职业责任保险,对该事项负有直接责任。

【认定】中国银保监会认定,永达理上述未按规定投保职业责任保险的行为,违反《保险法》第一百二十四条的规定。根据该法第一百六十六条的规定,对永达理处以罚款10万元;根据该法第一百七十一条的规定,对直接责任人员吴某珍处以警告并罚款10万元。

权威解读

为督促保险代理机构、保险经纪机构勤勉尽责地履行职责,也为了确保因这些保险中介机构执业不当给投保人等造成损失承担相应赔偿责任时有必要的资产保障,法律规定这两类机构应当按照监管部门的规定缴存保证金或投保职业责任保险。①

《保险法》第一百二十九条 【保险公估机构】

第一百二十九条　保险活动当事人可以委托保险公估机构等依法设立的独立评估机构或者具有相关专业知识的人员,对保险事故进行评估和鉴定。

接受委托对保险事故进行评估和鉴定的机构和人员,应当依法、独立、客观、公正地进行评估和鉴定,任何单位和个人不得干涉。

前款规定的机构和人员,因故意或者过失给保险人或者被保险人造成损失的,依法承担赔偿责任。

相关规定

《保险公估人监管规定》(保监会令〔2018〕2号)

第一章　总　　则

第一条　为了规范保险公估人的行为,保护保险公估活动当事人的合法权益

① 参见安建主编:《中华人民共和国保险法(修订)释义》,法律出版社2009年版,第182页。

和公共利益，维护市场秩序，根据《中华人民共和国保险法》（以下简称《保险法》）《中华人民共和国资产评估法》（以下简称《资产评估法》）等法律、行政法规，制定本规定。

第二条　本规定所称保险公估，是指评估机构及其评估专业人员接受委托，对保险标的或者保险事故进行评估、勘验、鉴定、估损理算以及相关的风险评估。

保险公估人是专门从事上述业务的评估机构，包括保险公估机构及其分支机构。

保险公估机构包括保险公估公司和保险公估合伙企业。

第三条　本规定所称保险公估从业人员是指在保险公估人中，为委托人办理保险标的承保前和承保后的检验、估价及风险评估，保险标的出险后的查勘、检验、估损理算及出险保险标的残值处理，风险管理咨询等业务的人员。

保险公估从业人员包括公估师和其他具有公估专业知识及实践经验的评估从业人员。

第四条　公估师是指通过公估师资格考试的保险公估从业人员。

具有高等院校专科以上学历的公民，可以参加公估师资格全国统一考试。

第五条　保险公估人在中华人民共和国境内经营保险公估业务，应当符合《资产评估法》要求及中国保险监督管理委员会（以下简称中国保监会）规定的条件，并向中国保监会及其派出机构进行业务备案。

第六条　保险公估人及其从业人员应当遵守法律、行政法规和中国保监会有关规定，遵循独立、客观、公正的原则。

第七条　保险公估人及其从业人员依法从事保险公估业务受法律保护，任何单位和个人不得干涉。

第八条　中国保监会根据《保险法》《资产评估法》和国务院授权，对保险公估人履行监管职责。

中国保监会派出机构在中国保监会授权范围内履行监管职责。

第二章　经营条件

第一节　业务备案

第九条　保险公估人应当依法采用合伙或者公司形式，聘用保险公估从业人员开展保险公估业务。

合伙形式的保险公估人，应当有 2 名以上公估师；其合伙人三分之二以上应当是具有 3 年以上从业经历且最近 3 年内未受停止从业处罚的公估师。

公司形式的保险公估人，应当有 8 名以上公估师和 2 名以上股东，其中三分之二以上股东应当是具有 3 年以上从业经历且最近 3 年内未受停止从业处罚的公估师。

保险公估人的合伙人或者股东为 2 名的,2 名合伙人或者股东都应当是具有 3 年以上从业经历且最近 3 年内未受停止从业处罚的公估师。

第十条 设立保险公估人,应当向工商行政管理部门申请办理登记。

第十一条 保险公估人的注册资本为在企业登记机关登记的认缴出资额。

第十二条 单位或者个人有下列情形之一的,不得成为保险公估人的股东或者合伙人:

(一)最近 5 年内受到刑罚或者重大行政处罚;

(二)因涉嫌重大违法犯罪正接受有关部门调查;

(三)因严重失信行为被国家有关单位确定为失信联合惩戒对象且应当在保险领域受到相应惩戒,或者最近 5 年内具有其他严重失信不良记录;

(四)依据法律、行政法规不能投资企业;

(五)中国保监会根据审慎监管原则认定的其他不适合成为保险公估人股东或者合伙人的情形。

第十三条 保险公司的工作人员、保险专业中介机构的从业人员投资保险公估人的,应当提供其所在机构知晓其投资的书面证明。保险公司、保险专业中介机构的董事、监事或者高级管理人员投资保险公估人的,应当根据有关规定取得任职公司股东会或者股东大会的同意。

第十四条 保险公估人的名称中应当包含"保险公估"字样。

保险公估人的字号不得与现有的保险专业中介机构相同,与保险专业中介机构具有同一实际控制人的保险公估人除外。

第十五条 保险公估机构分为全国性保险公估机构和区域性保险公估机构。全国性保险公估机构可以在中华人民共和国(港、澳、台地区除外)范围内开展业务,并可以在工商注册登记地所在省、自治区、直辖市、计划单列市区域之外设立分支机构。区域性保险公估机构只能在工商注册登记地所在省、自治区、直辖市、计划单列市区域内开展业务、设立分支机构,中国保监会另有规定的除外。

保险公估机构采用公司形式的,全国性机构向中国保监会进行业务备案,区域性机构向工商注册登记地中国保监会派出机构进行业务备案。合伙形式的保险公估机构向中国保监会进行业务备案。

第十六条 保险公估机构经营保险公估业务,应当具备下列条件:

(一)股东或者合伙人符合本规定要求,且出资资金自有、真实、合法,不得用银行贷款及各种形式的非自有资金投资;

(二)根据业务发展规划,具备日常经营和风险承担所必需的营运资金,全国性机构营运资金为200万元以上，区域性机构营运资金为100万元以上；

（三）营运资金的托管符合中国保监会的有关规定；

（四）营业执照记载的经营范围不超出本规定第四十三条规定的范围；

（五）公司章程或者合伙协议符合有关规定；

（六）企业名称符合本规定要求；

（七）董事长、执行董事和高级管理人员符合本规定的条件；

（八）有符合中国保监会规定的治理结构和内控制度，商业模式科学合理可行；

（九）有与业务规模相适应的固定住所；

（十）有符合中国保监会规定的业务、财务信息管理系统；

（十一）法律、行政法规和中国保监会规定的其他条件。

第十七条 保险公估机构在工商注册登记地以外的省、自治区、直辖市、计划单列市设立分支机构的，应当指定一家分支机构作为省级分支机构，负责办理辖区内分支机构设立及备案、提交监管报告和报表等相关事宜，并负责管理其他分支机构。

保险公估机构分支机构包括分公司、营业部。

第十八条 保险公估机构新设分支机构经营保险公估业务，应当符合下列条件：

（一）保险公估机构及其分支机构最近1年内没有受到刑罚或者重大行政处罚；

（二）保险公估机构及其分支机构未因涉嫌违法犯罪正接受有关部门调查；

（三）最近2年内设立的分支机构不存在运营未满1年退出市场的情形；

（四）具备完善的分支机构管理制度；

（五）新设分支机构有符合要求的营业场所、业务财务信息系统，以及与经营业务相匹配的其它设施；

（六）中国保监会规定的其他条件。

保险公估机构因严重失信行为被国家有关单位确定为失信联合惩戒对象且应当在保险领域受到相应惩戒的，或者最近5年内具有其他严重失信不良记录的，不得新设分支机构经营保险公估业务。

第十九条 保险公估机构经营保险公估业务，应当自领取营业执照之日起30日内，通过中国保监会规定的监管信息系统向中国保监会及其派出机构备案，同时按规定提交纸质材料。

第二十条 保险公估机构分支机构应当自领取分支机构营业执照之日起10

日内，通过中国保监会规定的监管信息系统向中国保监会派出机构备案，同时按规定提交纸质材料。

第二十一条 中国保监会及其派出机构按照监管职责划分开展备案工作。保险公估人提交备案材料时，中国保监会及其派出机构应当采取谈话、函询、现场查验等方式了解、审查股东或者合伙人的经营记录、经营动机，以及市场发展战略、业务发展规划、内控制度建设、人员结构、信息系统配置及运行等有关事项，并进行风险测试和提示。

第二十二条 备案材料完备且符合要求的，中国保监会及其派出机构应当在中国保监会网站上将备案情况向社会公告，完成备案。保险公估人在备案公告之后可下载经营保险公估业务备案表（以下简称备案表），在备案公告之前不得开展保险公估业务。

第二十三条 保险公估人有下列情形之一的，应当自工商登记变更或者变更决议作出之日起5日内，通过中国保监会规定的监管信息系统报告，并按照规定进行公开披露：

（一）变更名称、住所或者营业场所；

（二）变更股东或者合伙人；

（三）变更注册资本或者组织形式；

（四）股东或者合伙人变更姓名或者名称、出资额；

（五）修改公司章程或者合伙协议；

（六）股权投资，设立境外保险类机构及非营业性机构；

（七）分立、合并、解散，分支机构终止保险公估业务活动；

（八）变更董事长、执行董事和高级管理人员；

（九）受到行政处罚、刑罚或者涉嫌违法犯罪正接受调查；

（十）中国保监会规定的其他报告事项。

保险公估人发生前款规定的相关情形，应当符合中国保监会相关规定。

第二十四条 合伙形式的保险公估机构转为公司形式的保险公估机构，或者公司形式的保险公估机构转为合伙形式的保险公估机构，办理变更手续应当提供合伙人会议或股东（大）会审议通过的转制决议。

转制决议应当载明转制后机构与转制前机构的债权债务、档案保管、公估业务、执业责任等承继关系。

第二十五条 保险公估人在开展公估业务过程中，不得有下列行为：

（一）利用开展业务之便，谋取不正当利益；

（二）允许其他机构以本机构名义开展业务，或者冒用其他机构名义开展业务；

（三）以恶性压价、支付回扣、虚假宣传，或者贬损、诋毁其他公估机构等不正当手段招揽业务；

（四）受理与自身有利害关系的业务；

（五）分别接受利益冲突双方的委托，对同一评估对象进行评估；

（六）出具虚假公估报告或者有重大遗漏的公估报告；

（七）聘用或者指定不符合规定的人员从事公估业务；

（八）违反法律、行政法规的其他行为。

第二节 从 业 人 员

第二十六条 保险公估人应当聘用品行良好的保险公估从业人员。有下列情形之一的，保险公估人不得聘用：

（一）因故意犯罪或者在从事评估、财务、会计、审计活动中因过失犯罪而受刑事处罚，自刑罚执行完毕之日起不满5年；

（二）被监管机构决定在一定期限内禁止进入金融、资产评估行业，期限未满；

（三）因严重失信行为被国家有关单位确定为失信联合惩戒对象且应当在保险领域受到相应惩戒，或者最近5年内具有其他严重失信不良记录；

（四）法律、行政法规和中国保监会规定的其他情形。

第二十七条 保险公估从业人员应当具有从事保险公估业务所需的专业能力。保险公估人应当加强对保险公估从业人员的岗前培训和后续教育。培训内容至少应当包括业务知识、法律知识及职业道德。

保险公估人可以委托保险中介行业自律组织或者其他机构组织培训。

保险公估人应当建立完整的保险公估从业人员培训档案。

第二十八条 保险公估从业人员从事保险公估业务，应当加入保险公估人。保险公估人应当按照规定为其保险公估从业人员进行执业登记。

保险公估从业人员只能在一家保险公估人从事业务，只限于通过一家保险公估人进行执业登记。

保险公估从业人员变更所属保险公估人的，新所属保险公估人应当为其进行执业登记，原所属保险公估人应当及时注销执业登记。

第二十九条 保险公估从业人员享有下列权利：

（一）要求委托人提供相关的权属证明、财务会计信息和其他资料，以及为执行公允的评估程序所需的必要协助；

（二）依法向有关国家机关或者其他组织查阅从事业务所需的文件、证明和资料；

（三）拒绝委托人或者其他组织、个人对公估行为和公估结果的非法干预；

（四）依法签署公估报告；

（五）法律、行政法规规定的其他权利。

第三十条 保险公估从业人员应当履行下列义务：

（一）诚实守信，依法独立、客观、公正从事业务；

（二）遵守评估准则，履行调查职责，独立分析估算，勤勉谨慎从事业务；

（三）完成规定的继续教育，保持和提高专业能力；

（四）对公估活动中使用的有关文件、证明和资料的真实性、准确性、完整性进行核查和验证；

（五）对公估活动中知悉的国家秘密、商业秘密和个人隐私予以保密；

（六）与委托人或者其他相关当事人及公估对象有利害关系的，应当回避；

（七）接受保险中介行业自律组织的自律管理，履行章程规定的义务；

（八）法律、行政法规规定的其他义务。

第三十一条 保险公估从业人员在开展公估业务过程中，不得有下列行为：

（一）私自接受委托从事业务、收取费用；

（二）同时在两个以上保险公估人从事业务；

（三）采用欺骗、利诱、胁迫，或者贬损、诋毁其他公估从业人员等不正当手段招揽业务；

（四）允许他人以本人名义从事业务，或者冒用他人名义从事业务；

（五）签署本人未承办业务的公估报告；

（六）索要、收受或者变相索要、收受合同约定以外的酬金、财物，或者谋取其他不正当利益；

（七）签署虚假公估报告或者有重大遗漏的公估报告；

（八）违反法律、行政法规的其他行为。

第三节　高 管 人 员

第三十二条 本规定所称保险公估人高级管理人员是指下列人员：

（一）保险公估公司的总经理、副总经理；

（二）保险公估合伙企业的执行事务合伙人；

（三）分支机构主要负责人；

（四）与上述人员具有相同职权的管理人员。

第三十三条 保险公估人聘用的董事长、执行董事和高级管理人员应当具备下列条件：

（一）大学专科以上学历；

（二）从事金融工作3年以上，或者从事资产评估相关工作3年以上，或者从事经济工作5年以上；

（三）具有履行职责所需的经营管理能力，熟悉保险法律、行政法规及中国保监会的相关规定；

（四）诚实守信，品行良好。

从事金融或者资产评估工作10年以上的人员，学历要求可以不受第一款第（一）项的限制。

第三十四条　有下列情形之一的人员，不得担任保险公估人董事长、执行董事和高级管理人员：

（一）担任因违法被吊销许可证的保险公司或者保险专业中介机构的董事、监事或者高级管理人员，并对被吊销许可证负有个人责任或者直接领导责任的，自许可证被吊销之日起未逾3年；

（二）因违法行为或者违纪行为被金融监管机构取消任职资格的金融机构的董事、监事或者高级管理人员，自被取消任职资格之日起未逾5年；

（三）被金融监管机构决定在一定期限内禁止进入金融行业的，期限未满；

（四）因违法行为或者违纪行为被吊销执业资格的资产评估机构、验证机构等机构的专业人员，自被吊销执业资格之日起未逾5年；

（五）受金融监管机构警告或者罚款未逾2年；

（六）正在接受司法机关、纪检监察部门或者金融监管机构调查；

（七）因严重失信行为被国家有关单位确定为失信联合惩戒对象且应当在保险领域受到相应惩戒，或者最近5年内具有其他严重失信不良记录；

（八）合伙人有尚未清偿完的合伙企业债务；

（九）法律、行政法规和中国保监会规定的其他情形。

第三十五条　保险公估人应当与其高级管理人员建立劳动关系，订立书面劳动合同。

第三十六条　保险公估人董事长、执行董事和高级管理人员不得兼任2家以上分支机构的主要负责人。

第三十七条　非经股东（大）会或者合伙人会议批准，保险公估人的董事和高级管理人员不得在存在利益冲突的机构中兼任职务。

保险公估人的合伙人不得自营或者同他人合作经营与本机构相竞争的业务。

第三十八条　保险公估人聘用董事长、执行董事和高级管理人员，应当自决定作出之日起5日内，如实按规定提交报告材料，并在中国保监会规定的监管信息系统中登记相关信息。

第三十九条 中国保监会派出机构可以对保险公估人聘用的董事长、执行董事和高级管理人员进行考察或者谈话。中国保监会派出机构可以要求保险公估人撤换不符合任职条件的董事长、执行董事和高级管理人员。

第四十条 保险公估人的董事长、执行董事和高级管理人员因涉嫌犯罪被起诉的,保险公估人应当自其被起诉之日起5日内和结案之日起5日内分别在中国保监会规定的监管信息系统中登记相关信息。

保险公估人的董事长、执行董事和高级管理人员涉嫌重大违法犯罪,被行政机关立案调查或者司法机关立案侦查的,保险公估人应当暂停相关人员的职务,并在中国保监会规定的监管信息系统中登记相关信息。

第四十一条 保险公估人出现下列情形之一,可以任命临时负责人,但临时负责人任职时间最长不得超过3个月,并且不得就同一职务连续任命临时负责人:

(一)原负责人辞职或者被撤职;

(二)原负责人因疾病、意外事故等原因无法正常履行工作职责;

(三)中国保监会认可的其他特殊情况。

临时负责人应当具有与履行职责相当的能力,并应当符合本规定第三十三条、第三十四条的相关要求。

保险公估人任命临时负责人的,应当自决定作出之日起5日内在中国保监会规定的监管信息系统中登记相关信息。

第三章 经营规则

第四十二条 保险公估机构应当将备案表、营业执照置于住所或者营业场所显著位置。

保险公估机构分支机构应当将加盖所属机构公章的备案表、营业执照置于营业场所显著位置。

第四十三条 保险公估人可以经营下列全部或者部分业务:

(一)保险标的承保前和承保后的检验、估价及风险评估;

(二)保险标的出险后的查勘、检验、估损理算及出险保险标的残值处理;

(三)风险管理咨询;

(四)中国保监会规定的其他业务。

第四十四条 保险公估人应当根据法律、行政法规和中国保监会的有关规定,依照职责明晰、强化制衡、加强风险管理的原则,建立完善的公司治理结构和制度;明确管控责任,构建合规体系,注重自我约束,加强内部追责,确保稳健运营。

第四十五条　对受理的保险公估业务，保险公估人应当指定至少 2 名保险公估从业人员承办。

第四十六条　保险公估从业人员应当恰当选择评估方法。

保险公估人应当对公估报告进行内部审核。

第四十七条　保险公估报告应当由至少 2 名承办该项业务的保险公估从业人员签名并加盖保险公估机构印章。

保险公估人及其从业人员对其出具的公估报告依法承担责任。

第四十八条　保险公估人应当建立专门账簿，记载保险公估业务收支情况。

第四十九条　保险公估人应当开立独立的资金专用账户，用于收取保险公估业务报酬。

保险公估人开立、使用其他银行账户的，应当符合中国保监会的规定。

第五十条　保险公估人应当建立完整规范的公估档案，公估档案至少应当包括下列内容：

（一）保险公估业务所涉及的主要情况，包括委托人与其他当事人的名称或者姓名，保险标的、事故类型、估损金额等；

（二）公估业务报酬和收取情况；

（三）中国保监会规定的其他业务信息。

保险公估人的公估档案应当真实、完整。

第五十一条　保险公估人从事保险公估业务，应当与委托人签订委托合同，依法约定双方的权利义务及对公估信息保密、合理使用等其他事项。委托合同不得违反法律、行政法规及中国保监会有关规定。

第五十二条　委托人拒绝提供或者不如实提供执行公估业务所需的权属证明、财务会计信息和其他资料的，保险公估人有权依法拒绝其履行合同的要求。

委托人要求出具虚假公估报告或者有其他非法干预公估结果情形的，保险公估人有权解除合同。

第五十三条　保险公估人在开展业务过程中，应当制作规范的客户告知书，并在开展业务时向客户出示。

客户告知书应当至少包括保险公估人的名称、备案信息、营业场所、业务范围、联系方式、投诉渠道及纠纷解决方式等基本事项。

第五十四条　保险公估人应当在每一会计年度结束后聘请会计师事务所对本机构的资产、负债、利润等财务状况进行审计，并在每一会计年度结束后 4 个月内向中国保监会派出机构报送相关审计报告。

保险公估人应当根据规定向中国保监会派出机构提交专项外部审计报告。

第五十五条 保险公估人为政策性保险业务、政府委托业务及社会团体委托业务提供服务的，报酬收取不得违反中国保监会的规定。

第五十六条 保险公估人及其从业人员在开展公估业务过程中，应当勤勉尽职。保险公估报告中涉及赔款金额的，应当指明该赔款金额所依据的相应保险条款。

第五十七条 保险公估人应当建立健全内部管理制度，对本机构的保险公估从业人员遵守法律、行政法规和保险公估基本准则的情况进行监督，并对其从业行为负责。

第五十八条 保险公估人应当按规定将监管费交付到中国保监会指定账户。

第五十九条 保险公估人应当在备案公告之日起20日内，根据业务需要建立职业风险基金，或者办理职业责任保险，完善风险防范流程。

第六十条 保险公估人应当自建立职业风险基金或者投保职业责任保险之日起10日内，将职业风险基金存款协议复印件、职业风险基金入账原始凭证复印件或者职业责任保险保单复印件报送中国保监会派出机构，并在中国保监会规定的监管信息系统中登记相关信息。

第六十一条 保险公估人建立职业风险基金的，应当按上一年主营业务收入的5%缴存，年度主营业务收入增加的，应当相应增加职业风险基金数额；保险公估人职业风险基金缴存额达到人民币100万元的，可以不再增加职业风险基金。

保险公估人应当在每年第一季度足额缴存职业风险基金。保险公估人的职业风险基金应当以银行存款形式专户存储到商业银行，或者以中国保监会认可的其他形式缴存。

保险公估人动用职业风险基金须符合中国保监会有关规定。

第六十二条 保险公估人投保职业责任保险的，该保险应当持续有效。

保险公估人投保的职业责任保险对一次事故的赔偿限额不得低于人民币100万元；一年期累计赔偿限额不得低于人民币1000万元，且不得低于保险公估人上年度的主营业务收入。

第六十三条 保险公估人应当依照中国保监会的有关规定及时、准确、完整地报送报告、报表、文件和资料，并根据要求提交相关的电子文本。

保险公估人报送的报告、报表、文件和资料应当由法定代表人、主要负责人或者其授权人签字，并加盖机构印章。

第六十四条 保险公估人不得委托未通过该机构进行执业登记的个人从事保险公估业务。

第六十五条 保险公估人应当对保险公估从业人员进行执业登记信息管理，

及时登记个人信息及授权范围等事项以及接受处罚、聘用关系终止等情况，确保执业登记信息的真实、准确、完整。

第六十六条　保险公估人不得与非法从事保险业务或者保险中介业务的机构或者个人发生保险公估业务往来。

第六十七条　保险公估人及其从业人员在开展公估业务过程中，除不得有本法第二十五条、第三十一条规定的行为外，还不得有下列行为：

（一）隐瞒或者虚构与保险合同有关的重要情况；

（二）串通委托人或者相关当事人，骗取保险金；

（三）泄露在经营过程中知悉的委托人和相关当事人的商业秘密及个人隐私；

（四）虚开发票、夸大公估报酬金额。

第四章　市 场 退 出

第六十八条　有下列情形之一的，保险公估人应当在5日内注销保险公估从业人员执业登记：

（一）保险公估从业人员受到停止从业行政处罚的；

（二）保险公估从业人员因其他原因终止执业的；

（三）保险公估人停业、解散或者因其他原因不再继续经营保险公估业务的；

（四）法律、行政法规和中国保监会规定的其他情形。

第六十九条　保险公估机构实行年度报告制度。保险公估机构应当于每年1月31日前向中国保监会及其派出机构提交上一年度报告。

对不按时报送年度报告的保险公估机构，中国保监会及其派出机构将对外公示其经营异常信息。对年度报告事项未达到监管要求的保险公估机构，中国保监会及其派出机构将采取相应的监管措施。

第七十条　保险公估机构分支机构经营管理混乱，从事重大违法违规活动的，保险公估机构应当根据中国保监会及其派出机构的监管要求，对分支机构采取限期整改、停业、撤销等措施。

第七十一条　保险公估人终止保险公估业务活动，应当妥善处理债权债务关系，不得损害委托人和其他相关当事人的合法权益。

第五章　行 业 自 律

第七十二条　保险中介行业自律组织依法制定自律规则，依据法律法规和自律规则，对保险公估人和保险公估从业人员实行自律管理。依法制定章程，并报中国保监会备案。

保险公估人和保险公估从业人员自愿加入保险中介行业自律组织，平等享有章程规定的权力，履行章程规定的义务。

保险中介行业自律组织包括全国性和地方性保险中介行业自律组织。

第七十三条 保险中介行业自律组织履行下列职责：

（一）制定会员自律管理办法，对会员实行自律管理；

（二）组织开展会员继续教育和专业培训；

（三）建立会员信用档案，将会员遵守法律、行政法规和公估准则的情况记入信用档案，并向社会公开；

（四）检查会员建立风险防范机制的情况；

（五）受理对会员的投诉、举报，受理会员的申诉，调解会员执业纠纷；

（六）规范会员从业行为，定期对会员出具的公估报告进行检查，按照章程规定对会员给予奖惩，并将奖惩情况及时报告中国保监会；

（七）保障会员依法开展业务，维护会员合法权益；

（八）法律、行政法规和章程规定的其他职责。

全国性保险中介行业自律组织依据保险公估基本准则制定公估执业准则、职业道德准则、从业人员行为准则。

第七十四条 保险中介行业自律组织应当建立沟通协作和信息共享机制，公布加入本组织的保险公估人和从业人员名单。

保险中介行业自律组织应当通过互联网等渠道加强信息披露，便于公众查询保险公估人的备案情况、经营范围、诚信记录、行政处罚等事项及其从业人员所属保险公估人、授权范围、诚信记录、行政处罚等事项。

第七十五条 全国性保险中介行业自律组织按照国家规定组织实施公估师资格全国统一考试。

第七十六条 保险中介行业自律组织可以组织会员就保险公估行业的发展、运作及有关内容进行研究，收集整理、发布保险公估相关信息，提供会员服务，组织行业交流。

第六章 监督检查

第七十七条 中国保监会派出机构按照属地原则负责辖区内保险公估人及其保险公估业务活动的监管。

中国保监会派出机构应当注重对辖区内保险公估人的行为监管，依法进行现场检查和非现场监管，并实施行政处罚和其他监管措施。

第七十八条 中国保监会及其派出机构根据监管需要，可以对保险公估人董事长、执行董事和高级管理人员进行监管谈话，要求其就经营活动中的重大事项作出说明。

第七十九条 中国保监会及其派出机构根据监管需要，可以委派监管人员列席保险公估人的股东(大)会、合伙人会议、董事会。

第八十条 中国保监会及其派出机构依法对保险公估人进行现场检查,主要包括下列内容:

(一)是否按规定进行备案或者履行报告义务;

(二)职业风险基金或者职业责任保险是否符合规定;

(三)业务经营是否合法;

(四)财务状况是否良好;

(五)向中国保监会及其派出机构提交的报告、报表、文件和资料是否及时、完整和真实;

(六)内控制度是否符合中国保监会有关规定;

(七)设立及管控分支机构是否符合规定;

(八)聘用董事长、执行董事和高级管理人员是否符合规定;

(九)是否有效履行从业人员管理职责;

(十)业务、财务信息管理系统是否符合中国保监会有关规定;

(十一)持续符合《资产评估法》第十五条规定条件的情况;

(十二)中国保监会规定的其他事项。

第八十一条 保险公估人应当按照下列要求配合中国保监会及其派出机构的现场检查工作,不得拒绝、妨碍中国保监会及其派出机构依法进行监督检查:

(一)按要求提供有关文件、资料,不得伪造、拖延、转移或者藏匿;

(二)相关管理人员、财务人员及从业人员应当按要求到场说明情况、回答问题。

第八十二条 中国保监会及其派出机构可以在现场检查中,委托会计师事务所等社会中介机构提供相关服务;委托上述中介机构提供服务的,应当签订书面委托协议。

中国保监会及其派出机构应当将委托事项告知被检查的保险公估人。

第七章 法 律 责 任

第八十三条 保险公估机构未按本规定第十九条向中国保监会及其派出机构备案或者不符合本规定第九条规定的条件的,由中国保监会及其派出机构责令改正;拒不改正的,责令停业,可以并处1万元以上5万元以下罚款。

保险公估机构设立分支机构,未按本规定第二十条进行备案的,由中国保监会派出机构责令改正,给予警告,没有违法所得的,处1万元以下罚款,有违法所得的,处违法所得3倍以下罚款,但最高不得超过3万元。

第八十四条 保险公估机构经营公估业务,不符合本规定第十六条的,由中国保监会及其派出机构责令改正，给予警告，没有违法所得的，处1万元以下罚款，有违法所得的，处违法所得3倍以下罚款，但最高不得超过3万元。

第八十五条 保险公估人隐瞒有关情况、提供虚假材料、通过欺骗、贿赂等不正当手段进行备案的，由中国保监会及其派出机构依法予以撤销备案，给予警告，没有违法所得的，处1万元以下罚款，有违法所得的，处违法所得3倍以下罚款，但最高不得超过3万元。

第八十六条 保险公估人聘用不符合条件的董事长、执行董事和高级管理人员的，由中国保监会及其派出机构责令改正，给予警告，并处1万元以下罚款。

第八十七条 保险公估人未按规定对保险公估从业人员进行执业登记和管理的，由中国保监会及其派出机构责令改正，给予警告，并处1万元以下罚款。

第八十八条 保险公估人有下列情形之一的，由中国保监会及其派出机构责令改正，给予警告，并处1万元以下罚款：

（一）未按规定建立职业风险基金或者未按规定投保职业责任保险；

（二）违反规定动用职业风险基金或者未保持职业责任保险的有效性和连续性；

（三）未按规定设立专门账簿记载业务收支情况。

第八十九条 保险公估人超出备案的业务范围从事业务活动的，或者与非法从事保险业务或者保险中介业务的机构或者个人发生保险公估业务往来的，由中国保监会及其派出机构责令改正，给予警告，没有违法所得的，处1万元以下罚款，有违法所得的，处违法所得3倍以下罚款，但最高不得超过3万元。

第九十条 保险公估人及其从业人员违反本规定第五十三条、第五十六条，由中国保监会及其派出机构责令改正，对保险公估人给予警告，没有违法所得的，处1万元以下罚款，有违法所得的，处违法所得3倍以下罚款，但最高不得超过3万元。

第九十一条 保险公估人违反本规定，有下列情形之一的，由中国保监会及其派出机构给予警告，可以责令停业1个月以上6个月以下；有违法所得的，没收违法所得，并处违法所得1倍以上5倍以下罚款；情节严重的，由工商行政管理部门吊销营业执照；构成犯罪的，依法追究刑事责任：

（一）利用开展业务之便，谋取不正当利益的；

（二）允许其他机构以本机构名义开展业务，或者冒用其他机构名义开展业务的；

（三）以恶性压价、支付回扣、虚假宣传，或者贬损、诋毁其他公估机构等不正当手段招揽业务的；

（四）受理与自身有利害关系的业务的；

（五）分别接受利益冲突双方的委托，对同一评估对象进行评估的；

（六）出具有重大遗漏的公估报告的；

（七）未按规定的期限保存公估档案的；

（八）聘用或者指定不符合《资产评估法》规定的人员从事公估业务的；

（九）对本机构的公估从业人员疏于管理，造成不良后果的。

第九十二条　保险公估人出具虚假公估报告的，由中国保监会及其派出机构责令停业6个月以上1年以下；有违法所得的，没收违法所得，并处违法所得1倍以上5倍以下罚款；情节严重的，由工商行政管理部门吊销营业执照；构成犯罪的，依法追究刑事责任。

第九十三条　保险公估人及其从业人员有本规定第六十七条所列情形之一的，由中国保监会及其派出机构责令改正，对保险公估人给予警告，没有违法所得的，处1万元以下罚款，有违法所得的，处违法所得3倍以下罚款，但最高不得超过3万元。

第九十四条　保险公估人有下列情形之一的，由中国保监会及其派出机构责令改正，给予警告，并处1万元以下罚款：

（一）未按照规定报送有关报告、报表、文件或者资料的；

（二）编制或者提供虚假的报告、报表、文件或者资料的；

（三）拒绝、妨碍依法监督检查的。

第九十五条　保险公估人有下列情形之一的，由中国保监会及其派出机构责令改正，给予警告，没有违法所得的，处1万元以下罚款，有违法所得的，处违法所得3倍以下罚款，但最高不得超过3万元：

（一）未按规定托管营运资金；

（二）未按规定设立分支机构经营保险公估业务；

（三）未按规定任命临时负责人；

（四）未按规定在住所或者营业场所放置备案表；

（五）未按规定建立或者管理业务档案；

（六）未按规定使用银行账户；

（七）未按规定收取报酬；

（八）未按法定要求开展公估工作；

（九）未按规定进行信息披露；

（十）未按规定缴纳监管费。

第九十六条　保险公估从业人员与委托人或者其他相关当事人及公估对象

有利害关系，未依法回避的，由中国保监会及其派出机构责令改正，给予警告，没有违法所得的，处 1 万元以下罚款，有违法所得的，处违法所得 3 倍以下罚款，但最高不得超过 3 万元。

第九十七条 保险公估从业人员违反本规定，有下列情形之一的，由中国保监会及其派出机构给予警告，可以责令停止从业 6 个月以上 1 年以下；有违法所得的，没收违法所得；情节严重的，责令停止从业 1 年以上 5 年以下；构成犯罪的，依法追究刑事责任：

（一）私自接受委托从事业务、收取费用的；

（二）同时在两个以上保险公估人从事业务的；

（三）采用欺骗、利诱、胁迫，或者贬损、诋毁其他公估从业人员等不正当手段招揽业务的；

（四）允许他人以本人名义从事业务，或者冒用他人名义从事业务的；

（五）签署本人未承办业务的公估报告或者有重大遗漏的公估报告的；

（六）索要、收受或者变相索要、收受合同约定以外的酬金、财物，或者谋取其他不正当利益的。

第九十八条 保险公估从业人员签署虚假公估报告的，由中国保监会及其派出机构责令停止从业 2 年以上 5 年以下；有违法所得的，没收违法所得；情节严重的，责令停止从业 5 年以上 10 年以下；构成犯罪的，依法追究刑事责任，终身不得从事公估业务。

第九十九条 保险公估人、保险公估从业人员在 1 年内累计 3 次因违反规定受到责令停业、责令停止从业以外处罚的，中国保监会及其派出机构可以责令其停业或者停止从业 1 年以上 5 年以下。

第一百条 保险公估从业人员违反规定，给委托人或者其他相关当事人造成损失的，由其所在的保险公估人依法承担赔偿责任。保险公估人履行赔偿责任后，可以向有故意或者重大过失行为的保险公估从业人员追偿。

第一百零一条 保险公估人违反本规定的，中国保监会及其派出机构除依照本章规定对该机构给予处罚外，对其直接负责的主管人员和其他直接责任人员给予警告，并处 1 万元以下罚款。

第一百零二条 保险公估人的董事和高级管理人员或者从业人员，离职后被发现在原工作期间违反中国保监会有关规定的，应当依法追究其责任。

第一百零三条 中国保监会及其派出机构对保险公估人及其从业人员的违法行为依法实施行政处罚，将处罚情况及时通报保险中介行业自律组织，并依法向社会公开。

第一百零四条　保险中介行业自律组织违反有关规定的，由中国保监会给予警告，责令改正；拒不改正的，可以通报登记管理机关，由其依法给予处罚。

第八章　附　　则

第一百零五条　本规定所称保险专业中介机构指保险专业代理机构、保险经纪人和保险公估人。

第一百零六条　保险公估人从事资产评估业务，涉及法律、行政法规和国务院规定由其他评估行政管理部门管理的，按照其他有关规定进行。

其他评估行政管理部门管理的专业领域资产评估机构及评估专业人员，从事保险公估业务的，由中国保监会参照本规定监督管理。

第一百零七条　经营保险公估业务的外资保险公估人适用本规定。我国参加的有关国际条约和中国保监会另有规定的，适用其规定。

第一百零八条　本规定施行前依法设立的保险公估人继续保留，不完全具备本规定条件的，具体适用办法由中国保监会另行规定。

第一百零九条　本规定要求提交的各种表格格式由中国保监会制定。

第一百一十条　本规定有关"5 日""10 日""20 日"规定是指工作日，不含法定节假日。

本规定所称"以上""以下"均含本数。

第一百一十一条　本规定自 2018 年 5 月 1 日起施行，中国保监会 2009 年 9 月 25 日发布的《保险公估机构监管规定》（保监会令 2009 年第 7 号）、2013 年 1 月 6 日发布的《保险经纪从业人员、保险公估从业人员监管办法》（保监会令 2013 年第 3 号）、2013 年 9 月 29 日发布的《中国保险监督管理委员会关于修改〈保险公估机构监管规定〉的决定》（保监会令 2013 年第 10 号）同时废止。

典型案例

1. 天津久联保险公估有限公司提供虚假材料案（中国银行保险监督管理委员会天津监管局行政处罚决定书，津银保监罚决字〔2019〕17 号）

【案情】经查，天津久联保险公估有限公司（以下简称久联公估）隐瞒股东真实出资情况、提供虚假材料进行备案。

【认定】中国银保监会天津监管局认为，久联公估隐瞒股东真实出资情况、提供虚假材料进行备案，符合《保险公估人监管规定》第八十五条规定情形，依据第八十五条对久联公估给予警告并处罚款 1 万元；依据第一百零一条，对该公司执行董事兼总经理高某革给予警告并处罚款 1 万元。

2. 安永保险公估有限公司未经备案开展公估业务案（中国银行保险监督管理委员会吉林监管局行政处罚决定书，吉银保监罚决字〔2020〕33号）

【案情】2019年5月，中国银保监会吉林监管局对安永保险公估有限公司开展了现场检查，发现该公司存在未备案开展公估业务的违规行为。2019年12月，中国银保监会吉林监管局向该公司下发监管意见书，责令该公司于2020年1月22日前完成经营保险公估业务备案工作，但该公司未在规定期限内按要求备案。

【认定】中国银保监会吉林监管局认为，安永保险公估有限公司经营保险公估业务未按规定备案逾期未改正的行为违反了《保险公估人监管规定》第十九条之规定，依据《保险公估人监管规定》第八十三条的规定，决定作出责令安永保险公估有限公司停业并罚款3万元的行政处罚。

3. 湖南立衡保险公估有限公司未开立独立的专用账户收取公估报酬案（中国银行保险监督管理委员会湖南监管局行政处罚信息公开表，湘银保监罚决字〔2019〕41号）

【案情】湖南立衡保险公估有限公司存在未开立并使用独立的银行资金专用账户收取保险公估业务报酬的情况。

【认定】中国银保监会湖南监管局认为，上述行为违反了《保险公估人监管规定》，依据该规定第九十五条之规定，给予湖南立衡保险公估有限公司警告并罚款4000元。

权威解读

保险公司承保的风险多种多样，难以配备门类齐全的专业人员，仅靠保险公司自己的人员难以完成报事故的评估和鉴定，且可能难以让各方信服。因此，保险公估人等依法设立的独立从事保险事故评估和鉴定的机构应运而生。这些机构和人员应当依法、独立、客观、公正地进行评估和鉴定，评估报告的内容应当真实、准确、完整。这些法定要求对于避免和解决保险争议、协调保险当事人的关系、维护保险业健康发展都具有重要意义。①

① 参见安建主编：《中华人民共和国保险法（修订）释义》，法律出版社2009年版，第188页。

《保险法》第一百三十一条　【保险代理人、保险经纪人及其从业人员的禁止性行为】

第一百三十一条　保险代理人、保险经纪人及其从业人员在办理保险业务活动中不得有下列行为：

（一）欺骗保险人、投保人、被保险人或者受益人；

（二）隐瞒与保险合同有关的重要情况；

（三）阻碍投保人履行本法规定的如实告知义务，或者诱导其不履行本法规定的如实告知义务；

（四）给予或者承诺给予投保人、被保险人或者受益人保险合同约定以外的利益；

（五）利用行政权力、职务或者职业便利以及其他不正当手段强迫、引诱或者限制投保人订立保险合同；

（六）伪造、擅自变更保险合同，或者为保险合同当事人提供虚假证明材料；

（七）挪用、截留、侵占保险费或者保险金；

（八）利用业务便利为其他机构或者个人牟取不正当利益；

（九）串通投保人、被保险人或者受益人，骗取保险金；

（十）泄露在业务活动中知悉的保险人、投保人、被保险人的商业秘密。

相关规定

1.《保险法》

第一百一十二条　保险公司应当建立保险代理人登记管理制度，加强对保险代理人的培训和管理，不得唆使、诱导保险代理人进行违背诚信义务的活动。

第一百二十二条　个人保险代理人、保险代理机构的代理从业人员、保险经纪人的经纪从业人员，应当品行良好，具有从事保险代理业务或者保险经纪业务所需的专业能力。

第一百二十五条　个人保险代理人在代为办理人寿保险业务时，不得同时接受两个以上保险人的委托。

第一百三十条　保险佣金只限于向保险代理人、保险经纪人支付，不得向其他人支付。

第一百三十二条　本法第八十六条第一款、第一百一十三条的规定，适用于保险代理机构和保险经纪人。

第一百六十五条 保险代理机构、保险经纪人有本法第一百三十一条规定行为之一的，由保险监督管理机构责令改正，处五万元以上三十万元以下的罚款；情节严重的，吊销业务许可证。

第一百七十一条 保险公司、保险资产管理公司、保险专业代理机构、保险经纪人违反本法规定的，保险监督管理机构除分别依照本法第一百六十条至第一百七十条的规定对该单位给予处罚外，对其直接负责的主管人员和其他直接责任人员给予警告，并处一万元以上十万元以下的罚款；情节严重的，撤销任职资格。

第一百七十二条 个人保险代理人违反本法规定的，由保险监督管理机构给予警告，可以并处二万元以下的罚款；情节严重的，处二万元以上十万元以下的罚款。

2.《保险代理人监管规定》（中国银行保险监督管理委员会令 2020 年第 11 号）（详见《保险法》第 122 条相关内容）

3.《保险经纪人监管规定》（中国保险监督管理委员会令〔2018〕3 号）（详见《保险法》第 122 条相关内容）

4.《商业银行代理保险业务管理办法》（银保监办发〔2019〕179 号）（详见《保险法》第 122 条相关内容）

典型案例

1. 永达理保险经纪有限公司给予投保人、被保险人或者受益人保险合同约定以外利益案（中国银行保险监督管理委员会行政处罚决定书，银保监罚决字〔2021〕6 号）

【案情】永达理保险经纪有限公司（以下简称永达理）2018 年上半年、下半年分别组织业务人员及其亲属、客户参加"高峰会议""极峰会议"，并出境旅游。部分客户出境费用由公司业务人员支付至公司账户，其中上半年"高峰会议"活动中，28 名客户的费用由公司业务人员代为支付，涉及金额 66.7 万元；下半年"极峰会议"活动中，15 名客户的费用由公司业务人员代为支付，涉及金额 33.82 万元。李某三时任公司副总经理，分管风控、合规、活动宣传等，对该违法行为负有直接责任。

【认定】中国银保监会认定，永达理上述给予投保人、被保险人或者受益人保险合同约定以外利益的行为，违反了《保险法》第一百三十一条的规定。根据该法第一百六十五条的规定，对永达理处以罚款 30 万元；根据该法第一百七十一条的规定，对李某三处以警告并罚款 10 万元。

2. 北京金诚国际保险经纪有限公司挪用保险费、编制提供虚假资料、聘用不具有任职资格人员案(中国保险监督管理委员会行政处罚决定书,保监罚〔2015〕15号)

【案情】北京金诚国际保险经纪有限公司(以下简称金诚国际)存在以下违法违规行为:金诚国际账号为110010986×××××××××××的账户为公司的客户资金专用账户,主要用于代收代付客户保费和赔款。2013年1月至2014年11月,金诚国际从该账户向"乾元日日鑫高资产组合产品申购赎回户"划拨资金7笔用于投资,涉及客户保费1263万元,累计理财收益55,630.52元。事发后该公司已关闭该账户理财功能。

编制提供虚假资料:一是2013年1月至2014年11月,金诚国际为市场八部杨某某报销多笔咨询费,存在报销内容与报销资金真实用途不一致的情况,涉及金额共计2,647,146.38元。二是金诚国际向监管部门报送的有关分公司负责人任职资格申请文件中,提交了不真实的2014年股东会决议。

聘任不具有任职资格的人员:金诚国际提供的"2013年至今高管清单"等文件显示,高管人员有"李某、王某、李某某、高某某、席某某"等,且均有明确的分管业务部门,上述人员在履职前未提交任职资格核准申请。

王某对上述违法行为均负有直接责任。

金诚国际、王某提出申辩:一是公司及时关闭了理财账户,客户资金也确保安全,因此并未"挪用保险费";二是市场部虚假报销应"谁犯谁承担责任",公司不应担责;三是报送的股东会文件是经相关股东沟通同意后补签字的文件,不存在伪造股东会决议情况;四是对多名高管人员未经核准一事,相关人员均只负责一个部门的工作,并非高管人员,不存在未经核准任职资格的问题;五是具体部门的工作由部门负责人负责管理,王某不应作为直接责任人;六是处罚过重,请求从轻处罚。

【认定】中国保监会经复核认为,一是金诚国际通过客户资金专用账户划拨款项购买理财产品,事实清楚,证据确实,挪用保险费的行为成立;二是金诚国际为市场八部虚假报销咨询费,报销内容与报销资金真实用途不一致,虚假报销行为成立;三是金诚国际在提交的情况说明中承认"2014年股东会董事会至今未能召开",公司相关人员询问笔录也反映负责组织召开股东会工作的部门2014年未召集过股东会,以及公司提交了不实的股东会材料,据此可以认定股东会会议决议不真实;四是在金诚国际"2013年至今高管清单"、公司任命决定、多份分工通知等文件中,均明确了王某、席某某等人的职务、分管部门、任职时间,该公司已经构成"聘任不具有任职资格人员"的行为;五是王某全面负责公司经营管理工作,属于法定责任人员范围,并在相关凭证上签字批准,从本案违规行为的性质和情节来看,其对违法行为应当依法承担责任;六是在保险中介市场清理整顿摸清底数阶段自查中,金诚国际未按照我会多次发文要求如实上报有关问题,因此依法从重处罚。

综上,金诚国际挪用保险费的行为,违反了《保险法》(2014年修正)第一百三十一条的规定,根据该法第一百六十六条的规定,对金诚国际处以罚款20万元;根据该法第一百七十三条的规定,对王某处以警告并罚款6万元。

金诚国际编制提供虚假资料的行为,违反了《保险法》(2014年修正)第八十六条、第一百三十三条的规定,根据该法第一百七十二条的规定,对金诚国际处以罚款50万元;根据该法第一百七十三条的规定,对王某处以警告并罚款8万元。

金诚国际聘任不具有任职资格人员的行为,违反了《保险法》(2014年修正)第一百二十一条的规定,根据该法第一百六十九条的规定,对金诚国际处以罚款6万元;根据该法第一百七十三条的规定,对王某处以警告并罚款6万元。

3. 中国邮政储蓄银行股份有限公司如东县支行欺骗投保人案(中国银行保险监督管理委员会行政处罚决定书,银保监罚决字〔2020〕2号)

【案情】中国邮政储蓄银行有限公司(以下简称邮储银行)如东县支行销售人员存在对分红型保险产品承诺固定收益的问题,在投保单号为00371762685××××和00371762696××××(人保寿险鑫禧两全保险)的业务视频中,销售人员介绍"这是一款收益保证型产品,2年不退保,且中途不领取,年化综合收益率可达3.2%~3.4%",但实际该产品的分红是不确定的。

【认定】中国银保监会认为,上述欺骗投保人的行为,违反了《保险法》第一百三十一条的规定,根据该法第一百六十五条的规定,对邮储银行如东县支行罚款30万元。

4. 中信银行股份有限公司信用卡中心电话销售欺骗投保人案(中国保险监督管理委员会行政处罚决定书,保监罚〔2017〕48号)

【案情】2015年中信银行股份有限公司(以下简称中信银行)信用卡中心在开展电话销售保险业务经营中,公司销售人员存在电话销售欺骗投保人的违法行为,主要表现为向客户提供不实市场信息,夸大或虚假陈述保险产品,对与保险业务相关的法律、法规、政策作不实宣传,对保险产品销售门槛条件和价格变动作不实宣传,混淆保险业务和银行服务等。

【认定】中国保监会认为,中信银行信用卡中心上述电话销售欺骗投保人的行为,违反了《保险法》第一百三十一条的规定,根据《保险法》第一百六十五条的规定,对中信银行信用卡中心予以罚款12万元。

5. 河南泛华安联保险代理有限公司为他人牟取不正当利益、编制提供虚假资料案(中国保险监督管理委员会行政处罚决定书,保监罚〔2015〕19号)

【案情】河南泛华安联保险代理有限公司(以下简称泛华安联)存在以下违法

行为：一是利用业务便利为其他机构或者个人牟取不正当利益。2013 年 1 月至 2014 年 11 月，泛华安联协助中国人民财产保险股份有限公司郑州市分公司、中国太平洋财产保险股份有限公司郑州中心支公司等保险公司虚挂中介业务，总计涉及手续费 323.46 万元，其中大部分手续费支付给保险公司员工。

二是编制或者提供虚假资料。2013 年 1 月至 2014 年 6 月，泛华安联部分销售人员代理业务实际系其他人的业务，且公司在检查过程中提供了虚假的《保险代理合同》。

时任泛华安联总经理牛某永对上述两项违法行为负有直接责任。

泛华安联、牛某永提出申辩认为，销售人员所获得佣金系根据公司佣金政策计算，不存在"利用业务便利为其他机构或者个人牟取不正当利益"的行为；公司管理人员和员工没有为销售人员代签保险代理合同，不存在造假情况。因此，请求免予处罚。

【认定】中国保监会经复核认为，《保险销售从业人员监管办法》规定，禁止委托未取得本机构执业证书的人员从事保险销售。泛华安联未按照要求为销售人员在保险中介监管系统中办理执业登记，导致部分保险公司员工能够同时在泛华安联从事保险销售，从而将直销业务转变为代理业务，从泛华安联取得手续费。因此，泛华安联为上述人员获取不正当利益提供了便利。另外，针对虚构《保险代理合同》的行为，泛华安联销售人员签字的情况说明、部分销售人员询问笔录、现场检查事实确认书等均可证明上述违法事实。因此，对泛华安联、牛某永申辩意见不予采纳。

综上，泛华安联利用业务便利为其他机构或者个人牟取不正当利益的违法行为，违反了《保险法》(2014 年修正)第一百三十一条的规定，根据该法第一百六十六条的规定，对泛华安联罚款 30 万元；根据该法第一百七十三条的规定，对牛某永给予警告并罚款 10 万元。

泛华安联编制或者提供虚假资料的行为，违反了《保险法》(2014 年修正)第八十六条、第一百三十三条的规定，根据该法第一百七十二条的规定，对泛华安联罚款 30 万元；根据该法第一百七十三条的规定，对牛某永给予警告并罚款 6 万元。

6. 中国邮政储蓄银行有限公司贵州省分行代理保险业务销售行为不规范投诉案(2020 年金融消费者保护十佳案例)①

【案情】2018 年 12 月 24 日，冯某通过 12363 电话向中国人民银行贵阳中心支行投诉，称：2018 年 1 月 7 日其到邮政储蓄银行贵阳玉通路营业厅办理定期存款

① 参见中欧陆家嘴国际金融研究院：《中国金融消费者保护报告 2020》。

业务,工作人员告知:"我们这里有一款利率高的存款项目,3年每年存1万元,5年后才取,如果连续存5年利息可达9000余元,中途可以随时取,并且不会对本金造成影响。"冯某同意办理后再次核实中途取款是否会对本金造成影响,工作人员回复:"你在存款后21天内不能取款,否则会对本金造成影响,过了21天后取本金就不会受到影响。"同年5月左右其到该行要求取款,工作人员告知:"你现在取钱,要扣你本金的30%~40%的违约金",并要求其携带纸质合同才能取款。冯某认为该行未明确告知其购买的为保险产品,有误导嫌疑,遂投诉。

2018年12月19日,杨某通过12363电话向中国人民银行贵阳中心支行投诉,称:2018年10月22日其到邮政储蓄银行贵阳石板镇营业所办理定期存款业务,存款金额为3万元。工作人员告知:"你买银保产品比定期的利息高,每年存1万元,买3年,像分期存款一样。"其明确告知不买保险产品只存钱,该行工作人员仍强行为其销售保险产品,并称不是保险而是存钱,且告知的期限前后不一致,遂投诉。

经查,冯某实际购买的是名为"富德生命如意宝三号年金保险3年交保10年"的保险产品,而非存款项目,满3年半客户支取本金则不受影响,5年客户收益最大化。杨某实际购买的是名为"富德生命金典人生终身寿险5年交保终身"的银保产品,5年到期可以领取本金和总收益,5年后取钱才能保证本金不受损。

【认定】收到投诉后,中国人民银行贵阳中心支行将该投诉列为重点跟踪督办投诉案件,严格按照"三位一体"投诉受理处理工作机制立刻转办邮政储蓄银行贵州省分行,并针对其反馈的投诉办理情况发出《投诉调查函》(贵银保护〔2018〕第4号)。针对《投诉调查函》邮政储蓄银行贵州省分行回复称:"调查函要求调阅'当天监控'已无法提供。原因为其网点监控保存期限为35天,现已无法调取。"

针对邮政储蓄银行贵州省分行在金融消费者投诉处理过程中出现的问题,中国人民银行贵阳中心支行采取以下措施:

一是向全省各银行业金融机构下发《金融消费权益保护风险提示》(2019年第1期:防范银行代理保险业务销售行为不规范侵害金融消费者合法权益风险),通报了邮政储蓄银行在代理保险业务销售过程中,存在未尊重金融消费者的自主选择权和知情权、未按规定保存录音录像资料等问题,要求全省各金融机构引以为戒,全面开展自查自纠,全面排查各分支机构及营业网点代理销售保险业务情况和录音录像资料保存情况。

二是对邮政储蓄银行贵州省分行开展监管约谈,要求其针对金融消费者投诉处理工作中存在的主要问题进行全面自查,深刻剖析出现问题的原因,并形成自查报告上报中国人民银行贵阳中心支行,切实防范此类问题再次发生。在中国人民银行贵阳中心支行的督办下，邮政储蓄银行贵州省分行为金融消费者办理了全额退保。

权威解读

保险代理人、保险经纪人及其从业人员作为保险活动的重要参与人，应当在业务活动中忠实履行诚实信用义务。针对实践中出现相关人员违法违规的突出问题，《保险法》在2009年修订时专门从十个方面规定了保险代理人、保险经纪人及其从业人员的禁止性行为，[①]并沿用至今。

《保险法》第一百三十三条　【保险业的监管】

第一百三十三条　保险监督管理机构依照本法和国务院规定的职责，遵循依法、公开、公正的原则，对保险业实施监督管理，维护保险市场秩序，保护投保人、被保险人和受益人的合法权益。

相关规定

1.《保险法》

第九条　国务院保险监督管理机构依法对保险业实施监督管理。

国务院保险监督管理机构根据履行职责的需要设立派出机构。派出机构按照国务院保险监督管理机构的授权履行监督管理职责。

第一百三十四条　国务院保险监督管理机构依照法律、行政法规制定并发布有关保险业监督管理的规章。

2.《保险公司管理规定》（中国保险监督管理委员会令2009年第1号发布，根据2015年10月19日中国保险监督管理委员会令2015年第3号修订）

第一章　总　　则

第一条　为了加强对保险公司的监督管理，维护保险市场的正常秩序，保护被保险人合法权益，促进保险业健康发展，根据《中华人民共和国保险法》（以下简称《保险法》）、《中华人民共和国公司法》（以下简称《公司法》）等法律、行政法规，制定本规定。

---

① 参见安建主编：《中华人民共和国保险法（修订）释义》，法律出版社2009年版，第190页。

第二条 中国保险监督管理委员会（以下简称中国保监会）根据法律和国务院授权，对保险公司实行统一监督管理。

中国保监会的派出机构在中国保监会授权范围内依法履行监管职责。

第三条 本规定所称保险公司，是指经保险监督管理机构批准设立，并依法登记注册的商业保险公司。

本规定所称保险公司分支机构，是指经保险监督管理机构批准，保险公司依法设立的分公司、中心支公司、支公司、营业部、营销服务部以及各类专属机构。专属机构的设立和管理，由中国保监会另行规定。

本规定所称保险机构，是指保险公司及其分支机构。

第四条 本规定所称分公司，是指保险公司依法设立的以分公司命名的分支机构。

本规定所称省级分公司，是指保险公司根据中国保监会的监管要求，在各省、自治区、直辖市内负责许可申请、报告提交等相关事宜的分公司。保险公司在住所地以外的各省、自治区、直辖市已经设立分公司的，应当指定其中一家分公司作为省级分公司。

保险公司在计划单列市设立分支机构的，应当指定一家分支机构，根据中国保监会的监管要求，在计划单列市负责许可申请、报告提交等相关事宜。

省级分公司设在计划单列市的，由省级分公司同时负责前两款规定的事宜。

第五条 保险业务由依照《保险法》设立的保险公司以及法律、行政法规规定的其他保险组织经营，其他单位和个人不得经营或者变相经营保险业务。

第二章　法人机构设立

第六条 设立保险公司，应当遵循下列原则：

（一）符合法律、行政法规；

（二）有利于保险业的公平竞争和健康发展。

第七条 设立保险公司，应当向中国保监会提出筹建申请，并符合下列条件：

（一）有符合法律、行政法规和中国保监会规定条件的投资人，股权结构合理；

（二）有符合《保险法》和《公司法》规定的章程草案；

（三）投资人承诺出资或者认购股份，拟注册资本不低于人民币 2 亿元，且必须为实缴货币资本；

（四）具有明确的发展规划、经营策略、组织机构框架、风险控制体系；

（五）拟任董事长、总经理应当符合中国保监会规定的任职资格条件；

（六）有投资人认可的筹备组负责人；

（七）中国保监会规定的其他条件。

中国保监会根据保险公司业务范围、经营规模，可以调整保险公司注册资本的最低限额，但不得低于人民币 2 亿元。

第八条　申请筹建保险公司的，申请人应当提交下列材料一式三份：

（一）设立申请书，申请书应当载明拟设立保险公司的名称、拟注册资本和业务范围等；

（二）设立保险公司可行性研究报告，包括发展规划、经营策略、组织机构框架和风险控制体系等；

（三）筹建方案；

（四）保险公司章程草案；

（五）中国保监会规定投资人应当提交的有关材料；

（六）筹备组负责人、拟任董事长、总经理名单及本人认可证明；

（七）中国保监会规定的其他材料。

第九条　中国保监会应当对筹建保险公司的申请进行审查，自受理申请之日起 6 个月内作出批准或者不批准筹建的决定，并书面通知申请人。决定不批准的，应当书面说明理由。

第十条　中国保监会在对筹建保险公司的申请进行审查期间，应当对投资人进行风险提示。

中国保监会应当听取拟任董事长、总经理对拟设保险公司在经营管理和业务发展等方面的工作思路。

第十一条　经中国保监会批准筹建保险公司的，申请人应当自收到批准筹建通知之日起 1 年内完成筹建工作。筹建期间届满未完成筹建工作的，原批准筹建决定自动失效。

筹建机构在筹建期间不得从事保险经营活动。筹建期间不得变更主要投资人。

第十二条　筹建工作完成后，符合下列条件的，申请人可以向中国保监会提出开业申请：

（一）股东符合法律、行政法规和中国保监会的有关规定；

（二）有符合《保险法》和《公司法》规定的章程；

（三）注册资本最低限额为人民币 2 亿元，且必须为实缴货币资本；

（四）有符合中国保监会规定任职资格条件的董事、监事和高级管理人员；

（五）有健全的组织机构；

（六）建立了完善的业务、财务、合规、风险控制、资产管理、反洗钱等制度；

（七）有具体的业务发展计划和按照资产负债匹配等原则制定的中长期资产

配置计划；

（八）具有合法的营业场所，安全、消防设施符合要求，营业场所、办公设备等与业务发展规划相适应，信息化建设符合中国保监会要求；

（九）法律、行政法规和中国保监会规定的其他条件。

第十三条 申请人提出开业申请，应当提交下列材料一式三份：

（一）开业申请书；

（二）创立大会决议，没有创立大会决议的，应当提交全体股东同意申请开业的文件或者决议；

（三）公司章程；

（四）股东名称及其所持股份或者出资的比例，资信良好的验资机构出具的验资证明，资本金入账原始凭证复印件；

（五）中国保监会规定股东应当提交的有关材料；

（六）拟任该公司董事、监事、高级管理人员的简历以及相关证明材料；

（七）公司部门设置以及人员基本构成；

（八）营业场所所有权或者使用权的证明文件；

（九）按照拟设地的规定提交有关消防证明；

（十）拟经营保险险种的计划书、3 年经营规划、再保险计划、中长期资产配置计划，以及业务、财务、合规、风险控制、资产管理、反洗钱等主要制度；

（十一）信息化建设情况报告；

（十二）公司名称预先核准通知；

（十三）中国保监会规定提交的其他材料。

第十四条 中国保监会应当审查开业申请，进行开业验收，并自受理开业申请之日起 60 日内作出批准或者不批准开业的决定。验收合格决定批准开业的，颁发经营保险业务许可证；验收不合格决定不批准开业的，应当书面通知申请人并说明理由。

经批准开业的保险公司，应当持批准文件以及经营保险业务许可证，向工商行政管理部门办理登记注册手续，领取营业执照后方可营业。

第三章　分支机构设立

第十五条 保险公司可以根据业务发展需要申请设立分支机构。

保险公司分支机构的层级依次为分公司、中心支公司、支公司、营业部或者营销服务部。保险公司可以不逐级设立分支机构，但其在住所地以外的各省、自治区、直辖市开展业务，应当首先设立分公司。

保险公司可以不按照前款规定的层级逐级管理下级分支机构；营业部、营销服务部不得再管理其他任何分支机构。

第十六条　保险公司以2亿元人民币的最低资本金额设立的，在其住所地以外的每一省、自治区、直辖市首次申请设立分公司，应当增加不少于人民币2千万元的注册资本。

申请设立分公司，保险公司的注册资本达到前款规定的增资后额度的，可以不再增加相应的注册资本。

保险公司注册资本达到人民币5亿元，在偿付能力充足的情况下，设立分公司不需要增加注册资本。

第十七条　设立省级分公司，由保险公司总公司提出申请；设立其他分支机构，由保险公司总公司提出申请，或者由省级分公司持总公司批准文件提出申请。

在计划单列市申请设立分支机构，还可以由保险公司根据本规定第四条第三款指定的分支机构持总公司批准文件提出申请。

第十八条　设立分支机构，应当提出设立申请，并符合下列条件：

（一）上一年度偿付能力充足，提交申请前连续2个季度偿付能力均为充足；

（二）保险公司具备良好的公司治理结构，内控健全；

（三）申请人具备完善的分支机构管理制度；

（四）对拟设立分支机构的可行性已进行充分论证；

（五）在住所地以外的省、自治区、直辖市申请设立省级分公司以外其他分支机构的，该省级分公司已经开业；

（六）申请人最近2年内无受金融监管机构重大行政处罚的记录，不存在因涉嫌重大违法行为正在受到中国保监会立案调查的情形；

（七）申请设立省级分公司以外其他分支机构，在拟设地所在的省、自治区、直辖市内，省级分公司最近2年内无受金融监管机构重大行政处罚的记录，已设立的其他分支机构最近6个月内无受重大保险行政处罚的记录；

（八）有申请人认可的筹建负责人；

（九）中国保监会规定的其他条件。

第十九条　设立分支机构，申请人应当提交下列材料一式三份：

（一）设立申请书；

（二）申请前连续2个季度的偿付能力报告和上一年度经审计的偿付能力报告；

（三）保险公司上一年度公司治理结构报告以及申请人内控制度；

（四）分支机构设立的可行性论证报告，包括拟设机构3年业务发展规划和市场分析，设立分支机构与公司风险管理状况和内控状况相适应的说明；

（五）申请人分支机构管理制度；

（六）申请人作出的其最近2年无受金融监管机构重大行政处罚的声明；

（七）申请设立省级分公司以外其他分支机构的，提交省级分公司最近2年无受金融监管机构重大行政处罚的声明；

（八）拟设机构筹建负责人的简历以及相关证明材料；

（九）中国保监会规定提交的其他材料。

第二十条 中国保监会应当自收到完整申请材料之日起30日内对设立申请进行书面审查，对不符合本规定第十八条的，作出不予批准决定，并书面说明理由；对符合本规定第十八条的，向申请人发出筹建通知。

第二十一条 申请人应当自收到筹建通知之日起6个月内完成分支机构的筹建工作。筹建期间不计算在行政许可的期限内。

筹建期间届满未完成筹建工作的，应当根据本规定重新提出设立申请。

筹建机构在筹建期间不得从事任何保险经营活动。

第二十二条 筹建工作完成后，筹建机构具备下列条件的，申请人可以向中国保监会提交开业验收报告：

（一）具有合法的营业场所，安全、消防设施符合要求；

（二）建立了必要的组织机构和完善的业务、财务、风险控制、资产管理、反洗钱等管理制度；

（三）建立了与经营管理活动相适应的信息系统；

（四）具有符合任职条件的拟任高级管理人员或者主要负责人；

（五）对员工进行了上岗培训；

（六）筹建期间未开办保险业务；

（七）中国保监会规定的其他条件。

第二十三条 申请人提交的开业验收报告应当附下列材料一式三份：

（一）筹建工作完成情况报告；

（二）拟任高级管理人员或者主要负责人简历及有关证明；

（三）拟设机构营业场所所有权或者使用权证明；

（四）计算机设备配置、应用系统及网络建设情况报告；

（五）业务、财务、风险控制、资产管理、反洗钱等制度；

（六）机构设置和从业人员情况报告，包括员工上岗培训情况报告等；

（七）按照拟设地规定提交有关消防证明，无需进行消防验收或者备案的，提交申请人作出的已采取必要措施确保消防安全的书面承诺；

（八）中国保监会规定提交的其他材料。

第二十四条　中国保监会应当自收到完整的开业验收报告之日起30日内，进行开业验收，并作出批准或者不予批准的决定。验收合格批准设立的，颁发分支机构经营保险业务许可证；验收不合格不予批准设立的，应当书面通知申请人并说明理由。

第二十五条　经批准设立的保险公司分支机构，应当持批准文件以及分支机构经营保险业务许可证，向工商行政管理部门办理登记注册手续，领取营业执照后方可营业。

第四章　机构变更、解散与撤销

第二十六条　保险机构有下列情形之一的，应当经中国保监会批准：

（一）保险公司变更名称；

（二）变更注册资本；

（三）扩大业务范围；

（四）变更营业场所；

（五）保险公司分立或者合并；

（六）修改保险公司章程；

（七）变更出资额占有限责任公司资本总额5%以上的股东，或者变更持有股份有限公司股份5%以上的股东；

（八）中国保监会规定的其他情形。

第二十七条　保险机构有下列情形之一，应当自该情形发生之日起15日内，向中国保监会报告：

（一）变更出资额不超过有限责任公司资本总额5%的股东，或者变更持有股份有限公司股份不超过5%的股东，上市公司的股东变更除外；

（二）保险公司的股东变更名称，上市公司的股东除外；

（三）保险公司分支机构变更名称；

（四）中国保监会规定的其他情形。

第二十八条　保险公司依法解散的，应当经中国保监会批准，并报送下列材料一式三份：

（一）解散申请书；

（二）股东大会或者股东会决议；

（三）清算组织及其负责人情况和相关证明材料；

（四）清算程序；

（五）债权债务安排方案；

（六）资产分配计划和资产处分方案；

（七）中国保监会规定提交的其他材料。

第二十九条 保险公司依法解散的，应当成立清算组，清算工作由中国保监会监督指导。

保险公司依法被撤销的，由中国保监会及时组织股东、有关部门以及相关专业人员成立清算组。

第三十条 清算组应当自成立之日起 10 日内通知债权人，并于 60 日内在中国保监会指定的报纸上至少公告 3 次。

清算组应当委托资信良好的会计师事务所、律师事务所，对公司债权债务和资产进行评估。

第三十一条 保险公司撤销分支机构，应当经中国保监会批准。分支机构经营保险业务许可证自被批准撤销之日起自动失效，并应当于被批准撤销之日起 15 日内缴回。

保险公司合并、撤销分支机构的，应当进行公告，并书面通知有关投保人、被保险人或者受益人，对交付保险费、领取保险金等事宜应当充分告知。

第三十二条 保险公司依法解散或者被撤销的，其资产处分应当采取公开拍卖、协议转让或者中国保监会认可的其他方式。

第三十三条 保险公司依法解散或者被撤销的，在保险合同责任清算完毕之前，公司股东不得分配公司资产，或者从公司取得任何利益。

第三十四条 保险公司有《中华人民共和国企业破产法》第二条规定情形的，依法申请重整、和解或者破产清算。

第五章 分支机构管理

第三十五条 保险公司应当加强对分支机构的管理，督促分支机构依法合规经营，确保上级机构对管理的下级分支机构能够实施有效管控。

第三十六条 保险公司总公司应当根据本规定和发展需要制定分支机构管理制度，其省级分公司应当根据总公司的规定和当地实际情况，制定本省、自治区、直辖市分支机构管理制度。

保险公司在计划单列市设立分支机构的，应当由省级分公司或者保险公司根据本规定第四条第三款指定的分支机构制定当地分支机构管理制度。

第三十七条 分支机构管理制度至少应当包括下列内容：

（一）各级分支机构职能；

（二）各级分支机构人员、场所、设备等方面的配备要求；

（三）分支机构设立、撤销的内部决策制度；

（四）上级机构对下级分支机构的管控职责和措施。

第三十八条　保险公司分支机构应当配备必要数量的工作人员,分支机构高级管理人员或者主要负责人应当是与保险公司订立劳动合同的正式员工。

第三十九条　保险公司分支机构在经营存续期间,应当具有规范和稳定的营业场所,配备必要的办公设备。

第四十条　保险公司分支机构应当将经营保险业务许可证原件放置于营业场所显著位置,以备查验。

第六章　保险经营

第四十一条　保险公司的分支机构不得跨省、自治区、直辖市经营保险业务,本规定第四十二条规定的情形和中国保监会另有规定的除外。

第四十二条　保险机构参与共保、经营大型商业保险或者统括保单业务,以及通过互联网、电话营销等方式跨省、自治区、直辖市承保业务,应当符合中国保监会的有关规定。

第四十三条　保险机构应当公平、合理拟订保险条款和保险费率,不得损害投保人、被保险人和受益人的合法权益。

第四十四条　保险机构的业务宣传资料应当客观、完整、真实,并应当载有保险机构的名称和地址。

第四十五条　保险机构应当按照中国保监会的规定披露有关信息。

保险机构不得利用广告或者其他宣传方式,对其保险条款内容和服务质量等做引人误解的宣传。

第四十六条　保险机构对保险合同中有关免除保险公司责任、退保、费用扣除、现金价值和犹豫期等事项,应当依照《保险法》和中国保监会的规定向投保人作出提示。

第四十七条　保险机构开展业务,应当遵循公平竞争的原则,不得从事不正当竞争。

第四十八条　保险机构不得将其保险条款、保险费率与其他保险公司的类似保险条款、保险费率或者金融机构的存款利率等进行片面比较。

第四十九条　保险机构不得以捏造、散布虚假事实等方式损害其他保险机构的信誉。

保险机构不得利用政府及其所属部门、垄断性企业或者组织,排挤、阻碍其他保险机构开展保险业务。

第五十条　保险机构不得劝说或者诱导投保人解除与其他保险机构的保险合同。

第五十一条　保险机构不得给予或者承诺给予投保人、被保险人、受益人保险合同约定以外的保险费回扣或者其他利益。

第五十二条 除再保险公司以外,保险机构应当按照规定设立客户服务部门或者咨询投诉部门,并向社会公开咨询投诉电话。

保险机构对保险投诉应当认真处理,并将处理意见及时告知投诉人。

第五十三条 保险机构应当建立保险代理人的登记管理制度,加强对保险代理人的培训和管理,不得唆使、诱导保险代理人进行违背诚信义务的活动。

第五十四条 保险机构不得委托未取得合法资格的机构或者个人从事保险销售活动,不得向未取得合法资格的机构或者个人支付佣金或者其他利益。

第五十五条 保险公司应当建立健全公司治理结构,加强内部管理,建立严格的内部控制制度。

第五十六条 保险公司应当建立控制和管理关联交易的有关制度。保险公司的重大关联交易应当按照规定及时向中国保监会报告。

第五十七条 保险机构任命董事、监事、高级管理人员,应当在任命前向中国保监会申请核准上述人员的任职资格。

保险机构董事、监事、高级管理人员的任职资格管理,按照《保险法》和中国保监会有关规定执行。

第五十八条 保险机构应当依照《保险法》和中国保监会的有关规定管理、使用经营保险业务许可证。

第七章 监 督 管 理

第五十九条 中国保监会对保险机构的监督管理,采取现场监管与非现场监管相结合的方式。

第六十条 保险机构有下列情形之一的,中国保监会可以将其列为重点监管对象:

(一)严重违法;

(二)偿付能力不足;

(三)财务状况异常;

(四)中国保监会认为需要重点监管的其他情形。

第六十一条 中国保监会对保险机构的现场检查包括但不限于下列事项:

(一)机构设立、变更是否依法经批准或者向中国保监会报告;

(二)董事、监事、高级管理人员任职资格是否依法经核准;

(三)行政许可的申报材料是否真实;

(四)资本金、各项准备金是否真实、充足;

(五)公司治理和内控制度建设是否符合中国保监会的规定;

（六）偿付能力是否充足；

（七）资金运用是否合法；

（八）业务经营和财务情况是否合法，报告、报表、文件、资料是否及时、完整、真实；

（九）是否按规定对使用的保险条款和保险费率报经审批或者备案；

（十）与保险中介的业务往来是否合法；

（十一）信息化建设工作是否符合规定；

（十二）需要事后报告的其他事项是否按照规定报告；

（十三）中国保监会依法检查的其他事项。

第六十二条 中国保监会对保险机构进行现场检查，保险机构应当予以配合，并按中国保监会的要求提供有关文件、材料。

第六十三条 中国保监会工作人员依法实施现场检查；检查人员不得少于2人，并应当出示有关证件和检查通知书。

中国保监会可以在现场检查中，委托会计师事务所等中介服务机构提供相关专业服务；委托上述中介服务机构提供专业服务的，应当签订书面委托协议。

第六十四条 保险机构出现频繁撤销分支机构、频繁变更分支机构营业场所等情形，可能或者已经对保险公司经营造成不利影响的，中国保监会有权根据监管需要采取下列措施：

（一）要求保险机构在指定时间内完善分支机构管理的相关制度；

（二）询问保险机构负责人、其他相关人员，了解变更、撤销的有关情况；

（三）要求保险机构提供其内部对变更、撤销行为进行决策的相关文件和资料；

（四）出示重大风险提示函，或者对有关人员进行监管谈话；

（五）依法采取的其他措施。

保险机构应当按照中国保监会的要求进行整改，并及时将整改情况书面报告中国保监会。

第六十五条 中国保监会有权根据监管需要，要求保险机构进行报告或者提供专项资料。

第六十六条 保险机构应当按照规定及时向中国保监会报送营业报告、精算报告、财务会计报告、偿付能力报告、合规报告等报告、报表、文件和资料。

保险机构向中国保监会提交的各类报告、报表、文件和资料，应当真实、完整、准确。

第六十七条 保险公司的股东大会、股东会、董事会的重大决议，应当在决议作出后30日内向中国保监会报告,中国保监会另有规定的除外。

第六十八条 中国保监会有权根据监管需要,对保险机构董事、监事、高级管理人员进行监管谈话,要求其就保险业务经营、风险控制、内部管理等有关重大事项作出说明。

第六十九条 保险机构或者其从业人员违反本规定,由中国保监会依照法律、行政法规进行处罚;法律、行政法规没有规定的,由中国保监会责令改正,给予警告,对有违法所得的处以违法所得1倍以上3倍以下罚款,但最高不得超过3万元,对没有违法所得的处以1万元以下罚款;涉嫌犯罪的,依法移交司法机关追究其刑事责任。

第八章 附　　则

第七十条 外资独资保险公司、中外合资保险公司分支机构设立适用本规定;中国保监会之前作出的有关规定与本规定不一致的,以本规定为准。

对外资独资保险公司、中外合资保险公司的其他管理,适用本规定,法律、行政法规和中国保监会另有规定的除外。

第七十一条 除本规定第四十二条和第七十二条第一款规定的情形外,外国保险公司分公司只能在其住所地的省、自治区、直辖市行政辖区内开展业务。

对外国保险公司分公司的其他管理,参照本规定对保险公司总公司的有关规定执行,法律、行政法规和中国保监会另有规定的除外。

第七十二条 再保险公司,包括外国再保险公司分公司,可以直接在全国开展再保险业务。

再保险公司适用本规定,法律、行政法规和中国保监会另有规定的除外。

第七十三条 政策性保险公司、相互制保险公司参照适用本规定,国家另有规定的除外。

第七十四条 保险公司在境外设立子公司、分支机构,应当经中国保监会批准;其设立条件和管理,由中国保监会另行规定。

第七十五条 保险公司应当按照《保险法》的规定,加入保险行业协会。

第七十六条 本规定施行前已经设立的分支机构,无需按照本规定的设立条件重新申请设立审批,但应当符合本规定对分支机构的日常管理要求。不符合规定的,应当自本规定施行之日起2年内进行整改,在高级管理人员或者主要负责人资质、场所规范、许可证使用、分支机构管理等方面达到本规定的相关要求。

第七十七条 保险机构依照本规定报送的各项报告、报表、文件和资料,应当用中文书写。原件为外文的,应当附中文译本;中文与外文意思不一致的,以中文为准。

第七十八条　本规定中的日是指工作日，不含法定节假日；本规定中的以上、以下，包括本数。

第七十九条　本规定由中国保监会负责解释。

第八十条　本规定自2009年10月1日起施行。中国保监会2004年5月13日发布的《保险公司管理规定》(保监会令〔2004〕3号)同时废止。

3.《保险集团公司监督管理办法》(中国银行保险监督管理委员会令2021年第13号)

第一章　总　　则

第一条　为加强对保险集团公司的监督管理，有效防范保险集团经营风险，促进金融保险业健康发展，根据《中华人民共和国保险法》(以下简称《保险法》)、《中华人民共和国公司法》等法律、行政法规及《国务院对确需保留的行政审批项目设定行政许可的决定》(中华人民共和国国务院令第412号)，制定本办法。

第二条　中国银行保险监督管理委员会(以下简称银保监会)根据法律、行政法规和国务院授权，按照实质重于形式的原则，对保险集团公司实行全面、持续、穿透的监督管理。

第三条　本办法所称保险集团公司，是指依法登记注册并经银保监会批准设立，名称中具有“保险集团”或“保险控股”字样，对保险集团成员公司实施控制、共同控制或重大影响的公司。

保险集团是指保险集团公司及受其控制、共同控制或重大影响的公司组成的企业集合，该企业集合中除保险集团公司外，有两家以上子公司为保险公司且保险业务为该企业集合的主要业务。

保险集团成员公司是指保险集团公司及受其控制、共同控制或重大影响的公司，包括保险集团公司、保险集团公司直接或间接控制的子公司以及其他成员公司。

第二章　设立和许可

第四条　设立保险集团公司，应当报银保监会审批，并具备下列条件：

(一)投资人符合银保监会规定的保险公司股东资质条件，股权结构合理，且合计至少控制两家境内保险公司50%以上股权；

(二)具有符合本办法第六条规定的成员公司；

(三)注册资本最低限额为20亿元人民币；

(四)具有符合银保监会规定任职资格条件的董事、监事和高级管理人员；

(五)具有完善的公司治理结构、健全的组织机构、有效的风险管理和内部控制管理制度；

（六）具有与其经营管理相适应的营业场所、办公设备和信息系统；

（七）法律、行政法规和银保监会规定的其他条件。

涉及处置风险的，经银保监会批准，上述条件可以适当放宽。

第五条 保险集团公司的股权监管、股东行为监管，参照适用银保监会关于保险公司股权管理的监管规定。

第六条 拟设立保险集团公司的投资人控制的保险公司中至少有一家具备下列条件：

（一）在中国境内开业 6 年以上；

（二）最近 3 个会计年度连续盈利；

（三）上一年末净资产不低于 10 亿元人民币，总资产不低于 100 亿元人民币；

（四）具有完善的公司治理结构、健全的组织机构、有效的风险管理和内部控制管理制度；

（五）最近 4 个季度核心偿付能力充足率不低于 75%，综合偿付能力充足率不低于 150%；

（六）最近 4 个季度风险综合评级不低于 B 类；

（七）最近 3 年无重大违法违规行为和重大失信行为。

第七条 设立保险集团公司可以采取下列两种方式：

（一）发起设立。保险公司的股东作为发起人，以其持有的保险公司股权和货币出资设立保险集团公司，其中货币出资总额不得低于保险集团公司注册资本的 50%。

（二）更名设立。保险公司转换更名为保险集团公司，保险集团公司以货币出资设立保险子公司，原保险公司的保险业务依法转移至该保险子公司。

保险集团公司设立包括筹建和开业两个阶段。

第八条 采取发起设立的方式设立保险集团公司的，发起人应当在筹建阶段向银保监会提交下列材料：

（一）设立申请书，包括拟设立公司的名称、组织形式、注册资本、住所（营业场所）、投资人、投资金额、投资比例、业务范围、筹备组织情况、联系人及联系方式等；

（二）可行性研究报告，包括可行性分析、设立方式、发展战略、公司治理和组织机构框架、风险管理和内部控制体系、保险子公司整合前后偿付能力评估等；

（三）筹建方案，包括筹备组设置、工作职责和工作计划，拟设立的保险集团公司及其子公司的股权结构，理顺股权关系的总体规划和操作流程，子公司的名称和业务类别等；

（四）筹备负责人材料，包括投资人关于认可筹备组负责人和拟任董事长、总经理任职的确认书，筹备组负责人基本情况、本人认可证明，拟任董事长、总经理的任职资格申请表，身份证明和学历学位证书复印件；

（五）保险集团公司章程草案；

（六）发起人控制的保险公司最近3年经审计的财务报告、偿付能力报告；

（七）营业执照；

（八）投资人有关材料，包括基本情况类材料、财务信息类材料、公司治理类材料、附属信息类材料、有限合伙企业投资人的特别材料等；

（九）住所（营业场所）所有权或者使用权的证明文件；

（十）中长期发展战略和规划、业务经营计划、对外投资计划，资本及财务管理、风险管理和内部控制等主要制度；

（十一）信息化建设情况报告；

（十二）法律意见书；

（十三）反洗钱材料；

（十四）材料真实性声明；

（十五）银保监会规定的其他材料。

第九条　采取更名设立的方式设立保险集团公司的，拟更名的保险公司应当在筹建阶段向银保监会提交下列材料：

（一）更名申请书，其中应当载明拟更名公司的名称、组织形式、注册资本、住所（营业场所）、业务范围、筹备组织情况、联系人及联系方式等；

（二）可行性研究报告，包括可行性分析、更名方式、公司治理和组织机构框架、发展战略、风险管理和内部控制体系、保险公司更名前后偿付能力评估等；

（三）更名方案，包括拟设立的保险集团公司及其子公司的股权结构，理顺股权关系的总体规划和操作流程，子公司的名称和业务类别等；

（四）筹备负责人材料，包括投资人关于认可筹备组负责人和拟任董事长、总经理任职的确认书，筹备组负责人基本情况、本人认可证明，拟任董事长、总经理任职资格申请表，身份证明和学历学位证书复印件；

（五）保险集团公司章程草案；

（六）保险公司股东（大）会同意更名设立保险集团公司的决议；

（七）保险公司最近3年经审计的财务报告、偿付能力报告；

（八）更名后的营业执照；

（九）住所（营业场所）所有权或者使用权的证明文件；

（十）中长期发展战略和规划、业务经营计划、对外投资计划，资本及财务管理、风险管理和内部控制等主要制度；

（十一）信息化建设情况报告；

（十二）法律意见书；

（十三）反洗钱材料；

（十四）材料真实性声明；

（十五）银保监会规定的其他材料。

第十条 设立保险集团公司的，发起人或拟更名的保险公司应当在开业阶段向银保监会提交下列材料：

（一）开业申请书，包括公司名称、住所（营业场所）、法定代表人、注册资本、股权结构、经营区域、业务范围，拟任董事、监事、高级管理人员和关键岗位管理人员名单。

（二）采取发起设立方式的，提供创立大会决议，没有创立大会决议的，应当提交所有投资人同意申请开业的文件或决议；采取更名设立方式的，提供股东（大）会决议。

（三）保险集团公司章程，股东（大）会、董事会、监事会议事规则。

（四）采取发起设立方式的，提供验资报告；采取更名设立方式的，提供拟注入新设保险子公司的资产评估报告、客户和债权人权益保障计划、员工权益保障计划。

（五）发展规划，包括公司战略目标、业务发展、机构发展、偿付能力管理、资本管理、风险管理、保障措施等规划要素。

（六）拟任董事、监事、高级管理人员的简历及其符合相应任职资格条件的证明材料。

（七）公司组织机构，包括部门设置及人员基本构成情况。

（八）资产托管协议或资产托管合作意向书。

（九）住所（营业场所）所有权或者使用权的证明文件及消防安全证明。

（十）信息化建设情况报告。

（十一）公司内部管理制度。

（十二）营业执照。

（十三）投资人有关材料，包括财务信息类材料、纳税证明和征信记录，股权结构、控股股东及实际控制人情况材料，无重大违法违规记录声明、自有资金投资承诺书等。

（十四）反洗钱材料。

(十五)材料真实性声明。

(十六)银保监会规定的其他材料。

第十一条　设立保险集团公司,应当向市场监督管理部门办理工商注册登记,领取营业执照。

保险集团公司应当经银保监会批准方能开展相关经营活动。银保监会批准后,应当颁发保险许可证。

保险集团公司设立事项审批时限参照保险公司相关规定执行。

第三章　经营规则

第十二条　保险集团公司的业务以股权投资及管理为主。

保险集团公司开展重大股权投资应当使用自有资金。重大股权投资是指对被投资企业实施控制的投资行为。

第十三条　保险集团公司经营保险业务、进行股权管理、开展保险资金运用,应当遵守法律、行政法规及其他监管规定的要求。

第十四条　在尊重子公司及其他成员公司独立法人经营自主权的基础上,保险集团公司应当对全集团的股权投资进行统筹管理,防止无序扩张。

第十五条　保险集团公司可以投资下列保险类企业:

(一)保险公司;

(二)保险资产管理机构;

(三)保险专业代理机构、保险经纪机构和保险公估机构;

(四)银保监会批准设立的其他保险类企业。

第十六条　保险集团公司可以投资非保险类金融企业。

保险集团公司及其子公司对境内非保险类金融企业重大股权投资的账面余额,合计不得超过集团上一年末合并净资产的30%。

第十七条　保险集团公司及其子公司投资同一金融行业中主营业务相同的企业,控股的数量原则上不得超过一家。

第十八条　保险集团公司可以投资本办法第五十六条规定的与保险业务相关的非金融类企业。

除本办法第五十六条规定的非金融类企业和为投资不动产设立的项目公司外,保险集团公司对其他单一非金融类企业的持股比例不得超过25%,或不得对该企业有重大影响。

第十九条　保险集团公司及其金融类子公司对境内非金融类企业重大股权投资的账面余额,合计不得超过集团上一年末合并净资产的10%。

纳入前款计算范围的非金融类企业是指保险集团公司及其金融类子公司在

境内投资的首层级非金融类企业。

本条规定的非金融类企业，不包括保险集团公司及其金融类子公司为投资不动产设立的项目公司，以及本办法第五十六条第一款第（一）项规定的主要为保险集团提供服务的共享服务类子公司。

第二十条 保险集团公司可进行境外投资。

保险集团公司及其境内子公司对境外主体重大股权投资的账面余额，合计不得超过集团上一年末合并净资产的10%。

纳入前款计算范围的境外主体是指保险集团公司及其境内子公司在境外投资的首层级境外主体。

保险集团公司及其境内子公司投资单一境外非金融主体的账面余额不得超过集团上一年末合并净资产的5%。

本条规定的境外主体不包括保险集团公司及其境内金融类子公司为投资不动产设立的项目公司。

第四章 公司治理

第二十一条 保险集团公司应当按照法律、行政法规及其他监管规定的要求，建立符合下列要求的公司治理框架：

（一）覆盖集团所有成员公司；

（二）覆盖集团所有重要事项；

（三）恰当地识别和平衡各成员公司与集团整体之间以及各成员公司之间的利益冲突。

治理框架应关注的内容包括但不限于：

（一）规范的治理结构；

（二）股权结构和管理结构的适当性；

（三）清晰的职责边界；

（四）主要股东的财务稳健性；

（五）科学的发展战略、价值准则与良好的社会责任；

（六）有效的风险管理与内部控制；

（七）合理的激励约束机制；

（八）完善的信息披露制度。

第二十二条 保险集团公司应当尊重子公司及其他成员公司独立法人经营自主权，统筹管理集团人力资源、财务会计、数据治理、信息系统、资金运用、品牌文化等事项，加强集团内部的业务协同和资源共享，建立覆盖集团整体的风险管理、内控合规和内部审计体系，提高集团整体运营效率和风险防范能力。

第二十三条　保险集团公司对子公司履行管理职能过程中，不得滥用其控制地位或采取其他不正当措施，损害子公司及其他利益相关者的合法权益。

第二十四条　保险集团公司应当组织制定集团整体战略规划，定期对战略规划执行情况进行评估，根据发展实际和外部环境变化调整和完善战略规划。

保险集团公司应当根据集团整体战略规划，指导子公司制定发展战略和经营计划。保险集团公司应当设立或指定相应职能部门，定期监控、评估子公司发展战略和经营计划的执行情况并提出管理意见，确保集团整体目标和子公司责任目标的实现。

第二十五条　保险集团公司应当根据自身管理需要，合理确定董事会规模及成员构成。

第二十六条　保险集团公司董事会应当根据相关监管要求及实际情况设立专门委员会，行使审计、提名薪酬管理、战略管理、风险管理以及关联交易管理等职能。

第二十七条　保险集团公司应当根据集团整体战略规划和子公司管理需求，按照合规、精简、高效的原则，指导子公司建立规范的公司治理结构。

子公司为上市公司的，公司治理应当符合上市规则及上市公司监管要求。

第二十八条　保险集团公司在依法推进本公司股东（大）会、董事会、监事会良好运作的同时，应当加强对子公司不同层级、不同类别会议的决策支持和组织管理。

保险集团公司应当设立或指定相应的职能部门，为其派驻子公司董事、监事履职提供支持和服务。子公司董事、监事对其在董事会或监事会的履职行为依法承担责任。

第二十九条　保险集团公司满足下列条件的，经向银保监会备案后，可以豁免其下属保险子公司适用关于独立董事、董事会专门委员会等方面的监管要求：

（一）保险集团公司治理结构健全、公司治理机制运行有效，并已根据相关监管规定建立独立董事和董事会专门委员会制度；

（二）保险集团公司已对保险子公司建立有效的管控机制。

获得前款豁免的保险子公司出现公司治理机制失灵、公司治理缺陷等情形的，银保监会可视情况撤销豁免。

第三十条　保险集团公司应当具有简明、清晰、可穿透的股权结构。

保险集团应当建立与其战略规划、风险状况和管理能力相适应的组织架构和管理结构，实现保险集团公司与其下属成员公司股权控制层级合理，组织架构清晰透明，管理结构明确。

第三十一条 保险集团公司与其金融类子公司之间的股权控制层级原则上不得超过三级,与其非金融类子公司之间的股权控制层级原则上不得超过四级。股权控制层级的计算,以保险集团公司本级为第一级。不开展业务、不实际运营的特殊目的实体以及为投资不动产设立的项目公司,可以不计算在上述股权控制层级之内。

第三十二条 保险集团成员公司之间原则上不得交叉持股,子公司及其他成员公司不得持有保险集团公司的股权。

第三十三条 保险集团公司高级管理人员原则上最多兼任一家保险子公司的高级管理人员。

子公司及其他成员公司高级管理人员原则上不得相互兼任。

第三十四条 保险集团公司应当建立健全覆盖全集团的董事、监事及高级管理人员履职评价体系。

保险集团公司应当建立与本集团发展战略、风险管理、整体效益、岗位职责、社会责任、企业文化相适应的科学合理的薪酬管理机制和绩效考核体系。

第三十五条 保险集团公司应当建立统一的内部审计制度,对集团及其成员公司财务收支、业务经营、内部控制、风险管理实施独立、客观的监督、评价和建议,指导和评估子公司的内部审计工作。

保险集团公司对内部审计实行集中化或垂直化管理的,子公司可以委托保险集团公司实施内部审计工作。

第五章 风险管理

第三十六条 保险集团公司应当整合集团风险管理资源,建立与集团战略目标、组织架构、业务模式相适应的全面风险管理体系以及科学有效的风险预警机制,有效识别、计量、评估、监测和控制集团总体风险。

保险集团风险包括但不限于:

(一)一般风险,包括保险风险、信用风险、市场风险、流动性风险、操作风险、声誉风险、战略风险等;

(二)特有风险,包括风险传染、组织结构不透明风险、集中度风险、非保险领域风险等。

第三十七条 保险集团公司应当设立独立于业务部门的风险管理部门,负责集团全面风险管理体系的制定和实施,并要求各业务条线、子公司及其他成员公司在集团整体风险偏好和风险管理政策框架下,制定自身的风险管理政策,促进保险集团风险管理的一致性和有效性。

第三十八条 保险集团公司应当制定集团层面的风险偏好体系,明确集团在实现其战略目标过程中愿意并能够承担的风险水平，确定风险管理目标，以及集团对各类风险的风险容忍度和风险限额。

风险偏好体系应当经董事会批准后实施，并每年进行审查、修订和完善。

第三十九条　保险集团公司应当根据集团整体的发展战略和风险偏好，对各类风险指标和风险限额进行分配，建立超限额处置机制。子公司及其他成员公司风险偏好、风险容忍度和风险限额应当与集团风险偏好、风险容忍度和风险限额相协调。

保险集团公司应当对集团整体、子公司及其他成员公司的风险管理制度执行情况进行监测，必要时可基于集团风险限额要求各成员公司对风险限额进行调整。

第四十条　保险集团公司应当建立满足集团风险管理需要的信息系统，确保能够准确、全面、及时地获取集团风险管理相关信息，对各类风险进行定性、定量分析，有效识别、评估和监测集团整体风险状况。

第四十一条　保险集团公司应当在并表基础上管理集团集中度风险，建立和完善集中度风险管理的政策、程序和方法，以识别、计量、监测和防范集团整体以及各成员公司的不同类型的集中度风险。

保险集团集中度风险，是指成员公司单个风险或风险组合在集团层面聚合后，可能直接或间接威胁到集团偿付能力的风险；包括但不限于交易对手集中度风险、保险业务集中度风险、非保险业务集中度风险、投资资产集中度风险、行业集中度风险、地区集中度风险等。

第四十二条　保险集团公司应当建立和完善集团内部资金管理、业务运营、信息管理以及人员管理等方面的防火墙制度，防范保险集团成员公司之间的风险传递。

保险集团成员公司之间开展业务协同的，应当依法以合同等形式明确风险承担主体，防止风险责任不清、交叉传染及利益冲突。

第四十三条　保险集团公司应当建立监测、报告、控制和处理整个保险集团关联交易和内部交易的政策与程序，防范可能产生的不当利益输送、风险延迟暴露、监管套利、风险传染和其他对保险集团稳健经营的负面影响。

保险集团的内部交易应当遵守银保监会对于关联交易、内部交易的相关规定。

第四十四条　保险集团公司应当加强集团对外担保的统筹管理，明确对外担保的条件、额度及审批程序。

保险集团公司只能对其保险子公司提供担保，且保险集团公司及其子公司对外担保的余额不得超过本公司上一年度末净资产的10%。

第四十五条 保险集团公司应当建立与其风险相适应的压力测试体系,定期对集团整体的流动性、偿付能力等开展压力测试,将测试结果应用于制定经营管理决策、应急预案以及恢复和处置计划。

第四十六条 保险集团公司应当加强集团客户信息安全保护,指导和督促子公司及其他成员公司按照合法、正当、必要的原则,依法开展客户信息收集、传输、存储、使用和共享,严格履行信息保护义务。

第六章 资本管理

第四十七条 保险集团公司应当建立健全覆盖整个集团的资本管理体系,包括资本规划机制、资本充足评估机制、资本约束机制以及资本补充机制,确保资本与资产规模、业务复杂程度和风险特征相适应,并能够充分覆盖集团面临的各类风险。

第四十八条 保险集团公司应当根据公司发展战略目标、行业情况和国家有关规定,有针对性地制定保险集团公司及其金融类子公司至少未来3年的资本规划,并保证资本规划的可行性。

第四十九条 保险集团公司应当根据集团的发展战略、经营规划和风险偏好,设定恰当的资本充足目标。

保险集团公司及其金融类子公司应当建立与其自身风险特征、经营环境相适应的资本充足评估机制,定期评估资本状况,确保保险集团公司及其保险子公司满足偿付能力监管要求,非保险类金融子公司的资本状况持续符合金融监管部门规定,并将非金融类子公司资产负债比率保持在合理水平,实现集团安全稳健运行。

第五十条 保险集团公司应当在集团内部建立资本约束机制,指导子公司及其他成员公司在制定发展战略与经营规划、设计产品、资金运用等方面,严格遵守资本约束指标,注重审慎经营,强化风险管理。

保险集团公司应当加强资产负债管理,保持债务规模和期限结构合理适当,保持资产结构和负债结构合理匹配。

第五十一条 保险集团公司应当建立与子公司及其他成员公司发展战略和经营规划相适应的资本补充机制,通过加强业务管理、提高内部盈利能力、股权或者债权融资等方式保持集团的资本充足,并加强现金流管理,履行对子公司及其他成员公司的出资义务。

第五十二条 保险集团公司可以根据法律、行政法规及其他监管规定发行符合条件的资本工具,但应当严格控制双重杠杆比率。保险集团公司的双重杠杆比率不得高于银保监会的相关要求。

本办法所称双重杠杆比率，是指保险集团公司长期股权投资账面价值与所有者权益之比；账面价值是指账面余额扣除减值准备。

第七章　非保险子公司管理

第五十三条　本办法所称非保险子公司，是指保险集团公司及其保险子公司直接或间接控制的不属于本办法第十五条规定的保险类企业的境内外子公司。

第五十四条　保险集团公司及其保险子公司直接或间接投资非保险子公司，应当有利于优化集团资源配置、发挥协同效应、提升集团整体专业化水平和市场竞争能力，有效促进保险主业发展。

本章所称直接投资，是指保险集团公司及其保险子公司以出资人名义投资并持有非保险子公司股权的行为；所称间接投资，是指保险集团公司及其保险子公司的各级非保险子公司以出资人名义投资并持有其他非保险子公司股权的行为。

投资非保险子公司，应当遵循实质重于形式的原则。实质上由保险集团公司或其保险子公司开展的投资，不得违规通过非保险子公司以间接投资的形式规避监管。

第五十五条　保险集团公司应当建立健全完善的内部管理制度，明确对非保险子公司管理的权限、流程和责任，落实对非保险子公司管理的主体责任。

第五十六条　保险集团公司可以直接或间接投资非保险子公司，具体类型包括：

（一）主要为保险集团成员公司提供信息技术服务、审计、保单管理、巨灾管理、物业等服务和管理的共享服务类子公司；

（二）根据银保监会关于保险资金运用的监管规定开展重大股权投资设立的其他非保险子公司；

（三）法律、行政法规及银保监会规定的其他类子公司。

第五十七条　保险集团公司直接投资共享服务类非保险子公司的，应当符合下列条件：

（一）公司治理机制健全、运行良好；

（二）上期末综合偿付能力充足率在150%以上，核心偿付能力充足率在75%以上；

（三）使用自有资金投资，资金来源符合法律、行政法规及监管规定要求；

（四）拟投资的共享服务类非保险子公司主要为该保险集团提供共享服务；

（五）银保监会关于重大股权投资的监管规定。

保险集团公司不得间接投资共享服务类非保险子公司。

第五十八条 保险集团公司投资共享服务类非保险子公司，应当报银保监会审批，并提供下列材料：

（一）银保监会相关监管规定要求的重大股权投资应当提交的材料；

（二）共享服务或管理的具体方案、风险隔离的制度安排以及保险消费者权益保护的有关措施等。

保险集团公司直接投资共享服务类之外的其他非保险子公司，应当按照银保监会重大股权投资的监管规定执行。

保险集团公司间接投资非保险子公司的，保险集团公司应当在发起人协议或投资协议签署之日起15个工作日内向银保监会报告。

第五十九条 保险集团公司及其保险子公司直接投资非保险子公司，应符合法律、行政法规、监管规定及其公司章程规定的内部决策程序，经其股东（大）会、董事会或其授权机构审批通过。

间接投资非保险子公司的，应当向保险集团公司或其保险子公司董事会报告。

第六十条 保险集团公司及其保险子公司应通过对直接控制的非保险子公司的管理，确保非保险子公司投资设立或收购的其他非保险子公司遵守本办法有关要求。

第六十一条 保险集团公司应当加强商标、字号管理，明确非保险成员公司使用本公司商标、字号的具体方式和权限等，避免声誉风险传递。

第六十二条 保险集团公司及其保险子公司不得为非保险子公司的债务提供担保，不得向非保险子公司提供借款，银保监会另有规定的除外。

第六十三条 保险集团公司及其保险子公司不能以对被投资企业债务承担连带责任的方式投资非保险子公司。

保险集团公司及其保险子公司认购非保险子公司股权或其发行的股票、债券等有价证券的，应当遵守银保监会关于保险资金运用等监管规定。

保险集团公司及其保险子公司就将来向非保险子公司增加投资或提供资本协助等作出承诺的，应当符合相关规定，并经其股东（大）会、董事会或其授权机构批准。

第六十四条 保险集团公司及其保险子公司应当建立外包管理制度，明确允许和禁止外包的范围、内容、形式、决策权限与程序、后续管理以及外包各方的权利义务与责任等。

本办法所称外包，是指保险集团公司及其保险子公司将原本由自身负责处理的某些业务活动或管理职能委托给非保险子公司或者集团外机构持续处理的行为。

第六十五条　保险集团公司及其保险子公司外包本公司业务或职能的，应当进行风险评估并经其董事会或董事会授权机构审议通过，确保提供外包服务的受托方具备良好稳定的财务状况、较高的技术实力和服务质量、完备的管理能力以及较强的应对突发事件能力。

保险集团公司及其保险子公司外包时，应当与受托方签署书面合同，明确外包内容、形式、服务价格、客户信息保密要求、各方权利义务以及违约责任等内容。外包过程中应加强对外包活动风险的监测，在年度风险评估中定期审查外包业务、职能的履行情况，进行风险敞口分析和其他风险评估，并向董事会报告。

保险集团公司及其保险子公司应当在外包合同签署前20个工作日向银保监会报告。银保监会根据该外包行为的风险状况，可以采取风险提示、约见谈话、监管质询等措施。

第六十六条　保险集团公司应当于每年4月30日前向银保监会报送非保险子公司年度报告。报告应当包含下列内容：

（一）投资非保险子公司的总体情况，包括非保险子公司的数量、层级、业务分类及其经营情况、管控情况、重要内控和风险管理制度等；

（二）非保险子公司股权结构图，包括非保险子公司层级及计算情况、保险集团公司及其保险子公司直接或间接投资非保险子公司的股权比例等；

（三）非保险子公司主要高级管理人员基本信息；

（四）非保险子公司风险评估情况，包括重大关联交易和重大内部交易情况、外包管理情况、防火墙建设以及非金融类子公司的资产负债率情况等；

（五）保险集团持有非保险子公司股权变动情况及原因；

（六）银保监会要求的其他事项。

保险集团所属非保险子公司年度报告，由保险集团公司统一报送。

第八章　信 息 披 露

第六十七条　保险集团公司应当根据法律、行政法规及其他监管规定的要求，遵循完整、准确、及时、有效的原则，规范地披露信息。

第六十八条　保险集团公司除根据保险机构信息披露相关监管规定披露本公司基本情况外，还应当披露集团整体的基本情况，包括：

（一）保险集团公司与各级子公司之间的股权结构关系；

（二）非保险子公司名称、注册资本、实缴资本、股权结构、法定代表人等基本信息；

（三）银保监会规定的其他事项。

第六十九条 保险集团公司除根据保险机构信息披露相关监管规定披露本公司重大事项外,还应当披露集团发生的下列重大事项:

(一)对集团造成重大影响的风险事件;

(二)银保监会规定的其他事项。

第七十条 保险集团公司应当制作年度信息披露报告,除根据保险机构信息披露相关监管规定披露的本公司年度信息外,还应当至少包括下列内容:

(一)上一年度合并口径下的财务会计信息;

(二)上一年度的偿付能力信息;

(三)上一年度保险集团并表成员公司之间的重大内部交易,根据法律、行政法规及其他监管规定要求已由成员公司披露的除外;

(四)上一年度集团整体的风险管理状况;

(五)银保监会规定的其他事项。

第七十一条 保险集团公司应当将本公司及集团整体的基本情况、重大事项、年度信息披露报告登载于公司网站上。

基本情况发生变更的,保险集团公司应当自变更之日起 10 个工作日内更新。

发生重大事项的,保险集团公司应当自事项发生之日起 15 个工作日内发布临时信息披露公告。

年度信息披露报告应当在每年 4 月 30 日前发布,银保监会另有规定的从其规定。

偿付能力相关信息披露按照保险公司偿付能力监管规则有关要求执行。

第七十二条 上市保险集团公司按照上市公司信息披露要求已披露的相关信息,可不再重复披露。

第九章 监督管理

第七十三条 银保监会在单一法人监管的基础上,对保险集团的资本、财务以及风险进行全面和持续的并表监管,识别、计量、监控和评估保险集团的总体风险。

银保监会基于并表监管,可采取直接或间接监管方式,依法通过保险集团公司或其他受监管的成员公司,全面监测保险集团所有成员公司的风险,必要时可采取相应措施。

金融管理部门依法按照金融监管职责分工,对保险集团公司及其金融类成员公司实施监管。

第七十四条 银保监会遵循实质重于形式的原则,以控制为基础,兼顾风险相关性,确定保险集团的并表监管范围。

第七十五条　保险集团公司及其子公司应当纳入并表监管范围。

除前款规定的情形外，保险集团公司投资的下列机构，应当纳入并表监管的范围：

（一）被投资机构所产生的风险或造成的损失足以对保险集团的财务状况及风险水平造成重大影响；

（二）通过境内外附属机构、空壳公司等复杂股权设计成立的，保险集团实际控制或对该机构的经营管理存在重大影响的其他被投资机构。

第七十六条　银保监会有权根据保险集团公司股权结构变动、风险类别及风险状况，确定和调整并表监管范围并提出监管要求。

保险集团公司应当向银保监会报告并表范围及管理情况。

第七十七条　银保监会可以要求下列单位或者个人，在指定的期限内提供与保险集团公司经营管理和财务状况有关的资料、信息：

（一）保险集团成员公司；

（二）保险集团公司股东、实际控制人；

（三）保险集团公司董事、监事、高级管理人员；

（四）银保监会认为需要提供相关资料、信息的其他单位或个人。

银保监会可以建立与保险集团公司以及外部审计机构的三方会谈机制，了解保险集团在公司治理、风险防控和集团管控等方面的情况。

依据《保险法》和金融监管协调机制的有关规定，银保监会可以请保险集团成员公司的开户银行、指定商业银行、资产托管机构、证券交易所、证券登记结算机构等协助调查。

第七十八条　保险集团公司应当按照有关规定及时向银保监会报送财务报告、偿付能力报告、并表监管报告以及非保险子公司报告等有关报告和其他资料。

第七十九条　发生影响或可能影响保险集团公司经营管理、财务状况、风险控制、客户资产安全的重大事件，或者保险集团的组织架构、管理结构或股权结构等发生重大变化时，保险集团公司应立即向银保监会报送报告，说明起因、目前状态、可能产生的影响和拟采取的措施。

第八十条　保险集团公司的金融类子公司资本充足水平未能达到金融监管机构规定的，银保监会可以要求保险集团公司采取增资等方式保证其实现资本充足。保险集团公司不落实监管要求的，银保监会可以依法采取相应措施。

第八十一条　保险集团公司的保险子公司未达到金融监管机构规定的审慎监管要求，业务或财务状况显著恶化的，银保监会可以要求保险集团公司采取有效措施协助其恢复正常运营。

第八十二条 非保险子公司显著危及保险集团公司或其保险子公司安全经营的,银保监会可以要求保险集团公司进行整改。

第八十三条 保险集团公司及其子公司的股权投资范围、比例或股权控制层级不符合监管要求的,银保监会可依法采取相应措施。

第八十四条 银保监会可以基于审慎监管原则,要求保险集团公司对其偿付能力、流动性等风险开展覆盖全集团的压力测试,并根据压力测试结果采取相应措施。

第八十五条 银保监会可以根据保险集团的资产规模、业务复杂程度以及风险状况等要求保险集团公司制定恢复和处置计划。恢复计划应当确保面对危机时保险集团重要业务的可持续性;处置计划应当避免保险集团经营中断对行业造成负面影响,并最大程度降低对公共资本的消耗。

第八十六条 银保监会与境内其他监管机构相互配合,共享监督管理信息,协调监管政策和监管措施,有效监管保险集团成员公司,避免监管真空和重复监管。

银保监会可以与境外监管机构以签订跨境合作协议或其他形式开展监管合作,加强跨境监管协调及信息共享,对跨境运营的保险集团实施有效的监管。

第十章 附 则

第八十七条 保险集团公司的合并、分立、变更、解散、业务,以及相关人员任职资格等事项的监督管理,参照银保监会关于保险公司相关规定执行。

第八十八条 外国保险公司或外国保险集团公司作为中国境内保险公司股东设立保险集团公司的,适用本办法。《外资保险公司管理条例》及其实施细则有特殊规定的,从其规定。

对其他保险类企业具有直接或间接控制权,但名称中不带有“保险集团”或“保险控股”字样的保险公司,参照适用本办法,第二十九条第一款不适用。

被认定为系统重要性金融机构的保险集团,有特殊监管规定的,从其规定。

第八十九条 保险公司直接或间接投资设立的非保险子公司的管理,参照适用本办法关于非保险子公司的规定。

除保险集团成员公司分支机构外,保险集团所属非法人组织,参照适用本办法关于保险集团成员公司的规定。

第九十条 本办法所称控制,是指存在下列情况之一:

(一)投资人直接或间接取得被投资企业过半数有表决权股份;

(二)投资人通过与其他投资人签订协议或其他安排,实质拥有被投资企业过半数表决权;

(三)按照法律规定或协议约定,投资人具有实际支配被投资企业行为的权力;

(四)投资人有权任免被投资企业董事会或其他类似权力机构的过半数成员;

(五)投资人在被投资企业董事会或其他类似权力机构具有过半数表决权;

(六)其他属于控制的情形,包括按照《企业会计准则第33号——合并财务报表》构成控制的情形。

两个或两个以上投资人均有资格单独主导被投资企业不同方面的决策、经营和管理等活动时,能够主导对被投资企业回报产生最重大影响的活动的一方,视为对被投资企业形成控制。

第九十一条 本办法所称"以上"、"至少"、"不低于"均包含本数,"超过"不含本数。

第九十二条 本办法由银保监会解释。

第九十三条 本办法自公布之日起施行。原中国保险监督管理委员会发布的《保险集团公司管理办法(试行)》(保监发〔2010〕29号)同时废止。《保险集团并表监管指引》(保监发〔2014〕96号)规定与本办法不一致的,以本办法为准。

4.《银行保险机构公司治理准则》(银保监发〔2021〕14号)

第一章 总 则

第一条 为推动银行保险机构提高公司治理质效,促进银行保险机构科学健康发展,根据《中华人民共和国公司法》《中华人民共和国商业银行法》《中华人民共和国银行业监督管理法》《中华人民共和国保险法》和其他相关法律法规,制定本准则。

第二条 本准则所称银行保险机构,是指在中华人民共和国境内依法设立的股份有限公司形式的商业银行、保险公司。

第三条 银行保险机构应当按照公司法、本准则等法律法规及监管规定,建立包括股东大会、董事会、监事会、高级管理层等治理主体在内的公司治理架构,明确各治理主体的职责边界、履职要求,完善风险管控、制衡监督及激励约束机制,不断提升公司治理水平。

第四条 银行保险机构应当持续提升公司治理水平,逐步达到良好公司治理标准。

良好公司治理包括但不限于以下内容:

(一)清晰的股权结构;

(二)健全的组织架构;

（三）明确的职责边界；

（四）科学的发展战略；

（五）高标准的职业道德准则；

（六）有效的风险管理与内部控制；

（七）健全的信息披露机制；

（八）合理的激励约束机制；

（九）良好的利益相关者保护机制；

（十）较强的社会责任意识。

第五条 银行保险机构股东、董事、监事、高级管理人员等应当遵守法律法规、监管规定和公司章程，按照各司其职、各负其责、协调运转、有效制衡的原则行使权利、履行义务，维护银行保险机构合法权益。

股东、董事、监事、高级管理人员等治理主体或相关人员不得以干扰股东大会、董事会、监事会会议正常召开等方式妨碍公司治理机制的正常运行，不得损害公司利益。

第六条 银行保险机构应当按照法律法规及监管规定，制定并及时修改完善公司章程。银行保险机构章程对公司、股东、董事、监事、高级管理人员具有约束力。

银行保险机构应当在公司章程中对股东大会、董事会、监事会、高级管理层的组成和职责等作出安排，明确公司及其股东、董事、监事、高级管理人员等各方权利、义务。

银行保险机构应当在公司章程中规定，主要股东应当以书面形式向银行保险机构作出在必要时向其补充资本的长期承诺，作为银行保险机构资本规划的一部分，并在公司章程中规定公司制定审慎利润分配方案时需要考虑的主要因素。

商业银行应当在公司章程中规定股东在本行授信逾期时的权利限制。主要股东在本行授信逾期的，应当限制其在股东大会的表决权，并限制其提名或派出的董事在董事会的表决权。其他股东在本行授信逾期的，商业银行应当结合本行实际情况，对其相关权利予以限制。

第七条 中国银行保险监督管理委员会（以下简称中国银保监会）及其派出机构通过实施行政许可、现场检查、非现场监管、评估等方式，对银行保险机构公司治理实施持续监管。

监管机构可以根据银行保险机构的不同类型及特点，对其公司治理开展差异化监管。

监管机构可以派员列席银行保险机构股东大会、董事会、监事会等会议。银行保险机构召开上述会议,应当至少提前三个工作日通知监管机构。因特殊情况无法满足上述时间要求的,应当及时通知监管机构并说明理由。

银行保险机构应当将股东大会、董事会和监事会的会议记录和决议等文件及时报送监管机构。

第八条 监管机构定期对银行保险机构公司治理情况开展现场或非现场评估。

监管机构反馈公司治理监管评估结果后,银行保险机构应当及时将有关情况通报给董事会、监事会、高级管理层,并按监管要求及时进行整改。

第二章 党的领导

第九条 国有银行保险机构应当按照有关规定,将党的领导融入公司治理各个环节,持续探索和完善中国特色现代金融企业制度。

第十条 国有银行保险机构应当将党建工作要求写入公司章程,列明党组织的职责权限、机构设置、运行机制、基础保障等重要事项,落实党组织在公司治理结构中的法定地位。

第十一条 国有银行保险机构应当坚持和完善"双向进入、交叉任职"领导体制,符合条件的党委班子成员可以通过法定程序进入董事会、监事会、高级管理层,董事会、监事会、高级管理层中符合条件的党员可以依照有关规定和程序进入党委。党委书记、董事长一般由一人担任,党员行长(总经理)一般担任副书记。

第十二条 国有银行保险机构党委要切实发挥把方向、管大局、保落实的领导作用,重点管政治方向、领导班子、基本制度、重大决策和党的建设,切实承担好从严管党治党责任。重大经营管理事项必须经党委研究讨论后,再由董事会或高级管理层作出决定。

第十三条 国有银行保险机构要持续健全党委领导下以职工代表大会为基本形式的民主管理制度,重大决策应当听取职工意见,涉及职工切身利益的重大问题必须经过职工代表大会或者职工大会审议,保证职工代表依法有序参与公司治理。

第十四条 民营银行保险机构要按照党组织设置有关规定,建立党的组织机构,积极发挥党组织的政治核心作用,加强政治引领,宣传贯彻党的路线方针政策,团结凝聚职工群众,维护各方合法权益,建设先进企业文化,促进银行保险机构持续健康发展。

第三章 股东与股东大会

第一节 股 东

第十五条 银行保险机构股东按照公司法等法律法规、监管规定和公司章程行使股东权利。

第十六条 银行保险机构股东除按照公司法等法律法规及监管规定履行股东义务外，还应当承担如下义务：

（一）使用来源合法的自有资金入股银行保险机构，不得以委托资金、债务资金等非自有资金入股，法律法规或者监管制度另有规定的除外；

（二）持股比例和持股机构数量符合监管规定，不得委托他人或者接受他人委托持有银行保险机构股份；

（三）按照法律法规及监管规定，如实向银行保险机构告知财务信息、股权结构、入股资金来源、控股股东、实际控制人、关联方、一致行动人、最终受益人、投资其他金融机构情况等信息；

（四）股东的控股股东、实际控制人、关联方、一致行动人、最终受益人发生变化的，相关股东应当按照法律法规及监管规定，及时将变更情况书面告知银行保险机构；

（五）股东发生合并、分立，被采取责令停业整顿、指定托管、接管、撤销等措施，或者进入解散、清算、破产程序，或者其法定代表人、公司名称、经营场所、经营范围及其他重大事项发生变化的，应当按照法律法规及监管规定，及时将相关情况书面告知银行保险机构；

（六）股东所持银行保险机构股份涉及诉讼、仲裁、被司法机关等采取法律强制措施、被质押或者解质押的，应当按照法律法规及监管规定，及时将相关情况书面告知银行保险机构；

（七）股东转让、质押其持有的银行保险机构股份，或者与银行保险机构开展关联交易的，应当遵守法律法规及监管规定，不得损害其他股东和银行保险机构利益；

（八）股东及其控股股东、实际控制人不得滥用股东权利或者利用关联关系，损害银行保险机构、其他股东及利益相关者的合法权益，不得干预董事会、高级管理层根据公司章程享有的决策权和管理权，不得越过董事会、高级管理层直接干预银行保险机构经营管理；

（九）银行保险机构发生风险事件或者重大违规行为的，股东应当配合监管机构开展调查和风险处置；

（十）法律法规、监管规定及公司章程规定股东应当承担的其他义务。

银行保险机构应当在公司章程中列明上述股东义务，并明确发生重大风险时相应的损失吸收与风险抵御机制。

第十七条 银行保险机构应当支持股东之间建立沟通协商机制，推动股东相互之间就行使权利开展正当沟通协商。

银行保险机构应当在公司与股东之间建立畅通有效的沟通机制，公平对待所有股东，保障股东特别是中小股东对公司重大事项的知情、参与决策和监督等权利。

股东有权依照法律法规的规定，通过民事诉讼或其他法律手段维护其合法权益，并可以向监管机构反映有关情况。

第二节 股东大会

第十八条 银行保险机构股东大会应当在法律法规和公司章程规定的范围内行使职权。

除公司法规定的职权外，银行保险机构股东大会职权至少应当包括：

（一）对公司上市作出决议；

（二）审议批准股东大会、董事会和监事会议事规则；

（三）审议批准股权激励计划方案；

（四）依照法律规定对收购本公司股份作出决议；

（五）对聘用或解聘为公司财务报告进行定期法定审计的会计师事务所作出决议；

（六）审议批准法律法规、监管规定或者公司章程规定的应当由股东大会决定的其他事项。

公司法及本条规定的股东大会职权不得授予董事会、其他机构或者个人行使。

第十九条 银行保险机构应当按照法律法规及监管规定，在公司章程中列明股东大会职权，股东大会召集、提案、会议通知、表决和决议、会议记录及其签署等内容。

第二十条 股东大会会议分为年度股东大会和临时股东大会。

银行保险机构应当于每一会计年度结束后六个月内召开年度股东大会。银行保险机构应当按照公司法有关规定，召开临时股东大会。二分之一以上且不少于两名独立董事提议召开临时股东大会的，银行保险机构应当在两个月内召开临时股东大会。

年度股东大会或临时股东大会未能在公司法及本准则规定期限内召开的，银行保险机构应当向监管机构书面报告并说明原因。

银行保险机构应当制定股东大会议事规则。股东大会议事规则由董事会负责制订，经股东大会审议通过后执行。

第二十一条 股东大会会议应当以现场会议方式召开。

银行保险机构应当建立安全、经济、便捷的网络或采用其他方式，为中小股东参加股东大会提供便利条件。

第二十二条 股东大会作出决议，必须经出席会议的股东所持表决权过半数通过。

但下列事项必须经出席会议股东所持表决权三分之二以上通过：

（一）公司增加或者减少注册资本；

（二）发行公司债券或者公司上市；

（三）公司合并、分立、解散、清算或者变更公司形式；

（四）修改公司章程；

（五）罢免独立董事；

（六）审议批准股权激励计划方案；

（七）法律法规、监管规定或者公司章程规定的，需要经出席会议股东所持表决权三分之二以上通过的其他事项。

第二十三条 鼓励银行保险机构股东大会就选举董事、监事进行表决时，实行累积投票制。

第二十四条 股东大会应当将所议事项的决定作成会议记录，会议记录保存期限为永久。

第四章 董事与董事会

第一节 董 事

第二十五条 银行保险机构董事为自然人，由股东大会选举产生、罢免。

鼓励银行保险机构设立职工董事，职工董事由职工民主选举产生、罢免。

第二十六条 银行保险机构应当在公司章程中规定董事的提名及选举制度，明确提名主体资格、提名及审核程序、选举办法等内容。

第二十七条 单独或者合计持有银行保险机构有表决权股份总数百分之三以上的股东、董事会提名委员会有权提出非独立董事候选人。

同一股东及其关联方提名的董事原则上不得超过董事会成员总数的三分之一。国家另有规定的除外。

董事会提名委员会应当避免受股东影响，独立、审慎地行使董事提名权。

第二十八条 董事每届任期不得超过三年，任期届满，可以连选连任。

第二十九条 董事在任期届满前提出辞职的，应当向董事会提交书面辞职报告。

因董事辞职导致董事会人数低于公司法规定的最低人数或公司章程规定人数的三分之二时，在新的董事就任前，提出辞职的董事应当继续履行职责。正在进行重大风险处置的银行保险机构董事，未经监管机构批准不得辞职。

除前款所列情形外，董事辞职自辞职报告送达董事会时生效。

因董事被股东大会罢免、死亡、独立董事丧失独立性辞职，或者存在其他不能履行董事职责的情况，导致董事会人数低于公司法规定的最低人数或董事会表决所需最低人数时，董事会职权应当由股东大会行使，直至董事会人数符合要求。

第三十条　董事任期届满，或董事会人数低于公司法规定的最低人数或公司章程规定人数的三分之二时，银行保险机构应当及时启动董事选举程序，召开股东大会选举董事。

第三十一条　银行保险机构董事履行如下职责或义务：

（一）持续关注公司经营管理状况，有权要求高级管理层全面、及时、准确地提供反映公司经营管理情况的相关资料或就有关问题作出说明；

（二）按时参加董事会会议，对董事会审议事项进行充分审查，独立、专业、客观地发表意见，在审慎判断的基础上独立作出表决；

（三）对董事会决议承担责任；

（四）对高级管理层执行股东大会、董事会决议情况进行监督；

（五）积极参加公司和监管机构等组织的培训，了解董事的权利和义务，熟悉有关法律法规及监管规定，持续具备履行职责所需的专业知识和能力；

（六）在履行职责时，对公司和全体股东负责，公平对待所有股东；

（七）执行高标准的职业道德准则，并考虑利益相关者的合法权益；

（八）对公司负有忠实、勤勉义务，尽职、审慎履行职责，并保证有足够的时间和精力履职；

（九）遵守法律法规、监管规定和公司章程。

第三十二条　董事应当每年至少亲自出席三分之二以上的董事会现场会议；因故不能亲自出席的，可以书面委托其他董事代为出席，但独立董事不得委托非独立董事代为出席。

一名董事原则上最多接受两名未亲自出席会议董事的委托。在审议关联交易事项时，非关联董事不得委托关联董事代为出席。

第二节　独立董事

第三十三条　独立董事是指在所任职的银行保险机构不担任除董事以外的其他职务，并与银行保险机构及其股东、实际控制人不存在可能影响其对公司事务进行独立、客观判断关系的董事。

第三十四条　银行保险机构应当建立独立董事制度，独立董事人数原则上不低于董事会成员总数三分之一。

第三十五条 单独或者合计持有银行保险机构有表决权股份总数百分之一以上股东、董事会提名委员会、监事会可以提出独立董事候选人。已经提名非独立董事的股东及其关联方不得再提名独立董事。

第三十六条 独立董事在一家银行保险机构累计任职不得超过六年。

第三十七条 独立董事应当保证有足够的时间和精力有效履行职责,一名自然人最多同时在五家境内外企业担任独立董事。同时在银行保险机构担任独立董事的,相关机构应当不具有关联关系,不存在利益冲突。

一名自然人不得在超过两家商业银行同时担任独立董事,不得同时在经营同类业务的保险机构担任独立董事。

第三十八条 独立董事辞职导致董事会中独立董事人数占比少于三分之一的,在新的独立董事就任前,该独立董事应当继续履职,因丧失独立性而辞职和被罢免的除外。

第三十九条 独立董事应当对股东大会或者董事会审议事项发表客观、公正的独立意见,尤其应当就以下事项向股东大会或董事会发表意见:

(一)重大关联交易;

(二)董事的提名、任免以及高级管理人员的聘任和解聘;

(三)董事和高级管理人员的薪酬;

(四)利润分配方案;

(五)聘用或解聘为公司财务报告进行定期法定审计的会计师事务所;

(六)其他可能对银行保险机构、中小股东、金融消费者合法权益产生重大影响的事项;

(七)法律法规、监管规定或者公司章程规定的其他事项。

第四十条 独立董事享有与其他董事同等的知情权,银行保险机构应当保障独立董事的知情权,及时完整地向独立董事提供参与决策的必要信息,并为独立董事履职提供必需的工作条件。

第四十一条 独立董事应当诚信、独立、勤勉履行职责,切实维护银行保险机构、中小股东和金融消费者的合法权益,不受股东、实际控制人、高级管理层或者其他与银行保险机构存在重大利害关系的单位或者个人的影响。

银行保险机构出现公司治理机制重大缺陷或公司治理机制失灵的,独立董事应当及时将有关情况向监管机构报告。独立董事除按照规定向监管机构报告有关情况外,应当保守银行保险机构秘密。

第四十二条 独立董事连续三次未亲自出席董事会会议的,视为不履行职责,银行保险机构应当在三个月内召开股东大会罢免其职务并选举新的独立董事。

第四十三条　银行保险机构独立董事可以推选一名独立董事，负责召集由独立董事参加的专门会议，研究履职相关问题。

第三节　董　事　会

第四十四条　董事会对股东大会负责，董事会职权由公司章程根据法律法规、监管规定和公司情况明确规定。

除公司法规定的职权外，银行保险机构董事会职权至少应当包括：

（一）制订公司增加或者减少注册资本、发行债券或者其他证券及上市的方案；

（二）制订公司重大收购、收购本公司股份或者合并、分立、解散及变更公司形式的方案；

（三）按照监管规定，聘任或者解聘高级管理人员，并决定其报酬、奖惩事项，监督高级管理层履行职责；

（四）依照法律法规、监管规定及公司章程，审议批准公司对外投资、资产购置、资产处置与核销、资产抵押、关联交易、数据治理等事项；

（五）制定公司发展战略并监督战略实施；

（六）制定公司资本规划，承担资本或偿付能力管理最终责任；

（七）制定公司风险容忍度、风险管理和内部控制政策，承担全面风险管理的最终责任；

（八）负责公司信息披露，并对会计和财务报告的真实性、准确性、完整性和及时性承担最终责任；

（九）定期评估并完善银行保险机构公司治理；

（十）制订章程修改方案，制订股东大会议事规则、董事会议事规则，审议批准董事会专门委员会工作规则；

（十一）提请股东大会聘用或者解聘为公司财务报告进行定期法定审计的会计师事务所；

（十二）维护金融消费者和其他利益相关者合法权益；

（十三）建立银行保险机构与股东特别是主要股东之间利益冲突的识别、审查和管理机制；

（十四）承担股东事务的管理责任；

（十五）公司章程规定的其他职权。

董事会职权由董事会集体行使。公司法规定的董事会职权原则上不得授予董事长、董事、其他机构或个人行使。某些具体决策事项确有必要授权的，应当通过董事会决议的方式依法进行。授权应当一事一授，不得将董事会职权笼统或永久授予其他机构或个人行使。

第四十五条 银行保险机构董事会应当建立并践行高标准的职业道德准则。职业道德准则应当符合公司长远利益，有助于提升公司的可信度与社会声誉，能够为各治理主体间存在利益冲突时提供判断标准。

第四十六条 银行保险机构董事会由执行董事、非执行董事（含独立董事）组成。

执行董事是指在银行保险机构除担任董事外，还承担高级管理人员职责的董事。

非执行董事是指在银行保险机构不担任除董事外的其他职务，且不承担高级管理人员职责的董事。

第四十七条 银行保险机构董事会人数至少为五人。

银行保险机构应当在公司章程中明确规定董事会构成，包括执行董事、非执行董事（含独立董事）的人数。董事会人数应当具体、确定。

第四十八条 董事会设董事长一人，可以设副董事长。董事长和副董事长由全体董事过半数选举产生。

第四十九条 董事会会议分为定期会议和临时会议。定期会议每年度至少召开四次，每次会议应当至少于会议召开十日前通知全体董事和监事。

有下列情形之一的，银行保险机构应当召开董事会临时会议：

（一）代表十分之一以上表决权的股东提议时；

（二）三分之一以上董事提议时；

（三）两名以上独立董事提议时；

（四）监事会提议时；

（五）董事长认为有必要的。

银行保险机构应当制定董事会议事规则。董事会议事规则应当由董事会制订，股东大会批准。

第五十条 董事会会议应有过半数的董事出席方可举行。

董事会决议可以采用现场会议表决和书面传签表决两种方式作出。

董事会表决实行一人一票。董事会作出决议，必须经全体董事过半数通过。

利润分配方案、薪酬方案、重大投资、重大资产处置方案、聘任或解聘高级管理人员、资本补充方案等重大事项不得采取书面传签方式表决，并且应当由三分之二以上董事表决通过。

第五十一条 董事会应当将现场会议所议事项的决定作成会议记录，出席会议的董事应当在会议记录上签名。董事对会议记录有不同意见的，可以在签字时附加说明。会议记录保存期限为永久。

银行保险机构应当采取录音、录像等方式记录董事会现场会议情况。

第五十二条　银行保险机构应当及时将监管机构对公司的监管意见及公司整改情况向董事、董事会、监事、监事会通报。

第五十三条　银行保险机构应当设立董事会秘书。董事会秘书由董事长提名，董事会聘任和解聘，对董事会负责。

第五十四条　银行保险机构董事会负责制定发展战略。

发展战略应当具备科学性、合理性和稳健性，明确市场定位和发展目标，体现差异化和特色化。

第四节　董事会专门委员会

第五十五条　银行保险机构董事会应当根据法律法规、监管规定和公司情况，单独或合并设立专门委员会，如战略、审计、提名、薪酬、关联交易控制、风险管理、消费者权益保护等专门委员会。

保险公司董事会应当根据监管规定设立资产负债管理委员会。

第五十六条　专门委员会成员由董事组成，应当具备与专门委员会职责相适应的专业知识或工作经验。

审计、提名、薪酬、风险管理、关联交易控制委员会中独立董事占比原则上不低于三分之一，审计、提名、薪酬、关联交易控制委员会应由独立董事担任主任委员或负责人。

审计委员会成员应当具备财务、审计、会计或法律等某一方面的专业知识和工作经验。

第五十七条　董事会专门委员会议事规则和工作程序由董事会制定。各专门委员会可以制定年度工作计划并定期召开会议。

第五章　监事与监事会

第一节　监　　事

第五十八条　银行保险机构监事为自然人，由股东大会或职工民主选举产生、罢免。

董事、高级管理人员不得兼任监事。

第五十九条　监事每届任期不得超过三年，任期届满，可以连选连任。外部监事在一家银行保险机构累计任职不得超过六年。

第六十条　银行保险机构应当在公司章程中规定监事的提名及选举制度，明确提名主体资格、提名及审核程序、选举办法等内容。

第六十一条　非职工监事由股东或监事会提名，职工监事由监事会、银行保险机构工会提名。

已经提名董事的股东及其关联方不得再提名监事，国家另有规定的从其规定。

第六十二条 监事任期届满未及时改选，或者监事在任期内辞职导致监事会成员低于法定人数的，在改选出的监事就任前，原监事仍应当依照法律法规和公司章程的规定，继续履行监事职责。

第六十三条 银行保险机构监事履行如下职责或义务：

（一）可以列席董事会会议，并对董事会决议事项提出质询或者建议；

（二）按时参加监事会会议，对监事会决议事项进行充分审查，独立、专业、客观发表意见，在审慎判断的基础上独立作出表决；

（三）对监事会决议承担责任；

（四）积极参加公司和监管机构等组织的培训，了解监事的权利和义务，熟悉有关法律法规，持续具备履行职责所需的专业知识和能力；

（五）对公司负有忠实、勤勉义务，尽职、审慎履行职责，并保证有足够的时间和精力履职；

（六）监事应当积极参加监事会组织的监督检查活动，有权依法进行独立调查、取证，实事求是提出问题和监督意见；

（七）遵守法律法规、监管规定和公司章程。

第六十四条 监事应当每年至少亲自出席三分之二以上的监事会现场会议，因故不能亲自出席的，可以书面委托其他监事代为出席。

第二节 监 事 会

第六十五条 监事会对股东大会负责，监事会职权由公司章程根据法律法规、监管规定和公司情况明确规定。

监事会除依据公司法等法律法规和公司章程履行职责外，还应当重点关注以下事项：

（一）监督董事会确立稳健的经营理念、价值准则和制定符合公司情况的发展战略；

（二）对公司发展战略的科学性、合理性和稳健性进行评估，形成评估报告；

（三）对公司经营决策、风险管理和内部控制等进行监督检查并督促整改；

（四）对董事的选聘程序进行监督；

（五）对公司薪酬管理制度实施情况及高级管理人员薪酬方案的科学性、合理性进行监督；

（六）法律法规、监管规定和公司章程规定的其他事项。

第六十六条　银行保险机构监事会由股东监事、外部监事和职工监事组成。

外部监事是指在银行保险机构不担任除监事以外的其他职务，并且与银行保险机构及其股东、实际控制人不存在可能影响其独立客观判断关系的监事。

第六十七条　银行保险机构监事会成员不得少于三人，其中职工监事的比例不得低于三分之一，外部监事的比例不得低于三分之一。

银行保险机构应当在公司章程中明确规定监事会构成，包括股权监事、外部监事、职工监事的人数。监事会人数应当具体、确定。

第六十八条　监事会设主席一人，可以设副主席。监事会主席和副主席由全体监事过半数选举产生。

第六十九条　银行保险机构可以根据本公司情况，在监事会设立提名委员会、监督委员会等专门委员会。

第七十条　监事会会议每年度至少召开 4 次，监事可以提议召开监事会临时会议。

监事会决议可以采用现场会议表决和书面传签表决两种方式作出。

监事会作出决议，必须经全体监事过半数通过。

银行保险机构应当制定监事会议事规则。监事会议事规则应当由监事会制订，股东大会批准。

第七十一条　监事会应当将现场会议所议事项的决定作成会议记录，出席会议的监事应当在会议记录上签名。会议记录保存期限为永久。

第六章　高级管理层

第七十二条　银行保险机构应当根据法律法规、监管规定和公司情况，在公司章程中明确高级管理人员范围、高级管理层职责，清晰界定董事会与高级管理层之间的关系。

第七十三条　高级管理层对董事会负责，同时接受监事会监督，应当按照董事会、监事会要求，及时、准确、完整地报告公司经营管理情况，提供有关资料。

高级管理层根据公司章程及董事会授权开展经营管理活动，应当积极执行股东大会决议及董事会决议。

高级管理层依法在其职权范围内的经营管理活动不受股东和董事会不当干预。

第七十四条　银行保险机构应当严格依照有关法律法规、监管规定和公司章程，选聘高级管理人员。

鼓励银行保险机构采用市场化选聘机制，以公开、透明的方式选聘高级管理人员，持续提升高级管理人员的专业素养和业务水平。

银行保险机构的控股股东、实际控制人及其关联方不得干预高级管理人员的正常选聘程序，不得越过董事会直接任免高级管理人员。

第七十五条 银行保险机构高级管理人员应当遵守法律法规、监管规定和公司章程，具备良好的职业操守，遵守高标准的职业道德准则，对公司负有忠实、勤勉义务，善意、尽职、审慎履行职责，并保证有足够的时间和精力履职，不得怠于履行职责或越权履职。

第七十六条 银行保险机构应当设立行长（总经理）。行长（总经理）对董事会负责，由董事会决定聘任或解聘。银行保险机构董事长不得兼任行长（总经理）。

银行保险机构应当根据法律法规、监管规定和公司情况，在公司章程中明确行长（总经理）职权。

第七十七条 银行保险机构董事会应当建立并执行高级管理层履职问责制度，明确对失职和不当履职行为追究责任的具体方式。

第七章 利益相关者与社会责任

第七十八条 银行保险机构应当尊重金融消费者、员工、供应商、债权人、社区等利益相关者的合法权益，与利益相关者建立沟通交流机制，保障利益相关者能够定期、及时、充分地获得与其权益相关的可靠信息。

银行保险机构应当为维护利益相关者合法权益提供必要的条件，当权益受到损害时，利益相关者有机会和途径依法获得救济。

第七十九条 银行保险机构应当加强员工权益保护，保障员工享有平等的晋升发展环境，为职工代表大会、工会依法履行职责提供必要条件。

银行保险机构应当积极鼓励、支持员工参与公司治理，鼓励员工通过合法渠道对有关违法、违规和违反职业道德准则的行为向董事会、监事会或监管机构报告。

第八十条 银行保险机构应当强化金融消费者权益保护，建立并完善消费者权益保护工作机制、决策机制和监督机制。

第八十一条 银行保险机构应当树立高质量发展的愿景，推行诚实守信、开拓创新的企业文化，树立稳健合规的经营理念，遵守公平、安全、有序的行业竞争秩序。

第八十二条 银行保险机构应当贯彻创新、协调、绿色、开放、共享的发展理念，注重环境保护，积极履行社会责任，维护良好的社会声誉，营造和谐的社会关系。

银行保险机构应当定期向公众披露社会责任报告。

第八章　激励约束机制

第八十三条　银行保险机构应当建立与发展战略、风险管理、整体效益、岗位职责、社会责任、企业文化相适应的科学合理的薪酬管理机制。

第八十四条　银行保险机构应当按照收益与风险兼顾、长期与短期激励并重的原则,建立指标科学完备、流程清晰规范的绩效考核机制。

银行保险机构绩效考核指标应当包括合规经营指标、风险管理指标、经济效益指标和社会责任指标等,且合规经营指标和风险管理指标权重应当高于其他指标。

第八十五条　银行保险机构应当建立绩效薪酬延期支付和追索扣回制度。

银行保险机构执行董事、高级管理人员和关键岗位人员绩效薪酬应当实行延期支付。

前款所称"关键岗位人员",是指对银行保险机构经营风险有直接或重要影响的人员。

银行保险机构应当在薪酬管理制度中明确关键岗位人员范围。

银行保险机构发生风险损失超常暴露的,应当按照绩效薪酬追索扣回制度的相关规定,停止支付有关责任人员绩效薪酬未支付部分,并将对应期限内已发放的绩效薪酬追回。关于追索、扣回的规定同样适用于离职人员和退休人员。

第八十六条　银行保险机构绩效薪酬支付期限应当充分考虑相应业务的风险持续时期,且不得少于三年,并定期根据业绩实现和风险变化情况对延期支付制度进行调整。

第八十七条　银行保险机构可以根据国家有关规定,建立市场化的中长期激励机制,不断优化薪酬结构。

鼓励银行保险机构依法合规探索多种非物质激励方式。

第八十八条　银行保险机构薪酬管理及中长期激励约束机制应当兼顾业务人员与党务、风险管理、合规管理、内部审计等管理、监督人员。

银行保险机构内部审计、内控合规和风险管理部门员工的薪酬应独立于业务条线,且薪酬水平应得到适当保证,以确保能够吸引与其职责相匹配的专业人员。

第八十九条　银行保险机构应当制定董事、监事薪酬制度,明确董事、监事的薪酬或津贴标准,经股东大会审议通过后实施。

第九十条　银行保险机构应当建立健全董事、监事及高级管理人员履职评价制度,对董事、监事、高级管理人员开展履职评价。

第九章　信 息 披 露

第九十一条　银行保险机构应当按照法律法规和监管规定,披露公司重要信息,包括财务状况、重大风险信息和公司治理信息等。

前款所称“重要信息”,是指如果发生遗漏或虚假陈述,将对信息使用者决策产生重大影响的信息。

银行保险机构披露的信息应当真实、准确、完整、及时,简明清晰,通俗易懂,不得有虚假记载、误导性陈述或重大遗漏。

第九十二条 银行保险机构应当按照法律法规和监管规定,在年度信息披露报告中披露公司基本信息、财务会计报告、风险管理信息、公司治理信息、重大事项信息等。银行保险机构半年度、季度信息披露应当参照年度信息披露要求披露。

公司治理信息主要包括:

(一)实际控制人及其控制本公司情况的简要说明;

(二)持股比例在百分之五以上的股东及其持股变化情况;

(三)股东大会职责、主要决议,至少包括会议召开时间、地点、出席情况、主要议题以及表决情况等;

(四)董事会职责、人员构成及其工作情况,董事简历,包括董事兼职情况;

(五)独立董事工作情况;

(六)监事会职责、人员构成及其工作情况,监事简历,包括监事兼职情况;

(七)外部监事工作情况;

(八)高级管理层构成、职责、人员简历;

(九)薪酬制度及当年董事、监事和高级管理人员薪酬;

(十)公司部门设置情况和分支机构设置情况;

(十一)银行保险机构对本公司治理情况的整体评价;

(十二)外部审计机构出具的审计报告全文;

(十三)监管机构规定的其他信息。

第九十三条 银行保险机构公司治理方面发生下列重大事项的,应当编制临时信息披露报告,披露相关信息并作出简要说明:

(一)控股股东或者实际控制人发生变更;

(二)更换董事长或者行长(总经理);

(三)当年董事会累计变更人数超过董事会成员总数的三分之一;

(四)公司名称、注册资本、公司住所或者主要营业场所发生变更;

(五)经营范围发生变化;

(六)公司合并、分立、解散或者申请破产;

(七)撤销一级分行(省级分公司);

(八)对被投资企业实施控制的重大股权投资;

（九）公司或者董事长、行长（总经理）受到刑事处罚；

（十）公司或者一级分行（省级分公司）受到监管机构行政处罚；

（十一）更换或者提前解聘为公司财务报告进行定期法定审计的会计师事务所；

（十二）监管机构要求披露的其他信息。

第九十四条　银行保险机构应当建立公司网站，按照监管规定披露相关信息。

银行保险机构年度信息披露报告应当于每年四月三十日前在公司网站发布。临时信息披露报告应当自事项发生之日起十个工作日内在公司网站发布。

银行保险机构网站应当保留最近五年的年度信息披露报告和临时信息披露报告。

第九十五条　银行保险机构应当建立信息披露管理制度。信息披露管理制度应当包括下列内容：

（一）信息披露的内容和基本格式；

（二）信息的审核和发布流程；

（三）信息披露的豁免及其审核流程；

（四）信息披露事务的职责分工、承办部门和评价制度；

（五）责任追究制度。

第九十六条　银行保险机构董事会负责本机构信息披露，董事会秘书负责组织和协调公司信息披露事务。

第十章　风险管理与内部控制

第一节　风 险 管 理

第九十七条　银行保险机构应当按照监管规定，建立覆盖所有业务流程和操作环节，并与本公司风险状况相匹配的全面风险管理体系。

第九十八条　银行保险机构董事会承担全面风险管理的最终责任。

第九十九条　银行保险机构应当设立首席风险官或指定一名高级管理人员担任风险责任人。

首席风险官或风险责任人应当保持充分的独立性，不得同时负责与风险管理有利益冲突的工作。

第一百条　银行保险机构应当设立独立的风险管理部门负责全面风险管理。

银行保险机构应当在人员数量和资质、薪酬和其他激励政策、信息系统访问权限、专门的信息系统建设以及内部信息渠道等方面给予风险管理部门足够的支持。

第一百零一条 银行保险机构应当及时向监管机构报告本公司发生的重大风险事件。

第二节 内部控制

第一百零二条 银行保险机构应当建立健全内部控制体系，明确内部控制职责，完善内部控制措施，强化内部控制保障，持续开展内部控制评价和监督。

第一百零三条 银行保险机构董事会应当持续关注本公司内部控制状况，建立良好的内部控制文化，对公司内部控制的健全性、合理性和有效性进行定期研究和评价。

第一百零四条 银行保险机构应当建立健全内部控制制度体系，对各项业务活动和管理活动制定全面、系统、规范的制度，并定期进行评估。

第一百零五条 银行保险机构应当建立健全贯穿各级机构、覆盖所有业务和全部流程的信息系统，及时、准确记录经营管理信息，确保信息的完整、连续、准确和可追溯。

第三节 内外部审计

第一百零六条 银行保险机构应当按照法律法规和监管规定，建立健全内部审计体系，开展内部审计工作，及时发现问题，有效防范经营风险，促进公司稳健发展。

第一百零七条 银行保险机构应当建立与公司目标、治理结构、管控模式、业务性质和规模相适应的内部审计体系，实行内部审计集中化管理或垂直管理，内部审计工作应独立于业务经营、风险管理和内控合规。

第一百零八条 银行保险机构董事会对内部审计体系的建立、运行与维护，以及内部审计的独立性和有效性承担最终责任。

银行保险机构监事会对内部审计工作进行指导和监督，有权要求董事会和高级管理层提供审计方面的相关信息。

第一百零九条 银行保险机构应当按照有关监管规定，设立首席审计官或审计责任人。首席审计官或审计责任人对董事会负责，由董事会聘任和解聘，定期向董事会及其审计委员会报告工作。

第一百一十条 银行保险机构应当设立独立的内部审计部门，负责开展内部审计相关工作。内部审计部门向首席审计官或审计责任人负责并报告工作。

银行保险机构应当按照有关监管规定，配备充足的内部审计人员。内部审计人员应当具备履行内部审计职责所需的专业知识、职业技能和实践经验。

第一百一十一条 银行保险机构应当聘请独立、专业、具备相应资质的外部审计机构进行财务审计，并对公司内部控制情况进行定期评估。

第一百一十二条　外部审计机构应当独立、客观、公正、审慎地履行审计职责。

外部审计机构对财务会计报告出具非标准审计报告的，银行保险机构董事会应当对该审计意见及涉及事项作出专项说明并公开披露。

第一百一十三条　银行保险机构应当将外部审计报告及审计机构对公司内部控制有效性的审计意见及时报送监管机构。

第十一章　附　　则

第一百一十四条　本准则所称“商业银行、保险公司”“银行保险机构”，是指股份有限公司形式的国有大型商业银行、全国性股份制商业银行、城市商业银行、民营银行、农村商业银行、外资银行、保险集团（控股）公司、财产保险公司、再保险公司、人身保险公司。

本准则所称“主要股东”，是指持有或控制银行保险机构百分之五以上股份或表决权，或持有资本总额或股份总额不足百分之五但对银行保险机构经营管理有重大影响的股东。

前款所称“重大影响”，包括但不限于向银行保险机构提名或派出董事、监事或高级管理人员，通过协议或其他方式影响银行保险机构的财务和经营管理决策以及监管机构认定的其他情形。

本准则所称“控股股东”，是指其持有的股份占公司股本总额百分之五十以上的股东，或持有股份虽然不足百分之五十，但依其股份所享有的表决权已足以对股东大会的决议产生重大影响的股东。

本准则所称“实际控制人”，是指虽不是公司的股东，但通过投资关系、协议或者其他安排，能够实际支配公司行为的人。

本准则所称“关联方”，是指根据监管机构关于关联交易的监管规定，被认定为具有关联关系的法人或自然人。国家控股的企业之间不因为同受国家控股而具有关联关系。

本准则所称“一致行动人”，是指通过协议、其他安排，与该投资者共同扩大其所能够支配的一个公司股份表决权数量的行为或者事实，达成一致行动的相关投资者。

本准则所称“最终受益人”，是指实际享有银行保险机构股权收益的人。

本准则所称“高级管理人员”，是指在银行保险机构高级管理人员任职资格监管制度范围内的，在总行（总公司）任职的人员。

本准则所称“监管机构”，是指中国银保监会及其派出机构。

本准则所称“公司治理机制失灵”的情形，包括但不限于：董事会连续一年以上无法产生;公司董事之间长期冲突,董事会无法作出有效决议,且无法通过股东大会解决;公司连续一年以上无法召开股东大会;股东大会表决时无法达到法定或者公司章程规定的比例,连续一年以上不能作出有效的股东大会决议;因资本充足率或偿付能力不足进行增资的提案无法通过;公司现有治理机制无法正常运转导致公司经营管理发生严重困难;监管机构认定的其他情形。

本准则所称"现场会议",是指通过现场、视频、电话等能够保证参会人员即时交流讨论方式召开的会议。

本准则所称"书面传签",是指通过分别送达审议或传阅送达审议方式对议案作出决议的会议方式。

本准则所称"以上"均含本数,"低于""少于""超过"不含本数。

第一百一十五条 公司组织形式为有限责任公司的银行保险机构,参照适用本准则,公司法等法律法规及监管制度另有规定的从其规定。

除银行保险机构外,中国银保监会负责监管的其他金融机构参照适用本准则,法律法规及监管制度另有规定的从其规定。

相互保险社、自保公司可以结合机构自身的特殊性,参照适用本准则,法律法规及监管制度另有规定的从其规定。

独资银行保险机构可以不适用本准则关于董事长、副董事长、董事(包括独立董事)提名和选举、监事提名选举、监事会人数及构成、监事会主席等相关规定。

法律法规及监管制度对外资银行保险机构另有规定的从其规定。

第一百一十六条 本准则由中国银保监会负责解释。

第一百一十七条 本准则自发布之日起施行。《商业银行公司治理指引》(银监发〔2013〕34 号)、《关于规范保险公司治理结构的指导意见(试行)》(保监发〔2006〕2 号)同时废止。

本准则施行前中国银保监会、原中国银行业监督管理委员会、原中国保险监督管理委员会发布的其他监管规定与本准则相冲突的,以本准则为准。

典型案例

1. 阳光人寿保险股份有限公司内控不严、风险处置机制不健全案(中国银行保险监督管理委员会行政处罚决定书〔2019〕21 号)

【案情】阳光人寿保险股份有限公司(以下简称阳光人寿)在本案中存在下列违法行为:一是销售非保险金融产品风险排查及处置缺乏有效性,风险排查中未能及时发现基层机构业务人员违规销售非保险金融产品相关风险。二是规范从业人员销售非保险金融产品的制度建设缺乏针对性，管理制度中未明确合同制等从业人员销售非保险金融产品的行为要求和惩处规定。三是未按照监管要求，在开展基金产品销售前10个工作日内向参与销售的机构所在地保险监管部门报告。四是保险销售从业人员执业管理制度机制不健全，未制定统一规范的保险销售从业人员执业管理制度，人员执业登记情况不真实。

【认定】中国银保监会认定，阳光人寿内控管理不严、风险处置制度机制不健全的行为，违反《保险公司管理规定》第五十五条的规定，根据该规定第六十九条，对阳光人寿警告并罚款1万元。

2. 泰康人寿保险有限责任公司内控不严、风险处置机制不健全案（中国银行保险监督管理委员会行政处罚决定书〔2019〕20号）

【案情】泰康人寿保险有限责任公司（以下简称泰康人寿）存在下列违法行为：一是对分支机构业务人员违规销售非保险金融产品未及时采取有效处置措施。二是对分支机构销售非保险金融产品风险情况未进行全面风险评估并组织专项排查。三是非保险金融产品销售投诉业务记录不准确。四是保险销售从业人员执业管理制度机制不健全，存在执业登记情况不真实以及分支机构从业人员未进行执业登记开展保险销售的行为。

【认定】中国银保监会认为，泰康人寿保险有限责任公司内控管理不严、风险处置制度机制不健全的行为，违反《保险公司管理规定》第五十五条的规定，根据该规定第六十九条，对泰康人寿警告并罚款1万元。

3. 华海财产保险股份有限公司治理不规范案（中国银保监会行政处罚决定书〔2020〕65号）

【案情】华海财产保险股份有限公司（以下简称华海财险）存在下列违法行为：

（一）监事会运行不规范，未按照时间要求召开监事会。

华海财险分别于2018年4月、2019年3月召开监事会，会议召开时间间隔超过6个月。

（二）公司信息披露管理薄弱，披露信息不真实、不完整。

一是披露不真实信息。截至2019年12月9日，华海财险在2016年7月8日股东大会未召开的情况下，在官方网站披露了虚假的股东大会会议情况。二是披露不完整信息。截至2019年12月9日，华海财险在官方网站未披露2016年8月16日召开的2016年临时股东大会情况；未披露2018年9月至2019年3月召开的共3次股东大会会议出席情况及表决情况；未披露2019年8月30日召开的2019年临时股东大会主要决议情况。

（三）公司治理档案管理混乱，存在材料造假风险。

一是公司治理档案缺失。华海财险2015年第一届董事会第三次会议和2016年股东大会的会议档案缺失。二是公司治理档案保存散乱。公司股东大会、董事会会议档案使用文件夹散装保存，未按每次会议单独装订成册，未连续编号。三是公司治理档案要件不齐。档案中未包含会议通知及董事的签收回执，材料中仅有会议记录，未将董事会议案等具体材料一并保存管理。四是股东大会、董事会签字页管理不规范。华海财险仅有3次股东大会和3次董事会签字页标注会议名称，其他董事会、股东大会签字页均只标注“（签字页）”，未标注会议名称及会议时间；华海财险除3次股东大会参会人员在签字页签署日期外，其他均未在相关签字页签署日期，客观上存在材料造假的风险。

【认定】中国银保监会认为，华海财险公司治理不规范的问题，违反了《保险公司管理规定》第五十五条的规定。根据《保险公司管理规定》第六十九条的规定，对华海财险予以罚款1万元。

4. 浙商财产保险股份有限公司内控管理未形成有效风险控制案（中国保险监督管理委员会行政处罚决定书〔2017〕50号）

【案情】浙商财产保险股份有限公司（以下简称浙商财险）在信用保证保险方面存在内控制度不完善、制度执行不到位等问题，理赔系统方面存在未决估损金额调整的相关设置存在漏洞、对于超时延迟立案情况未进行强制立案的相关设置等问题。

【认定】中国保监会经复核认为，浙商财险内控管理未形成有效风险控制的行为，违反了《保险公司管理规定》第五十五条的规定，针对该行为，根据该规定第六十九条，决定对浙商财险警告并罚款1万元。

5. 民生人寿保险股份有限公司徐州中心支公司内控管理不到位案（中国银保监会徐州监管分局行政处罚决定书〔2021〕18号）

【案情】民生人寿保险股份有限公司徐州中心支公司（以下简称民事人寿徐州中心支公司）存在以下内控管理不到位的情况：一是缺少员工职业道德培训。经查实，民生人寿徐州中心支公司对从业人员的培训缺少从业人员职业道德、思想品行教育相关内容，原员工（个人代理人）杜某某、吴某某、张某等6人犯罪被司法机关判决。二是入职资料核实不到位。原员工杜某某2014年7月1日入职，2017年3年22日离职，2017年5月31日再次入职。经查实，民生人寿徐州中心支公司缺少对杜某某入职时提供的学历真实性核实的相关材料。

【认定】中国银保监会徐州监管分局认为，上述内控管理不到位的行为违反了《保险公司管理规定》第五十五条的规定，根据《保险公司管理规定》第六十九条的规定，决定对民生人寿徐州中心支公司处以罚款人民币1万元。

6. 中国平安人寿保险股份有限公司南通中心支公司内控管理不完善案（中国银保监会南通监管分局行政处罚决定书〔2019〕20号）

【案情】中国平安人寿保险股份有限公司南通中心支公司（以下简称平安人寿南通中支）存在以下内控管理不完善的违法事实：一是无明确制度规定约束业务人员“通过非正当渠道获取公民信息”的违法行为，仅在《个人寿险业务人员基本管理办法》中规定对“通过非正当渠道获取客户或用户资料导致客户投诉，或非正当原因私自留存客户或用户资料”的行为予以扣分处理。展业禁区代理人“十”不准中不含“通过非正常渠道获取客户资料”的行为。原保险代理人董某入职后一个月即2016年9月18日和9月23日，向时任某投资咨询有限公司南通分公司业务主任张某索要其从他人处非法获取的含有车牌号码、车辆品牌、车辆识别代号、发动机号、机动车所有人、身份证号码、住所详细地址、手机号码等信息的公民个人信息11,023条，并给张某50元话费的电话卡作为好处。

二是未建立业务人员违法行为报告制度，仅在《个人寿险业务人员基本管理办法》中规定“业务人员自己主动上报违规行为”。2017年6月1日，原保险代理人董某因涉嫌侵犯公民个人信息案被如皋市公安局予以立案侦查；2018年1月23日，董某因涉嫌犯罪被调查，同日被如皋市公安局予以取保候审；2019年1月10日，董某被如皋市人民检察院继续取保候审；2019年1月30日，如皋市人民检察院将董某等人以侵犯公民个人信息罪诉至如皋市人民法院；2019年5月27日，如皋市人民法院一审判决董某犯侵犯公民个人信息罪，判处有期徒刑3年，缓刑3年，并处罚金人民币5000元。平安人寿南通中支直至2019年4月9日在参加监管会谈后，才知晓董某涉嫌侵犯公民个人信息的行为。

【认定】中国银保监会南通监管分局认为，上述行为违反《保险公司管理规定》第五十五条“保险公司应当建立健全公司治理结构，加强内部管理，建立严格的内部控制制度”的规定。依据《保险公司管理规定》第六十九条的规定，对平安人寿南通中支予以罚款人民币金额1万元的行政处罚。

7. 中国人民健康保险股份有限公司晋城中心支公司内控管理不严格案（中国银保监会晋城监管分局行政处罚决定书〔2020〕3号）

【案情】中国人民健康保险股份有限公司晋城中心支公司（以下简称人保健康晋城中心支公司）内控管理不严格，存在签订保险合同的投保人主体不适当、理赔档案不完整、主保险合同多处涂改、保险合同送达回执填写要素不全的行为：

一是签订保险合同的投保人主体不适当。山西晋城无烟煤矿业集团有限责任公司社会保障管理中心（以下简称晋煤集团社保管理中心）为晋煤集团的内设部门,作为投保主体不适当,且投保档案中留存的营业执照为晋煤集团营业执照,与投保人不一致。

二是理赔档案不完整。2018、2019 年理赔档案无理赔申请书、理赔审核单等资料,赔案号 C1405190524××××××等赔案客户理赔资料无相关原件,只有《中国人寿保险股份有限公司团体医疗保险理赔个人通知书》;赔案号 C140519070××××××等赔案客户理赔资料为被保险人晋煤集团社保管理中心盖章证明,无其他相关证明。

三是主保险合同多处涂改。00402741××××××号保单,参保人员(在职人数)、保障计划对应类别人员数量、医疗费用保额、保险费金额、保费缴纳方式、理赔金支付方式等多处关键信息存在明显涂改痕迹;00402741××××××号保单,投保人信息中员工总人数和在职人数、被保险人数和在职人数、参保人员职业类别人数,缴费频次、实收保费金额,保险责任确认书中参保人数、实收保费金额等多处关键信息存在明显涂改痕迹。

四是保险合同送达回执填写要素不全。中国人民健康保险股份有限公司团体保险 00402741×××××号保单送达回执归档日期、收费日期、有效保单生成日期缺失,投保单位经办人签字日期为 7 月 17 日,系统录入时间为 8 月 28 日。00402741××××××号保单回执经办人签字为铅笔书写,与 00402741×××××号保单回执签字明显不一致(同一人),且无签字日期;保险公司业务员未签字,无签字日期。

【认定】中国银保监会晋城监管分局认为,上述行为违反了《保险公司管理规定》第五十五条“保险公司应当建立健全公司治理结构,加强内部管理,建立严格的内部控制制度”的规定。依据《保险公司管理规定》第六十九条的规定,决定给予人保健康晋城中支公司责令改正、罚款 1 万元的处罚。

8. 华农财产保险股份有限公司山西分公司跨省经营保险业务案(中国银保监会山西监管局行政处罚决定书〔2022〕44 号)

【案情】2019 年 6 月,华农财产保险股份有限公司山西分公司(以下简称华农财险运城中心支公司)承保 1 件建筑施工人员团体意外伤害保险,投保人注册地、承保标的内容和地址及保费账户开户行所在地均不在山西省辖区内,为跨省经营业务。华农财险山西分公司负责制定承保方案,并通过邮件发起申请上报总公司进行审查,邮件中未提及该保险为异地承保。

【认定】中国银保监会山西监管局认定,上述跨省经营保险业务的违法违规行为,违反了《保险公司管理规定》第四十一条“保险公司的分支机构不得跨省、自治区、直辖市经营保险业务,本规定第四十二条规定的情形和中国保监会另有规定的除外”的规定。根据《保险公司管理规定》第六十九条的规定，决定对华农财产山西分公司责令改正，给予警告，并处1万元罚款。

权威解读

作为重要的金融服务行业，保险业事关社会公众利益，国家实行严格的监督管理。监管的主体是国务院保险监督管理机构，即中国银保监会；监管的对象是保险业各类当事人、关系人的保险活动，监管遵循依法、公开、公正的原则；监管的目标是维护保险市场秩序，保护投保人、被保险人和受益人的合法权益。①

《保险法》第一百三十五条　【保险条款、费率的审批与备案】

第一百三十五条　关系社会公众利益的保险险种、依法实行强制保险的险种和新开发的人寿保险险种等的保险条款和保险费率，应当报国务院保险监督管理机构批准。国务院保险监督管理机构审批时，应当遵循保护社会公众利益和防止不正当竞争的原则。其他保险险种的保险条款和保险费率，应当报保险监督管理机构备案。

保险条款和保险费率审批、备案的具体办法，由国务院保险监督管理机构依照前款规定制定。

相关规定

1.《保险法》

第一百一十四条　保险公司应当按照国务院保险监督管理机构的规定，公平、合理拟订保险条款和保险费率，不得损害投保人、被保险人和受益人的合法权益。

保险公司应当按照合同约定和本法规定，及时履行赔偿或者给付保险金义务。

第一百三十六条　保险公司使用的保险条款和保险费率违反法律、行政法规或者国务院保险监督管理机构的有关规定的，由保险监督管理机构责令停止使用，限期修改；情节严重的，可以在一定期限内禁止申报新的保险条款和保险

① 参见安建主编：《中华人民共和国保险法（修订）释义》，法律出版社2009年版，第194－195页。

费率。

第一百七十条 违反本法规定,有下列行为之一的,由保险监督管理机构责令改正,处十万元以上五十万元以下的罚款;情节严重的,可以限制其业务范围、责令停止接受新业务或者吊销业务许可证:

……

(三)未按照规定使用经批准或者备案的保险条款、保险费率的。

2.《财产保险公司保险条款和保险费率管理办法》(中国银行保险监督管理委员会令〔2021〕第10号)

第一章 总 则

第一条 为了加强和改进对财产保险公司保险条款和保险费率的监督管理,保护投保人、被保险人和受益人的合法权益,维护保险市场秩序,鼓励财产保险公司创新,根据《中华人民共和国保险法》,制定本办法。

第二条 中国银行保险监督管理委员会(以下简称银保监会)及其派出机构依法对财产保险公司及其分支机构的保险条款和保险费率实施监督管理,遵循保护社会公众利益、防止不正当竞争、与市场行为监管协调配合原则。

第三条 财产保险公司保险条款和保险费率实施分类监管、属地监管,具体由银保监会另行规定。

第四条 财产保险公司应当依据法律、行政法规和银保监会的有关规定制订保险条款和保险费率,并对保险条款和保险费率承担相应的责任。

第五条 财产保险公司应当依据本办法的规定向银保监会或其省一级派出机构申报保险条款和保险费率审批或者备案。财产保险公司分支机构不得申报保险条款和保险费率审批或者备案。

第六条 中国保险行业协会应当切实履行保险条款和保险费率行业自律管理职责,推进保险条款和保险费率的通俗化、标准化、规范化工作,研究制订修订主要险种的行业示范条款,建立保险条款费率评估和创新保护机制。中国精算师协会应当研究制订修订主要险种的行业基准纯风险损失率。

第二章 条款开发和费率厘定

第七条 财产保险公司的保险条款和保险费率,应当依法合规,公平合理,不侵害投保人、被保险人和受益人的合法权益,不危及财产保险公司财务稳健和偿付能力;应当符合保险原理,尊重社会公德,不违背公序良俗,不损害社会公共利益,符合《中华人民共和国保险法》等法律、行政法规和银保监会的有关规定。

第八条 财产保险公司的保险条款应当要素完整、结构清晰、文字准确、表述严谨、通俗易懂,名称符合命名规则。

第九条　财产保险公司的保险费率应当按照合理、公平、充足原则科学厘定，不得妨碍市场公平竞争；保险费率可以上下浮动的，应当明确保险费率调整的条件和范围。

第十条　财产保险公司的合规负责人和总精算师分别负责保险条款审查和保险费率审查，并承担相应的责任。

第十一条　财产保险公司应当向合规负责人和总精算师提供其履行工作职责所必需的信息，并充分尊重其专业意见。

财产保险公司应当加强对合规负责人和总精算师的管理，按照银保监会的相关规定，建立健全相应的内部管控及问责机制。

第十二条　财产保险公司应当按照本办法规定提交由合规负责人出具的法律审查声明书。合规负责人应对以下内容进行审查：

（一）保险条款符合《中华人民共和国保险法》等法律、行政法规和银保监会的有关规定；

（二）保险条款公平合理，符合保险原理，不损害社会公共利益，不侵害投保人、被保险人和受益人的合法权益，并已通过消费者权益保护审查；

（三）命名符合规定，要素完备、文字准确、语言通俗、表述严谨。

第十三条　财产保险公司应当按照本办法规定提交由总精算师签署的精算报告和出具的精算审查声明书。总精算师应对以下内容进行审查：

（一）精算报告内容完备；

（二）精算假设和精算方法符合通用精算原理；

（三）保险费率厘定科学准确，满足合理性、公平性和充足性原则，并已通过消费者权益保护审查；

（四）保险费率符合《中华人民共和国保险法》等法律、行政法规和银保监会的有关规定。

第三章　审批和备案

第十四条　财产保险公司应当将关系社会公众利益的保险险种、依法实行强制保险的险种的保险条款和保险费率报银保监会审批。

其他险种的保险条款和保险费率，财产保险公司应当报银保监会或其省一级派出机构备案。

具体应当报送审批或者备案的险种，由银保监会另行规定。

第十五条　对于应当审批的保险条款和保险费率，在银保监会批准前，财产保险公司不得经营使用。

对于应当备案的保险条款和保险费率，财产保险公司应当在经营使用后十个工作日内报银保监会或其省一级派出机构备案。

第十六条 财产保险公司报送审批或者备案保险条款和保险费率，应当提交下列材料：

（一）申请文件；

（二）保险条款和保险费率文本；

（三）可行性报告，包括可行性分析、保险条款和保险费率的主要特点、经营模式、风险分析以及风险控制措施等；

（四）总精算师签署的保险费率精算报告，包括费率结果、基础数据及数据来源、厘定方法和模型，以及费率厘定的主要假设、参数和精算职业判断等；

（五）法律审查声明书，精算审查声明书；

（六）银保监会规定的其他材料。

第十七条 财产保险公司使用中国保险行业协会示范条款的，无需提交可行性报告。

财产保险公司使用行业基准纯风险损失率的，应当在精算报告中予以说明，无需提供纯风险损失率数据来源。

附加险无需提供可行性报告及精算报告，另有规定的除外。

第十八条 财产保险公司修改经批准或备案的保险条款或者保险费率的，应当依照本办法重新报送审批或备案。财产保险公司报送修改保险条款或者保险费率的，除应当提交本办法第十六条规定的材料外，还应当提交保险条款或保险费率的修改前后对比表和修订说明。

修改后的保险条款和保险费率经批准或者备案后，原保险条款和保险费率自动废止，财产保险公司不得在新订立的保险合同中使用原保险条款和保险费率。

第十九条 财产保险公司因名称发生变更，仅申请变更其保险条款和保险费率中涉及的公司名称的，无需提交本办法第十六条中（三）、（四）项规定的材料。

第二十条 银保监会或其省一级派出机构收到备案材料后，应根据下列情况分别作出处理：

（一）备案材料不完整齐备的，要求财产保险公司补正材料；

（二）备案材料完整齐备的，编号后反馈财产保险公司。

第二十一条 财产保险公司及其分支机构可以对已经审批或者备案的保险条款和保险费率进行组合式经营使用，但应当分别列明各保险条款对应的保险费和保险金额。

财产保险公司及其分支机构经营使用组合式保险条款和保险费率，不得修改已经审批或者备案的保险条款和保险费率。如需修改，应当按照本办法的规定重新报送审批或者备案。

第二十二条　在共保业务中,其他财产保险公司可直接使用首席承保人经审批或者备案的保险条款和保险费率,无需另行申报。

第四章　监 督 管 理

第二十三条　财产保险公司及其分支机构应当严格执行经批准或者备案的保险条款和保险费率,不得违反本办法规定以任何方式改变保险条款或者保险费率。

第二十四条　财产保险公司及其分支机构使用的保险条款或者保险费率被发现违反法律、行政法规或者本办法第七条、第八条、第九条规定的,由银保监会或其省一级派出机构责令停止使用、限期修改;情节严重的,可以在一定期限内禁止申报新的保险条款和保险费率。

第二十五条　财产保险公司应当制定保险条款和保险费率开发管理制度,建立审议机制,对保险条款和保险费率开发和管理的重大事项进行审议。

第二十六条　财产保险公司应当指定专门部门履行保险条款和保险费率开发管理职能,负责研究开发、报送审批备案、验证修订、清理注销等全流程归口管理。

第二十七条　财产保险公司应当加强对使用中保险条款和保险费率的管理,指定专门部门进行跟踪评估、完善修订,对不再使用的及时清理。

第二十八条　财产保险公司应当于每年3月底前,统计分析前一年保险条款和保险费率的开发情况、修订情况和清理情况,并形成财产保险公司保险条款和保险费率年度分析报告和汇总明细表,经公司产品管理委员会审议通过后同时报银保监会和其省一级派出机构。

第二十九条　财产保险公司履行保险条款和保险费率开发管理职能的部门负责人对本公司保险条款和保险费率开发管理工作负直接责任。合规负责人对保险条款审查负直接责任,总精算师对保险费率审查负直接责任。

第三十条　财产保险公司履行保险条款和保险费率开发管理职能的部门负责人、合规负责人、总精算师违反本办法规定的,由银保监会或其省一级派出机构责令改正、提交书面检查,并可责令公司作出问责处理。

第五章　法 律 责 任

第三十一条　财产保险公司未按照规定申请批准保险条款、保险费率的,由银保监会依法采取监督管理措施或予以行政处罚。

第三十二条　财产保险公司有下列行为之一的,由银保监会或其省一级派出机构依法采取监督管理措施或予以行政处罚:

(一)未按照规定报送保险条款、保险费率备案的;

(二)未按照规定报送或者保管保险条款、保险费率相关的报告、报表、文件、资料的,或者未按照规定提供有关信息、资料的。

第三十三条 财产保险公司报送审批、备案保险条款和保险费率时,编制或者提供虚假的报告、报表、文件、资料的,由银保监会或其省一级派出机构依法采取监督管理措施或予以行政处罚。

第三十四条 财产保险公司及其分支机构有违反本办法第二十三条规定的,由银保监会或其派出机构依法采取监督管理措施或予以行政处罚。

第三十五条 银保监会或其省一级派出机构依照本办法第二十四条的规定,责令财产保险公司及其分支机构停止使用或限期修改保险条款和保险费率,财产保险公司未停止使用或逾期不改正的,依法采取监督管理措施或予以行政处罚。

第三十六条 财产保险公司及其分支机构违反相关规定的,银保监会或其派出机构除依法对该单位给予处罚外,对其直接负责的主管人员和其他直接责任人员依法采取监督管理措施或予以行政处罚。

第六章 附 则

第三十七条 银保监会对财产保险公司保险条款和保险费率的审批程序,适用《中华人民共和国行政许可法》和银保监会的有关规定。

第三十八条 法律、行政法规和国务院对机动车辆保险、农业保险、出口信用保险另有规定的,适用其规定。

第三十九条 本办法由银保监会负责解释。

第四十条 本办法自2021年10月1日起施行。原中国保险监督管理委员会2010年2月5日发布的《财产保险公司保险条款和保险费率管理办法》(中国保险监督管理委员会令2010年第3号)同时废止。

3.《人身保险公司保险条款和保险费率管理办法》(2011年12月30日中国保险监督管理委员会令2011年第3号发布,根据2015年10月19日中国保险监督管理委员会令2015年第3号《关于修改〈保险公司设立境外保险类机构管理办法〉等八部规章的决定》修订)

第一章 总 则

第一条 为了加强人身保险公司(以下简称保险公司)保险条款和保险费率的监督管理,保护投保人、被保险人和受益人的合法权益,维护保险市场竞争秩序,鼓励保险公司创新,根据《中华人民共和国保险法》(以下简称《保险法》)等有关法律、行政法规,制定本办法。

第二条 中国保险监督管理委员会(以下简称中国保监会)依法对保险公司

的保险条款和保险费率实施监督管理。中国保监会派出机构在中国保监会授权范围内行使职权。

第三条　保险公司应当按照《保险法》和中国保监会有关规定，公平、合理拟订保险条款和保险费率，不得损害投保人、被保险人和受益人的合法权益。保险公司对其拟订的保险条款和保险费率承担相应责任。

第四条　保险公司应当按照本办法规定将保险条款和保险费率报送中国保监会审批或者备案。

第五条　保险公司应当建立科学、高效、符合市场需求的人身保险开发管理机制，定期跟踪和分析经营情况，及时发现保险条款、保险费率经营管理中存在的问题并采取相应解决措施。

第六条　保险公司应当充分发挥核心竞争优势，合理配置公司资源，围绕宏观经济政策、市场需求、公司战略目标开发保险险种。

第二章　设计与分类

第七条　人身保险分为人寿保险、年金保险、健康保险、意外伤害保险。

第八条　人寿保险是指以人的寿命为保险标的的人身保险。人寿保险分为定期寿险、终身寿险、两全保险等。

定期寿险是指以被保险人死亡为给付保险金条件，且保险期间为固定年限的人寿保险。

终身寿险是指以被保险人死亡为给付保险金条件，且保险期间为终身的人寿保险。

两全保险是指既包含以被保险人死亡为给付保险金条件，又包含以被保险人生存为给付保险金条件的人寿保险。

第九条　年金保险是指以被保险人生存为给付保险金条件，并按约定的时间间隔分期给付生存保险金的人身保险。

第十条　养老年金保险是指以养老保障为目的的年金保险。养老年金保险应当符合下列条件：

（一）保险合同约定给付被保险人生存保险金的年龄不得小于国家规定的退休年龄；

（二）相邻两次给付的时间间隔不得超过一年。

第十一条　健康保险是指以因健康原因导致损失为给付保险金条件的人身保险。健康保险分为疾病保险、医疗保险、失能收入损失保险、护理保险等。

疾病保险是指以保险合同约定的疾病发生为给付保险金条件的健康保险。

医疗保险是指以保险合同约定的医疗行为发生为给付保险金条件，按约定对被保险人接受诊疗期间的医疗费用支出提供保障的健康保险。

失能收入损失保险是指以因保险合同约定的疾病或者意外伤害导致工作能力丧失为给付保险金条件,按约定对被保险人在一定时期内收入减少或者中断提供保障的健康保险。

护理保险是指以因保险合同约定的日常生活能力障碍引发护理需要为给付保险金条件,按约定对被保险人的护理支出提供保障的健康保险。

第十二条 意外伤害保险是指以被保险人因意外事故而导致身故、残疾或者发生保险合同约定的其他事故为给付保险金条件的人身保险。

第十三条 人寿保险和健康保险可以包含全残责任。

健康保险包含两种以上健康保障责任的,应当按照一般精算原理判断主要责任,并根据主要责任确定险种类别。长期健康保险中的疾病保险,可以包含死亡保险责任,但死亡给付金额不得高于疾病最高给付金额。其他健康保险不得包含死亡保险责任,但因疾病引发的死亡保险责任除外。

医疗保险和疾病保险不得包含生存保险责任。

意外伤害保险可以包含由意外伤害导致的医疗保险责任。仅包含由意外伤害导致的医疗保险责任的保险应当确定为医疗保险。

第十四条 保险公司应当严格遵循本办法所规定的人寿保险、年金保险、健康保险、意外伤害保险的分类标准,中国保监会另有规定的除外。

第十五条 人身保险的定名应当符合下列格式:

"保险公司名称"+"吉庆、说明性文字"+"险种类别"+"(设计类型)"

前款规定的保险公司名称可用全称或者简称;吉庆、说明性文字的字数不得超过10个。

附加保险的定名应当在"保险公司名称"后标注"附加"字样。

团体保险应当在名称中标明"团体"字样。

第十六条 年金保险中的养老年金保险险种类别为"养老年金保险",其他年金保险险种类别为"年金保险";意外伤害保险险种类别为"意外伤害保险"。

第十七条 人身保险的设计类型分为普通型、分红型、投资连结型、万能型等。

第十八条 分红型、投资连结型和万能型人身保险应当在名称中注明设计类型,普通型人身保险无须在名称中注明设计类型。

第三章 审批与备案

第十九条 保险公司总公司负责将保险条款和保险费率报送中国保监会审批或者备案。

第二十条　保险公司下列险种的保险条款和保险费率，应当在使用前报送中国保监会审批：

（一）关系社会公众利益的保险险种；

（二）依法实行强制保险的险种；

（三）中国保监会规定的新开发人寿保险险种；

（四）中国保监会规定的其他险种。

前款规定以外的其他险种，应当报送中国保监会备案。

第二十一条　保险公司报送保险条款和保险费率备案的，应当提交下列材料：

（一）《人身保险公司保险条款和保险费率备案报送材料清单表》；

（二）保险条款；

（三）保险费率表；

（四）总精算师签署的相关精算报告；

（五）总精算师声明书；

（六）法律责任人声明书；

（七）中国保监会规定的其他材料。

第二十二条　保险公司报送分红保险、投资连结保险、万能保险保险条款和保险费率备案的，除提交第二十一条规定的材料以外，还应当提交下列材料：

（一）财务管理办法；

（二）业务管理办法；

（三）信息披露管理制度；

（四）业务规划及对偿付能力的影响；

（五）产品说明书。

分红保险，还应当提交红利计算和分配办法、收入分配和费用分摊原则；投资连结保险和万能保险，还应当提交包括销售渠道、销售区域等内容的销售管理办法。

保险公司提交的上述材料与本公司已经中国保监会审批或者备案的同类险种对应材料完全一致的，可以免于提交该材料，但应当在材料清单表中予以注明。

第二十三条　保险公司报送保险条款和保险费率审批的，除提交第二十一条第（二）项至第（七）项以及第二十二条规定的材料外，还应当提交下列材料：

（一）《人身保险公司保险条款和保险费率审批申请表》；

（二）《人身保险公司保险条款和保险费率审批报送材料清单表》；

（三）保险条款和保险费率的说明材料，包括保险条款和保险费率的主要特点、市场风险和经营风险分析、相应的管控措施等。

第二十四条 保险公司报送下列保险条款和保险费率审批或者备案的，除分别按照第二十一条、第二十二条、第二十三条规定报送材料以外，还应当按照下列规定提交材料：

（一）具有现金价值的，提交包含现金价值表示例的书面材料以及包含各年龄现金价值全表的电子文档；

（二）具有减额交清条款的，提交包含减额交清保额表示例的书面材料以及包含各年龄减额交清保额全表的电子文档；

（三）中国保监会允许费率浮动或者参数调整的，提交由总精算师签署的费率浮动管理办法或者产品参数调整办法；

（四）保险期间超过一年的，提交利润测试模型的电子文档。

第二十五条 保险公司报送保险条款和保险费率审批或者备案的，提交的精算报告至少应当包括下列内容：

（一）数据来源和定价基础；

（二）定价方法和定价假设，保险期间超过一年的，还应当包括利润测试参数、利润测试结果以及主要参数变化的敏感性分析；

（三）法定准备金计算方法；

（四）主要风险及相应管理意见；

（五）总精算师需要特别说明的内容；

（六）中国保监会规定的其他内容。

第二十六条 保险公司报送下列保险条款和保险费率审批或者备案的，提交的精算报告除符合第二十五条规定外，还应当符合下列规定：

（一）具有现金价值的，列明现金价值计算方法；

（二）具有减额交清条款的，列明减额交清保额的计算方法；

（三）具有利益演示的，列明利益演示的计算方法。

第二十七条 中国保监会收到保险公司报送的保险条款和保险费率审批申请后，应当根据下列情况分别作出处理：

（一）申请材料不齐全的，自收到材料之日起5日内一次告知保险公司需要补正的全部内容；

（二）申请材料齐全或者保险公司按照规定提交全部补正申请材料的，受理该申请，并向保险公司出具加盖受理专用印章的书面凭证。

第二十八条 中国保监会应当自受理保险条款和保险费率审批申请之日起20日内作出批准或者不予批准的决定。20日内不能作出决定的，经中国保监会负责人批准,审批期限可以延长10日。中国保监会应当将延长期限的理由告知保险公司。

决定批准的,中国保监会应当将批准决定在保监会文告或者网站上向社会公布;决定不予批准的,中国保监会应当书面通知保险公司,说明理由并告知其享有依法申请行政复议或者提起行政诉讼的权利。

第二十九条　中国保监会可以对审批的保险条款和保险费率进行专家评审,并将专家评审所需时间书面告知保险公司。

中国保监会对涉及社会公共利益的保险条款和保险费率可以组织听证,并根据《中华人民共和国行政许可法》有关规定予以实施。

专家评审时间和听证时间不在本办法第二十八条规定的审批期限内计算。

第三十条　保险公司在保险条款和保险费率审批申请受理后、审批决定作出前,撤回审批申请的,应当向中国保监会提交书面申请,中国保监会应当及时终止对保险条款和保险费率审批申请的审查,并将审批申请材料退回保险公司。

第三十一条　保险公司在保险条款和保险费率审批申请受理后、审批决定作出前,对申报的保险条款和保险费率进行修改的,应当向中国保监会申请撤回审批。

保险公司有前款规定情形的,审批期限自中国保监会收到修改后的完整申请材料之日起重新计算。

第三十二条　保险公司对于未获批准的保险条款和保险费率,可以在修改后重新报送中国保监会审批。

第三十三条　保险公司报送保险条款和保险费率备案,不得迟于使用后10日。

第三十四条　中国保监会收到备案材料后,应当根据下列情况分别作出处理:

(一)备案材料不齐全的,一次告知保险公司在10日内补正全部备案材料;

(二)备案材料齐全或者保险公司按照规定提交全部补正材料的,将备案材料存档,并向保险公司出具备案回执;

(三)发现备案的保险条款和保险费率有《保险法》第一百三十六条规定情形的,责令保险公司立即停止使用。

第四章　变更与停止使用

第三十五条　保险公司变更已经审批或者备案的保险条款和保险费率,改变其保险责任、险种类别或者定价方法的,应当将保险条款和保险费率重新报送审批或者备案。

第三十六条 保险公司变更已经审批或者备案的保险条款和保险费率，且不改变保险责任、险种类别和定价方法的，应当在发生变更之日起10日内向中国保监会备案，并提交下列材料：

（一）《变更备案报送材料清单表》；

（二）变更原因、主要变更内容的对比说明；

（三）已经审批或者备案的保险条款；

（四）变更后的相关材料；

（五）总精算师声明书；

（六）法律责任人声明书；

（七）中国保监会规定的其他材料。

保险公司名称变更导致人身保险定名发生变更，但其他内容未变更的，可以不提交前款第（三）、（四）、（五）项规定的材料。

第三十七条 保险公司决定在全国范围内停止使用保险条款和保险费率的，应当在停止使用后10日内向中国保监会提交报告，说明停止使用的原因、后续服务的相关措施等情况，并将报告抄送原使用区域的中国保监会派出机构。

保险公司决定在部分区域停止使用保险条款和保险费率的，不得以停止使用保险条款和保险费率进行宣传和销售误导。

保险公司省级分公司及以下分支机构，不得决定停止使用保险条款和保险费率。

第三十八条 保险公司决定重新销售已经停止使用的保险条款和保险费率的，应当在重新销售后10日内向中国保监会提交报告，说明重新使用的原因、管理计划等情况，并将报告抄送拟使用区域的中国保监会派出机构。

第五章 总精算师和法律责任人

第三十九条 保险公司总精算师应当对报送审批或者备案的保险条款和保险费率出具总精算师声明书，并签署相关的精算报告、费率浮动管理办法或者产品参数调整办法。

保险公司总精算师对报送审批或者备案的保险条款和保险费率承担下列责任：

（一）分类准确，定名符合本办法规定；

（二）精算报告内容完备；

（三）精算假设和精算方法符合一般精算原理和中国保监会的精算规定；

（四）具有利益演示的险种，利益演示方法符合一般精算原理和中国保监会的有关规定；

（五）保险费率厘定合理，满足充足性、适当性和公平性原则；

（六）中国保监会规定的其他责任。

第四十条　保险公司应当指定法律责任人，并向中国保监会备案。

第四十一条　保险公司指定的法律责任人应当符合下列条件：

（一）在中华人民共和国境内有住所；

（二）具有本科以上学历；

（三）具有中国律师资格证书或者法律职业资格证书；

（四）属于公司正式员工，且在公司内担任部门负责人及以上职务；

（五）具有5年以上国内保险或者法律从业经验，其中包括三年以上在保险行业内的法律从业经验；

（六）过去3年内未因违法执业行为受到行政处罚；

（七）未受过刑事处罚；

（八）中国保监会规定的其他条件。

第四十二条　保险公司法律责任人履行下列职责：

（一）参与制定人身保险开发策略；

（二）审核保险条款的相关材料；

（三）定期分析由保险条款引发的诉讼案件；

（四）及时向中国保监会报告保险条款的重大风险隐患；

（五）中国保监会或者保险公司章程规定的其他职责。

第四十三条　保险公司法律责任人应当对报送审批或者备案的保险条款出具法律责任人声明书，并承担下列责任：

（一）保险条款公平合理，不损害社会公共利益，不侵害投保人、被保险人和受益人的合法权益；

（二）保险条款文字准确，表述严谨；

（三）具有产品说明书的，产品说明书符合条款表述，内容全面、真实，符合中国保监会的有关规定；

（四）保险条款符合《保险法》等法律、行政法规和中国保监会有关规定；

（五）中国保监会规定的其他责任。

第四十四条　保险公司报送法律责任人备案的，应当向中国保监会提交下列材料一式两份：

（一）《法律责任人备案情况表》；

（二）拟任人身份证明和住所证明复印件；

（三）学历证明和专业资格证明复印件；

（四）从业经历证明；

（五）中国保监会规定的其他材料。

第四十五条 保险公司应当加强对法律责任人管理，建立法律责任人相关制度，向法律责任人提供其承担工作职责所必需的信息，并保证法律责任人能够独立地履行职责。

第四十六条 法律责任人因辞职、被免职或者被撤职等原因离职的，保险公司应当自作出批准辞职或者免职、撤职等决定之日起30日内，向中国保监会报告，并提交下列材料：

（一）法律责任人被免职或者被撤职的原因说明；

（二）免职、撤职或者批准辞职等有关决定的复印件；

（三）法律责任人作出的离职报告或者保险公司对未作离职报告的法律责任人作出的离职说明报告。

第六章 法律责任

第四十七条 保险公司未按照规定申请批准保险条款、保险费率的，由中国保监会依据《保险法》第一百六十四条进行处罚。

第四十八条 保险公司使用的保险条款和保险费率有下列情形之一的，由中国保监会责令停止使用，限期修改；情节严重的，可以在一定期限内禁止申报新的保险条款和保险费率：

（一）损害社会公共利益；

（二）内容显失公平或者形成价格垄断，侵害投保人、被保险人或者受益人的合法权益；

（三）条款设计或者费率厘定不当，可能危及保险公司偿付能力；

（四）违反法律、行政法规或者中国保监会的其他规定。

第四十九条 保险公司有下列行为之一的，由中国保监会依据《保险法》第一百六十九条进行处罚：

（一）未按照规定报送保险条款、保险费率备案的；

（二）未按照规定报送停止使用保险条款和保险费率相关报告的；

（三）未按照规定报送或者保管与保险条款、保险费率相关的其他报告、报表、文件、资料的，或者未按照规定提供有关信息、资料的。

第五十条 保险公司有下列行为之一的，由中国保监会依据《保险法》第一百七十条进行处罚：

（一）报送审批、备案保险条款和保险费率时，编制或者提供虚假的报告、报表、文件、资料的；

（二）报送法律责任人备案时，编制或者提供虚假的报告、报表、文件、资料的；

（三）未按照规定使用经批准或者备案的保险条款、保险费率的。

第五十一条　保险公司违反本办法第三十七条第三款的由中国保监会给予警告，处3万元以下罚款。

第五十二条　保险公司以停止使用保险条款和保险费率进行销售误导的，由中国保监会依据《保险法》第一百六十一条进行处罚。

第五十三条　保险公司违反本办法规定，聘任不符合规定条件的法律责任人的，由中国保监会责令限期改正；逾期不改正的，给予警告，处1万元以下罚款。

第七章　附　　则

第五十四条　中国保监会对保险公司总精算师、法律责任人另有规定的，适用其规定。

团体保险的保险条款和保险费率的管理，中国保监会另有规定的，适用其规定。

第五十五条　本办法规定的期限以工作日计算。

第五十六条　本办法由中国保监会负责解释。

第五十七条　本办法自颁布之日起施行。中国保监会2000年3月23日发布的《人身保险产品定名暂行办法》（保监发〔2000〕42号）、2000年5月16日发布的《关于放开短期意外险费率及简化短期意外险备案手续的通知》（保监发〔2000〕78号）、2004年6月30日发布的《人身保险产品审批和备案管理办法》（保监会令〔2004〕6号）以及2004年7月1日发布的《关于〈人身保险产品审批和备案管理办法〉若干问题的通知》（保监发〔2004〕76号）同时废止。

典型案例

1. 太平财产保险有限公司未按照规定使用经批准或者备案的保险条款、保险费率案（中国银行保险监督管理委员会行政处罚决定书〔2021〕35号）

【案情】一是通过签订补充协议，实质性改变经审批或者备案的保险产品。太平财产保险有限公司（以下简称太平财险）上海分公司与作为投保人代理人的某租赁公司签订合作协议，约定“最高赔付金额为相应协议下对应保单实收保费的1.1倍”等内容，与2015年备案的《太平财产保险有限公司贷款履约保证保险条款》第八条“本保险合同的保险金额为投保时投保人与被保险人订立的《借款合同》中列明的贷款本金与利息之和”内容不一致。根据合作协议，约定太平财险承担的总体赔偿责任从保险金额1.68亿元变成了实收保费316.64万元的110%，即 348.3 万元,二者差额近 1.65 亿元。

二是修改后的保险条款和保险费率经批准或者备案后,在新订立的保险合同中仍使用原保险条款和保险费率。2015 年 11 月 4 日,太平财险向原中国保监会备案《贷款履约保证保险》产品,同年 11 月 17 日,该条款备案通过。2016 年 10 月 28 日,太平财险修改了 2015 年备案的《贷款履约保证保险》相关条款及费率,再次向原中国保监会备案,同年 11 月 22 日,该条款备案通过。2016 年 12 月至 2019 年 3 月,太平财险上海分公司承保的某租赁公司项目贷款履约保证保险业务,投保单、保险单所附条款仍为 2015 年备案的《贷款履约保证保险》条款。

时任太平财险责信险部总经理张某师,作为责信险部直接负责的主管人员,对上述行为负有直接责任。

【认定】中国银保监会认为,上述未按照规定使用经批准或者备案的保险条款、保险费率的行为,违反《保险法》第一百三十五条的规定。根据《保险法》第一百七十条,对太平财险罚款 50 万元;根据《保险法》第一百七十一条,对负有直接责任的主管人员张某师警告并罚款 10 万元。

2. 中国人民财产保险股份有限公司未按照规定使用经批准或者备案的保险条款、保险费率案(中国银行保险监督管理委员会行政处罚决定书〔2021〕34 号)

【案情】一是修改后的保险条款和保险费率经批准或者备案后,在新订立的保险合同中使用原保险条款和保险费率。2013 年 10 月 24 日,中国人民财产保险股份有限公司(以下简称人保财险)向原中国保监会申请备案《合同履约保证保险条款》;2013 年 12 月 4 日,该条款备案通过;2018 年 4 月 26 日,人保财险向中国银保监会申请备案《借款合同履约保证保险条款》;2019 年 1 月 24 日,该条款备案通过,原《合同履约保证保险条款》同时废止。自 2019 年 2 月至 11 月,人保财险在与某集团合作中承保的合同履约保证保险业务,保险单均显示为《合同履约保证保险条款保险单(电子保单)》,投保单所附条款均为 2013 年备案的《合同履约保证保险条款》。

二是未严格执行经中国银保监会批准或者备案的保险费率。自 2018 年 3 月至 2019 年 12 月,人保财险在与某集团合作中承保的合同履约保证保险、个人贷款保证保险及个人贷款保证保险(多年期)业务,人保财险均直接采用该集团推送的“保险费率数据”对单一客户进行承保,但该集团的保险费率核定规则与人保财险备案的保险费率核定规则不同。人保财险未严格按照经中国银保监会批准或者备案的保险费率核定单一保单的保费。

三是未严格执行经中国银保监会批准或者备案的保险条款。在人保财险的合同履约保证保险、个人贷款保证保险及个人贷款保证保险(多年期)备案条款中，均有“本保险合同成立后，保险人应当及时向投保人签发保险单或其它保险凭证”内容。人保财险在与某集团合作中，根据人保财险业务系统的功能设置，电子保单的生成，需要外部（含投保人）发起触发（查询、下载等）动作，才会在系统中生成相应正式电子保单，即电子保单不触发，不生成。人保财险在借款人投保成功后，只是将电子保单的下载链接返回给该集团；自2019年9月起，借款人投保成功后，可在某App“借款详情”中查看保费金额、电子保单等信息。该集团在与人保财险的业务合作中，仅作为互联网金融信息平台，提供业务推荐服务，而非投保人的代理人。人保财险未及时向投保人签发保险单或其他保险凭证。

时任人保财险副总经理吴某林，作为信用保证保险事业部分管领导，对上述行为负有直接管理责任。时任人保财险信用保证保险事业部总经理倪某，作为信用保证保险事业部直接负责的主管人员，对上述行为负有直接责任。

【认定】中国银保监会认为，上述未按照规定使用经批准或者备案的保险条款、保险费率的行为，违反《保险法》第一百三十五条的规定。根据《保险法》第一百七十条，对人保财险罚款50万元；根据《保险法》第一百七十一条，分别对负有直接责任的吴某林、倪某予以警告并罚款10万元。

3. 中国太平洋财产保险股份有限公司深圳分公司未按照规定使用经批准或备案的保险条款及费率案（中国银行保险监督管理委员会行政处罚决定书〔2020〕57号）

【案情】2018年1月至8月，中国太平洋财产保险股份有限公司（以下简称太平洋财险）深圳分公司将营业车辆按照非营业车辆性质承保商业车险，共涉及1363笔商业车险保单，保费合计252.79万元。王某飞分管承保条线业务，且涉案业务均由王某飞维护，对上述违法行为负有直接责任。

【认定】中国银保监会认为，太平洋财险深圳分公司的上述行为违反《保险法》第一百三十五条的规定。根据该法第一百七十条，对太平洋财险深圳分公司罚款50万元；根据该法第一百七十一条，对直接责任人员王某飞警告并罚款10万元。

4. 太平人寿保险有限公司未按规定使用经批准或备案的保险条款案（中国保险监督管理委员会行政处罚决定书〔2016〕11号）

【案情】太平人寿保险有限公司（以下简称太平人寿）存在未按照规定使用经批准或者备案的保险条款的行为。该公司以工作通知书等形式调整保单贷款比例和缩短保单贷款申请时间。涉及提高保单贷款比例的产品共计91个，缩短保单贷款时限产品共计7个，调整后涉及的原产品条款未及时更新，也未及时向保监会报备，仅在总公司核心业务系统中做了相应调整。经抽查2014年度银保渠道保单贷款金额最高的五个险种,累积保单贷款件数4759件,超出条款约定的保单贷款件数2934件,按条款约定贷款金额应为7.52亿元,实际贷款金额9.60亿元,超出条款约定贷款金额2.08亿元。

【认定】中国保监会认为,太平人寿上述未按照规定使用经批准或者备案的保险条款的行为,违反了《保险法》(2015年修正)第一百三十六条的规定。根据《保险法》第一百七十二条,决定对太平人寿予以20万元罚款。[①]

5.久隆财产保险有限公司未按照规定使用经备案的保险费率案(中国银行保险监督管理委员会行政处罚决定书〔2021〕4号)

【案情】2017年4月至2019年6月,久隆财产保险有限公司(以下简称久隆财险)承保的挖掘机械设备保险(2017版)保单未执行经备案的费率表。公司针对不同代理商制订保额、单项险别费率、单项险别保费、整体打包费率等差异化的承保方案,并按照自行制订的方案承保,其承保费率显著高于备案费率,不符合《财产保险公司保险条款和保险费率管理办法》(中国保险监督管理委员会令2010年第3号)第二十七条的规定。其中507笔业务收取保费相比按备案条款费率计算的最高值仍高25.2%,涉及保费金额600.70万元,多收取投保人保费151.37万元。时任公司总经理徐某负责公司业务管理,对上述违法行为负有直接责任。

【认定】中国银保监会认为,久隆财险上述未按照规定使用经备案的保险费率的行为,违反了《保险法》第一百三十五条的规定。根据《保险法》第一百七十条,对久隆财险罚款50万元;根据《保险法》第一百七十一条,对负有直接责任的徐某警告并罚款10万元。

6.众安在线财产保险股份有限公司未按照规定使用经批准或者备案的保险条款、保险费率案(中国银行保险监督管理委员会行政处罚决定书〔2021〕33号)

【案情】2017年8月18日至2018年10月31日,众安在线财产保险股份有限公司(以下简称众安财险)在某App司机端销售"拉活宝"车主保障计划,使用重大疾病保险条款(A款)、个人重大疾病保险条款和个人轻症疾病保险条款,突破对应保险费率表上下限收取保费。2018年11月9日至12月22日,众安财险在某App乘客端销售重疾保障计划,使用重大疾病保险条款(A款)、个人重大疾病保险条款,突破对应保险费率表上下限收取保费。

时任众安财险健康险事业部负责人刘某姣,作为健康险事业部直接负责的主

---

① 2015年4月24日第十二届全国人民代表大会常务委员会第十四次会议作出《关于修改〈中华人民共和国计量法〉等五部法律的决定》,对《保险法》进行第三次修正。经过修正后,《保险法》(2014年修正)第一百三十六修正为现行《保险法》第一百三十五条;《保险法》(2014年修正)第一百七十二条修正为现行《保险法》第一百七十一条。——编者注

管人员，对上述行为负有直接责任。

【认定】中国银保监会认为，众安财险上述未按照规定使用经批准或者备案的保险条款、保险费率的行为，违反《保险法》第一百三十五条的规定。根据《保险法》第一百七十条，对众安财险罚款35万元；根据《保险法》第一百七十一条，对刘某姣警告并罚款7万元。

7. 信美人寿保险相互社未按照规定使用经批准或者备案的保险条款、保险费率及欺骗保险当事人案（中国银行保险监督管理委员会行政处罚决定书〔2019〕3号）

【案情】信美人寿保险相互社（以下简称信美人寿）在"相互保"业务中通过产品参数调整的方式改变了产品费率计算方法以及费率计算所需的基础数据。同时，信美人寿在"相互保"业务中向保险消费者传达"相互保"产品依法合规的错误信息，以及第一年参与成员分摊金额仅需一两百元的误导信息，欺骗投保人、被保险人或者受益人。

时任董事长杨某和时任副总经理兼总精算师曾某对上述违法行为负有直接责任。

信美人寿、杨某和曾某提出陈述申辩，申请免予、从轻或减轻行政处罚。针对未按照规定使用经批准或者备案的保险条款、保险费率的行为，信美人寿理解"相互保"业务的参数调整适用原保监会《关于促进团体保险健康发展有关问题的通知》（保监发〔2015〕14号）第二条第三款的相关规定。针对欺骗投保人、被保险人或者受益人的行为，信美人寿认为关于产品备案的宣传是对客观事实的陈述，预估第一年参与成员的分摊金额在一两百元左右是合理的。杨某认为其并非"相互保"项目的分管领导，其作为董事长的职责不包括日常具体的项目经营管理，不属于直接负责的主管人员和其他直接责任人员。曾某认为其为"相互保"项目的分管领导而非负责人，不应承担"相互保"业务开展涉嫌违规操作的执行责任。

【认定】中国银保监会经复核认为，一是"相互保"业务中信美人寿通过产品参数调整的方式改变了产品费率计算方法以及费率计算所需的基础数据，该行为不符合《健康保险管理办法》第十九条的有关规定，不适用《关于促进团体保险健康发展有关问题的通知》第二条第三款的相关规定。二是"相互保"业务存在未按照规定使用经批准或者备案的保险条款、保险费率的问题，宣传产品经过备案是向消费者传达产品依法合规的错误信息；"相互保"采用后付费的方式导致分摊金额存在不确定性，向消费者传达第一年参与成员分摊金额仅需一两百元的信息存在误导性。三是从检查调取的会议纪要和调查笔录看，杨某牵头参与了"相互保"项目的重大决策，曾某作为"相互保"项目的分管领导，均对违法行为负有直接责任。对当事人的陈述申辩意见不予采纳。

综上,中国银保监会认为:一是信美人寿未按照规定使用经批准或者备案的保险条款、保险费率的行为,违反了《保险法》第一百三十五条的规定。根据《保险法》第一百七十条规定,对信美人寿处以罚款40万元;根据《保险法》第一百七十一条规定,对杨某给予警告并处罚款8万元,对曾某给予警告并处罚款8万元。二是信美人寿欺骗投保人、被保险人或者受益人的行为,违反了《保险法》第一百一十六条的规定。根据《保险法》第一百六十一条的规定,对信美人寿处以罚款25万元;根据《保险法》第一百七十一条的规定,对杨某给予警告并处罚款5万元,对曾某给予警告并处罚款7万元。

8. 浙商财产保险股份有限公司未按照规定使用经批准或者备案的保险条款、保险费率案(中国保险监督管理委员会行政处罚决定书〔2017〕50号)

【案情】2014年,浙商财产保险股份有限公司(以下简称浙商财险)承保两年期的有关保证保险业务时,在仅有一年期货币债券履约保证保险产品的情况下,采取连续出具两张一年期保单的方式承保,违反了中国保监会《财产保险公司保险条款和保险费率管理办法》等有关产品管理的规定。

时任总经理金某,作为浙商财险信用保证保险领导小组组长,时任战略发展部总经理施某忠、时任市场部总经理助理龚某,作为浙商财险信用保证保险工作小组组长、副组长,对上述违规行为负有直接责任。

【认定】中国保监会经复核认为,浙商财险未按照规定使用经批准或者备案的保险条款、保险费率的行为,违反了《保险法》(2014年修正)第一百三十六条的规定。根据《保险法》第一百七十二条,[①]决定对浙商财险罚款50万元,并责令停止接受保证保险新业务6个月;根据《保险法》第一百七十三条,中国保监会决定对金某警告并罚款6万元,对施某忠警告并罚款10万元,对龚某警告并罚款3万元。

9. 微医(北京)保险经纪有限公司销售保险产品未使用经批准备案的保险条款或费率案(中国银行保险监督管理委员会行政处罚决定书〔2021〕37号)

【案情】微医(北京)保险经纪有限公司(以下简称微医经纪)通过"大家帮保险"微信公众号销售安心财产保险有限责任公司(以下简称安心财险)承保的"大家帮百万医疗险"产品,宣传销售页面列示"首期0元"或"首期3元"等内容。根据安心财险向银保监会备案的《安心财产保险有限责任公司住院综合医疗保险

---

① 2015年4月24日第十二届全国人民代表大会常务委员会第十四次会议作出《关于修改〈中华人民共和国计量法〉等五部法律的决定》,对《保险法》进行第三次修正。经过修正后,《保险法》(2014年修正)第一百三十六修正为现行《保险法》第一百三十五条;《保险法》(2014年修正)第一百七十二条修正为现行《保险法》第一百七十一条。——编者注

(2018 款)》的保费计算公式,缴费方式分按月缴费(12 期)和全额缴费两种,对于按月缴费方式,投保人每期缴纳保费应相同,首期不应为 0 元或 3 元。经查,微医经纪实际销售“大家帮百万医疗险”采用按月缴费方式的,首月收取保费均为 0 元或 3 元,与按照备案保险费率计算的首期应收保费不一致。

时任微医经纪执行董事兼总经理周某,对上述行为负有直接责任。

【认定】中国银保监会认为,上述微医经纪销售安心财险保险产品中未按照规定使用经批准或者备案的保险条款、保险费率的行为,违反《保险法》第一百七十条的规定,根据《保险法》第一百七十条,对微医经纪罚款 10 万元,根据《保险法》第一百七十一条,对周某警告并罚款 1 万元。

10. 浙商财产保险股份有限公司山东分公司在诉讼财产保全责任保险中未按照规定使用经批准或者备案的保险费率案(中国银行保险监督委员会山东监管局行政处罚决定书〔2022〕21 号)

【案情】2021 年 5 月 20 日浙商财产保险股份有限公司(以下简称浙商财险)山东分公司承保的山东××公司诉讼财产保全责任保险,保全标的为《××经营批准证书》(编号:第 370103××××号),根据《浙商财产保险股份有限公司诉讼财产保全责任保险(2018 版)费率》,“标的风险系数”标的类型中不包含经营许可证,而浙商财险山东分公司在核保时按“现金、存款、银行账户、商业房产”的标的类型确定该项调整系数为“1.00”计算保险费并承保,该保单保费收入 1500 元。

【认定】中国银保监会山东监管局认为,浙商财险山东分公司上述未按照规定使用经批准或者备案的保险费率的行为,根据《保险法》第一百七十条第三项的规定,决定对浙商财险山东分公司罚款 11 万元。

11. 富德财产保险股份有限公司镇江中心支公司、林某琴在财产险中约定第一受益人构成未按照规定使用经批准的保险条款案(中国银保监会镇江监管分局行政处罚决定书〔2019〕8、9 号)

【案情】2018 年~2019 年 8 月,富德财产保险股份有限公司镇江中心支公司承保车险业务时在涉及含第一受益人保单的特别约定中,约定当一次事故的保险赔款高于一定金额时,保险人须征得第一受益人书面同意后方可赔付被保险人,涉及保险单 122 份、保费 57.41 万元。林某琴系富德财产保险股份有限公司江苏分公司核保员,作为上述业务的核保员,应对违法行为承担直接责任。

【认定】中国银保监会镇江监管分局认为,上述未按照规定使用经批准的保险条款行为,违反了《保险法》第一百三十五条第一款的规定。根据《保险法》第一百七十条第(三)项,现对富德财产保险股份有限公司镇江中心支公司处以人民币 10 万元罚款;根据《保险法》第一百七十一条,对林某琴给予警告,并处人民币 1

万元罚款。

编者注:需要特别说明的是,尽管监管部门将在财产保险中约定第一受益人的行为认定为违反了《保险法》第一百三十五条的规定,属于未按照规定使用经批准或备案的保险条款的违规行为,并对保险公司依法作出罚款等相应的行政处罚,但是,并不意味着这类合同条款当然不具有效力。法院普遍认为,财产保险中约定的受益人并不是保险法意义上的受益人,也不享有受益人的法定权利。但作为合同当事人之间的约定,不存在无效或可撤销事由的,应尊重当事人的意思自治,认可该约定的效力。尤其是被保险人(投保人)明确表示同意向第一受益人先行支付保险金的,法院亦予以支持。①

权威解读

我国保险条款和费率实行审批和备案的制度,以确保投保人、被保险人或者受益人的权益免受不公平条款和费率的损害。关系社会公众利益的保险险种、依法实行强制保险的险种和新开发的人寿保险险种应当经保险监督管理机构审批,其他险种的条款和费率由保险公司自主制定,但也要报监督机构备案。②

《保险法》第一百五十五条 【保险公司及个人配合检查、调查的义务】

第一百五十五条　保险监督管理机构依法履行职责,被检查、调查的单位和个人应当配合。

相关规定

《保险法》

第一百五十条　国务院保险监督管理机构有权要求保险公司股东、实际控制人在指定的期限内提供有关信息和资料。

第一百五十二条　保险监督管理机构根据履行监督管理职责的需要,可以与保险公司董事、监事和高级管理人员进行监督管理谈话,要求其就公司的业务活动和风险管理的重大事项作出说明。

---

① 参见王静:《保险案件裁判精要》,法律出版社 2019 年版,第 118－132 页。

② 参见安建主编:《中华人民共和国保险法(修订)释义》,法律出版社 2009 年版,第 198、236 页。

第一百五十四条　保险监督管理机构依法履行职责，可以采取下列措施：

（一）对保险公司、保险代理人、保险经纪人、保险资产管理公司、外国保险机构的代表机构进行现场检查；

（二）进入涉嫌违法行为发生场所调查取证；

（三）询问当事人及与被调查事件有关的单位和个人，要求其对与被调查事件有关的事项作出说明；

（四）查阅、复制与被调查事件有关的财产权登记等资料；

（五）查阅、复制保险公司、保险代理人、保险经纪人、保险资产管理公司、外国保险机构的代表机构以及与被调查事件有关的单位和个人的财务会计资料及其他相关文件和资料；对可能被转移、隐匿或者毁损的文件和资料予以封存；

（六）查询涉嫌违法经营的保险公司、保险代理人、保险经纪人、保险资产管理公司、外国保险机构的代表机构以及与涉嫌违法事项有关的单位和个人的银行账户；

（七）对有证据证明已经或者可能转移、隐匿违法资金等涉案财产或者隐匿、伪造、毁损重要证据的，经保险监督管理机构主要负责人批准，申请人民法院予以冻结或者查封。

保险监督管理机构采取前款第（一）项、第（二）项、第（五）项措施的，应当经保险监督管理机构负责人批准；采取第（六）项措施的，应当经国务院保险监督管理机构负责人批准。

保险监督管理机构依法进行监督检查或者调查，其监督检查、调查的人员不得少于二人，并应当出示合法证件和监督检查、调查通知书；监督检查、调查的人员少于二人或者未出示合法证件和监督检查、调查通知书的，被检查、调查的单位和个人有权拒绝。

第一百五十六条　保险监督管理机构工作人员应当忠于职守，依法办事，公正廉洁，不得利用职务便利牟取不正当利益，不得泄露所知悉的有关单位和个人的商业秘密。

第一百五十七条　国务院保险监督管理机构应当与中国人民银行、国务院其他金融监督管理机构建立监督管理信息共享机制。

保险监督管理机构依法履行职责，进行监督检查、调查时，有关部门应当予以配合。

第一百七十条　违反本法规定，有下列行为之一的，由保险监督管理机构责令改正，处十万元以上五十万元以下的罚款；情节严重的，可以限制其业务范围、责令停止接受新业务或者吊销业务许可证：

……

（二）拒绝或者妨碍依法监督检查的；

……

典型案例

1.浙商财产保险股份有限公司被监管期间违规承保新业务案（中国银行保险监督管理委员会行政处罚决定书〔2018〕3号）

【案情】浙商财产保险股份有限公司（以下简称浙商财险）在原保监会监管函（监管函〔2017〕23号）要求公司停止接受非车险新业务期间，通过批单的方式延长保险止期，共涉及保单357份，批增保费189.35万元。孙某庆时任浙商财险分管非车险业务负责人，对此违规事项负主要责任，李某时任浙商财险非车险部副总经理（主持工作）对此违规事项负次要责任。同时，还签发新保单1674份，保费金额合计1462.4万元，李某对此违规事项负全部责任。

【认定】中国银保监会认为，浙商财险在被监管函禁止接受非车险新业务期间承保新业务的行为，违反了《保险法》第一百五十五条的规定。依据《保险法》第一百七十条规定，对浙商财险处以罚款40万元；依据《保险法》第一百七十一条规定，对孙某庆处以警告并罚款8万元，对李某处以警告并罚款8万元。

2.永安财产保险股份有限公司妨碍依法监督检查案（中国银行保险监督管理委员会行政处罚决定书〔2018〕4号）

【案情】在已知检查组进场情况下，永案财产保险股份有限公司（以下简称永安财险）决定于2017年12月6日上午9时召开董事会临时会议，拟审议《关于解聘蒋某同志公司总裁（总经理）职务的议案》。2017年12月4日下午，检查组在对董事会临时会议不知情的情况下，按照检查流程将现场检查事实确认会（以下简称确认会）时间定为12月6日上午9时并通知永安财险，要求总裁蒋某和统计负责人顾某参加会议。此后，检查组得知永安财险将于同一时间召开董事会临时会议，并拟解除总裁蒋某的职务。

12月4日晚，检查组临时变更检查计划，约谈董事会秘书。检查组表示会议时间的冲突和解除蒋某总裁职务的议题将影响检查工作的开展，建议适当调整会议时间。董事会秘书表示无权决定，并将相关建议转告董事长。12月5日下午，检查组约谈董事长陶某强，要求适当延后董事会临时会议。陶某强在无正当理由的情况下，拒绝接受检查组的合理建议。12月6日上午，确认会和董事会临时会议同时召开，永安财险董事长和总裁均缺席确认会，影响了检查工作的正常进行。

时任永安财险董事长陶某强作为永安财险主要负责人及董事会临时会议召集人，对上述问题负有直接责任。

永安财险、陶某强提出申辩意见：一是拟召开的董事会临时会议事项已按规定向监管部门报告，如果召开董事会会议不妥，监管部门理应通知永安财险。二是没有对抗妨碍监管的故意，且在仅剩十几个小时的情况下，没有监管部门书面通知，当事人无权变更董事会临时会议时间。三是检查组与当事人的约谈未形成经双方签字确认的书面文字记录。四是总裁蒋某是否参加确认会由其本人决定。

【认定】中国银保监会经复核认为，一是在现场检查期间，为保障检查工作的顺利进行，检查组有权根据工作需要向永安财险提出调整董事会临时会议时间的合理建议，同时也进行了公司治理风险和妨碍现场检查风险提示。二是根据《公司法》及永安财险《董事会议事规则》第九条等有关规定，经半数以上董事同意，董事长可变更董事会临时会议时间。检查组已于2017年12月4日晚建议永安财险变更董事会临时会议时间。当事人在条件允许的情况下，直接拒绝检查组的合理建议。三是检查组与当事人的约谈已形成经双方签字确认的书面文字记录。四是蒋某向检查组提交书面说明，表示其总裁职务即将于董事会临时会议上被解除，故不再参加确认会。因此，当事人申辩理由不成立，对其陈述申辩意见不予采纳。永安财险拒绝或者妨碍依法监督检查的行为，违反了《保险法》第一百五十五条的规定。根据《保险法》第一百七十条的规定，对永安财险罚款30万元；根据《保险法》第一百七十一条的规定，对直接责任人员陶某强处以警告并罚款5万元。

权威解读

保险监督管理机构有权对保险公司及个人进行检查、调查，相关单位和个人应当主动配合。违反规定不配合保险监督管理机构履行职责的，应当承担相应的法律责任。①

《保险法》第一百六十三条　【违法承保】

第一百六十三条　保险公司违反本法规定，有下列行为之一的，由保险监督管理机构责令改正，处五万元以上三十万元以下的罚款：

① 参见安建主编：《中华人民共和国保险法（修订）释义》，法律出版社2009年版，第220页。

(一)超额承保,情节严重的;

(二)为无民事行为能力人承保以死亡为给付保险金条件的保险的。

相关规定

1.《保险法》

第三十三条 投保人不得为无民事行为能力人投保以死亡为给付保险金条件的人身保险,保险人也不得承保。

父母为其未成年子女投保的人身保险,不受前款规定限制。但是,因被保险人死亡给付的保险金总和不得超过国务院保险监督管理机构规定的限额。

2.《最高人民法院关于适用〈中华人民共和国保险法〉若干问题的解释(三)》(法释〔2020〕18号)

第六条 未成年人父母之外的其他履行监护职责的人为未成年人订立以死亡为给付保险金条件的合同,当事人主张参照保险法第三十三条第二款、第三十四条第三款的规定认定该合同有效的,人民法院不予支持,但经未成年人父母同意的除外。

3.《中国保险监督委员会关于父母为其未成年子女投保以死亡为给付保险金条件人身保险有关问题的通知》(保监发〔2015〕90号)

一、对于父母为其未成年子女投保的人身保险,在被保险人成年之前,各保险合同约定的被保险人死亡给付的保险金额总和、被保险人死亡时各保险公司实际给付的保险金总和按以下限额执行:

(一)对于被保险人不满10周岁的,不得超过人民币20万元。

(二)对于被保险人已满10周岁但未满18周岁的,不得超过人民币50万元。

二、对于投保人为其未成年子女投保以死亡为给付保险金条件的每一份保险合同,以下三项可以不计算在前款规定限额之中:

(一)投保人已交保险费或被保险人死亡时合同的现金价值;对于投资连结保险合同、万能保险合同,该项为投保人已交保险费或被保险人死亡时合同的账户价值。

(二)合同约定的航空意外死亡保险金额。此处航空意外死亡保险金额是指航空意外伤害保险合同约定的死亡保险金额,或其他人身保险合同约定的航空意外身故责任对应的死亡保险金额。

(三)合同约定的重大自然灾害意外死亡保险金额。此处重大自然灾害意外死亡保险金额是指重大自然灾害意外伤害保险合同约定的死亡保险金额,或其他人身保险合同约定的重大自然灾害意外身故责任对应的死亡保险金额。

三、保险公司在订立保险合同前，应向投保人说明父母为其未成年子女投保以死亡为给付保险金条件人身保险的有关政策规定，询问并记录其未成年子女在本公司及其他保险公司已经参保的以死亡为给付保险金条件人身保险的有关情况。各保险合同约定的被保险人死亡给付的保险金额总和已经达到限额的，保险公司不得超过限额继续承保；尚未达到限额的，保险公司可以就差额部分进行承保，保险公司应在保险合同中载明差额部分的计算过程。

四、保险公司应在保险合同中明确约定因未成年人死亡给付的保险金额，不得以批单、批注（包括特别约定）等方式改变保险责任或超过本通知规定的限额进行承保。

五、保险公司应积极引导投保人树立正确的保险理念，在注重自身保险保障的基础上，为未成年人购买切合实际的人身保险产品。

六、保险公司应进一步完善未成年人人身保险的有关业务流程，强化投保、核保等环节的风险管控，在防范道德风险的同时，为未成年人提供更加丰富多样的保险保障，保护未成年人合法权益。

典型案例

1. 珠江人寿保险股份有限公司违法承保案（中国保险监督管理委员会行政处罚决定书〔2017〕25号）

【案情】2015年7月至2016年10月，珠江人寿保险股份有限公司（以下简称珠江人寿）的已售保单中，共有8个10岁以下的未成年人和1个16岁的未成年人作为被保险人的保险金额超过《中国保监会关于父母为其未成年子女投保以死亡为给付保险金条件人身保险有关问题的通知》第一条规定的上限。同期，珠江人寿共有5份保单存在被保险人未满10岁但投保人非被保险人父母的情况。

时任运营部副总经理朱某瑞负责管理承保和核保等工作，在进行核保系统设置时，未将未成年人承保和核保规则完整纳入系统管控；同时，相关保单进入人工核保后，未及时发现问题，对未成年人超额承保和10岁以下未成年人保单投保人非被保险人父母问题负有直接责任。

【认定】中国保监会认定上述未成年人超额承保和10岁以下未成年人保单投保人非被保险人父母行为，违反了《保险法》第三十三条的规定，构成《保险法》第一百六十三条规定的“违法承保行为”，并据此对珠江人寿予以10万元罚款。同时，根据《保险法》第一百七十一条的规定，决定对直接责任人朱某瑞予以警告并处罚款3万元。

2. 太平养老保险股份有限公司违法为无民事行为能力人承保死亡保险案(中国保险监督管理委员会行政处罚决定书〔2016〕12号)

【案情】经抽查发现太平养老保险股份有限公司(以下简称太平养老)在2014年承保的团险保单中,存在非被保险人的父母为无民事行为能力人投保以死亡为给付保险金条件的保险的问题。其中,被保险人年龄小于16周岁的无民事行为能力人共计190,332人。太平养老团险业务承保时,核心系统未设置对未成年人保额限制的校验功能,系统无法自动识别。

【认定】中国保监会认定,上述在投保人非被保险人父母的情况下,为无民事行为能力人承保以死亡为给付保险金条件的保险的行为,违反了《保险法》(2014年修正)第三十三条的规定,构成《保险法》(2014年修正)第一百六十四条[①]规定的"违法承保行为",据此决定对太平养老予以5万元罚款。

权威解读

超额承保是指以超过保险标的价值办理保险的行为,违反了保险补偿的基本原则,存在道德危险。无民事行为能力人不能辨认自己的行为,缺乏自我保护能力,违法为其办理以死亡为给付保险金条件的保险,也容易引发道德危险。因此,法律规定这两种行为构成违法承保,要承担相应的法律责任。

通常情况下,父母为未成年子女办理死亡保险的风险较小,但是为了更好地保护未成年人的利益,法律限定了死亡给付保险金的数额,即不得超过保险监督管理机构规定的限额,以进一步降低道德危险。[②]

《保险法》第一百七十七条　【严重违法违规的禁业规定】

第一百七十七条　违反法律、行政法规的规定,情节严重的,国务院保险监督管理机构可以禁止有关责任人员一定期限直至终身进入保险业。

---

① 2015年4月24日第十二届全国人民代表大会常务委员会第十四次会议作出《关于修改〈中华人民共和国计量法〉等五部法律的决定》,对《保险法》进行第三次修正。经过修正后,《保险法》(2014年修正)第三十三条未作变化,沿用为现行《保险法》第三十三条;《保险法》(2014年修正)第一百六十四条内容保留,条文顺序作了相应调整,为现行《保险法》第一百六十三条。——编者注

② 参见安建主编:《中华人民共和国保险法(修订)释义》,法律出版社2009年版,第227页。

相关规定

《保险法》

第一百七十二条　个人保险代理人违反本法规定的，由保险监督管理机构给予警告，可以并处二万元以下的罚款；情节严重的，处二万元以上十万元以下的罚款。

典型案例

个人代理人曹某严重违法违规终身禁业案［中国银行保险监督管理委员会山西监管局行政处罚决定书〔2019〕13号、行政处罚事先告知书晋银保监罚告字〔2021〕8号］

【案情】曹某作为泰康人寿保险有限责任公司山西分公司的个人代理人存在以下违法行为：一是给予或者承诺给予投保人、被保险人保险合同约定以外的利益。曹某在为投保人讲解保险理财产品时，承诺将其所得佣金及其他个人费用返还投保人，并承诺赠送车险等其他利益。二是欺骗投保人和被保险人。曹某在投保人不知情的情况下，用投保人的资金为其办理了医疗险和意外险等其他保险产品。此外，在曹某告知投保人为免费赠送的保险产品中，部分保费实际由曹某通过向保险人提供虚假投保资料的手段，用投保人划入保险人对公账户的资金进行缴纳。三是隐瞒与保险合同有关的重要情况。曹某未将全部保险合同送达投保人，未明确告知投保人所购买保险产品实际对应保险合同的保费金额等有关情况等。

【认定】中国银保监会山西监管局认定，曹某给予或者承诺给予投保人、被保险人保险合同约定以外利益的行为、欺骗投保人和被保险人的行为、隐瞒与保险合同有关重要情况的行为，违反了《保险法》第一百三十一条和《保险销售从业人员监管办法》（保监会令2013年第2号）第二十四条的规定。依据《保险销售从业人员监管办法》（保监会令2013年第2号）第三十四条的规定，决定对泰康人寿有限责任公司山西分公司警告并合计罚款3万元。

鉴于曹某担任泰康人寿有限责任公司山西分公司个人保险代理人期间，在销售保险过程中存在承诺给予投保人保险合同约定以外的利益，欺骗投保人和被保险人、隐瞒与保险合同有关的重要情况等行为，根据《保险法》第一百七十七条的规定，经中国银保监会授权，对曹某作出禁止终身进入保险业的行政处罚。

权威解读

为规范保险市场,《保险法》专门规定了保险业一定期限甚至终身禁业的措施。就是指通过限制和剥夺有关责任人员从事保险业务和保险中介业务资格的方式,对违法违规行为进行制裁和惩戒。[①]

《保险法》第一百八十四条 【农业保险与强制保险】

第一百八十四条 国家支持发展为农业生产服务的保险事业。农业保险由法律、行政法规另行规定。

强制保险,法律、行政法规另有规定的,适用其规定。

相关规定

1.《农业保险条例》(2012年11月12日国务院令2012年第629号发布,根据2016年2月6日国务院令第666号《关于修改部分行政法规的决定》修订)

第一章 总 则

第一条 为了规范农业保险活动,保护农业保险活动当事人的合法权益,提高农业生产抗风险能力,促进农业保险事业健康发展,根据《中华人民共和国保险法》、《中华人民共和国农业法》等法律,制定本条例。

第二条 本条例所称农业保险,是指保险机构根据农业保险合同,对被保险人在种植业、林业、畜牧业和渔业生产中因保险标的遭受约定的自然灾害、意外事故、疫病、疾病等保险事故所造成的财产损失,承担赔偿保险金责任的保险活动。

本条例所称保险机构,是指保险公司以及依法设立的农业互助保险等保险组织。

第三条 国家支持发展多种形式的农业保险,健全政策性农业保险制度。

农业保险实行政府引导、市场运作、自主自愿和协同推进的原则。

省、自治区、直辖市人民政府可以确定适合本地区实际的农业保险经营模式。

任何单位和个人不得利用行政权力、职务或者职业便利以及其他方式强迫、限制农民或者农业生产经营组织参加农业保险。

---

① 参见安建主编:《中华人民共和国保险法(修订)释义》,法律出版社2009年版,第243页。

第四条　国务院保险监督管理机构对农业保险业务实施监督管理。国务院财政、农业、林业、发展改革、税务、民政等有关部门按照各自的职责，负责农业保险推进、管理的相关工作。

财政、保险监督管理、国土资源、农业、林业、气象等有关部门、机构应当建立农业保险相关信息的共享机制。

第五条　县级以上地方人民政府统一领导、组织、协调本行政区域的农业保险工作，建立健全推进农业保险发展的工作机制。县级以上地方人民政府有关部门按照本级人民政府规定的职责，负责本行政区域农业保险推进、管理的相关工作。

第六条　国务院有关部门、机构和地方各级人民政府及其有关部门应当采取多种形式，加强对农业保险的宣传，提高农民和农业生产经营组织的保险意识，组织引导农民和农业生产经营组织积极参加农业保险。

第七条　农民或者农业生产经营组织投保的农业保险标的属于财政给予保险费补贴范围的，由财政部门按照规定给予保险费补贴，具体办法由国务院财政部门商国务院农业、林业主管部门和保险监督管理机构制定。

国家鼓励地方人民政府采取由地方财政给予保险费补贴等措施，支持发展农业保险。

第八条　国家建立财政支持的农业保险大灾风险分散机制，具体办法由国务院财政部门会同国务院有关部门制定。

国家鼓励地方人民政府建立地方财政支持的农业保险大灾风险分散机制。

第九条　保险机构经营农业保险业务依法享受税收优惠。

国家支持保险机构建立适应农业保险业务发展需要的基层服务体系。

国家鼓励金融机构对投保农业保险的农民和农业生产经营组织加大信贷支持力度。

第二章　农业保险合同

第十条　农业保险可以由农民、农业生产经营组织自行投保，也可以由农业生产经营组织、村民委员会等单位组织农民投保。

由农业生产经营组织、村民委员会等单位组织农民投保的，保险机构应当在订立农业保险合同时，制定投保清单，详细列明被保险人的投保信息，并由被保险人签字确认。保险机构应当将承保情况予以公示。

第十一条　在农业保险合同有效期内，合同当事人不得因保险标的的危险程度发生变化增加保险费或者解除农业保险合同。

第十二条　保险机构接到发生保险事故的通知后，应当及时进行现场查勘，会同被保险人核定保险标的的受损情况。由农业生产经营组织、村民委员会等单位组织农民投保的,保险机构应当将查勘定损结果予以公示。

保险机构按照农业保险合同约定,可以采取抽样方式或者其他方式核定保险标的的损失程度。采用抽样方式核定损失程度的,应当符合有关部门规定的抽样技术规范。

第十三条 法律、行政法规对受损的农业保险标的的处理有规定的,理赔时应当取得受损保险标的已依法处理的证据或者证明材料。

保险机构不得主张对受损的保险标的残余价值的权利,农业保险合同另有约定的除外。

第十四条 保险机构应当在与被保险人达成赔偿协议后 10 日内,将应赔偿的保险金支付给被保险人。农业保险合同对赔偿保险金的期限有约定的,保险机构应当按照约定履行赔偿保险金义务。

第十五条 保险机构应当按照农业保险合同约定,根据核定的保险标的的损失程度足额支付应赔偿的保险金。

任何单位和个人不得非法干预保险机构履行赔偿保险金的义务,不得限制被保险人取得保险金的权利。

农业生产经营组织、村民委员会等单位组织农民投保的,理赔清单应当由被保险人签字确认,保险机构应当将理赔结果予以公示。

第十六条 本条例对农业保险合同未作规定的,参照适用《中华人民共和国保险法》中保险合同的有关规定。

第三章 经营规则

第十七条 保险机构经营农业保险业务,应当符合下列条件:

(一)有完善的基层服务网络;

(二)有专门的农业保险经营部门并配备相应的专业人员;

(三)有完善的农业保险内控制度;

(四)有稳健的农业再保险和大灾风险安排以及风险应对预案;

(五)偿付能力符合国务院保险监督管理机构的规定;

(六)国务院保险监督管理机构规定的其他条件。

除保险机构外,任何单位和个人不得经营农业保险业务。

第十八条 保险机构经营农业保险业务,实行自主经营、自负盈亏。

保险机构经营农业保险业务,应当与其他保险业务分开管理,单独核算损益。

第十九条 保险机构应当公平、合理地拟订农业保险条款和保险费率。属于财政给予保险费补贴的险种的保险条款和保险费率,保险机构应当在充分听取省、自治区、直辖市人民政府财政、农业、林业部门和农民代表意见的基础上拟订。

农业保险条款和保险费率应当依法报保险监督管理机构审批或者备案。

第二十条　保险机构经营农业保险业务的准备金评估和偿付能力报告的编制，应当符合国务院保险监督管理机构的规定。

农业保险业务的财务管理和会计核算需要采取特殊原则和方法的，由国务院财政部门制定具体办法。

第二十一条　保险机构可以委托基层农业技术推广等机构协助办理农业保险业务。保险机构应当与被委托协助办理农业保险业务的机构签订书面合同，明确双方权利义务，约定费用支付，并对协助办理农业保险业务的机构进行业务指导。

第二十二条　保险机构应当按照国务院保险监督管理机构的规定妥善保存农业保险查勘定损的原始资料。

禁止任何单位和个人涂改、伪造、隐匿或者违反规定销毁查勘定损的原始资料。

第二十三条　保险费补贴的取得和使用，应当遵守依照本条例第七条制定的具体办法的规定。

禁止以下列方式或者其他任何方式骗取农业保险的保险费补贴：

（一）虚构或者虚增保险标的或者以同一保险标的进行多次投保；

（二）以虚假理赔、虚列费用、虚假退保或者截留、挪用保险金、挪用经营费用等方式冲销投保人应缴的保险费或者财政给予的保险费补贴。

第二十四条　禁止任何单位和个人挪用、截留、侵占保险机构应当赔偿被保险人的保险金。

第二十五条　本条例对农业保险经营规则未作规定的，适用《中华人民共和国保险法》中保险经营规则及监督管理的有关规定。

第四章　法律责任

第二十六条　保险机构不符合本条例第十七条第一款规定条件经营农业保险业务的，由保险监督管理机构责令限期改正，停止接受新业务；逾期不改正或者造成严重后果的，处 10 万元以上 50 万元以下的罚款，可以责令停业整顿或者吊销经营保险业务许可证。

保险机构以外的其他组织或者个人非法经营农业保险业务的，由保险监督管理机构予以取缔，没收违法所得，并处违法所得 1 倍以上 5 倍以下的罚款；没有违法所得或者违法所得不足 20 万元的，处 20 万元以上 100 万元以下的罚款。

第二十七条　保险机构经营农业保险业务，有下列行为之一的，由保险监督管理机构责令改正，处 10 万元以上 50 万元以下的罚款；情节严重的，可以限制其业务范围、责令停止接受新业务：

（一）编制或者提供虚假的报告、报表、文件、资料；

（二）拒绝或者妨碍依法监督检查；

（三）未按照规定使用经批准或者备案的农业保险条款、保险费率。

第二十八条 保险机构经营农业保险业务，违反本条例规定，有下列行为之一的，由保险监督管理机构责令改正，处 5 万元以上 30 万元以下的罚款；情节严重的，可以限制其业务范围、责令停止接受新业务：

（一）未按照规定将农业保险业务与其他保险业务分开管理，单独核算损益；

（二）利用开展农业保险业务为其他机构或者个人牟取不正当利益；

（三）未按照规定申请批准农业保险条款、保险费率。

保险机构经营农业保险业务，未按照规定报送农业保险条款、保险费率备案的，由保险监督管理机构责令限期改正；逾期不改正的，处 1 万元以上 10 万元以下的罚款。

第二十九条 保险机构违反本条例规定，保险监督管理机构除依照本条例的规定给予处罚外，对其直接负责的主管人员和其他直接责任人员给予警告，并处 1 万元以上 10 万元以下的罚款；情节严重的，对取得任职资格或者从业资格的人员撤销其相应资格。

第三十条 违反本条例第二十三条规定，骗取保险费补贴的，由财政部门依照《财政违法行为处罚处分条例》的有关规定予以处理；构成犯罪的，依法追究刑事责任。

违反本条例第二十四条规定，挪用、截留、侵占保险金的，由有关部门依法处理；构成犯罪的，依法追究刑事责任。

第三十一条 保险机构违反本条例规定的法律责任，本条例未作规定的，适用《中华人民共和国保险法》的有关规定。

第五章 附 则

第三十二条 保险机构经营有政策支持的涉农保险，参照适用本条例有关规定。

涉农保险是指农业保险以外、为农民在农业生产生活中提供保险保障的保险，包括农房、农机具、渔船等财产保险，涉及农民的生命和身体等方面的短期意外伤害保险。

第三十三条 本条例自 2013 年 3 月 1 日起施行。

2.《机动车交通事故责任强制保险条例》(2006 年 3 月 21 日国务院令第 462 号发布,根据 2012 年 3 月 30 日《国务院关于修改〈机动车交通事故责任强制保险条例〉的决定》第一次修订,根据 2012 年 12 月 17 日《国务院关于修改〈机动车交通事故责任强制保险条例〉的决定》第二次修订,根据 2016 年 2 月 6 日《国务院关于修改部分行政法规的决定》第三次修订,根据 2019 年 3 月 2 日《国务院关于修改部分行政法规的决定》第四次修订)

第一章　总　　则

第一条　为了保障机动车道路交通事故受害人依法得到赔偿,促进道路交通安全,根据《中华人民共和国道路交通安全法》、《中华人民共和国保险法》,制定本条例。

第二条　在中华人民共和国境内道路上行驶的机动车的所有人或者管理人,应当依照《中华人民共和国道路交通安全法》的规定投保机动车交通事故责任强制保险。

机动车交通事故责任强制保险的投保、赔偿和监督管理,适用本条例。

第三条　本条例所称机动车交通事故责任强制保险,是指由保险公司对被保险机动车发生道路交通事故造成本车人员、被保险人以外的受害人的人身伤亡、财产损失,在责任限额内予以赔偿的强制性责任保险。

第四条　国务院保险监督管理机构依法对保险公司的机动车交通事故责任强制保险业务实施监督管理。

公安机关交通管理部门、农业(农业机械)主管部门(以下统称机动车管理部门)应当依法对机动车参加机动车交通事故责任强制保险的情况实施监督检查。对未参加机动车交通事故责任强制保险的机动车,机动车管理部门不得予以登记,机动车安全技术检验机构不得予以检验。

公安机关交通管理部门及其交通警察在调查处理道路交通安全违法行为和道路交通事故时,应当依法检查机动车交通事故责任强制保险的保险标志。

第二章　投　　保

第五条　保险公司可以从事机动车交通事故责任强制保险业务。

为了保证机动车交通事故责任强制保险制度的实行,国务院保险监督管理机构有权要求保险公司从事机动车交通事故责任强制保险业务。

除保险公司外,任何单位或者个人不得从事机动车交通事故责任强制保险业务。

第六条　机动车交通事故责任强制保险实行统一的保险条款和基础保险费率。国务院保险监督管理机构按照机动车交通事故责任强制保险业务总体上不盈利不亏损的原则审批保险费率。

国务院保险监督管理机构在审批保险费率时,可以聘请有关专业机构进行评估,可以举行听证会听取公众意见。

第七条 保险公司的机动车交通事故责任强制保险业务,应当与其他保险业务分开管理,单独核算。

国务院保险监督管理机构应当每年对保险公司的机动车交通事故责任强制保险业务情况进行核查,并向社会公布;根据保险公司机动车交通事故责任强制保险业务的总体盈利或者亏损情况,可以要求或者允许保险公司相应调整保险费率。

调整保险费率的幅度较大的,国务院保险监督管理机构应当进行听证。

第八条 被保险机动车没有发生道路交通安全违法行为和道路交通事故的,保险公司应当在下一年度降低其保险费率。在此后的年度内,被保险机动车仍然没有发生道路交通安全违法行为和道路交通事故的,保险公司应当继续降低其保险费率,直至最低标准。被保险机动车发生道路交通安全违法行为或者道路交通事故的,保险公司应当在下一年度提高其保险费率。多次发生道路交通安全违法行为、道路交通事故,或者发生重大道路交通事故的,保险公司应当加大提高其保险费率的幅度。在道路交通事故中被保险人没有过错的,不提高其保险费率。降低或者提高保险费率的标准,由国务院保险监督管理机构会同国务院公安部门制定。

第九条 国务院保险监督管理机构、国务院公安部门、国务院农业主管部门以及其他有关部门应当逐步建立有关机动车交通事故责任强制保险、道路交通安全违法行为和道路交通事故的信息共享机制。

第十条 投保人在投保时应当选择从事机动车交通事故责任强制保险业务的保险公司,被选择的保险公司不得拒绝或者拖延承保。

国务院保险监督管理机构应当将从事机动车交通事故责任强制保险业务的保险公司向社会公示。

第十一条 投保人投保时,应当向保险公司如实告知重要事项。

重要事项包括机动车的种类、厂牌型号、识别代码、牌照号码、使用性质和机动车所有人或者管理人的姓名(名称)、性别、年龄、住所、身份证或者驾驶证号码(组织机构代码)、续保前该机动车发生事故的情况以及国务院保险监督管理机构规定的其他事项。

第十二条 签订机动车交通事故责任强制保险合同时,投保人应当一次支付全部保险费;保险公司应当向投保人签发保险单、保险标志。保险单、保险标志应当注明保险单号码、车牌号码、保险期限、保险公司的名称、地址和理赔电话号码。

被保险人应当在被保险机动车上放置保险标志。

保险标志式样全国统一。保险单、保险标志由国务院保险监督管理机构监制。任何单位或者个人不得伪造、变造或者使用伪造、变造的保险单、保险标志。

第十三条　签订机动车交通事故责任强制保险合同时,投保人不得在保险条款和保险费率之外,向保险公司提出附加其他条件的要求。

签订机动车交通事故责任强制保险合同时,保险公司不得强制投保人订立商业保险合同以及提出附加其他条件的要求。

第十四条　保险公司不得解除机动车交通事故责任强制保险合同;但是,投保人对重要事项未履行如实告知义务的除外。

投保人对重要事项未履行如实告知义务,保险公司解除合同前,应当书面通知投保人,投保人应当自收到通知之日起 5 日内履行如实告知义务;投保人在上述期限内履行如实告知义务的,保险公司不得解除合同。

第十五条　保险公司解除机动车交通事故责任强制保险合同的,应当收回保险单和保险标志,并书面通知机动车管理部门。

第十六条　投保人不得解除机动车交通事故责任强制保险合同,但有下列情形之一的除外:

(一)被保险机动车被依法注销登记的;

(二)被保险机动车办理停驶的;

(三)被保险机动车经公安机关证实丢失的。

第十七条　机动车交通事故责任强制保险合同解除前,保险公司应当按照合同承担保险责任。

合同解除时,保险公司可以收取自保险责任开始之日起至合同解除之日止的保险费,剩余部分的保险费退还投保人。

第十八条　被保险机动车所有权转移的,应当办理机动车交通事故责任强制保险合同变更手续。

第十九条　机动车交通事故责任强制保险合同期满,投保人应当及时续保,并提供上一年度的保险单。

第二十条　机动车交通事故责任强制保险的保险期间为 1 年,但有下列情形之一的,投保人可以投保短期机动车交通事故责任强制保险:

(一)境外机动车临时入境的;

(二)机动车临时上道路行驶的;

（三）机动车距规定的报废期限不足1年的；

（四）国务院保险监督管理机构规定的其他情形。

第三章 赔　　偿

第二十一条 被保险机动车发生道路交通事故造成本车人员、被保险人以外的受害人人身伤亡、财产损失的，由保险公司依法在机动车交通事故责任强制保险责任限额范围内予以赔偿。

道路交通事故的损失是由受害人故意造成的，保险公司不予赔偿。

第二十二条 有下列情形之一的，保险公司在机动车交通事故责任强制保险责任限额范围内垫付抢救费用，并有权向致害人追偿：

（一）驾驶人未取得驾驶资格或者醉酒的；

（二）被保险机动车被盗抢期间肇事的；

（三）被保险人故意制造道路交通事故的。

有前款所列情形之一，发生道路交通事故的，造成受害人的财产损失，保险公司不承担赔偿责任。

第二十三条 机动车交通事故责任强制保险在全国范围内实行统一的责任限额。责任限额分为死亡伤残赔偿限额、医疗费用赔偿限额、财产损失赔偿限额以及被保险人在道路交通事故中无责任的赔偿限额。

机动车交通事故责任强制保险责任限额由国务院保险监督管理机构会同国务院公安部门、国务院卫生主管部门、国务院农业主管部门规定。

第二十四条 国家设立道路交通事故社会救助基金（以下简称救助基金）。有下列情形之一时，道路交通事故中受害人人身伤亡的丧葬费用、部分或者全部抢救费用，由救助基金先行垫付，救助基金管理机构有权向道路交通事故责任人追偿：

（一）抢救费用超过机动车交通事故责任强制保险责任限额的；

（二）肇事机动车未参加机动车交通事故责任强制保险的；

（三）机动车肇事后逃逸的。

第二十五条 救助基金的来源包括：

（一）按照机动车交通事故责任强制保险的保险费的一定比例提取的资金；

（二）对未按照规定投保机动车交通事故责任强制保险的机动车的所有人、管理人的罚款；

（三）救助基金管理机构依法向道路交通事故责任人追偿的资金；

（四）救助基金孳息；

（五）其他资金。

第二十六条　救助基金的具体管理办法，由国务院财政部门会同国务院保险监督管理机构、国务院公安部门、国务院卫生主管部门、国务院农业主管部门制定试行。

第二十七条　被保险机动车发生道路交通事故，被保险人或者受害人通知保险公司的，保险公司应当立即给予答复，告知被保险人或者受害人具体的赔偿程序等有关事项。

第二十八条　被保险机动车发生道路交通事故的，由被保险人向保险公司申请赔偿保险金。保险公司应当自收到赔偿申请之日起 1 日内，书面告知被保险人需要向保险公司提供的与赔偿有关的证明和资料。

第二十九条　保险公司应当自收到被保险人提供的证明和资料之日起 5 日内，对是否属于保险责任作出核定，并将结果通知被保险人；对不属于保险责任的，应当书面说明理由；对属于保险责任的，在与被保险人达成赔偿保险金的协议后 10 日内，赔偿保险金。

第三十条　被保险人与保险公司对赔偿有争议的，可以依法申请仲裁或者向人民法院提起诉讼。

第三十一条　保险公司可以向被保险人赔偿保险金，也可以直接向受害人赔偿保险金。但是，因抢救受伤人员需要保险公司支付或者垫付抢救费用的，保险公司在接到公安机关交通管理部门通知后，经核对应当及时向医疗机构支付或者垫付抢救费用。

因抢救受伤人员需要救助基金管理机构垫付抢救费用的，救助基金管理机构在接到公安机关交通管理部门通知后，经核对应当及时向医疗机构垫付抢救费用。

第三十二条　医疗机构应当参照国务院卫生主管部门组织制定的有关临床诊疗指南，抢救、治疗道路交通事故中的受伤人员。

第三十三条　保险公司赔偿保险金或者垫付抢救费用，救助基金管理机构垫付抢救费用，需要向有关部门、医疗机构核实有关情况的，有关部门、医疗机构应当予以配合。

第三十四条　保险公司、救助基金管理机构的工作人员对当事人的个人隐私应当保密。

第三十五条　道路交通事故损害赔偿项目和标准依照有关法律的规定执行。

第四章　罚　　则

第三十六条　保险公司以外的单位或者个人，非法从事机动车交通事故责任强制保险业务的，由国务院保险监督管理机构予以取缔；构成犯罪的，依法追究刑事责任;尚不构成犯罪的,由国务院保险监督管理机构没收违法所得,违法所得20万元以上的,并处违法所得1倍以上5倍以下罚款;没有违法所得或者违法所得不足20万元的,处20万元以上100万元以下罚款。

第三十七条 保险公司违反本条例规定,有下列行为之一的,由国务院保险监督管理机构责令改正,处5万元以上30万元以下罚款;情节严重的,可以限制业务范围、责令停止接受新业务或者吊销经营保险业务许可证:

(一)拒绝或者拖延承保机动车交通事故责任强制保险的;

(二)未按照统一的保险条款和基础保险费率从事机动车交通事故责任强制保险业务的;

(三)未将机动车交通事故责任强制保险业务和其他保险业务分开管理,单独核算的;

(四)强制投保人订立商业保险合同的;

(五)违反规定解除机动车交通事故责任强制保险合同的;

(六)拒不履行约定的赔偿保险金义务的;

(七)未按照规定及时支付或者垫付抢救费用的。

第三十八条 机动车所有人、管理人未按照规定投保机动车交通事故责任强制保险的,由公安机关交通管理部门扣留机动车,通知机动车所有人、管理人依照规定投保,处依照规定投保最低责任限额应缴纳的保险费的2倍罚款。

机动车所有人、管理人依照规定补办机动车交通事故责任强制保险的,应当及时退还机动车。

第三十九条 上道路行驶的机动车未放置保险标志的,公安机关交通管理部门应当扣留机动车,通知当事人提供保险标志或者补办相应手续,可以处警告或者20元以上200元以下罚款。

当事人提供保险标志或者补办相应手续的,应当及时退还机动车。

第四十条 伪造、变造或者使用伪造、变造的保险标志,或者使用其他机动车的保险标志,由公安机关交通管理部门予以收缴,扣留该机动车,处200元以上2000元以下罚款;构成犯罪的,依法追究刑事责任。

当事人提供相应的合法证明或者补办相应手续的,应当及时退还机动车。

第五章　附　　则

第四十一条 本条例下列用语的含义:

(一)投保人,是指与保险公司订立机动车交通事故责任强制保险合同,并按照合同负有支付保险费义务的机动车的所有人、管理人。

(二)被保险人,是指投保人及其允许的合法驾驶人。

（三）抢救费用，是指机动车发生道路交通事故导致人员受伤时，医疗机构参照国务院卫生主管部门组织制定的有关临床诊疗指南，对生命体征不平稳和虽然生命体征平稳但如果不采取处理措施会产生生命危险，或者导致残疾、器官功能障碍，或者导致病程明显延长的受伤人员，采取必要的处理措施所发生的医疗费用。

第四十二条　挂车不投保机动车交通事故责任强制保险。发生道路交通事故造成人身伤亡、财产损失的，由牵引车投保的保险公司在机动车交通事故责任强制保险责任限额范围内予以赔偿；不足的部分，由牵引车方和挂车方依照法律规定承担赔偿责任。

第四十三条　机动车在道路以外的地方通行时发生事故，造成人身伤亡、财产损失的赔偿，比照适用本条例。

第四十四条　中国人民解放军和中国人民武装警察部队在编机动车参加机动车交通事故责任强制保险的办法，由中国人民解放军和中国人民武装警察部队另行规定。

第四十五条　机动车所有人、管理人自本条例施行之日起3个月内投保机动车交通事故责任强制保险；本条例施行前已经投保商业性机动车第三者责任保险的，保险期满，应当投保机动车交通事故责任强制保险。

第四十六条　本条例自2006年7月1日起施行。

3.《农业保险承保理赔管理办法》（银保监规〔2022〕4号）

第一章　总　　则

第一条　为加强农业保险监管，进一步规范农业保险承保理赔管理，加快推动农业保险高质量发展，依据《中华人民共和国保险法》（以下简称《保险法》）、《农业保险条例》等有关法律法规，制定本办法。

第二条　本办法适用于种植业保险、养殖业保险和森林保险业务。

第三条　本办法所称保险机构，是指符合银保监会关于农业保险业务经营条件规定的财产保险公司及其分支机构。本办法所称协办机构，是指受保险机构委托，协助办理农业保险业务的财政、农业农村、林草、村民委员会、农村集体经济组织等基层机构。

第四条　保险机构开展农业保险承保理赔服务时，应当尊重农业生产规律，遵循依法合规、诚实信用、优质高效、创新发展原则，保护农业保险活动当事人合法权益。

第二章　承 保 管 理

第五条　农业保险可以由农民、农业生产经营组织自行投保，也可以由农业生产经营组织、村民委员会等单位组织农民投保。

第六条 保险机构在承保前应当以现场、线上等形式宣讲相关惠农政策、服务标准和监管要求等内容。由农业生产经营组织或村民委员会等单位组织农民投保的，可以组织投保人、被保险人召开宣传说明会，现场发放投保险种保险条款，重点讲解保险责任、责任免除、赔款处理等内容。

第七条 保险机构应当严格履行说明义务，在投保单、保险单上作出足以引起投保人注意的提示，并向投保人重点说明投保险种的保险责任、责任免除、合同双方权利义务、特别约定、理赔标准和方式等条款内容。

第八条 保险机构和组织投保的单位应当保障投保人、被保险人的知情权和自主权，不得欺骗、误导投保，不得以不正当手段强迫投保或限制投保。

保险机构及其工作人员不得向投保人、被保险人给予或承诺给予保险合同约定以外的保费回扣、赔付返还或者其他利益。

第九条 保险机构应当准确完整记录投保信息。业务系统中投保信息必录项应当至少包括：

（一）客户信息。投保人、被保险人姓名或者组织名称、身份证号码或统一社会信用代码、联系方式、联系地址等。存在特殊情形的，可由投保人、被保险人授权直系亲属代为办理，但需留存直系亲属的身份证号码、联系方式等，同时注明其与投保人、被保险人的关系。

（二）保险标的信息。种植业保险标的数量、品种、地块或村组位置，养殖业保险标的数量、品种、地点位置、标识或有关信息，森林保险标的数量、属性、地点位置等。

（三）其他信息。投保险种、保费金额、保险费率、自缴保费、保险金额、保险期间等。

保险机构应当加强科技应用，可以采用生物识别等技术手段，对标的进行标识并记录，确保投保信息真实、准确、完整。

第十条 保险机构开展承保工作，应当真实、准确、完整记录投保信息，严禁虚假记录或编制投保信息。相关承保业务单证（包括分户投保清单）应当由投保人、被保险人签名或盖章确认。存在特殊情形的，可由投保人、被保险人授权直系亲属代为办理，保险机构应当留存同等法律效力的证明资料。

对于农业生产经营组织或村民委员会等单位组织投保的业务，还应由投保组织者核对并盖章确认。

保险机构可以采取投保人、被保险人电子签名等可验证方式确认投保清单。保险机构工作人员、协办人员不得篡改承保信息。

第十一条　保险机构应当对保险标的真实性、准确性、权属和风险等情况进行查验，并妥善保存相关证明资料。对保险标的不具有保险利益的个人或单位，保险机构不得将其确定为被保险人。

第十二条　保险机构应当根据保险标的特征和分布等情况，采用全检或比例抽查方式查验标的，核查保险标的位置、数量、权属和风险等情况。保险机构可以从当地财政、农业农村、林草等部门或相关机构取得保险标的有关信息，辅助核查投保信息的真实性。

承保种植业保险，还应当查验被保险人土地承包经营权证书或土地承包经营租赁合同；被保险人确实无法提供的，应由管理部门或组织出具证明资料。

承保养殖业保险，还应当查验保险标的存栏数量、防灾防疫、标识标志等情况；被保险人为规模养殖场的，还应当查验经营许可证明等资料。

承保森林保险，还应当查验被保险人山林权属证明或山林承包经营租赁合同；被保险人确实无法提供的，应当由管理部门或组织出具证明资料。

第十三条　保险机构应当对标的查验情况进行拍摄，并确保影像资料清晰、完整、未经任何修改。查验影像应能反映查验人员、查验日期、承保标的特征和规模等。养殖业如有特殊情形，经被保险人与保险人双方同意，可由被保险人提供相关影像和证明资料。

保险机构应当将影像资料上传至业务系统作为核保的必要档案。保险机构可以采用无人机、遥感等远程科技手段查验标的。

第十四条　对于组织投保的业务，在订立农业保险合同时，保险机构应当制作分户投保清单，列明被保险人的相关投保信息。

在依法保护个人信息的前提下，保险机构应当对分户投保清单进行不少于3天的承保公示。承保公示方式包括：在村级或农业生产经营组织公共区域张贴公告；通过政府公共网站、行业信息平台发布；经被保险人同意的其他线上公示方式。

公示期间，投保人、被保险人对公示信息提出异议的，保险机构应当及时核查、据实调整，并将核查情况及时反馈相关投保人、被保险人。

第十五条　保险机构应当集中核保，原则上由总公司或省级分公司集中核保，特殊情形可临时授权中心支公司进行核保。保险机构应当合理设置核保权限，明确核保人员职责与权限，实行核保授权分级管理制度。

保险机构应当对投保单、分户投保清单、验标影像、承保公示资料等承保要件以及保险金额、保险费率、保险期间等承保条件进行认真审核，重点审核承保信息的真实性、准确性、完整性。不符合规定要求或缺少相关内容的，不得审核通过。

第十六条　保险机构应当在确认收到农民或农业生产经营组织应缴保费后，

出具保险单。保险单或保险凭证应当及时发放到户。

第十七条 保险机构应当加强批改管理,合理设置保单批改权限,由总公司或省级分公司集中审批。保险机构应当在业务信息系统中真实、准确、完整记录批改说明及证明资料。

涉及投保人、被保险人个人信息和承保重要信息变动的,应当由投保人、被保险人签名或盖章确认。

第三章 理赔管理

第十八条 保险机构应当以保障被保险人合法权益为出发点,遵循"主动、迅速、科学、合理"原则,做好理赔工作。保险机构应当重合同、守信用,不得平均赔付、协议赔付。

第十九条 保险机构应当加强接报案管理,保持报案渠道畅通,24 小时接受报案。

接报案应当由总公司或省级分公司集中受理,报案信息应当及时准确录入业务系统。对于省级以下分支机构或经办人员直接收到的报案,应当引导或协助报案人报案。对于未能及时报案的案件,应当在业务系统中记录延迟报案的具体原因和情况说明。

第二十条 保险机构应当建立农业保险查勘制度,查勘应当真实客观反映标的损失情况,查勘过程应当完整、规范。

第二十一条 接到报案后,保险机构应当在 24 小时内进行查勘,因客观原因难以及时查勘的,应当与报案人联系并说明原因。

发生种植业、森林灾害,保险机构可以依照相关农业、林业技术规范,抽取样本测定保险标的损失程度。对于情况复杂、难度较高的,可以委托农业、林业等领域有资质的第三方专业机构协助开展查勘定损。保险机构可以采用无人机、遥感等远程科技手段开展查勘定损工作。

发生养殖业灾害,保险机构应当及时查勘。有标识信息的,应当将标识信息录入业务系统,保险机构业务系统应当具备标识唯一性的审核、校验和出险注销等功能。政府对承保标的有无害化处理要求的,保险机构应当将无害化处理作为理赔的前提条件;对于不能确认无害化处理的,不予赔偿。

第二十二条 保险机构应当对损失情况进行拍摄,并确保影像资料清晰、完整、未经任何修改。查勘影像应当体现查勘人员、拍摄位置、拍摄日期、受损标的特征和规模、损失原因和程度、标识或有关信息等。养殖业如有特殊情形,经被保险人与保险人双方同意,可由被保险人提供相关影像及证明资料。

保险机构应当将影像资料上传业务系统作为核赔的必要档案。

第二十三条 保险机构应当如实撰写查勘报告,并保存查勘原始记录等单证资料,严禁编纂虚假查勘资料和报告。查勘单证应当对标的受损情况、事故原因以及是否属于保险责任等提出意见,并由查勘人员和被保险人签名确认。存在特殊情形的,可由被保险人授权直系亲属代为办理,保险机构应当留存具有同等法律效力的证明资料。

第二十四条 保险机构应当加强立案管理。对属于保险责任的案件,保险机构应当及时立案。对报案后超过 10 日未立案的,业务系统应当强制自动立案。

第二十五条 保险机构应当及时核定损失。

种植业保险、森林保险发生全部损失的,应当在接到报案后 10 日内完成损失核定;发生部分损失的,应当在接到报案后 20 日内完成损失核定。养殖业保险应当在接到报案后 3 日内完成损失核定。

发生重大灾害、大范围疫情以及存在其他特殊情形的,保险机构可以按照合同约定,适当延长损失核定时间,并向被保险人做好解释说明工作。

第二十六条 保险机构应当加强定损管理,依据定损标准和规范科学定损,定损结果应当确定到户。保险机构应当对定损结果进行抽查,并在公司相关内控制度中明确抽查比例。

第二十七条 保险机构应当加强案件拒赔管理。对于不属于保险责任的,应当在核定之日起 3 日内向被保险人发出拒赔通知书,并说明理由。拒赔材料应当上传业务系统进行管理。

第二十八条 查勘定损过程中,应当由被保险人提供的有关证明资料不齐全或不符合要求的,保险机构应当一次性告知被保险人提供;保险机构能够直接取得的气象灾害证明等有关证明资料,不得要求被保险人提供。

法律法规对受损保险标的处理有规定的,保险机构理赔时应当取得受损保险标的已依法处理的证据或证明资料。

除保险合同另有约定外,保险机构不得主张对受损保险标的残余价值的权利。

第二十九条 对于组织投保的业务,在依法保护个人信息的前提下,保险机构应当对分户定损结果进行不少于 3 天的理赔公示。理赔公示方式包括:在村级或农业生产经营组织公共区域张贴公告;通过政府公共网站、行业信息平台发布;经被保险人同意的其他线上公示方式。

公示期间,投保人、被保险人对公示信息提出异议的,保险机构应当及时核查,据实调整,并将核查情况及时反馈相关投保人、被保险人。

第三十条 保险机构应当根据公示反馈结果制作分户理赔清单,列明被保险人姓名、身份证号、银行账号、赔付险种和赔款金额，由被保险人签名或盖章确认。存在特殊情形的，可由被保险人授权直系亲属代为办理，保险机构应当留存具有同等法律效力的证明资料。

保险机构可以制作电子理赔清单，并采取被保险人电子签名等可验证方式确认理赔清单。保险机构工作人员、协办人员不得篡改理赔信息。

第三十一条 保险机构应当集中核赔，原则上由总公司或省级分公司集中核赔，特殊情形可临时授权中心支公司进行核赔。保险机构应当合理设置核赔权限，明确核赔人员职责与权限，实行核赔授权分级管理制度，明确小额案件标准，建立快速核赔机制。

保险机构应当对查勘报告、损失清单、查勘影像、公示资料等理赔要件进行严格审核，重点核实赔案的真实性和定损结果的科学性、合理性。

第三十二条 保险机构应当在与被保险人达成赔偿协议后10日内，将赔款支付给被保险人。农业保险合同对赔款支付的期限有约定的，保险机构应当按照约定履行赔付义务。

农业保险赔款原则上应当通过转账方式支付被保险人。保险机构应当留存支付证明，并将理赔信息及时告知被保险人。财务支付的收款人名称应当与被保险人一致。

第三十三条 保险机构自收到被保险人赔偿请求和有关证明资料之日起60日内，如不能确定赔款金额，应当依据已有证明和资料，对可以确定的金额先予支付。最终确定赔偿金额并达成赔偿协议后，应当支付相应的差额。

第三十四条 任何单位和个人不得非法干预保险机构履行赔偿保险金的义务，不得限制被保险人取得保险金的权利。

第四章 协办管理

第三十五条 保险机构应当加强服务能力建设，建立符合农业保险高质量发展需要的基层服务网络体系。保险机构可以委托财政、农业农村、林草、村民委员会、农村集体经济组织等基层机构，协助办理农业保险业务。

第三十六条 保险机构委托协助办理农业保险业务的，应当按照公平、自主自愿的原则，与协办机构签订书面合同，明确双方权利义务，并由协办机构指派协办人员协助办理农业保险业务。省级保险机构应当在每年一季度末将确定的协办机构及协办人员名单报所在地银保监局备案。

第三十七条 协办业务双方应当按照公平公正原则，合理确定协办费用，并建立协办费用激励约束机制。保险机构应当加强协办费用管理，确保协办费用仅用于协助办理农业保险业务，不得挪作他用。协办费用应当通过转账方式支付，并以取得的合法票据为依据入账。

除协办费用外，保险机构不得给予或承诺给予协办机构、协办人员合同约定以外的回扣或其他利益。

第三十八条 保险机构应当明确自身职责，加强协办业务管理，确保运作规范；应当制定协办业务内部管理制度，将协办业务合规性列为公司内控管理重点，发现问题及时处理。

第三十九条 保险机构应当定期对协办人员开展培训，培训内容包括国家政策、监管制度、承保理赔流程、职责义务等。

第五章 内控管理

第四十条 保险机构应当根据法律法规和监管规定，建立完善农业保险业务管理、客户回访、投诉管理、内部稽核、信息管理、档案管理等内控管理制度。

第四十一条 保险机构应当如实记录农业保险业务和财务情况，保证业务和财务数据真实、准确、完整。对外部数据信息应当进行必要的查验审核，对存在问题的数据信息应当及时向有关部门报告。禁止通过虚假承保、虚假理赔、虚列费用等方式骗取农业保险保费补贴。

第四十二条 保险机构应当将农业保险纳入公司稽核制度中，并依据《农业保险条例》、监管规定以及公司内控制度，每年对农业保险业务进行审计核查。

第四十三条 保险机构应当加强防灾减损管理，据实列支防灾减损费用，依法合规做好防灾减损工作。保险机构应当强化与农业防灾减损体系的协同，提高农业抵御风险的能力。

第四十四条 保险机构应当建立完善承保理赔客户回访管理制度，包括但不限于回访方式、回访频率、回访比例、回访记录格式、回访档案管理等内容。

第四十五条 保险机构应当建立投诉处理制度。对于农业保险相关投诉事项，保险机构应当及时受理、认真调查，在规定时限内作出答复。

第四十六条 保险机构应当按照法律法规和监管规定建立农业保险档案管理制度。承保档案应当至少包括投保单、保险单、查验影像、公示证明、保费缴纳证明等资料。理赔档案应当至少包括出险通知书或索赔申请书、查勘报告、查勘影像、公示证明、赔款支付证明等资料。公示证明应当能够反映公示日期、方式和内容。上述资料应当及时归档、集中管理、妥善保管。保险机构按照有关规定可以采取信息化方式保存档案。

第四十七条 保险机构应当加强信息管理系统建设，实现农业保险全流程系统管理，承保、理赔、再保险和财务系统应当无缝对接，信息管理系统应当能够实时监控承保理赔情况，具备数据管理、统计分析、稽核等功能。

第四十八条 保险机构应当严格按照法律法规和监管规定做好农业保险信息数据安全保护工作，确保信息系统安全和数据安全。对于开展业务中知悉的个人隐私、个人信息等数据，保险机构应当依法予以保密，不得泄露或者非法提供。

第四十九条 保险机构应当加强服务能力建设，建立分支机构服务能力标准，完善基层服务网络，提高业务人员素质，确保服务能力和业务规模相匹配。

第五十条 保险机构应当加大科技投入，采取线上化、信息化手段提升承保理赔服务能力和效率，推动科技赋能，更好满足被保险人农业风险保障需求。

第五十一条 保险机构应当按照有关规定，建立和完善农业保险大灾风险分散机制。

第六章 监督管理

第五十二条 保险机构在经营农业保险业务过程中，违反《保险法》《农业保险条例》等有关规定的，银保监会及其派出机构可以依法实施行政处罚。

第五十三条 保险机构在经营农业保险业务过程中，违反本办法相关规定的，银保监会及其派出机构可依法采取监管措施。

第五十四条 银保监会及其派出机构应当将保险机构执行本办法规定的有关情况，纳入农业保险业务经营条件考评管理。违反本办法相关规定的，银保监会及其派出机构应当按照有关规定对其是否符合农业保险业务经营条件进行认定。

第七章 附 则

第五十五条 经银保监会批准依法设立的农业相互保险组织，参照本办法执行。

第五十六条 农业指数保险、涉农保险及创新型农业保险业务参照适用本办法有关规定。

第五十七条 本办法由银保监会负责解释。

第五十八条 本办法自2022年4月1日起施行。

4.《中国银保监会办公厅关于进一步明确农业保险业务经营条件的通知》(银保监办发〔2020〕51号)

为深入贯彻中央全面深化改革委员会关于加快农业保险高质量发展的总体部署，落实好农业保险领域“放管服”改革要求，进一步深化农业保险供给侧结构性改革，建立健全农业保险业务经营条件管理机制，现将有关事项通知如下：

一、根据《保险法》《农业保险条例》等规定，符合相关法律法规和本通知要求的保险机构，可经营农业保险业务。

二、如无特别说明，本通知所称保险机构，是指财产保险总公司及其分支机构。

本通知所称保险公司省级分公司是指财产保险公司省分公司、计划单列市分公司。

三、农业保险坚持适度竞争原则。鼓励保险机构在西部地区、深度贫困地区和农业保险经营机构相对较少地区经营农业保险业务。鼓励保险机构加大投入力度,优化机构布局,完善农业保险基层服务网络。

四、保险公司总公司经营农业保险业务,应当具备以下条件:

(一)符合《保险法》《农业保险条例》等法律法规规定。

(二)公司业务范围包含农业保险。

(三)公司治理和内控管理良好,近3年内未因农业保险业务受到重大行政处罚。

(四)有经股东会或董事会批准的农业保险发展规划,包括经营策略、组织架构和风控体系等。

(五)有专门的农业保险管理部门,并配备8名以上农业、保险等相关专业人员,具有较强的农业保险经营和风险管理能力。

(六)具备相对独立、完善的农业保险信息管理系统,与设立在中国银行保险信息技术管理有限公司的全国农业保险信息管理平台实现数据对接,能完整、及时、准确报送农业保险数据信息。

(七)有稳健的农业再保险、大灾风险安排以及风险应对预案。

(八)上一年度末及最近两个季度末综合偿付能力充足率180%以上;其中专业性农业保险公司上一年度末及最近两个季度末综合偿付能力充足率150%以上。

(九)农业保险业务与其他业务分开管理,单独核算损益。

(十)中国银保监会规定的其他条件。

五、保险公司省级分公司经营农业保险业务,应当具备以下条件:

(一)符合《保险法》《农业保险条例》等法律法规规定。

(二)总公司符合本通知第四条规定的农业保险业务经营条件。

(三)总公司批准同意开展农业保险业务。

(四)具备完善的农业保险管理制度体系,内控管理良好,近3年内未因农业保险业务受到重大行政处罚。

(五)有专门的农业保险管理部门,并配备5名以上农业、保险等相关专业人员,具有较强的核保核赔和风险管理能力。

(六)在经营农业保险业务的县级区域内设有分支机构,分支机构的信息系统、查勘设备和交通工具等办公条件能够满足业务管理和农业保险服务的要求，并建立与业务规模相适应的农业保险基层服务网络。

（七）在经营农业保险业务的县级分支机构应配备农业保险专职人员，专职人员的数量应当能满足当地农业保险业务管理和服务的需要。

六、保险公司总公司所在地的省级分公司符合下列条件的，可向所在地银保监局提出豁免适用本通知第五条第（二）项规定的申请，所在地银保监局在统筹考虑相关情况的基础上按程序予以豁免：

（一）拟开展的农业保险业务符合国家精准扶贫、乡村振兴等战略。

（二）总公司上一年度末和最近两个季度末综合偿付能力充足率100%以上。

（三）符合本通知第五条除第（二）项外的其他条件。

所在地银保监局豁免的省级分公司家数不得超过1家。

七、不具备农业保险业务经营条件的省级分公司不得以共保的形式参与当地农业保险经营。

农业保险共保体要加强自身管理，明确各方权利义务，强化风险管控，鼓励适度竞争和创新，提升服务能力和水平。

八、保险机构不符合条件经营农业保险业务的，由银保监会或其派出机构责令限期改正，停止接受新业务；逾期不改正或者造成严重后果的，处10万元以上50万元以下的罚款，可以责令停业整顿或者吊销经营保险业务许可证。

九、保险公司总公司因自身原因主动退出农业保险经营的，应当向银保监会报告。

保险公司省级分公司因自身原因主动退出农业保险经营的，应当向所在地银保监局报告。

十、保险公司总公司退出农业保险经营的，其所有省级分公司自动退出农业保险经营。

十一、保险机构退出农业保险经营的，要严格按照规定处理未了责任，做好交接工作，妥善做好后续事宜。

保险机构退出后，未妥善做好后续事宜造成严重影响的，银保监会或其派出机构将依法依规采取监管措施。

十二、保险机构存在本通知第九条规定的情形满三年的，如需重新经营农业保险业务，仍应符合本通知规定的条件。

十三、银保监会适时对保险公司总公司农业保险业务经营管理等情况进行综合考评；银保监局适时对保险公司省级分公司农业保险业务经营管理情况进行综合考评。

十四、各银保监局应根据本通知要求，结合当地实际，细化制定辖区内的农业保险业务经营条件管理规定。

各银保监局应将管理规定和符合辖区内农业保险业务经营条件的保险机构目录，自公布之日起十个工作日内报送银保监会。保险机构退出农业保险经营的，各银保监局应在十个工作日内向银保监会报告。

十五、本通知下发前已获得农业保险业务经营资格或开展农业保险共保业务的保险机构，如不符合本通知要求，应在本通知施行后两年内达到本通知要求。届时仍未符合条件的，不得继续经营农业保险业务。

十六、本通知所称农业保险业务，包括有政策支持的农业保险业务和商业性农业保险业务。保险机构经营有政策支持的涉农保险，参照适用本通知规定。

十七、本通知所称重大行政处罚，是指保险机构或公司董事、监事和高级管理人员因农业保险（含涉农保险）业务受到下列行政处罚：限制业务范围、责令停止接受新业务、责令停业整顿、吊销业务许可证、公司高管被撤销任职资格或者行业禁入处罚。

十八、依法设立的其他保险组织经营农业保险业务，参照适用本通知规定。

十九、本通知由银保监会负责解释。

典型案例

1. 安盛天平财产保险股份有限公司及部分分支机构网销拒绝单独承保交强险案（中国保险监督管理委员会行政处罚决定书〔2017〕31、34、35号）

【案情】安盛天平财产保险股份有限公司（以下简称安盛天平）浙江分公司存在网销拒绝单独承保交强险的违法行为。安盛天平浙江分公司杭州营业部在核心业务系统中设置不能单独承保交强险，若消费者增加选择投保商业车险后，即可提交投保需求，进入订单确认环节。安盛天平安徽分公司、安盛天平总公司也存在前述情形。

【认定】中国保监会认为，上述拒绝单独承保交强险的行为，违反了《机动车交通事故责任强制保险条例》第十条规定，根据《机动车交通事故责任强制保险条例》第三十八条，决定分别对安盛天平浙江分公司、安盛天平安徽分公司、安盛天平总公司予以罚款5万元。

2. 中国人民财产保险股份有限公司及部分分支机构拒绝单独承保交强险案（中国保险监督管理委员会行政处罚决定书〔2017〕1、3、4、5、6、7、8、9、10、11号）

【案情】2009年至今，人保财险部分分公司向总公司报送辖区内车险网销承保政策,存在网销拒绝单独承保交强险的违法行为。如自2009年开始,人保财险宁波市分公司向总公司报送辖区内车险网销承保政策,规定辖内网销不得单独承保交强险。

部分分支机构提出申辩认为,网销渠道拒绝单独承保交强险不完全等同于公司拒保交强险,公司在网站页面设计了引导投保人通过其他渠道办理交强险的提示,并未造成客户不能单独投保交强险的后果,分公司迅速整改,已实现网销渠道可以单独承保交强险,请求免于处罚。

【认定】中国保监会经复核认为,网销渠道是公司对外销售渠道之一,拒绝单独承保交强险已经限制了消费者通过网络渠道投保交强险的权利,损害了消费者的合法利益,不符合《机动车交通事故责任强制保险条例》的规定。此外,公司违法行为存在时间较长,检查发现后整改也无法消除之前违法行为带来的后果,违法事实清楚、证据确凿,依法应予处罚。综上,人保财险总公司及其部分分支机构拒绝单独承保交强险的行为,违反了《机动车交通事故责任强制保险条例》第十条规定。根据《机动车交通事故责任强制保险条例》第三十八条规定分别给予人保财险江西省分公司、上海市分公司、宁夏分公司、安徽省分公司、广东省分公司、江苏省分公司、湖南省分公司、杭州市分公司、宁波市分公司罚款5万元,给予人保财险总公司罚款20万元。

3. 紫金财产保险股份有限公司及其分支机构违反农业保险条例案(中国保险监督管理委员会行政处罚决定书〔2016〕8、15、28号)

【案情】编制虚假资料行为。2013年紫金财产保险股份有限公司(以下简称紫金财险)承保某农场集团有限公司的制种稻业务,存在承保面积和实际种植面积不一致的情况。保单承保面积为21,929亩,实际种植面积为17,453.16亩,差额为4475.84亩,涉及保费35.81万元。紫金财险宿迁中心支公司的种植险业务存在虚构和虚增保险标的问题,涉及亩数3.86万亩,涉及保费收入84.76万元(公司收到的保费为42.38万元)。上述业务均直接由紫金财险核保通过。

未严格执行经备案的条款费率行为。(1)宿迁中心支公司能繁母猪保险业务未足额赔付,涉及赔案55笔,未足额赔付金额5.6万元。上述业务直接由紫金财险核赔通过。(2)紫金财险直接经办的农险业务未按经备案保险条款费率进行承保理赔,涉及保费560.8万元,赔款46.82万元。一是使用含短期费率的旧版蔬菜大棚保险条款费率承保相关业务,涉及保费收入560.8万元(公司收到的保费为280.4万元)。二是不严格依据条款规定理算赔款。将灌浆期小麦的每亩赔偿标准按照成熟期小麦的赔偿标准进行赔偿,涉及赔款45.01万元(公司份额内赔款22.51万元)。三是不正确使用折旧、免赔和损失率。2013年,因上述原因造成的赔款偏差合计1.81万元。

时任紫金财险农险部产品经理谢某惠对上述问题负有直接责任，时任紫金财险农险部总经理助理（主持工作）王某对上述问题负有直接责任。

紫金财产保险股份有限公司宿迁中心支公司除存在前述种植险业务存在虚构和虚增保险标的、未严格执行经备案的条款费率（未足额赔付金额占应赔付金额比重为30.28%）问题外，时任紫金财险宿迁中支副总经理兼农险部经理章某华对上述行为负有直接责任，时任紫金财险宿迁中支总经理吴某对上述行为负有直接责任；还存在虚列农险业务费用，涉及金额56.78万元。时任紫金财险宿迁中支财务部经理赵某艳对上述行为负有直接责任。

【认定】中国保监会经复核认为，上述编制虚假资料、未严格执行经备案条款费率的行为，均违反了《农业保险条例》的规定。根据《农业保险条例》第二十七条，决定对紫金财险、紫金财险宿迁中支分别予以相应罚款；根据《农业保险条例》第二十九条，决定对直接责任人员予以警告，并处以相应罚款。

4. 中国人民财产保险股份有限公司仪征支公司、江都支公司未单独核算农险损益案（中国保险监督管理委员会行政处罚决定书〔2016〕17、29号）

【案情】2014年，人保财险仪征支公司在农业保险业务管理费下列支非农险费用，共计19.89万元。时任人保财险仪征支公司经理吴某对上述问题负有直接责任。同年，人保财险江都支公司在农业保险业务管理费下列支非农险业务费用，共计16.42万元。时任人保财险江都支公司经理史某祖对上述问题负有直接责任。

【认定】中国保监会认为，上述未按要求单独核算农险损益的行为，违反了《农业保险条例》第十八条的规定。根据《农业保险条例》第二十八条，决定分别对人保财险仪征支公司、人保财险江都支公司罚款5万元；根据《农业保险条例》第二十九条，决定分别对直接责任人员吴某、史某祖警告，并罚款1万元。

5. 中华联合财产保险股份有限公司辽宁分公司、锦州中心支公司农业保险虚假承保、理赔案（中国保险监督管理委员会行政处罚决定书〔2016〕18、19号）

【案情】2014年，中华联合财产保险股份有限公司（以下简称中华财险）锦州中心支公司部分种植险业务存在冒用农户名义虚假承保，并通过虚假理赔返还代垫农户自缴保费及垫付资金利息的问题，涉及虚假保费993.25万元，虚假赔款238.17万元。中华财险辽宁分公司在对中华财险锦州中心支公司农险业务进行核保核赔时，未严格履行审核职责，导致上述承保理赔数据不真实问题发生。时任中华财险辽宁分公司分管农险业务的副总经理杨某全、时任中华财险辽宁分公司农业保险部总经理司高某和时任中华财险辽宁分公司农业保险部分管理赔的总经理助理王某军对上述行为负有直接责任。时任中华财险锦州中支分管农业保险的副总经理秦某生、时任中华财险锦州中支三农业务拓展部经理李某江和时任中华财险锦州中支三农业务拓展部经理于某对上述行为负有直接责任。

【认定】中国保监会认为,中华财险辽宁分公司、锦州中心支公司存在编制虚假资料的违法违规行为。根据《农业保险条例》第二十七条的规定,决定对中华财险辽宁分公司、锦州中心支公司罚款30万元、40万元。根据《农业保险条例》第二十九条的规定,决定对直接责任人员给予警告,并处以相应罚款。

6. 中国人民财产保险股份有限公司五台支公司农业保险编制虚假资料理赔案(中国保险监督管理委员会行政处罚决定书〔2016〕14号)

【案情】2014年,人保财险五台支公司将部分农业保险赔款转入村委会等指定的一个或少数几个个人银行账户,未实现转账直赔到户,存在部分实际领取赔款的农户不在承保清单中以及赔款未全部发放到户的问题,涉及赔款金额13.82万元。时任人保财险五台支公司经理郑某喜对上述行为负有直接责任。

【认定】中国保监会认为,人保财险五台支公司存在编制虚假资料的违法违规行为,根据《农业保险条例》第二十七条的规定,决定对人保财险五台支公司罚款10万元;根据《农业保险条例》第二十九条的规定,决定对直接责任人员郑某喜警告,并罚款2万元。

权威解读

农业保险是以生长期和收获期的农作物、经济作物、畜禽和水产养殖动物为保险标的,在保险标的遭受自然灾害或意外事故损害时,由保险人承担赔偿责任的保险。农业保险的业务分散,承保的危险复杂,多数危险属于巨灾,经营成本和赔付率很高,难以按照商业保险的一般规则经营。世界各国多以专门立法来确立农业保险的政策制度框架。[①] 我国2012年国务院第222次常务会议通过《农业保险条例》,自2013年3月1日起施行。

商业保险合同的订立应当遵循自愿原则,但对于危险范围广、对社会公众利益影响较大的个别险种,不少国家基于社会公共利益确立了强制保险制度。我国已有多部法律、行政法规含有强制保险的相关规定,目前最主要的是机动车交通事故责任强制保险。《机动车交通事故责任强制保险条例》对投保人投保和保险

---

① 参见吴定富主编:《中华人民共和国保险法释义》,中国财政经济出版社2009年版,第369页。

人承保都作出强制性规定，规定保险公司不得拒绝承保、保险公司办理强制保险以不盈利或微利为原则、保险合同不得随意解除、多部门联合监管并实行分项责任限额法定等内容。

第三篇　民事责任篇

《保险法》第一条　【保险活动当事人的合法权益保护】

第一条　为了规范保险活动，保护保险活动当事人的合法权益，加强对保险业的监督管理，维护社会经济秩序和社会公共利益，促进保险事业的健康发展，制定本法。

相关规定

1.《保险法》

第五条　保险活动当事人行使权利、履行义务应当遵循诚实信用原则。

2.《消费者权益保护法》

第五十五条　经营者提供商品或者服务有欺诈行为的，应当按照消费者的要求增加赔偿其受到的损失，增加赔偿的金额为消费者购买商品的价款或者接受服务的费用的三倍；增加赔偿的金额不足五百元的，为五百元。法律另有规定的，依照其规定。

经营者明知商品或者服务存在缺陷，仍然向消费者提供，造成消费者或者其他受害人死亡或者健康严重损害的，受害人有权要求经营者依照本法第四十九条、第五十一条等法律规定赔偿损失，并有权要求所受损失二倍以下的惩罚性赔偿。

3.《全国法院民商事审判工作会议纪要》(法〔2019〕254 号)

五、关于金融消费者权益保护纠纷案件的审理

会议认为，在审理金融产品发行人、销售者以及金融服务提供者(以下简称卖方机构)与金融消费者之间因销售各类高风险等级金融产品和为金融消费者参与高风险等级投资活动提供服务而引发的民商事案件中，必须坚持“卖者尽责、买者自负”原则，将金融消费者是否充分了解相关金融产品、投资活动的性质及风险并在此基础上作出自主决定作为应当查明的案件基本事实，依法保护金融消费者的合法权益，规范卖方机构的经营行为，推动形成公开、公平、公正的市场环境和市场秩序。

72.【适当性义务】适当性义务是指卖方机构在向金融消费者推介、销售银行理财产品、保险投资产品、信托理财产品、券商集合理财计划、杠杆基金份额、期权及其他场外衍生品等高风险等级金融产品，以及为金融消费者参与融资融券、新三板、创业板、科创板、期货等高风险等级投资活动提供服务的过程中，必须履行的了解客户、了解产品、将适当的产品（或者服务）销售（或者提供）给适合的金融消费者等义务。卖方机构承担适当性义务的目的是为了确保金融消费者能够在充分了解相关金融产品、投资活动的性质及风险的基础上作出自主决定，并承受由此产生的收益和风险。在推介、销售高风险等级金融产品和提供高风险等级金融服务领域，适当性义务的履行是“卖者尽责”的主要内容，也是“买者自负”的前提和基础。

73.【法律适用规则】在确定卖方机构适当性义务的内容时，应当以合同法、证券法、证券投资基金法、信托法等法律规定的基本原则和国务院发布的规范性文件作为主要依据。相关部门在部门规章、规范性文件中对高风险等级金融产品的推介、销售，以及为金融消费者参与高风险等级投资活动提供服务作出的监管规定，与法律和国务院发布的规范性文件的规定不相抵触的，可以参照适用。

74.【责任主体】金融产品发行人、销售者未尽适当性义务，导致金融消费者在购买金融产品过程中遭受损失的，金融消费者既可以请求金融产品的发行人承担赔偿责任，也可以请求金融产品的销售者承担赔偿责任，还可以根据《民法总则》第 167 条的规定，请求金融产品的发行人、销售者共同承担连带赔偿责任。发行人、销售者请求人民法院明确各自的责任份额的，人民法院可以在判决发行人、销售者对金融消费者承担连带赔偿责任的同时，明确发行人、销售者在实际承担了赔偿责任后，有权向责任方追偿其应当承担的赔偿份额。

金融服务提供者未尽适当性义务，导致金融消费者在接受金融服务后参与高风险等级投资活动遭受损失的，金融消费者可以请求金融服务提供者承担赔偿责任。

75.【举证责任分配】在案件审理过程中，金融消费者应当对购买产品（或者接受服务）、遭受的损失等事实承担举证责任。卖方机构对其是否履行了适当性义务承担举证责任。卖方机构不能提供其已经建立了金融产品（或者服务）的风险评估及相应管理制度、对金融消费者的风险认知、风险偏好和风险承受能力进行了测试、向金融消费者告知产品（或者服务）的收益和主要风险因素等相关证据的，应当承担举证不能的法律后果。

76.【告知说明义务】告知说明义务的履行是金融消费者能够真正了解各类高风险等级金融产品或者高风险等级投资活动的投资风险和收益的关键，人民法院应当根据产品、投资活动的风险和金融消费者的实际情况，综合理性人能够理解的客观标准和金融消费者能够理解的主观标准来确定卖方机构是否已经履行了告知说明义务。卖方机构简单地以金融消费者手写了诸如“本人明确知悉可能存在本金损失风险”等内容主张其已经履行了告知说明义务，不能提供其他相关证据的，人民法院对其抗辩理由不予支持。

77.【损失赔偿数额】卖方机构未尽适当性义务导致金融消费者损失的，应当赔偿金融消费者所受的实际损失。实际损失为损失的本金和利息，利息按照中国人民银行发布的同期同类存款基准利率计算。

金融消费者因购买高风险等级金融产品或者为参与高风险投资活动接受服务，以卖方机构存在欺诈行为为由，主张卖方机构应当根据《消费者权益保护法》第55条的规定承担惩罚性赔偿责任的，人民法院不予支持。卖方机构的行为构成欺诈的，对金融消费者提出赔偿其支付金钱总额的利息损失请求，应当注意区分不同情况进行处理：

（1）金融产品的合同文本中载明了预期收益率、业绩比较基准或者类似约定的，可以将其作为计算利息损失的标准；

（2）合同文本以浮动区间的方式对预期收益率或者业绩比较基准等进行约定，金融消费者请求按照约定的上限作为利息损失计算标准的，人民法院依法予以支持；

（3）合同文本虽然没有关于预期收益率、业绩比较基准或者类似约定，但金融消费者能够提供证据证明产品发行的广告宣传资料中载明了预期收益率、业绩比较基准或者类似表述的，应当将宣传资料作为合同文本的组成部分；

（4）合同文本及广告宣传资料中未载明预期收益率、业绩比较基准或者类似表述的，按照全国银行间同业拆借中心公布的贷款市场报价利率计算。

78.【免责事由】因金融消费者故意提供虚假信息、拒绝听取卖方机构的建议等自身原因导致其购买产品或者接受服务不适当，卖方机构请求免除相应责任的，人民法院依法予以支持，但金融消费者能够证明该虚假信息的出具系卖方机构误导的除外。卖方机构能够举证证明根据金融消费者的既往投资经验、受教育程度等事实，适当性义务的违反并未影响金融消费者作出自主决定的，对其关于应当由金融消费者自负投资风险的抗辩理由，人民法院依法予以支持。

4.《中国保险监督管理委员会关于加强保险消费者权益保护工作的意见》(保监发〔2014〕89号)

保险消费者是保险业赖以生存发展的前提和根基。保护消费者合法权益是保险监管机构的核心职能,是保险行业的共同责任。为贯彻落实党的十八届四中全会精神和《国务院关于加快发展现代保险服务业的若干意见》(国发〔2014〕29号),推进依法监管、严格依法保护、倡导依法维权,进一步做好新形势下保险消费者权益保护工作,现提出以下意见。

一、总体要求

(一)指导思想。紧紧围绕"抓服务、严监管、防风险、促发展"的总体要求,以完善制度、健全机制为前提,以实施预防性保护、过程性保护为重点,以强化公司主体责任、实施透明度监管为核心,以加大查处力度、加强监督考核为手段,以注重消费者教育、推进行业诚信建设为基础,着力解决关系消费者切身利益的突出问题,着力提升消费者的保险知识水平和维权能力,切实保护消费者的合法权益。

(二)基本原则。一是坚持依法合理。依照法律规定保护消费者的合法权益,尊重保险合同当事人约定,在法律允许的范围内支持消费者的合理诉求。二是坚持公开透明。注重信息披露,加强透明度监管,及时、主动公开保险企业经营和政府监管中涉及消费者权益的相关情况,为消费者的选择提供充分信息。三是坚持协同推进。加强与政府有关部门、司法机关、消费者组织及新闻媒体的沟通协作,引导社会公众积极参与,共同保护消费者的合法权益。

(三)目标任务。到2020年,努力形成科学有效的消费者权益保护制度体系,建立起健全完善的消费者权益保护工作机制,搭建起多方参与、协同推进的消费者权益保护工作格局。保险服务质量和水平大幅提升,损害消费者合法权益的行为得到有效遏制。消费者满意度明显提高,消费者的维权意识和能力显著增强,保险行业形象和社会信誉切实改善。

二、强化保险公司主体责任

(四)树立客户第一的经营理念。保险公司要强化服务意识,适应客户需求开发多样化的保险产品,提供个性化、定制化、高品质的保险服务。践行保险行业核心价值理念,诚实守信经营,公平对待消费者。

(五)公平合理设定合同权利义务和厘定产品费率。保险公司要依法制定保险合同条款,不得违反法律法规的禁止性和强制性规定,确保保险合同双方权利义务公平合理;按照结构清晰简单、内容集中明确、利于查找阅读的原则编制保险合同条款,推进合同文本标准化,力求文字表述通俗化;保险合同条款被人民法院裁判认定为无效的,要主动向保险监管机构报告;完善保险产品定价模型,合理确定产品费率。

（六）规范销售行为。保险公司要根据产品特点和消费者风险承受能力建立区分销售制度，将合适的产品销售给有相应需求的消费者。不得利用广告或者其他宣传方式对保险条款内容和服务质量等做引人误解的宣传；不得在销售活动中阻碍消费者履行如实告知义务，或者诱导其不履行如实告知义务；不得伪造、擅自变更保险合同，或者为消费者提供虚假证明材料；不得夸大保险产品收益，隐瞒合同重要内容，提供虚假产品信息；禁止未经消费者书面授权或者追认而代替其签订保险合同以及其他违反法律、行政法规和保监会规定的行为。通过电话或者互联网销售保险产品，保留与双方权利义务相关的电话录音和网络销售痕迹。完善委托合同约定，规范与其有代理关系的保险中介机构的销售行为，并对保险中介机构的违规销售行为承担相应责任。

（七）及时公允理赔给付。保险公司要建立公正透明的理赔给付处理和争议解决程序，优化工作流程，简化理赔给付手续，及时、公道地开展理赔给付。对涉及免赔、拒赔和比例赔付等情况，向索赔人充分说明理由。建立完善小额赔款快速理赔机制，定期开展积压赔案清理工作，不得拖赔、惜赔和无理拒赔。

（八）提升保险服务质量和水平。保险公司要不断改进服务，创新服务模式，丰富服务内涵，加强服务网络建设。建立销售、承保、回访、保全和理赔给付等各环节的服务标准，制定服务承诺，并将服务标准和承诺公开，接受社会监督。接到消费者出险报案后，要指导其提出索赔申请，告知理赔给付程序、时限、索赔资料等，并及时提供有关理赔给付状态的信息。

（九）保障消费者信息安全。保险公司要建立消费者信息保护制度，确保信息的采集、使用和保存符合法律规定或者征得消费者同意，确保业务系统记录的消费者信息资料真实完整有效。完善信息技术保障手段，防止消费者信息泄露，不得利用非法获取的消费者信息开展经营活动和获取不当利益，不得篡改消费者信息资料。加强对互联网消费者信息使用的管理。建立电话号码屏蔽制度。

三、加强信息披露

（十）及时披露与消费者权益相关的产品和服务信息。保险公司要在官方网站显著位置公布保险产品条款和服务承诺信息，以清晰和通俗的语言向消费者说明保险产品和服务，重点突出保障范围、免责条款、预期收益等与消费者利益密切相关的内容，并对免责条款做出足以引起消费者注意的提示和明确说明。在保险合同存续期间，及时向消费者披露该产品相关的信息。

（十一）加强透明度监管。保监会有关部门、保监局要建立健全消费者权益保护方面的信息披露制度，监督保险公司及时披露与消费者权益相关的产品和服务信息。定期公布保险公司被投诉情况和损害消费者合法权益的典型案例，依法公布行政许可、行政处罚、重要监管措施和损害消费者合法权益行为的查处情况等监管信息。开展保险公司服务质量评价、消费者满意度和消费者信心指数测评，并将评价和测评结果向社会公布。每年组织编写并向社会发布《中国保险消费者权益保护白皮书》。

四、严厉查处损害消费者合法权益的行为

（十二）加大查处力度。保监会有关部门、保监局要加大执法力度，加强对重点领域和薄弱环节的专项检查，依法严肃查处各类损害消费者合法权益的行为。加强市场跟踪，开展对损害消费者合法权益行为的监测。

（十三）强化责任追究。保监会有关部门、保监局要建立健全对各类损害消费者合法权益行为的问责制度，强化保险公司管理人员的管控责任。保险公司要制定内部责任追究制度，除追究违法违规行为人直接责任外，还要追究对违法违规行为的发生负有责任的部门负责人、高级管理人员的间接责任；对造成重大群体性事件等严重后果的损害行为，同时追究行为人所在机构主要负责人的责任。

五、完善消费者维权机制

（十四）健全投诉处理机制。保监会有关部门、保监局要健全投诉事项办理、监督检查、考核和责任追究制度；督促保险公司认真处理保险消费投诉事项，不断提高投诉处理工作规范性和有效性；加大督办和考核力度，对保险公司投诉处理工作中损害消费者合法权益的行为及时采取监管措施，并监督其限期整改。保险公司要设置专门的投诉处理部门和岗位，配备必要的工作人员，建立投诉处理工作责任制；畅通投诉渠道，公布本公司客户服务和消费者投诉电话号码，在营业场所开辟投诉专区，张贴投诉办理须知，建立健全各级机构总经理接待日制度；规范投诉处理程序，严格处理时限，提高处理效率，及时解决消费者的合理诉求。

（十五）完善纠纷调处机制。保监会有关部门、保监局要积极指导推进保险纠纷调处机制建设，并监督其规范运作。地方保险行业协会要做好纠纷调解机构的建设和运行管理，完善制度，规范程序，保障经费，建立多元化、专业化的调解员队伍，保证调解机构具有独立性和中立性。保险公司要支持分支机构积极参与和融入当地纠纷调处体系，根据争议案件的性质、影响等情况适当调整核赔授予权限。

（十六）推进保险纠纷“诉调对接”、“仲调对接”机制建设。保监会有关部门、保监局和地方保险行业协会要建立包括调解、仲裁、诉讼等在内的保险消费纠纷多元化解决机制，提高纠纷调解工作的公信力和有效性。加强与司法机关、仲裁机构的沟通合作，在全国范围内广泛建立保险纠纷诉讼与调解、仲裁与调解对接机制。

六、提高消费者的保险知识水平和风险意识

（十七）有效开展消费者教育。保监会有关部门、保监局要充分利用“3·15国际消费者权益日”、“7·8全国保险公众宣传日”集中开展保险宣传教育活动，并持续推动保险知识“进学校、进农村、进社区、进机关、进企业”，形成全社会“学保险、懂保险、用保险”的氛围。保险行业协会要组织会员公司通过多种渠道和方式开展保险知识、风险意识和维权能力的宣传教育活动。保险公司要将消费者及公众教育纳入客户服务体系，在官方网站、地市级及以上机构的营业场所开辟消费者教育专区，并积极开拓新媒体平台开展保险宣传和普及保险知识。

（十八）加强消费风险提示。保监会有关部门、保监局和保险行业协会要建立健全保险消费风险监测和提示工作机制，定期向社会公众提示保险购买、理赔、投诉及争议解决等环节存在的风险及注意事项。保险公司、保险中介机构及保险销售人员在销售保险产品时要及时向消费者提示风险。

七、发挥相关部门和社会组织协同作用

（十九）构建消费者权益保护协同运作机制。保监会有关部门、保监局要建立完善与政府有关部门、司法机关以及保险行业协会、消费者组织等社会团体的协调联动机制，在保险消费者权益保护工作的信息互通、案件移交等方面加强合作。推动成立保险消费者权益保护社会组织，支持其开展保护保险消费者合法权益的活动。

（二十）发挥社会公众和新闻媒体的监督作用。保监会有关部门、保监局要重视发挥好社会监督员作用，充分吸收社会监督员的意见建议；支持并主动借助新闻媒体曝光损害消费者合法权益的行为及典型案件，发挥其监督作用。保险公司要主动加强与新闻媒体和社会公众的沟通联络，正确对待负面舆论报道，认真听取社会各界和消费者的意见，不断改进服务。

八、加强基础建设

（二十一）加强制度建设。保监会有关部门要推动完善以保险法为核心、以行政法规和部门规章为主体、以规范性文件为补充的法律制度体系，充实消费者权利规定，细化保险公司义务的履行要求，强化损害消费者合法权益行为的法律责任；定期开展法规制度有效性评估，做好制度废改立工作，不断完善相关制度。保险公司要建立健全维护消费者合法权益的各项制度，切实落实法律规定和监管要求。

（二十二）加强行业诚信和信用体系建设。保监会有关部门、保监局要按照国务院《社会信用体系建设规划纲要（2014－2020年）》的总体部署，深入推进保险业信用体系建设和诚信建设，建立保险公司、保险中介机构信用评价体系，充实完善信用记录，健全保险从业人员信用档案制度和失信惩戒机制，形成全行业诚实守信的良好氛围。保险行业协会要建立行业诚信记录查询平台，建立守信激励和失信惩戒制度，组织开展行业诚信服务窗口、服务标兵的评选表彰和宣传活动。保险公司要将诚信融入到企业文化之中，建立健全诚信约束制度，对守信者予以激励，对失信者进行惩戒。

（二十三）加强消费者权益保护工作信息化建设。保监会有关部门要加强保险监管机构投诉管理系统建设，实现其与各保险公司投诉系统的对接；健全12378维权热线服务网络，指导中国保险行业协会做好12378维权热线系统的运行维护工作；搭建保险业信用信息平台，实现与金融业统一征信平台互联互通。保险公司要充分发挥信息技术对服务消费者、维护消费者合法权益工作的支持作用，将信息技术运用到产品开发、销售、理赔给付、投诉处理各个环节，改进和完善信息披露平台，提高服务效率和改善消费者服务体验。

九、加强组织领导与考核监督

（二十四）加强组织领导。保监会有关部门要建立健全沟通协调、信息共享和协同处理机制，形成保护消费者合法权益的监管合力。保监局要建立消费者权益保护工作"一把手"负责制，健全工作机构，充实人员力量。保险行业协会要设立消费者事务工作机构，推进保险服务标准化，推动成员公司提升服务质量和水平，督促成员公司妥善处理与消费者的争议纠纷。保险公司各级机构要建立以总经理为第一责任人的维护消费者合法权益责任制，并设立由高级管理人员牵头、相关部门组成的消费者事务委员会，负责落实维护消费者合法权益的监管要求，研究制定维护消费者合法权益的制度措施，指导、协调和处理本单位及所属机构与消费者相关的各项事务。

（二十五）强化考核监督。保监会有关部门要加强对保监局、保险公司消费者权益保护工作的考核监督，并定期通报。保监局要建立健全对辖区保险机构和保险中介机构消费者权益保护工作的考核指标体系，督促辖区保险业切实维护消费者合法权益并定期组织考核。保险公司要将维护消费者合法权益情况、服务质量情况、投诉处理工作情况等纳入各级机构经营考核指标体系，并与相关人员的薪酬分配、职务晋升挂钩。

5.《银行保险机构消费者权益保护监管评价办法》（银保监发〔2021〕24号）

第一章　总　　则

第一条　为科学评价银行保险机构消费者权益保护工作质效，督促银行保险机构依法合规经营，切实维护银行业保险业消费者合法权益，依据《中华人民共和国银行业监督管理法》《中华人民共和国商业银行法》《中华人民共和国保险法》

等法律法规,制定本办法。

第二条 银行保险机构消费者权益保护监管评价(以下简称消保监管评价)是指中国银行保险监督管理委员会(以下简称银保监会)及其派出机构根据日常监管和其他相关信息,对银行保险机构消费者权益保护工作开展情况和整体状况作出综合评价的监管过程。

第三条 消保监管评价对象为在中华人民共和国境内依法设立的向消费者提供金融产品或服务的银行保险机构。

第四条 消保监管评价是银行业保险业行为监管的重要组成部分,应充分体现行为监管的特点和要求,兼顾机构体制机制建设和具体操作执行,将定性和定量评价有机结合,遵循依法依规、客观公正、科学规范、突出重点的原则。

第二章　评价要素和等级

第五条 消保监管评价要素包括"体制建设""机制与运行""操作与服务""教育宣传""纠纷化解"5项基本要素和"监督检查"1项调减要素。5项基本要素总权重为100%。

(一)体制建设。主要评价银行保险机构消费者权益保护工作相关公司治理和组织架构建设等情况。该要素权重为10%。

(二)机制与运行。主要评价银行保险机构消费者权益保护工作机制建设和运行情况,包括消费者权益保护审查、信息披露、个人信息保护、内部培训、内部考核、内部审计等。该要素权重为25%。

(三)操作与服务。主要评价银行保险机构日常经营和服务中对消费者权益保护有关要求的落实情况,包括但不限于营销宣传、适当性管理、销售行为管控、合作机构管理、服务质量与收费等。该要素权重为30%。

(四)教育宣传。主要评价银行保险机构消费者教育宣传总体安排、集中教育宣传活动、常态化消费者教育工作开展情况等。该要素权重为10%。

(五)纠纷化解。主要评价银行保险机构投诉管理、投诉数量以及纠纷多元化解机制落实情况。该要素权重为25%。

(六)监督检查。根据银行保险机构消费者权益保护现场检查、举报调查、投诉督查、复议诉讼情况以及日常舆情、重大负面事件和机构相关整改落实情况进行调减,幅度不超过总权重的25%。

第六条 消保监管评价各要素下设若干评价指标。银保监会根据行为监管特点,立足行业发展和消费者权益保护工作实际,对消保监管评价要素下设的具体评价指标进行动态调整。

第七条 消保监管评价计分包括:指标得分、要素得分和总体得分。

（一）指标得分。针对每一评价要素中的不同评价指标评分。在指标得分区间内，根据工作开展情况确定得分。

（二）要素得分。每一评价要素得分为该要素下不同评价指标得分之和。

（三）总体得分。评价总体得分为5项基本要素得分和1项调减要素得分加总之和。

第八条　消保监管评价总分值为100分，最小计分单位为0.1分。根据最终总体得分，消保监管评价结果分为四个等级。等级数字越大表示机构消费者权益保护工作存在的问题越多，需要越高程度的监管关注。

消保监管评价总体得分在90分（含）以上为一级；75分（含）至90分为二级，其中：85分（含）至90分为二级A，80分（含）至85分为二级B，75分（含）至80分为二级C；60分（含）至75分为三级，其中：70分（含）至75分为三级A，65分（含）至70分为三级B，60分（含）至65分为三级C；60分以下为四级。

第三章　职责分工和操作流程

第九条　消保监管评价周期为一年，评价期间为评价年度1月1日至当年12月31日。年度监管评价工作原则上应于评价期间结束后5个月内完成。

第十条　银保监会负责组织、督导全国银行业保险业消保监管评价工作，并对直接监管的银行保险法人机构开展评价。

第十一条　银保监会派出机构按照属地监管原则，负责对辖内银行保险法人机构和一级分支机构开展消保监管评价，并将一级分支机构的评价结果和同类机构排名报送相关法人监管机构消费者权益保护职能部门。

第十二条　消保监管评价流程包括：方案制定、机构自评、评价实施、档案归集。

第十三条　银保监会每年根据消费者权益保护监管工作重点、银行保险机构消费者权益保护工作开展情况等因素，制定年度消保监管评价方案，明确当年消保监管评价具体指标、评分细则和具体时间安排等内容。

年度消保监管评价方案原则上于评价年度结束前发布。

第十四条　机构自评。根据银保监会年度消保监管评价方案，银行保险机构就5项基本要素开展自评，全面客观评价本机构消费者权益保护工作整体效果，将自评结果和每项评价指标自评所依据的证明材料报送相关监管机构。

第十五条　评价实施。银保监会及其派出机构开展消保监管评价，应全面收集信息，客观分析评价，参考自评情况，形成评价结果。

（一）收集信息。银保监会及其派出机构开展消保监管评价应收集的信息包括：日常监管过程中掌握的与消费者权益保护工作相关的非现场监管和现场检查信息，消费者投诉及处理情况，消费者权益保护相关举报、复议、诉讼、案件以及日常舆情、重大负面事件等信息，银行保险机构报送的自评情况及相关证明材料，行业组织等相关机构关于行业服务质量的评测情况，消保监管评价相关的其他信息。

（二）综合分析。银保监会及其派出机构应结合所掌握的消费者权益保护工作相关的各类信息，进行全面、客观分析，对每项评价要素和指标做出综合评估，形成评价结果。必要时，可以通过现场调查、抽查、监管会谈等方式进行核查。

（三）确定结果。银保监会及其派出机构应综合银行保险机构法人及各一级分支机构的评价结果，将一级分支机构平均得分和法人评价得分按 40% 和 60% 进行加权平均，得出银行保险机构的总体得分。

银行保险机构自评得分严重偏离 5 项基本要素监管评价得分的，将视当年同类机构平均偏离情况扣减总体得分。

（四）结果通报。银保监会及其派出机构应适时总结辖内银行业保险业消保监管评价总体情况，在行业内通报，并可通过会谈、监管会议、监管通报等形式向被评机构通报评价结果。

银行保险机构不得为广告、宣传、营销等商业目的将评价结果对外披露。

第十六条 档案归集。消保监管评价结束后，银保监会及其派出机构应对评价过程中生成的重要信息做好归档工作。

第四章 评价结果及运用

第十七条 银保监会及其派出机构应当充分利用消保监管评价结果，将其作为制定消费者权益保护监管政策与工作规划的重要依据，以及配置监管资源和采取监管措施的重要参考，深入分析银行保险机构消费者权益保护工作存在的问题及其成因，督促银行保险机构对发现的问题及时整改。

第十八条 评价结果。

（一）评价结果为一级，表明机构消费者权益保护工作在行业内处于领先水平，对消费者权益保护工作的重要性有充分认识，消费者权益保护工作组织架构健全，各项工作机制运行顺畅，能够保障在经营管理和业务环节中落实消费者保护理念和要求。

（二）评价结果为二级，表明机构消费者权益保护工作在行业内处于中等水平，消费者权益保护工作组织架构比较合理，各项工作机制基本能够保障在大部分经营管理和业务环节中落实消费者保护理念和要求，但工作存在一定不足，需予以改进。

（三）评价结果为三级，表明机构消费者权益保护工作在行业内处于偏下水平，消费者权益保护工作组织架构建设和各项工作机制运行存在较大问题，经营管理和业务环节中消费者权益保护理念和要求落实不到位，需要及时采取措施提高体制机制执行力，弥补工作缺陷。

（四）评价结果为四级，表明机构消费者权益保护工作在行业内处于落后水平，消费者权益保护工作组织架构建设和各项工作机制运行存在严重问题，难以保障在经营管理和业务环节中落实消费者权益保护要求，侵害消费者合法权益事件屡次发生，必须立即全面检视问题，采取有效措施进行整改。

第十九条 评价结果通报后，银行保险机构应当针对自身消费者权益保护工作存在的问题和缺陷，研究整改措施、提出整改方案。

评价结果为三级和四级的机构，应于收到评价结果后尽快形成整改计划，并于90日内向相关监管机构提交整改情况进展报告。对于短期内难以完成的整改工作，银行保险机构应当制定阶段性整改台账，有序推进。

第二十条 银保监会及其派出机构应当根据消保监管评价结果，依法对银行保险机构采取差异化监管措施。

（一）对评价结果为一级的机构，应指导督促其加强日常经营行为管理，有效防范操作风险。

（二）对评价结果为二级的机构，应关注其消费者权益保护工作薄弱环节，通过窗口指导、监管谈话等方式督促其加强日常经营行为管理，有效防范操作风险。

（三）对评价结果为三级的机构，除可采取对二级机构的监管措施外，还可视情形依法采取下发风险提示函、监管通报、责令限期整改、责令内部问责等方式要求其强化消费者权益保护体制机制建设和执行，必要时公开披露其不当行为。

（四）对评价结果为四级的机构，除可采取对三级机构的监管措施外，对于整改措施不力或到期仍无明显整改效果的机构，可根据有关法律法规，依法在开办新业务、增设分支机构等方面采取相关监管措施。

对于评价结果为三级及以下或在同类机构中排名持续下降的机构，银保监会及其派出机构应增加现场检查频率，并要求机构进一步提高消费者权益保护内部考核在其综合绩效考评体系中的权重。

第五章 组织保障和工作要求

第二十一条 银保监会及其派出机构消费者权益保护职能部门负责牵头开展消保监管评价工作，包括：

（一）组织实施消保监管评价具体工作；

（二）对下辖派出机构的消保监管评价工作进行指导和监督；

（三）整理消保监管评价档案，做好归档工作；

（四）根据评价结果对银行保险机构采取后续监管措施；

（五）其他有关消保监管评价的工作。

第二十二条 银保监会及其派出机构其他相关部门就消保监管评价工作提供有关信息、资料和建议，并配合消费者权益保护职能部门，根据评价结果对银行保险机构采取后续监管措施。

第二十三条 银保监会派出机构可根据工作需要，成立消保监管评价工作委员会，对本级派出机构的评价工作进行指导和监督，并通过会议或传签的形式确定评价结果。

第二十四条 银行保险机构应当真实、准确、完整地提供消保监管评价所需数据以及相关材料。

银行保险机构提交虚假材料的，银保监会及其派出机构应根据具体情节和性质，按照《中华人民共和国银行业监督管理法》《中华人民共和国保险法》相关条款进行严肃处理。

第二十五条 消保监管评价应积极利用信息化手段，搭建监管评价信息系统，依托系统集中统一开展数据收集、指标统计、数据分析、结果运用等工作，增强规范性和准确性。

第二十六条 银保监会派出机构应及时将辖内银行保险机构的消保监管评价结果逐级报送上级监管机构消费者权益保护职能部门。

第二十七条 银保监会及其派出机构应当严格控制评价信息和资料知悉范围，做好消保监管评价信息和资料保密工作。参与消保监管评价的工作人员不得泄露评价过程中获悉的国家秘密、商业秘密、敏感信息和个人信息。

第二十八条 评价工作结束后，发现银行保险机构在评价期间内存在重大违法违规问题，严重侵害消费者合法权益的，银保监会及其派出机构可视情形对评价结果进行调级调档，并将调整情况逐级报送上级监管机构消费者权益保护职能部门。

第六章 附 则

第二十九条 本办法规定的消保监管评价对象不包含开发银行、政策性银行、金融资产管理公司、金融资产投资公司、金融租赁公司、企业集团财务公司、货币经纪公司、省联社、贷款公司、农村资金互助社、政策性保险公司、保险集团（控股）公司、再保险公司、农业保险公司、养老保险公司、相互保险组织、保险资产管理公司、养老金管理公司和保险专业中介机构。

第三十条 不开展个人业务或者个人业务占比较小的外资法人银行、外国银行分行等可不作为消保监管评价对象。

第三十一条　截至评价年度末,开业不满2个会计年度的银行保险机构不作为消保监管评价对象。

第三十二条　对于农村中小银行,银保监会派出机构每年可根据工作实际,仅对法人机构开展评价,并自行确定机构覆盖范围。原则上应5年全覆盖,每年覆盖率不低于20%。

第三十三条　信用卡中心等持牌专营机构参照一级分支机构进行消保监管评价。

第三十四条　本办法由银保监会负责解释和修订。

第三十五条　本办法自公布之日起施行。《中国银监会关于印发银行业金融机构消费者权益保护工作考核评价办法(试行)的通知》(银监发〔2014〕37号)、《关于印发〈保险公司服务评价管理办法(试行)〉的通知》(保监发〔2015〕75号)同时废止。

典型案例

沈某诉甲银行、乙保险公司服务合同纠纷案(上海市高级人民法院2014年度金融商事审判十大案例)

【案情】2011年7月7日,沈某与甲银行签署《业务受理单》《乙保险公司银代保险专用投保书及授权声明》《人身保险投保提示书》各一份。《业务受理单》记载:"交易名称:代销保险(投保)"、"客户名称:沈某"、"保险公司名称:乙保险公司"、"保险产品名称:红双喜盈宝利"、"被保险人姓名:沈某"、"首期扣款金额:35000.00"、"首期扣款日期:20110707"。《乙保险公司银代保险专用投保书及授权声明》记载:"投保人:沈某"、"险种名称:红双喜盈宝利"、"保险费:35000.00"等。《人身保险投保提示书》就选择人身保险产品、充分了解保险合同条款、犹豫期及之后解除保险合同等事项作了书面提示。当日,沈某名下账户扣款35,000元。嗣后,沈某收到保险合同一份,其中的《服务指南》对该保险合同的犹豫期作了说明,所含《保险单》载明了沈某的身份信息、交费方式、保险期间、保险费等事项,保险条款载明了保险责任和分红方式等内容。

沈某认为,甲银行工作人员向其推销保险产品时夸大收益,误导其购买了产品,构成欺诈,且甲银行未按照中国银监会的相关规定,提示其抄录"本人已阅读保险条款、产品说明书和投保提示书,了解本产品的特点和保险利益的不确定性"条款,存在过错,遂起诉要求甲银行退还35,000元、赔偿35,000元及相应利息。

【认定】法院认为,《消费者权益保护法》将证券、保险、银行等金融服务的经营者提供的产品或者服务,亦纳入消费者权益保护范畴,本案中沈某购买了甲银行代销的保险产品,其行为应受《消费者权益保护法》调整。涉案《业务受理单》载明,当日甲银行系代销保险,并载明保险人为乙保险公司、保险产品为红双喜盈宝利、被保险人为沈某,文字清晰、内容无混淆,沈某于"客户签章确认"处签名,并结合《乙保险公司银代保险专用投保书及授权声明》《人身保险投保提示书》的记载,可以认定沈某对其买的金融产品类型应为明知,甲银行已明确向沈某披露该金融服务的内容为代理保险销售。沈某虽称甲银行工作人员推销该份保险时夸大收益,但无证据予佐证,至于沈某所主张的甲银行未提示其抄录相关条款,并非判断银行有无履行告知义务的唯一标准。因沈某未能举证证明甲银行存在故意提供虚假情况或者故意隐瞒真实情况的行为,故判决驳回沈某的诉讼请求。

《保险法》第五条 【违反诚信原则的赔偿责任】

第五条 保险活动当事人行使权利、履行义务应当遵循诚实信用原则。

相关规定

1.《民法典》

第七条 民事主体从事民事活动,应当遵循诚信原则,秉持诚实,恪守承诺。

第十条 处理民事纠纷,应当依照法律;法律没有规定的,可以适用习惯,但是不得违背公序良俗。

第一百四十二条 有相对人的意思表示的解释,应当按照所使用的词句,结合相关条款、行为的性质和目的、习惯以及诚信原则,确定意思表示的含义。

无相对人的意思表示的解释,不能完全拘泥于所使用的词句,而应当结合相关条款、行为的性质和目的、习惯以及诚信原则,确定行为人的真实意思。

第五百条 当事人在订立合同过程中有下列情形之一,造成对方损失的,应当承担赔偿责任:

(一)假借订立合同,恶意进行磋商;

(二)故意隐瞒与订立合同有关的重要事实或者提供虚假情况;

(三)有其他违背诚信原则的行为。

第五百零九条 当事人应当按照约定全面履行自己的义务。

当事人应当遵循诚信原则,根据合同的性质、目的和交易习惯履行通知、协助、保密等义务。

当事人在履行合同过程中,应当避免浪费资源、污染环境和破坏生态。

第五百一十条 合同生效后,当事人就质量、价款或者报酬、履行地点等内容没有约定或者约定不明确的,可以协议补充;不能达成补充协议的,按照合同相关条款或者交易习惯确定。

2.《最高人民法院关于适用〈中华人民共和国民法典〉总则编若干问题的解释》(法释〔2022〕6 号)

第一条 民法典第二编至第七编对民事关系有规定的,人民法院直接适用该规定;民法典第二编至第七编没有规定的,适用民法典第一编的规定,但是根据其性质不能适用的除外。

就同一民事关系,其他民事法律的规定属于对民法典相应规定的细化的,应当适用该民事法律的规定。民法典规定适用其他法律的,适用该法律的规定。

民法典及其他法律对民事关系没有具体规定的,可以遵循民法典关于基本原则的规定。

第二条 在一定地域、行业范围内长期为一般人从事民事活动时普遍遵守的民间习俗、惯常做法等,可以认定为民法典第十条规定的习惯。

当事人主张适用习惯的,应当就习惯及其具体内容提供相应证据;必要时,人民法院可以依职权查明。

适用习惯,不得违背社会主义核心价值观,不得违背公序良俗。

典型案例

1. 刘某前诉安邦财产保险公司保险合同纠纷案(《最高人民法院公报》2013 年第 8 期)

【案情】2009 年 12 月 7 日,刘某前在安邦财产保险公司(以下简称安邦公司)处为其所有的车辆苏 NU××××、苏 NG×××挂车投保了机动车商业保险(简称商业险)和交强险,保险期间分别为 2009 年 12 月 26 日至 2010 年 12 月 25 日、2009 年 12 月 8 日至 2010 年 12 月 7 日。其中,机动车第三者责任保险条款第七条约定:“……下列损失和费用,保险人不负责赔偿:(一)被保险机动车发生意外事故,致使第三者停业、停驶、停电、停水、停气、停产、通讯或者网络中断,数据丢失、电压变化等造成的损失以及其他各种间接损失……(六)被保险人或驾驶人的故意行为造成的损失……”第九条约定:“保险人依据本保险合同约定计算赔款的基础上,保险单载明的责任限额内按下列免赔率免赔:负全部事故责任的免赔率为20%、违反安全装载规定的,增加免赔率10%……"

2010年4月3日23时5分,刘向前驾驶被保险车辆在高邮市X206线与菱塘回族乡团结街交叉路口发生交通事故,车上货物刮倒了路上的广播电视、电信线路以致线路、绿化带、路边房屋和一辆小型客车受损。交警部门认定,刘向前驾驶的车辆所载货物超高是形成本次事故的原因,故刘向前对本次事故负全部责任。后经交警部门调解,由刘向前赔偿各项损失共计51,215元,刘向前已实际赔偿了该费用。

刘向前在向安邦公司理赔过程中,安邦公司认为被保险车辆未投保货险且车辆所载货物超高,故本次事故不属于保险赔偿的范围。之后,安邦公司对刘向前进行了电话回访,双方就涉案事故达成了销案协议,具体内容如下:"问:我们是安邦保险公司的,你是刘向前先生吗? 答:是的。问:4月3日的事故,你还记得吗?在高邮市,你这个案子需要销案吗? 答:当时砸到电线,中间有点不平,砸到了一点点。问:你要是销案的话,我们就帮你销了。答:算了吧,你们不赔就算了。问:好,那帮你销案了。"刘向前认为,在理赔过程中,被保险人是在安邦公司误导下才口头放弃向保险公司理赔,保险公司构成欺诈,遂诉至法院请求撤销口头放弃向保险公司理赔而达成的销案协议。

【认定】法院认为,本案中,从电话回访的内容分析,刘向前同意销案的原因是此前安邦公司拒绝理赔,致使其误以为因交通事故造成的损失将不能从安邦公司处获得赔偿。安邦公司认为其不应赔偿的理由是刘向前未投保货物损失险、被保险车辆装载货物超高及造成的损失不属赔偿范围,但安邦公司未能对其拒赔理由提供法律及合同上的依据。安邦公司作为专业保险公司,基于工作经验及对保险合同的理解,其明知或应知本案保险事故在其赔偿范围之内,在其认知能力比较清楚,结果判断比较明确的情况下,对被保险人作出拒赔表示,有违诚实信用原则。在销案协议订立过程中,安邦公司基于此前的拒赔行为,故意隐瞒刘向前可以获得保险赔偿的重要事实,对被保险人进行错误诱导,致使被保险人误以为将不能从保险公司获得赔偿,并在此基础上作出同意销案的意思表示,该意思表示与被保险人期望获得保险赔偿的真实意思明显不符。故安邦公司的行为构成欺诈,该销案协议应予撤销。

2. 甲物流公司诉乙保险公司保险合同纠纷案[2019年度上海法院金融商事审判十大案例之三,上海市虹口区人民法院(2018)沪0109民初9552号民事判决书]

【案情】甲物流公司为运输企业,就其运输货物向乙保险公司进行投保,乙保险公司在保险合同缔约过程中，未就货物运输险之权利义务，特别是保险利益归属向甲物流公司进行告知和说明。乙保险公司出具的物流货物保险单载明投保人为甲物流公司，被保险人为甲物流公司之货主丙公司，条款第五条“特别约定”载明：保险人不放弃该保单项下对于事故责任人的追偿权益，仅当甲物流公司为被保货物的实际承运人的情况除外。后甲物流公司受货主丙公司委托，运输一批橡胶货物。甲物流公司承运过程中发生交通事故，造成货物损失。甲物流公司在向丙公司赔偿完毕后，依据保险合同请求乙保险公司承担保险责任，乙保险公司以甲物流公司并非被保险人，缺乏保险利益为由拒赔。甲物流公司遂提起诉讼，请求判令乙保险公司赔偿损失208,672.56元。

【认定】法院认为，甲物流公司对于其承运的货物不享有货主的所有人利益，故其投保货物运输险自始不具有保险利益，与其利益匹配的应为物流责任险。乙保险公司作为专业保险机构，完全有能力区分两险种在保险利益归属及投保人利益保护上的不同，其在向投保人推介保险产品时应当进行如实告知和说明。结合物流货物保险单有关免于追偿条款的约定，法院有理由确信甲物流公司订立合同目的在于转移责任风险，而并非纯为第三人即货主利益投保。现甲物流公司在向货主赔偿完毕后，因欠缺保险利益而无法自其投保的货物运输险中得到赔偿，其损失的产生与乙保险公司未尽告知和说明义务存在因果关系。现乙保险公司未举证证明其已就险种性质、区别及追偿风险进行告知和说明，法院认定其在承保过程中存在过错。甲物流公司在缔约时未审慎合理了解保险产品、履约中存在违约行为，亦应适用过失相抵原则，自担部分损失。综上，法院判令乙保险公司赔偿甲物流公司60%的货物损失，即125,203.54元。

3. 陆某芳诉中国人寿保险股份有限公司太仓支公司保险合同纠纷案(《最高人民法院公报》2013年第11期)

【案情】1997年2月13日，投保人陆某芳向中国人寿保险公司太仓市支公司(2003年变更为太仓人寿保险公司)投保了少儿一生幸福保险，被保险人为董某威，保险期限自1997年2月14日12时起，缴费期15年，缴费方式为年缴，保险费为每年720元。保险条款“关于缴费、失效、复效的约定”第十一条载明：“按年缴纳保险费的缴费期限为保险单每年生效对应日所在的月”；第十二条载明：“缴费期限的次月为宽限期，宽限期内保险人仍负保险责任。如果在宽限期内仍未缴纳保险费，保险单自动失效，保险人不负保险责任”；第十三条载明：“在保险单失效后的两年内，投保人及被保险人如果仍符合本条款第三条规定的投保条件，可以向保险人申请复效。经保险人审核同意后，投保人补缴失效期间的保险费及利息，保险单方能恢复效力。”陆某芳投保时，直接缴纳了第一年保险费，之后两年由太仓人寿保险公司业务员刘某每年上门向陆某芳收取现金保险费。2000年开始太仓人寿保险公司委托邮政部门向陆某芳发送缴费通知单，至2008年，陆某芳每年均按照缴费通知单的提示向太仓人寿保险公司指定的银行缴纳保费，在银行直接领取保险费收据。2009年太仓人寿保险公司仍委托邮政部门发送缴费通知单，但陆某芳称并未收到缴费通知单。2010年之后，在缴费期即将届满之时，太仓人寿保险公司终止了委托邮政部门向陆某芳发送缴费通知书的业务。2011年5月，刘某委托姐姐到陆某芳处上门办理银行代扣保险费业务时，陆某芳才知晓自己未按期缴纳保险费致使保险单失效，当月向太仓人寿保险公司申请复效，太仓人寿保险公司拒绝复效。陆某芳遂诉至法院，请求判令保险公司恢复保单效力，继续收取保费，并赔偿陆某芳为保单复效的损失2000元。

【认定】一审法院认为，陆某芳为被保险人董某威向太仓人寿保险公司投保人身保险，太仓人寿保险公司签发了保险单，保险合同依法成立并生效。根据最高人民法院《关于适用〈中华人民共和国合同法〉若干问题的解释（一）》第二条的规定，"合同成立于合同法实施之前，但合同约定的履行期限跨越合同法实施之日或者履行期限在合同法实施之后，因履行合同发生的纠纷，适用合同法第四章的有关规定"。因此，陆某芳、太仓人寿保险公司双方也应当按照《中华人民共和国合同法》第六十条第二款的规定，履行合同时遵循诚实信用原则，根据合同交易习惯履行通知、协助、保密等义务。保险条款关于缴费、失效、复效的约定中，投保人本应在每年的2月缴纳当年保险费，这是投保人应履行的义务，但保险条款中并未约定具体的缴纳方式，根据太仓人寿保险公司业务员刘某的证言及太仓人寿保险公司的陈述，订立合同后的第二年和第三年保险费是刘某上门收取，之后至2008年，投保人是按照保险人委托邮政部门发送的缴费通知书告知的时间和地点缴纳保险费，双方已形成了特定的交易习惯。2009年，太仓人寿保险公司虽委托邮政部门发送缴费通知书，但邮政部门是否已发送给陆某芳，保险公司并未提供证据证明。2010年在缴费期即将届满之时，太仓人寿保险公司却不再发送缴费通知书，太仓人寿保险公司单方中断向陆某芳履行缴费通知的义务，致使陆某芳未能及时缴纳保费，且企业重组并未改变保险公司应履行通知缴费等习惯形成的义务。因此，对投保人二年内未能缴费致使保单失效应由保险公司承担责任，保险公司无权径依保险法的规定和保险条款的约定中止合同效力并解除保险合同，故对投保人要求保险公司继续履行合同义务的请求予以支持。关于陆某芳诉请太仓人寿保险公司赔偿损失2000元一节，因陆某芳未提供证据证明，不予支持。

二审法院认为，《合同法》第六十条规定，当事人应当按照约定全面履行自己的义务。当事人应当遵循诚实信用原则，根据合同的性质、目的和交易习惯履行通知、协助、保密等义务。根据现已查明的事实,在保险合同履行的前两年系由保险公司业务员上门向投保人陆某芳收取保费,2000 年开始保险公司委托邮政部门向投保人发送缴费通知单,至 2008 年投保人每年均按照缴费通知单的提示向保险公司指定的银行缴纳保费。由此可见,首先,双方已经就缴纳保费形成了一定的交易习惯,即由保险公司上门收取保费或由其通知投保人按其指定交纳保费;并且,保险公司在合同履行过程中亦曾要求投保人变更缴费方式(即前二年为上门收取保费,后变更为由投保人按缴费通知要求至相关指定银行进行缴费),在该种情形下,投保人是无法确认每年缴费方式是否相同,因此作为保险人更应负有每年通知投保人缴费及告知缴费方式的义务。但保险公司并无证据证明其于 2009 年向投保人送达缴费通知书,2010 年后更是未向投保人发送缴费通知书。显然造成投保人二年未能缴费这一后果的主要责任在保险人,在该种情况下其无权仅依保险法的相关规定及保险合同的相关约定中止合同效力并主张解除合同。在特别法有明确规定的情形下应当优先适用特别法,而在特别法无明确规定的情况下应当适用一般法的相关规定。因此,一审法院在保险法无明确规定的情况下适用合同法的相关规定,合法有据。据此驳回上诉,维持原判。

权威解读

诚信原则是民事活动的基本原则之一,《民法典》等民事基础性法律中均规定了诚信原则。从功能来说,诚信原则均赋予法官相应的自由裁量权,具有填补法律漏洞的作用。①

诚信原则贯穿于保险合同的全过程,是投保人、被保险人及保险人等各方当事人应当共同遵循的基本原则。保险法的许多规定都体现了这一原则:在缔约阶段,主要体现为第十六条规定的投保人如实告知义务、第十七条规定的保险人明确说明义务等先合同义务;在履行阶段,则体现为投保人负有第二十一条规定的保险事故发生后的及时通知义务、第五十二条规定的危险程度显著增加的通知义务、第五十七条规定的减损义务,保险人则负有第二十三条规定的及时核损义务、第二十五条规定的及时赔付义务以及第十六条规定的保险人弃权、禁反言制度。此外,根据第一百一十六条第(十二)项的规定,保险人还负有不得泄露业务活动中知悉的投保人、被保险人的商业秘密的保密义务,这是保险人的附随义务。

---

① 参见安建主编:《中华人民共和国保险法(修订)释义》,法律出版社 2009 年版,第 24 页。

《保险法》第六条 【保险经营主体的合法性要求】

第六条 保险业务由依照本法设立的保险公司以及法律、行政法规规定的其他保险组织经营,其他单位和个人不得经营保险业务。

相关规定

1.《保险法》

第二条 本法所称保险,是指投保人根据合同约定,向保险人支付保险费,保险人对于合同约定的可能发生的事故因其发生所造成的财产损失承担赔偿保险金责任,或者当被保险人死亡、伤残、疾病或者达到合同约定的年龄、期限等条件时承担给付保险金责任的商业保险行为。

第六十七条第一款 设立保险公司应当经国务院保险监督管理机构批准。

第一百七十五条 违反本法规定,给他人造成损害的,依法承担民事责任。

第一百八十一条 保险公司以外的其他依法设立的保险组织经营的商业保险业务,适用本法。

2.《最高人民法院关于中国船东互保协会与南京宏油船务有限公司海上保险合同纠纷上诉一案有关适用法律问题的请示的复函》(〔2003〕民四他字第34号)

中国船东互保协会不属于我国《保险法》规定的商业保险公司。中国船东互保协会与会员之间签订的保险合同不属于商业保险,不适用我国《保险法》规定,应当适用我国《合同法》等有关法律的规定。

中国船东互保协会2000保险条款第七条通则第一款第(六)项约定的保证义务,是承保范围的前提条件,不属于免责条款。上述约定符合我国《合同法》规定,属于协会会员必须遵守的我国法律规定的关于船舶和船员安全管理方面的强制性义务,应当认定其效力。

南京宏油船务有限公司违反了我国《海上交通安全法》、《船舶最低安全配员规则》、《油船安全生产管理规则》等有关规定,对"隆伯6"轮触礁沉没事故造成的损失应当承担责任。中国船东互保协会已经垫付了本应由南京宏油船务有限公司支付的清污打捞费用,南京宏油船务有限公司应当向中国船东互保协会返还该笔费用及相应利息。

典型案例

1. 中国太平洋财产保险股份有限公司南京分公司与被申请人刘某、宿州市中诚运输有限公司、中顺汽车服务有限公司保险人代位求偿权纠纷案［南京市中级人民法院（2022）苏01民再6号民事判决书］

【案情】2021年1月3日1时52分，刘某驾驶车牌号为皖LCX的重型货车在毓秀路老收费站路段时，因其车辆上装载的石头掉落至马路上，导致曹某驾驶的车牌号为苏AX的小型客车碰撞到石头，造成苏AX车辆受损。南京市公安局溧水分局交通警察大队出具道路交通事故认定书，认定刘某负事故全部责任，曹某无责任。

后苏AX小型客车的登记所有权人殷国香向中国太平洋财产保险股份有限公司南京分公司（以下简称太平洋财险南京分公司）进行索赔，并同意将向责任方追偿的权利转让给太平洋财险南京分公司。太平洋财险南京分公司出具了《机动车辆估损单》，认定苏AX小型客车因该起事故产生的损失金额共计为45,000元。2021年1月，江苏雨田广宏汽车销售服务有限公司出具增值税专用发票1张及维修费用结算清单1张，载明苏AX的汽车维修费用共计45,000元。2021年1月27日，太平洋财险南京分公司通过银行转账的方式向江苏雨田广宏汽车销售服务有限公司支付维修费45,000元，摘要"太保产险苏AX_殷国香"。

事故发生时，刘某驾驶的皖LCX货车的登记所有权人系宿州市中诚运输有限公司（以下简称宿州运输公司）。中国平安财产保险股份有限公司礼泉支公司承保该车辆的交强险，保险期限自2020年6月5日零时起至2021年6月4日24时止。另该车辆在中顺汽车服务有限公司（以下简称中顺服务公司）处投保了机动车辆安全统筹，被统筹人为刘某，统筹种类为机动车三者责任安全统筹（责任限额为1,000,000元，含不计免赔），统筹期限自2020年6月6日零时起至2021年6月5日24时止，该统筹单的重要提示一栏载有"请详细阅读统筹种类对应的统筹条款，特别是责任免除和责任处理"，但该统筹单上并无被统筹人刘某的签名。苏AX小型客车在太平洋财险南京分公司处投保了限额为186,342元的机动车损失险、第三者责任险1,500,000元等险种，均含不计免赔，商业保险期限自2020年8月9日零时起至2021年8月8日24时止。

另查明，中顺服务公司系在河北省石家庄市市场监督管理局登记设立，注册资本为1.5亿元人民币，其登记的经营范围为汽车装饰、汽车展览展示服务、车辆年检代理服务、交通安全统筹服务等。

太平洋财险南京分公司向原审法院起诉后，中国平安财产保险股份有限公司礼泉支公司已在承保的交强险范围内向太平洋财险南京分公司支付了2000元赔偿款,后太平洋财险南京分公司向原审法院申请撤回对中国平安财产保险股份有限公司礼泉支公司的起诉,原审法院口头裁定予以准许.

原审庭审中,刘某与宿州运输公司自认二者之间系车辆挂靠关系。针对中顺服务公司提交的《机动车安全综合统筹条款》(以下简称《统筹条款》),太平洋财险南京分公司认为并无证据证明该《统筹条款》曾交付给被保险人以及其中的免责条款已告知过被保险人。刘某、宿州运输公司认为,对该份《统筹条款》并不知情,条款名称与统筹单上记载的名称亦不一致;且即使是真实的,该条款也是中顺服务公司单方制作,属于格式条款,中顺服务公司并未举证证明已对免责条款尽到了提示和说明。

【认定】原审法院认为,《保险法》第六十条规定,因第三者对保险标的的损害而造成保险事故的,保险人自向被保险人赔偿赔偿金之日起,在赔偿金额范围内代位行使被保险人对第三者请求赔偿的权利。本案中,刘某驾驶的机动车上的坠落物导致苏AX车辆受损,刘某负事故全部责任,其作为侵权人理应赔偿苏AX小型客车的全部合理损失。因苏AX小型客车在太平洋财险南京分公司处投保了机动车损失险,案涉事故发生后,太平洋财险南京分公司依据保险合同约定支付了保险理赔款45,000元,后中国平安财产保险股份有限公司礼泉支公司已在交强险限额内向太平洋财险南京分公司支付了赔偿款2000元,故太平洋财险南京分公司取得了在赔偿金额范围即43,000元内向侵权人刘某行使代位求偿的权利。苏AX小型客车相对于刘某驾驶的皖LCX货车属于第三者,皖LCX货车在中顺服务公司处投保了机动车三者责任安全统筹,事故发生在统筹期间内,故太平洋财险南京分公司垫付的赔偿保险金43,000元应当由中顺服务公司在机动车三者责任安全统筹限额范围内予以赔偿。刘某及宿州运输公司不再承担给付责任。

中顺服务公司主张皖LCX货车未统筹车上货物责任险,故其对于因车上货物坠落造成的本车及第三者损失均不负责赔偿。原审法院认为,首先,中顺服务公司并未能提交证据证明《统筹条款》系本案所涉机动车辆安全统筹单的组成部分;其次,即使上述《统筹条款》是真实的,且确系统筹单的组成部分,但该《统筹条款》系中顺服务公司单方制作,属于格式条款,通过该《统筹条款》的内容可知,中顺服务公司与刘某之间成立的机动车辆安全统筹单、机动车第三者责任安全统筹责任条款与保险单、保险条款高度类似,故对《保险法》相关立法本意、基本原则等本案亦可参照。机动车辆安全统筹单重要提示一栏虽显示提示被统筹人详细阅读统筹种类对应的统筹条款,特别是责任免除和责任处理,但该统筹单并无被统筹人签字确认，中顺服务公司亦未能提供证据证明其已就免责条款履行了提示及明确说明义务，因此上述免责条款不发生效力。故对中顺服务公司的该项主张，不予支持。

综上，原审法院判决：中顺服务公司于判决生效之日起十日内在机动车三者责任安全统筹限额范围内给付太平洋财险南京分公司赔偿款43,000元；驳回太平洋财险南京分公司的其他诉讼请求。

再审法院认为，《保险法》第六十条第一款规定："因第三者对保险标的的损害而造成保险事故的，保险人自向被保险人赔偿保险金之日起，在赔偿金额范围内代位行使被保险人对第三者请求赔偿的权利。"本案中，太平洋财险南京分公司在理赔后依法取得向负有交通事故全责的机动车皖LCX货车一方追偿的权利。《民法典》第一千二百一十三条规定："机动车发生交通事故造成损害，属于该机动车一方责任的，先由承保机动车强制保险的保险人在强制保险责任限额范围内予以赔偿；不足部分，由承保机动车商业保险的保险人按照保险合同的约定予以赔偿；仍然不足或者没有投保机动车商业保险的，由侵权人赔偿"。该条款规定了投保机动车发生交通事故负有赔偿责任的，由保险公司先行予以赔偿，不足部分由该侵权机动车一方赔偿，但该规定适用前提是车辆在依法设立的保险公司投保。《保险法》第六条规定："保险业务由依照本法设立的保险公司以及法律、行政法规规定的其他保险组织经营，其他单位和个人不得经营保险业务"，第六十七条第一款规定："设立保险公司应当经国务院保险监督管理机构批准"，第六十九条第一款规定："设立保险公司，其注册资本的最低限额为人民币二亿元"。本案中，中顺服务公司系在市场监管部门注册成立，并没有经过法定的设立保险公司的批准程序，其注册资本未达到保险公司注册资本最低限额2亿元，其登记的经营范围亦不包括保险业务。故中顺服务公司并非依法设立的保险公司，本案侵权机动车所"投保"的机动车三者责任安全统筹亦不是机动车商业保险。因此，本案不适用《民法典》第一千二百一十三条关于保险公司先行赔偿、不足部分再由侵权机动车一方赔偿的规定，太平洋财险南京分公司直接向侵权的皖LCX货车一方追偿，有事实、法律依据，依法应予支持。太平洋财险南京分公司主张中顺服务公司提供的机动车三者责任安全统筹服务类似于担保，故要求中顺服务公司承担连带赔偿责任，无事实、法律依据，不予支持。

太平洋财险南京分公司实际支付理赔款45,000元，承保皖LCX货车交强险的中国平安财产保险股份有限公司礼泉支公司已向太平洋财险南京分公司支付了2000元赔偿款，故太平洋财险南京分公司在43,000元范围内享有追偿权。《民法典》第一千二百一十一条规定，以挂靠形式从事道路运输经营活动的机动车,发生交通事故造成损害,属于该机动车一方责任的,由挂靠人和被挂靠人承担连带责任。本案中侵权的皖LCX货车实际车主系刘某,车辆挂靠在宿州运输公司,故刘某应承担给付43,000元赔偿款责任、宿州运输公司应承担连带赔偿责任。刘某和宿州运输公司抗辩称应由中顺服务公司承担赔偿责任,无事实和法律依据,不予采信,其可依据和中顺服务公司之间的合同另行向中顺服务公司主张权利。

综上,原审判决适用法律不当,予以纠正。再审法院判决:撤销原审判决;刘某于判决生效之日起十日内给付太平洋财险南京分公司赔偿款43,000元,宿州运输公司承担连带赔偿责任。驳回太平洋财险南京分公司对中顺服务公司的诉讼请求。

2. 周某诉深圳点烧信息科技有限公司网络服务合同纠纷案[广州市中级人民法院(2020)粤01民终6607号民事判决书]

【案情】周某于2016年8月31日加入e互助。e互助的会员仅需在线填写注册信息,勾选同意《e互助平台加入告知》《e互助平台会员公约》《抗癌互助计划规则》等协议,在平台的个人账户中预存一定充值金,即可获得互助会员身份。经过180天等待期后,会员如不幸罹患互助计划内的病症,即可向平台发起互助申请,平台评估通过后,其他会员将义务为患病会员进行均摊式互助,均摊费用在个人账户中扣除。

2018年10月22日,周某被确诊为癌症并实施了手术。据此,周某向e互助提出互助申请,但e互助作出不予发起互助的决定,原因是病例显示周某在加入前已经存在结节症状

2016年12月15日《抗癌互助计划规则》已经修改,修改前关于不予互助情形的条款为互助会员"在观察期内已经通过其他任何诊断手段发现疑似癌症",修改后对应条款为互助会员"在等待期内已经通过其他任何诊断手段发现疑似癌症,或者已经出现癌症特异性症状",如"体表可触摸包块或结节"。此外,《e互助平台加入告知》也规定,若会员未告知在过去六个月内身体不存在肿块、包块、结节、淋巴结肿大,平台有权拒绝会员的互助申请。

周某认为,深圳点烧信息科技有限公司(以下简称点烧公司)前期的宣传使其被误导而认为e互助具有保险性质,点烧公司应承担保险责任。案涉《规则》修改后,点烧公司排除了周某的主要权利,应被认定为无效的格式条款,遂诉至法院。

【认定】一审法院认为,网络互助不属于《保险法》规定的商业保险,平台与互助会员之间构成新类型的网络服务合同关系,即网络互助合同关系。网络互助合同关系中存在多方主体,会员之间互负支付互助金的义务,平台受会员委托对互助计划进行管理。因此,会员才是互助金的支付主体,要求点烧公司直接支付互

助金没有法律依据。同时,案涉条款的修改是针对个别条款和释义进行优化,主要目的在于明确约定、减少争议。且将结节纳入癌症特异性症状,未超出“发现疑似癌症”可能的含义范围。该条款的修改合法有效,周某要求点焼公司发起互助缺乏依据。

周某在成为e互助的会员后,一直持续缴费并多次参与互助金分摊。但周某提交的《住院病案》主诉一栏中记载,在2011年体检时就已发生结节等症状。据此,点焼公司提出反诉,称周某未如实告知其身体状况属于合同欺诈行为,不符合加入条件,点焼公司作为权益受损害方,请求撤销合同。

法院认为,周某未能提交证据证明等待期满前的健康状况,故要求点焼公司发起互助缺乏依据。但网络互助行业普遍采用“事后审查”的确认模式,即以会员自主承诺无重大疾病和加入后180天的等待期代替前置性的体检和问询程序,在会员提出互助申请后才对互助申请进行实质性审核。这种模式虽符合商业逻辑,但必然存在一定的滞后性,点焼公司应对其风险有所预估。周某虽在加入e互助时未如实告知其真实健康状况,但三年来积极承担分摊互助金的义务,没有实质性资金获益。现点焼公司拒绝发起互助,符合“事后审查”的基本逻辑,未对平台及其他会员权益造成损失。点焼公司主张其作为权益的受损方,请求撤销合同没有事实依据。据此,法院判决,驳回周某全部诉讼请求,驳回点焼公司行使合同撤销权的反诉请求。

二审法院认为。周某与点焼公司之间是互联网模式下的双务合同关系,一审认定系多边法律关系不当。第一,从网络互助的性质来看,现行行政管理机构未对此进行明确界定,但显然从特性或经营模式来说,均属于类似保险的产品。第二,从加入网络互助的形式来看,虽然是以会员与会员之间的互助为号召,但实际发起人是网络服务平台,会员均是作为个体加入网络互助计划当中,与网络服务平台签订公约。第三,从加入网络互助的目的来看,会员加入网络互助主要是寻求类似保险的保障,网络互助的口号亦是自称作为保险的补充计划。会员之间并无成立合同的合意,会员只认定作为发起人的网络服务平台,对其他会员并无与之订立法律关系的意图。第四,从权利义务角度来看,用户充值互助金即加入互助计划并完成其支付义务,并开始享有申请互助的权利,该权利和义务均是以网络服务平台为相对方。会员患病符合互助情形的,是向网络服务平台申请互助,而不是向其他会员主张。平台审核后即自行在特定账户中扣划,无须其他会员同意或另行支付互助金。从互助过程可以看出,会员与会员之间并无直接的权利义务关系。第五,从网络互助运营角度来看,网络服务平台指定加入规则,收取互助金,审核互助条件,扣划互助金,同时收取管理费。核心运营流程完全由平台控制,会员对互助运营几乎无支配力。综上,网络互助的法律关系不宜认定为存在会员与平台之间、会员与会员之间的多方法律关系,其新颖之处只是借助于互联网平台,形成了互助共济的保障模式,但最终运营主体仍然是网络服务平台。本案中合同的签订双方为点烧公司与周某,根据合同相对性,该合同的法律关系双方仍是点烧公司与周某,周某与其他会员之间不存在直接的法律关系。

点烧公司实际上是案涉互助金的支付主体。第一,点烧公司作为网络服务平台收取管理费,具有特定的盈利模式,不宜直接认定为纯公益性组织。现阶段是否产生经营收益不能否定点烧公司作为营利法人的主体身份。第二,从网络互助平台的运营规则来看,并非仅是为用户提供信息撮合、交易场所等服务为主的网络平台,而是拥有直接为用户设立权利义务、掌握会费定价、会员条件审核、修订规则、发起互助条件审核等最根本权利的网络平台。第三,会员加入互助计划向平台充值会费,资金转入以点烧公司自己名义开立的银行账户中,点烧公司可以随时以自己的名义对托管银行发出给付指令,故点烧公司对资金享有实际的管理权、支配权。虽然在运营过程中对该笔资金的使用权作出限定,但限制款项用途并不影响该笔资金支配权的归属。

案涉合同条款修改与否未实际影响周某参与互助计划。从本案案情来看,周某2016年加入互助计划时不符合加入条件,点烧公司依据公约及规则,对周某发起的互助申请作出不予互助的决定有相应的依据,予以确认。综上,二审法院判决驳回上诉,维持原判。

权威解读

商业保险具有极强的专业性,需要精通保险专业知识的经营人才、严密的企业组织形式和严格的管理制度,还需要有雄厚的资本,所以,商业保险业务只能由符合法律规定条件的特定商业组织进行经营。借鉴其他国家保险业监督管理的经验,结合我国实际情况,将商业保险业务的经营主体限定为依法设立的保险公司或其他保险组织,禁止其他单位和个人经营商业保险业务。①

① 参见安建主编:《中华人民共和国保险法(修订)释义》,法律出版社2009年版,第25页。

《保险法》第十七条　【保险格式条款的交付、说明义务及其法律责任】

第十七条　订立保险合同，采用保险人提供的格式条款的，保险人向投保人提供的投保单应当附格式条款，保险人应当向投保人说明合同的内容。

对保险合同中免除保险人责任的条款，保险人在订立合同时应当在投保单、保险单或者其他保险凭证上作出足以引起投保人注意的提示，并对该条款的内容以书面或者口头形式向投保人作出明确说明；未作提示或者明确说明的，该条款不产生效力。

相关规定

1.《民法典》

第四百九十六条　格式条款是当事人为了重复使用而预先拟定，并在订立合同时未与对方协商的条款。

采用格式条款订立合同的，提供格式条款的一方应当遵循公平原则确定当事人之间的权利和义务，并采取合理的方式提示对方注意免除或者减轻其责任等与对方有重大利害关系的条款，按照对方的要求，对该条款予以说明。提供格式条款的一方未履行提示或者说明义务，致使对方没有注意或者理解与其有重大利害关系的条款的，对方可以主张该条款不成为合同的内容。

2.《最高人民法院关于适用〈中华人民共和国保险法〉若干问题的解释（二）》（法释〔2013〕14号）

第九条　保险人提供的格式合同文本中的责任免除条款、免赔额、免赔率、比例赔付或者给付等免除或者减轻保险人责任的条款，可以认定为保险法第十七条第二款规定的"免除保险人责任的条款"。

保险人因投保人、被保险人违反法定或者约定义务，享有解除合同权利的条款，不属于保险法第十七条第二款规定的"免除保险人责任的条款"。

第十条　保险人将法律、行政法规中的禁止性规定情形作为保险合同免责条款的免责事由，保险人对该条款作出提示后，投保人、被保险人或者受益人以保险人未履行明确说明义务为由主张该条款不生效的，人民法院不予支持。

第十一条　保险合同订立时，保险人在投保单或者保险单等其他保险凭证上，对保险合同中免除保险人责任的条款，以足以引起投保人注意的文字、字体、符号或者其他明显标志作出提示的，人民法院应当认定其履行了保险法第十七条第二款规定的提示义务。

保险人对保险合同中有关免除保险人责任条款的概念、内容及其法律后果以书面或者口头形式向投保人作出常人能够理解的解释说明的,人民法院应当认定保险人履行了保险法第十七条第二款规定的明确说明义务。

第十二条 通过网络、电话等方式订立的保险合同,保险人以网页、音频、视频等形式对免除保险人责任条款予以提示和明确说明的,人民法院可以认定其履行了提示和明确说明义务。

第十三条 保险人对其履行了明确说明义务负举证责任。

投保人对保险人履行了符合本解释第十一条第二款要求的明确说明义务在相关文书上签字、盖章或者以其他形式予以确认的,应当认定保险人履行了该项义务。但另有证据证明保险人未履行明确说明义务的除外。

3.《最高人民法院关于适用〈中华人民共和国保险法〉若干问题的解释(四)》(法释〔2018〕13号)

第二条 保险人已向投保人履行了保险法规定的提示和明确说明义务,保险标的受让人以保险标的转让后保险人未向其提示或者明确说明为由,主张免除保险人责任的条款不生效的,人民法院不予支持。

典型案例

中国人民财产保险股份有限公司石家庄市分公司与李某恒财产保险合同纠纷案[北京金融法院(2021)京74民终576号民事判决书,北京金融法院十大典型案例]

【案情】固安振恒汽车服务有限公司(以下简称固安公司)在中国人民财产保险股份有限公司石家庄分公司(以下简称保险公司)投保工程机械设备保险,被保险人为李某恒,保险期间自2020年3月28日0时至2021年3月27日24时止。保障内容为:按照《工程机械设备保险》,保障项目为工程机械设备综合保险,保险标的为起重机械,保险金额为752万元,累计赔偿限额752万元,每次事故免赔额为2000元,每次事故免赔率为5.00%;按照《工程机械设备保险附加转运期间财产损失保险条款》,保障项目为转运期间财产损失保险,保险金额为752万元,累计赔偿限额为752万元,每次事故免赔额为2000元,每次事故赔偿限额为752万元,每次事故免赔率为5.00%。特别约定清单记载:1.工程机械设备财产损失每次事故免赔额为2000元或者损失金额的5%,二者以高者为准,本车作业区域为中国境内的施工区域;2.出厂编号:×××,厂牌型号为×××;3.本车车主是固安公司;4. 财产损失部分,在保险期间内,本保单承保工程机械设备在不同区域间行驶过程中造成保险标的的损失(含碰撞、倾覆)。

2020 年 4 月 29 日,登记在固安公司名下的×××重型非载货专项作业车在进行吊装作业时,吊臂折断受损。事故发生后,经北京张仕达机械设备租赁有限公司现场施救,将车辆运输至廊坊市博铭机械设备有限公司进行维修,共花费物流辅助服务及吊装服务费共计 60,000 元,配件及维修费 596,855 元,共计 656,855 元。经询问,保险公司未对车辆维修费用申请评估鉴定。

后李某恒于 2020 年 7 月 6 日以财产保险合同纠纷为由起诉至石家庄法院,案件审理过程中,保险公司就车辆吊臂受损原因提出鉴定申请,石家庄法院委托鉴定机构对涉案车辆受损原因进行鉴定,鉴定机构于 2020 年 10 月 21 日出具司法鉴定意见书,鉴定意见为×××号车吊臂折断与正常作业吊装钢支撑过程中发生的任何碰撞无关联性,即吊臂折断非吊装过程中碰撞所致。李某恒对该鉴定意见书不予认可,表示鉴定结论与委托目的不一致,不足以证明事故发生的原因,一审法院委托该公司进行事故发生原因鉴定,该公司仅仅排除了碰撞所致,并未出具发生事故具体原因的报告,不能作为本案裁判依据,此外该鉴定报告可以说明本案事故属于正常作业过程中发生的意外事故。李某恒未向一审法院提出重新对车辆吊臂受损原因进行鉴定的申请。

一审庭审中,保险公司称李某恒主张的车辆损失不属于保险公司的保险责任范围。保险公司向一审法院提交的《工程机械设备综合保险条款》约定:在保险期间内,由于下列原因造成保险标的损失,保险人按照本保险合同的约定负责赔偿:(五)碰撞、倾覆。第十条约定:保险标的使用中必然引起的后果,如自然磨损、自然损耗、氧化、腐蚀、锈蚀、孔蚀、锅垢等物理性变化或化学反应所造成的损失和费用,保险人也不负责赔偿。保险条款将"意外事故"释义为"指不可预料的以及被保险人无法控制并造成物质损失的突发性事件,包括火灾和爆炸";将"碰撞"释义为"保险标的与外界静止或运动中的物体直接接触并发生意外撞击,产生撞击痕迹的现象";将"倾覆"释义为"保险标的由于自然灾害或意外事故造成本身翻倒,使其失去正常工作状态,不经施救不能正常工作的事故"。李某恒对保险条款不予认可,认为投保时保险公司未向其送达保险条款,故其不清楚保险责任范围。

另查明,涉案车辆制造单位为徐州工程机械集团有限公司,制造日期为 2019 年 3 月。2020 年 4 月 8 日,涉案车辆经北京市特种设备检测中心检测,所检项目合格。

二审中又查明,作为保险标的的起重机共有七节吊臂,吊臂通过转盘与机身底盘连接,在吊装过程中,第四节吊臂发生折弯,第五节吊臂搭在被吊装的龙门架上,第七节前端触地,吊臂没有与转盘、底盘脱离,转盘和底盘没有发生位置移动。

【认定】一审法院认为,被保险人向保险人支付保险费并与保险人签订保险合同的目的是当发生意外事故导致保险标的受损时,被保险人就其损失获得相应赔偿。根据保险条款释义,“意外事故”是指不可预料的以及被保险人无法控制并造成物质损失的突发性事件,包括火灾和爆炸。本案中,保险标的的吊车在正常吊装作业中吊臂折断受损,不存在操作人员故意或重大过失的情形,应属于被保险人不可预料且无法控制的意外事故。

李某恒提出该情形符合保险条款中保险人承担保险责任中的倾覆事件。根据保险条款释义,“倾覆”是指保险标的由于自然灾害或者意外事故造成本身翻倒,使其失去正常工作状态,不经施救不能正常工作的事故。本案事故是各项检验合格的吊车在正常吊装作业过程中发生的意外事故,造成起重机吊臂折断,因起重机吊臂是起重机的重要组成部分,本案中,起重机吊臂折断倾倒触地,失去正常工作状态,不经施救不能正常工作,现李某恒与保险公司对于吊臂折断倾倒是否属于保险条款中的“倾覆”存有争议,因该条款属于保险人提供的格式条款,当双方对格式条款的理解发生争议时,根据《保险法》第四十一条的规定,应作出对不利于提供格式条款一方的解释,故定本案应属于保险责任中保险标的倾覆情形,保险公司应对此事故中保险标的的损失予以赔偿。

根据《最高人民法院关于适用〈中华人民共和国保险法〉若干问题的解释(二)》第九条的规定,保险合同中关于涉案保险免赔额及免赔率的约定应属“免除保险人责任的条款”,保险公司应就上述免赔额及免赔率尽到提示和明确说明义务,现保险公司未能举证证明其已尽到上述相关义务,故保险合同约定的免赔额及免赔率的条款不产生效力,故保险公司应赔付的款项不应扣减免赔额、免赔率部分。对李某恒要求保险公司支付维修费596,855元、救援及运输费60,000元的诉讼请求,予以支持。综上,一审法院判决:保险公司于判决生效之日起7日内给付李某恒维修费596,855元及拖车救援费60,000元。

二审法院认为,本案在二审期间的争议焦点为,造成保险标的损失的原因是什么,该致损原因是否属于保险合同所约定的保险公司承保危险的范围。围绕该争议焦点,需要解决的是订立涉诉保险合同所使用的格式条款能否适用及如何适用的问题。

第一,关于涉诉保险合同所使用的格式条款能否适用。格式条款中包括“保险责任条款”和“责任免除条款”。保险责任条款是约定保险人将哪些危险纳入承保范围及将哪些损失纳入赔偿范围的条款。责任免除条款是约定保险人对于已经被纳入承保范围的危险,在某些特定情形下不予赔偿的条款,或者对于承保危险造成的某些特定损失不予赔偿的条款。《保险法》第十七条第二款规定,当保险人对责任免除条款未履行说明义务时,该条款不产生效力。本案中,保险公司未向本院提交证据证明其向投保人交付涉诉保险合同所使用的格式条款，而交付格式条款是履行说明义务的前提，故可以认为保险公司未对格式条款的内容向投保人作出明确说明，法律效果归于“格式条款中免除保险人责任的条款不产生效力”。“不产生效力”的含义与《民法典》第四百九十六条第二款的规定相同，即“对方可以主张该条款不成为合同的内容”。

但是，就保险责任条款而言，不应以未交付格式条款为由否定该条款对保险责任的约定。等价有偿原则是保险合同的基本原则之一，具体表现为保险人承保的危险经过保险精算厘定相应金额的保险费。保险收费金额与承保危险范围的确定性，即为保险合同项下对价平衡关系的具体体现。格式条款中约定保险人责任的条款，是确定保险人承担合同责任与收取相应保险费之间对价平衡关系的基础，该基础不能由于保险人没有向对方交付格式条款而被动摇。以保险人未履行交付格式条款的缔约义务为由，不承认格式条款对于保险责任范围的约定，在根本上违背了等价有偿原则。故本案中的保险责任条款仍然适用于保险人、投保人和被保险人。

第二，关于订立涉诉保险合同所使用的格式条款如何适用。首先，要明确的是保险人承保的危险如何确定。根据《保险法》第二条的规定，保险人负责赔偿的损失，是合同约定由保险人承保的危险现实发生所造成的损失，即保险人的承保范围基于保险合同的约定。

其次，要明确的是保险条款中约定的“倾覆”如何界定。本案中，投保人李某恒认为，造成保险事故的原因是“倾覆”，“倾覆”属于保险条款约定的保险公司应当赔偿的范围。经查阅《现代汉语词典》，“倾覆”一词的解释为“倒塌、翻倒”。保险条款第六条约定，在保险期间内，由于碰撞、倾覆造成保险标的损失，保险人按照本保险合同的约定负责赔偿。保险条款将“倾覆”解释为“保险标的由于自然灾害或者意外事故造成本身翻倒，使其失去正常工作状态，不经施救不能正常工作的事故。”简而言之，“倾覆”是指“翻倒”，该释义与《现代汉语词典》作出的“倒塌、翻倒”的解释相吻合。由此推理，保险标的由于翻倒造成的损失，属于保险公司按照合同约定给予赔偿的范围。

再次，要明确的是涉案保险标的是否存在倾覆（翻倒）进而受损的情形，这是判断保险公司是否应当承担赔偿责任的基础。经查明，本案保险标的损坏的过程为，第四节吊臂在吊装重物的过程中折弯，第五节吊臂下弯后搭在下方的桥式起重机主梁上，吊臂最前端下弯与地面发生接触，吊臂整体并未与机身断离，连接吊臂的转盘、底盘均未发生位置移动。造成这一事故的原因，目前尚无确切证据将其定性为产品质量或者吊装超重，但是在客观上，不存在“倾覆”或者“翻倒”的事实，即造成保险标的损失的原因，不属于李某恒所主张的、合同约定的、应当由保险公司承担赔偿责任的危险(原因)范围,保险公司对该次事故以及相应损失不应当承担保险金赔偿责任。

最后,要明确的是对格式条款存有争议时如何解释。《保险法》第三十条规定,格式条款的解释应当首先按照通常理解进行解释,采用有利于被保险人和受益人的解释的前提是,合同条款具有合理性不相上下的两种以上的解释。获得合同通常理解的方法,在于《民法典》第一百四十二条第一款的规定,即“按照所使用的词句,结合相关条款、行为的性质和目的、习惯以及诚信原则,确定意思表示的含义。”关于意思表示的解释,《民法典》仅规定了以上方法,相应的逻辑是,穷尽上述解释方法之后,意思表示的歧义即应当被消除,合同仍然存在两种以上合理性不相上下的解释的可能性微乎其微。采用有利于被保险人和受益人的解释方法,不是与文义解释、体系解释、目的解释、习惯解释、诚信解释等方法并列的、可以独立适用的合同解释方法,而是在合同条款的含义特别模糊,穷尽其他方法依然不能获得有效解释的前提下,不得不采取的救济措施。在追求通常理解的基本要求下,有利于被保险人和受益人的解释方法的适用空间极为有限。本案中,就“倾覆”一词作出文义解释即可获得通常理解,不存在两种以上合理性不相上下的解释,一审法院以“有利解释”对“倾覆”作出解释的方法不当,予以纠正。

此外,一审法院认为,“‘意外事故’是指不可预料的以及被保险人无法控制并造成物质损失的突发性事件,包括火灾和爆炸。本案中,保险标的吊车在正常吊装作业中吊臂折断受损,不存在操作人员故意或重大过失的情形,应属于被保险人不可预料且无法控制的意外事故”。这一论述的错误在于,保险合同将“倾覆”释义为,“保险标的由于自然灾害或者意外事故造成本身翻倒”,“意外事故”是修饰“倾覆”的,鉴于本案中不存在保险标的倾覆的情形,仅发生吊臂在吊装过程中的折弯,认定该吊臂折弯之事故是否属于意外事故,在本案中没有意义。

综上所述,一审法院认定事实正确,但是对于事件性质的认定以及适用法律均存在错误。保险公司的上诉理由成立,予以支持。北京金融法院判决撤销原判,驳回李某恒的全部诉讼请求。

编者注:由于承保风险的同一性及保险技术的专业性,保险合同成为具有超级附和性的格典型式条款。如何有效规制保险格式条款,维持风险控制手段合理性与投保人、被保险人权益保护间的适度平衡,是保险立法与司法关注的重点。2009 年我国保险法第二次修订时,完善了第十七条保险人缔约过程的信息提供义务、第三十条的不利解释规则,增加了第十九条特定格式条款无效的规定,构建了沿袭完整的保险合同格式条款规制体系。目前司法实践主要围绕信息提供义务与不利解释规则展开。最高人民法院在针对保险合同总则部分制定的《关于适用

〈中华人民共和国保险法〉若干问题的解释（二）》中用了将近三分之一的篇幅着力解决这两类问题，其中5个条文（第九、十、十一、十二、十三条）专门厘清缔约过程中保险人信息提供义务的适用范围、认定标准、举证责任分配，另有1个条文（第十七条）则针对保险格式条款不利解释规则的具体适用。①

《保险法》第十九条　【保险格式条款无效的认定及法律责任】

第十九条　采用保险人提供的格式条款订立的保险合同中的下列条款无效：

（一）免除保险人依法应承担的义务或者加重投保人、被保险人责任的；

（二）排除投保人、被保险人或者受益人依法享有的权利的。

相关规定

1.《民法典》

第四百九十七条　有下列情形之一的，该格式条款无效：

（一）具有本法第一编第六章第三节和本法第五百零六条规定的无效情形；

（二）提供格式条款一方不合理地免除或者减轻其责任、加重对方责任、限制对方主要权利；

（三）提供格式条款一方排除对方主要权利。

2.《最高人民法院关于适用〈中华人民共和国保险法〉若干问题的解释（二）》（法释〔2013〕14号）

第十九条第一款　保险事故发生后，被保险人或者受益人起诉保险人，保险人以被保险人或者受益人未要求第三者承担责任为由抗辩不承担保险责任的，人民法院不予支持。

典型案例

1. 王某与都邦财产保险股份有限公司福州市鼓楼支公司保险合同纠纷案（福州市中级人民法院2015年度金融商事审判十大案例）

【案情】2012年11月，王某就其车辆向都邦财产保险股份有限公司福州市鼓

① 保险格式条款司法规制的论述详见王静：《保险案件裁判精要》，法律出版社2019年版，第184－334页。

楼支公司(以下简称保险公司)投保交强险、商业第三者责任险、车辆损失险等。其中,《商业第三者责任险条款》第十二条、《车辆损失险条款》第十一条均约定:“保险车辆发生道路交通事故,保险人根据驾驶人在交通事故中所负事故责任比例相应承担赔偿责任:保险车辆方负全部事故责任的,事故责任比例不超过100%;保险车辆方负主要事故责任的,事故责任比例不超过70%;保险车辆方负同等事故责任的,事故责任比例不超过50%;保险车辆方负次要事故责任的,事故责任比例不超过30%。”

保险期间,王某驾驶被保险车辆发生交通事故,造成罗某林经抢救无效死亡,车辆局部损坏。交警部门认定王某负事故的主要责任,罗某林负次要责任。事故发生后,王某与罗某林的近亲属达成调解协议,并支付了赔偿款280,000元,被保险车辆因交通事故支出维修费9909元及施救费800元。另外,受害人罗某林的农地已被征收,其系失地农民,生活主要来源非依赖农业生产。王某起诉要求保险公司向其支付保险赔偿金人民币290,709元并支付其起诉之日起的利息。

【认定】法院认定,根据《商业第三者责任条款》第十二条的约定,对于讼争的机动车商业第三者责任保险,保险公司赔偿范围为扣除交强险赔偿后,依据保险车辆方在事故中所负责任比例而承担相应的赔偿责任。而依据《道路交通安全法》第七十六条第一款的规定,交通事故的责任人对交强险赔付不足部分,亦应按过错比例承担相应的赔偿责任,《保险法》第六十五条第四款亦规定“责任保险是指以被保险人对第三者依法应负的赔偿责任为保险标的的保险”,故上述《商业第三者责任保险条款》第十二条按责赔付的约定符合我国道理交通安全法的规定,亦契合责任保险系转嫁被保险人赔偿责任之本质特征,并不存在违反法律、行政法规强制性规定的情形,因此,对于本案商业第三者责任险部分的赔偿金额,应当根据《商业第三者责任保险条款》相关约定予以认定,即被保险车辆负主要事故责任,保险公司承担不超过70%的赔偿责任。

交通事故造成王某车辆损失金额为10,709元,保险公司应在车辆损失险赔偿范围内予以赔偿。《车辆损失险条款》第十一条亦约定,保险公司按保险车辆方所负事故责任比例承担赔偿责任。但车辆损失险不同于责任保险,其保险标的系被保险车辆,并非被保险人对第三者的赔偿责任,故按责赔付缺乏相应的法律依据。并且,按上述约定,保险车辆方所负责任越小,保险公司相应的赔偿责任越小,将产生不良的价值导向,不利于引导被保险车辆驾驶人谨慎驾驶,容易诱发道德风险。故《车辆损失险条款》第十一条按责赔付的约定,有悖公共利益,且属于免除保险人依法应承担的义务,根据《保险法》第十九条第(一)项的规定,应认定无效。因此,保险公司应赔偿王某车辆损失险部分的赔偿金10,709元。综上,保险公司应向王某支付交强险、商业第三者责任险、车辆损失险的保险赔偿金合计219,700.72元。

2. 张某诉甲保险公司财产保险合同纠纷案[上海法院金融商事审判年度十大案例,上海市第一中级人民法院(2013)沪一中民六(商)终字第353号民事判决书]

【案情】2011年6月6日,张某与甲保险公司签订保险单,被保险人为张某;保险车辆为豫PC××××/豫PN×××挂;主车承保险种为车辆损失险(保险金额107,640元)、第三者商业责任险(保险金额300,000元)、车上责任险(驾驶员)、车上责任险(乘客)、车损险不计免赔条款、三责险不计免赔条款;挂车承保险种为第三者商业责任险(保险金额50,000元)、三责险不计免赔条款;主车的保险期间自2011年6月8日0时起至2012年6月7日24时止。挂车的保险期间自2011年6月6日0时起至2012年6月5日24时止。同时投保了交强险。在车损险保险合同中有如下条款:"除本保险合同另有约定外,保险人依据保险机动车一方在事故中所负责任比例,承担相应的赔偿责任。"2012年4月12日4时许,张某的驾驶员赵某驾驶投保车辆与其他两名案外人驾驶的车辆发生交通事故,造成两名案外人死伤及车辆损坏。交警部门出具的道路交通事故证明记载该次事故责任比例无法查清。2012年5月12日,张某的车辆损失经上海道路交通事故物损评估中心评定,损失为61,920元,张某支付评估费1930元,车辆并已按此金额修复。事故另发生检验费500元、施救费2750元、停车费2405元。张某遂提起本案诉讼,请求判令甲保险公司赔付保险金64,340元。甲保险公司则依据"保险人依据保险机动车一方在事故中所负责任比例,承担相应的赔偿责任"的条款,主张按事故责任比例给付保险赔偿。

【认定】法院认为,张某就其所有的车辆向甲保险公司投保了机动车辆损失险,则投保车辆发生保险事故时,甲保险公司应在保险金额范围内承担保险理赔责任。本案所涉按比例赔付的条款,实际上将造成被保险人在车损险保险合同关系下的获赔金额与交通事故中其所负责任比例相对应的结果。而所谓交通事故责任比例,系公安机关交通管理部门根据交通事故当事人的行为对发生交通事故所起的作用以及过错的严重程度,确定的不同当事人的担责范围,责任比例较高的当事人,应当系对造成交通事故负有较重过错的一方。依照系争保险合同的上述条款,则在车损险合同关系中对于此类过错较重的交通事故当事人,因其对交通事故所负责任比例较高,反而其获赔金额亦相应较高,而相对谨慎驾驶,对造成交通事故过错较低的当事人,由于其责任比例偏低,反而无法得到充分的保险保障。这实际致使民事法律关系中过错较重方获得的保障较过错较低方更高,不但违反公平合理的民法基本原则，实质上亦将导致鼓励违法的不良社会后果。另外，被保险人在缴纳车损险保费时，其缴纳的保费数额系针对保险车辆因保险事故所导致的整体损失风险，而在保险事故发生后，被保险人所能获赔的金额却需依其事故责任比例予以确定，实质上将导致被保险人针对保险车辆整体损失风险支付保费，却只能获得部分理赔对价的结果。保险公司以此类按责任比例予以赔付的格式条款不当地免除其应承担的保险责任。据此，应当认定此类条款无效，甲保险公司不得据此主张减少其赔付金额。

3. 宁波宇辉电器有限公司与中国人民财产保险股份有限公司宁波市分公司进出口信用保险合同纠纷案［宁波中院服务外向型经济高质量发展十大典型案例，宁波市中级人民法院(2017)浙02民初442号民事判决书］

【案情】2014年7月，宁波宇辉电器有限公司（以下简称宁波宇辉公司）向中国人民财产保险股份有限公司宁波市分公司（以下简称保险公司）投保出口信用保险。《短期出口贸易信用保险条款》（以下简称《保险条款》）中的“纠纷先决条款”约定，因贸易双方存在纠纷而引起买方拒付货款或拒收货物，除非保险人书面同意，被保险人应先行仲裁或在买方所在国家（地区）起诉，在获得已生效的仲裁裁决或法院判决并申请执行前，保险人不予定损核赔。保险期间内，宁波宇辉公司向美国某公司出口产品，并约定交易争议由佛罗里达州法院管辖并适用该州法律。后该产品在美国出售时因质量问题被召回，双方一直就产品质量问题沟通协商，美国某公司因此拒付货款。宁波宇辉公司报损后，保险公司认为宁波宇辉公司应按照“纠纷先决条款”，履行定损核赔的前置程序。宁波宇辉公司遂诉至法院，请求判令：保险公司支付宇辉公司保险赔偿款6,147,808.35元人民币并赔偿相应的利息损失。

【认定】法院认为，本案的争议焦点在于《保险条款》中“纠纷先决条款”的效力问题。

首先，“纠纷先决条款”处于“赔偿处理”章节，系对未确定属于保险责任范围的情形暂不定损核赔的约定，其涉及投保人的重大利益并具有足以影响投保人决定投保与否的重要作用，保险公司应当具有提请注意及明确说明义务。保险公司就该条款也尽到了上述相关义务。第一，“纠纷先决条款”在《保险条款》中通过“加黑加粗”方式予以特别提示；第二，投保单首部即提醒宇辉公司仔细阅读《保险条款》中需特别注意的内容，尾部还以“投保人声明”及“加大加粗”字体的特别方式要求宁波宇辉公司就保险公司已经详细介绍保险条款中“赔偿处理”等免除保险人责任的条款予以确认；第三，保险公司单独印制免责条款特别提示，并在尾部要求宁波宇辉公司声明其已详细介绍了《保险条款》中“赔偿处理”等免除保险人责任的条款。综上,宁波宇辉公司作为具有正常认知能力的主体,其在开始阅读时及最终签字前均可明确注意上述提示内容。而且,“投保人声明”中具体写明了已作明确说明的条款,宁波宇辉公司多次确认保险公司就上述条款已作明确说明,其对相关条款的概念、内容、法律后果等均已充分理解,宁波宇辉公司也未提供反驳证据证明保险公司未履行明确说明义务。故宁波宇辉公司认为“纠纷先决条款”系未作提示或未明确说明的免除保险人责任条款,不对宁波宇辉公司发生效力的理由不成立,不予采信。

其次,设置“纠纷先决”程序具有合理性,相应条款并未加重投保人责任而免除保险人义务。主要理由如下:第一,出口信用保险虽然具有支持企业出口贸易的目的,但也应在保险责任范围内实现上述目的。出口贸易实践中,当事人双方出现纠纷的情形客观存在,该情形不当然属于保险公司承担出口信用保险责任的应有之义。《保险条款》第五条关于“保险责任”的约定中明确,保险公司应就买方“拖欠”货款的商业风险承担保险责任。“拖欠”意指逾期拖延时间,欠着不还或不支付,《保险条款》中对“拖欠”的具体解释为“买方收到货物后违反销售合同约定超过应付款日30天仍未支付货款”。上述解释中,保险公司承担保险责任的情形是买方未付货款不存在任何正当理由,该行为本身构成违约。而第六条“责任免除”则约定,保险公司对宁波宇辉公司的违约行为引起的损失不承担赔偿责任。第二十八条第(二)项关于“因贸易纠纷引起买方拒付货款”的特定情形下,“拒付”意味着买方未付货款的理由是贸易纠纷,但保险公司无权认定贸易纠纷是“保险责任”范畴还是“责任免除”情形,所以设置“纠纷先决”程序确有必要。第二,宁波宇辉公司有义务证明索赔情形属于保险责任范围及具体需赔偿损失的金额,从保险人代位求偿权角度来看,也意味着宁波宇辉公司需证明其对买方享有应收货款的权利。在贸易纠纷情况下,诉讼或仲裁是宁波宇辉公司履行上述证明义务的唯一途径,只有仲裁机构或法院作出的生效裁判文书确定了宁波宇辉公司对买方的应收货款及具体金额,保险公司理赔后行使代位求偿权才不会存在逻辑上的障碍。第三,“纠纷先决条款”的适用具有前提。以涉案情况为例,保险公司在宁波宇辉公司提交《可能损失通知书》后即按照程序进行了海外调查,在其初步认定双方存在贸易纠纷的情况下才适用该条款,所以该条款能否实际适用需结合案件具体情况分析,条款本身并未违背公平原则。综上,存在贸易纠纷情况下,虽然宁波宇辉公司应当履行的义务客观上存在难度,但无法据此推出加重了其责任,况且宁波宇辉公司与美国某公司之间约定了双方间的纠纷由美国法院管辖并适用美国法律解决,其理应预见到上述纠纷解决途径的适用。故宁波宇辉公司主张“纠纷先决条款”属于加重其责任而免除保险公司义务的格式条款,应认定无效的相关理由难以成立,不予采信。

综上,宁波宇辉公司在其与美国某公司间的贸易纠纷未解决之前,保险公司无法确定是否需要承担保险责任,其根据《保险条款》中“纠纷先决条款”的约定不予定损核赔,并无不当,宁波宇辉公司的相关诉请,不予支持。

权威解读

本条是关于保险格式条款内容控制规则,即不公平格式条款无效的规定。系2009年保险法修订时新增加的条文,是以内容的合理性与公平性为基本标准,对格式化保险条款进行效力评价,从而实现对格式化保险合同的规范和调整,以达到防止保险人利用格式条款损害被保险人利益的目的。从立法目的来说,是从保护投保人、被保险人利益角度,强化对保险条款内容的公平性和合法性要求。[①]

《保险法》第二十三条 【违反及时核赔义务的赔偿责任】

第二十三条　保险人收到被保险人或者受益人的赔偿或者给付保险金的请求后,应当及时作出核定;情形复杂的,应当在三十日内作出核定,但合同另有约定的除外。保险人应当将核定结果通知被保险人或者受益人;对属于保险责任的,在与被保险人或者受益人达成赔偿或者给付保险金的协议后十日内,履行赔偿或者给付保险金义务。保险合同对赔偿或者给付保险金的期限有约定的,保险人应当按照约定履行赔偿或者给付保险金义务。

保险人未及时履行前款规定义务的,除支付保险金外,应当赔偿被保险人或者受益人因此受到的损失。

任何单位和个人不得非法干预保险人履行赔偿或者给付保险金的义务,也不得限制被保险人或者受益人取得保险金的权利。

相关规定

1.《保险法》

第二十四条　保险人依照本法第二十三条的规定作出核定后,对不属于保险

① 参见《全国人民代表大会法律委员会关于〈中华人民共和国保险法(修订草案)〉修改情况的汇报》,载安建主编:《中华人民共和国保险法(修订)释义》,法律出版社2009年版,第295页。

责任的，应当自作出核定之日起三日内向被保险人或者受益人发出拒绝赔偿或者拒绝给付保险金通知书，并说明理由。

第二十五条　保险人自收到赔偿或者给付保险金的请求和有关证明、资料之日起六十日内，对其赔偿或者给付保险金的数额不能确定的，应当根据已有证明和资料可以确定的数额先予支付；保险人最终确定赔偿或者给付保险金的数额后，应当支付相应的差额。

2.《最高人民法院关于适用〈中华人民共和国保险法〉若干问题的解释（二）》（法释〔2013〕14号）

第十五条　保险法第二十三条规定的三十日核定期间，应自保险人初次收到索赔请求及投保人、被保险人或者受益人提供的有关证明和资料之日起算。

保险人主张扣除投保人、被保险人或者受益人补充提供有关证明和资料期间的，人民法院应予支持。扣除期间自保险人根据保险法第二十二条规定作出的通知到达投保人、被保险人或者受益人之日起，至投保人、被保险人或者受益人按照通知要求补充提供的有关证明和资料到达保险人之日止。

典型案例

中国平安财产保险股份有限公司大庆支公司与七台河市天宇选煤有限责任公司财产损失保险合同纠纷案［最高人民法院2021年全国法院十大商事案件之十，黑龙江省七台河市中级人民法院（2021）黑09民终1号民事判决书］

【案情】2017年10月30日14时40分，七台河市天宇选煤有限责任公司（以下简称天宇公司）名下由司机王某杰驾驶的黑K×××××号牌重型仓栅式货车，沿新兴区S308省道由西向东行驶，当车行驶至太河××秤附近路段，预穿越道路中间绿化隔离带掉头时，与同方向后方行驶的黑K×××××号牌重型自卸货车相撞，造成黑K×××××号牌重型自卸货车乘车人受伤，双方车辆受损的道路交通事故。后由公安机关出具道路交通事故认定，认定王某杰承担事故的全部责任，其他人员无责任。事故发生后，因天宇公司在中国平安财产保险股份有限公司大庆支公司（以下简称平安保险大庆支公司）处投保交强险和商业险，多次催促平安保险大庆支公司对黑K×××××号牌重型仓栅式货车核定损失进行维修，但平安保险大庆支公司拖延定损，致使天宇公司黑K×××××号牌重型仓栅式货车延期定损超过约定30日，共计58天才定损。维修时间从2017年12月28日到2018年2月7日维修完，平安保险大庆支公司于2018年3月12日支付维修款，使天宇公司车辆停运32天。经七台河市旭太价格评估有限责任公司鉴定,黑K×××××号牌重型仓栅式货车日停运损失为790.00元。

平安保险大庆支公司主张,自天宇公司报案称其涉案车辆发生交通事故后,经多次与天宇公司沟通车辆定损事宜,天宇公司均故意拖延,不予配合。天宇公司仅告知事故情况,并未提供确认保险事故性质、原因、损失程度等有关证明和材料,导致无法在30日内完成车辆定损。双方协商未果,天宇公司遂诉至法院请求判令:1.保险公司支付其按照10%免赔额未支付的车辆维修费用18,000.00元;2.支付2017年10月30日至2018年3月12日期间停运损失28天即190.00元×28天=22120.00元;3.逾期支付维修款停运32天即790.00元×32天=25,280.00元;4.救援费3000.00元。以上共计68,400.00元。

【认定】一审法院认为,天宇公司为黑K×××××号牌重型仓栅式货车在平安保险大庆支公司投保了交强险和商业险,系合法有效的合同,双方均应按照保险合同的约定行使权利和履行义务。2017年10月30日黑K×××××号牌重型仓栅式货车与黑K×××××号牌重型自御货车发生碰撞,发生交通事故,造成该车损坏。事故发生后天宇公司及时向平安保险大庆支公司报案申请理赔,而平安保险大庆支公司于2017年12月28日才对事故车辆损失进行核定,中间相差58天,根据《保险法》规定,自接到天宇公司请求后,应在最长不得超过1个月内作出核定损失的结论,但平安保险大庆支公司在此期间怠于履行法定定损、理赔的义务,应当承担违约责任,故对天宇公司因超期定损要求赔偿损失的主张予以支持。关于天宇公司的逾期支付维修款停运损失的主张,平安保险大庆支公司为天宇公司车辆定损后,应当在车辆维修完毕后将维修款及时打入维修场所的账户内,而其怠于履行职责,造成天宇公司车辆一直无法取回,停运32天的损失。天宇公司车辆系营运车辆,平安保险大庆支公司应当预料到迟延定损、理赔会造成停运损失,故应对天宇公司停运的损失承担违约责任,对该主张亦予支持。

本案车辆经鉴定机构评估鉴定日停运损失为790.00元,双方均未对鉴定意见提出异议且均未申请重新鉴定,故对该意见确定的数额予以确认。

综上,一审法院判决:平安保险大庆支公司支付天宇公司以下费用:免赔比例10%扣除的天宇公司的黑K×××××号牌重型仓栅式货车车辆维修费用18,000.00元;超期定损停运损失22,120.00元(28天×790.00元);逾期支付维修款停运损失25,280.00元(32天×790.00元);救援费3000.00元,以上共计68,400.00元。平安保险大庆支公司于判决生效后十日内立即支付。

二审法院认为,平安保险大庆支公司主张,在双方的保险合同约定中不存在赔偿停运损失的约定。天宇公司在平安保险大庆支公司投保了车损险,根据《保险法》第二十三条的规定,平安保险大庆支公司应当赔偿天宇公司停运损失。平安保险大庆支公司认为，认定车辆未按时定损及未按时支付赔偿的责任在平安保险大庆支公司没有事实根据，该理由不能成立。天宇公司车辆系营运车辆，平安保险大庆支公司未及时为天宇公司车辆定损及定损后怠于履行职责，造成停运损失，应当承担相应责任。综上，平安保险大庆支公司的上诉请求不能成立，应予驳回。据此，判决驳回上诉，维持原判。

编者注：根据最高法院发布的商事十大案件的裁判要旨，本案的典型意义在于明确保险人怠于履行法定定损、理赔的义务及延期支付维修款，造成被保险人损失应当承担民事赔偿责任。因保险公司没有及时支付保险金，导致保险标的被修理公司留置，留置期间产生的损失，也应由保险公司承担。保险人应当履行的义务不仅包括保险合同约定的义务，也包括保险法明文规定的法定义务。所以，本案中，保险公司应当承担停运损失不是基于保险合同条款的约定，而是因保险公司违反了《保险法》第 23 条所规定的及时核赔义务，依据该条第二款之规定，在支付保险金之外还应当赔偿被保险人因此受到的损失。

权威解读

责任核定是保险理赔的关键和主要内容，直接影响合同各方当事人的权利义务。本条第一款对于核定的期限作了严格限制。核定期限的基本要求是“及时”。“及时”应当解释为“合理且尽可能快”。如果具体情形复杂，应当在收到索赔请求后 30 日内作出。30 日的规定可解释为“及时”或者合理期限的法定最上限。同时，考虑到实践中保险类型多样，理赔难度彼此间差异甚大，“一刀切”地在法律上规定统一期限不符合实际，也允许保险合同可以对此作特别约定。赔偿或者给付保险金是保险人主要的合同义务，保险人不履行或不适当履行此义务，应当承担相应的赔偿责任。审核结果及时通知义务是一种由诚信原则而生的附随义务。所以，本条第二款规定，保险人未及时履行前款规定义务的，除支付保险金外，应当赔偿被保险人或者受益人因此受到的损失。①

---

① 参见吴定富：《中华人民共和国保险法（修订草案）的说明》，载安建主编：《中华人民共和国保险法（修订）释义》，法律出版社 2009 年版，第 287 页。

《保险法》第二十九条 【再保险的赔偿】

第二十九条　再保险接受人不得向原保险的投保人要求支付保险费。

原保险的被保险人或者受益人不得向再保险接受人提出赔偿或者给付保险金的请求。

再保险分出人不得以再保险接受人未履行再保险责任为由,拒绝履行或者迟延履行其原保险责任。

相关规定

《保险法》

第二十八条　保险人将其承担的保险业务,以分保形式部分转移给其他保险人的,为再保险。

应再保险接受人的要求,再保险分出人应当将其自负责任及原保险的有关情况书面告知再保险接受人。

典型案例

中国人寿财产保险股份有限公司北京市分公司与中国人民财产保险股份有限公司辽宁省分公司营业部保险合同纠纷案[北京金融法院(2021)京74民终534号民事判决书,北京金融法院十大典型案例]

【案情】2017年5月,三星公司作为甲方(投保人、被保险人)与乙方(保险人)中国人寿保险股份有限公司北京分公司(以下简称人寿保险公司)签订《GalaxyS8系列手机屏碎保障责任保险合作协议》,约定:甲方就三星系列手机屏碎保障服务向乙方投保,乙方根据本协议有关约定向甲方提供承保、理赔等相关服务,具体承保方案以保险明细表载明的条件为准,相关服务规范以三星电子手机屏碎保障服务使用手册为准;协议有效期自2017年5月1日0时起至2020年4月30日24时止;发生本项目保险合同约定范围内的保险事故的,乙方根据保险合同的约定向甲方承担保险责任。后附屏碎保报价载明:投保产品为三星GalaxyS8系列手机,每台手机官方屏幕维修价格不超过1400元,扣除300元免赔额后,保险人承担的赔偿限额不超过1100元;每台手机绝对免赔额300元;保费支付日期为投保人于收到保险费发票的15个工作日之内;从首次出单之日起3个月后满期赔付率达到70%,保险人可向投保人提出保费价格、承保条件及残值价值调整,但无论何种情况,在投保人于保险人达成一致前保险人应继续履行保险赔付责任。

之后,人寿保险公司作为甲方(首席承保人)与乙方中国人民财产保险股份有限公司辽宁省分公司营业部(以下简称人民保险公司)签订《共保协议》,约定双方以共保协议为基础,共同承担该业务的保险责任;甲方为本项目的首席承保人,乙方为共保合作人;投保产品为GalaxyS8系列手机,保险期限为6个月,起保日期以投保人提供的投保清单为准;每台手机官方屏幕维修价格不超过1400元,扣除300元免赔额后,保险人承担的赔偿限额不超过1100元;甲方共保比例为保险金额的50%,乙方共保比例为保险金额的50%,双方同意按上述共保比例各自承担甲方与被保险人、司外共保双方签订的关于该业务的保险协议及保险单项下的保险责任并享有相应的权利;甲方作为本项目的代表,负责处理与被保险人及保险合同有关的业务事宜,必要时,经甲方要求,乙方有义务协助甲方共同处理上述业务事宜。甲方负责收取保险费,甲方在收到保费后,将乙方份额内保费在5个工作日内划付至乙方账户。甲方负责赔案的缮制,乙方予以充分合作。甲方先行支付赔款,再按共保比例向乙方摊回,乙方应在收到甲方《赔款支付凭证》《赔款计算书》《赔款分摊通知书》后的五个工作日内将赔款划付给甲方。

此后,双方实际进行合作。2017年8月3日至2018年4月9日,人寿保险公司向人民保险公司划付保费39,498,996.5元。

2018年6月29日下午,三星公司作为甲方与乙方人寿保险公司签订《补充协议书》,载明:关于三星手机保险业务,甲乙双方分别于2016年11月至2017年10月签署了系列合作协议。经双方友好协商,就协议中所明示产品型号的赔款事宜,达成如下一致意见,根据甲方向乙方提供的索赔和退保邀请数据,乙方需向甲方赔款39,425,779元,并向甲方完成676,480.84元的退保款项;乙方约定于2018年6月30日前向甲方支付10,000,000元赔款并完成退保676,480.84元,并约定于2018年7月10日前,向甲方支付余29,425,779元,之后双方约定不再进行任何的索赔和退保工作;对于所有理赔残值(维修后回收的旧资材),乙方同意放弃所有权利,且同意归甲方所有且由甲方处置;甲乙双方确认,本补充协议签署后,甲乙双方之间已无合同约定的任何未决事宜,且双方同意如上所有合作协议全部终止,双方不得再依据如上协议进行任何的索赔、理赔或退保工作。

庭审中,人寿保险公司称《补充协议书》中S8系列手机保险的赔付金额是84,384,655.08元,处于亏损状态,应当由人民保险公司分担50%。对此,人民保险公司反驳称S8系列手机保险实际赔付是按照收取保费的90%进行赔付,人寿保险公司称实际上是所有手机系列总体赔付率90%,并非S8系列手机赔付率90%。人民保险公司称S8系列手机赔付率确实较高,但是因为存在赔案造假的情况以及放弃理赔残值的情形,所以三星公司同意按照90%进行折算。人寿保险公司确认存在赔案造假,但称比例非常低。

此外,人寿保险公司称S8系列手机实收保费为78,997,993元,退保778,211元,保费实际收入为78,219,782元。人民保险公司确认收到保费39,498,996.5元,但曾经退还人寿保险公司部分保费127,811元,退保后实收保费金额为39,371,185.5元,认可S8系列手机退三星公司保费778,211元。人寿保险公司主张人民保险公司就退保费用进行退还,人民保险公司表示同意。一审法院审理过程中,人民保险公司称已经就S8系列手机保险赔款向人寿保险公司支付分摊款33,794,588.33元并支付分摊费用1,180,455元。人寿保险公司对此予以确认。2018年10月16日,人寿保险公司出具《共保摊赔通知书》向人民保险公司主张分摊赔款。

另查明,人寿保险公司分别与三星公司、人民保险公司签订《补充协议》,将原保险条款中赔偿限额进行调整,将每台手机的赔偿上限由1100元调整为1200元。人寿保险公司就案涉S8系列手机保险赔款分为三批向三星公司共计支付80,682,095.08元,其中第一批,人寿保险公司支付50,598,557.9元;第二批,人寿保险公司支付21,268,996.82元;第三批,人寿保险公司支付8,814,540.36元。

人寿保险公司就S8系列手机保险赔款于2018年3月23日、2018年10月16日和2019年4月8日分三批向人民保险公司发出《共保摊赔通知书》,要求按照50%的比例进行赔款摊回。

三星公司申请理赔的S8系列手机保险赔案,人寿保险公司处理2018年5月份之前的理赔申请,之后的理赔申请不再处理。人寿保险公司称,与三星公司全系型号手机的保险合作业务均处理到了2018年5月份,因为全系型号手机的赔付金额达到了约定整体实收保费90%的赔偿限额。此后,人寿保险公司就S8系列手机也不再向三星公司进行赔付,S8系列手机的实际赔付金额并非S8系列手机实收保费的90%。

人民保险公司于庭审中自认并未将案涉《共保协议》及《补充协议》报总公司核准和备份。

人寿保险公司在一审庭审中自述:“项目开展以来,S8系赔付率居高不下,大概在150%-170%。赔付金额超出50%-70%,我们就聘请了第三方公司,找了个第三方,对相关数据进行了收集,发现有人换照片。我们联系了三星公司,三星公司通过律师向人寿保险公司催尾款,我们把三星公司数据造假的问题和他们谈了。我们双方就说不合作了,但是根据保险法,只能投保人退保,就定了一个日期,在这个日期前的款项进行清算”“三星公司的反欺诈是我们委派第三方做的,当时30万条数据中有十几条,我们拿着这个和三星公司谈的”。二审庭审中,人寿保险公司对三星公司存在案涉保险业务的系统性造假行为予以否认,并称其未有实质性证据证明三星公司在索赔方面存在造假情形,并对一审庭审时主动披露三星公司存在造假行为的意见予以否认。同时,2018 年 6 月 29 日人寿保险公司在发送给人民保险公司的邮件中第 2 条提到"我司去年底开展了第一次核查工作,发现一些存在的问题:降低了赔偿金额"。人寿保险公司称核查发现"存在的问题",系出险照片推送过慢、出险照片反复推送、针对性推送审核数据、修改数据、无投保数据、部分数据存在明显差异、要求审核数据明显延迟、推送数据过晚、要求审核数据与后台数据故障表述存在差异、出险数据未推送至后台、拒单数据下月重新推送审核、出险照片无明显标准(有标准不执行)、提供非三星公司维修作业单等,上述问题实际上是保险双方在合同合作当中出现的问题,并没有实质性证明三星公司数据造假,三星公司有理赔照片标准,但其所属维修站点,由于管理水平参差不齐,存在照片推送未按标准执行情况。人寿保险公司亦称降低赔偿金额系降低整体赔偿而并非降低每部出险手机的赔偿金额。

人寿保险公司在向三星公司赔付了保险赔款后向人民保险公司主张分摊损失,双方产生争议,遂诉至法院,请求判令人民保险公司支付共同保险协议中应由人民保险公司承担的摊赔款 6,546,459.21 元及利息。

【认定】一审法院认为,根据《共保协议》,人寿保险公司可要求人民保险公司分摊 S8 系列手机 50% 的理赔款,双方并无异议,本案的焦点在于确定 S8 系列手机保险的赔付比例。综合本案证据及双方陈述,应认定该比例为实收保费的 90%。主要理由在于:《补充协议书》载明"赔付实收保费的 90%",该条款虽未明确言明系针对 S8 系列手机,但人民保险公司与人寿保险公司之间仅针对 S8 系列手机进行合作,且邮件标题也仅提及 S8 系列手机,邮件形成时间与《补充协议书》形成于同一天,邮件内容最终也与《补充协议书》内容高度印证,此外,结合存在赔案造假和放弃残值的情形,在人寿保险公司未能提交充分证据证明 S8 系列手机保险赔付系按照赔案金额实际赔付的情况下,认定《补充协议书》时对 S8 系列手机的赔付比例应为实收保费的 90%。据此,一审法院判决:人民保险公司于判决生效后七日内向人寿保险公司支付 1,665,608.07 元及相应利息;驳回人寿保险公司的其他诉讼请求。

二审法院认为,本案二审争议焦点主要在于:

一是关于人寿保险公司与人民保险公司签订的案涉《共保协议》及《补充协议》的法律性质及其效力认定。

其一,案涉《共保协议》及《补充协议》法律性质认定。

人寿保险公司与人民保险公司均认为双方签订的案涉《共保协议》及《补充协

议》系共同保险。法院认为案涉《共保协议》及《补充协议》虽名为“共保”，但实质上符合再保险的定义及特点，应认定为再保险，主要理由如下：

关于再保险，《保险法》第二十八条第一款规定：“保险人将其承担的保险业务，以分保形式部分转移给其他保险人的，为再保险。”《再保险业务管理规定》（中国银行保险监督管理委员会令2021年第8号）第二条规定：“本规定所称再保险，是指保险人将其承担的保险业务，部分转移给其他保险人的经营行为。本规定所称直接保险，也称原保险，是相对再保险而言的保险，由投保人与保险人直接订立保险合同的保险业务……本规定所称合约分保，是指保险人与其他保险人预先订立合同，约定将一定时期内其承担的保险业务，部分向其他保险人办理再保险的经营行为……本规定所称比例再保险，是指以保险金额为基础确定再保险分出人自留额和再保险接受人分保额的再保险方式。”

关于共同保险，我国保险法并未对共保法律关系作出明确规定，但《中国保险监督管理委员会关于大型商业保险和统括保单业务有关问题的通知》（保监发〔2002〕16号）规定，“共保是共同保险的简称，是指两个或两个以上的保险公司及其分支机构（不包括同一保险公司的不同分支机构）使用同一保险合同、对同一保险标的、同一保险责任、同一保险期限和同一保险金额进行的保险”。《中国保险监督管理委员会关于加强财产保险共保业务管理的通知》（保监发〔2006〕31号）则规定，规范的共保业务应符合以下要求：被保险人同意由多个保险人进行共保；共保人共同签发保单，或由主承保人签发保单，同时附共保协议；主承保人向其他共保人收取的手续费应与分保手续费平均水平有显著区别。

从上述规范看，区分再保险与共同保险应注重以下几个关键点：参与主体方面，共同保险发生于投保人与保险人之间，系数个保险人与投保人建立的直接保险合同关系；而再保险发生于保险人与保险人之间，参与主体仅为再保险分出人与分入人。权利义务方面，共同保险权利义务直接发生于投保人与保险人之间，而再保险分入人与投保人不存在直接的权利义务关系。保险费收取方面，共同保险投保人系向数名保险人提出保险要求，由各保险人承担保险责任并收取相应保险费；而再保险中，再保险分出人从投保人处收取保费后向再保险分入人支付相应保费，再保险分入人并不直接从原保险投保人收取保费。责任分摊方面，共同保险是两个或两个以上的保险公司及其分支机构（不包括同一保险公司的不同分支机构）使用同一保险合同、对同一保险标的、同一保险责任、同一保险期限和同一保险金额进行的保险，是对责任的横向分担；而再保险合同中，再保险分入人就原保险合同的责任进行承保，不直接对原保险合同的被保险人承保，原保险人通过合同约定，将原保险合同的保险业务部分转移给再保险分入人，系责任的纵向分担。

具体到本案，首先，从参与主体来看，人寿保险公司作为合同甲方（首席承保人）与乙方人民保险公司签订《共保协议》，约定就S8系列手机屏碎保险项目共保事宜达成协议，“共保”的主要条件同人寿保险公司与三星公司《合作协议》附件一中《保险明细表》一致，三星公司非《共保协议》的合同主体。人寿保险公司虽提交李某博向三星公司手机部企划经理年某兵发送的电子邮件，用以证明人寿保险公司将S8系列手机共保情况已通知三星公司，但年某兵并非三星公司与人寿保险公司签订《合作协议》的授权代表，现有证据无法证明投保人三星公司同意由多个保险人进行共保。故从参与主体的角度看，《共保协议》发生于人寿保险公司与人民保险公司两个保险人之间，原保险投保人并未参与，符合再保险参与主体的特点。其次，从权利义务构成看，《共保协议》并未作为《合作协议》的附件附后，人寿保险公司亦不能提供案涉保单原件或副本以证明人寿保险公司和人民保险公司作为共同保险人就S8系列手机项目向三星公司进行共同承保。因此，人民保险公司与投保人三星公司之间并不存在直接的权利义务关系，人寿保险公司与人民保险公司之间的法律关系从形式外观来看，不符合共保的特点，更符合保险法第二十八条关于“再保险”的规定，即人寿保险公司通过《共保协议》，将其与三星公司确定的保险业务以分保形式部分转移给人民保险公司。再次，从保费收取看，2017年8月3日至2018年4月9日，人寿保险公司向人民保险公司划付保费39,498,996.5元，人民保险公司并未直接从投保人三星公司处收取保费。最后，从损失发生后责任承担看，投保人并未直接向人民保险公司索赔，而是向人寿保险公司索赔，人寿保险公司向投保人赔付后再向人民保险公司主张分摊，更符合再保险的特点。

综上，人寿保险公司与人民保险公司签订的《共保协议》及《补充协议》，约定了将S8系列手机的屏碎保障保险业务由人寿保险公司分出给人民保险公司，对于该业务中6个月内的投保产品的保险赔付责任按固定比例进行分摊，案涉S8系列手机保险条款在《共保协议》及《补充协议》有效期内反复适用，此种约定符合上述再保险规范中的合约分保与比例再保险的特点，据此，人寿保险公司与人民保险公司之间构成再保险合同法律关系，本案案由亦应确定为再保险合同纠纷。

其二，关于案涉《共保协议》及《补充协议》的效力认定问题。

对于合同效力，《合同法》第五十二条规定：“有下列情形之一的，合同无效：（一）一方以欺诈、胁迫的手段订立合同，损害国家利益；（二）恶意串通，损害国家、集体或者第三人利益；（三）以合法形式掩盖非法目的；（四）损害社会公共利益；（五）违反法律、行政法规的强制性规定。”违反规章一般情况下不影响合同效力，但该规章的内容涉及金融安全、市场秩序、国家宏观政策等公序良俗的，应当认定合同无效。人民法院在认定规章是否涉及公序良俗时，要在考察规范对象基础上，兼顾监管强度、交易安全保护以及社会影响等方面进行慎重考量。

本案中，监管机构对于再保险业务的办理出台过相关规定。其中，《中国保监会关于加强财产保险公司再保险分入业务管理有关事项的通知》（保监发〔2014〕76 号）第四条规定：财产保险公司再保险分入业务的核保、核赔、会计处理、财务结算应由总公司职能部门统一办理。除中国保监会另有规定外，分支机构不得办理再保险分入业务的核保、核赔、会计处理、财务结算。中国银行保险监督管理委员会于 2021 年修订的《再保险业务管理规定》（中国银行保险监督管理委员会令 2021 年第 8 号），亦规定“直接保险公司开展再保险分入业务的，应当满足以下条件：（一）由总公司统一办理，除银保监会另有规定外，分支机构不得办理再保险分入业务；（二）设立独立的再保险部门……”。依据查明的事实，人民保险公司作为分公司系本案的再保险分入人，其自认并未将案涉《共保协议》报总公司核准和备份，违反了前述规定。但上述规范系部门规章，其关于分支机构不得办理再保险分入业务而需经总公司核准和备份的规定，系对保险公司分支机构经营范围的规定，属于典型的管理性规定，且仅就保险公司分支机构未经总公司核准而从事再保险分入分出业务而言，难以与违背金融安全、市场秩序、国家宏观政策等公序良俗建立直接联系。

综上，人寿保险公司与人民保险公司签订的《共保协议》及《补充协议》，均系各方当事人真实意思表示，内容不违反法律、行政法规的强制性规定，合法有效。

二是应采用何种方式或比例对赔偿款进行分摊。

对于赔偿款分摊问题，人寿保险公司上诉称人民保险公司应按照《共保协议》的约定向人寿保险公司摊赔案涉三星 S8 保险业务赔付金额的 50%。对此，本院认为，本案赔偿款分摊方式及比例应结合再保险赔款摊回的“共命运”原则进行确定。

《财产保险公司再保险管理规范》（保监发〔2012〕7 号）第三章第一节第六条规定：“再保险双方应严格按照分保条件约定进行赔案管理，任何一方均不能以任何理由拒绝履行或拖延履行发送出险通知、提供赔案资料和摊回赔款等责任。赔款摊回适用‘共命运’原则，即在分出公司根据保险条款尽职厘定损失的前提下，分出公司的理赔决定自动适用于再保险接受人。再保险接受人的赔偿责任限于原保单以及再保险合同约定的保险责任范围，分出公司自身的坏账、倒闭等财务风险，以及未经再保险公司同意的通融赔付（分出公司明知无实际赔偿责任的自愿赔付）等除外。”从上述规定及保险法基本原理出发，再保险赔款分摊应适用共命运原则确定赔款分摊，而再保险分出人尽到最大诚信原则以及审慎尽职厘定保险实际损失则是适用共命运原则的前提。具体而言，共命运条款作为再保险合同的基本条款，一般是指凡是有关保险费收取、赔款结付、对受损标的的施救、损失收回、向第三者追偿等事项，授权由原保险人（再保险分出人）为维护再保双方共同利益作出决定，由此产生的一切权利与义务由双方按达成的协议规定共同分享和分担。最大诚信原则是保险合同当事人订立合同及在合同有效期内，应依法向对方提供影响对方做出订约与履约决定的全部重要事实，同时绝对信守合同订立的约定与承诺，否则受到损害的一方可以以此为由宣布合同无效或不履行合同约定的责任或义务，甚至对因此受到的损害还可要求对方赔偿。审慎尽职厘定保险实际损失系要求再保险分出人在处理赔偿时进行合理务实的调查，处理赔偿时避免出现重大过失或过于草率，否则，再保险分入人可相应降低赔偿责任。

具体到本案，人寿保险公司在履行保险合同义务时违反了最大诚信原则，且在厘定损失方面存在过失。理由如下：

1. 人寿保险公司未尽职厘定损失，导致案涉保险业务满期赔付率、出险率、赔偿金额等方面出现异常。

人寿保险公司上诉称，《共保协议》确立的原则是只要人寿保险公司实际赔付出去的款项，人民保险公司就需要进行分摊。本案中，人寿保险公司审核三星公司理赔申请 120,175 部，实际赔付 93,498 部。从人寿保险公司提供的数据综合分析，人寿保险公司就案涉 S8 系列手机保险业务向三星公司出具 9 份保单，其中初始出具 2 份保单的满期赔付率、出险率、赔偿金额等指标明显高于后续保单。人寿保险公司称，造成上述事实的原因系与三星公司之间案涉保险业务开始属磨合期间，后期提高了审核标准，从而降低了各项指标。对此，法院认为，人寿保险公司的辩称恰恰表明其并未在案涉保险业务开始就严格审核标准，导致畸高的满期赔付率发生，其并未尽职厘定各保单当期赔偿金额。从出险率指标看，出险率指标的变化表明，人寿保险公司并未在案涉保险业务开始就严格审核标准，导致出险率发生异常变化，其对于尽职厘定损失的义务履行存在过失。此外，人寿保险公司与三星公司签订的《合作协议》附件一中约定："从首次出单之日起三个月后满期赔付率达到 70%，保险人可向投保人提出保费价格、承保条件及残值价值调整，但无论何种情况，在投保人与保险人达成一致前保险人应继续履行保险赔付责任。"而从现证据看，人寿保险公司在满期赔付率指标数期高于 70% 之时，并未及时在首次出单之日起三个月后及时行使合同权利与投保人协商调整保费、承保条件及残值价值，违反了最大诚信原则。

2. 人寿保险公司并未就保险残值问题与人民保险公司进行告知与沟通，违反了最大诚信原则，其自行放弃保险残值的行为表明其在履行尽职厘定损失义务时存在过失。

《保险法》第五十九条规定:"保险事故发生后,保险人已支付了全部保险金额,并且保险金额等于保险价值的,受损保险标的的全部权利归于保险人;保险金额低于保险价值的,保险人按照保险金额与保险价值的比例取得受损保险标的的部分权利。"依据上述规定,再保险合同履行过程中,再保险分入人应有权利按其份额得到与赔案相关的残值或相应款项。人寿保险公司与三星公司2018年6月29日签订的《补充协议》第2条约定:"对于所有理赔残值(维修后回收的旧资财),人寿保险公司同意放弃所有权利,且同意归三星公司所有且由三星公司处置。"但人寿保险公司在与三星公司签订《补充协议》前,并未就保险残值问题对人民保险公司进行告知与沟通,人民保险公司亦未明示放弃保险残值权利。对此,二审中,人民保险公司提交S8系列手机屏幕相关更换和维修视频,用以证明被更换的S8系列手机碎屏存有残值。人寿保险公司则称,S8系列手机屏幕系曲面屏,该碎屏无任何修复或二次出售的价值,协议中关于残值处理的约定属于权利宣誓放弃条款,并不代表S8系列手机碎屏必然存有残值;但人寿保险公司并未提交相应证据。故,在人寿保险公司并未提交充足证据证明S8系列手机碎屏不存有残值的情况下,其应对自行放弃理赔残值的行为单独承担案涉保险赔偿的部分责任。

综上所述,关于案涉赔偿款分摊问题,依据各方合同约定,结合保险合同中满期赔付率、出险率等异常指标导致的赔偿金额过高以及人寿保险公司放弃理赔残值金额等因素,法院酌定人寿保险公司自行承担案涉三星S8保险业务赔付责任的10%,其余90%的赔偿责任由人寿保险公司和人民保险公司按《共保协议》约定的比例分摊。

现有证据表明,人寿保险公司实际向三星公司支付S8系列手机保险赔款80,682,095.08元。

综上,结合双方在庭审中关于退保费用分担达成的一致意见,人民保险公司应当向人寿保险公司支付的款项为:S8系列手机总赔款支出80,682,095.08元×(1-10%)×50%-人民保险公司已分摊赔款33,794,588.33元+(退三星公司保费778,211元÷2-人民保险公司已退还保费款项127,811元)=2,773,648.96元。另外,人寿保险公司主张人民保险公司逾期利息主张,鉴于人寿保险公司在履行保险合同义务存在的过失,该主张缺乏合同与法律依据,不予支持。

人寿保险公司的上诉请求部分成立,予以支持。北京金融法院二审改判:维持原审判决第二项,撤销原审判决第一项,人民保险公司于判决生效之日起七日内向人寿保险公司支付2,773,648.96元。

权威解读

再保险合同又称为“分保合同”，是指保险人在原保险合同的基础上，将其承担的部分风险和责任分散和转嫁给其他保险人而订立的保险合同。在再保险关系中，直接接受保险业务的保险人称为原保险人，也叫再保险分出人；接受分出保险责任的保险人称为再保险接受人，也叫再保险人。

再保险虽然是在原保险合同的基础上建立的，但两者在法律上是各自独立存在的，合同相对性原理在再保险合同中同样适用。再保险的权利义务关系与原保险的权利义务关系，是相互独立的法律关系。再保险接受人与原保险的投保人、被保险人、受益人之间，不存在直接的权利义务关系。保险法对此予以了强调。①

编者注：再保险与共同保险均系保险行业分散风险、增强风险抵御能力的业务合作方式，但在权利义务承担上存在明显差异。尤其是再保险作为保险法明文规定的一种保险业务，业务的办理应当严格按照保险监督管理机构的监管要求，遵循“合同相对性”规则及审慎和最大诚信原则。司法实践中，应当贯彻穿透式审判思维，从金融安全、市场秩序、国家宏观政策方面综合审查合同效力，准确区分名为“共同保险”实为“再保险”的合同性质。

《保险法》第三十条　【保险格式条款的解释】

第三十条　采用保险人提供的格式条款订立的保险合同，保险人与投保人、被保险人或者受益人对合同条款有争议的，应当按照通常理解予以解释。对合同条款有两种以上解释的，人民法院或者仲裁机构应当作出有利于被保险人和受益人的解释。

相关规定

1.《民法典》

第四百六十六条　当事人对合同条款的理解有争议的，应当依据本法第一百四十二条第一款的规定，确定争议条款的含义。

合同文本采用两种以上文字订立并约定具有同等效力的，对各文本使用的词句推定具有相同含义。各文本使用的词句不一致的，应当根据合同的相关条款、

① 参见安建主编：《中华人民共和国保险法（修订）释义》，法律出版社2009年版，第77页。

性质、目的以及诚信原则等予以解释。

第四百九十八条 对格式条款的理解发生争议的，应当按照通常理解予以解释。对格式条款有两种以上解释的，应当作出不利于提供格式条款一方的解释。格式条款和非格式条款不一致的，应当采用非格式条款。

2.《最高人民法院关于适用〈中华人民共和国保险法〉若干问题的解释（二）》（法释〔2013〕14号）

第十七条 保险人在其提供的保险合同格式条款中对非保险术语所作的解释符合专业意义，或者虽不符合专业意义，但有利于投保人、被保险人或者受益人的，人民法院应予认可。

典型案例

1.海南丰海粮油工业有限公司诉中国人民财产保险股份有限公司海南省分公司海上货物运输保险合同纠纷案（最高人民法院指导案例52号）

【案情】1995年11月28日，海南丰海粮油工业有限公司（以下简称丰海公司）在中国人民财产保险股份有限公司海南省分公司（以下简称海南人保）投保了由印度尼西亚籍“哈卡”轮（HAGAAG）所运载的自印度尼西亚杜迈港至中国洋浦港的4999.85吨桶装棕榈油，投保险别为一切险，货价为3,574,892.75美元，保险金额为3,951,258美元，保险费为18,966美元。投保后，丰海公司依约向海南人保支付了保险费，海南人保向丰海公司发出了起运通知，签发了海洋货物运输保险单，并将海洋货物运输保险条款附于保单之后。根据保险条款规定，一切险的承保范围除包括平安险和水渍险的各项责任外，海南人保还“负责被保险货物在运输途中由于外来原因所致的全部或部分损失”。该条款还规定了5项除外责任。上述投保货物是由丰海公司以CNF价格向新加坡丰益私人有限公司（以下简称丰益公司）购买的。根据买卖合同约定，发货人丰益公司与船东代理梁国际代理有限公司（以下简称梁国际）签订一份租约。该租约约定由“哈卡”轮将丰海公司投保的货物5000吨棕榈油运至中国洋浦港，将另1000吨棕榈油运往香港。

1995年11月29日，“哈卡”轮的期租船人、该批货物的实际承运人印度尼西亚PT. SAMUDERAINDRA公司（以下简称PSI公司）签发了编号为DM/YPU/1490/95的已装船提单。该提单载明船舶为“哈卡”轮，装货港为印度尼西亚杜迈港，卸货港为中国洋浦港，货物唛头为BATCHNO. 80211/95，装货数量为4999.85吨，清洁、运费已付。据查，发货人丰益公司将运费支付给梁国际，梁国际已将运费支付给PSI公司。1995年12月14日，丰海公司向其开证银行付款赎单，取得了上述投保货物的全套(3 份)正本提单。1995 年 11 月 23 日至 29 日,“哈卡”轮在杜迈港装载 31623 桶、净重 5999.82 吨四海牌棕榈油启航后,由于“哈卡”轮船东印度尼西亚 PT. PERUSAHAANPELAYARANBAHTERABINTANGSELATAN 公司(以下简称 BBS 公司)与该轮的期租船人 PSI 公司之间因船舶租金发生纠纷,“哈卡”轮中止了提单约定的航程并对外封锁了该轮的动态情况。

为避免投保货物的损失,丰益公司、丰海公司、海南人保多次派代表参加“哈卡”轮船东与期租船人之间的协商,但由于船东以未收到租金为由不肯透露“哈卡”轮行踪,多方会谈未果。此后,丰益公司、丰海公司通过多种渠道交涉并多方查找“哈卡”轮行踪,海南人保亦通过其驻外机构协助查找“哈卡”轮。直至 1996 年 4 月,“哈卡”轮走私至中国汕尾被中国海警查获。根据广州市人民检察院穗检刑免字(1996)64 号《免予起诉决定书》的认定,1996 年 1 月至 3 月,“哈卡”轮船长埃里斯·伦巴克根据 BBS 公司指令,指挥船员将其中 11325 桶、2100 多吨棕榈油转载到属同一船公司的“依瓦那”和“萨拉哈”货船上运走销售,又让船员将船名“哈卡”轮涂改为“伊莉莎 2”号(ELIZA Ⅱ)。1996 年 4 月,更改为“伊莉莎 2”号的货船载剩余货物 20298 桶棕榈油走私至中国汕尾,4 月 16 日被我海警查获。上述 20298 桶棕榈油已被广东省检察机关作为走私货物没收上缴国库。1996 年 6 月 6 日丰海公司向海南人保递交索赔报告书,8 月 20 日丰海公司再次向海南人保提出书面索赔申请,海南人保明确表示拒赔。丰海公司遂诉至海口海事法院。

丰海公司是海南丰源贸易发展有限公司和新加坡海源国际有限公司于 1995 年 8 月 14 日开办的中外合资经营企业。该公司成立后,就与海南人保建立了业务关系。1995 年 10 月 1 日至同年 11 月 28 日(本案保险单签发前)就发生了 4 笔进口棕榈油保险业务,其中 3 笔投保的险别为一切险,另 1 笔为“一切险附加战争险”。该 4 笔保险均发生索赔,其中有因为一切险范围内的货物短少、破漏发生的赔付。

【认定】最高人民法院认为,本案为国际海上货物运输保险合同纠纷,被保险人、保险货物的目的港等均在中华人民共和国境内,原审以中华人民共和国法律作为解决本案纠纷的准据法正确,双方当事人亦无异议。

丰海公司与海南人保之间订立的保险合同合法有效,双方的权利义务应受保险单及所附保险条款的约束。本案保险标的已经发生实际全损,对此发货人丰益公司没有过错,亦无证据证明被保险人丰海公司存在故意或过失。保险标的的损失是由于“哈卡”轮船东 BBS 公司与期租船人之间的租金纠纷,将船载货物运走销售和走私行为造成的。本案争议的焦点在于如何理解涉案保险条款中一切险的责任范围。

二审审理中，海南省高级人民法院认为，根据保险单所附的保险条款和保险行业惯例，一切险的责任范围包括平安险、水渍险和普通附加险（即偷窃提货不着险、淡水雨淋险、短量险、沾污险、渗漏险、碰损破碎险、串味险、受潮受热险、钩损险、包装破损险和锈损险），中国人民银行《关于〈海洋运输货物保险"一切险"条款解释的请示〉的复函》亦作了相同的明确规定。可见，丰海公司投保货物的损失不属于一切险的责任范围。此外，鉴于海南人保与丰海公司有长期的保险业务关系，在本案纠纷发生前，双方曾多次签订保险合同，并且海南人保还作过一切险范围内的赔付，所以丰海公司对本案保险合同的主要内容、免责条款及一切险的责任范围应该是清楚的，故认定一审判决适用法律错误。

根据涉案"海洋运输货物保险条款"的规定，一切险除了包括平安险、水渍险的各项责任外，还负责被保险货物在运输过程中由于各种外来原因所造成的损失。同时保险条款中还明确列明了5种除外责任，即：①被保险人的故意行为或过失所造成的损失；②属于发货人责任所引起的损失；③在保险责任开始前，被保险货物已存在的品质不良或数量短差所造成的损失；④被保险货物的自然损耗、本质缺陷、特性以及市价跌落、运输迟延所引起的损失；⑤本公司海洋运输货物战争险条款和货物运输罢工险条款规定的责任范围和除外责任。从上述保险条款的规定看，海洋运输货物保险条款中的一切险条款具有如下特点：

一是一切险并非列明风险，而是非列明风险。在海洋运输货物保险条款中，平安险、水渍险为列明的风险，而一切险则为平安险、水渍险再加上未列明的运输途中由于外来原因造成的保险标的的损失。

二是保险标的的损失必须是外来原因造成的。被保险人在向保险人要求保险赔偿时，必须证明保险标的的损失是因为运输途中外来原因引起的。外来原因可以是自然原因，亦可以是人为的意外事故。但是一切险承保的风险具有不确定性，要求是不能确定的、意外的、无法列举的承保风险。对于那些预期的、确定的、正常的危险，则不属于外来原因的责任范围。

三是外来原因应当限于运输途中发生的，排除了运输发生以前和运输结束后发生的事故。只要被保险人证明损失并非因其自身原因，而是由于运输途中的意外事故造成的，保险人就应当承担保险赔偿责任。

根据保险法的规定，保险合同中规定有关于保险人责任免除条款的，保险人在订立合同时应当向投保人明确说明，未明确说明的，该条款仍然不能产生效力。据此，保险条款中列明的除外责任虽然不在保险人赔偿之列，但是应当以签订保险合同时，保险人已将除外责任条款明确告知被保险人为前提。否则，该除外责任条款不能约束被保险人。

关于中国人民银行的复函意见。在保监委成立之前,中国人民银行系保险行业的行政主管机关。1997年5月1日,中国人民银行致中国人民保险公司《关于〈海洋运输货物保险“一切险”条款解释的请示〉的复函》中,认为一切险承保的范围是平安险、水渍险及被保险货物在运输途中由于外来原因所致的全部或部分损失。并且进一步提出:外来原因仅指偷窃、提货不着、淡水雨淋等。1998年11月27日,中国人民银行在对《中保财产保险有限公司关于海洋运输货物保险条款解释》的复函中,再次明确一切险的责任范围包括平安险、水渍险及被保险货物在运输途中由于外来原因所致的全部或部分损失。其中外来原因所致的全部或部分损失是指11种一般附加险。鉴于中国人民银行的上述复函不是法律法规,亦不属于行政规章。根据《中华人民共和国立法法》的规定,国务院各部、委员会、中国人民银行、国家审计署以及具有行政管理职能的直属机构,可以根据法律和国务院的行政法规、决定、命令,在本部门的权限范围内,制定规章;部门规章规定的事项应当属于执行法律或者国务院的行政法规、决定、命令的事项。因此,保险条款亦不在职能部门有权制定的规章范围之内,故中国人民银行对保险条款的解释不能作为约束被保险人的依据。另外,中国人民银行关于一切险的复函属于对保险合同条款的解释。而对于平等主体之间签订的保险合同,依法只有人民法院和仲裁机构才有权作出约束当事人的解释。为此,上述复函不能约束被保险人。要使该复函所做解释成为约束被保险人的合同条款,只能是将其作为保险合同的内容附在保险单中。之所以产生中国人民保险公司向主管机关请示一切险的责任范围,主管机关对此作出答复,恰恰说明对于一切险的理解存在争议。而依据《保险法》第三十一条的规定,对于保险合同的条款,保险人与投保人、被保险人或者受益人有争议时,人民法院或者仲裁机关应当作有利于被保险人和受益人的解释。作为行业主管机关作出对本行业有利的解释,不能适用于非本行业的合同当事人。

综上,应认定本案保险事故属一切险的责任范围。二审法院认为丰海公司投保货物的损失不属一切险的责任范围错误,应予纠正。丰海公司的再审申请理由依据充分,应予支持。

2. 苏黎世财产保险(中国)有限公司与东京海上日动火灾保险(中国)有限公司申请确认仲裁协议效力案[上海金融法院(2019)沪74民特27号民事判决书]

【案情】2009年5月1日,东京海上日动火灾保险(中国)有限公司上海分公司(以下简称东京海上日动上海分公司)作为保险人与三菱公司作为被保险人签订《内陆货物运输保险开口保单》(水运和陆运),其中第10条约定,如果保险人和被保险人之间产生任何争议,双方应通过协商解决争议。如果无法通过协商解决，任何一方或双方可以根据仲裁规则向中国海事仲裁委员会（CMAC）上海分会申请仲裁。2015 年 8 月 13 日，申请人作为再保险人与东京海上日动上海分公司作为再保被保险人签订《RESINSURANCESLIP》，约定保险利益、保险期限、保险金额、保险费、管辖等参见原保单，保单编号 PB××××××××××。被申请人于 2019 年 7 月 17 日向中国海事仲裁委员会上海分会提交仲裁申请，就上述开口保单及《RESINSURANCESLIP》所引起的争议申请仲裁。

审理中，被申请人提供编号为 PB××××××××××的保单。该保单载明，被保险人三菱公司，保单有效期为 2015 年 5 月 1 日 0:00 至 2015 年 5 月 31 日 24:00 的开口保单下的申报，运输工具、启运地点、目的地、保险标的以及其他特别条款和条件均 ASPERSTATEDINO/P，如果本公司与被保险人之间发生任何争议，双方应通过谈判解决，如果无法通过谈判解决，双方都可以向中国海事仲裁委员会上海分会申请根据其仲裁规则进行仲裁。经申请，本院向被申请人开具调查令至三菱公司调取三菱公司持有的编号为 PB××××××××××的保单。经审核，三菱公司持有的保单与被申请人提供的上述保单内容一致。

【认定】上海金融法院认为，本案双方争议的焦点在于：一、申请人与东京海上日动上海分公司签订的《RESINSURANCESLIP》中约定的原保险单中是否存在有效的仲裁协议；二、如果原保险单中存在有效的仲裁条款，该仲裁条款对于本案被申请人与申请人之间因再保险合同产生的争议是否适用。

关于争议焦点一，申请人主张，RESINSURANCESLIP 中约定的原保险单是指编号 PB××××××××××的保单，由于该保单为被申请人单方掌握的证据，且自己并非该保单的当事方，因此对于被申请人于本案审理中提供的该编号的保单的真实性亦无法确认。被申请人主张，原保单是指东京海上日动上海分公司与三菱公司签订的《内陆货物运输保险开口保单》。对此，法院认为，审理中被申请人提供了编号 PB××××××××××的保单，申请人虽然并非该保单的当事人，但再保险合同中明确载明该保单，而且申请人认为该保单即是再保险合同中约定的原保单，也即申请人认为再保险合同中的诸多条款均参照该保单，现申请人对被申请人提供的该保单仅单纯否认，未提供任何相反的证据。而且，经审核，被申请人提供的保单与被申请人持法院调查令至三菱公司调取的保单一致。因此，本院对被申请人提供的编号 PB××××××××××的保单的真实性予以确认。据此，无论 RESINSURANCESLIP 中约定的原保单是指编号 PB××××××××××的保单还是《内陆货物运输保险开口保单》，其中均约定了仲裁条款，而且请求仲裁的意思表示、仲裁事项及仲裁委员会的约定明确，依法有效。

关于争议焦点二，根据查明的事实，东京海上日动上海分公司与申请人之间签署的再保险合同约定包括管辖在内的事项均按照原保单。此即合同条款的并入。由于原保险合同与再保险合同是两个独立的合同，而且纠纷解决方式的选择对于当事人诉权的实现有直接影响，因此，仲裁协议是否并入应当探明并尊重当事人的意思表示。具体到本案，其一，再保险合同就仲裁条款的并入进行了明确具体的表述而非概括性约定。再保险合同将管辖，即 Jurisdiction 与保险利益、保险期限等事项单独列出，明确约定按照原保险单。审查中，申请人与被申请人双方就“Jurisdiction"一词的含义产生争议。申请人认为，Jurisdiction 仅指司法管辖，由于原保单仅约定仲裁条款并无司法管辖的约定，因此再保险合同无参照内容，也不可能适用仲裁条款。被申请人认为，Jurisdiction 并非仅指司法管辖也包括仲裁管辖，按照原保单就是指其中的仲裁条款。法院认为，本案双方均为外资保险公司，涉案合同也均以英文起草并签署，在双方就 Jurisdiction 的含义产生争议的情况下，应按照该词语通常的涵义予以界定。在英文中，Jurisdiction 并非特指司法管辖，也可在指代诉讼、仲裁等纠纷解决方式的层面上适用。本案原保单没有司法管辖的约定，双方约定参照原保单即系指仲裁条款的约定。其二，涉案再保险合同虽然是由东京海上日动上海分公司向申请人签发的，但从其内容和样式来看，并不属于格式合同，应当认定为双方协商的结果。综上，申请人与东京海上日动上海分公司之间再保险合同中关于仲裁条款并入的约定意思表示明确，对于双方均具有法律约束力。

申请人另主张，与申请人签署再保险合同的为东京海上日动上海分公司之间并无再保险合同关系，也无仲裁条款的约定。对此，法院认为，东京海上日动上海分公司系被申请人的分公司，现由被申请人就上述再保险合同项下的争议申请仲裁，上述仲裁条款也当然适用于申请人、被申请人双方。被申请人的此抗辩意见，不予采纳。综上，驳回申请人的申请。

权威解读

2009 年保险法修订时，针对保险格式条款的解释规则作了两个方面的修改：一是明确了本条适用的对象，即仅适用于采用保险人提供的格式条款订立的合同。如果是保险人与投保人充分协商形成的条款，其解释不适用本条规定。二是明确了本条适用的前提条件，即当双方对条款的理解有争议时，并不是当然适用有利于被保险人、受益人解释的原则，而是首先按照通常的理解予以解释；仍然存在两种以上通常理解的，才适用有利于被保险人、受益人的解释。这样规定更加公平,有利于保险双方的利益。[①]

《保险法》第四十七条 【保单现金价值的退还】

第四十七条 投保人解除合同的,保险人应当自收到解除合同通知之日起三十日内,按照合同约定退还保险单的现金价值。

相关规定

1.《保险法》

第三十二条第一款 投保人申报的被保险人年龄不真实,并且其真实年龄不符合合同约定的年龄限制的,保险人可以解除合同,并按照合同约定退还保险单的现金价值。保险人行使合同解除权,适用本法第十六条第三款、第六款的规定。

第三十七条 合同效力依照本法第三十六条规定中止的,经保险人与投保人协商并达成协议,在投保人补交保险费后,合同效力恢复。但是,自合同效力中止之日起满二年双方未达成协议的,保险人有权解除合同。

保险人依照前款规定解除合同的,应当按照合同约定退还保险单的现金价值。

第四十三条第一款 投保人故意造成被保险人死亡、伤残或者疾病的,保险人不承担给付保险金的责任。投保人已交足二年以上保险费的,保险人应当按照合同约定向其他权利人退还保险单的现金价值。

第四十四条 以被保险人死亡为给付保险金条件的合同,自合同成立或者合同效力恢复之日起二年内,被保险人自杀的,保险人不承担给付保险金的责任,但被保险人自杀时为无民事行为能力人的除外。

保险人依照前款规定不承担给付保险金责任的,应当按照合同约定退还保险单的现金价值。

第四十五条 因被保险人故意犯罪或者抗拒依法采取的刑事强制措施导致其伤残或者死亡的,保险人不承担给付保险金的责任。投保人已交足二年以上保险费的,保险人应当按照合同约定退还保险单的现金价值。

---

① 参见安建主编:《中华人民共和国保险法(修订)释义》,法律出版社 2009 年版,第 63 页。

2.《最高人民法院关于适用〈中华人民共和国保险法〉若干问题的解释(三)》(法释〔2015〕21号,2020年12月23日修正)

第十六条 保险合同解除时,投保人与被保险人、受益人为不同主体,被保险人或者受益人要求退还保险单的现金价值的,人民法院不予支持,但保险合同另有约定的除外。

投保人故意造成被保险人死亡、伤残或者疾病,保险人依照保险法第四十三条规定退还保险单的现金价值的,其他权利人按照被保险人、被保险人的继承人的顺序确定。

3.《最高人民法院关于印发〈第八次全国法院民事商事审判工作会议(民事部分)纪要〉的通知》(法〔2016〕399号)

二、关于婚姻家庭纠纷案件的审理

……

4. 婚姻关系存续期间以夫妻共同财产投保,投保人和被保险人同为夫妻一方,离婚时处于保险期内,投保人不愿意继续投保的,保险人退还的保险单现金价值部分应按照夫妻共同财产处理;离婚时投保人选择继续投保的,投保人应当支付保险单现金价值的一半给另一方。

5. 婚姻关系存续期间,夫妻一方作为被保险人依据意外伤害保险合同、健康保险合同获得的具有人身性质的保险金,或者夫妻一方作为受益人依据以死亡为给付条件的人寿保险合同获得的保险金,宜认定为个人财产,但双方另有约定的除外。

婚姻关系存续期间,夫妻一方依据以生存到一定年龄为给付条件的具有现金价值的保险合同获得的保险金,宜认定为夫妻共同财产,但双方另有约定的除外。

4.《中国银行保险监督管理委员会办公厅关于规范银行业金融机构协助有权机关办理保险公司资本保证金账户查询、冻结、扣划有关事宜的通知》(银保监办发〔2020〕91号)

一、本通知所指银行业金融机构是指根据《保险公司资本保证金管理办法》的规定,符合相应条件的国有商业银行(含邮政储蓄银行)、股份制商业银行、城市商业银行。

资本保证金,是指根据《中华人民共和国保险法》《保险公司资本保证金管理办法》的规定,保险公司成立后按照其注册资本总额的20%提取的,除保险公司清算时用于清偿债务等特定用途外不得动用的资金。

二、银行业金融机构应当建立保险公司资本保证金账户管理制度,妥善处理相关账户接受有权机关查询、冻结、扣划等事项。

三、银行业金融机构应与存款人核实账户资金性质，在存放期限内，不得同意存款人变更存款的性质、将存款本金转出本存款银行以及其他对本存款的处置要求。对于保险公司资本保证金账户，应在系统中进行特殊标识，并在相关网络查控平台、电子化专线信息传输系统等相关平台、系统中作出整体限制冻结、扣划设置。

四、银行业金融机构接到有权机关对于保险公司资本保证金账户资金的查询、冻结、扣划指令时，应当按照法律法规规定，通过人工或系统等方式，向有权机关提示账户资金仅可用于清算时清偿债务等特定用途，以及账户允许查询但不得冻结、扣划等安排。

五、银行业金融机构遇到保险公司资本保证金账户因不当操作被有权机关冻结、扣划等重大异常情况时，应当及时向中国银保监会报告。

六、本通知自2020年10月10日起施行。银行业金融机构应当自施行之日起2个月内完成上述事项调整。

5.《上海市高级人民法院关于建立被执行人人身保险产品财产利益协助执行机制的会议纪要》(2021年11月)

为深入贯彻《中共上海市委全面依法治市委员会关于加强综合治理从源头切实解决执行难的实施意见》，全面优化上海法治化营商环境建设，加大对被执行人名下人身保险产品财产利益的执行力度，根据《民事诉讼法》及其司法解释、最高人民法院《关于民事执行中财产调查若干问题的规定》，经上海市保险同业公会协调，上海市高级人民法院（以下简称“上海高院”）与中国人寿上分、太保寿险上分、平安人寿上分、友邦人寿、工银安盛人寿、泰康人寿上分、新华保险上分、上海人寿上分等公司（以下简称“保险机构”）协商一致，就保险机构协助人民法院执行人身保险产品财产利益有关事项，达成纪要如下：

一、积极协助原则

人民法院因执行工作需要，依法要求保险机构协助查询、协助冻结或协助扣划被执行人人身保险产品财产利益的，保险机构应当予以协助。

二、办理形式要件

（一）协助查询

人民法院工作人员可至相关保险机构指定的网点现场查询保单信息，也可通过法院EMS专递方式开展查询。条件成熟的，鼓励通过电子文书传输方式开展查询。查询所需要的形式要件有：

1.《协助执行通知书》原件。《协助执行通知书》应注明被执行人姓名、证件号码，并明确需要协助查询反馈的被执行人名下保单信息的具体内容，包括：保单号、承保公司、投保人、生效日期、累计缴纳保费、现金价值(如有)等。

2. 执行人员工作证件。现场执行的,执行人员应出示工作证件原件(工作证、执行公务证),同时提供上述证件复印件;如通过法院专递寄送协助执行相关文书,则须一并寄送上述证件复印件;电子查询的,一并提交上述两证电子版。

(二)协助冻结

1.《协助执行通知书》《执行裁定书》原件。协助冻结文书应据相关查询反馈查询结果,明确需冻结、查封的保单号及冻结限额、期限。冻结期限不超过三年。

2. 执行人员工作证件(要求同上)。

(三)协助扣划

1.《协助执行通知书》《执行裁定书》原件。协助扣划文书应载明被执行人的身份信息、需协助扣划的保单信息、扣划金额、法院账户信息及其他要求协助的具体内容。

2. 执行人员工作证件(要求同上)。

三、规范执行与特殊免除

(一)明确被执行人及对应的执行标的

被执行人为投保人的,可冻结或扣划归属于投保人的现金价值、红利等保单权益。

被执行人为被保险人的,可冻结或扣划归属于被保险人的生存金等保险权益。

被执行人为受益人的,可冻结或扣划归属于受益人的生存金等保险权益。

(二)保单现金价值的执行

1. 冻结或扣划投保人(被执行人)的现金价值、红利等保单权益,投保人、被保险人或受益人均为被执行人同一人时,人民法院可直接冻结或扣划。

2. 冻结或扣划投保人(被执行人)的现金价值、红利等保单权益,投保人(被执行人)与被保险人或受益人不一致时,人民法院应秉承审慎原则,保障被保险人或受益人相关赎买保单的权益。人民法院冻结上述保单权益后,应给予不少于15日赎买期限。保险机构在办理协助冻结后,联系投保人(被执行人)、被保险人或受益人,告知赎买权益、行使期限以及不赎买时保单将被强制执行的事项。相关人员联系人民法院的,人民法院应向上述人员告知投保人(被执行人)保单被强制执行的相关情况。

被保险人或者受益人赎买支付相当于保单现金价值的款项的,由赎买人直接交予人民法院。人民法院应提取该赎买款项,不得再继续执行该保单的现金价值、红利等权益。但赎买期届满后无人赎买或者被保险人、受益人明确表示不赎买的,人民法院可以强制执行投保人(被执行人)对该保单的现金价值、红利等权益。

3. 保单减保的适用

人民法院要求协助执行的金额,小于投保人(被执行人)的保单现金价值的,保险机构可按规定对保单作减保处理,协助法院扣划相应现金价值;若保险机构无法对该保单作减保处理的,应作出说明,并在协助扣划保单全部现金价值后一并交由人民法院处理。

上述赎买政策同样适用于保单减保。

(三)特殊免除执行的保单类型

鉴于重大疾病保险、意外伤残保险、医疗费用保险等产品人身专属性较强、保单现金价值低,但潜在可能获得的保障大,人民法院应秉承比例原则,对该类保单一般不作扣划。

保险机构认为涉案保单不适宜扣划的,可通过本纪要第六条确定联络人沟通反馈,但应在回执中予以说明。

四、协助办理流程

协助查询,保险机构一般应在收到协助事项后,当场办理完成。特殊情况未能完成查询的,经与人民法院沟通后,应在七个工作日内完成书面反馈。

协助冻结、协助扣划,保险机构一般应在收到协助事项后 15 日内完成,特殊情况未能完成的,经与人民法院沟通后,可适当延长,但延长一般不超过 7 日。在协助冻结或协助扣划事项完成后,保险机构可向投保人、被保险人等告知法院协助执行的情况,并可提示其主动与人民法院联系,主动履行义务等。

人民法院要求协助冻结、协助扣划的现金价值、红利等保单权益,不在上海分公司业务区域的,接收协助执行材料的保险机构尽量通过内部渠道流转至相关有权办理的公司,内部渠道无法有效流转的,由人民法院委托异地法院执行,保险机构应将相关业务办理的公司联系人、联系方式告知人民法院。相关办理期限可参照上述条款基础作适当延长。

相关查询、冻结与扣划的反馈样式,参见附件要求(见书面印发稿)。

五、设立定点办理

有条件的保险机构,在本市辖区每个区设固定定点网点,对接司法协助事宜。

因业务实际情况未能在每个区设定点的保险机构,应在本市范围内尽可能确定 2 个以上定点网点,对接司法协助事宜。

保险机构相关定点办理网点,详见附件(见书面印发稿)。

六、联络人机制

保险机构与人民法院均设立固定联络人,推进日常工作沟通、问题反馈、业务培训交流的常态化。

七、争议化解机制

在协助执行过程中引起的纠纷与争议,分别报至上海市高级人民法院与有关保险机构总公司协商处理。有关保险机构在协作执行过程中遇到重大问题或争议,需及时向上海银保监局报备。

保险机构在协助法院执行被执行人人身保险产品财产利益过程中,遇有暴力抗拒等情形的,可通知人民法院。人民法院可依法对相关责任人员采取训诫、罚款、拘留等民事制裁措施。构成犯罪的,依法追究刑事责任。

八、实施日期

本纪要自公布之日起实施。

本纪要约定的保险机构之外的保险公司,参照本纪要开展协助执行工作。

6.《浙江省高级人民法院关于加强和规范对被执行人拥有的人身保险产品财产利益执行的通知》(浙高法执〔2015〕8号)

近年来,随着资金理财化倾向明显,加上我省法院通过“点对点”网络查控系统查询、冻结被执行人的银行存款越来越便捷、有效,不少被执行人转而的购买具有理财性质的人身保险产品。为加强和规范对此类人身保险产品的执行,现就有关问题通知如下:

一、投保人购买传统型、分红型、投资连接型、万能型人身保险产品、依保单约定可获得的生存保险金、或以现金方式支付的保单红利、或退保后保单的现金价值,均属于投保人、被保险人或受益人的财产权。当投保人、被保险人或受益人作为被执行人时,该财产权属于责任财产,人民法院可以执行。

二、各级法院应加强对被执行人拥有人身保险产品的查控,保险机构负有协助法院查询、冻结、处置被执行人拥有的人身保险产品财产利益的义务。

三、人民法院要求保险机构协助查询、冻结、处置被执行人拥有的人身保险产品及其财产利益时,执行人员应当出具本人工作证和执行公务证,并出具执行裁定书、协助执行通知书(样式附后)等法律文书。

四、保险机构对人身保险产品财产利益的协助冻结内容,既包括不允许被执行人提取该财产利益,也包括不允许将保单约定有权获得该财产利益的权利人变更为被执行人以外的第三人,或对保单约定的红利支付方式进行变更,执行法院应在协助冻结通知书中载明要求协助的具体内容。

五、人民法院要求保险机构协助扣划保险产品退保后可得财产利益时,一般应提供投保人签署的退保申请书,但被执行人下落不明,或者拒绝签署退保申请书的,执行法院可以向保险机构发出执行裁定书、协助执行通知书要求协助扣划保险产品退保后可得财产利益,保险机构负有协助义务。

六、保单尚在犹豫期内的,保险产品退保后,人民法院可执行被执行人缴纳的保险费。

超过犹豫期未发生保险事故的,只能执行保单的现金价值,负有协助义务的保险机构应当根据相关法律法规的规定和保单的约定计算确定保单的现金价值,提供给执行法院。

七、保险机构没有正当理由拒绝履行协助执行义务的,执行法院可依据《中华人民共和国民事诉讼法》第一百一十四条的规定对相关保险机构采取民事制裁措施。

本通知执行中有何问题,请及时报告我局。

7.《江苏省高级人民法院关于加强和规范被执行人所有的人身保险产品财产性权益执行的通知》(苏高法电〔2018〕506号)

一、保险合同存续期间,人身保险产品财产性权益依照法律、法规规定,或依照保险合同约定归属于被执行人的,人民法院可以执行。人身保险产品财产性权益包括依保险合同约定可领取的生存保险金、现金红利、退保可获得的现金价值(账户价值、未到期保费),依保险合同可确认但尚未完成支付的保险金,及其他权属明确的财产性权益。

人民法院执行人身保险产品财产性权益时,应遵守《中华人民共和国民事诉讼法》第二百四十三条、《最高人民法院关于人民法院民事执行中查封、扣押、冻结财产的规定》第五条的规定。例如,对于被保险人或受益人为被执行人的重疾型保险合同,已经发生保险事故,依保险合同可确认但尚未完成支付的保险金,人民法院执行时应当充分保障被执行人及其所抚养家属的生存权利及基本生活保障。

五、投保人为被执行人,且投保人与被保险人、受益人不一致的,人民法院扣划保险产品退保后可得财产利益时,应当通知被保险人、受益人。被保险人、受益人同意承受投保人的合同地位、维系保险合同的效力,并向人民法院交付了相当于退保后保单现金价值的财产替代履行的,人民法院不得再执行保单的现金价值。

被保险人、受益人未向人民法院交付相当于退保后保单现金价值财产的,人民法院可以要求投保人签署退保申请书,并向保险公司出具协助扣划通知书。投保人下落不明或者拒绝签署退保申请书的,人民法院可以直接向保险公司发出执行裁定书、协助执行通知书,要求保险公司解除保险合同,并协助扣划保险产品退保后的可得财产性权益,保险公司负有协助义务。

投保人未签署退保申请书,保险公司依人民法院执行裁定解除保险合同、协助执行后，相关人员因此起诉保险公司的，人民法院不予支持。

8.《广东省高级人民法院关于执行案件法律适用疑难问题的解答意见》（2016年3月3日）

问题十一、被执行人的人身保险产品具有现金价值，法院能否强制执行？

处理意见：首先，虽然人身保险产品的现金价值是被执行人的，但关系人的生命价值，如果被执行人同意退保，法院可以执行保单的现金价值，如果不同意退保，法院不能强制被执行人退保。其次，如果人身保险有指定受益人且受益人不是被执行人，依据《保险法》第四十二条的规定，保险金不作为被执行人的财产，人民法院不能执行。再次，如果人身保险没有指定受益人或者指定的受益人为被执行人，发生保险事故后理赔的保险金可以认定为被执行人的遗产，可以用来清偿债务。

主要理由：《中华人民共和国保险法》第42条规定："被保险人死亡后，有下列情形之一的，保险金作为被保险人的遗产，由保险人依照〈中华人民共和国继承法〉的规定履行给付保险金的义务：（一）没有指定受益人，或者受益人指定不明无法确定的。"《最高人民法院关于保险金能否作为被保险人遗产的批复》认为："根据我国保险法规有关条文规定的精神，人身保险金能否列入被保险人的遗产，取决于被保险人是否指定了受益人。指定了受益人的，被保险人死亡后，其人身保险金应付给受益人；未指定受益人的，被保险人死亡后，其人身保险金应作为遗产处理，可以用来清偿债务或者赔偿。"

9.《重庆市高级人民法院关于保险合同纠纷法律适用问题的解答》（2017年4月20日）

2.被保险人或者受益人向投保人支付相当于保险单现金价值的款项并通知保险人后，保险合同当事人如何确定？

答：《最高人民法院关于适用〈中华人民共和国保险法〉若干问题的解释（三）》第十七条赋予了被保险人、受益人保险合同介入权，被保险人、受益人向投保人支付保险单现金价值并通知保险人后，即受让了保险合同的相关权利义务而取得了保险合同当事人地位，故应将已支付保单现金价值的被保险人、受益人确定为投保人。

典型案例

1.邓某、兴铁一号产业投资基金合伙企业财产份额转让纠纷执行复议案［（2020）最高法执复71号］

【案情】兴铁一号、兴铁二号与亲华科技、邓某华、邓某、许某婷合伙企业财产份额转让纠纷案中，江西高院冻结并扣划许某婷在中国人寿保险股份有限公司购买的保险合同编号为2015510123528015××××××的人身保险产品的现金价值、红利及利息等财产性权益。

邓某向江西高院提出执行异议称，江西高院冻结和扣划的保险合同号为2015510123528015××××××保险产品现金价值的行为，实质是通过执行程序解除投保人邓某保险产品的保险合同，于法无据。该被扣划的保险产品为疾病、残疾保障类保险，主要是对被保险人邓某的疾病、残疾提供保障，关系到邓某的生命价值，损害了被保险人、受益人或被保险人同意的其他人行使保险合同介入权、承受保单的合法权益，不适宜强制执行。

【认定】最高法院认为，本案的争议焦点问题是：1. 能否强制执行本案人身保险产品的现金价值；2. 对人身保险产品的现金价值应如何执行。结合邓某所提复议理由，一并分析如下：

一是关于能否强制执行本案人身保险产品的现金价值问题。《民事诉讼法》第二百四十一条规定，被执行人未按执行通知履行法律文书确定的义务，应当报告当前以及收到执行通知之日前一年的财产情况。《最高人民法院关于适用〈中华人民共和国民事诉讼法〉执行程序若干问题的解释》第三十二条规定，被执行人财产报告义务的对象包括"债权、股权、投资权益、基金、知识产权等财产性权利"。《最高人民法院关于人民法院民事执行中查封、扣押、冻结财产的规定》第二条第一款规定，人民法院可以查封、扣押、冻结登记在被执行人名下的不动产、特定动产及其他财产权。商业保险产品属于前述法律规定的其他财产权利的范围。意外伤害、残疾保障类人身保险产品虽然具有一定的人身保障功能，但其根本目的和功能是经济补偿，其本质上属于一项财产性权益，具有一定的储蓄性和有价性，除《民事诉讼法》第二百四十四条及《最高人民法院关于人民法院民事执行中查封、扣押、冻结财产的规定》第五条规定的被执行人及其所扶养家属的生活必需品等豁免财产外，人民法院有权对该项财产利益进行强制执行。人身保险的保单现金价值系投保人交纳的，为了支付后年度风险之用的费用，与保险事项发生后，保险公司应当支付的保险金不同，并不具有人身依附性的专属性，也不是被执行人及其所扶养家属所必需的生活物品和生活费用。根据许某婷与中国人寿保险股份有限公司四川分公司签订的国寿乐行宝两全保险和国寿附加乐行宝意外伤害住院定额给付医疗险保险合同的内容，以及《保险法》第十五条的规定，在保险金给付之前，投保人许某婷对该保险现金价值享有确定的物权所有权。江西高院对该保单的现金价值及利息等财产性权益予以冻结并强制扣划并无不当。

二是对人身保险产品的现金价值应如何执行的问题。江西高院（2019）赣执

47 号之四协助执行通知书,要求中国人寿保险股份有限公司四川分公司协助的内容是:冻结被执行人许某婷及邓某名下的保险产品的现金价值、红利及利息等财产性权益,并将上述两项财产性权益用现金转账形式扣划至该院。首先,人民法院可以强制解除保险合同。根据《最高人民法院关于限制被执行人高消费及有关消费的若干规定》第三条第(八)项关于被执行人为自然人的,不得支付高额保费购买保险理财产品的规定精神,如被执行人拒不执行生效法律文书确定的义务,在其可以单方面行使保险合同解除权而未行使,致使债权人的债权得不到清偿,人民法院在此情形下可以强制被执行人予以行使,代替投保人行使解除强制所购的保险合同。其次,由于江西高院执行裁定未明确强制要求保险公司解除保险合同,可以实现保单现金价值,投保人也可以继续与保险公司协商,由符合条件的第三人行使介入权。至于邓某提出保单的现金价值相对于本案债权等实现价值较低,难以切实有效保障债权人债权的理由。经查,许某婷及邓某作为案件被执行人以投保人身份为双方购买了多份保险产品,保单现金价值的总额数万元,不属于现金价值较低的情形,且债权人强烈主张予以执行,仅以此理由不足以阻却执行,邓某该复议理由不能成立。

2. 太平财产保险有限公司无锡中心支公司未针对需要协助法院执行的理赔案件建立内控制度等内控不严案(中国保险监督管理委员会无锡监管分局行政处罚决定书〔2020〕29 号)

【案情】太平财产保险有限公司无锡中心支公司未针对需要协助法院执行的理赔案件建立内控制度;相关业务核心系统中也未对需要协助法院执行的理赔案件进行标识,未设置禁止支付功能,存在内控制度不严格、不健全的情况。

【认定】中国银保监会无锡监管分局认为,太平财产保险有限公司无锡中心支公司上述内控制度不健全行为,违反了《保险公司管理规定》第五十五条,“保险公司应当建立健全公司治理结构,加强内部管理,建立严格的内部控制制度”的规定。根据《保险公司管理规定》第六十九条的规定,对太平财产保险有限公司无锡中心支公司给予警告,并处罚款人民币 1 万元的行政处罚。

权威解读

2009 年保险法修订时,删除了原保险法中返还保单现金价值时区分是否已经交足二年以上保险费的做法,采取统一规则。同时,明确了返还保单现金价值应当按照合同的约定进行。

编者注:对于司法实践中争议较大的保险现金价值的归属问题,最高法院在保险法司法解释(三)中予以了明确。保单的现金价值是投保人在保险期间早期支付的超过自然保险费部分的金额的积累,除了另有约定外,属于投保人,而不是被保险人或者受益人。① 在明确了保单现金价值的归属之后,保险现金价值能否作为投保人的责任财产予以强制执行及具体执行方式等问题,最高法院通过执行复议案件的审理、各地法院通过审判指导性问题也表明了态度。②

《保险法》第五十二条 【危险程度显著增加情形下保险人的赔偿责任】

第五十二条 在合同有效期内,保险标的的危险程度显著增加的,被保险人应当按照合同约定及时通知保险人,保险人可以按照合同约定增加保险费或者解除合同。保险人解除合同的,应当将已收取的保险费,按照合同约定扣除自保险责任开始之日起至合同解除之日止应收的部分后,退还投保人。

被保险人未履行前款规定的通知义务的,因保险标的的危险程度显著增加而发生的保险事故,保险人不承担赔偿保险金的责任。

相关规定

1.《保险法》

第四十九条 保险标的转让的,保险标的的受让人承继被保险人的权利和义务。

保险标的转让的,被保险人或者受让人应当及时通知保险人,但货物运输保险合同和另有约定的合同除外。

因保险标的转让导致危险程度显著增加的,保险人自收到前款规定的通知之日起三十日内,可以按照合同约定增加保险费或者解除合同。保险人解除合同的,应当将已收取的保险费,按照合同约定扣除自保险责任开始之日起至合同解除之日止应收的部分后,退还投保人。

被保险人、受让人未履行本条第二款规定的通知义务的,因转让导致保险标

① 参见《妥善审理保险合同纠纷案件促进保险业健康稳定发展——最高人民法院民二庭负责人就最高人民法院关于适用中华人民共和国保险法若干问题的解释(三)答记者问》,载杜万华主编,最高人民法院民事审判第二庭编著:《最高人民法院关于保险法司法解释(三)理解与适用》,人民法院出版社2015年版,第21页。

② 参见王静:《保险案件裁判精要》,法律出版社2019年版,第809-833页。

的危险程度显著增加而发生的保险事故，保险人不承担赔偿保险金的责任。

2.《最高人民法院关于适用〈中华人民共和国保险法〉若干问题的解释（四）》（法释〔2020〕18号）

第四条　人民法院认定保险标的是否构成保险法第四十九条、第五十二条规定的“危险程度显著增加”时，应当综合考虑以下因素：

（一）保险标的用途的改变；

（二）保险标的使用范围的改变；

（三）保险标的所处环境的变化；

（四）保险标的因改装等原因引起的变化；

（五）保险标的使用人或者管理人的改变；

（六）危险程度增加持续的时间；

（七）其他可能导致危险程度显著增加的因素。

保险标的危险程度虽然增加，但增加的危险属于保险合同订立时保险人预见或者应当预见的保险合同承保范围的，不构成危险程度显著增加。

3.《江苏省高级人民法院关于审理消费者权益保护纠纷案件若干问题的讨论纪要》（〔2016〕10号）

10. 关于网络约车问题，会议认为，交通运输部等六部门联合出台的《网络预约出租汽车经营服务管理暂行办法》明确规定网络约车平台公司承担承运人责任。因此，网约车平台公司从事网络约车服务发生交通事故的，受害人要求网约车平台公司承担承运人责任的，人民法院应予支持。

网约车辆只投保非营业性保险未投保营业性保险，被保险人从事网络约车服务未通知保险公司，发生保险事故的，保险公司以危险程度增加为由抗辩不承担赔付责任的，可予支持，但机动车交强险除外。

典型案例

1. 郑某琦诉三星财产保险（中国）有限公司财产保险合同纠纷案（《最高人民法院公报》2022年第5期）

【案情】沪BWX小型轿车为郑某琦所有。郑某琦为该车向三星财产保险（中国）有限公司（以下简称保险公司）投保机动车综合商业保险，保险期间自2018年8月10日起至2019年8月9日止；机动车综合商业保险保险单使用性质一栏注明“非营业个人”；重要提示一栏注明“被保险机动车因改装、加装、改变使用性质等导致危险程度显著增加以及转卖、转让、赠送他人的，应书面通知保险人并办理变更手续。”

郑某琦将该车辆租赁给案外人宋某玉(微信名)。2018年12月23日,宋某玉将该车辆租赁给案外人于某鑫,并收取租金及押金共计3100元。于某鑫将该车辆交由肖某驾驶。2018年12月23日23时40分许,肖某驾驶该车辆因避让动物导致车辆失控冲出路面,与山体相撞,造成车辆损坏的事故。交警部门认定肖某负全部责任。

2019年1月14日,保险公司向郑某琦出具拒赔通知书,以该车辆在上述事故中产生的损失不属于保险责任赔偿范围为由,拒绝赔偿。郑某琦遂诉至法院,请求判令保险公司赔偿车辆维修费、施救费等合计149,946元。

诉讼中,郑某琦陈述:“宋某玉是我在网上认识的朋友,我们在去年第三季度,大概在10月左右认识的。认识后我们见过面的,主要是网上聊,一共就见过两次面。他的职业我不清楚,就知道他是车迷中一个组织者。我只知道他住上海,具体哪里不知道,至于他是哪里人我不清楚没问过。……曾经两次见面都是在我家附近的地方看车,问我有没有改装的兴趣以及对车这方面有什么喜好。”“事故车辆是闲置的,我不是经常开,他说停着也是停着,不如借给他,给我一些补贴,假如有什么事情他会赔,且车子本身也有保险。”“他说让我看一下一般到租车公司租这样的车要多少钱,然后再打个折给他,外面基本是六七百元一天,所以最后我和他谈的是四五百元一天。”“拿了车大概过了十几分钟他就通过微信转给我1000元。车子就是事故当天中午给他的,是第一次给到他,结果晚上就出事了。事发当日宋某玉联系我只告诉我车子撞了,驾驶员是他朋友,具体细节没有提,之后的修车事宜都是他处理的,再后来是保险公司联系上我,说你朋友将车子租给别人,保险公司拒赔。”“我没有细问(宋某玉借车的用途),他说他会自己开或者给朋友开,就告诉我不用担心,有问题他会处理的。”“既然我把车给了他,就是因为我觉得即使他把车租给别人开也没什么问题,因为车子是有保险的,所以我才敢把车子给到他。他是否收取租金我也不方便再去问他,我觉得这也不影响理赔。”“没有核实过(宋某玉真名),我管他叫小宋,也没有看过身份证原件,签租车协议也是在外面签的,租车合同上的名字像宋某凯,所以我也不知道他的真实名字。”“(现在)联系过(宋某玉),但是几乎联系不上,我不知道他在哪里。我们只是在车友群认识的。”

宋某玉在其微信朋友圈发布各款汽车图片,并配有以下文字:“js在空秒飞雨天骨折价”“整的像领导人开会”“沪牌高配a5包月打骨折价”。

【认定】法院经审理认定,保险公司拒绝赔偿的理由成立,郑某琦要求理赔的诉讼请求不成立,主要理由在于:结合《保险法》第五十二条及《最高人民法院关于适用〈中华人民共和国保险法〉若干问题的解释（四）》第四条的规定，并结合本案事实，保险公司是否应承担赔偿责任，需要注意以下问题：一是涉案车辆的用途是否改变；二是如果车辆用途改变，是否因此导致危险程度显著增加；三是危险程度虽然增加，但是否属于保险人预见或者应当预见的保险合同承保范围。

关于涉案车辆用途是否改变的问题，郑某琦投保时双方约定车辆的用途为"非营业个人"，"非营业"相对的概念是"营业"。"营业"一词从文义解释来看，《现代汉语词典》给出的解释是"（商业、服务业、交通运输业等）经营业务"，根据该解释"非营业"应当排除经营业务。从行业规范来看，公安部发布的《中华人民共和国公共安全行业标准机动车类型术语和定义》中明确"非营业机动车是指个人或者单位不以获取利润为目的而使用的机动车"，该规范所附的《机动车使用性质细类表》中列明营运类机动车包括：公路客运、公交客运、出租客运、旅游客运、租赁、教练、货运、危化品运输。本案中，双方约定的车辆用途为"非营业个人"，排除了对车辆以营利为目的的商业性使用。根据保险公司提供的证据，并结合郑某琦本人的陈述，法院有理由相信郑某琦将车辆出租于案外人宋某玉，宋某玉又将车辆转租于次承租人。显然，车辆的使用性质已经不同于双方约定的"非营业个人"，而是转变为以获取租金收益为目的的商业性使用。

关于车辆的用途改变是否导致危险程度显著增加且超出保险人应当预见范围的问题。本案中，车辆危险程度的增加体现在以下几方面：首先，郑某琦将车辆出租给微信名为宋某玉的案外人，而宋某玉通过网络发布广告，向不特定人员低价招揽租车用户的方式客观上大幅提高了车辆的出行频率、扩大了出行范围，车辆在运行过程中出险的概率也相应大幅提高，导致保险公司承担的风险远远超过双方按"非营业个人"的用途所确定保费的承受范围。其次，车辆用途的改变同时伴随着车辆管理人与使用人的改变。郑某琦将车辆交付宋某玉管理。庭审中郑某琦的陈述表明其对宋某玉的真实身份情况并不清楚，因此无证据证明宋某玉具备经营车辆租赁所必需的对车辆进行规范管理、维护、对客户进行风险管控的专业能力；而宋某玉承租车辆的目的在于转租再谋利，没有证据表明宋某玉在车辆转租过程中对相对人的风险控制能力进行了必要的审查。因此，车辆管理人的改变也足以导致危险概率的提高，而郑某琦与宋某玉对危险概率的提高均采取了放任的态度。在此情况下，车辆危险程度的增加完全超出了保险人可预见的范围，如果由保险人来承担风险，将违反保险业的健康长久稳定发展。根据《最高人民法院关于适用〈中华人民共和国保险法〉若干问题的解释（四）》第四条的规定，应当认定该车辆的危险程度显著增加且超出保险人应当预见的范围。

据此，法院判决驳回郑某琦的诉讼请求。

2. 程某颖诉张某、中国人民财产保险股份有限公司南京市分公司机动车交通事故责任纠纷案(《最高人民法院公报》2017 年第 4 期)

【案情】2015 年 7 月 28 日下午,张某通过打车软件接到网约车订单一份,订单内容为将乘客从南瑞集团送至恒大绿洲小区。张某驾驶其自有轿车至南瑞集团,接到网约车乘客。17 时 5 分许,张某驾车搭载网约车乘客,沿前庄路由西向东行驶至清水亭东路丁字路口往南右转弯过程中,遇程某颖驾驶电动自行车沿清水亭东路由北向南通过该路口,两车碰撞,致程某颖受伤、车辆损坏。交警部门以无法查清程某颖遵守交通信号灯的情况为由,出具宁公交证字〔2015〕第 0018 号道路交通事故证明。

程某颖受伤住院治疗,医院诊断其急性闭合性重型颅脑损伤。经鉴定,程某颖颅脑损伤所致轻度精神障碍,日常活动能力部分受限构成九级伤残;颅骨缺损 6 平方厘米以上构成十级伤残;误工期限 180 日,护理期限 90 日,营养期限 90 日。经审查确认原告因本次事故产生医疗费 99,122.26 元[其中张某垫付 59,321 元,中国人民财产保险股份有限公司南京市公公司(以下简称人保南京分公司)垫付 10,000 元]、住院伙食补助费 560 元、营养费 1350 元、误工费 3427.48 元、护理费 7650 元、残疾赔偿金 156,126.6 元、精神损害抚慰金 10,500 元、交通费 500 元,合计 279,236.34 元。

张某驾驶的轿车行驶证上的使用性质为"非营运"。2015 年 3 月 27 日,张某在人保南京分公司为该车投保了交强险、保额为 100 万元的商业三者险,保险期间均自 2015 年 3 月 28 日起至 2016 年 3 月 27 日止。保单上的使用性质为"家庭自用汽车"。

当事人因赔偿事宜发生争议,程某颖遂诉至法院,请求判令二张某、人保南京分公司赔偿医药费、营养费、残疾赔偿金等合计 255,339.75 元。

【认定】法院认为,关于本次交通事故责任划分问题。《道路交通安全法》第七十六条规定机动车发生交通事故造成损失的,首先由保险公司在交强险责任限额内赔偿,不足部分,机动车与非机动车驾驶人之间发生交通事故,非机动车驾驶人无过错的,由机动车一方承担赔偿责任;有证据证明非机动车驾驶人有过错的,根据过错程度适当减轻机动车一方的赔偿责任。本案中,张某驾驶机动车向右转弯,程某颖驾驶非机动车直行,转弯应当避让直行,张某未能避让存在过错。张某不能证明程某颖存在闯红灯等过错行为,故张某应负事故全部责任,程某颖因本次交通事故产生的损失首先由人保南京分公司在交强险责任限额内赔偿,不足部分,由机动车一方赔偿。

关于人保南京分公司是否应当在商业三者险内赔偿的问题。保险合同是双务合同，保险费与保险赔偿金为对价关系，保险人依据投保人告知的情况，评估危险程度而决定是否承保以及收取多少保险费。保险合同订立后，如果危险程度显著增加，保险事故发生的概率超过了保险人在订立保险合同时对事故发生的合理预估，如果仍然按照之前保险合同的约定要求保险人承担保险责任，对保险人显失公平。

在当前车辆保险领域中，保险公司根据被保险车辆的用途，将其分为家庭自用和营运车辆两种，并设置了不同的保险费率，营运车辆的保费接近家庭自用的两倍。这是因为，相较于家庭自用车辆，营运车辆的运行里程多，使用频率高，发生交通事故的概率也自然更大，这既是社会常识也是保险公司对风险的预估，车辆的危险程度与保险费是对价关系，家庭自用车辆的风险小，支付的保费低；营运车辆风险大，支付的保费高。以家庭自用名义投保的车辆，从事营运活动，车辆的风险显著增加，投保人应当及时通知保险公司，保险公司可以增加保费或者解除合同并返还剩余保费，投保人未通知保险公司而要求保险公司赔偿营运造成的事故损失，显失公平。

营运活动与家庭自用的区别在于：第一，营运以收取费用为目的，家庭自用一般不收取费用。第二，营运的服务对象是不特定的人，与车主没有特定的关系；家庭自用的服务对象一般为家人、朋友等与车主具有特定关系的人。而本案中，张某通过打车软件接下网约车订单，其有收取费用的意图，且所载乘客与其没有特定关系，符合营运的特征。

张某的营运行为使被保险车辆危险程度显著增加，张某应当及时通知人保南京分公司，人保南京分公司可以增加保险费或者解除合同返还剩余保险费。张某未履行通知义务，且其营运行为导致了本次交通事故的发生，人保南京分公司在商业三者险内不负赔偿责任。

综上，江苏省南京市江宁区人民法院判决：人保南京分公司在交强险责任限额内赔偿程某颖 110,000 元，张某赔偿程某颖 99,915.34 元；均于判决发生法律效力之日起 10 日内付清。驳回程某颖其他诉讼请求。

一审宣判后，双方当事人均未在法定期限内提起上诉，一审判决已发生法律效力。

3. 李某潇诉中国平安财产保险股份有限公司北京分公司保险合同纠纷案（《最高人民法院公报》2021 年第 12 期）

【案情】李某潇名下的京 A×××××6 号小客车在中国平安财产保险股份有限公司北京分公司（以下简称平安保险公司）投保了交强险、机动车损失保险和机动车第三者责任保险，平安保险公司予以承保。其中机动车损失保险的保险限额为250,650元,机动车第三者责任保险的保险限额为50万元,均不计免赔。保险期间均为2018年4月25日00时起至2019年4月24日24时止。车辆登记的使用性质为非营业,被保险人为李某潇。机动车综合商业保险单"重要提示"部分记载如下内容:1. 本保险合同由保险条款、投保单、保险单、批单和特别约定组成。2. 收到本保险单、承保险种对应的保险条款后,请立即核对,如有不符或疏漏,请及时通知保险人并办理变更或补充手续。3. 请详细阅读承保险种对应的保险条款,特别是责任免除和赔偿处理。4. 被保险机动车因改装、加装、改变使用性质等导致危险程度显著增加以及转卖、转让、赠送他人的,应通知保险人。5. 被保险人应当在保险事故发生后及时通知保险人。订立上述保险合同所适用的保险条款是平安保险公司提供的格式条款,名称为《机动车综合商业保险条款(2014版)》,该条款第一章"机动车损失保险"的"责任免除"部分第八条第(五)项约定:被保险机动车被转让、改装、加装或改变使用性质等,被保险人、受让人未及时通知保险人,且因转让、改装、加装或改变使用性质导致危险程度显著增加的,由此导致的被保险机动车的损失和费用,保险人不负责赔偿。

2018年12月17日20时51分,在海淀区永丰路与丰滢东路交叉处,李某潇驾驶被保险车辆与宋某驾驶的晋D××××3号小轿车发生交通事故,事故造成上述两车受损。交警部门出具交通事故认定书,认定李某潇负全责。

2018年12月18日,京A×××××6号小客车在北京环耀汽车服务有限公司入场维修,维修费共计67,729元;同日,晋D××××3号小客车在北京华泰昌汽车贸易有限公司入场维修,维修费共计66,753.90元。上述费用均已经由李某潇实际支付。

2019年1月18日,平安保险公司向李某潇出具了拒赔通知书,载明如下内容:此次事故造成的损失不属于平安保险公司责任范围,理由在于标的车改变使用性质,违反《机动车综合商业保险条款(2014版)》第一章第八条第五款、第二章第二十五条第三款的规定。

另查明,李某潇系泰康保险集团股份有限公司职员,就职部门为数据信息中心服务管理部,劳动合同中记载的李某潇的居住地为通州区富力惠兰美居。2018年12月17日20时45分,李某潇承接了嘀嗒顺风车单,该行程为赵庄村公交站至皮村环岛。诉讼中,李某潇称该公司的数据信息中心和服务管理部距赵庄村公交车一站地。

平安保险公司出具了定损报告两份,定损报告显示:事故发生后,平安保险公司在北京环耀汽车服务有限公司对京A×××××6号小客车进行了定损,定损金额为59,007元,在北京华泰昌汽车贸易有限公司对晋D××××3号小客车进行了定损，定损金额为 54,503.58 元。上述定损报告既无修理厂签章，也无车主签字。平安保险公司对涉诉两辆车的维修项目和维修价格提出异议，但明确表示不申请鉴定。

双方当事人因保险理赔发生争议，李某潇认为平安保险公司的拒赔理由无事实和法律依据，故诉至法院，请求判令平安保险公司在保险责任限额内赔付修车费损失 134,482.90 元。

【认定】一审法院认为，本案的争议焦点为：李某潇承接顺风车业务是否变更了被保险车辆的使用性质，平安保险公司对涉案事故造成的损失是否承担赔偿责任。

根据交通运输部、工业和信息化部、公安部、商务部、工商总局、质检总局、国家网信办发布的《网络预约出租汽车经营服务管理暂行办法》的规定，顺风车与网约车并非同一概念，顺风车是指私人小客车合乘，应按城市人民政府有关规定执行。2016 年 12 月 21 日，北京市交通委员会、北京市公安局、北京市工商行政管理局、北京市通信管理局、北京市互联网信息办公室出台了《北京市私人小客车合乘出行指导意见》，该意见在首部开宗明义，阐述其目的在于"清洁空气、节约能源、缓解交通拥堵、方便出行，规范本市私人小客车合乘行为，保护合乘参与人的合法权益"，随后其第一条规定"私人小客车合乘，也称为拼车、顺风车，是由合乘服务提供者事先发布出行信息，出行线路相同的人选择乘坐驾驶员的小客车、分摊合乘部分的出行成本（燃料费和通行费）或免费互助的共享出行方式"。由此可知，该条明确了纳入行政部门规制视野范围内的顺风车概念。其第二条规定"合乘出行作为驾驶员、合乘者及合乘信息服务平台各方自愿的、不以盈利为目的的民事行为，相关责任义务按照有关法律法规的规定由合乘各方自行承担"，由此可知，顺风车并不以盈利为目的，也非营运行为。

本案中，李某潇借助"嘀嗒出行"平台发布行程并与顺风车乘客达成合乘合意，信息服务平台根据乘客人数及行使里程计算出乘车费并推送给司乘双方。根据已查明事实，李某潇有固定职业，没有以顺风车业务谋生的动机，且涉诉行程的始发地与李某潇的工作地点接近，目的地与李某潇居住地区域接近。此外，李某潇收取的乘车费用的多少不由其个人意志决定，而是由信息服务平台确定，在平安保险公司无证据证明李某潇曾向乘客收取过超过平台计算标准的费用的情形下，李某潇驾驶运送搭乘者的行为应界定为顺风车，不具有营运性质。平安保险公司关于李某潇改变被保险车辆的使用性质的答辩意见，不予采信。

李某潇在平安保险公司投保了交强险、商业三者险 50 万元及商业车损险 250,650 元，平安保险公司均予以承保，含不计免赔。保险事故发生后，平安保险公司应当在收到被保险人或者受益人的赔偿或者给付保险金的请求后,履行赔偿或者给付保险金义务。本案中,事故发生在保险期间内,且不属于免赔情形,平安保险公司对此次事故造成的被保险车辆及第三者车辆的损失应承担赔偿责任。关于被保险车辆小客车的损失,该车辆实际维修金额为67,729元。关于第三者车辆的损失,该车辆实际维修金额为66,753.90元。诉讼中,平安保险公司对上述两车的维修项目和维修费金额提出异议,但表示放弃申请鉴定,平安保险公司无证据证明维修项目与事故不具有关联性,亦无证据证明维修费金额明显高于市场价格,故一审法院对平安保险公司的上述抗辩意见不予采信。李某潇要求平安保险公司在商业车损险限额内赔偿其67,729元车辆损失,于法有据,予以支持。被保险车辆发生道路交通事故给案外人宋某造成了财产损失,平安保险公司应依法在机动车交强险限额范围内予以赔偿,不足部分在商业三者险限额内予以赔偿。鉴于李某潇已经代第三者宋某支付了车辆维修费66,753.90元,对此,平安保险公司应当在交强险限额内向李某潇支付2000元,在商业三者险限额内向李某潇支付64,753.90元。综上,一审法院判决:平安保险公司于判决生效后7日内赔偿李某潇机动车损失67,729元、第三者车辆损失66,753.90元。

平安保险公司不服一审判决,提起上诉。

二审法院认为:在本案中,一审法院依据查明的被上诉人李某潇的职业状况、涉诉行程的始发地与李某潇的工作地点的距离,目的地与李某潇居住地区域的距离以及乘车费用等因素综合认定李某潇驾驶车辆运送搭乘者的行为为顺风车,不具有营运性质,具有较充分的事实依据,并无不当。应当指出,李某潇通过"嘀嗒出行"平台发布行程,属于网约车性质,但网约车并不必然具有营运性质;事故发生时间为晚间亦不是免除保险公司相应赔偿责任的事由;此外,平安保险公司亦未能举证证明案涉乘车费用超过了行程的实际成本。平安保险公司的上诉请求不能成立,应予驳回;一审判决认定事实清楚,适用法律正确,应予维持。综上,判决:驳回上诉,维持原判。

权威解读

关于危险程度显著增加的通知义务,2009年保险法修订时,主要作了两方面的修改:一是界定保险标的危险增加的程度应达到"显著";二是明确规定保险人选择解除保险合同的,应按合同约定退还相应的保费。判断保险标的危险程度是否显著增加,主要从以下三个方面考虑:一是重要性。危险状况的改变必须对保险人产生重要性的影响,即足以影响保险人是否同意承保或者提高保险费率。这与保险法第十六条规定的如实告知义务范围限于"足以影响保险人是否同意承保或者提高保险费率"重要事项的立法意图是一致的。[①] 二是未预料性。前述危险程度的增加是合同订立时所无法预料的。在合同存续期间,保险标的的危险程度可能随时发生变化,但有些变化是合同订立时可以预料的。如投保洪水险,随着雨季的临近,发生保险事故的可能性大大增加,但这种变化是合同订立时,保险人和投保人都可以预料的,属于保险责任的范围。此种情形就不属于危险程度的显著增加。三是持续性。危险程度的增加是持续的。如果保险标的的危险程度只是暂时增加,随后又恢复的,也不属于危险程度显著增加。[②]

编者注:司法实践的难点在于如何认定保险标的危险程度变化达到了"显著"增加的程度。以网约车保险事故的赔偿为例,网约车是共享经济发展的新事物,实质是在"互联网+交通"的模式下,自用的私人车辆承担了相当的运营功能,承保车辆的风险概率显著增加。对于网约车保险事故的赔偿规则,目前司法实务中倾向于采取商业险与交强险区别处理的原则,依据《保险法》第五十二条的规定,被保险人未及时通知保险人的,因危险程度显著增加而引发保险事故,保险公司有权对商业险部分拒赔;对于交强险部分,依据《道路交通事故损害赔偿司法解释》第二十三条第二、三款规定,保险公司仍应赔偿,赔偿后可以要求投保人补足保险费。同时,强调对于车辆改变性质及用途的举证责任应当由保险公司承担。但是,顺风车不能简单地直接等同于网约车。顺风车通过分摊出行成本或免费互助方式,达到缓解拥堵、方便出行的目的。至于顺风车有无导致被保险车辆的危险程度显著增加,还是要围绕前述"三性"结合具体情况来认定。具体而言,可以重点围绕从事顺风车是否改变被保险车辆的使用性质,应结合收取费用情况、车辆行驶区间、车辆所有人职业状况以及接单频率等方面的情况予以综合判定。

《保险法》第六十条 【保险人的代位求偿权】

第六十条 因第三者对保险标的的损害而造成保险事故的,保险人自向被保险人赔偿保险金之日起,在赔偿金额范围内代位行使被保险人对第三者请求赔偿的权利。

前款规定的保险事故发生后,被保险人已经从第三者取得损害赔偿的,保险

---

① 参见吴定富主编:《中华人民共和国保险法释义》,中国财政经济出版社2009年版,第128页。

② 参见安建主编:《中华人民共和国保险法(修订)释义》,法律出版社2009年版,第88页。

人赔偿保险金时，可以相应扣减被保险人从第三者已取得的赔偿金额。

保险人依照本条第一款规定行使代位请求赔偿的权利，不影响被保险人就未取得赔偿的部分向第三者请求赔偿的权利。

相关规定

1.《保险法》

第四十六条　被保险人因第三者的行为而发生死亡、伤残或者疾病等保险事故的，保险人向被保险人或者受益人给付保险金后，不享有向第三者追偿的权利，但被保险人或者受益人仍有权向第三者请求赔偿。

第六十一条　保险事故发生后，保险人未赔偿保险金之前，被保险人放弃对第三者请求赔偿的权利的，保险人不承担赔偿保险金的责任。

保险人向被保险人赔偿保险金后，被保险人未经保险人同意放弃对第三者请求赔偿的权利的，该行为无效。

被保险人故意或者因重大过失致使保险人不能行使代位请求赔偿的权利的，保险人可以扣减或者要求返还相应的保险金。

第六十二条　除被保险人的家庭成员或者其组成人员故意造成本法第六十条第一款规定的保险事故外，保险人不得对被保险人的家庭成员或者其组成人员行使代位请求赔偿的权利。

第六十三条　保险人向第三者行使代位请求赔偿的权利时，被保险人应当向保险人提供必要的文件和所知道的有关情况。

2.《社会保险法》

第三十条第二款　医疗费用依法应当由第三人负担，第三人不支付或者无法确定第三人的，由基本医疗保险基金先行支付。基本医疗保险基金先行支付后，有权向第三人追偿。

第四十二条　由于第三人的原因造成工伤，第三人不支付工伤医疗费用或者无法确定第三人的，由工伤保险基金先行支付。工伤保险基金先行支付后，有权向第三人追偿。

3.《海商法》

第二百五十二条　保险标的发生保险责任范围内的损失是由第三人造成的，被保险人向第三人要求赔偿的权利，自保险人支付赔偿之日起，相应转移给保险人。

被保险人应当向保险人提供必要的文件和其所需要知道的情况，并尽力协助保险人向第三人追偿。

4.《海事诉讼特别程序法》

第九十三条　因第三人造成保险事故，保险人向被保险人支付保险赔偿后，在保险赔偿范围内可以代位行使被保险人对第三人请求赔偿的权利。

第九十四条　保险人行使代位请求赔偿权利时，被保险人未向造成保险事故的第三人提起诉讼的，保险人应当以自己的名义向该第三人提起诉讼。

第九十五条　保险人行使代位请求赔偿权利时，被保险人已经向造成保险事故的第三人提起诉讼的，保险人可以向受理该案的法院提出变更当事人的请求，代位行使被保险人对第三人请求赔偿的权利。

被保险人取得的保险赔偿不能弥补第三人造成的全部损失的，保险人和被保险人可以作为共同原告向第三人请求赔偿。

第九十六条　保险人依照本法第九十四条、第九十五条的规定提起诉讼或者申请参加诉讼的，应当向受理该案的海事法院提交保险人支付保险赔偿的凭证，以及参加诉讼应当提交的其他文件。

5.《最高人民法院关于适用〈中华人民共和国保险法〉若干问题的解释（二）》（法释〔2020〕18号）

第十六条　保险人应以自己的名义行使保险代位求偿权。

根据保险法第六十条第一款的规定，保险人代位求偿权的诉讼时效期间应自其取得代位求偿权之日起算。

第十九条第二款　财产保险事故发生后，被保险人就其所受损失从第三者取得赔偿后的不足部分提起诉讼，请求保险人赔偿的，人民法院应予依法受理。

6.《最高人民法院关于适用〈中华人民共和国保险法〉若干问题的解释（四）》（法释〔2018〕13号）

第七条　保险人依照保险法第六十条的规定，主张代位行使被保险人因第三者侵权或者违约等享有的请求赔偿的权利的，人民法院应予支持。

第八条　投保人和被保险人为不同主体，因投保人对保险标的的损害而造成保险事故，保险人依法主张代位行使被保险人对投保人请求赔偿的权利的，人民法院应予支持，但法律另有规定或者保险合同另有约定的除外。

第九条　在保险人以第三者为被告提起的代位求偿权之诉中，第三者以被保险人在保险合同订立前已放弃对其请求赔偿的权利为由进行抗辩，人民法院认定上述放弃行为合法有效，保险人就相应部分主张行使代位求偿权的，人民法院不予支持。

保险合同订立时,保险人就是否存在上述放弃情形提出询问,投保人未如实告知,导致保险人不能代位行使请求赔偿的权利,保险人请求返还相应保险金的,人民法院应予支持,但保险人知道或者应当知道上述情形仍同意承保的除外。

第十条 因第三者对保险标的的损害而造成保险事故,保险人获得代位请求赔偿的权利的情况未通知第三者或者通知到达第三者前,第三者在被保险人已经从保险人处获赔的范围内又向被保险人作出赔偿,保险人主张代位行使被保险人对第三者请求赔偿的权利的,人民法院不予支持。保险人就相应保险金主张被保险人返还的,人民法院应予支持。

保险人获得代位请求赔偿的权利的情况已经通知到第三者,第三者又向被保险人作出赔偿,保险人主张代位行使请求赔偿的权利,第三者以其已经向被保险人赔偿为由抗辩的,人民法院不予支持。

第十一条 被保险人因故意或者重大过失未履行保险法第六十三条规定的义务,致使保险人未能行使或者未能全部行使代位请求赔偿的权利,保险人主张在其损失范围内扣减或者返还相应保险金的,人民法院应予支持。

第十二条 保险人以造成保险事故的第三者为被告提起代位求偿权之诉的,以被保险人与第三者之间的法律关系确定管辖法院。

第十三条 保险人提起代位求偿权之诉时,被保险人已经向第三者提起诉讼的,人民法院可以依法合并审理。

保险人行使代位求偿权时,被保险人已经向第三者提起诉讼,保险人向受理该案的人民法院申请变更当事人,代位行使被保险人对第三者请求赔偿的权利,被保险人同意的,人民法院应予准许;被保险人不同意的,保险人可以作为共同原告参加诉讼。

7.《最高人民法院关于适用〈中华人民共和国海事诉讼特别程序法〉若干问题的解释》(法释〔2003〕3 号)

第六十五条 保险人依据海事诉讼特别程序法第九十五条规定行使代位请求赔偿权利,应当以自己的名义进行;以他人名义提起诉讼的,海事法院应不予受理或者驳回起诉。

第六十六条 保险人依据海事诉讼特别程序法第九十五条的规定请求变更当事人或者请求作为共同原告参加诉讼的,海事法院应当予以审查并作出是否准予的裁定。当事人对裁定不服的,可以提起上诉。

第六十七条 保险人依据海事诉讼特别程序法第九十五条的规定参加诉讼的,被保险人依此前进行的诉讼行为所取得的财产保全或者通过扣押取得的担保权益等，在保险人的代位请求赔偿权利范围内对保险人有效。被保险人因自身过错产生的责任，保险人不予承担。

第六十八条　海事诉讼特别程序法第九十六条规定的支付保险赔偿的凭证指赔偿金收据、银行支付单据或者其他支付凭证。仅有被保险人出具的权利转让书但不能出具实际支付证明的，不能作为保险人取得代位请求赔偿权利的事实依据。

8.《最高人民法院关于审理海上保险纠纷案件若干问题的规定》（法释〔2006〕10号）

第十三条　保险人在行使代位请求赔偿权利时，未依照海事诉讼特别程序法的规定，向人民法院提交其已经向被保险人实际支付保险赔偿凭证的，人民法院不予受理；已经受理的，裁定驳回起诉。

第十四条　受理保险人行使代位请求赔偿权利纠纷案件的人民法院应当仅就造成保险事故的第三人与被保险人之间的法律关系进行审理。

第十五条　保险人取得代位请求赔偿权利后，以被保险人向第三人提起诉讼、提交仲裁、申请扣押船舶或者第三人同意履行义务为由主张诉讼时效中断的，人民法院应予支持。

第十六条　保险人取得代位请求赔偿权利后，主张享有被保险人因申请扣押船舶取得的担保权利的，人民法院应予支持。

9.《全国法院民商事审判工作会议纪要》（法〔2019〕254号）

98.【仲裁协议对保险人的效力】被保险人和第三者在保险事故发生前达成的仲裁协议，对行使保险代位求偿权的保险人是否具有约束力，实务中存在争议。保险代位求偿权是一种法定债权转让，保险人在向被保险人赔偿保险金后，有权行使被保险人对第三者请求赔偿的权利。被保险人和第三者在保险事故发生前达成的仲裁协议，对保险人具有约束力。考虑到涉外民商事案件的处理常常涉及国际条约、国际惯例的适用，相关问题具有特殊性，故具有涉外因素的民商事纠纷案件中该问题的处理，不纳入本条规范的范围。

10.《最高人民法院关于海上保险合同的保险人行使代位请求赔偿权利的诉讼时效期间起算日的批复》（法释〔2014〕15号）

依照《中华人民共和国海商法》及《最高人民法院关于审理海上保险纠纷案件若干问题的规定》关于保险人行使代位请求赔偿权利的相关规定，结合海事审判实践，海上保险合同的保险人行使代位请求赔偿权利的诉讼时效期间起算日，应按照《中华人民共和国海商法》第十三章规定的相关请求权之诉讼时效起算时间确定。

典型案例

1. 华泰财产保险有限公司北京分公司诉李某贵、天安财产保险股份有限公司河北省分公司张家口支公司保险人代位求偿权纠纷案(最高人民法院指导案例25号)

【案情】2011年6月1日，华泰财产保险有限公司北京分公司(以下简称华泰保险公司)与北京亚大锦都餐饮管理有限公司(以下简称亚大锦都餐饮公司)签订机动车辆保险合同，被保险车辆的车牌号为京A×××××，保险期间自2011年6月5日0时起至2012年6月4日24时止。2011年11月18日，陈某某驾驶被保险车辆行驶至北京市朝阳区机场高速公路上时，与李某贵驾驶的车牌号为冀GA××××的车辆发生交通事故，造成被保险车辆受损。经交管部门认定，李某贵负事故全部责任。事故发生后，华泰保险公司依照保险合同的约定，向被保险人亚大锦都餐饮公司赔偿保险金83,878元，并依法取得代位求偿权。基于肇事车辆系在天安财产保险股份有限公司河北省分公司张家口支公司(以下简称天安保险公司)投保了机动车交通事故责任强制保险，华泰保险公司于2012年10月诉至北京市东城区人民法院，请求判令肇事司机李某贵和天安保险公司赔偿83,878元，并承担诉讼费用。

李某贵的住所地为河北省张家口市怀来县沙城镇，天安保险公司的住所地为张家口市怀来县沙城镇燕京路东108号，保险事故发生地为北京市朝阳区机场高速公路上，被保险车辆行驶证记载所有人的住址为北京市东城区工体北路新中西街8号。

【认定】法院认为，根据《保险法》第六十条的规定，保险人的代位求偿权是指保险人依法享有的，代位行使被保险人向造成保险标的损害负有赔偿责任的第三者请求赔偿的权利。保险人代位求偿权源于法律的直接规定，属于保险人的法定权利，并非基于保险合同而产生的约定权利。因第三者对保险标的的损害造成保险事故，保险人向被保险人赔偿保险金后，代位行使被保险人对第三者请求赔偿的权利而提起诉讼的，应根据保险人所代位的被保险人与第三者之间的法律关系确定管辖法院。第三者侵害被保险人合法权益，因侵权行为提起的诉讼，依据《民事诉讼法》中相关规定，由侵权行为地或者被告住所地法院管辖，而不适用财产保险合同纠纷管辖的规定，不应以保险标的物所在地作为管辖依据。本案中，第三者实施了道路交通侵权行为，造成保险事故，被保险人对第三者有侵权损害赔偿请求权；保险人行使代位权起诉第三者的，应当由侵权行为地或者被告住所地法院管辖。现二被告的住所地及侵权行为地均不在北京市东城区，故北京市东城区人民法院对该起诉没有管辖权,应裁定不予受理。

2. 中国平安财产保险股份有限公司江苏分公司诉江苏镇江安装集团有限公司保险人代位求偿权纠纷案(最高人民法院指导案例74号)

【案情】2008年10月28日,被保险人华东联合制罐有限公司(以下简称华东制罐公司)、华东联合制罐第二有限公司(以下简称华东制罐第二公司)与被告江苏镇江安装集团有限公司(以下简称镇江安装公司)签订《建设工程施工合同》,约定由镇江安装公司负责被保险人整厂机器设备迁建安装等工作。《建设工程施工合同》第二部分"通用条款"第38条约定:"承包人按专用条款的约定分包所承包的部分工程,并与分包单位签订分包合同,未经发包人同意,承包人不得将承包工程的任何部分分包";"工程分包不能解除承包人任何责任与义务。承包人应在分包场地派驻相应管理人员,保证本合同的履行。分包单位的任何违约行为或疏忽导致工程损害或给发包人造成其他损失,承包人承担连带责任"。《建设工程施工合同》第三部分"专用条款"第14条第(1)项约定"承包人不得将本工程进行分包施工"。"通用条款"第40条约定:"工程开工前,发包人为建设工程和施工场地内的自有人员及第三人人员生命财产办理保险,支付保险费用";"运至施工场地内用于工程的材料和待安装设备,由发包人办理保险,并支付保险费用";"发包人可以将有关保险事项委托承包人办理,费用由发包人承担";"承包人必须为从事危险作业的职工办理意外伤害保险,并为施工场地内自有人员生命财产和施工机械设备办理保险,支付保险费用"。

2008年11月16日,镇江安装公司与镇江亚民大件起重有限公司(以下简称亚民运输公司)公司签订《工程分包合同》,将前述合同中的设备吊装、运输分包给亚民运输公司。2008年11月20日,就上述整厂迁建设备安装工程,华东制罐公司、华东制罐第二公司向中国平安财产保险股份有限公司江苏分公司(以下简称平安财险公司)投保了安装工程一切险。投保单中记载被保险人为华东制罐公司及华东制罐第二公司,并明确记载承包人镇江安装公司不是被保险人。投保单"物质损失投保项目和投保金额"栏载明"安装项目投保金额为177,465,335.56元"。附加险中,还投保有"内陆运输扩展条款A",约定每次事故财产损失赔偿限额为200万元。投保期限从2008年11月20日起至2009年7月31日止。投保单附有被安装机器设备的清单,其中包括:SEQUA彩印机2台,合计原值为29,894,340.88元。投保单所附保险条款中,对"内陆运输扩展条款A"作如下说明:经双方同意,鉴于被保险人已按约定交付了附加的保险费,保险公司负责赔偿被保险人的保险财产在中华人民共和国境内供货地点到保险单中列明的工地,除水运和空运以外的内陆运输途中因自然灾害或意外事故引起的损失,但被保险财产在运输时必须有合格的包装及装载。

2008年12月19日10时30分许，亚民运输公司驾驶员姜某才驾驶苏L06069、苏L003挂重型半挂车，从旧厂区承运彩印机至新厂区的途中，在转弯时车上钢丝绳断裂，造成彩印机侧翻滑落地面损坏。平安财险公司接险后，对受损标的确定了清单。经镇江市公安局交通巡逻警察支队现场查勘，认定姜某才负事故全部责任。后华东制罐公司、华东制罐第二公司、平安财险公司、镇江安装公司及亚民运输公司共同委托泛华保险公估有限公司（以下简称泛华公估公司）对出险事故损失进行公估，并均同意认可泛华公估公司的最终理算结果。2010年3月9日，泛华公估公司出具了公估报告，结论：出险原因系设备运输途中翻落（意外事故）；保单责任成立；定损金额总损1,518,431.32元、净损1,498,431.32元；理算金额1,498,431.32元。泛华公估公司收取了平安财险公司支付的47,900元公估费用。

2009年12月2日，华东制罐公司及华东制罐第二公司向镇江安装公司发出《索赔函》，称“该事故导致的全部损失应由贵司与亚民运输公司共同承担。我方已经向投保的中国平安财产保险股份有限公司镇江中心支公司报险。一旦损失金额确定，投保公司核实并先行赔付后，对赔付限额内的权益，将由我方让渡给投保公司行使。对赔付不足部分，我方将另行向贵司与亚民运输公司主张”。

2010年5月12日，华东制罐公司、华东制罐第二公司向平安财险公司出具赔款收据及权益转让书，载明：已收到平安财险公司赔付的1,498,431.32元。同意将上述赔款部分保险标的的一切权益转让给平安财险公司，同意平安财险公司以平安财险公司的名义向责任方追偿。后平安财险公司诉至法院，请求判令镇江安装公司支付赔偿款和公估费。

【认定】法院认为，本案的争议焦点是：1. 保险代位求偿权的适用范围是否限于侵权损害赔偿请求权；2. 镇江安装公司能否以华东制罐公司、华东制罐第二公司已购买相关财产损失险为由，拒绝保险人对其行使保险代位求偿权。

关于第一个争议焦点。《保险法》第六十条第一款规定：“因第三者对保险标的的损害而造成保险事故的，保险人自向被保险人赔偿保险金之日起，在赔偿金额范围内代位行使被保险人对第三者请求赔偿的权利。”该款使用的是“因第三者对保险标的的损害而造成保险事故”的表述，并未限制规定为“因第三者对保险标的的侵权损害而造成保险事故”。将保险代位求偿权的权利范围理解为限于侵权损害赔偿请求权，没有法律依据。从立法目的看，规定保险代位求偿权制度，在于避免财产保险的被保险人因保险事故的发生，分别从保险人及第三者获得赔偿，取得超出实际损失的不当利益，并因此增加道德风险。将《保险法》第六十条第一款中的“损害”理解为仅指“侵权损害”,不符合保险代位求偿权制度设立的目的。故保险人行使代位求偿权,应以被保险人对第三者享有损害赔偿请求权为前提,这里的赔偿请求权既可因第三者对保险标的实施的侵权行为而产生,亦可基于第三者的违约行为等产生,不应仅限于侵权赔偿请求权。本案平安财险公司是基于镇江安装公司的违约行为而非侵权行为行使代位求偿权,镇江安装公司对保险事故的发生是否有过错,对案件的处理并无影响。并且,《建设工程施工合同》约定“承包人不得将本工程进行分包施工”。因此,镇江安装公司关于其对保险事故的发生没有过错因而不应承担责任的答辩意见,不能成立。平安财险公司向镇江安装公司主张权利,主体适格,并无不当。

关于第二个争议焦点。首先,镇江安装公司提出,在发包人与其签订的建设工程施工合同通用条款第40条中约定,待安装设备由发包人办理保险,并支付保险费用。从该约定可以看出,就工厂搬迁及设备的拆解安装事项,发包人与镇江安装公司共同商定办理保险,虽然保险费用由发包人承担,但该约定在双方的合同条款中体现,即该费用系双方承担,或者说,镇江安装公司在总承包费用中已经就保险费用作出了让步。由发包人向平安财险公司投保的业务,承包人也应当是被保险人。关于镇江安装公司的上述抗辩意见,《保险法》第十二条第二款、第六款分别规定:“财产保险的被保险人在保险事故发生时,对保险标的应当具有保险利益”;“保险利益是指投保人或者被保险人对保险标的具有的法律上承认的利益”。据此,不同主体对于同一保险标的可以具有不同的保险利益,可就同一保险标的投保与其保险利益相对应的保险险种,成立不同的保险合同,并在各自的保险利益范围内获得保险保障,从而实现利用保险制度分散各自风险的目的。因发包人和承包人对保险标的具有不同的保险利益,只有分别投保与其保险利益相对应的财产保险类别,才能获得相应的保险保障,二者不能相互替代。发包人华东制罐公司和华东制罐第二公司作为保险标的的所有权人,其投保的安装工程一切险是基于对保险标的享有的所有权保险利益而投保的险种,旨在分散保险标的的损坏或灭失风险,性质上属于财产损失保险;附加险中投保的“内陆运输扩展条款A”约定“保险公司负责赔偿被保险人的保险财产在中华人民共和国境内供货地点到保险单中列明的工地,除水运和空运以外的内陆运输途中因自然灾害或意外事故引起的损失”,该项附加险在性质上亦属财产损失保险。镇江安装公司并非案涉保险标的所有权人,不享有所有权保险利益,其作为承包人对案涉保险标的享有责任保险利益,欲将施工过程中可能产生的损害赔偿责任转由保险人承担,应当投保相关责任保险,而不能借由发包人投保的财产损失保险免除自己应负的赔偿责任。其次,发包人不认可承包人的被保险人地位,案涉《安装工程一切险投保单》中记载的被保险人为华东制罐公司及华东制罐第二公司，并明确记载承包人镇江安装公司不是被保险人。因此，镇江安装公司关于“由发包人向平安财险公司投保的业务，承包人也应当是被保险人”的答辩意见，不能成立。《建设工程施工合同》明确约定“运至施工场地内用于工程的材料和待安装设备，由发包人办理保险，并支付保险费用”及“工程分包不能解除承包人任何责任与义务，分包单位的任何违约行为或疏忽导致工程损害或给发包人造成其他损失，承包人承担连带责任”。由此可见，发包人从未作出在保险赔偿范围内免除承包人赔偿责任的意思表示，双方并未约定在保险赔偿范围内免除承包人的赔偿责任。最后，在保险事故发生后，被保险人积极向承包人索赔并向平安财险公司出具了权益转让书。根据以上情况，镇江安装公司以其对保险标的也具有保险利益，且保险标的所有权人华东制罐公司和华东制罐第二公司已投保财产损失保险为由，主张免除其依建设工程施工合同应对两制罐公司承担的违约损害赔偿责任，并进而拒绝平安财险公司行使代位求偿权，没有法律依据，不予支持。

3. 中国人民财产保险股份有限公司青岛市分公司与青岛日联华波科技有限公司等保险人代位求偿权纠纷案（2022 年度全国法院十大商事案件之八）

【案情】2020 年 4 月 4 日，青岛日联华波科技有限公司（以下简称日联华波公司）仓库起火。火灾造成该公司和青岛牧野车辆装备有限公司、青岛优锐塑胶有限公司（以下简称优锐塑胶公司）、青岛德迈迪医疗科技有限公司（以下简称德迈迪医疗公司）、青岛牧野模具有限公司（以下简称牧野模具公司）财物毁损。消防救援大队出具的《火灾事故认定书》认定：起火时间为 2020 年 4 月 4 日 15 时 40 分许；起火部位位于日联华波公司二楼北侧仓库内；起火原因排除人为纵火，排除物品自燃，不排除电气线路故障引发火灾的可能。日联华波公司、优锐塑胶公司、德迈迪医疗公司、牧野模具公司均在中国人民财产保险股份有限公司青岛市分公司（以下简称人保财险青岛分公司）处投有财产综合保险，约定保险合同载明地址内的下列财产可作为保险标的：（一）属于被保险人所有或与他人共有而由被保险人负责的财产；（二）由被保险人经营管理或代他人保管的财产；（三）其他具有法律上承认的与被保险人有经济利害关系的财产。保险事故发生后，人保财险青岛分公司分别与优锐塑胶公司、德迈迪医疗公司、牧野模具公司、日联华波公司签订赔偿协议，并向除日联华波公司之外的三家公司依约赔偿了保险金。

日联华波公司与优锐塑胶公司、德迈迪医疗公司、牧野模具公司（以下简称该三家公司）因存在部分股东或实际控制人一致等情形构成关联公司。

人保财险青岛分公司起诉日联华波公司，要求在对该三家公司赔偿金额范围内，代位行使该三家公司对日联华波公司请求赔偿的权利。日联华波公司抗辩称，其与该三家公司属于“利益共同体”，构成《保险法》第六十二条规定的“保险人不得对被保险人的家庭成员或者其组成人员行使代位请求赔偿的权利”的情形，人保财险青岛分公司无权向其行使追偿权。山东省青岛市中级人民法院一审判决支持了人保财险青岛分公司的诉讼请求。日联华波公司提起上诉。

【认定】山东高院二审认定，日联华波公司作为被保险人（该三家公司）的关联公司，与被保险人之间不存在经济利益上的同一性，在法律人格上亦不具有依附性，故其不构成《保险法》第六十二条规定的“被保险人的组成人员”，保险人可依法在对该三家公司赔偿保险金后，对日联华波公司行使代位求偿权。

编者注：对于《保险法》第六十二条关于“被保险人的家庭成员或者其组成人员”范围的界定上，长期存在争议。就“被保险人的组成人员”而言，有人认为主要包括被保险人的雇佣人员、合伙人、代理人、信托人等，有人则认为主要指与被保险人之间适用免赔规则的执行董事或其他法定代表人等。在保险法相关司法解释起草过程中也曾尝试就“组成人员”的范围进行界定，但最终因争议较大，删除了有关条文。就保险法第六十二条的立法目的而言，旨在避免被保险人因保险人行使代位求偿权而无法实际获得损失补偿，从而导致保险制度损失填补基本功能的落空。因此，限制保险人代位求偿权行使对象，包括“被保险人的组成人员”具体范围的核心依据应当着眼于被保险人与保险人代位求偿权的相对人之间经济利益上的“同一性”。本案判决遵循了保险法该条的立法宗旨，基于被保险人与其关联公司之间法律属性的分析，指出关联公司之间具有独立法律人格即具有独立财产和独立利益，关联公司之间对于不属其所有的财产也并非当然具有保险利益，从法律上将被保险人的法定利益与其关联公司的法定利益予以切割，进而认定被保险人的关联公司不构成《保险法》第六十二条规定的“被保险人的组成人员”，保险人可以依法对该关联公司行使代位求偿权，完全符合保险法第六十二条的立法目的。

《保险法》第六十五条 【责任保险的赔偿】

第六十五条 保险人对责任保险的被保险人给第三者造成的损害，可以依照法律的规定或者合同的约定，直接向该第三者赔偿保险金。

责任保险的被保险人给第三者造成损害，被保险人对第三者应负的赔偿责任确定的，根据被保险人的请求，保险人应当直接向该第三者赔偿保险金。被保险人怠于请求的，第三者有权就其应获赔偿部分直接向保险人请求赔偿保险金。

责任保险的被保险人给第三者造成损害,被保险人未向该第三者赔偿的,保险人不得向被保险人赔偿保险金。

责任保险是指以被保险人对第三者依法应负的赔偿责任为保险标的的保险。

相关规定

1.《保险法》

第六十六条 责任保险的被保险人因给第三者造成损害的保险事故而被提起仲裁或者诉讼的,被保险人支付的仲裁或者诉讼费用以及其他必要的、合理的费用,除合同另有约定外,由保险人承担。

2.《最高人民法院关于适用〈中华人民共和国保险法〉若干问题的解释(四)》(法释〔2020〕18号)

第十四条 具有下列情形之一的,被保险人可以依照保险法第六十五条第二款的规定请求保险人直接向第三者赔偿保险金:

(一)被保险人对第三者所负的赔偿责任经人民法院生效裁判、仲裁裁决确认;

(二)被保险人对第三者所负的赔偿责任经被保险人与第三者协商一致;

(三)被保险人对第三者应负的赔偿责任能够确定的其他情形。

前款规定的情形下,保险人主张按照保险合同确定保险赔偿责任的,人民法院应予支持。

第十五条 被保险人对第三者应负的赔偿责任确定后,被保险人不履行赔偿责任,且第三者以保险人为被告或者以保险人与被保险人为共同被告提起诉讼时,被保险人尚未向保险人提出直接向第三者赔偿保险金的请求的,可以认定为属于保险法第六十五条第二款规定的"被保险人怠于请求"的情形。

第十六条 责任保险的被保险人因共同侵权依法承担连带责任,保险人以该连带责任超出被保险人应承担的责任份额为由,拒绝赔付保险金的,人民法院不予支持。保险人承担保险责任后,主张就超出被保险人责任份额的部分向其他连带责任人追偿的,人民法院应予支持。

第十七条 责任保险的被保险人对第三者所负的赔偿责任已经生效判决确认并已进入执行程序,但未获得清偿或者未获得全部清偿,第三者依法请求保险人赔偿保险金,保险人以前述生效判决已进入执行程序为由抗辩的,人民法院不予支持。

第十八条 商业责任险的被保险人向保险人请求赔偿保险金的诉讼时效期间，自被保险人对第三者应负的赔偿责任确定之日起计算。

第十九条 责任保险的被保险人与第三者就被保险人的赔偿责任达成和解协议且经保险人认可，被保险人主张保险人在保险合同范围内依据和解协议承担保险责任的，人民法院应予支持。

被保险人与第三者就被保险人的赔偿责任达成和解协议，未经保险人认可，保险人主张对保险责任范围以及赔偿数额重新予以核定的，人民法院应予支持。

第二十条 责任保险的保险人在被保险人向第三者赔偿之前向被保险人赔偿保险金，第三者依照保险法第六十五条第二款的规定行使保险金请求权时，保险人以其已向被保险人赔偿为由拒绝赔偿保险金的，人民法院不予支持。保险人向第三者赔偿后，请求被保险人返还相应保险金的，人民法院应予支持。

3.《全国法院民商事审判工作会议纪要》(法〔2019〕254 号)

99.【直接索赔的诉讼时效】商业责任保险的被保险人给第三者造成损害，被保险人对第三者应当承担的赔偿责任确定后，保险人应当根据被保险人的请求，直接向第三者赔偿保险金。被保险人怠于提出请求的，第三者有权依据《保险法》第 65 条第 2 款的规定，就其应获赔偿部分直接向保险人请求赔偿保险金。保险人拒绝赔偿的，第三者请求保险人直接赔偿保险金的诉讼时效期间的起算时间如何认定，实务中存在争议。根据诉讼时效制度的基本原理，第三者请求保险人直接赔偿保险金的诉讼时效期间，自其知道或者应当知道向保险人的保险金赔偿请求权行使条件成就之日起计算。

典型案例

1. 王某龙诉中国人寿财产保险股份有限公司芜湖市中心支公司财产保险合同纠纷案(《最高人民法院公报》2021 年第 7 期)

【案情】王某龙于 2016 年 11 月 10 日就被保险车辆向保险公司投保机动车损失险、第三者责任险及不计免赔，保险期间自 2016 年 12 月 7 日至 2017 年 12 月 7 日，机动车损失险保险金额为 341,174 元。《家庭自用汽车损失保险条款》第四条载明：保险期间内，被保险人或其允许的合法驾驶人在使用被保险机动车过程中，因下列原因造成被保险机动车的损失，保险人依照本保险合同的约定负担赔偿：(一)碰撞、倾覆、坠落……第十八条载明：发生保险事故时，被保险人应当及时采取合理的、必要的施救和保护措施，防止或减少损失，并在保险事故后 48 小时内通知保险人。故意或因重大过失未及时通知，致使保险事故的性质、原因、损失程序等难以确定的，保险人对无法确定的部分不承担赔偿责任，但保险人通过其他途径已经及时知道或者应当知道保险事故发生的除外。第二十四条载明：因保险事故损坏的被保险机动车，应当尽量修复。修理前被保险人应当会同保险人检验，协商确定修理项目、方式和费用。否则保险人有权重新核定；无法重新核定的，保险人有权拒绝赔偿。

2017年4月16日，周某国驾驶浙CQX小型普通客车与王某龙驾驶的被保险车辆发生碰撞，造成被保险车辆受损，交警部门认定周某国负事故全部责任。浙CQX在中国平安财产保险股份有限公司天津分公司（以下简称平安财保）投保了交强险，王某龙遂将平安财保与周某国一并诉至上海市闵行区人民法院，要求平安财保在交强险范围内承担损失赔偿责任，不足部分由周某国赔偿。法院于2018年1月19日作出（2017）沪0112民初23597号民事判决，认定被保险车辆因前述交通事故导致的损失包括修理费316,673元，评估费5660元，共计322,333元，该款由平安财保在交强险范围内赔偿2000元，由周某国赔偿320,333元。判决生效后，王某龙向法院申请强制执行，平安财保履行了判决义务，但周某国未履行判决义务，且无财产可供执行，故法院终结了本次执行程序。王某龙遂诉至法院，要求保险公司基于保险合同先行赔偿其损失，给付保险金323,400.50元。

另查明，在（2017）沪0112民初23597号案件审理过程中，王某龙提供了评估机构出具的《物损评估意见书》，用以证明被保险车辆的损失金额。周某国申请对车损重新进行鉴定，但未缴纳鉴定费，一审法院遂根据王某龙单方委托评估结论认定了车损金额。

二审审理中，保险公司申请对被保险车辆重新评估，并申请了某公司作为重新评估的机构。王某龙不同意重新评估，但表示如果法院准许重新评估，则同意保险公司申请的某公司作为重新评估的机构。二审法院委托该公司对被保险车辆进行了重新评估。该公司出具鉴定报告，其中评估结论载明，被保险车辆维修费用在评估基准日的评估价值为222,900元。保险公司垫付了重新评估的费用5200元。保险公司、王某龙均认可评估结论及评估费用的金额。

【认定】一审法院认为，保险公司与王某龙之间保险合同关系成立。被保险机动车发生了保险范围内的事故，保险人应当按约承担保险责任，向被保险人进行理赔。保险条款为保险合同的组成部分，对双方具有约束力，应成为被保险人进行理赔的依据。保险公司对被保险车辆发生了保险事故及责任认定无异议，但认为法院已判决周某国承担了赔偿责任，王某龙不可重复主张权利。一审法院认为，王某龙就被保险车辆向保险公司投保了车辆损失险，被保险车辆因碰撞受损，保险公司应在车辆损失险保险金额范围内承担赔偿责任。保险公司承担赔偿责任后,有权向实际致害人代位求偿。保险公司还提出王某龙在保险事故发生后未向保险公司报案,对此,法院认为保险条款确定有此约定,但设立该通知义务的目的是为了保险人查明保险事故的性质、原因和损失程度,保险人亦仅是对无法确定的损失不承担赔偿责任。本案中,被保险车辆的损失通过生效判决已经确定,保险公司应当对被保险车辆的损失在车辆损失险项下进行赔付。但被保险车辆的损失应仅为修理费,扣除平安财保已赔付的2000元,被保险车辆的损失为314,673元,保险公司应对此损失在机动车损失险项下理赔。评估费与案件受理费不属于被保险车辆的直接损失,保险公司可不予赔付。据此,一审法院判决保险公司于判决生效之日起10日支付王某龙理赔款314,673元。

保险公司不服,提起上诉。

二审法院认为,保险合同关系成立并生效,双方均应恪守,现被保险车辆发生了保险范围内的事故,王某龙虽然向侵权人主张赔偿,但损失未实际获得填补,因此保险公司仍应按约承担保险责任。王某龙要求侵权人承担侵权赔偿责任获得生效判决支持,并不影响保险公司在履行保险赔偿责任后依法获得保险代位求偿权,在支付保险理赔款的范围内取得王某龙依生效判决对侵权人享有的赔偿请求权。一审认定保险公司应当向王某龙支付保险理赔款,应予确认。

根据保险合同条款的约定,保险事故发生后,王某龙应当及时向保险公司报案,并且会同保险公司检验,协商确定修理项目、方式和费用,否则保险公司有权重新核定。该约定依法有效,对双方当事人均有约束力。交通事故侵权案件中的车损金额系王某龙单方委托的鉴定机构评估而来,作为王某龙向侵权人索赔的依据,在侵权人未提出相反证据反驳的情况下,一审依据该数额判定侵权赔偿的范围,于法有据。但本案系保险合同纠纷,王某龙系依据保险合同法律关系而行使被保险人索赔之权利,那么当然应当遵守保险合同条款关于保险报案与损失核定的相关约定,保障保险公司的知情权和定损参与权。

本案中,王某龙在保险事故发生后未向保险公司报案,而是待前述侵权案件生效后依据生效判决所认定的车损金额向保险公司申请理赔,违反了保险合同条款的约定,有违诚实信用,损害了保险公司在保险合同项下的权利,致使其无法在法定期限内对标的车辆进行定损。王某龙在侵权案件中主张的车损金额因未经保险公司参与核定,对保险公司不发生法律效力,保险公司有权依据保险合同条款约定申请对被保险车辆的损失重新核定。经法院委托,评估机构对被保险车辆的损失进行了重新鉴定,鉴定结论为被保险车辆的维修费应为222,900元,保险公司与王某龙对该鉴定结论均表示认可,法院据此认定保险公司应当向王某龙支付的车辆损失保险金为222,900元。评估费作为查明和确定事故的性质、原因和保险标的的损失程度所支付的必要、合理费用，应当由保险公司承担。

综上，一审判决认定事实不清，适用法律错误，应予纠正。二审法院改判：撤销一审判决，改判保险公司于判决生效之日起10日支付王某龙保险理赔款220,900元。

2. 南通四建集团有限公司诉上海华辰通达物流有限公司等诉中财产保全损害赔偿纠纷案［上海市第一中级人民法院（2020）沪01民终4306号民事判决书，《人民法院案例选》2022年第2期］

【案情】2013年6月20日，上海华辰通达物流有限公司（以下简称华辰公司）、南通四建集团有限公司（以下简称南通四建）、华辰建筑工程有限公司（以下简称华辰建筑）签订《华辰通达物流新建工业仓储用房（东方星程）项目一期（西区）工程施工合同》（以下简称施工合同），约定工程项目为华辰通达物流新建工业仓储用房（东方星程）项目等具体事宜。上述施工合同履行期间，2017年6月2日，华辰公司与南通四建等签订《工程价款结算及付款协议》（以下简称结算协议），各方确认工程价款结算金额为4.55亿元，在此之前发生的停窝工损失、综合补偿、利息、违约金、诉讼费等已包括在上述结算价款内……截至2017年5月25日，华辰公司尚余190,531,101.64元未付；双方约定，该款项分期陆续支付，并约定协议签订当日，南通四建向法院申请撤诉，并办理解封手续……华辰公司于2017年7月至2018年2月，分批支付南通四建工程款合计154,526,466元。工程款尚余36,004,635.64元未付。

2018年5月至同年10月间，因涉案工程发生地下室独立柱开裂，华辰公司根据上海A有限公司出具的检测报告委托河北××公司出具了加固技术文件。南通四建按要求将施工方案报项目监理单位审核通过，并将加固单位资质和专职管理人员及特种作业人员的资格证书等报项目监理公司备案。因华辰公司不同意施工单位进场施工致使修复工程未能正常实施。华辰公司亦未支付剩余36,004,635.64元工程款。南通四建遂于2018年11月1日诉至浦东法院［案号：（2018）沪0115民初79675号］（以下简称79675号案），提出判令华辰公司支付工程款并承担违约责任等项诉讼请求。华辰公司以工程质量问题为由提出反诉，浦东法院予以合并审理，并于2019年4月16日作出一审民事判决，判令华辰公司支付南通四建工程款36,004,635.64元并承担违约责任，驳回了华辰公司的反诉请求。二审判决驳回了华辰公司的上诉，维持了上述一审判决。

2019年1月16日，浦东法院受理了华辰公司诉南通四建建设工程施工合同纠纷［案号：（2019）沪0115民初6451号］（以下简称6451号案）。华辰公司以逾期竣工为由，要求南通四建承担违约金等。诉讼期间，华辰公司申请财产保全，要求查封、冻结南通四建名下价值4030万元财产，并提交平安保险下属××分公司出具的保单保函作为担保。一审法院根据华辰公司的申请作出财产保全民事裁定并采取了相应保全措施，于2019年1月30日冻结南通四建银行存款4030万元。南通四建于同年2月1日发函给浦东法院提出保全异议，以华辰公司恶意诉讼、保全银行存款导致大批农民工工资无法发放为由，要求一审法院解除冻结银行存款。一审法院在2019年2月2日收到上述函件的当天组织南通四建、华辰公司谈话。南通四建、华辰公司就解除财产保全未能协商一致。法院告知南通四建可以向法院提交有效的等值担保，由法院审查后作出决定。南通四建于当日与上海B有限公司（以下简称B公司）签订《借款协议》商借4000万元并约定年利率24%。B公司于同年2月3日通过华夏银行向南通四建汇款合计4000万元。

2019年5月18日，华辰公司就6451号案件申请撤回起诉。一审法院于同年5月20日解除对南通四建银行存款4030万元的冻结。南通四建于2019年5月29日向上海市锦天城律师事务所支付律师费40万元。

南通四建遂以财产保全申请错误为由诉至法院，请求判令华辰公司、平安保险××分公司承担连带赔偿责任。

另查明，2019年1月15日，华辰公司与平安保险××分公司（以下简称平安保险）签订《平安诉讼财产保全责任保险投保单》显示，诉讼保全案件的被告为南通四建，案件号显示未立案，并注明在拟申请保全的诉讼纠纷案件立案之前，华辰公司与南通四建之间存在的其他纠纷为2018沪0115民初79675号建设工程施工合同纠纷。

南通四建股东、董事沈某，同时为B公司的股东并担任B公司执行董事、法定代表人。

一审审理中，华辰公司称其撤回6451号案的起诉，原因是，79675号案一审民事判决对结算协议作出了有效的认定，对华辰公司的6451号案不利。华辰公司已提起上诉，二审期间6451号案件会拖延下去，为避免诉讼保全造成损失，华辰公司申请撤诉。同时，基于华辰公司举证能力的考虑，无法及时获取相关的证据。

二审中另查明，平安保险向一审法院出具《平安诉讼财产保全责任保险保单保函》，载明：财产保全申请人：华辰公司；财产保全被申请人：南通四建；保险金额：人民币40,300,000元；保险责任：被保险人（财产保全申请人）华辰公司与南通四建因建筑工程合同纠纷一案，向法院提出财产保全申请，请求查封、扣押、冻结被申请人名下银行账户存款人民币肆仟零叁拾万元或其他等值财产。如申请人财产保全申请错误致使被申请人遭受损失，经法院判决由申请人承担的损害赔偿责任，保险人向被申请人在限额内进行赔偿；本保函的有效期为申请保全之日起至保全损害赔偿之诉诉讼时效届满之日止;保全标的:被申请人银行账户存款人民币肆仟零叁拾万元或等值财产。该保单保函落款处为保险人:平安保险,日期为:2019 年 1 月 16 日,并加盖“中国平安保险股份有限公司保单专用章”。

《中国平安财产保险股份有限公司平安诉讼财产保全责任保险条款》中载明:在保险期间内,被保险人向法院提出诉讼财产保全申请,如因申请错误致使被申请人遭受损失责任的,依法应由被保险人承担的损害赔偿责任,保险人根据本条款的规定在赔偿限额内承担赔偿责任……

【认定】一审法院认为,财产保全申请有错误的,申请人应当赔偿被申请人因财产保全所遭受的损失。财产保全损害赔偿成立的条件为申请人的申请有错误和被申请人存在因保全所遭受的损失。本案中,关于南通四建的诉讼请求,各方之间的争议焦点为:一、华辰公司的申请财产保全是否有过错。二、如果华辰公司申请财产保全存在过错,南通四建的损失如何确定。三、平安保险是否应当承担连带担保责任。

关于争议焦点之一,华辰公司在 2019 年 1 月起诉之前,其与南通四建在 2017 年 6 月 2 日签订的结算协议已将停窝工损失等计入工程价款的结算。根据该结算协议的约定,华辰公司不应再向南通四建主张工期延误损失。虽然华辰公司主张该结算协议是在南通四建对其财产保全影响其对外融资的情况下被迫签订的,但华辰公司在签订该协议之后并未采取救济措施,且已经履行 1.5 亿余元工程款。华辰公司又主张工程质量问题,与工期无关。且亦因证据问题撤回起诉。因此,华辰公司起诉南通四建主张工期延误责任,并申请财产保全,存在过错。

关于争议焦点之二,关于南通四建的损失,南通四建提供证据不足以证明借款与财产保全之间存在必然的因果关系。因此,南通四建主张因财产保全导致利息损失 2,928,466.67 元依据不足,不予采信。南通四建银行账户存款被冻结期间的损失相当于同期银行贷款利息扣除同期银行存款利息。华辰公司应赔偿南通四建损失。

关于争议焦点之三,平安保险虽然其主张保单保函系担保华辰公司在 79675 号案件中的反诉提供担保,但对此未能提供有效证据,不予支持。平安保险作为担保人应当对华辰公司的错误保全造成的损失承担连带清偿责任。关于南通四建主张的华辰公司赔偿其为 6451 号案件支出律师费 40 万元,并非南通四建应诉的必要费用,因此不予支持。

综上,一审法院判决:一、华辰公司应于判决生效之日起十日内赔偿南通四建利息损失(以 4030 万元为基数,自 2019 年 1 月 30 日算至同年 5 月 17 日,按照中国人民银行同期人民币贷款基准利率减去同期人民币存款利率的标准计算);

二、平安保险对上述第一项华辰公司的债务向南通四建承担连带清偿责任；三、平安保险承担清偿责任的，有权向华辰公司追偿；四、驳回南通四建其余诉讼请求。

二审法院认为，本案为南通四建主张因华辰公司于6451号案件中申请财产保全错误，并由平安保险提供诉讼财产保全责任保险，而导致的损害赔偿责任纠纷，根据各方诉讼主体之间所发生的法律关系及各方诉辩主张，二审法院将本案案由认定为因申请诉中财产保全损害赔偿责任纠纷。本案的争议焦点为：一、华辰公司申请6451号案财产保全是否具有过错；二、平安保险是否应作为本案适格当事人参与诉讼；三、若华辰公司应对南通四建承担因申请财产保全错误而产生的赔偿责任，则平安保险作为保险人是否应当承担赔偿责任。分述如下：

一、华辰公司于6451号案件中申请财产保全具有过错，应承担赔偿责任。本案中，华辰公司于2017年6月2日已与南通四建达成结算协议，根据协议内容，双方已将停窝工损失、综合补偿、违约金、诉讼费等一并结算，且华辰公司不得再向南通四建主张工期延误损失，对于华辰公司所主张的结算协议系受胁迫而签订是否有依据，以及南通四建在该案中因财产保全而受损失范围，一审法院已详细论述。对一审法院认定结果，予以认可。结合二审审理中，华辰公司撤回对不认可应向南通四建承担赔偿责任的上诉请求，华辰公司确应对6451号案件中因申请财产保全而对南通四建造成的损失承担赔偿责任，赔偿范围应为6451号案件项下南通四建银行账户被冻结的利息损失，即以4030万元为基数，自2019年1月30日算至同年5月17日，按照中国人民银行同期人民币贷款基准利率减去同期人民币存款利率的标准计算。

二、平安保险应作为本案适格当事人参加诉讼。平安保险主张，本案系处理华辰公司与南通四建的侵权法律关系，而平安保险仅与华辰公司具有保险合同关系，平安保险既非侵权法律关系主体，亦无相应法律规定、司法解释明确（除机动车交通事故责任纠纷外）保险公司应当或可以作为被告参与此类诉讼，故其并非本案适格当事人。对此法院认为，第一，从诉讼标的角度而言，本案虽主要审理华辰公司（作为财产保全申请人）与南通四建（作为财产保全被申请人）之间所发生的侵权法律关系，但与此同时，平安保险提供的《平安诉讼财产保全责任保险条款》第三条约定："在保险期间，被保险人向法院提出诉讼财产的保全申请，如因申请错误致使被申请人遭受损失的，依法应由被保险人承担的损害赔偿责任，保险人根据本条款的规定在赔偿限额内承担赔偿责任。"华辰公司与平安保险的保险合同具有一定利他性。根据合同约定，在一定情形下，南通四建作为责任险第三者对保险人依合同约定享受直接赔偿请求权。而根据责任保险性质以及华辰公司与平安保险公司保险条款约定，就华辰公司对南通四建因错误申请保全而应负的赔偿责任,华辰公司与平安保险应在相应赔偿范围内承担不真正连带责任。虽然华辰公司的给付义务与平安保险的给付义务系因不同法律关系产生,但两诉诉讼标的具有高度关联性且属同一种类(金钱之债),故法院依职权合并审理并无不当。

第二,从法律及司法解释规定角度,平安保险辩称,根据《保险法》第六十五条第二款,以及《最高人民法院关于适用〈中华人民共和国保险法〉若干问题的解释(四)》第十五条的规定,南通四建就应获赔偿部分直接向平安保险请求赔偿保险金的前提应为"被保险人对第三者的赔偿责任确定后",而本案起诉时华辰公司是否需向南通四建承担保全错误责任尚未确定,并且平安保险向一审法院出具的保单保函中载明:"如申请人财产保全申请错误致使被申请人遭受损失,经法院判决由申请人承担的损害赔偿责任,保险人向被申请人在限额内进行赔偿",即南通四建向平安公司索赔应以存在确认华辰公司承担损害赔偿责任的在先判决为前提。法院认为,首先,《保险法》第六十五条第一款规定:"保险人对责任保险的被保险人给第三者造成的损害,可以依照法律的规定或者合同的约定,直接向该第三者赔偿保险金",从体系解释的角度,该款应为授权式立法,即根据法律特别规定及当事人合同约定直接赋予第三者对保险人的赔偿请求权,而该条第二款应适用于无法律规定或合同约定的情形。本案中,保险条款对于南通四建享有直接赔偿请求权的约定并未明确需经在先判决确认申请人责任,因此应直接适用保险法第六十五条第一款的规定,该种适用亦符合责任保险及利他合同对第三人利益保护原则。其次,即使如平安保险所述,其出具的保单保函上已明确需"经法院判决",且根据《最高人民法院关于适用〈中华人民共和国保险法〉若干问题的解释(四)》第十五条的规定需要以"被保险人对第三者应负的赔偿责任确定"以及"被保险人怠于请求"为前提,本案对两个法律关系合并审理亦未违反法律规定。本案审理过程中,当然且首先需要解决的问题便是确定华辰公司对南通四建是否具有赔偿责任,并在此基础上对华辰公司与平安保险的责任承担进行认定。现行法律法规亦未明确规定对于"被保险人对第三者应负的赔偿责任确定"必须基于在先的另一诉讼才能确认,因此本案对于华辰公司是否具有赔偿责任亦具有司法确认效力。至于华辰公司是否"怠于请求",本案中完全可通过法院释明得以判断,结合二审中华辰公司主动请求平安保险承担赔偿责任的主张,华辰公司对平安保险的直接请求权要件更为完备。

第三,从当事人诉的利益及节约司法资源的角度而言,本案将平安保险列为被告有利于保障南通四建损害赔偿权利的实现。同时,在华辰公司消极举证情形下,平安保险亦可基于华辰公司对南通四建的抗辩以及合同约定主张相关权利。

在法律法规无明确规定需有确认申请人责任的在先判决为必要前置程序，以及平安保险与华辰公司有明确约定且已向法院出具单方承诺性质的保单保函情形下，本案将平安保险列为被告有利于查明事实，避免累讼。

三、平安保险应承担赔付责任。平安保险主张即使法院认为本案应当处理保险法律关系，平安保险与华辰公司的保险合同也已解除（即平安保险出具保单保函系为华辰公司作为79675号案件被告提起的反诉案件所用，而华辰公司将该保函用于6451号案件，系构成《保险法》第十六条第二款规定的“投保人故意或者因重大过失未履行前款规定的如实告知义务，足以影响保险人决定是否同意承保或者提高保险费率的，保险人有权解除合同”，平安保险根据该条第三款规定于知道有解除事由之日起三十日内，即2019年7月2日向华辰公司发出解除保险合同通知书）。因保单保函与责任险合同具有有因性，因此其向法院出具的保单保函亦自然失去效力，故平安保险不应承担向南通四建的赔偿责任。法院认为，首先，平安保险出具的保单保函时间为2019年1月16日，保全金额为4030万元，无论出具时间抑或保全金额都与6451号案相同，与79675号案反诉有较大差异，结合保险投保单上关于案件审理阶段“未立案”的表述，以及投保人与被申请人间存在其他诉讼纠纷为“（2018）沪0115民初79675”之记载情形，法院有理由相信华辰公司已向平安保险尽到如实告知义务，平安保险对于华辰公司转用其另案出具的保单保函于6451号案件的主张未提供相应证据予以充分证明，故不予采信。其次，即使华辰公司因未尽如实告知义务而使平安保险享有合同解除权，但本案中，平安公司也已向法院出具保单保函。依据诉讼财产保全案件性质，结合保护被申请人利益考量，保单保函的本质应是根据《最高人民法院关于人民法院办理财产保全案件若干问题的规定》第七条“保险人以其与申请保全人签订财产保全责任险合同的方式为财产保全提供担保的，应当向人民法院出具担保书”之规定作出的，以担保书为形式的单方承诺，该承诺并非因保险合同解除而当然撤销。若华辰公司确有违反法律或保险合同约定义务的情形，平安保险亦可于另案中起诉追偿，而并非本案处理范围。华辰公司因申请财产保全错误而应对南通四建承担损害赔偿责任，南通四建基于华辰公司与平安保险间保险合同约定以及平安保险出具的保单保函对平安保险享有直接请求权。华辰公司的损害赔偿责任与平安保险的直接赔付责任系针对南通四建同一项损失，构成不真正连带之债。华辰公司、平安保险任意一方完全履行其债务，另一方的赔偿义务消灭。

综上，一审法院判决认定事实清楚，适用法律部分错误。二审法院依照《保险法》第六十五条第一款等规定，判决：维持一审判决第一项；撤销一审判决第二项、第三项、第四项；平安保险应于判决生效之日起十日内赔偿南通四建利息损失（以

4030万元为基数，自2019年1月30日算至同年5月17日，按照中国人民银行同期人民币贷款基准利率减去同期人民币存款利率的标准计算）；南通四建从华辰公司或平安保险中的一方获得赔偿后，对另一方的相应债权即消灭；驳回南通四建其余诉讼请求。

3. 中国人民财产保险股份有限公司上海市分公司与中国平安财产保险股份有限公司上海分公司责任保险合同纠纷上诉案［上海金融法院（2020）沪74民终541号民事判决书，《人民法院案例选》2022年第1期］

【案情】中国人民财产保险股份有限公司上海市分公司（以下简称人保上海分公司）、中国平安财产保险股份有限公司上海分公司（以下简称平安上海分公司）及案外人中国太平洋财产保险股份有限公司上海市分公司（以下简称太平洋财险上海分公司）签订《共保协议书》，约定共保险种为上海市道路客运承运人责任保险，人保上海分公司承保50%、平安上海分公司承保25%、太平洋财险上海分公司承保25%。协议约定共保业务赔偿处理，对出险时预计损失金额在10万元以上的赔案，由出单公司通知其他两方保险公司，并牵头与其他两方共同负责事故现场的查勘、检验、定损等理赔事务；如果三方在处理赔款案件中产生分歧无法达成一致，以共保份额占多的一方意见为准。此外，前述三方及上海环亚保险经纪有限公司（以下简称环亚公司）签订《四方协议》，约定出单公司自然成为保单所载客运企业的保险理赔服务方，负责该企业的保险理赔、咨询等，出单公司将保险赔款直接赔付客运公司并将赔付单据抄送环亚公司，赔付后凭赔付凭证按共保协议约定比例向其他保险方收取保险赔款。

上海职工休养度假服务公司（以下简称职工度假公司）向平安上海分公司投保道路客运承运人责任保险。条款约定：保险标的沪B－E××××大客车、55座；保险期间2013年6月15日至2014年6月14日；累计赔偿限额4950万元、附加精神损害赔偿累计限额300万元（每座赔偿限额90万元、精神损害赔偿4万元）；共保信息“平安保险公司25%、人民保险公司50%、太平洋保险公司25%”。

2014年2月18日，职工度假公司投保的沪B－E××××大客车在高速公路发生侧翻事故，造成沈某立、张某忠、刘某惠三人当场死亡及多人受伤。经合肥市公安局交通警察支队认定，驾驶员胡某华负事故全部责任。事故发生后，平安上海分公司作为保单出单公司进行理赔，出具《承运人责任险赔款计算书》：2014年3月第1次预赔：350,000元。2014年11月第2次预赔：拟预先赔付法院一审判决的赔款合计1,094,528元，分项列明包含受害人沈某立940,000元。2015年6月第3次预赔：1. 刘某惠，……合计赔偿940,000元；2. 张某忠，……合计预赔940,000元；本次合计预赔付1,530,000元；等等。人保上海分公司依照《共保协议书》及上述《承运人责任险赔款计算书》，对平安上海分公司的上述三次预赔款按约分摊后，向平安上海分公司分别于2014年10月20日支付175,000元、2015年7月13日支付547,264元、2015年12月9日支付725,000元、2016年2月22日支付40,000元（共计1,487,264元）。

之后，三名死者家属未收到足额赔款，分别起诉上述三家保险公司（责任保险合同纠纷），职工度假公司作为第三人亦参加诉讼。案件经上海市静安区人民法院、上海市第二中级人民法院一、二审审理查明，平安上海分公司为本起事故向职工度假公司在2014年3月13日预付350,000元、12月1日预付1,094,528元。职工度假公司承认收到平安上海分公司该两笔预付款，称实际已用于处理其他伤者等。法院认定，平安上海分公司直接向被保险人职工度假公司支付保险赔偿款时，未审核其是否已向第三者支付保险赔偿金，亦未提供证据证明第三人已足额收到保险赔偿金，应继续履行保险赔偿责任；三家共保保险公司是共同保险人，应依照《共保协议书》及保险单约定的比例各自承担份额内的保险赔偿责任。法院判决，人保上海分公司按共保比例50%分别支付保险金444,011.40元[（2016）沪02民终8032号、沈某立案]、120,193元[（2018）沪02民终1386号、张某忠案]、117,138元[（2018）沪02民终1387号、刘某惠案]，平安上海分公司与太平洋财险上海分公司各自按25%比例支付赔偿金。为履行上述生效判决，人保上海分公司于2017年1月9日支付455,685.06元（含案件受理费11,673.66元）；2018年5月4日分别支付122,831元（含案件受理费2638元）、119,730元（含案件受理费2592元）。

2017年4月，平安上海分公司因职工度假公司未将预付款支付事故中对应的受害人，致其在（2016）沪02民终8032案中向沈某立家属支付保险金222,005.70元，故起诉职工度假公司要求返还预付款222,005.70元。上海市黄浦区人民法院审理认定，职工度假公司作为被保险人负有提交有关费用单据、支付凭证等证明材料的义务，其未能提供证据证明已赔付受害人及家属，未及时对外赔付，导致保险公司重复理赔，判决其返还平安上海分公司预赔款222,005.70元。

另查明，《共保协议书》第三条约定：人保上海分公司是该项目的主承保人，平安上海分公司和太平洋财险上海分公司是该项目的副承保人；第五条第四款“核赔权限”项中约定：对出险时预计金额在人民币10万元以上的赔案，由出单公司通知其他两方保险公司，并牵头与其他两方共同负责事故现场的勘查、检验、定损等理赔服务；出单公司于结案后3个工作日内向被保险人支付保险赔款，其他两方应在出单公司支付保险赔款并收到赔付凭证和基本索赔单证后3个工作日内按照共保承保比例支付保险赔款给出单公司。

人保上海分公司认为，平安上海分公司作为保单的出单公司，在履行保险理赔服务的过程中，违反保险法规定，在被保险人向事故第三者赔偿之前，就向前者支付了保险金，导致包括人保上海分公司在内的共保人向第三者进行了重复赔偿，遂诉至法院，请求判令平安上海分公司赔偿多支付的保险金681,342.40元及截止至实际支付之日的相应利息。

【认定】一审法院认为，人保上海分公司、平安上海分公司等签订的《共保协议书》《四方协议》以及涉案的责任保险合同，系各方真实意思表示，合法有效。依协议，平安上海分公司作为出单方对三方共保的责任保险事故进行理赔。审理中，人保上海分公司明确本案请求权基础是平安上海分公司在责任保险事故对外理赔中违反《保险法》第六十五条第三款规定，致人保上海分公司两次赔偿保险金，有重大过失。

《保险法》第六十五条第三款规定，责任保险的被保险人给第三者造成损害，被保险人未向该第三者赔偿的，保险人不得向被保险人赔偿保险金。由此，违反该法律规定的保险人应继续赔偿第三者，对于保险人不当赔付给被保险人的保险金，应当由保险人向被保险人要求返还。涉案事故经多起诉讼，法院认定人保上海分公司是责任保险合同的共同保险人，应按约定比例对外承担保险赔偿责任，故人保上海分公司亦有权据此向被保险人要求返还。人保上海分公司在诉讼中表示与被保险人无法律关系、不能主张返还，无依据，不予采信。至于平安上海分公司基于共保协议的对外理赔如有违反法律规定或合同约定，人保上海分公司可在向被保险人要求返还、损失确定后再行主张。综上，一审法院判决：人保上海分公司的诉讼请求不予支持。

二审法院认为，本案的争议焦点在于：对于重复支付的保险金，人保上海分公司能否要求平安上海分公司赔偿。

首先，人保上海分公司是基于何种法律关系向平安上海分公司主张赔偿。双方之间存在两层法律关系。一、外部关系：根据道路客运承运人责任保险合同，人保上海分公司、平安上海分公司为共同保险人，对外可基于各自承保比例，分别向被保险人职工度假公司主张返还预付的第三者保险金。二、内部关系：根据《共保协议书》及《四方协议》，平安上海分公司为涉案保单的出单公司，负责向被保险人提供理赔服务，在牵头完成定损后，需先行向被保险人支付全额保险金。人保上海分公司则为其他共保方，需配合完成定损，并在出单公司完成对外赔付后按共保比例分摊保险金。从上述权利义务配置可见，在对外理赔时，对于被保险人而言，就人保上海分公司、案外人太平洋财险上海分公司应承担的相应部分保险金，均由平安上海分公司作为代理人进行赔付。现人保上海分公司认为平安上海分公司在对外赔付时违反《保险法》规定进行理赔,致其重复支出保险金,故要求赔偿。该请求显然是基于第二层法律关系,意在追究代理人在履行代理职责过程中未尽必要的注意义务,导致被代理人遭受损失的赔偿责任。此系人保上海分公司自主行使诉权的行为,符合法律规定,可予准许。

其次,人保上海分公司是否遭受损失,该损失是否已经确定。据平安上海分公司出具的《承运人责任险赔款计算书》,于2014年11月进行的第2次预赔付1,094,528元中,列明已包含第三者沈某立的赔偿款94万元;2015年6月的第3次预赔款中,则包含第三者刘某惠、张某忠的赔偿款各94万元。人保上海分公司对于上述赔偿款,均已按照承保比例进行了分摊。平安上海分公司认为,人保上海分公司分摊的预赔款无明确指向性的抗辩意见,不能成立。人保上海分公司于分摊上述预赔款后,又因法院判决再次向三名第三者家属支付了保险金,并承担了案件受理费。上述支出项目,即为人保上海分公司的损失,且该损失已经确定发生。至于人保上海分公司在重复支付赔偿款后,是向职工度假公司要求返还,还是要求平安上海分公司赔偿,则属损失发生后的救济途径选择问题,不能对已发生的既有损失构成影响。一审法院认为,人保上海分公司应先向职工度假公司要求返还,待损失确定后再向平安上海分公司主张赔偿的意见,缺乏依据,应予纠正。

最后,平安上海分公司是否应当赔偿上述损失。代理人不履行职责而给被代理人造成损害的,应当承担民事责任。根据诚实信用原则,代理人应在代理权限范围内,谨慎、勤勉、忠实地行使代理权。本案中,平安上海分公司在对外理赔时,本应按照《保险法》的规定,审查被保险人职工度假公司是否已就第三者沈某立、刘某惠、张某忠的保险事故进行赔偿,并确保在其未作赔偿时不予支付保险金。但其作为专业的保险机构,明知法律的上述规定,却违反了作为代理人应尽的审慎注意义务,将人保上海分公司应付的理赔款径行支付给了职工度假公司,导致人保上海分公司于此后就相同的保险事故进行了再次赔付,显然存在重大过错,故应对造成的损失承担赔偿责任。平安上海分公司抗辩称,人保上海分公司作为共保项目的主承保人,在预赔付和保险金摊回时均未提出异议,故应视为其同意直接向职工度假公司支付保险金。但是,根据《共保协议书》及《四方协议》,人保上海分公司虽为主承保人,却并非出单公司,其职责虽包括与其他共保方共同对事故现场进行勘验、定损等,但并不包括对外支付保险赔款。而被保险人是否已向第三者赔偿损失,正是对外支付保险金时应当审查的内容,应由出单公司即平安上海分公司完成,人保上海分公司并不参与也无从知悉,故对平安上海分公司的上述抗辩不予采纳。

关于损失的具体范围,人保上海分公司于2017年1月9日支付了沈某立案的保险金444,011.40元、案件受理费11,673.66元;于2018年5月4日支付了张某忠案的保险金120,193元、案件受理费2638元;同日支付了刘某惠案的保险金117,138元、案件受理费2592元。上述赔付的保险金本已包含在人保上海分公司分摊的预赔款中,如平安上海分公司依法支付上述预赔款,即可避免相关诉讼案件的发生。因此,相应保险金及案件受理费均属人保上海分公司的损失。至于人保上海分公司主张的利息,因其重复支付的保险金及案件受理费确已产生资金占用损失,对此亦予以支持。

此外,需要指出,由于人保上海分公司对于其损失既可向职工度假公司要求返还,亦向平安上海分公司主张赔偿。为防止双重受偿,其在获得一方赔偿后,另一方的支付义务即相应减少。平安上海分公司在承担损害赔偿责任后,在其赔偿范围内,可代位人保上海分公司行使对职工度假公司的保险金返还请求权。

综上,二审法院依照《保险法》第六十五条第三款等规定,判决:撤销一审判决;平安上海分公司应于判决生效之日起十日内赔偿人保上海分公司保险金681,342.40元及截至实际支付之日止,以中国人民银行同期存款基准利率计算的利息(其中444,011.40元自2017年1月10日起算,237,331元自2018年7月14日起算);平安上海分公司应于判决生效之日起十日内赔偿人保上海分公司案件受理费16,903.66元及截至实际支付之日止,以中国人民银行同期存款基准利率计算的利息(其中11,673.66元自2017年1月10日起计算、5230元自2018年7月14日起计算)。

权威解读

关于责任保险的规定,2009年保险法修订时增加了两项内容:一是被保险人怠于请求的,第三者可以直接向保险人请求赔偿保险金;二是被保险人未向第三者赔偿的,保险人不得向被保险人赔偿保险金。责任保险在具体赔偿方式上与一般的财产保险有所不同,从责任保险的目的出发,当保险事故发生时,保险人可以直接向第三者赔偿保险金。保险法修改时,也注意淡化合同相对性立场,发挥责任保险对第三者的保障功能。①

关于责任保险中抗辩和解费用,在性质上属于查明和确定责任保险的保险事故性质、原因及受损害的第三者损失程度所支出的费用,因此,这部分费用应该由保险人承担。但是,不同于《保险法》第六十四条的规定,允许当事人就此类费用的承担进行约定。②

---

① 参见吴定富主编:《中华人民共和国保险法释义》,中国财政经济出版社2009年版,第156页。

② 参见安建主编:《中华人民共和国保险法(修订)释义》,法律出版社2009年版,第108页。

《保险法》第一百二十七条 【保险代理责任的承担】

第一百二十七条 保险代理人根据保险人的授权代为办理保险业务的行为，由保险人承担责任。

保险代理人没有代理权、超越代理权或者代理权终止后以保险人名义订立合同，使投保人有理由相信其有代理权的，该代理行为有效。保险人可以依法追究越权的保险代理人的责任。

相关规定

1.《保险法》

第一百二十六条 保险人委托保险代理人代为办理保险业务，应当与保险代理人签订委托代理协议，依法约定双方的权利和义务。

2.《民法典》

第七章 代　　理

第一节 一 般 规 定

第一百六十一条 民事主体可以通过代理人实施民事法律行为。

依照法律规定、当事人约定或者民事法律行为的性质，应当由本人亲自实施的民事法律行为，不得代理。

第一百六十二条 代理人在代理权限内，以被代理人名义实施的民事法律行为，对被代理人发生效力。

第一百六十三条 代理包括委托代理和法定代理。

委托代理人按照被代理人的委托行使代理权。法定代理人依照法律的规定行使代理权。

第一百六十四条 代理人不履行或者不完全履行职责，造成被代理人损害的，应当承担民事责任。

代理人和相对人恶意串通，损害被代理人合法权益的，代理人和相对人应当承担连带责任。

第二节 委 托 代 理

第一百六十五条 委托代理授权采用书面形式的，授权委托书应当载明代理人的姓名或者名称、代理事项、权限和期限，并由被代理人签名或者盖章。

第一百六十六条 数人为同一代理事项的代理人的，应当共同行使代理权，但是当事人另有约定的除外。

第一百六十七条 代理人知道或者应当知道代理事项违法仍然实施代理行为，或者被代理人知道或者应当知道代理人的代理行为违法未作反对表示的，被代理人和代理人应当承担连带责任。

第一百六十八条 代理人不得以被代理人的名义与自己实施民事法律行为，但是被代理人同意或者追认的除外。

代理人不得以被代理人的名义与自己同时代理的其他人实施民事法律行为，但是被代理的双方同意或者追认的除外。

第一百六十九条 代理人需要转委托第三人代理的，应当取得被代理人的同意或者追认。

转委托代理经被代理人同意或者追认的，被代理人可以就代理事务直接指示转委托的第三人，代理人仅就第三人的选任以及对第三人的指示承担责任。

转委托代理未经被代理人同意或者追认的，代理人应当对转委托的第三人的行为承担责任；但是，在紧急情况下代理人为了维护被代理人的利益需要转委托第三人代理的除外。

第一百七十条 执行法人或者非法人组织工作任务的人员，就其职权范围内的事项，以法人或者非法人组织的名义实施的民事法律行为，对法人或者非法人组织发生效力。

法人或者非法人组织对执行其工作任务的人员职权范围的限制，不得对抗善意相对人。

第一百七十一条 行为人没有代理权、超越代理权或者代理权终止后，仍然实施代理行为，未经被代理人追认的，对被代理人不发生效力。

相对人可以催告被代理人自收到通知之日起三十日内予以追认。被代理人未作表示的，视为拒绝追认。行为人实施的行为被追认前，善意相对人有撤销的权利。撤销应当以通知的方式作出。

行为人实施的行为未被追认的，善意相对人有权请求行为人履行债务或者就其受到的损害请求行为人赔偿。但是，赔偿的范围不得超过被代理人追认时相对人所能获得的利益。

相对人知道或者应当知道行为人无权代理的，相对人和行为人按照各自的过错承担责任。

第一百七十二条 行为人没有代理权、超越代理权或者代理权终止后，仍然实施代理行为，相对人有理由相信行为人有代理权的，代理行为有效。

第三节　代理终止

第一百七十三条　有下列情形之一的，委托代理终止：

（一）代理期限届满或者代理事务完成；

（二）被代理人取消委托或者代理人辞去委托；

（三）代理人丧失民事行为能力；

（四）代理人或者被代理人死亡；

（五）作为代理人或者被代理人的法人、非法人组织终止。

第一百七十四条　被代理人死亡后，有下列情形之一的，委托代理人实施的代理行为有效：

（一）代理人不知道且不应当知道被代理人死亡；

（二）被代理人的继承人予以承认；

（三）授权中明确代理权在代理事务完成时终止；

（四）被代理人死亡前已经实施，为了被代理人的继承人的利益继续代理。

作为被代理人的法人、非法人组织终止的，参照适用前款规定。

第一百七十五条　有下列情形之一的，法定代理终止：

（一）被代理人取得或者恢复完全民事行为能力；

（二）代理人丧失民事行为能力；

（三）代理人或者被代理人死亡；

（四）法律规定的其他情形。

第五百零三条　无权代理人以被代理人的名义订立合同，被代理人已经开始履行合同义务或者接受相对人履行的，视为对合同的追认。

第五百零四条　法人的法定代表人或者非法人组织的负责人超越权限订立的合同，除相对人知道或者应当知道其超越权限外，该代表行为有效，订立的合同对法人或者非法人组织发生效力。

3.《最高人民法院关于适用〈中华人民共和国民法典〉总则编若干问题的解释》（法释〔2022〕6号）

六、代理

第二十五条　数个委托代理人共同行使代理权，其中一人或者数人未与其他委托代理人协商，擅自行使代理权的，依据民法典第一百七十一条、第一百七十二条等规定处理。

第二十六条　由于急病、通讯联络中断、疫情防控等特殊原因，委托代理人自己不能办理代理事项，又不能与被代理人及时取得联系，如不及时转委托第三人代理，会给被代理人的利益造成损失或者扩大损失的，人民法院应当认定为民法典第一百六十九条规定的紧急情况。

第二十七条 无权代理行为未被追认，相对人请求行为人履行债务或者赔偿损失的，由行为人就相对人知道或者应当知道行为人无权代理承担举证责任。行为人不能证明的，人民法院依法支持相对人的相应诉讼请求；行为人能够证明的，人民法院应当按照各自的过错认定行为人与相对人的责任。

第二十八条 同时符合下列条件的，人民法院可以认定为民法典第一百七十二条规定的相对人有理由相信行为人有代理权：

（一）存在代理权的外观；

（二）相对人不知道行为人行为时没有代理权，且无过失。

因是否构成表见代理发生争议的，相对人应当就无权代理符合前款第一项规定的条件承担举证责任；被代理人应当就相对人不符合前款第二项规定的条件承担举证责任。

第二十九条 法定代理人、被代理人依据民法典第一百四十五条、第一百七十一条的规定向相对人作出追认的意思表示的，人民法院应当依据民法典第一百三十七条的规定确认其追认意思表示的生效时间。

4.《全国法院民商事审判工作会议纪要》（法〔2019〕254号）

十二、关于民刑交叉案件的程序处理

会议认为，近年来，在民间借贷、P2P等融资活动中，与涉嫌诈骗、合同诈骗、票据诈骗、集资诈骗、非法吸收公众存款等犯罪有关的民商事案件的数量有所增加，出现了一些新情况和新问题。在审理案件时，应当依照《最高人民法院关于在审理经济纠纷案件中涉及经济犯罪嫌疑若干问题的规定》《最高人民法院关于审理非法集资刑事案件具体应用法律若干问题的解释》《最高人民法院最高人民检察院公安部关于办理非法集资刑事案件适用法律若干问题的意见》以及民间借贷司法解释等规定，处理好民刑交叉案件之间的程序关系。

128.【分别审理】同一当事人因不同事实分别发生民商事纠纷和涉嫌刑事犯罪，民商事案件与刑事案件应当分别审理，主要有下列情形：

（1）主合同的债务人涉嫌刑事犯罪或者刑事裁判认定其构成犯罪，债权人请求担保人承担民事责任的；

（2）行为人以法人、非法人组织或者他人名义订立合同的行为涉嫌刑事犯罪或者刑事裁判认定其构成犯罪，合同相对人请求该法人、非法人组织或者他人承担民事责任的；

（3）法人或者非法人组织的法定代表人、负责人或者其他工作人员的职务行为涉嫌刑事犯罪或者刑事裁判认定其构成犯罪，受害人请求该法人或者非法人组织承担民事责任的；

（4）侵权行为人涉嫌刑事犯罪或者刑事裁判认定其构成犯罪，被保险人、受益人或者其他赔偿权利人请求保险人支付保险金的；

（5）受害人请求涉嫌刑事犯罪的行为人之外的其他主体承担民事责任的。

审判实践中出现的问题是，在上述情形下，有的人民法院仍然以民商事案件涉嫌刑事犯罪为由不予受理，已经受理的，裁定驳回起诉。对此，应予纠正。

129.【涉众型经济犯罪与民商事案件的程序处理】2014年颁布实施的《最高人民法院最高人民检察院公安部关于办理非法集资刑事案件适用法律若干问题的意见》和2019年1月颁布实施的《最高人民法院最高人民检察院公安部关于办理非法集资刑事案件若干问题的意见》规定的涉嫌集资诈骗、非法吸收公众存款等涉众型经济犯罪，所涉人数众多、当事人分布地域广、标的额特别巨大、影响范围广，严重影响社会稳定，对于受害人就同一事实提起的以犯罪嫌疑人或者刑事被告人为被告的民事诉讼，人民法院应当裁定不予受理，并将有关材料移送侦查机关、检察机关或者正在审理该刑事案件的人民法院。受害人的民事权利保护应当通过刑事追赃、退赔的方式解决。正在审理民商事案件的人民法院发现有上述涉众型经济犯罪线索的，应当及时将犯罪线索和有关材料移送侦查机关。侦查机关作出立案决定前，人民法院应当中止审理；作出立案决定后，应当裁定驳回起诉；侦查机关未及时立案的，人民法院必要时可以将案件报请党委政法委协调处理。除上述情形人民法院不予受理外，要防止通过刑事手段干预民商事审判，搞地方保护，影响营商环境。

当事人因租赁、买卖、金融借款等与上述涉众型经济犯罪无关的民事纠纷，请求上述主体承担民事责任的，人民法院应予受理。

130.【民刑交叉案件中民商事案件中止审理的条件】人民法院在审理民商事案件时，如果民商事案件必须以相关刑事案件的审理结果为依据，而刑事案件尚未审结的，应当根据《民事诉讼法》第150条第5项的规定裁定中止诉讼。待刑事案件审结后，再恢复民商事案件的审理。如果民商事案件不是必须以相关的刑事案件的审理结果为依据，则民商事案件应当继续审理。

5. 保险代理人与用人单位之间的关系是否属于劳动关系①

问：在我国劳动争议司法实践中，对于保险代理人的法律地位应当如何认定，各地经常会发生争议。分歧就在于，保险代理人与保险公司之间究竟是劳动关系

---

① 参见《民事审判信箱》，载最高人民法院民一庭编：《民事审判指导与参考》2011年第4辑（总第48辑），人民法院出版社2011年版。

还是代理关系?

答:回答这一问题,必须结合我国有关法律、法规和部门规章的相关规定来探讨。

根据2009年10月1日起施行的《保险法》第一百一十七条的规定,保险代理人是根据保险人的委托,向保险人收取佣金,并在保险人授权的范围内代为办理保险业务的机构或者个人。从《保险代理人管理规定(试行)》国家税务总局《关于保险企业营销员(非雇员)取得的收人计征个人所得税问题的通知》等有关规定的内容也可以看出,保险代理人与保险公司之间的关系属于民事代理关系,而不是劳动关系,因而也就不属于《劳动法》和《劳动合同法》的调整范围。

虽然现实生活中,保险代理人与保险公司签订的聘用合同中经常含有必须遵守保险公司规章制度的内容,如不得无故缺勤,每天应参加公司的晨会等具有劳动关系属性,保险公司也通常采用"除名"的方式来处理保险代理人的"旷工"行为。但保险代理人是依据保险公司的委托,在保险公司的授权范围内代为办理保险业务,并向保险公司收取手续费的单位或个人。在报酬上,保险公司根据代理人所做的业务量支付一定的佣金而不是约定的工资数额,该佣金也不受国家规定的最低工资限制。保险公司不承担保险代理人的社会保险和社会福利责任。所以,保险代理人与保险公司的关系属平等主体之间的民事代理关系,而不是劳动关系。因此,保险代理人与用人单位之间发生的纠纷不属于劳动争议。

典型案例

1. 某保险公司与高某保险代理合同纠纷案[上海金融法院(2021)沪74民终529号民事判决书]

【案情】2017年7月13日,某保险公司作为委托人(甲方)、高某作为代理人(乙方),双方共同签订了《保险代理合同书》。合同约定,甲方制定《某保险公司个人寿险业务人员基本管理办法》(以下简称《基本管理办法》),作为甲方对乙方管理的基本办法。2017年11月14日,某保险公司向其各二级机构发布《品质管理办法》,规定凡因违反本办法相关规定,造成公司或客户损失的,除按相关规定追究责任外,还应赔偿客户或公司损失,如因保单引起,应扣回该保单所取得的相应佣金利益。

2017年10月至12月,高某代理或挂单在其他保险代理人名下的44份保单遭投保人投诉,投诉原因主要为误导销售,即高某夸大宣传保单具有贷款功能,导致投保人基于错误认识投保。投诉涉及的44份保单共计已缴纳保险费为514,902元,现金价值共计30,228.12元,两者差额484,673.88元。某保险公司针对该44份保单而发放佣金共计242,245.69元(该佣金分别由高某和挂名的名义保险代理人实际收取),其中某保险公司已收取的退还佣金197,295.49元,故剩余尚未退还的佣金为44,950.20元(其中高某代理销售的保单项下尚未退还的佣金为11,062.19元)。某保险公司遂向法院起诉,请求判令高某赔偿因其向案外人(共44人)退保产生的经济损失484,673.88元及退还佣金11,062.19元。

【认定】一审法院认为,某保险公司实际向投保人退还的保费超过现金价值部分的金额即484,673.88元可认定为某保险公司实际产生的损失。根据《品质管理办法》规定,某保险公司的损失应从保单佣金部分优先予以抵扣,现涉案44份保单所产生的佣金共计242,245.69元,尽管其中有部分佣金并非支付给高某本人,但某保险公司可向实际收取佣金的代理人另行追索,故上述损失金额484,673.88元应扣除所对应的44份保单所有佣金242,245.69元,即242,428.19元为保险公司本案可主张的实际损失。

高某在向涉案44份投诉保单的投保人销售保险产品时存在销售误导行为,违反了《保险代理合同书》《基本管理办法》以及《品质管理办法》的规定,没有客观公正地向客户介绍适合于客户投保的保险产品,未尽到保险代理人的基本职责,已构成违约,由此给某保险公司造成的损失,应当承担赔偿责任。尽管高某作为保险代理人在保单销售过程中未尽到基本职业操守、违反合同约定误导销售导致某保险公司产生退保损失,但高某从事保险代理业务短短几个月,销售的问题保单比例如此之高,某保险公司亦存在核保不严、监管不力的过失,也应承担相应责任。故一审法院判决高某退还佣金11,062.19元,并酌情认定高某应向某保险公司赔偿损失121,214元。

一审判决后,某保险公司向上海金融法院提出上诉,认为保险公司对保险代理人的过错行为难以监管,不代表保险公司未尽监管义务,在责任承担上,保险代理人的主观意愿对损失结果的发生起到了决定性作用,应当承担全部责任。

二审法院认为,查明的案件事实表明高某确实向涉案44份投诉保单的投保人进行了误导性宣传,未尽到保险代理人的基本职责,已构成违约,应当对由此给某保险公司造成的损失承担赔偿责任。高某因违反合同约定销售保险产品所得佣金应当予以退还,一审法院据此判决高某退还佣金11,062.19元,有事实和法律依据。当事人一方违约造成对方损失,对方对损失的发生有过错的,可以减少相应的损失赔偿额。在高某销售涉案保险产品之前,某保险公司虽然组织过保险代理人岗前培训,但是对于保险产品的相关功能存在未能准确传达给保险代理人的情况。

此外,高某在短短几个月内从事保险代理业务,销售的问题保单比例如此之高,显然与某保险公司核保不严、监管不力有关,某保险公司对退保损失的发生存在过错。一审法院认定某保险公司应当承担相应法律责任并无不当,在综合考虑当事人违约情况、过错程度的基础上,酌定高某应向某保险公司赔偿损失121,214元,裁量适当。二审法院据此驳回某保险公司上诉请求,维持原判。

2. 丁某诉甲保险公司人身保险合同纠纷案[上海金融法院(2019)沪74民终373号民事判决书,2019年度上海法院金融商事审判十大案例之五]

【案情】2016年6月29日,丁某经过体检发现患有右侧甲状腺结节。2016年8月21日,张某(系丁某之配偶)作为投保人,丁某作为被保险人及受益人,向甲保险公司投保人身保险。张某投保时向保险代理人黄某出示了丁某的上述体检报告,并口头告知黄某,被保险人丁某经过体检发现有甲状腺结节。保险代理人黄某在投保书上代张某和丁某打勾,在询问事项"甲状腺或甲状旁腺疾病"位置勾选"否"。张某和丁某在《人身保险投保书》(电子版)、《人身保险(个险渠道)投保提示书》上签字。涉案保险合同于2016年9月1日成立并生效。投保险种中包括附加重疾险,保险期间为终身,基本保险金额为30万元等。

2018年4月13日,丁某在某医院手术,确诊为右侧甲状腺恶性肿瘤。嗣后,丁某向甲保险公司申请理赔。2018年8月5日,甲保险公司出具《理赔决定通知书》,载明解除保险合同并不退还保费,不予理赔。甲保险公司将上述《理赔决定通知书》送达张某和丁某。丁某不同意上述通知,遂诉至法院要求甲保险公司支付保险金30万元。

【认定】法院认为,本案的争议焦点在于甲保险公司能否以投保人未尽如实告知义务而解除合同并予以拒赔。涉案《人身保险投保书》(电子版)、《人身保险(个险渠道)投保提示书》上张某和丁某的签字均系本人所签,但上述保险单证上打勾均为保险代理人黄某代为填写。涉案保险合同签订时,投保人张某向保险代理人黄某出示了丁某的体检报告,该体检报告载明丁某患有甲状腺结节。保险代理人黄某在明知丁某患有甲状腺结节的情况下,仍代张某和丁某在投保书询问事项"甲状腺或甲状旁腺疾病"中勾选"否",该行为系属阻碍投保人履行如实告知义务,故保险代理人黄某上述代为填写的内容不能视为投保人张某的真实意思表示,应视为张某在投保时已经履行了如实告知义务,甲保险公司应当向受益人丁某支付保险金30万元。

3. 李某诉甲保险公司侵权责任纠纷案(上海市第二中级人民法院2018年金融消费典型案例之四)

【案情】祝某系甲保险公司的保险代理人。自2008年起,李某通过祝某经办投保了数份甲保险公司的人寿保险。

2011年11至2012年1月，祝某利用李某对其的信任，虚构甲保险公司和乙银行推出内部员工短期高息理财产品，李某将50万元交予祝某用于购买该虚构的理财产品。2012年，李某与祝某签订协议，约定李某自愿将其合法所有的资金委托给祝某，同意并授权祝某利用其在乙银行的信息及管理优势，利用理财产品等有效运作，帮助李某获取利益。后祝某经生效刑事判决认定犯诈骗罪，但李某未获得退赃。扣除祝某已给付的投资收益，李某还损失48万余元。李某遂诉至法院，请求判令甲保险公司赔偿其损失。

【认定】法院认为，李某曾多次购买保险产品、签订保险合同，对购买保险有一定的经验。而本案所涉款项，是李某与祝某签订不同于以往的协议，款项汇入祝某的个人账号，由祝某个人出具收条。在公安机关调查笔录中，李某亦清楚提出过当时存在疑虑，说明李某当时能够分辨出此系祝某个人的行为，而不是甲保险公司的行为。

祝某声称钱款用于投资甲保险公司内部产品，即便甲保险公司存在这样的内部产品，李某明知其本人非甲保险公司员工，也不具备购买上述理财产品的资格。

此外，从李某与祝某签订的协议表明，祝某所编造的是乙银行的内部理财产品，银行理财产品与甲保险公司的保险产品有较大的不同，对此李某亦应引起足够的警觉。李某忽略这些异常情况，选择将款项交由祝某个人，即与祝某实际上构成委托理财关系，对于款项被挪用的风险应有预见，并自行承担风险。法院遂判决驳回李某的诉讼请求。

4. 刘某诉汪某剑、朱某荣、天安保险盐城中心支公司交通事故人身损害赔偿纠纷案(《最高人民法院公报》2012年第3期)

【案情】2005年7月20日22时许，汪某剑驾驶苏JFR978“新感觉”正三轮载货摩托车在淼南村道吴庄村旁道路上调头时，车前轮左侧等处与由南往北行驶的刘某所驾驶的无号牌“爱奇克”电动自行车右侧保险杠等处相撞，致刘某受伤，电动自行车损坏。事故发生后，交警部门作出交通事故认定书，认为汪某剑夜间驾车在道路上调头，未能做到不妨碍其他车辆的通行，是造成事故的主要原因；刘某夜间驾驶未开灯光且经检验为制动不合格的无号牌电动自行车，车速又较快，也是造成事故的原因，认定汪某剑负事故的主要责任、刘某负事故的次要责任。

刘某伤后被送至医院治疗，被诊断为左胫腓骨开放性骨折，住院治疗支出医疗费共27,556.70元。经鉴定，刘某因交通事故致左胫腓骨开放性骨折已构成十级伤残，误工期限为伤后至定残前一日，住院期间及出院后90日应予1人护理并予营养支持。

另查明,汪某剑驾驶的摩托车登记车主为朱某荣。汪某剑提交肇事摩托车的保险单记载,该摩托车在天安保险盐城中心支公司(以下简称天安盐城支公司)投保有保险期限自2005年5月30日0时起至2006年5月29日24时止、保险责任限额为2万元的第三者综合损害责任险。审理中,法院委托公安局对该保险单协助调查,查实该保险单系天安盐城支公司营销部工作人员刘某星伪造的系列保险单中的一份。

天安盐城支公司在响水县设有营销部,该营销部对外签订保险合同时使用天安盐城支公司的业务专用章,刘某星曾任该营销部的负责人。刘某星在任职期间,伪造了天安盐城支公司的业务专用章,私自印制保险单并进行销售。本案中,苏JFR978正三轮载货摩托车的保险单系刘某星通过响水营销部的销售员在该营销部内销售的,内容由销售员填写。2005年9月7日,天安盐城支公司向盐城市公安局报案,称刘某星自2004年12月以来,私刻公司公章、私印保险单,骗取多人保险费。2005年9月30日,盐城市公安局决定立案侦查。2005年10月20日,刘某星因涉嫌职务侵占犯罪被盐城市公安局刑事拘留。2005年11月25日,盐城市人民检察院以涉嫌合同诈骗罪对刘某星批准逮捕。刘某星现已被响水县人民法院以合同诈骗罪判处有期徒刑。

刘某认为,交警部门认定在本次事故中汪某剑负主要责任、刘某负次要责任,故诉至法院请求判令各被告赔偿各项损失共计112,875元。天安盐城支公司认为,本案所涉的保险单上的业务专用章系伪造,保险人与朱某荣就肇事摩托车从未形成保险合同关系。保险人不应当为伪造的假保险单承担保险赔偿责任。刘某星原系响水营销部的负责人,但刘某星2004年12月便擅自离开公司,自2005年起便不再是保险公司响水营销部负责人,他的犯罪行为与保险公司的管理和培训无关,保险公司不应当承担民事责任。

【认定】一审法院认为,关于天安盐城支公司是否需要对伪造的假保险单承担保险责任的问题。汪某剑提供的摩托车的保险单确为假保险单,但系由刘某星的犯罪行为所造成,而刘某星在使用假保险单实施犯罪时,是天安盐城支公司设在响水县的营销部负责人,假保险单是通过营销部的销售门市销售的,可见天安盐城支公司对响水县营销部管理不力,该公司在响水县营销部销售刘某星伪造的假保单的过程中有明显过错。因此,天安盐城支公司应当为此承担责任。

二审法院认为,天安盐城支公司在响水县设有营销部,该营销部对外签订保险合同时使用天安盐城支公司的业务专用章。刘某星曾任该营销部的负责人,在任职期间,伪造天安盐城支公司的业务专用章,私自印制保险单并进行销售。天安盐城支公司认为刘某星2004年12月便擅自离开公司,自2005年起就不再是响水县营销部负责人，但未能提供证据证实。且本案中，所涉摩托车的保险单系刘某星通过响水县营销部的销售员在该营销部内销售的，内容由销售员填写，保险单的内容和形式与真保险单一致。作为善意相对人的被保险人朱某荣是在响水县营销部购买第三者综合损害责任险，朱某荣有理由相信其购买的保险是真实的，保险单的内容也并不违反有关法律的规定，响水县营销部的行为在民法上应当视为天安盐城支公司的行为，因此，虽然朱某荣持有的保险单是假的，但此系由天安盐城支公司的工作人员利用职务上的行为所致，投保人无从察知，保险人应当加强管理监督，故不能据此免除天安盐城支公司应当承担的民事责任，一审法院判决保险人在保险限额内承担赔偿责任并无不妥。

5. 刘某典诉中国人寿保险股份有限公司徐州市分公司及迟某、戚某单保险合同纠纷案［江苏省高级人民法院（2020）苏民申 8660 号民事裁定书、江苏省徐州市中级人民法院（2019）苏 03 民终 6495 号民事判决书］

【案情】迟某自 1981 年 12 月至中国人寿保险股份有限公司徐州市分公司（以下简称人寿保险公司）处工作，自 2001 年起在该公司收展部担任收展员。2005 年 11 月 17 日，迟某与人寿保险公司签订《劳动合同书》，约定迟某劳动合同期限自 2005 年 11 月 1 日起为无固定期限，其从事保险业务岗位工作。2007 年下半年，第三人迟某出勤开始出现异常，2008 年 7 月起未再到人寿保险公司处上班。2015 年 7 月 22 日，人寿保险公司向迟某发出《通知书》，载明："迟某：因你在未履行请假审批手续的情况下，自 2008 年起长期旷工至今，且在旷工期间私制假保单，以上行为均严重违反公司规章制度并对公司利益造成重大损害，且因制作假保单涉嫌违法犯罪，目前正受到司法调查，按照国家有关法律和公司内部制度规定，自 2015 年 7 月 22 日起公司依法与你解除劳动合同关系。特此通知。"

刘某典与胡某系夫妻关系，双方育有一子刘某路。案外人胡某扬（已去世）与王某英系夫妻关系，双方育有一女胡某、两子胡某 1、胡某 2。胡某扬与第三人迟某系多年邻居关系。胡某于 1999 年 11 月 24 日注册登记从事个体工商户经营，经营范围为工艺品零售，后于 2015 年 6 月 18 日注销了其个体工商户。

2003 年 12 月 30 日，胡某为刘某路在人寿保险公司处投保了康宁终身保险、国寿 99 鸿福两全保险；2004 年 1 月 1 日，胡某为刘某路在人寿保险公司处投保了国寿鸿鑫两全保险（分红型）；2004 年 3 月 6 日，胡某扬为胡某在人寿保险公司处投保了国寿鸿鑫两全保险（分红型）；2004 年 6 月 18 日，胡某扬为胡某 1 在人寿保险公司处投保了国寿鸿鑫两全保险（分红型）；2004 年 12 月 12 日，胡某扬为胡某 1 在人寿保险公司处投保了康宁终身保险、附加住院医疗保险、国寿福馨两全保险、附加住院医疗生活津贴保险；2004 年 12 月 12 日，胡某扬为胡某 1 在人寿保险公司处投保了国寿福馨两全保险;2011 年 1 月 4 日,刘某典将其在人寿保险公司处投保的国寿福馨两全保险(分红型)退保;同日,胡某将其在人寿保险公司处投保的国寿福馨两全保险(分红型)退保。上述保险均系投保人通过第三人迟某办理,且保险合同合法有效,均已正常履行,特别是上述分红型保险,双方亦已按约发放和领取了红利;刘某典陈述相应保险费均系交付给迟某的,随后迟某即将相应保险合同交给了刘某典等人。

2006 年 9 月 12 日,胡某扬、胡某通过迟某办理了投保人为徐州益力钢结构工程有限公司,被保险人为胡某扬、胡某的国寿团体人身意外伤害保险,并向迟某分别交纳了保险费 4 万元、20 万元,合计 24 万元。2007 年 7 月 5 日、11 月 10 日,刘某典及其作为胡某扬、胡某、戚某单的委托人通过迟某办理了投保人为徐州益力钢结构工程有限公司,被保险人分别为刘某典、胡某扬、胡某、戚某单的意外伤害医疗费用保险,并向第三人迟某分别交纳了保险费 7 万元、5 万元、20 万元、20 万元,合计 52 万元。2009 年 12 月 28 日,戚某单委托刘某典通过迟某办理了投保人为徐州益力钢结构工程有限公司,被保险人为戚某单的国寿团体人身保险,并向迟某交纳了保险费 50 万元。2012 年 12 月 28 日,刘某典及其作为戚某单的委托人通过迟某办理了投保人为徐州益力钢结构工程有限公司,被保险人分别为刘某典、戚某单的国寿团体人身保险,保险期间终身,并向迟某分别交纳了保险费 70 万元、70 万元,合计 140 万元。2013 年 5 月 16 日,刘某典及其作为刘某路、戚某单的委托人通过迟某办理了投保人为徐州益力钢结构工程有限公司,被保险人分别为刘某典、刘某路、戚某单的国寿团体人身保险,保险期间预期转存,并向迟某分别交纳了保险费 70 万元、60 万元、40 万元,合计 170 万元。根据刘某典陈述,其与胡某、刘某路、胡某扬、戚某单将上述保费合计 436 万元汇至迟某的个人账户,迟某向其交付了相应的保险合同。此后,迟某分多次支付保险分红款,截至 2014 年 9 月 12 日,迟某共计支付保险分红款 80 多万元。

此后,迟某未再支付保险分红款,上述被保险人在要求迟某继续履行支付保险分红款义务无果的情况下,向人寿保险公司主张权利,人寿保险公司此时发现迟某伪造案涉保险合同并侵占保费且未向刘某典履行相应理赔义务,因此,人寿保险公司于 2015 年 6 月 11 日向徐州市公安局云龙分局经侦大队报案,并提交《报案申请书》一份,载明:"徐州市公安局云龙分局:中国人寿保险股份有限公司徐州市分公司特向公安机关举报,迟某以非法占有为目的,虚构事实,隐瞒真相,骗取当事人钱款数额特别巨大,其行为已构成诈骗罪。2015 年 6 月 2 日刘某典、戚某单、胡某、胡某扬和刘某路五人向我公司投诉,要求返还保险费,……我公司从和迟某的谈话中落实到以下事实:一、迟某给他们五人的保险合同是自己伪造的,根本没有原件。……综上所述,迟某以非法占有为目的,虚构事实,隐瞒真相,骗取当事人钱款数额特别巨大,其行为已构成诈骗罪。特向公安机关举报,请求处理。"

2015年6月16日,徐州市公安局云龙分局出具《立案决定书》,该局以涉嫌合同诈骗罪决定对迟某进行立案侦查。迟某在徐州市公安局云龙分局经侦大队对其进行的讯问中供述,2006年其因做工程急需用钱,即向胡某扬介绍人寿保险公司内部集资推出的高息存款分红型险种,其称交纳保险费后,按年息8%进行分红,一年付一次。胡某、胡某扬遂于2006年9月12日向其分别交付了保险费20万元、4万元,同时其交付给胡某一份印有"中国人寿保险股份有限公司"的保险合同,这份保险合同是其在人寿保险公司所在的建国路奎河旁边的打印社伪造出来的。2007年7月,其打电话询问刘某典是否办理上述保险,刘某典说还办理,就向其支付了25万元保险费办理了被保险人为胡某扬、胡某的保险,其又去打印社伪造了一份保单交给了刘某典。此后,其多次以此种方式打电话给刘某典,刘某典及刘某典朋友戚某单于2007年11月10日分别向其交纳了保费7万元、20万元;2009年12月28日,刘某典朋友戚某单又向其交纳保费50万元,办理了被保险人为刘某典、戚某单的保险。2012年12月,其再次打电话给刘某典称若一次投保达到100万元以上,年分红利率就能上调到10%,刘某典及刘某典朋友戚某单又于2012年12月28日向其分别交纳了保费70万元、70万元;2013年5月16日,刘某典及刘某典朋友戚某单、刘某典儿子刘某路向其分别交纳了保费70万元、40万元、60万元,办理了被保险人为刘某典、戚某单、刘某路的保险。迟某称其交付给上述投保人的保险合同均系其自行伪造,且交付的上述保险合同均系复印件,但是保险合同的封面系其从人寿保险公司处取出(因保险合同的封面在其办公室就有),而保险合同的内容(包括保险号、公章、授权签字、时间、金额、投保人等)为其私自编造打印形成,且其告知上述投保人办理的保险均为团体险,只能以公司的名义,故保单投保人处填写了徐州益力钢结构工程有限公司;为使投保人相信保单的真实性,其故意伪造了其他虚假的被保险人信息。迟某另陈述,人寿保险公司曾为其办理过银行卡专门用于收取保险费,上述保费合计436万元均付至其个人账户,但其并未交给人寿保险公司,其都是收取保费后再将保单交付给投保人,共支付分红利息80多万元,自2014年下半年未再支付分红利息。迟某还陈述,其所收取的上述保费有一部分交给工商银行的同学冯某以迟某名义开户炒股、买基金了,但冯某对此予以否认。

另查明,迟某交付上述投保人的案涉保险合同的封面与上述真实有效保险合同的封面相一致。人寿保险公司监察部经理张某迎陈述,迟某系其公司的正式员工;其公司确有分红型险种,案涉保险合同涉及的国寿团体人身保险、国寿团体人身意外伤害保险、意外伤害医疗费用保险这三个险种均为该公司真实存在的险种,但案涉保险合同中的保险金额与保费不符合真实险种的计算方式。2007 年左右,依公司规定客户需交的保险费均直接转账至公司账户。

又查明,根据人寿保险公司提供的迟某办理的保险业务清单显示,迟某直至 2007 年 10 月 16 日仍在办理人寿保险公司的正常保险业务。

在本案发回重审后庭审中,迟某称其与刘某典只是民间借贷关系,其未向刘某典派发过红利,付给刘某典的都是利息,而且利息都是通过银行转账支付给刘某典的;迟某称双方之间的民间借贷利息约定的年利率是 10%,其支付利息方式系现金和银行转账;而之后迟某又称双方之间的民间借贷利息约定的年利率是 8%。

【认定】一审法院认为:

一、关于迟某在案涉保险合同订立过程中与人寿保险公司之间的法律关系应当如何认定的问题。

迟某自 1981 年 12 月至人寿保险公司处工作,且于 2005 年 11 月 17 日与人寿保险公司签订了无固定期限的书面劳动合同,其在人寿保险公司的收展部担任收展员及从事保险业务岗位工作期间,均正常开展保险业务;人寿保险公司虽主张迟某自 2008 年 7 月起未再上班,但该公司向其下达解除劳动合同《通知书》的时间为 2015 年 7 月 22 日,故其该项抗辩主张不足以证明迟某在案涉保险合同签订过程中非其公司员工。因此,一审法院认定迟某在案涉保险合同订立过程中与人寿保险公司之间仍系劳动合同关系,在劳动关系存续期间,迟某从事的保险业务均系正常履行职务的行为。

二、关于迟某在案涉保险合同订立过程中所实施行为的法律性质应当如何认定的问题。构成表见代理需要同时具备三个要件:1. 行为人存在具有一定代理权的表象,而且这种表象的产生与被代理人的行为具有直接联系;2. 行为人以被代理人名义为民事行为,且在该民事行为之初,行为人即以被代理人名义进行;3. 相对人相信行为人有代理权的主观认识状态为善意无过失。具体到本案而言:

首先,迟某自 1981 年 12 月至人寿保险公司处工作,自 2001 年起在该公司收展部担任收展员。2005 年 11 月 17 日,迟某与人寿保险公司签订《劳动合同书》,约定迟某劳动合同期限自 2005 年 11 月 1 日起为无固定期限,其从事保险业务岗位工作。2007 年下半年,迟某虽然出勤开始出现异常,且 2008 年 7 月起未再到人寿保险公司处上班。但是,直至 2015 年 7 月 22 日人寿保险公司才向迟某发出解除劳动合同关系的《通知书》。因此,自 2005 年 11 月 1 日起至 2015 年 7 月 22 日长达九年多之久的时间里,迟某系人寿保险公司正式员工的身份一直存在,足以让相对人对其产生合理信赖,刘某典完全有理由相信在此期间一直在人寿保险公司处任职工作的迟某的案涉行为代表人寿保险公司的行为。另外,在案涉保险合同签订过程中,迟某向刘某典推荐的系人寿保险公司的分红型保险,即国寿团体人身保险、国寿团体人身意外伤害保险、意外伤害医疗费用保险,并明确了年收益率,且人寿保险公司认可其公司亦实际存在上述三种分红型险种,因此,人寿保险公司开展分红型保险业务应为大众所熟知。在此情况下,各投保人签订此类保险合同的目的只是为了通过购买保险达到理财收益的预期,符合一般大众的理财观念。据此,能够确认迟某在案涉保险合同订立过程中具有一定代表人寿保险公司办理保险合同权力的表象,且这种表象的产生与人寿保险公司的相应行为具有直接联系。

其次,2003 年至 2004 年,迟某即为胡某扬及其亲属包括刘某典办理了多份保险,包括分红型保险,且人寿保险公司亦已按约向胡某扬及其亲属包括刘某典发放了分红型保险的红利。另外,根据刘某典陈述,其之前办理有效保险合同时即是将相应保险费交付给迟某,随后迟某即将相应有效保险合同交给刘某典,且迟某亦认可人寿保险公司曾为其办理银行卡专门用于收取保险费,虽然人寿保险公司辩称其为迟某办理的银行卡系用于向迟某发放劳动报酬,但是人寿保险公司的监察部经理张某迎在接受公安部门询问时陈述。"大概在 2007 年左右,被告公司规定客户需交的保险费是直接转账到公司账户上的",据此,人寿保险公司在 2007 年之前确实存在投保人将保险费付至业务员个人账户或业务员个人收款后再转交至人寿保险公司的情况。因此,人寿保险公司内部制定的改变保险费收取方式的规定并未对外进行公示,且迟某作为人寿保险公司的员工在办理案涉保险合同时亦未向投保人进行告知,刘某典作为投保人对于人寿保险公司的内部规定无从知晓和审查,其按照之前惯例向迟某个人账户支付保险费的行为并无不当。据此,能够确认迟某以人寿保险公司的名义办理案涉保险合同并直接收取保险费,且在办理案涉保险之初,迟某即以人寿保险公司名义从事办理相应保险合同的业务。

最后,迟某与案外人胡某扬系多年的邻居关系。2003 年至 2004 年,迟某为胡某扬及其亲属包括刘某典办理了多份保险,且保险合同均合法且已实际生效并正常履行,因此,胡某扬及其亲属包括刘某典对迟某的身份、职务、业务开展等情况已具备充分信任的前提基础。而案涉保险合同具备保险单、投保单号码、保险单号码、保险名称、保险金额、保险期间等一般保险合同的基本内容,且保险合同的封面与迟某之前办理的有效保险合同封面相一致,亦真实,在投保人对迟某持有前期信任的情况下，对该类保险合同的形式已尽到了审慎的注意义务。另外，该类保险单虽然载明的投保人为徐州益力钢结构工程有限公司，但是投保险种为人寿保险公司正常开展的团体险业务，且迟某同时提供了其他投保人的投保情况，从表象上足以达到使案涉投保人相信该合同真实有效的程度。人寿保险公司虽然主张该类保险单中的保险金额与保险费的计算明显与其公司的真实险种不符，但保险公司开展的保险业务种类中关于保险金额与保险费的计算费率及计算方式均为保险公司单方作出，对于保险公司推出险种的具体计算方式及保险精算原理，投保人并不熟悉知晓，若要求投保人在投保时须对保险费的计算方式予以审核，这着实加重了投保人的负担，亦违反了公平原则；并且投保人投保的系分红型险种，存在年收益亦符合正常人的思维习惯。此外，2003 年至 2004 年，迟某为胡某扬及其亲属办理的多份保险均系个人险；而 2007 年至 2013 年，迟某为胡某扬、胡某、刘某路、戚某单及刘某典等人办理的案涉保险均系团体险，因此，不应当按照办理个人险的审查标准苛求刘某典对办理案涉团体险履行相同的审查义务，并错误的推定刘某典应当能够辨识出案涉保险合同的真伪，因为团体险的办理流程和形式均有别于个人险，特别是团体险一般情况下只有两份保险合同原件，且由投保单位和保险公司各执一份，团体险中的被保险人个人手里是没有保险合同原件的，故刘某典在迟某为其办理案涉团体保险合同过程中已经尽到了审慎的注意义务。据此，能够确认刘某典相信迟某有办理案涉保险合同权力的主观认识状态为善意无过失。

人寿保险公司辩称迟某于 2008 年 7 月未再至其公司上班，迟某对外以人寿保险公司名义办理的“保险业务”均系其个人行为。迟某虽然自认其办理的案涉保险合同系其伪造，但是人寿保险公司出具的业务清单显示迟某直至 2007 年 10 月 16 日仍在办理人寿保险公司的正常保险业务，而迟某办理第一笔案涉保险业务的时间为 2007 年 9 月，且其自认当时出具的案涉保险合同封面系自其在人寿保险公司的办公室提取，即迟某在案涉保险合同中使用的是人寿保险公司的真实合同封面，因此系因人寿保险公司内部管理的疏漏导致迟某作为保险业务员在办理案涉保险业务时利用职权办理“保险”，而作为投保人对于真假参杂的保险合同是无从辨识的。对于 2008 年之后迟某办理的案涉保险合同，因其仍持有人寿保险公司保险合同的真实合同封面，且人寿保险公司亦未与其解除劳动合同，刘某典仍有充分的理由相信迟某的身份与业务职权。尽管案涉保险合同的签订过程确实存在一些不规范的情形，如收益率较高、保险费未支付至保险公司账户、未开具发票等，但作为非专业从事保险业务的投保人而言，其购买保险公司的保险产品更多是基于对保险公司工作人员的信任，难以苛求其在能够确认保险公司工作人员身份真实性的情况下仍对上述细节作出更严格的规范性审查。故对于人寿保险公司的该项抗辩意见,一审法院不予采信。

在本案发回重审后的多次庭审和关联案件合并审理的庭审中,迟某虽然辩称其与关联案件的当事人只是民间借贷关系,其未向关联案件的当事人派发过红利,付给关联案件的当事人的都是利息,但是关联案件的当事人对此不予认可,且迟某就其所称的民间借贷的利息标准、支付利息方式的表述存在前后不一的矛盾,最为重要的是迟某未提供借款合同、借条之类具有民间借贷典型特征的证据证明其与关联案件的当事人之间存在民间借贷关系以及证明对借款用途、借款期限、借款利率等作出了约定。故对迟某的该项抗辩意见,一审法院难以采信。

综上,迟某在办理案涉保险合同时具有人寿保险公司正式员工的身份及办理案涉保险业务的权限,且具备使投保人充分相信其身份及业务权限的事实;此外,投保人在办理案涉保险业务过程中已尽到了相应的审慎注意义务,符合善意、无过失的条件,故迟某在案涉保险合同订立过程中所实施行为(即以人寿保险公司名义与刘某典订立合同并收取刘某典款项的行为)构成表见代理,相应的法律后果应当由人寿保险公司承担。如果人寿保险公司认为迟某的行为损害了其合法权益,则应另寻法律途径解决。

三、关于刘某典是否存在过错的问题。除上文已论述的内容外,刘某典在办理涉案保险合同后,迟某按照合同约定向其支付分红收益至 2014 年 9 月;此后,在迟某未按约支付分红收益的情况下,刘某典已向迟某主张了保险权利,在其主张无果时,其又及时至人寿保险公司处主张相应的权利,但人寿保险公司以迟某涉嫌刑事犯罪为由拒绝赔偿,故刘某典在意识到自身利益受损时,已采取相应的措施予以及时止损以防止损失扩大,其自身并不存在过错。

四、关于人寿保险公司是否存在过错的问题。人寿保险公司作为专业性保险业务机构,第一,该公司在 2007 年之前存在允许保险业务员个人收取保险费的惯例,此种做法容易引发保险业务员利用职务之便私自侵占保险费的风险,其虽于 2007 年之后改变了保险费的收取方式,但其并未对外进行公示,投保人亦无从知晓,从而导致本案中迟某作为保险业务员利用职权获取投保人保险费行为的发生。第二,人寿保险公司对于办理保险业务所需凭证资料存在内部管理漏洞,因其管理疏漏致使迟某自其公司获取相关凭证资料后得以办理“保险业务”,从而导致投保人利益受损。第三,人寿保险公司对其员工迟某以及迟某对外办理的保险业务未尽必要的监管之责,迟某自 2008 年未再上班后,人寿保险公司既未与其解除劳动合同,亦未对其进行相应的制度约束和正常的规范管理,且对迟某自 2007 年至 2013 年长达七年之久的时间里办理的案涉保险业务未予审查监管,直至

2015 年投保人向其公司主张权利时，才发现迟某私自侵占保险费的事实，导致投保人损失的扩大。综上，人寿保险公司存在对其员工管理不严、相应监管制度缺失之过错，为其员工利用职务之便侵占保险费提供了可乘之机，损害了投保人的合法权益。

五、关于人寿保险公司责任承担的问题。人寿保险公司主张因迟某涉嫌刑事犯罪已被公安机关立案侦查，故本案应当移送公安机关处理。对此，一审法院认为，根据一审法院已查明和认定的事实，迟某办理案涉保险合同的行为构成表见代理，相应的法律后果应当由人寿保险公司承担。虽然刘某典持有的保单是假的，但并不能据此免除人寿保险公司根据案涉保险合同应当承担的民事责任，人寿保险公司作为案涉保险合同一方应当依约履行合同。

六、关于本案是否因迟某涉嫌刑事犯罪而应当裁定驳回刘某典起诉，还是应当由一审法院继续审理的问题。迟某涉嫌刑事犯罪所形成的是犯罪嫌疑人与受损单位（个人）之间的刑事法律关系，而本案保险合同纠纷所形成的是投保人与保险公司之间的民事法律关系，两者虽有牵连，但是两者不是同一法律关系；本案中的刘某典亦是向人寿保险公司主张民事权利，至于人寿保险公司认为迟某的行为涉嫌刑事犯罪并已提请公安机关进行处理，并不影响刘某典对其民事赔偿权利的主张与行使，故本案应当继续审理；并且本案查明的事实与刑事案件查明的事实并不冲突，民事案件和刑事案件查明事实的目的都是为了还原案件事实真相，故一审法院有权在查明案件事实真相的情况下就本案依法继续进行审理并依法作出裁判。

综上，一审法院判决：判决生效之日起十日内，中国人寿保险股份有限公司徐州市分公司向刘某典返还保险费 147 万元，并赔偿利息损。

二审法院认为：迟某在涉案保险合同缔约过程中的行为是否构成表见代理的问题。首先，在本案诉争保险合同的缔约过程中，迟某系人寿保险公司的正式员工，从事保险业务。在诉争保险合同缔约之前，被上诉人刘某典已经多次通过迟某在人寿保险公司处办理保险业务。而本案诉争的保险合同也是迟某以人寿保险公司名义办理，迟某作为人寿保险公司员工以人寿保险公司名义开展保险业务，具备代理权表象。其次，刘某典在缔约过程中主观善意无过失。涉案保险合同缔约前，刘某典已通过迟某与人寿保险公司订立了若干保险合同，且均能正常履行。基于对人寿保险公司的业务管理能力、人员管理能力的合理信赖，刘某典有理由相信在涉案保险合同缔约过程中，人寿保险公司对迟某进行了合法授权。根据刘某典与迟某的陈述，涉案保险合同系保险公司内部理财分红类型的团体险。迟某交付刘某典的保险合同虽然是复印件，但复印件上均有人寿保险公司的印章及法定代表人签字。刘某典作为非专业的投保人员，基于对人寿保险公司商业信誉的合理信赖，对涉案保险单的形式上的真实性，已经进行了必要的审查，故其在缔约过程中善意无过失。再次，至迟某不再支付保险分红款，刘某典向人寿保险公司主张权利后，双方当事人才发现迟某并无权利签订涉案保险合同，人寿保险公司对迟某以其公司名义签订的涉案保险合同亦未追认，故迟某签订涉案合同行为属于无权代理，在迟某本身具有代理权表象且刘某典在缔约过程中善意无过失的情形下，迟某签订涉案合同的行为构成对人寿保险公司的表见代理。人寿保险公司应对迟某签订涉案合同的行为承担责任。

在刘某典与人寿保险公司知悉涉案保险合同系迟某伪造后，双方当事人均无意按照迟某缔约时的承诺继续履行，故刘某典有权要求合同相对人人寿保险公司退还已缴纳的保险费并赔偿利息损失。

综上所述，人寿保险公司的上诉请求不能成立。二审法院判决：驳回上诉，维持原判。

再审法院认为，本案中迟某不构成表见代理，案涉保险合同的形式、内容及办理流程存在诸多不合常理之处，刘某典在2003年至2011年期间多次通过迟某办理过多份真实有效的保险合同，应当知悉真实保险合同的办理流程，对保险合同内容具有辨识能力，但刘某典对案涉保险合同的真实性疏于审查，缴纳保费时不收取保险公司的收据，领取分红时也未签字，且保险周期经过后仍然领取分红，故难以认定刘某典系善意无过失，不排除其以保险合同掩盖其他行为的可能，遂指令再审。

编者注：两起涉及保险公司人员伪造保险合同的刑事交叉案件中，之所以法院作出了合同是否有效、保险公司是否应当承担责任的不同认定，关键在于两起案件中根据具体案情对于是否构成表见代理作出了不同认定。此类案件是典型的民法典中上表见代理制度在保险法上的具体适用。一般而言，当事人主张表见代理成立需要同时具备以下三个要件：一是行为人无代理权（包括本来就没有代理权、有相应的代理权限范围但是超越了授权及代理权已经终止三种具体情形），但所存在的代理权表象与被代理人行为直接相关；二是行为人与第三人之间的合同是以被代理人名义订立；三是相对人相信行为人有代理权出于善意、谨慎、理性且无过失。此类案件审理中应当重点围绕这三个方面的要件来认定。

权威解读

保险代理属于民事代理的一种，保险代理人接受保险人的委托，代表保险人的利益，以保险人的名义，在保险人授权的范围内为保险人代为办理保险业务，有效代理行为的结果是使投保人和保险人之间形成保险法律关系；不当行为造成投保人损失的，也由保险人承担相应的法律责任。①

《保险法》第一百二十八条 【保险经纪人的赔偿责任】

第一百二十八条 保险经纪人因过错给投保人、被保险人造成损失的，依法承担赔偿责任。

典型案例

甲保险公司、乙保险经纪公司与丙公司财产保险合同纠纷上诉案(上海市高级人民法院2017年度金融商事审判十大案件之一)

【案情】乙保险经纪公司为开展业务，与甲保险公司签订预约保险协议(以下简称大保单)，约定：投保人为乙保险经纪公司的委托人，甲保险公司根据投保人的申请承保货物运输保险。其中第八条约定，陆路运输时应使用集装箱卡车或者全封闭上锁的厢式卡车，否则保险人不负赔偿责任。

2016年6月6日，丙公司与案外人丁公司签订《公路运输合同》，运输一台录井仪，并由丁公司负责投保事宜。后丁公司转委托乙保险经纪公司向甲保险公司投保综合险并支付保费，甲保险公司出具《国内水路、陆路货物运输电子保险凭证》(以下简称小保单)，并载明该保单为相关大保单的有效组成部分，两者如有冲突，以大保单为准。丙公司确认收到了小保单和保险条款。但乙保险经纪公司并未将大保单提供给丙公司。

2016年6月7日，案外人刘某驾驶车辆时，由于路面不平，斜坡弯度大，车辆转弯时缆绳断开，货物从车上翻落损坏。丙公司向法院起诉请求：判令甲保险公司赔偿维修费398,000元、评估费12,000元，乙保险经纪公司对甲保险公司的赔偿义务承担连带赔偿责任。

【认定】上海金融法院认为，本案系争"大保单"明确约定，陆路运输时应使用集装箱卡车或者全封闭上锁的厢式卡车，否则保险人不负赔偿责任。甲保险公司之所以对运输工具作出明确要求，乃是因为运输工具对于陆路运输风险的影响重大，采用不同的运输工具，对应的保费亦有较大差异。集装箱卡车在箱底有卡扣固定，厢式卡车则在底部以焊接固定，上述固定方式能够最大程度保证货物不会

---

① 参见安建主编：《中华人民共和国保险法(修订)释义》，法律出版社2009年版，第175、185页。

因为路面颠簸而翻落。而如果采用普通货车运输,则货物只能通过缆绳捆绑等方式固定,在路面状况不佳的情况下,容易因缆绳断裂滑落等原因导致货物翻落,在安全性上明显低于集装箱卡车或厢式卡车。根据运输车辆驾驶员刘某的事故情况说明,事故发生的原因系路面有斜度和凹坑,转弯时绑货物的缆绳断开,而车中间的栏板没有插,车尾的栏板断裂,导致货物翻落损坏。显然,若使用集装箱卡车或者全封闭上锁的厢式卡车运输,则货物翻落的可能性会大大降低。

乙保险经纪公司作为专业的保险经纪公司,有义务了解投保人的需要并为其选择适当的险别,同时应当将所知道的有关保险合同的情况和信息,尤其是免责条款如实告知投保人。本案中,乙保险经纪公司既未向丙公司了解标的货物的运输方式,为其选择能够适用该运输方式的货物险种,也未在投保后将大保单提供给丙公司,将大保单中载明的运输工具要求和免责情形如实告知丙公司,以便丙公司调整运输方式,因此乙保险经纪公司未尽到勤勉义务。

甲保险公司将未采用集装箱卡车或者全封闭上锁的厢式卡车运输作为保险免责的情形,符合保险精算原理,具有合理性。甲保险公司已就上述免责条款向投保人的代理人乙保险经纪公司进行了明确说明,可以据此免除赔偿责任。由于乙保险经纪公司未尽勤勉义务,导致其委托人丙公司不知上述免责条款,选择了错误的运输方式,无法获得保险理赔,乙保险经纪公司也未针对丙公司的运输要求为其另行选择适合的保险产品,其过错与丙公司的损失之间具有因果关系,根据《保险法》第一百二十八条的规定"保险经纪人因过错给投保人、被保险人造成损失的,依法承担赔偿责任",乙保险经纪公司应对甲保险公司无法获赔的损失承担赔偿责任。据此,法院判决乙保险经纪公司赔偿丙公司损失384,684.50元;驳回丙公司其余诉讼请求。

权威解读

保险经纪人是基于投保人的利益、为投保人与保险人订立保险合同提供中介服务的机构,因过错造成投保人、被保险人损失的,应当依法承担赔偿责任。保险经纪人因过错承担赔偿责任的要件包括:一是其主观上具有过错,包括故意和过失;二是过错行为给投保人、被保险人等造成了损失;三是损失与过错行为之间存在因果关系。①

① 参见安建主编:《中华人民共和国保险法(修订)释义》,法律出版社2009年版,第187页。

《保险法》第一百二十九条 【保险公估公司等评估机构的赔偿责任】

第一百二十九条 保险活动当事人可以委托保险公估机构等依法设立的独立评估机构或者具有相关专业知识的人员,对保险事故进行评估和鉴定。

接受委托对保险事故进行评估和鉴定的机构和人员,应当依法、独立、客观、公正地进行评估和鉴定,任何单位和个人不得干涉。

前款规定的机构和人员,因故意或者过失给保险人或者被保险人造成损失的,依法承担赔偿责任。

典型案例

冯某梅与吉林省同济保险公估有限公司委托合同纠纷案[吉林省延边朝鲜族自治州中级人民法院(2018)吉24民1210号民事判决书]

【案情】冯某梅为×号"捷达"牌小型轿车的实际所有人,案外人吕某民为冯某梅雇佣的出租车司机。2016年9月25日,吕某民驾驶××号出租车沿延三公路由东向西行驶至延边州交通局西侧调头时,与延三公路由西向东行驶的张某驾驶的×××号"中华"牌小型轿车相撞,造成两车损坏的道路交通事故。2016年10月18日,冯某梅与同济保险公估公司签订《道路交通事故损失公估鉴定委托书》,委托对涉案车辆的损失进行鉴定,其中备注:"委托人委托我公司在延吉市交通事故停车场对标的车进行评估鉴定",并由冯某梅签字确认。2016年11月7日,冯某梅向同济保险公估公司支付了鉴定费2533元,同济保险公估公司向冯某梅出具了《保险公估报告》,结论为:经我公司勘验、整理、询价、计算后得出标的车事故前现值约36,000元左右。标的车损失金额人民币(大写):叁万零柒佰叁拾贰元整,(小写):30,732元。2017年7月,法院依据冯某梅的申请,委托延边宇航机动车评估有限公司对涉案车辆的损失进行鉴定,延边宇航机动车评估有限公司作出《事故车鉴定估价报告书》,结论为:车辆维修工时费为24,200元,材料费为35,037元,维修费共计59,237元。

另查明,2016年10月27日由同济保险公估公司出具的《保险公估报告》第四项公估说明中载明"1.委托人仅委托我司对事故中标的车损失进行公估;2.按委托人要求我司在延吉市交通事故停车场对标的车损失进行拆解、定损;3.我司对标的车进行拆解前,已告知委托人冯某梅通知第三者当事人及第三者保险公司共同确认标的车损失项目……"。

【认定】一审法院认为,冯某梅委托同济保险公估公司对涉案车辆进行损失鉴定,双方之间形成了委托合同关系。同济保险公估公司应按照冯某梅的要求对车辆进行鉴定。依据双方签订的《道路交通事故损失公估鉴定委托书》可以认定,冯某梅系委托同济保险公估公司在延吉市交通事故停车场对车辆进行鉴定,而庭审中,双方均认可在停车场无法对车辆进行拆解,仅能依据车辆的表明情况进行鉴定,故同济保险公估公司仅对涉案车辆的表明损失进行鉴定并无不妥。冯某梅主张其要求同济保险公估公司对车辆进行拆解后再进行鉴定,同济保险公估公司予以否认,而冯某梅亦未提交证据予以证实,故对冯某梅的诉讼请求,不予支持,判决驳回冯某梅的诉讼请求。

二审法院认为,委托合同是委托人和受托人约定,由受托人处理委托事务的合同。2016 年 10 月 18 日,冯某梅与同济保险公估公司签订《道路交通事故损失公估鉴定委托书》,双方约定由同济保险公估公司对冯某梅所有的 × 号捷达牌出租车的损失进行鉴定,该委托合同为双方当事人的真实意思表示,不违反法律、行政法规的强制规定,故有效。2016 年 10 月 27 日,同济保险公估公司作出《保险公估报告》,该报告显示同济保险公估公司在延吉市交通事故停车场对标的车损失进行了拆解、定损,但在诉讼中同济保险公估公司承认其并未对该车辆进行拆解后鉴定,即鉴定报告所述鉴定过程不真实,故其作出的鉴定结果缺乏客观、合理性,不宜采用,由此给冯某梅造成的损失应由同济保险公估公司承担。冯某梅要求同济保险公估公司退还鉴定费及其利息的诉求,符合《合同法》第一百零七条"当事人一方不履行合同义务或者履行合同义务不符合约定的,应当承担继续履行、采取补救措施或者赔偿损失等违约责任"、第一百一十三条第一款"当事人一方不履行合同义务或者履行合同义务不符合约定,给对方造成损失的,损失赔偿额应当相当于因违约所造成的损失……"、第四百零六条第一款"有偿的委托合同,因受托人的过错给委托人造成损失的,委托人可以要求赔偿损失"的规定,故予以支持。

《鉴定委托书》中备注"委托人委托我公司在延吉市交通事故停车场对标的车进行评估鉴定",诉讼中冯某梅也承认在停车场不能拆卸,但主张已经要求同济保险公估公司拆卸后进行鉴定。同济保险公估公司虽否认冯某梅要求拆卸后鉴定,但在《保险公估报告》却载明在停车场进行了拆卸、定损,同济保险公估公司也未提供证据证明冯某梅委托其进行表面损失鉴定,且其主张与《保险公估报告》所述鉴定过程自相矛盾。基于以上事由,法院认为冯某梅已要求同济保险公估公司拆卸后鉴定的主张成立,一审法院认为冯某梅对该主张未能予以证明不妥。

综上,冯某梅的上诉请求成立,予以支持。一审判决认定基本事实清楚,但判决结果不当。判决撤销一审判决;吉林省同济保险公估有限公司于判决生效之日起立即返还冯某梅鉴定费 2533 元,并支付其利息。